宁 夏 大 学 西 夏 学 研 究 院
中国社会科学院西夏文化研究中心 主办

西 夏 学

第十辑

杜建录 主编

上海古籍出版社

目　录

Main Contents

（Translated by Peng Xiangqian；Rivised by Yulia Mylnikova）

黑水城出土西夏文众会条约（社条）研究*

史金波

摘 要：新发现的黑水城出土的两件西夏文众会契（社条）提供了中国古代新的社邑资料，表明西夏时期社会基层存在民间互助的结社组织。本文对两件文书做了初步翻译和注释，并分析其形式和内容，论述了立约时间、具体条款及其特点。其成员为自愿参加，规定成员定期聚会，对有病和死亡者要探视或送粮的措施，体现出教化和互助的功能。还规定对会众中违法犯罪的处罚，起到了辅助稳定封建社会秩序的作用。规定对违反条款者要给予缴纳粮食的处罚，在众会契末要签署画押，表明其组织管理比较严格。同时与敦煌文书中的社条进行比较，指出其注重简明、实用，弱化了伦理纲常的说教，可能还增添了多民族的内容。

关键词：西夏 黑水城 众会契 社条

新发现的黑水城出土的西夏社会文书中，有两件众会契约，实际上是一种地方社邑组织和活动的规约。社邑（社）是中国古代民间基层结社的一种社会组织。民间社邑由来已久，早在先秦时期已有这类组织，至唐、五代、宋朝达到兴盛阶段。从敦煌石室发现的文书中有一批社邑文书资料，敦煌学家已对其做了系统、详备的录文和研究。①其中有20多件社条，即社邑组织和活动规约，内中有实用件10余件，其他为文样、抄件、模仿件等。实用件中多为残件，完整者较少。社条的规定从整体上反映了民间结社的具体活动内容，真实而生动，具有重要研究价值。

新见两件西夏社邑组织和活动的规约，以西夏文草书书写，文中条款中称此种组织为𗒹𘍞（众会），文末有在会者的签字画押，具有条约的内容和形式，因此称之为“众会条约”，也可归入契约一类。

敦煌发现的社邑文书为10世纪的遗存，两件西夏文众会契为西夏时期的文书，是继敦煌文书后的重要社邑文书，填补了12世纪社邑文书的空白。特别是其中一件保存基本完整，十分稀见，有很重要的文献价值。

一 众会条约录文和翻译

两件西夏文众会契为Инв.No. 5949－31光定寅年众会契和No. 7879众会契。西夏文草书契约难以

---

* 本文为“国家社科基金特别委托项目《西夏文献文物研究》”（项目批准文号11@ZH001）中期研究成果之一。

① 宁可、郝春文：《敦煌社邑文书辑校》，江苏古籍出版社，1997年。

释读，因此先将两件众会契转录为西夏文楷书，再以汉文逐字对译，最后做出全文意译。[①]文中有的西夏文字或因字迹模糊，或因难以识别，释读和翻译尚无把握，录文和译文留有疑问，有待以后解读。

1．俄 Инв.No.5949－31　光定寅年众会契[②]

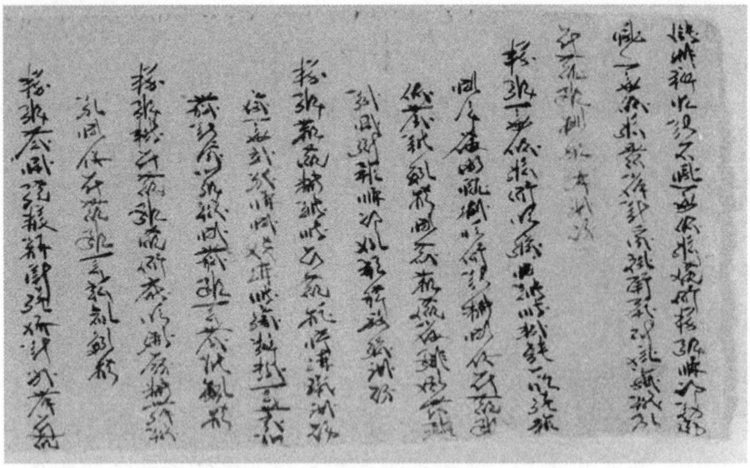

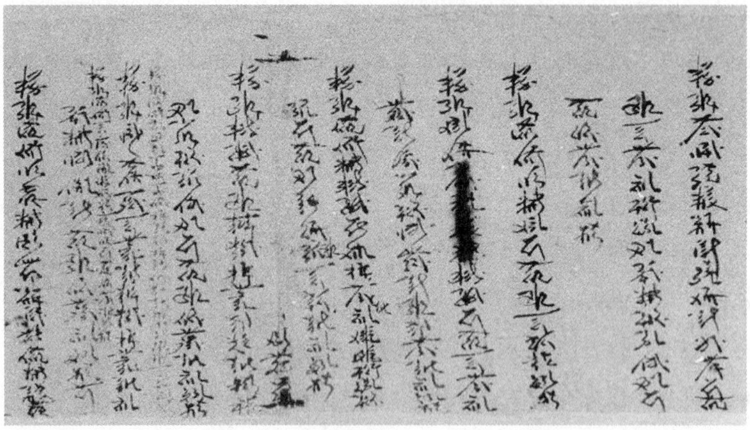

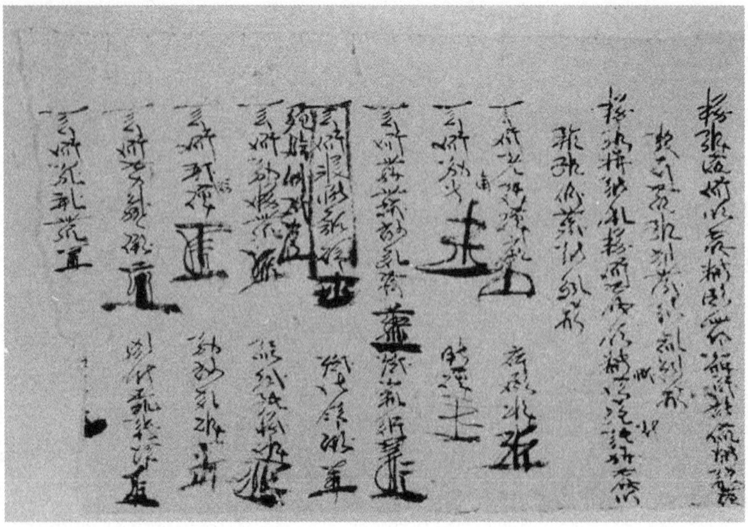

① 译文中“□”表示缺字，□内有字为补字，“？”表示字迹不清或不识。

② 此件写本，麻纸，高 19.4 厘米，宽 90.2 厘米。西夏文草书 40 行。

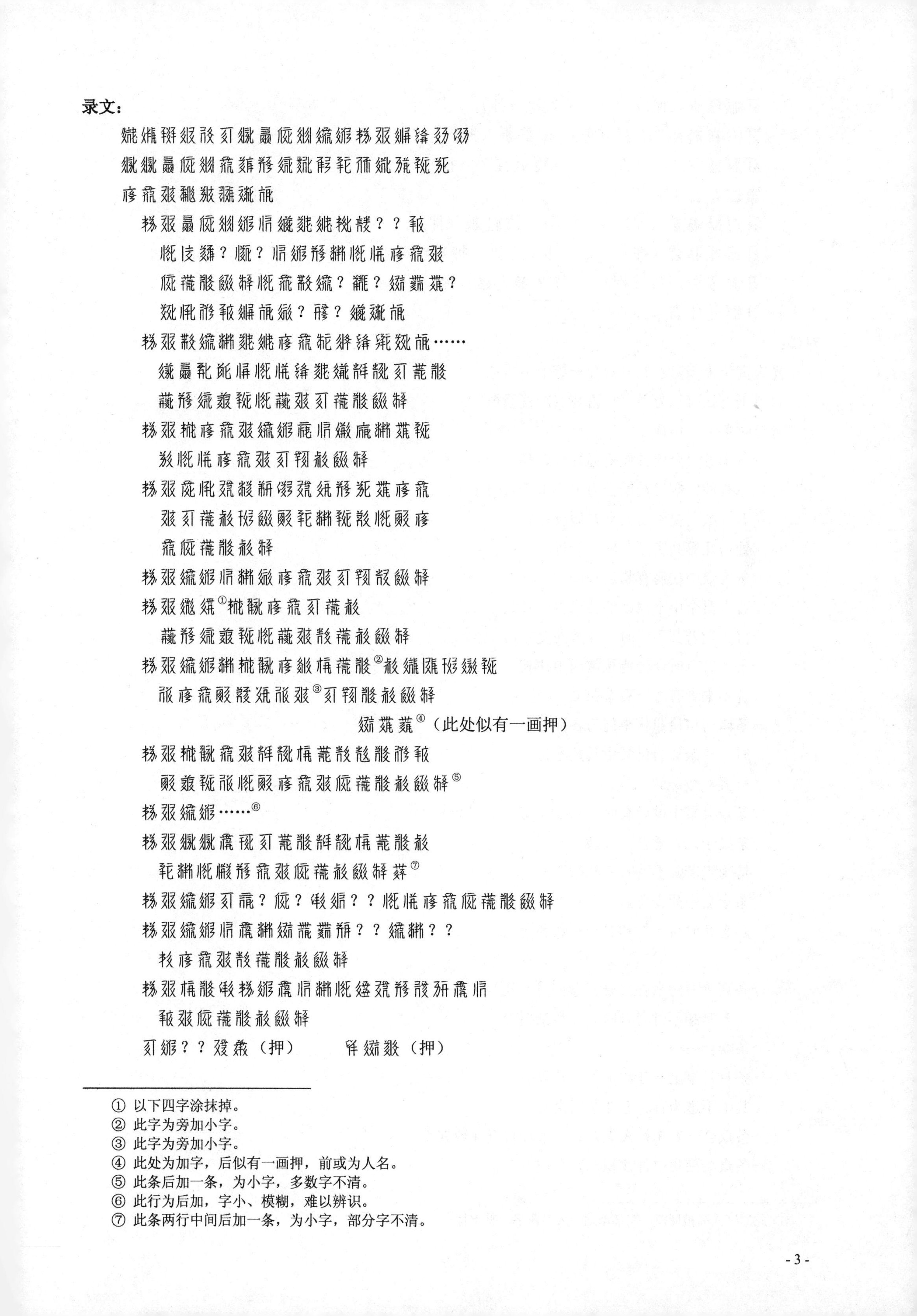

录文：

[illegible]

[illegible]

[illegible]

[illegible]？？[illegible]

[illegible]？[illegible]？[illegible]

[illegible]？[illegible]？[illegible]？

[illegible]？[illegible]？[illegible]

[illegible]……

[illegible]

[illegible]

[illegible]

[illegible]

[illegible]

[illegible]

[illegible]

[illegible]

[illegible][①][illegible]

[illegible]

[illegible][②][illegible]

[illegible][③][illegible]

[illegible][④]（此处似有一画押）

[illegible]

[illegible][⑤]

[illegible]……[⑥]

[illegible]

[illegible][⑦]

[illegible]？[illegible]？[illegible]？？[illegible]

[illegible]？？[illegible]？？

[illegible]

[illegible]

[illegible]

[illegible]？？[illegible]（押）　[illegible]（押）

---

① 以下四字涂抹掉。
② 此字为旁加小字。
③ 此字为旁加小字。
④ 此处为加字，后似有一画押，前或为人名。
⑤ 此条后加一条，为小字，多数字不清。
⑥ 此行为后加，字小、模糊，难以辨识。
⑦ 此条两行中间后加一条，为小字，部分字不清。

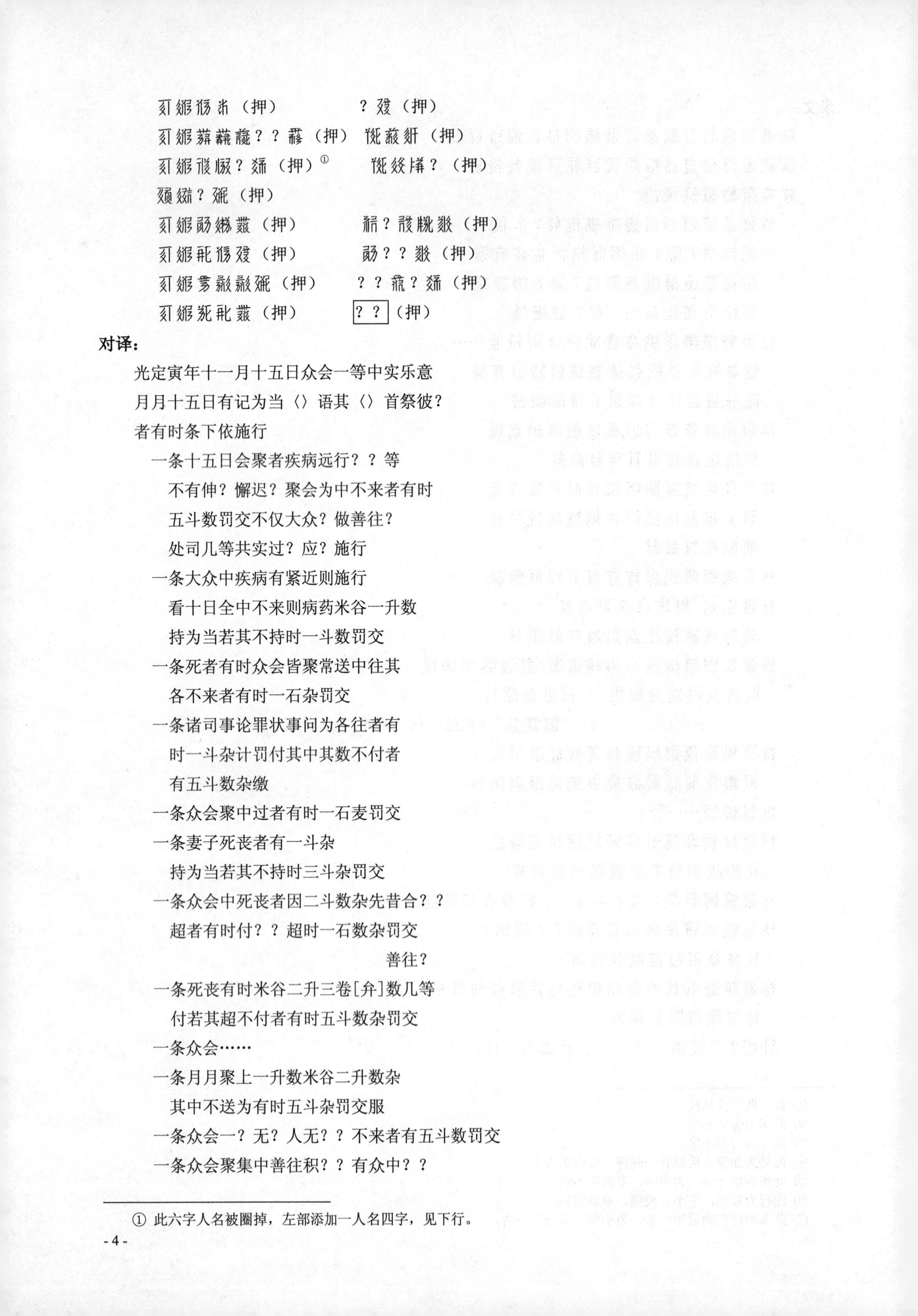

[illegible]（押）　　　　　？[illegible]（押）

[illegible]？？[illegible]（押）　[illegible]（押）

[illegible]？[illegible]（押）①　　[illegible]？（押）

[illegible]？[illegible]（押）

[illegible]（押）　　　　[illegible]？[illegible]（押）

[illegible]（押）　　　　[illegible]？？[illegible]（押）

[illegible]（押）　　？？[illegible]？[illegible]（押）

[illegible]（押）　　　？？（押）

对译：

光定寅年十一月十五日众会一等中实乐意

月月十五日有记为当〈〉语其〈〉首祭彼？

者有时条下依施行

一条十五日会聚者疾病远行？？等

不有伸？懈迟？聚会为中不来者有时

五斗数罚交不仅大众？做善往？

处司几等共实过？应？施行

一条大众中疾病有紧近则施行

看十日全中不来则病药米谷一升数

持为当若其不持时一斗数罚交

一条死者有时众会皆聚常送中往其

各不来者有时一石杂罚交

一条诸司事论罪状事问为各往者有

时一斗杂计罚付其中其数不付者

有五斗数杂缴

一条众会聚中过者有时一石麦罚交

一条妻子死丧者有一斗杂

持为当若其不持时三斗杂罚交

一条众会中死丧者因二斗数杂先昔合？？

超者有时付？？超时一石数杂罚交

善往？

一条死丧有时米谷二升三卷[弁]数几等

付若其超不付者有时五斗数杂罚交

一条众会……

一条月月聚上一升数米谷二升数杂

其中不送为有时五斗杂罚交服

一条众会一？无？人无？？不来者有五斗数罚交

一条众会聚集中善往积？？有众中？？

① 此六字人名被圈掉，左部添加一人名四字，见下行。

卖者有时三斗数杂罚交

一条二数人〈〉会聚集中不实事为〈〉聚集

等时五斗数杂罚交…

一会？？狗铁（押） 梁善宝（押）

一会明子（押） ？狗（押）

一会契丹？？？金（押）杨洛？（押）

一会卜？？吉（押） 杨老房？（押）

多善？犬（押）

一会张阿德（押） 葛？男巧宝（押）

一会王明狗（押） 张？？宝（押）

一会庄何何犬（押） ？？宝（押）

一会？金德（押） ？？（押）

意译：

光定寅年十一月十五日，众会一种中自愿于

每月十五日当有聚会，已议定，其首祭？

者有时依条下依施行：

一条十五日会聚者，除有疾病、远行等

以外，有懈怠不来聚会中者时，

不仅罚交五斗，大众？做善往？

处司几等共实过？应？施行。

一条大众中有疾病严重者则到其处

看望。十日以内不来，则当送病药米

谷一升。若其不送时，罚交一斗。

一条有死者，时众会皆送。其中有

不来者时，罚交一石杂粮。

一条有往诸司论事、问罪状事者

时，罚一斗杂粮。若有其数不付者，

缴五斗杂粮。

一条众会聚中，有流失者时，罚交一石麦。

一条有妻子死办丧事者，当送一斗杂

粮。若其不送时，罚交三斗杂粮。

一条众会中因死丧者二斗数杂粮早先？，其

有超者付？？超时罚交一石杂粮。①

一条有死办丧事时，付米谷二升三卷[弁]，

若有其超不付者时，罚交五斗杂粮。

一条众会……

一条每月聚会送一升米谷、二升杂粮，

---

① 此行为后加，字小，模糊，难以辨识。

其中有不送时，罚交五斗杂粮，服。

一条众会一？无？人无？？不来者有五斗数罚交。

一条众会聚集送中善往积？？有众中？？，

有卖者时，罚交三斗杂粮。

一条二人来聚会中为不实事时，子聚集

时，罚交五斗数杂粮。

一会？？狗铁（押） 梁善宝（押）

一会明子（押） ？狗（押）

一会契丹？？？金（押）杨洛生（押）

一会卜？？吉（押）[①] 杨老房？（押）

多善？犬（押）

一会张阿德（押） 葛？男巧宝（押）

一会王明狗（押） 张？？宝（押）

一会庄何何犬（押） ？？宝（押）

一会？金德（押） ？？（押）

2. 俄 Инв.No. 7879 众会契[②]

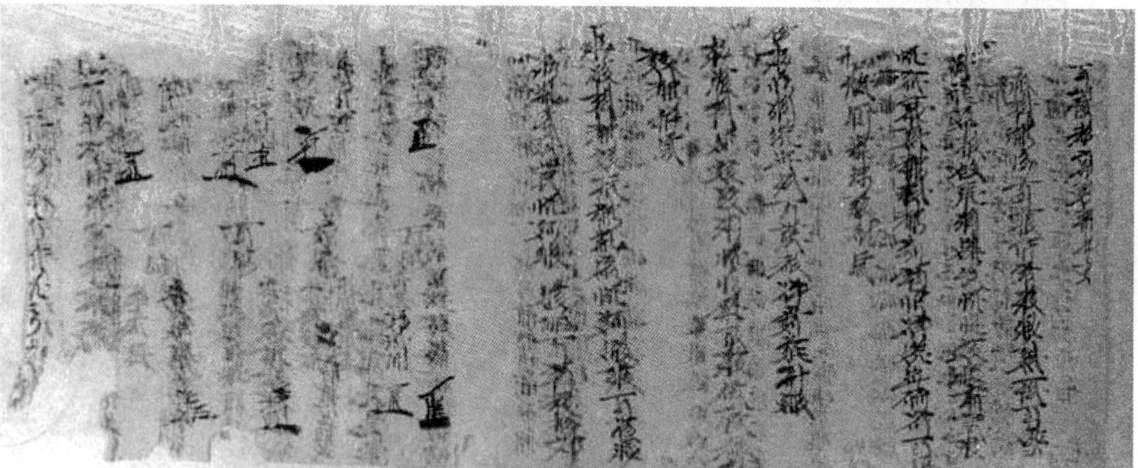

录文：

……[illegible]？

……？[illegible]？？

[illegible]？[illegible]？

[illegible]？[illegible]？[illegible]？

？[illegible]？[illegible]

[illegible]？[illegible]？？

---

① 此人名被圈勾掉。

② 此件写本，麻纸，残，高 19 厘米，宽 48 厘米，西夏文草书 19 行。因残损较多，且字迹浅淡，背面书写经文，两面文字相互叠压，很多字不能识别，故只做对译，不做意译。

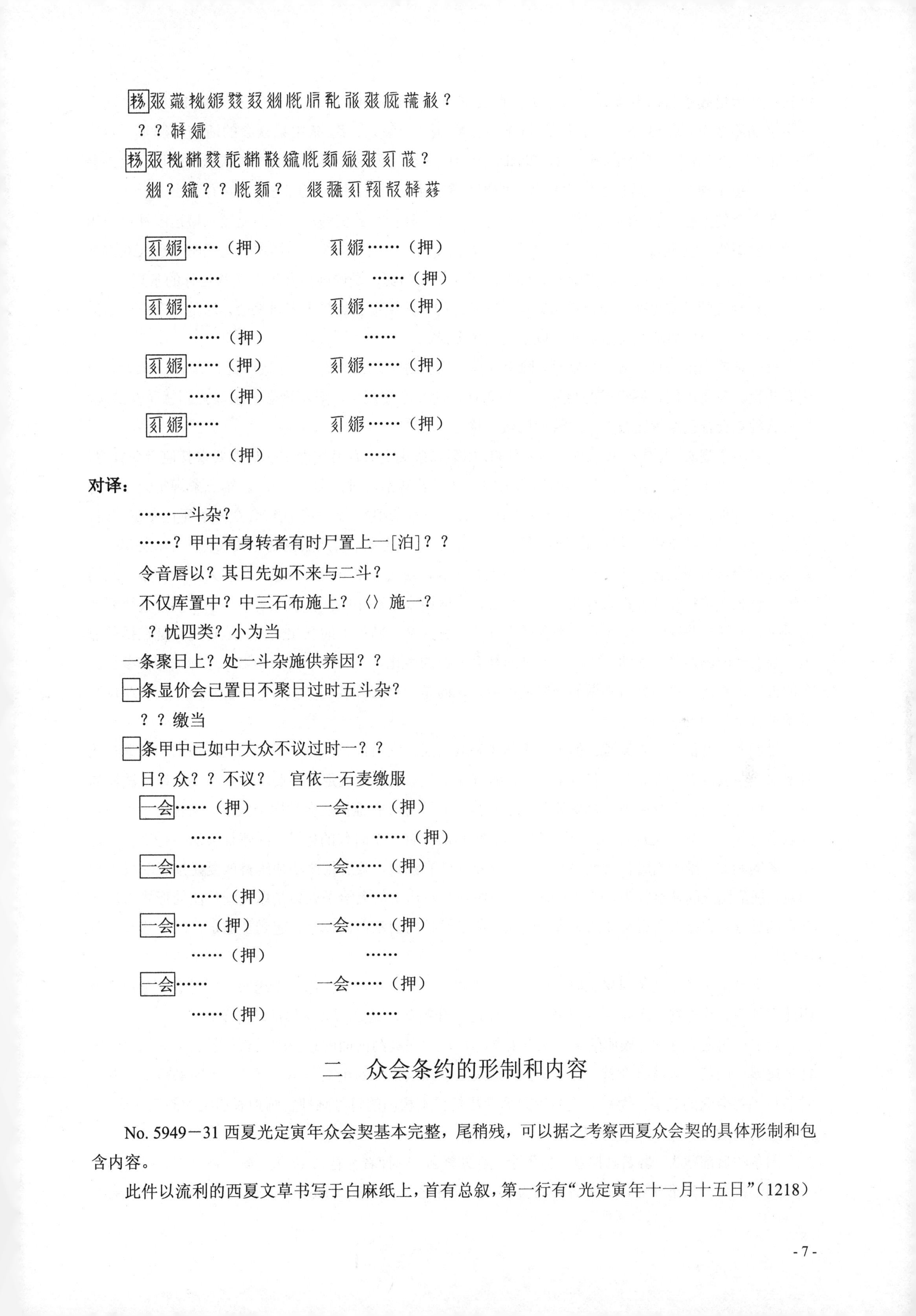

[illegible]？

？？[illegible]

[illegible]？

[illegible]？[illegible]？？[illegible]？　[illegible]

[illegible]……（押）　　[illegible]……（押）

……　　……（押）

[illegible]……　　[illegible]……（押）

……（押）　　……

[illegible]……（押）　　[illegible]……（押）

……（押）　　……

[illegible]……　　[illegible]……（押）

……（押）　　……

对译：

……一斗杂？

……？甲中有身转者有时尸置上一[泊]？？

令音唇以？其日先如不来与二斗？

不仅库置中？中三石布施上？〈〉施一？

？忧四类？小为当

一条聚日上？处一斗杂施供养因？？

一条显价会已置日不聚日过时五斗杂？

？？缴当

一条甲中已如中大众不议过时一？？

日？众？？不议？　官依一石麦缴服

一会……（押）　　一会……（押）

……　　……（押）

一会……　　一会……（押）

……（押）　　……

一会……（押）　　一会……（押）

……（押）　　……

一会……　　一会……（押）

……（押）　　……

二　众会条约的形制和内容

No. 5949－31 西夏光定寅年众会契基本完整，尾稍残，可以据之考察西夏众会契的具体形制和包含内容。

此件以流利的西夏文草书写于白麻纸上，首有总叙，第一行有“光定寅年十一月十五日”（1218）

年款；其后记载了名称为繈緕（众会），此文书前后共记繈緕 7 次之多。后列条规 11 条，中间又以小字加添 2 条，共 13 条，间有涂改。每条前有𘈩豝（一条）二字。条中记众会的活动为緕㖙（会、聚，即“聚会”意），文中出现 3 次。参加众会的成员称为翪繈（大、众，即“大众”或可译为“会众”），也出现 3 次。最后有每位与会人的署名和画押，因后残难以知晓全会共有多少人。

此众会契具有一般契约的属性，又有其特点，是一种特殊的契约。作为西夏黑水城地区社邑组织和活动的规约，它不像一般经济契约如买卖、抵押、借贷、租赁契约那样主要是证明当事人双方某项经济关系的文书，而是一种多人共同遵守的互助保证书契，是民间结社组织及其运行的条规。

从众会契的总叙可知，众会的成员是自愿参加的，并规定于每月十五日聚会。这是一个每月定期聚会的会社。会社要求众会成员实行以下规定的条款。

第一条就规定每月十五日会聚时，除有疾病、远行等不能前来者外，都要聚会，无故不来者要罚交五斗粮。虽是民间自愿组成的会社，一旦入社，便要遵守规矩，对不聚会者采取强制惩罚性措施。看来这种众会社邑组织比较严密，管理比较严格。

从具体条规看，此众会以互助为主要目的。如第二条规定会众有得严重疾病者要求其他会众看望，并具体规定“十日以内不来，则当送病药米谷一升。若其不送时，罚交一斗”。第三条规定会众中有死者时，其他人都要前来送葬，“有不来者时，罚交一石杂粮”。第六条规定会众妻子死亡办丧事时，其他会众应送一斗杂粮，“若其不送时，罚交三斗杂粮”。第七条、第八条也是有关人员死亡、发丧时，要求其他会众给予关怀和物质帮助的条款。人有疾病，众人前来看望、安慰，对病人是一种精神上的抚慰，有利于治疗和修养；人有死亡，同为会众，应前来送葬吊唁，怀念死者，安慰家属，甚至要伸出援手，补贴一些粮食。这实际上是会社内部的一种人文、精神上的互相关怀。这种关怀是在提倡邻里、亲朋之间的友爱、互助，体现出当时的社会公德的教化，有利于社会的和谐。这种关怀在参加众会的人中，不是一种可做可不做的一般道德要求，而是一种必须要切实执行、不能违反、若要违反则给予经济上处罚的规定。

第四条中有的字尚难释读，但可以大体了解其文义。它可能指会众若惹上官司，被诸司问罪，这时要对当事会众罚一斗杂粮，若有不付者，缴五斗杂粮。这样的规定旨在要求会众不要做违反法律的事，若作奸犯科，在会社中也要受处罚。这在客观上是为政府维护社会秩序，做政府的辅助工作。社会以道德和法律规范民众行为。一个时代的道德和法律有一个时代的标准，封建社会法律是维护封建统治者的利益、维护当时社会秩序的工具。西夏王朝有法典，政府依照法律维持西夏统治者的权力和利益，规范民众的社会行为。西夏的众会契表明众会对违法的人给予处罚是以民间社团的形式对违法会众的处分，也是对所有会众的警告和约束，成了维护封建法制的助手，起到了稳定当时封建社会秩序的作用。

众会契第十条规定每月聚会时，要送一升米谷、二升杂粮，并指出若不送时，罚交五斗杂粮。表明此会社每月聚会时，不是空手前来，而是要送三升粮食，这是入会参加活动的条件。

最后的署名、画押，表明的是此文书的契约性质。在契约前面的总叙中没有记录会首的名字，也许契尾签字的第一人就是会首。从书法看，每人名字和众会契的正文是同一笔体，也即书写正文者同时书写了各会众的名字。而每个人名后的画押却是各不相同的符号画押。画押表明契约的正式成立，具有了约束效力。

因条约后部残失，署名画押者可能不全，可见署名、画押者 8 行共 17 人，第 4 行第 1 人被勾画，左旁加一人名，为第 5 行。其余各行均为 2 人，上下各一人，在上部第 1 人上皆有𘈩緕（一、会）

二字，可能是“一名众会成员”之意，而下部第 2 人并无此二字。显然这是一件实用众会条规。

三　西夏的社邑和西夏社会

社邑是中国民间不少地区流行的基层社会结社组织，在当地有重要影响。唐、五代、宋初在敦煌一带广泛流行社邑。黑水城出土的西夏文众会契（社条）证明西夏时期也有社邑组织，甚至远在北部的黑水城地区也有社邑（众会）存在。这些新发现的文献为了解西夏基层社会增添了新的资料，提供了新的认识。

西夏文众会契与敦煌文书中的社邑条规属一类文书。社邑条规称为社条，又称社案、条流等，是社邑文书中重要的基础性文献。敦煌文书的社邑条规详略不同，一般首部为总则，叙述结社目的、立条缘由，然后规定组织、活动内容、处罚规则等具体条款。在叙述结社宗旨时，一般写在儒家礼法或佛教教义指导下，从事朋友间的互助教育、集体祭祀和生活互助，主要是营办丧葬以及春秋二次社祭和三长月斋会等；组织、活动、罚则的具体条款往往分条书写，每条前有“一”字，类似当时的法律条文的书写，也有的社条条款不明确分条。参加社邑者称为众社或社众。主事者是社长、社官和录事（或社老），被总称为三官。社众集体推举三官，根据社条与约定在三官组织领导下进行社邑的各种活动。

西夏的众会条约与敦煌文书中的社条一样，是民间互助性的社条，从其总叙和各条内容看，没有铺陈结社目的和立条缘由，没有道德伦理的说教，而主要是明确的、具体的要求，即规定应做哪些事，若不做或违反规定将要受到什么样的处罚。而敦煌文书中的社条往往会有较多的教化的语句。如英藏敦煌文书 S·6537 背 / 3—5《拾伍人结社社条》(文样) 记：“窃闻敦煌胜境，凭三宝以为基；风化人伦，藉明贤而共佐。……人民安泰，恩义大行。家家不失于尊卑，坊巷礼传于孝义。恐时侥伐之薄，人情与往日不同，互生纷然，后怕各生己见。所以某乙等壹拾伍人，从前结契，心意一般。大者同父母之情，长时供奉；少者一如赤子，必不改张。”又记：“济危救死，益死荣生，割己从他，不生吝惜，所以上下商量，人心莫逐时改转。因兹众意一般，乃立文案。结为邑义。世代追崇。”[①]又如俄藏敦煌文书 Д11038 号《索望社社条》记载：“今有仑之索望骨肉，敦煌极传英豪，索静弭为一脉，渐渐异息为房，见此逐物意移，决无尊卑之礼，长幼各不忍见，恐辱先代名宗。”[②]从所见西夏文众会契看，继承了中原王朝社条的维护封建法制、民间互助的传统，弱化了伦理纲常的说教，而趋向于简约、实用。

从社条条款的数量看，较完整的俄 Инв.No.5949－31 光定寅年众会条约有 13 条。而敦煌所出社条条款较少。如 P.3544 号大中九年（855）九月二十九日社长王武等再立条件存 2 条，后残；S.2041 号大中年间（847－860）儒风坊西巷社社条，续立 3 次，共存 7 条；P.3989 号景福三年（894）五月十日敦煌某社社条不分条。即便是内容很多的 S·6537 背 / 3—5 拾伍人结社社条(文样)，也只有 7 条。[③]检视已见到的敦煌所出社条，皆不如西夏众会条约的条款多。

敦煌文书所见社邑性质多样，有以经济和生活互助为主的，也有以从事佛教活动为主的。已发现的两件西夏文众会契都属于经济和生活互助类型。主要内容可归纳为四项：

一是定期聚会，每月一次，通过聚会可联络感情，交流各社户情况。

---

① 宁可、郝春文：《敦煌社邑文书辑校》，第 49－50 页。

② 乜小红：《论唐五代敦煌的民间社邑》，《武汉大学学报》(人文科学版) 2008 年第 6 期。

③ 宁可、郝春文：《敦煌社邑文书辑校》，第 1－66 页。

二是对有危困者给予精神上的抚慰，会众生病、死亡时，其他人前往看望，以示关怀。这种专列条款强调精神关怀的做法，显示出西夏众会组织不仅是物质方面的帮衬，更注重亲情的交流，感情的慰藉。

三是对有困难者给予物质上的帮助，特别是会众家中妻子死亡、本人死亡，其他会众要分别送一斗、二斗杂粮。家有丧事，不但心情悲痛，筹办丧事还要一笔花销。此时能得到会众的粮食补助，不仅感到心灵的安慰，丧葬的开销上也能得到补贴。以 No. 5949－31 光定寅年众会契为例，妻子死亡至少能得到一石七斗杂粮，会众本人死亡至少能得到三石四斗杂粮。

四是对众会中的成员有违法犯罪者，从众会的角度给予惩罚，令其缴纳一定数量的粮食。这种措施不仅是罚粮，而且通过给违法者的处罚在众会中起到警示作用。这种以政府的法律为准则的处事原则，无疑使这种民间的结社组织具有了辅助政府维护封建社会秩序的功能。

以上这些内容是社人权利与义务的构成。

从敦煌文书中的社邑文书可知，社邑的主事者三官根据社条与约定组织领导社邑的各种活动。三官由社众推举选出，但三官往往由当地有权势的大族担任。不少社邑受到官府、寺院、贵族、官僚、富户的控制，为之提供变相的赋敛和力役。两件西夏的众会契没有提供这方面的直接资料。

西夏众会契中由会众每月缴纳的聚会粮食（每人每月 3 升），17 人一年缴纳 6 石多粮食，此外还有罚交的粮食。这些由会众缴纳的粮食是归会首所有，还是作为众会的公用积粮，成为义聚，未予明载，不得而知，也不能完全排除会首通过众会聚敛财物的可能性。

从条约后的签字画押看，条约是会众成员全体制定的，表明其内容是共同制定、共同遵守、共同负责，也表明对于条约来说会众之间是平等的。西夏的众会条约和敦煌的社邑的社条一样，都具有这种性质。①

从俄 Инв.No.5949－31 光定寅年众会条约可知，文书末尾 17 人签名中已能识别的姓名中，没有典型的党项族姓，较多的是汉姓，如杨姓 2 人，张姓 2 人，还有王、葛、梁等姓，此外还有 1 名契丹人。或许当时入会者以汉人为主，因为汉族早有民间结社的传统。从有契丹人来看，或许当时西夏的众会突破民族的界限，融入多民族成分。从民族间交往的角度来看，西夏会众条约给中国社邑研究增添了新的、多民族元素。

（作者通讯地址：中国社会科学院民族学与人类学研究所　北京 10081）

① 孟宪实：《论唐宋时期敦煌民间结社的社条》，载季羡林、饶宗颐主编《敦煌吐鲁番研究》第 9 卷，中华书局，2006 年，第 317－337 页。

西夏学 第10辑 2013年9月
Xixia Studies, Sep,2013,Vol.10

中国藏黑水城出土汉文借钱契研究

杜建录

中国藏黑水城汉文钱钞借贷契约共有6件，[①]其中4件比较完整，李逸友《黑城出土文书》（汉文文书卷）[②]最早对这些文契进行整理。杨选第和叶新民二位先生利用《黑城出土文书》（汉文文书卷）中的录文，分别发表《元代亦集乃路的民间借贷契约》[③]和《亦集乃路元代契约文书研究》[④]两文，前者主要围绕比较完整的3件贷粮契约和1件贷钱契约展开，后者虽转录了李逸友4件贷钱文书的录文，但论述只限于对借贷利率的推断，尚未涉及其他方面的内容。杨淑红把《至元四年十月二十日韩二欠钱契》和《至元四年十月二十九日陈山和借钱契》作为元朝借贷的重要资料进行考察。[⑤]总的来说，这些研究还存在一定的不足，首先是只选取部分研究，没有全部整理；其次录文错误较多，尚有进一步研究的空间。为此拟在重新录文校勘的基础上，对黑水城出土的元代借钱契的格式和相关问题做一些补证与讨论。

一 契约考校

（一）元统三年借钱契

1. 立文字人亦集[乃]……住人刘惟[⑥]卿。今……
2. 到拜颜帖木[儿]……□元统三年正月至十二……
3. 终一周岁□……并[⑦]历单状，文凭一[⑧]面书……
4. 不到中[⑨]……议定立文钱中统……
5. 拾定……文凭钱数不得，系刘惟[⑩][卿]……
6. 情愿……还一倍。

---

①《中国藏黑水城汉文文献》第6卷，国家图书馆出版社，2008年,。
② 李逸友：《黑城出土文书》（汉文文书卷），科学出版社，1991年，第186－187页。
③ 载《内蒙古师大学报》1996年3期，第98－103页。
④ 载《蒙古史研究》第5辑，内蒙古大学出版社，1997年，第120－122页。
⑤ 杨淑红：《元代民间契约关系研究》，河北师范大学博士学位论文，2012年，第185页。
⑥“惟”，《黑城出土文书》（汉文文书卷），第187页未释。
⑦“并”，《黑城出土文书》（汉文文书卷），第187页释“赤”。
⑧“一”，《黑城出土文书》（汉文文书卷），第187页未释。
⑨“中”，同上。
⑩“惟”，《黑城出土文书》（汉文文书卷），第187页误释“帷”。

7. □□罚钞……拜颜帖木儿[①]等使……

8. 词，恐后[无凭] ……为用。

元统三年借钱契，图版见《中国藏黑水城汉文文献》第六册第1239页，编号M1·0970[F20:W45]。竹纸，元代写本，残件。高28.7厘米，宽22.3厘米，行草书，共八行。有勾画修改，似为草稿。黑水城出土，内蒙古考古研究所藏。

第一行立文字人即借钱人刘惟卿的“惟”残为两截，《黑城出土文书》（汉文文书卷）和《元代亦集乃路的民间借贷契约》未释。根据第五行借钱人姓名“刘惟□”，缺“卿”字，但完整保留“惟”字，二者互证，得出借钱人姓名是“刘惟卿”。

第三行“并”，《黑城出土文书》（汉文文书卷）和《亦集乃路元代契约文书研究》录为“赤”，经仔细研读原始图版，应为“并”。从文意上看，《黑城出土文书》（汉文文书卷）可能认为“并”为“赤”讹字，“赤历单状”为仓库或税务的收支日记账，需定期向上级官员申报审核，“诸仓库赤历单状，当该上司月一查照”[②]，此处可能引申为私人之收支账目记录，存疑俟考，仍按原图版录“并”字。本行“文凭一面书”，《黑城出土文书》（汉文文书卷）和《亦集乃路元代契约文书研究》脱“一”字，从图版来看，此处断裂大部分都能缀合，只有“凭”与“面”二字之间缺一小块，但隐约有一横笔画，从上下缀合的情况来看，显然不是其他字的一笔，当为独立的“一”字。从文意上来看，释“一”方能通顺。黑水城文书中多有“一面”的用法，如《至元四年十月二十日韩二借钱契》中“代保人一面替还”，《至正六年十一月初六日陈山和借钱契》中“同取代保人一面将本利归还”，等等。

第四行“不到中”，《黑城出土文书》（汉文文书卷）和《亦集乃路元代契约文书研究》脱“中”字，该字清楚，李逸友先生《黑水城出土文书》（汉文文书卷）脱，《亦集乃路元代契约文书研究》没有使用原图版，只是在李先生的录文基础上研究，故字迹虽然清楚，但未能释出。

第五行“系刘惟[卿]”，该句是借钱人刘惟卿承诺若反悔情愿受罚，和第一行立文字人即借钱人刘惟卿互证，得出“惟”后缺“卿”字。

第七行“拜颜帖木兒等”，“兒”字处断裂，缀合后有点像“立”字，这是蒙古人名，从文意来看，应为“兒”字。

（二）至元四年十月二十日韩二欠钱契

1. 立欠钱文字人亦集乃路耳卜渠住人

2. 韩二，今为要钱使用，别无得处，今欠到

3. 石巡检[③]中统宝钞贰拾柒两五钱。其

4. 钱本人自限正月终交还，如至日不见

5. 交还，系同取代保人一面替还无词。恐失，

6. 故立故立文字人[④]为用。

7. 至元四年十月廿日立文字人韩二[押]

① “儿”，《黑城出土文书》（汉文文书卷），第187页释“立”。

② 郭成伟点校《大元通制条格》卷一四《仓库·关防》，法律出版社，2000年，第159页。

③ “巡检”，《黑城出土文书》（汉文文书卷），第188页，《元代民间契约关系研究》，第109页释“巡使”。

④ “人”，《黑城出土文书》（汉文文书卷），第188页脱。

8.　　　　同取代保人张二[押]

9.　　　　知见人葛二[①][押]

至元四年十月二十日韩二借钱契，图版见中国藏黑水城文献第六册第 1240 页，编号 M1·0971[F74:W3]。元代写本，高 27 厘米，宽 30.2 厘米，行书，共九行，基本完整。只是尾部纸张残，不知“知见人葛二”后是否还有文字。黑水城出土，内蒙古考古研究所藏。

第三行“石巡检”，《黑城出土文书》（汉文文书卷）和《亦集乃路元代契约文书研究》误录为“石巡使”。从笔画走势来看，是一草体“检”字，而非“使”字；从文意上看，当是“巡检”而非“巡使”。“巡检”是巡检司的官员，《元史》记载：“巡检司，秩九品。巡检一员。”[②]“诸路府所辖州县设县尉司、巡检司、捕盗所，皆置巡军弓手，而其数则有多寡之不同，职巡逻，专捕获。”[③]契约中的“石巡检”，是指姓石的巡检，若是“巡使”就解释不通了。

第五行“恐失”，根据文意，当是“恐人失信”之笔误。

第六行“故立故立文字人为用”，《黑城出土文书》（汉文文书卷）和《亦集乃路元代契约文书研究》脱 “人”。此句有两处笔误，一处衍“故立”二字，另一处衍一“人”字。杨选第《元代亦集乃路的民间借贷契约》只录一个“故立”，虽然文意通了，但与原文不符。

第九行“葛二”，《黑城出土文书》（汉文文书卷），《亦集乃路元代契约文书研究》录为“小乌二”。从笔画来看，更接近“葛”字。从文意上看，“立文字人韩二”、“同取代保人张二”、“知见人葛二”，他们在姓名上似乎有某种关系，当然这仅仅是推测，也很可能是巧合。

（三）至元四年十月二十九日陈山和借钱契

1.　……不令拖欠，或钱主用钱，

2.　至日即便将本利归还，或本人走在

3.　东西，虽在无钱归还，系同取代保人

4.　一面替还无词。恐人失信，故立此借

5.　钱文字为凭照用。

6.　至元四年十月廿九日立借钱人陈山和[押]

7.　　　　同取钱人陈本……

8.　　　　[同]取钱人陈拜住[押]

9.　　　　同取代保人翟敬甫[押]

10.　　　　代保人董德先[押]

11.　　　　知见人程二[押]

12.　　　　知见人翟典[④][押]

13.　　　大吉利

① “葛二”，《黑城出土文书》（汉文文书卷），第 188 页误释“小乌二”。
② 《元史》卷九一《百官志七》，中华书局，1976 年，第 2318 页。
③ 《元史》卷一〇一《兵志四・弓手》，第 2594 页。
④ “翟典”，《黑城出土文书》（汉文文书卷），第 188 页误释为“翟德典”。

至元四年十月二十九日陈山和借钱契，图版见《中国藏黑水城汉文文献》第六册第1241页，编号M1·0972[F62:W28]。元代写本，残件，高28.7厘米，宽30.2厘米，行草书，共十三行。背墨书“细辛”二字。黑水城出土，内蒙古考古研究所藏。

第八行“同取钱人陈拜住”，“同”字缺，从文意判断当是“同”字。

第十二行知见人姓名“翟典”，《黑城出土文书》（汉文文书卷）和《亦集乃路元代契约文书研究》衍“德”字，误为“瞿德典”。

文书背“细辛”为中草药。《本草纲目》草部第13卷《草之二》曰：“根细而味极辛，故名之曰细辛”；“辛，温，无毒”；有“咳逆上气，头痛脑动，百节拘挛，风湿痹痛死肌。久服明目利九窍，轻身长年”等疗效。①

（四）至正六年十一月初六日陈山和借钱契

1. 算，或钱主要钱，至日即便将本利归还。
2. 或本人走在东西，虽在无钱归还，系同
3. 取代保人一面将本利归还无词。恐人
4. 失信，故立此文字为凭照用。
5. 至正六年十一月初六日借钱人陈山和[押]
6. 同取钱人陈德□[押]
7. 同取代保人陈拜住[押]
8. 知见人杨三哥

《至正六年十一月初六日陈山和借钱契》图版见《中国藏黑水城汉文文献》第六册第1245页，编号M1·0976[F62:W27]。元代写本，首尾残。高28.1厘米，宽26.2厘米，行草书，共八行。黑水城出土，内蒙古考古研究所藏。

（五）借钱契残件②

1. 立借钱文字人张□□……
2. ……□□……

（略）

借钱契残件，图版见《中国藏黑水城汉文文献》第六册第1264页，编号M1·0994[Y1:W54]，四残屑。第一件存“立借钱文字人张”等文字，其余存3—9字不等，有的是借粮契残屑，有的是借贷人或同借人姓名画押残屑，由于太残，不能断定是借钱契残屑，故略。

（六）典钱契残件③

1. 立典钱文字人奉元……
2. 并妻舍南坐，今为自己将元取店下货钱□……

---

① [明]李时珍：《本草纲目》卷一三《草之二》，人民卫生出版社，1977年，第817页。

②③ 此件契约在《中国藏黑水城汉文文献》第6册公布，《黑城出土文书》（汉文文书卷）没有录文。

典钱契残件，图版见《中国藏黑水城汉文文献》第六册第 1265 页，编号 M1·0995[F144:W17]。元代写本，残甚。高 26.2 厘米，宽 7.7 厘米，行楷书，共二行，黑水城出土，内蒙古考古研究所藏。

二　契约格式及其相关问题

[元]《新编事文类要启札青钱》外集卷一一《生钞批式》是元代借钱契约的一般格式，为了便于讨论，兹录如下：[①]

> 某乡某里姓某，今投托得某人保委，情愿立批，就某里某人位，揭借得中统钞若干锭，前去经营用度。每月依例纳息三分，约限几月备本息一并归还，不敢拖欠。如有东西，且保人甘伏代还不词，谨约。
>
> 年 月 日 姓 某　　号 批
>
> 保人姓 某 号

黑水城出土元代借（欠）钱契约的格式为：

> 立借（欠）钱文字人亦集乃路某渠住人某，今为要钱使用，别无得处，今借到某中统钞若干锭（今欠到某中统宝钞某两某钱），每月依例纳息某分，限某月本息一并归还（其钱本人自限某月终交还）。如至日不见交还，系同取代保人一面替还无词。恐人失信，故立文字为照用。
>
> 某年某月某日立文字人某 [押]
>
> 同取代保人某 [押]
>
> 知见人某 [押]

黑水城出土元代借钱契约的格式和元代法律规定的格式大体一致，包括借钱人（欠钱人）姓名、乡里住址、借钱（欠钱）数量、交还日期、保人担保，尾署年款、借钱人和担保人（知见人）姓名画押。值得注意的是，有几处关键地方不尽相同，《生钞批式》明确规定是“借钱”，“揭借得中统钞若干锭”，而黑水城借钱契约有的是“借钱”，“至元四年十月廿九日立借钱人陈山和”；有的则是“欠钱”，“立欠钱文字人亦集乃路耳卜渠住人”。

“借钱”和“欠钱”虽一字之差，却有深层次的用意。杨淑红《元代民间契约关系研究》认为是债权人为了规避“取息过律”的罪名，将本息合计。此说甚是，因为借钱文书要写明“利率”，到期“一面将本利归还”。欠钱文书就不一样了，它隐藏了“利率”，将本利累计成欠钱数，这是放高利贷者为了获得高额利益而玩的“花样”。元朝政权为了稳定社会，限制高利贷的利率。至元十九年（1282）四月，中书省奏言：“随路权豪势要之家举放钱债，逐急用度，添答利息，每两至于五分或壹倍之上，若无钱归还呵，除已纳利钱外，再行倒换文契，累算利钱，准折人口头疋事产，实是于民不便。令后若取借钱债，每两出利不过三分。”为此，都省议得，“若有似此违犯之人，许诸人陈告，取问是实，即将多取利息追还借钱之人，本利没官，更将犯人严行断罪”[②]。大德二年（1298）中书省重申，军

① 《新编事文类要启札青钱》外集卷一一《公私必用》，载黄时鉴辑点《元代法律资料辑存》，元代史料丛刊本，浙江古籍出版社，1988 年，第 244 页。

② 郭成伟点校《大元通制条格》卷二八《杂令·违例取息》，法律出版社，2000 年，第 319 页。

官放钱取利，“依在先大体例里，一两钞一月三分，家利钱已上休要。今后多要呵，本利没官”[①]。上有政策，下有对策，为了获得更大的利益，放债的官员和富商变一个戏法，将借钱变成欠钱，通过隐去高额利息，规避法律的惩罚。

除《至元四年十月二十日韩二欠钱契》外，其他几件借钱文契都是残件，在借贷利率上，只存“至日即便将本利归还”、“同取代保人一面将本利归还”等文字，至于利率是多少不得而知。从《元统三年借钱契》中的“元统三年正月至十二”、“终一周岁”、“还一倍”等来看，该借贷年息100%。

前述元政府规定“每两出利不过三分”是指“一两钞一月三分”，即月息30%。当然，这只仅仅是制度层面上的，实际上利率远高于此。“民贷其家责券数月，子与母侔”[②]，“钱债止还一本一利”[③] 前揭“终一周岁”、“还一倍”，都是100%的利息。“倍称之息”是宋元时期常见的高利贷年息。[④]

（作者通讯地址：宁夏大学西夏学研究院　银川 750021）

① 陈高华等点校《元典章》卷二七《户部一三·钱债·私债·多要利钱本利没官》，中华书局及天津古籍出版社，2011年，第997页。

② [元]姚燧：《牧庵集》卷二九《浏阳县尉阎君墓志铭》，《文渊阁四库全书》1201册，台湾商务印书馆，1986年，第709页下。

③ 陈高华等点校《元典章》卷二七《户部一三·钱债·私债·钱债止还一本一利》，第992页。

④ 乔幼梅：《宋元时期高利贷资本的发展》，《中国社会科学》1988年第3期，第215页。

西夏学 第10辑 2013年9月
Xixia Studies, Sep,2013,Vol.10

俄藏黑水城TK27P西夏文佛经背裱补字纸残片性质辨析

——西夏乾祐年间材植文书再研究之二

孙继民

摘　要： 俄藏黑水城TK27P西夏文佛经背裱补字纸残片原被定为《西夏或元代残契》，本文经过重新研究，认为前两个残片应为西材植文书残片，后一残片应为佛经残片。

关键词： 西夏　残契　材植文书　佛经残片

《俄藏黑水城文献》第2册第17页上栏图版刊有三张纸条，为俄藏编号TK27西夏文刻本《金刚般若波罗蜜经》背裱补字纸残片，现已脱落，俄藏编号为TK27P，图版下原拟题为《残片》。第6册《附录·叙录》在TK27《金刚般若波罗蜜经》题解中择录本件文书文字有"半叁条各长〔捌〕尺伍寸"等。考虑到黑水城所出西夏刻本佛经多在西夏后期，而其背面裱补字纸必然更晚，因此拙著《俄藏黑水城汉文非佛教文献整理与研究》推测此件残契年代当在西夏末或元代，定名为《西夏或元代残契》。①现在看来，这一定名值得讨论，该件文书的性质需要重新加以认识。

首先将该文书三张图版重新录文如下：

（一）

（前缺）

1. □□寸半叁条，各长捌尺伍寸□□.
2. □□拾尺

（后缺）

（二）

（前缺）

1. □□[钱]□[料]□[拾][尺]□□.
3. □□书.□□

（后缺）

（三）

（前缺）

1. □□□已顶礼其□□.

（后缺）

① 孙继民等《俄藏黑水城汉文非佛教文献整理与研究》上册，北京师范大学出版社，2012年，第254页。

从图版看，以上三个残片，前两个残片是写本，字迹一致，当出于同一人之手；后一个残片字迹较淡，似是印本宋体字。前两个残片与后一个残片不是同一件可以无疑。

后一个残片上下均残，残存字迹“已顶礼其”清晰可见，但“已”上一字迹较模糊，只有左下角的一撇可见轮廓。按佛经《大方广佛华严经》卷第六十五《入法界品第三十九之六有“善财见已，顶礼其足”一语，疑后一残片即为《大方广佛华严经》卷第六十五《入法界品第三十九之六“善财见已，顶礼其足”的残句，属于佛经残片。

前两个残片的内容，残片一的1行“半叁条各长捌尺伍寸”为《俄藏黑水城文献》原编者所释读的内容，应无问题。前一字“寸”残存该字大部，只缺竖笔的上端，根据下文内容和最终认定可确认该残片属于西夏材植文书（理由详后），该字释读为“寸”字亦无问题。残片二的1行文字“钱□料□拾尺”，《俄藏黑水城文献》原编者未予释读，完全是拙著《俄藏黑水城汉文非佛教文献整理与研究》根据残存笔画而推定的文字，是否可靠笔者也不自信。但有一点可以肯定，二者笔迹一致，同出于一人之手，应属于同一件文书的两个残片。

前两个残片的内容和性质，笔者在《俄藏黑水城汉文非佛教文献整理与研究》一书原拟为“西夏或元代残契”，现在看来年代排除元代、定在西夏应无疑问，性质定为“残契”则应该进行修正。从现存的内容看，“寸半叁条各长捌尺伍寸”等字完全不见西夏契约文书的套语，也不存在西夏契约文书的格式，可以肯定不是西夏契约文书。那么，它是什么性质的文书呢？笔者推断它应为西夏乾祐年间材植文书的残片，这可以通过与已知的西夏乾祐年间的材植文书进行比较来得出结论。

已知的西夏乾祐年间材植类文书（包括胶泥土等文书）共三个编号几十个残片，其中可以分为两大类：公文类和账簿类。账簿类材植文书与我们所要研究的主旨无关，下面仅将有关的公文类材植文书列出几件如下：

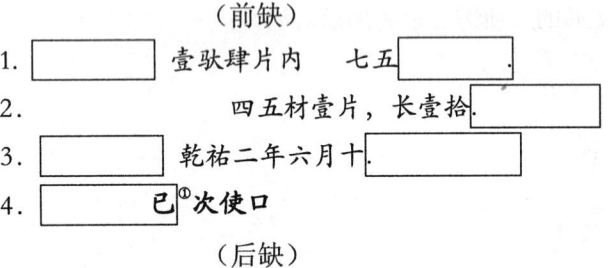

ДX2828号残片（六）

正：

（前缺）

1. □ 壹驮肆片内　七五□
2. 　　四五材壹片，长壹拾□
3. □ 乾祐二年六月十□
4. □ 已[①]次使口

（后缺）

ДX2828号残片（九）

正：

（前缺）

1. □陆尺阔壹□
2. □
3. □长壹拾伍尺
4. □伍寸，　壹片长陆尺□

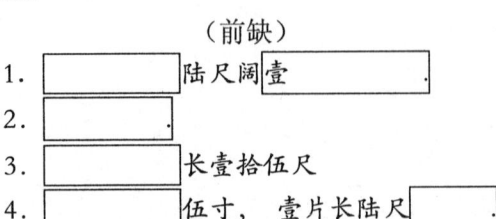

① “已”字残，杜建录《西夏乾祐二年材料文书考释》（《宁夏社会科学》2007年第2期）一文作“一”；张多勇、李并成、戴晓刚：《西夏乾祐二年（1171）黑水城般驮、脚户运输文契——汉文文书与西夏交通运输》（《敦煌研究》2012年第2期）一文作“已”。据文书残存笔划推断应为“已”。

5. ☐　各长壹拾尺。
6. ☐　长陆尺伍寸。
7. ☐月十五日
8. 　　　（签押）

ДX2828号残片（十二）

正：

（前缺）
1. ☐　□□片长壹拾肆尺．
2. ☐　叁尺寸板式片，各长陆尺．
3. ☐　寸。
4. ☐　五材式片内，壹片长壹拾
5. ☐　柒伍尺寸板肆片，各长．
6. ☐　□材式片，各长壹拾肆尺
7. ☐　长伍尺，阔壹尺伍寸
8. ☐　材式片各长
（后缺）

将TK27P前两个残片的图版与ДX2828号残片（六）、ДX2828号残片（九）和ДX2828号残片（十二）图版进行比较，不难看出二者笔迹完全一致，行文用语也比较一致，由此可见二者内容性质完全相同不容置疑，TK27P前两个残片属于西夏乾祐年间材植文书同样不容置疑。这就是我们修正原来认为TK27P前两个残片是"西夏或元代残契"的原因所在。故此，西夏材植文书的公文类残片数量又可以在已经确认19件的基础上再增加1件（一块残片正反均有文字的按一件计算），达到20件的总数。

附图版：

TK27P　　　　　　　　　　　　　　　　　　　　ДX2828号残片（六）

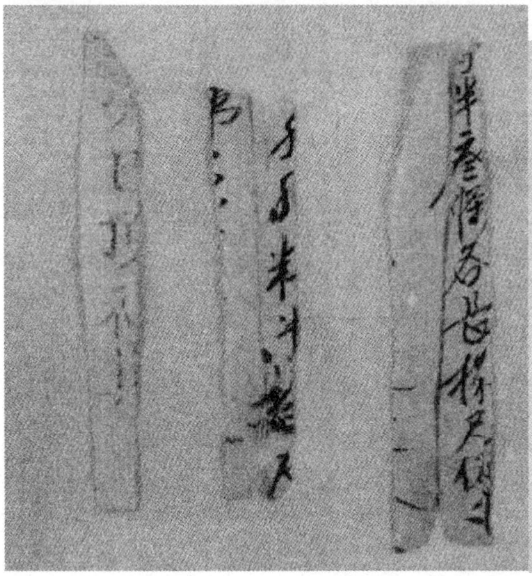

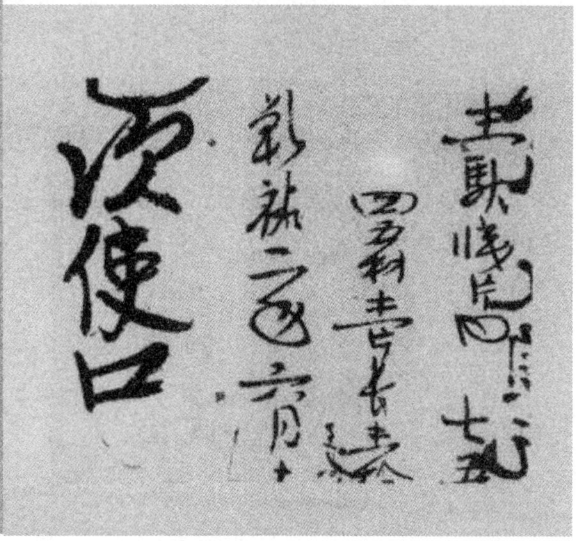

ДX2828 号残片（九）

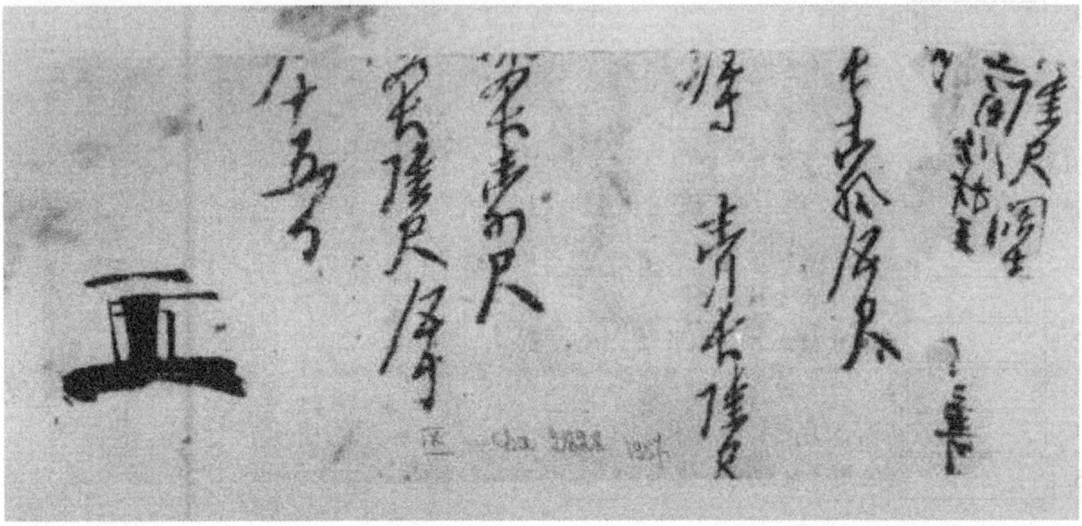

ДX2828 号残片（十二）

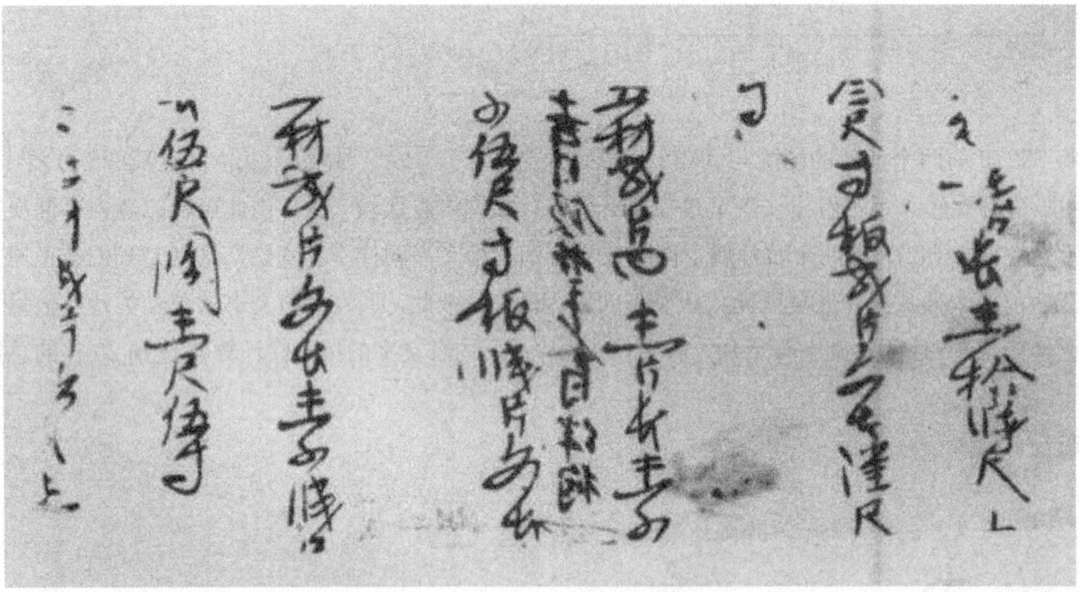

（作者通讯地址：河北省社会科学院　石家庄 050051）

西夏学 第10辑 2013年9月
Xixia Studies, Sep,2013,Vol.10

武威藏西夏文乾定酉年增纳草捆文书初探*

梁继红

摘　要：武威亥母洞出土的两份西夏文文献，内容都是关于乾定酉年农户“里溜没细苗盛”增纳草捆数量和种类的记录，上面钤盖西夏文“守库主管”朱文楷书印章。两份文献保存完整，从形制特点和内容分析，应当是一式两份的西夏农户缴纳草捆的凭据。文献内容与西夏《天盛改旧新定律令》中的记载互为补充和印证，是研究西夏官方文书和社会经济的重要文献和实物资料。

关键词：武威　西夏　文书　社会经济

1989年武威新华乡亥母洞石窟遗址出土了两份形制、内容基本相同的西夏文文献，上面均钤盖西夏文“守库主管”朱文楷书印章，内容是西夏乾定酉年（1225），里溜没细苗盛增纳草捆数量和种类的记录。文献形制和内容，对研究西夏时期官方文书的形制以及基层农业税收管理制度，具有重要参考价值。文献现藏武威市博物馆，《中国藏西夏文献》16册甘肃编中公布了图版。

本文对两件文献的内容进行了释读，又以西夏《天盛改旧新定律令》内容为参考，对文献的形制、文献所反映的几个西夏社会问题进行了粗浅的探究。两份文献的最显著区别在于，文献末尾的一处落款，一份为手写楷书西夏文“官”字，一份为手写草书西夏文“户”字。本文在释读文献时，将不同的落款作为文献题名，以示区别。两份文献虽然内容很少，但都是正式的官方文书，故录文时保持文献原有的格式。因文献内容字体既有楷书印字，也有草书手写字，为区别不同，录文时以黑体字表示楷书印字，宋体字表示草书手写字。西夏文录文前加注了行号，□表示不能释读的草书西夏字。

文献释读

一、“官”字款文书

此文献在《中国藏西夏文献》第16册第390—391页。文献编号G31-05[6730]，写本，土黄色麻纸，单页，高17.5厘米，宽13厘米。两面有文字，正面文字8行，有楷书印字，还有草书手写字，草书手写字为后填。左上角处，有一个墨写大字，为楷书西夏文“官”字。正面有两处画押，最上方钤朱文印，只钤一半，印纹呈倒三角形，文字模糊不清。从印纹痕迹可知，该印为正方形，长、宽各

* **基金项目：**国家社科基金特别委托项目《西夏文献文物研究》子课题《武威出土西夏文献研究》项目基金资助（项目编号11@ZH001）阶段性成果之一。

5.7 厘米，合 1 寸 7 分。文献背面草书文字 2 行，一处画押，页面中间钤竖长方形四字西夏文楷书朱文印一方，印高 10.5 厘米，宽 2.8 厘米，印文内容为“[illegible]”，汉译为“守库主管”。此文献中的楷书文字都是墨印而成，大多是官府中执事者的押印。文献中还有明确的楷书墨印年款，“乾定酉年　月　日”，较为特别的是，其中的“酉”字为手写草书，其余字体皆为墨印。文献的内容是手写草书文字，记载了一位有“里溜”职官，名叫“没细苗盛”的农户，于乾定酉年向官府增交草捆的数量和种类。

正面西夏文和汉译文：

1 [illegible]

里溜没细苗盛

2 [illegible] □□□ [illegible]

一户□□□增二捆，一捆麦草，一捆粟草

3 [illegible]　[illegible]　[illegible]

乾定酉年　月　日

4 [illegible]　[illegible]　[illegible]　[illegible]

库守郝　大食　大食　大食

5 [illegible]　[illegible]　（画押）

起文字者　钟

6 □□　[illegible]　[illegible]　[illegible]

□□　大食　大食　大食

7 [illegible]　[illegible]

库监　大食

8 [illegible]　（画押）

官

背面西夏文和汉译文：

1 [illegible]　（画押）

酉年属

2 □□□□

注释：

（1）[illegible]，“迁条、迁溜、里溜”。迁，相当于汉文中里甲的里。里溜，是西夏最基层的组织。

（2）[illegible]，[illegible]音“没细”，番姓；[illegible]，“苗盛”，人名。

（3）[illegible]，音“郝”，汉姓。

（4）[illegible]，“大食”，该文献中此词频繁出现，不知何意。

二、“户”字款文书

此文献在《中国藏西夏文献》16 册甘肃编第 393 页。文献编号 G31-07【6731】，土黄色麻纸，写本，单页，页面皱折残破。高 19 厘米，宽 13.5 厘米。两面文字，正面文字 5 行，有楷书印字和草书手写字，一处画押。文献正面左上角，有一个大字，为手写西夏文草书“户”字。背面草书文字一行，模糊难辨，一处画押，中间钤竖长方形四字西夏文楷书朱印一方，印章尺寸、内容与前款相同，是“守库主管”之印。此文献中的楷书文字都是墨印而成，大多是官府中执事者的押印。手写草书内容是记载农户里溜没细苗盛向官府增交草捆的数量和种类。

正面西夏文和汉译文：

1 [illegible]

里溜没细苗盛

2 [illegible] □□□ [illegible]

一户□□□增二捆，麦草一捆，粟草一捆

3□□

□□

4 [illegible]　　[illegible]　　（押）

库守郝

5 [illegible]

起文字者钟

6……

7 [illegible]　　（押）

户

文献反映的几个西夏社会问题

一、武威出土的两份文献，是西夏政府基层组织征收赋税时所出具的一式两份的正式官方文书。文书形制独特，存世稀少，是研究西夏公文文书制度的珍贵文献文物资料。

两份文书内容完全相同，都是记载一个有“里溜”职官、名叫“没细苗盛”的农户，增纳草捆的数量和种类。“官”字款文书的记载为“一户□□□增二捆，一捆麦草，一捆粟草”。“户”字款文书的记载是“一户□□□增二捆，麦草一捆，粟草一捆”。

两份文书的制作方式、尺寸、形制基本相同，都是在纸张上，以黑墨押印的形式，提前钤盖好库监、库守、文书起草人等官府中相关执事人员的签名。在黑墨押印之后，还有墨书的画押符号。文书的正文内容，则是用墨写草书填写上去。每份文书的背面，都钤盖西夏文“守库主管”朱文楷书印章。

西夏《天盛改旧新定律令》中，记载租种官府土地的农户，交纳租赋的具体程序和各种监管制度时，其中多处提到交纳租赋和检查复核时所必备的“凭据”。例如，《天盛律令》第15卷《催缴租门》和《地水杂罪门》中规定：[1]

> 所属郡县局分大小人交纳种种地租多少，十一月一日于转运司不告交簿册、凭据，迟缓时罪……。转运司人将簿册、凭据种种于十一月一日至月末一个月期间引送磨勘司不毕，逾期延误时……

① 史金波等译注《天盛改旧新定律令》第15卷《催缴租门》第490页、《地水杂罪门》第507页，法律出版社，2000年。

催促地租者乘马于各自转运司白册盖印，家主当取收据数登记于白册。其处于收据主人当面由催租者为手记，十五日一番，由转运司校验，不许胡乱侵扰家主取贿等。

从律令规定可以看出，西夏政府在收取租赋以及后续的监督检查中，“凭据”起着非常重要的作用。而且，交纳租赋的凭据有两份，官府保存一份备档、备查，农户保存一份也要随时接受检查。武威西夏文文献的发现，证实了律令记载的真实性，而武威西夏文文献的特别之处，是在两份文献的相同位置上，有墨书的“官”、“户”二字，可以看做是凭据持有者的标记，这一点又可作为律令的补充。

参照《天盛改旧新定律令》的记载，结合文献特征，可以初步判断，两份文献应当是西夏官府出具的农户缴纳草捆的文书凭据，一式两份，“官”字款的是官府存档备案、备查的凭据，“户”字款的是纳税农户的家主（不是一家之主，而是指若干租户的首领）或本人保存备查的凭据。提前钤盖墨印，再根据需要填写文书内容，这样的公文方式，显然是为了提高公务效率。

在提前押印好的文书上填写内容，这种形制的西夏文文书，在英藏黑水城文献中也有发现，史金波先生曾著文介绍：①

有填字刻本文书。2349V定为残片，应是刻本，但残留文字太少，且字迹浅淡。仔细揣摩，仍可见：第一行：“今自……”；第二行（刻本文字不清）墨书填写：“利限……”；第三行刻本文字：“天盛”，墨书填写：“二十……”；第三行刻本文字：“司吏耶和……”。此文书或与公家放贷有关，惟其有刻版文书，只需填写数量、利限和时间即可。若如是，则此残片为首见此类文书。因残损过甚，尚难做过多解释。

与同类形制的英藏黑水城文献相比，武威文献保存内容基本完整，包含的信息也更为丰富。此类文献存世稀少，是研究西夏公文文书制度的重要文献资料。

二、一式两份的官方文书，与西夏法典中的相关内容互为补充和印证，基本还原了西夏政府基层组织向农户收取租税时的执行、监督、检查等一系列较为规范且严格的管理程序。

西夏实行“租傭草”制度，凡是租种政府所属土地者，均要按时按量交纳不同种类和数量的租税，由于西夏经济以畜牧业为主，因此草捆也是西夏政府向租地农户征收的重要赋税之一。

《天盛改旧新定律令》第15卷的“地水杂罪门”、“催缴租门”、“纳领谷派遣计量小监门”等，详细规定了政府收缴租赋的原则和程序。

首先，租种政府土地的农户，要在官府地册中记档备案。租种土地的农户要在官府地册中详细备案，此档案一式两份，官家和租户本人各持一份，上面记载了租户所租种土地的数量、要交纳的种种租赋，具体升斗、草捆数量等。政府征收租赋，要按照地册的记载来收取。多收或者少收，相关人都要受到处罚。

其次，租地农户交纳草捆的数量，也有明确规定。租户家主所租种的土地上，一顷五十亩一块地，单单是草捆一项，就要交纳麦草七捆，粟草三十捆。律令中甚至对捆草的绳子都有明确规定，每个草捆的绳长要求四尺五寸。

第三，收取租赋有严格的监督检查制度。收取租赋的任务由最基层的各郡县仓库完成。收取租赋

---

① 史金波：《〈英藏黑水城文献〉定名刍议及补正》，《西夏学》第5辑，上海古籍出版社，2010年。

时，上级部门要派专人现场监督检查，保证租赋质量和数量符合要求。《天盛改旧新定律令》规定：①

纳种种租时节上，计量小监当坐于库门，巡察者当并坐于计量小监之侧。纳粮食者当于簿册依次一一唤其名，量而纳之。当予收据上有斛斗总数、计量小监手记，不许所纳粮食中入虚杂。……计量小监人除原旧本册以外，依所纳粮食之数，当为新册一卷，完毕时以新旧册自相核校，无失误参差，然后为清册一卷，附于状文而送中书。

除了现场检查督促，还有专门骑马往来于各个转运司巡回检查的催租者。催租者手持由各转运司处提供、并钤盖印章的白册，往来于各郡县之间，勘验租地户家主保存的收据，并登记于白册，并当着收据主人的面亲自做手记。此白册最后要交由转运司校验。

第四，收取租赋后的复核制度。律令规定，每年的 10 月 1 日，各郡县征收赋税的凭据要进行汇总，限于 11 月 1 日，将簿册、凭据由司吏送达转运司审查。转运司则限于 12 月 1 日，将簿册、凭据上交磨勘司复核。期间若有迟缓，相关人等都要获罪。

从天盛律令的记载可知，西夏收取租赋时和用于检查、监督、复核的重要凭据有两种：一种是收取租赋前后所登记的新旧两个簿册，另一种就是收、交租赋双方所持的凭据。

律令中没有记载对收租凭据形制等具体内容的描述，武威出土的两份文献正好弥补了这一缺憾。出土文献的内容与《天盛律令》的记载互相印证，互为补充，成为研究西夏赋税收缴与管理的重要物证。两份文献中，“官”字款增交草捆文书，草书内容相对工整，除了钤盖西夏文“守库主管”朱文印章外，还钤盖一半方形朱文印章，并有“乾定酉年月日”的黑墨印字，和“酉年属”的草书年款。“户”字款的文书，书写潦草，且只有一方“守库主管”的朱文印章，没有书写或押印年款，甚至个别墨印签章，似乎也有意只盖一半。从文书的现状似乎可以窥见，收取租赋时紧张繁忙的情形，也因此理解了黑墨押印提前钤盖在文书上的原因。

三、两份文书中以押印的形式保存的西夏职官名称，弥补了有关文献和考古资料记载的不足，为研究西夏职官和职官用印制度提供了参考。

西夏时期的西凉府地位重要，其与中兴府、大都督府等并列位于次等司，地位仅次于上等司的中书和枢密。②西夏政府在西凉府设立的职司和委派的职官，地位很高，管辖范围很大。考古资料证明，西夏曾在凉州设立西经略司，任命西经略使等职，掌管沙洲、瓜州、黑水等地。经略司是京师以外，主管若干州郡军民事务的衙门，地位仅次于中书、枢密，位在诸司之上。经略司的最高长官是经略使，俄藏黑水城文献《拔济苦难陀罗尼经》发愿文记载：乾祐二十四年（1193），仁宗去世，在他的“三七”之日，西经略使在凉州组织大法会悼念。③这一考古资料也证明了西经略使在凉州存在的事实。

此外，考古资料记载中，在西凉府存在过的职官名称还有很多，如杜建录先生著作中提到的俄藏黑水城西夏文献中保存的“榷场使兼拘榷官西凉府签判”④。武威西郊林场发现的西夏天庆年间（1194—1201）的两个墓葬的主人，都有“西经略司都案”的职官。⑤武威张义乡修行洞出土西夏汉文文献

① 史金波等译注《天盛改旧新定律令》第 15 卷《纳领谷派遣计量小监门》，第 513、514 页。
② 史金波等译注《天盛改旧新定律令》第 10 卷“司序行文门”，第 363 页。
③ 史金波：《西夏时期的武威》，《西夏学》第 7 辑，上海古籍出版社，2011 年.
④ 杜建录、史金波：《西夏社会文书研究》第 25 页，上海古籍出版社，2010 年
⑤ 宁笃学、钟长发：《甘肃武威西郊林场西夏墓清理简报》，《考古与文物》1980 年 3 期。

上记载的隶属于经略司的“计料官通判”，隶属于西路乐府□勾官所的“监乐官”、“乐人”，以及“司吏”等。[①]

武威出土的两份文献中的押印，有墨印，有朱印，这也是两份文献的特别之处。这种代表当事人符号的押印，在黑水城西夏文献中也出现过。“押印是刻于印章上、代表当事人的小符号。押印避免了临时手写符号的随意性，能以更准确、一致的符号表示信誉。”[②]武威西夏文献中以押印形式出现的多种职官名称，有些在文献和考古资料中有记载，有些没有记载。

西夏法律规定，钤盖在政府公文上的朱印分司印和官印两种，司印颁发给政府各司机关，官印颁发给有官爵的个人。[③]西夏的官员，不是所有人都能够使用官印，而是根据其职位高低分为“及御印官”和“未及御印官”。“及御印官”是指六品至十二品的官员，他们有权使用朱文官印，其官印的质地、重量、大小都有明确规定。“未及御印官”是指不入流的杂官，他们没有权利使用官印，但依照法律可以置墨印和官板。

《天盛改旧新定律令》第10卷“官军敕门”中记载：

> 诸人请官印者，为威臣、帽主等官可请封印，当用于簿册及诸司告状中。比其官小者不许请官印。
>
> 诸司行文书时，司印、官印等纯金、纯银及铜镀银、铜等四种，依司位、官品等，分别明其高下。
>
> 未及御印官者，其处墨印、官板当置。[④]

武威出土的两份文献中共有三方朱印，其中一方是正方形朱文印，长宽各为一寸七分。此印只钤盖一半，印文模糊不清。《天盛律令》规定，司印中僧监、副、判、权首领印重为九两，长宽各为一寸七分。由于文献中印文内容不详，又无法得知该印的重量，如果参照律令规定的印章尺寸来分析，此印可能是属于与僧监等同等职位的一枚司印。

文书中另外两方朱文印是大小、内容都完全相同的楷书西夏文“守库主管”印，此印为竖长方形，形制较大，长10.5厘米，宽2.8厘米。天盛律令中没有关于此种形制印章的记载，考古发现中的长方形印章，多数为纪年印，[⑤]也有的是当地买卖税院的收税印章。这种印章不是当地政府的印章，而是官府为了防止偷税漏税，在买卖契约上钤盖此类印章，表示买卖税已经缴纳，契约合法。[⑥]武威文献上的这枚“守库主管”朱文印，应当是属于西夏基层职官的官印，作用与后者相同。

两份文献中的黑墨押印，分别是负责收取租赋的“库守郝”、“起文字者钟”、“库监”等，按照律令规定，他们应当是属于位在“威臣”、“帽主”等职官之下的、不入流的杂官。在《天盛律令》中，有关于“库监”、“执库小监”、“小监”、“出纳”等职的记载。[⑦]武威文献中也出现了“库监”之职。另外，文献中有的职官名，与律令记载的职官可以对应，如文献中的“库守”，或者就是律令中的“小监”或“执事小监”。文献中的“起文字者”，应当就是律令中的“出纳”。文献中出现的“守库主管”一职，在律令和相关的文献，以及考古资料中没有更为详细的记载。武威文献的发现，弥补了其中的

---

① 俄军：《甘肃省博物馆藏西夏文献述略》，《考古与文物》2006年6期。
②⑥ 史金波：《黑水城出土西夏文卖地契研究》，《历史研究》2012年第2期。
③ 史金波：《西夏时期的武威》，《西夏学》第7辑，上海古籍出版社，2011年。
④ 史金波等译注《天盛改旧新定律令》，第357、358、356页。
⑤ 韩小忙：《西夏官印略说》，《固原师专学报》（社会科学版）2002年第2期。
⑦ 史金波等译注《天盛改旧新定律令》第15卷《纳领谷派遣计量小监门》，第512页。

不足，为研究西夏基层管理机构和职官提供了珍贵的原始资料。另外，武威文献中频繁出现“大食”一词，根据该词所在位置分析，应该是职官名称，或者还有其他特殊的用意，还有待于进一步研究。

文书内容中，还出现手写草书“里溜”一职，它是西夏最基层的管理机构，这一名称不但在考古资料中多次出现，在《天盛改旧新定律令》中也有明确的记载：“一名租户家主由管事者以就近结合，十户遣一小甲，五小甲遣一小监等胜任人，而小监遣一农迁溜，当于附近下臣、官吏、独诱、正军、辅主之胜任、空闲者中遣之。”①

四、文献中关于“增收草捆”的记载，反映了西夏晚期的社会现状。根据《天盛律令》的规定，除了地册档案上记载的规定数额以外，官府不得额外向租户收取赋税。但是两份文书的内容，却是官府向农户增收草捆的记载。文书的形成时间是乾定酉年（1225），文书内容“增二捆”，当指官府在法律规定之外又额外增收的租赋。

与两份文书同时同地出土的还有“乾定申年典糜契约”、“乾定酉年卖牛契约”、“乾定戌年卖驴契及帐”等民间契约文书。这些文书的形成时间，都是在西夏乾定年间；文书的内容，有的是记载农户因生活贫困，向寺院僧人典借糜子并高利息返还的内容，有的是记载农户因贫困低价变卖耕牛度日的内容，还有农户通过卖驴或借债艰难度日的记载。

无论是官方文书，还是民间契约，武威文献的内容，都反映了乾定年间西夏末期，由于连年的战争和内乱，西夏国力空虚，民不聊生的社会现状。此时的西夏，内忧外患相交，统治岌岌可危，国家已走到穷途末路。

附言：本文撰写过程中，史金波先生提供了重要参考文献和资料，并对本文内容、特别是文献翻译部分提出了重要的修改意见。在此谨表示衷心感谢。

（作者通讯地址：甘肃省武威市博物馆　武威 733000）

① 史金波等译注《天盛改旧新定律令》第 15 卷《纳领谷派遣计量小监门》，第 514 页。

西夏文《乾定戌年罨斡善典驴契约草稿》初探*

于光建

摘　要：文章在对武威亥母洞出土的西夏文乾定戌年卖驴契约释读的基础上，结合出土的其他西夏契约文献，认为西夏时期在签订正式契约之前，一般要起草一份草稿；从事借贷典当经济，是西夏寺院经济收入的重要来源之一；受西夏晚期政局动荡和蒙古军队的围攻，凉州地区出现了物价上涨的现象；凉州地区的商品货币经济较之黑水城等地区较为发达，是西夏西部的商贸中心。

关键词：西夏　契约　寺院经济　货币经济

甘肃省武威市博物馆藏6726号西夏文献是1987年在甘肃武威新华乡缠山村亥母洞出土的，该文献为浅黄色夹丝绵纸书写，由两张纸粘接而成长方形单页，页面长55厘米，宽17厘米，在纸张右半部手抄西夏文12行，满行15字，左半部分空白。武威博物馆档案将该文献定名为《西夏天安戌年记账单》，《中国藏西夏文献·甘肃卷》收录有该文献图版，[①]史金波先生在《中国藏西夏文献新探》一文中提出“乾定戌年卖驴契记名为斡善的人，自愿卖掉驴子，价格五十缗钱，现付二十五缗。唯此件前后所记时间不一，亦无当事人署名画押，可能是一件草稿或练习稿”[②]。史先生的解读纠正了武威博物馆档案定名错误，确定了文书年代，介绍了文书涉及的内容。他特别指出该文书为契约草稿或练习稿，并确定了文书的性质。孙寿岭先生《武威亥母洞出土的一批西夏文物》一文将其定名为《乾定戌年记账单》，认为该文书主要记载了两件事：第一件以契约格式记录了西夏乾定戌年四月八日卖驴之事，卖价为50贯钱；第二件事记录了乾定戌年三月内，佛院中敬献2贯钱，8日敬献2贯和16贯，5日献1贯，排列次序前后颠倒，看来不是正规账单，而是出于初学者之手。[③]《西夏社会文书研究》一书在论述西夏社会文书时，提到了该件契约，但没有收录该件文献。[④]为便于学界利用该文献进一步深入研究西夏社会经济、商品买卖等相关问题，笔者依据文献原件录文如下，并将其翻译为汉文，不妥之处，望专家学者不吝赐教。

---

* **项目基金：**本文系国家社科基金青年项目《武威西夏墓出土木板画及木板题记整理研究》（项目批准号13CMZ013）、国家社科基金特别委托项目《西夏文献与文物研究》（项目批准号11@ZH001）子课题《武威地区西夏遗址调查研究》阶段性成果之一。

① 宁夏大学西夏学研究中心、国家图书馆、甘肃省古籍文献整理编译中心编《中国藏西夏文献》第16册，甘肃人民出版社、敦煌文艺出版社，2005年，第387－389页。

② 史金波：《中国藏西夏文献新探》，《西夏学》第2辑，宁夏人民出版社，2007年，第13－14页。

③ 孙寿岭：《武威亥母洞出土的一批西夏文物》，《国家图书馆学刊》西夏研究专号，2002年，第173－175页。

④ 杜建录、史金波：《西夏社会文书研究》，上海古籍出版社，2010年，第5页。

一　录文及译释

为保持原件信息原貌，录文依据原件格式，分行录文，因该文献为楷书书写，存在部分文字潦草、部分字体省略笔画划的现象，所以在文字辨识过程中参考了杜建录先生、史金波先生《西夏社会文书研究》著作中相关西夏文社会文书中有关相同字型的辨识录文，对于无法辨识的字型，以□代替，带底纹的字表示原文献在书写后又用墨涂染的字，[illegible]表示原文献也是用墨线圈定。

1. [illegible][1][illegible]
2. [illegible][2][illegible]
3. [illegible]
4. [illegible]
5. [illegible]
6. [illegible][3][illegible][4][illegible]
7. [illegible]■[illegible]□[illegible][5][illegible]
8. [illegible]
9. [illegible]　　[illegible]
10. [illegible][6][illegible][7]　　[illegible]
11. [illegible]　　[illegible][8][illegible]
12. [illegible]

对译：

1. 乾定戌年四月八日二文状为者起
2. 罨斡善今愿乐依为狄佛鸠之驴喻
3. 契一所市为五十缗钱已吞二十五缗
4. 实上给为应五十缗钱所言用若它如
5. 盗如骗如害者常住等处指典当有抄
6. 共男兄张人腰等□缚者有时卖者不管
7. 买为■管□己口言易时本所者失人
8. 乾定戌年三月内著佛院内现二缗
9. 八利翁市二缗　　若十六缗五厘
10. 一（厘）缗钱　　乾定戌年二月八日二
11. 现二缗八厘　　乐舅乙善处一
12. 厘缗钱所取

意译：

乾定戌年四月八日立二文状者罨斡善，今自愿为狄佛鸠立一卖驴契约，买卖价格为五十缗钱，现给二十五缗，按照所言实应该给五十缗。假若偷盗欺骗者，在常住处典当有，本家男兄张人腰等发生争议时，由卖者管，反悔时本所损失。

乾定戌年三月中，在佛院内现给二缗八厘，翁买卖二缗，若十六缗五厘 。

乾定戌年二月八日，二现二缗八厘，乐舅乙善受处取一缗钱。

二 文书性质及定名

从文书内容来看，初步判断是一件卖驴契约。它涉及到签订契约的时间、立约人、买卖物品、双方议价、发生争议以及反悔后的处罚。但与武威及黑水城出土的完整西夏契约行文格式来看，它缺失了立文人、同立文人以及知人的签字画押，这些契约要素的缺失似乎使得其散失了法律效力。这件出土的文书，左边部分留有较多空白，并不是一件契约残件，正如史先生所论，应该是正式签订契约前的一个草稿。在文中涉及到了乾定戌年四月八日、乾定戌年三月中、乾定戌年二月八日三个时间，前后时间不统一。同时，在契约第一行出现"立二文状为者起"，与其他契约相比较多了"二"及"生"。武威博物馆梁继红副研究员认为"考虑到全文内容，故理解为所立契约内容有二，一是卖驴，二是账单"。[①]贾常业先生认为结合该文献后半部分的内容，多出的"二"与 "生"应该理解为"立两份契约，可以理解为所立两个契约同时生效同时生效"[②]。 两种观点所论无误，但没有将四月八日卖驴与三月和二月的欠账联系起来。笔者认为，如果我们仔细解读这件契约文书就会发现，它实际上应该是一件由于借债而引起的抵债契约。大概意思是罨斡善于乾定戌年三月先后在寺院内欠了二缗八厘、二缗、十六缗五厘，又在乾定戌年二月八日欠了二缗八厘、乐舅乙善的一缗。乾定戌年四月八日将其一头驴子商议价格为五十缗，给了二十五缗，剩余的二十五缗抵还三月以及二月八日所钱的债。契约中涉及到的钱数额，三月和二月八日涉及到的数额加起来是二十五缗一厘，与签订契约时给罨斡善的二十五缗总计为五十缗一厘，与驴子的买卖价格五十缗相当。但它又缺失了契约结尾立文人、同立文人以及知人的签字画押。所以依据译文内容笔者拟定名为《西夏乾定戌年罨斡善典驴契约草稿》。

三 文书签订的时代背景和地点

依据译文，该件文书中涉及到了乾定戌年四月八日、 乾定戌年三月中、乾定戌年二月八日三个时间，但该契约起草时间当在乾定戌年四月八日。 乾定戌年为西夏献宗德旺在位的第三年，即乾定三年（1226），该年纪年干支为丙戌。据《西夏书事》载 ，宋宝庆二年、夏乾定三年（1226）"秋七月，蒙古破西凉府。蒙古主进兵攻西凉，宿卫官粘合重山执大旗指挥六军，手中流矢，不稍动。守臣斡扎簀力屈，率父老启门降。于是，搠罗、河罗等县皆不守"[③]。1226 年 7 月西凉府被蒙古所攻陷，是年十二月蒙古军队围困西夏首都兴庆府，至 1227 年七月，西夏末帝投降被杀，西夏灭亡。该件契约书写于 1226 年 4 月，也就是蒙古军队进攻西凉府前 3 个月，西夏灭亡前夕。

该件文书出土于武威市城南 15 公里的新华乡缠山村亥母洞。据清乾隆《武威县志》记载："孩（亥）母洞，城南三十里，山上有洞，深数丈，正德四年修。"[④]中国历史上有四个正德年号，根据出土的西夏文文献，应该是西夏崇宗正德四年，即公元 1130 年。西夏、元、明、清各代屡遭地震破坏而数次重建。1987 年，当地信教群众自发地对亥母寺遗址进行清理整修，意外地发现了一大批西夏文物，经市文物管理委员会整理，出土西夏文文书、西夏文印本佛经、藏文写经、唐卡、鸟型绣花鞋，泥塑、石刻造像、印花绢帛残片和麻、毛织品以及多种纹样的陶范、梵文残碑、各种塔婆、瓷扁壶、藏文木

---

① 梁继红：《武威亥母洞出土的三件西夏文契约》，2012 年 7 月 8 日，由中国社会科学院人类学与民族学研究所与宁夏大学西夏学研究院举办的第二届西夏文字研修班提交文章。

② 贾常业先生在 2012 年 7 月 8 日，由中国社会科学院人类学与民族学研究所与宁夏大学西夏学研究院举办的第二届西夏文字研修班上的点评发言。

③ [清]吴广成撰《西夏书事》卷四二宝庆二年、夏乾定三年秋七月条。

④ [清乾隆二十五年]张绍美等纂《五凉全志之武威县志·寺观》，成文出版社有限公司，1970 年。

陵、瓦当等大批文物，为研究西夏社会历史提供了丰富的第一手资料。

根据实地考察和参与当年考古清理发掘工作的武威博物馆的孙寿岭和黎大祥二位先生的介绍，亥母洞现存有明显的洞窟四个。一号洞长约 9 米，洞内原有四座藏式喇嘛塔，高约 2 米多，均已残。当年文物主要集中在塔旁边铺地砖下面深 1—2 米处和四座藏式喇嘛塔周围。2—4 号洞仅清理了洞口，均有藏文佛经和西夏文佛经残片出土，洞内估计仍然埋藏有大量遗物。

该件文书中提到了发生的地点“佛院”，这个佛院应当就是文书出土的地点亥母洞寺，说明西夏时期亥母洞寺规模之大。根据实地考察，在亥母洞寺寺北 1 两公里的缠山村有一藏传佛教寺院，当地村民称亥母洞为“上亥母寺”，称村子里面的寺院为“下亥母寺”，其规模原来很大，占到了该村的一半。20 世纪中叶，该寺庙被破坏殆尽，如今的下亥母寺只是在原址建了一个院落，修建了几座平房，里面供奉着一尊泥塑金刚亥母，有一来自张掖马蹄寺的喇嘛常住该寺。明嘉靖年间《北斗宫新创藏经楼碑记》载：元代时，武威亥母洞寺的比丘与城内北斗宫的僧人往来甚密，以为禅定处，明代北斗宫就是西夏的护国寺的一部分。据明万历《敕赐清应禅寺碑》记载：明永乐时期将原西夏护国寺一分为二，东为大云寺，西为清应寺，二寺仅一墙之隔。元代时亥母洞僧侣以西夏时期的皇家寺院护国寺为禅定处，说明亥母洞寺在西夏时期也不是一座普通的寺院。其次，结合同时出土的“乾定酉年典糜契约”中出现的亥母洞寺讹国师，[①] 有国师常住该寺院更说明该寺在西夏时期的地位和规模不一般，西夏时期的凉州金刚亥母寺应该由亥母洞石窟寺和下亥母寺院组成。

四　该件卖驴契约草稿的价值

（一）　起草契约草稿是西夏签订契约的一个必要流程

为了将借贷置于法律保护之下，西夏法典《天盛改旧新定律令》卷三，催索债利门明确规定，买卖及借债要签订契约。“诸人买卖及借债，以及其他类似与别人有各种事牵连时，各自自愿可立文据，上有相关语，买价，钱量及语情等上当计量，自相等数至全部所定为多少，官私交取者当令明白，记于文字上。”[②]从目前已公布的西夏文献来看，在黑水城、敦煌莫高窟以及武威都出土了许多西夏契约社会文书，这对于解读西夏社会史提供了弥足珍贵的材料，但黑水城、敦煌出土西夏契约基本都是产生法律效力的正式契约。而该件契约则是一件还未起草完整的草稿。从这一点我们可以得知，西夏契约的签订是有一定的流程，即在正式签订契约之前，应该还要草拟契约，经各方商议无疑和无补充条款之后，再起草正式的契约文书，最后契约结尾要有借贷者、出借者、保人以及证人的签字画押，方能成为有法律效力的契约。

（二）文书反映的西夏晚期社会经济状况

1．寺院借贷经济

关于西夏借贷经济，史金波先生[③]、杜建录[④]先生都曾做过深入的研究。杜建录先生认为西夏的高利贷非常流行，它不仅活跃于发达的城镇，而且也流行于边远落后的牧区， 高利贷有官营和私营，官营是有各级官府出资经营，私营者主要是典当商人、官僚以及上层僧侣。该件契约出土于武威亥母

① 杜建录、史金波：《西夏社会文书研究》，第 146－147 页。
② 史金波、 聂鸿音、白滨译注《天盛改旧新定律令》卷三《催索债利门》，法律出版社， 2000 年，第 189 页。
③ 史金波：《西夏社会》，上海人民出版社，2007 年。
④ 杜建录：《西夏的高利贷初探》，《民族研究》1999 年第 2 期。

洞寺，同时出土的还有乾定申年典糜契约和乾定酉年卖牛契约。[①] 从这些出土的契约来看，说明西夏时期武威亥母洞寺是规模较大的一座寺院，其经济实力也是非常雄厚，它不仅向百姓借贷谷物，还从事高利贷借贷和典当业务，同时还买卖牲畜。如在乾定申年典糜契约中出现的寺院中的出借者即债权人屈般若铁，同时也是乾定酉年卖牛契约中的买牛者，他以六十五缗钱的价格买了韦寿长山的一头黑牛。可见，亥母洞寺除进行正常的佛事活动外，还从事高利贷等商业经营，借贷经济已成为西夏寺院经济收入的重要来源之一，这一点与唐代敦煌寺院经济活动非常相似。

2. 武威地区的商品经济较黑水城地区发达

在已公布的西夏文献中，包含有大量的西夏社会借贷买卖契约文书，但是黑水城西夏文献中的买卖契约中的借贷和买卖大部分都是抵押实物的典当，也就是物物交换。例如：《俄藏黑水城出土文献》和《斯坦因第三次中亚考古报告》中有数件西夏天庆年间的裴松涛典当契约残件，都是典当商人裴松涛从事典当的契约，抵押物有袄子、马毯、旧皮毯、旧皮丘等畜产品。[②] 根据史金波先生对黑水城出土的西夏文草书契约的解读研究，无论是牲畜买卖、土地买卖以及卖酒帐，所涉及到的商品交易价格基本都是杂粮、大麦、小麦粮食。如：天庆戊午年（1198）正月五日，麻祖□父盛将自己的 23 亩土地连同房屋卖给梁守护铁，售价 8 石杂粮，反悔时按照售价 1 石罚 2 石；以及天盛二十二年（1170）寡妇耶和宝引将生熟地 22 亩卖出，售价匹骆驼；再如，天庆亥年二月十四日梁白讹将自己的一头骆驼以 6 石杂粮卖出；卖羊文书中，70 只羊价格为 64 石，大羊每只 1 石，小羊每只 7 斗；在卖酒帐中四斗酒价六斗杂，二斗酒价三斗大麦。[③] 由此我们可以看出，西夏的借贷通常会有抵押物和典当物，黑水城借贷，更多时候的是以毛皮、毡、牲畜等作为抵押物来借贷钱粮，大多数情况下都是借贷粮食，商品买卖也基本上是以粮食作为一般等价物。但是，在武威出土的契约中都是现钱交易，如，乾定申年的典糜契约虽然借贷的是谷物，但是契约规定超过归还期限后的处罚是七十贯钱，而卖牛和该件卖驴契约直接是货币交易，这说明西夏时期武威的经济比较发达，尤其是商品货币经济。再者，1972 年 1 月，在武威修行洞出土的西夏文献中，有一件西夏文的会款单，其内容是“天庆虎年（1194）正月十五日，于讹命吃打粟处，来聚会者数人：讹命娘娘交一百五十钱，袜墨阿辛吉交一百钱，令介能□玉交一百五十钱，讹命吃打粟交五十钱，苏能贾尚交五十钱，酩敏能贾栗交五十钱，讹六氏舅交钱五十，讹六氏舅随交五十，吴氏屈□栗交五十，讹命娘娘交五十，共计七百五十钱入于众钱”，另一件汉文文书欠款单内容是“李伴初钱三贯五文,刘的的钱钱二贯百五十文”[④]。从这一个会款和一个欠款单可知，修行洞在将附近百姓或是信众的多余钱财集资起来后，也可能从事借贷经营活动。其三，1987 年，武威市区署东巷在修建行署家属院时发现一批西夏窖藏，其中有二十一块银锭，有些银锭表面錾刻有“真花银四十九两”、“夏家记”、“官正”、“使正”、“行人宋应和”等铭文，经专家研究这批银锭应该是西夏流通的银锭。[⑤]这批银锭不仅数量众多，而且也是目前为止国内发现的唯一的西夏流通银锭。其四，武威张义镇小西沟修行洞出土的“辰日买卖吉”、“戌日得利倍” 的经商占卜辞等，[⑥] 都说明凉州商业经济的发展。综合上述比较说明，西夏时期武威作为其陪都，是西夏西部地区的经济都会，其经济地位对于西夏是十分重要的。正如顾祖禹所论：“夏得凉州，故能以其物力扰关中，大为

---

①《中国藏西夏文献》第 16 册，第 387－389 页。

② 杜建录：《西夏经济史》，社会科学出版社，2001 年，第 245 页。

③ 史金波：《西夏社会》，第 152、153、174、175 页。

④ 陈炳应：《西夏文物研究》，宁夏人民出版社，1985 年，第 282－283 页。

⑤ 黎大祥：《甘肃武威发现一批西夏通用银锭》，《中国钱币》1991 年第 4 期。

⑥ 陈炳应：《西夏文物》，第 325 页。

宋患。”① 凉州地区的商品交换经济活动一般都是以货币结算为主，而不是实物抵押或物物交换，其商品货币经济较之黑水城地区繁荣。正如西夏碑所在“武威当四冲地，车辙马迹，辐辏交汇，日有千数”②。

3.凉州地区出现物价高涨的现象

在武威亥母洞出土的乾定酉年（1225）和戌年（1226）两件买卖牲畜的契约中一头牛的价格是65 缗钱，一头驴的价格是 50 缗钱，而在黑水城出土光定酉年(1213)卖一头牛的价格是 4 石粮，史金波先生折算后仅合 6 缗至 8 缗钱。凉州地区一头牛的价格是黑水城地区的 6－8 倍。③凉州地区的物价高于黑水城地区，还说明两个地区社会经济结构的差异，从黑水城地区典当抵押物为畜产品和买卖交换的一般等价物为粮食来看，凉州地区尽管畜牧业也较为发达，但主要是以农业为主，辅助以商业和畜牧业的经济结构，“其地饶五谷，尤宜稻麦，甘凉之间皆以诸河为溉”，“ 甘、凉亦各有灌溉，土境虽小，能以富强，地势然也”④。而黑水城地区是以畜牧业为主，辅之以农业，黑水城地区的牛、羊、骆驼等畜产品较之凉州地区数量之多，也是导致凉州牛价和驴价高于黑水城地区的一个因素。其二，物价高涨还有一个原因就是亥母洞出土的三件契约的书写时间是在西夏末期的乾定年间，如上所述，此时蒙古大军攻克了黑水城、以及西部的瓜沙二州，正准备围攻西夏陪都西凉府。在蒙古大军压境的时刻，西夏政权风雨飘摇，凉州地区社会动荡，导致了物价高涨现象。此时，凉州出现物价高涨，正是西夏社晚期社会政局动荡在经济上的反映。

综上所述，通过对武威亥母洞出土的乾定戌年卖驴契约草稿及账单的译释，结合出土的其他西夏契约文献，使我们进一步明确西夏在签订正式的契约之前，一般要起草一份草稿。经过对文书的解读可知，从事借贷典当经济，是西夏寺院经济收入的重要来源之一；受西夏晚期政局动荡和蒙古军队的围攻，凉州地区出现了物价高涨的现象；武威作为西夏的重要经济都会，一般的经济活动都是以货币结算为主，而不是实物抵押或物物交换，其商品货币经济较之黑水城等地区较为发达，是西夏西部的商品贸易中心。

注释：

[1] [illegible]：乾定戌年为西夏第九代皇帝献宗德旺在位的第三年，即乾定三年（公元 1226），该年纪年干支为丙戌，是西夏灭亡的前一年。

[2] [illegible]：[illegible]，音罨，族姓；[illegible]，音斡，族姓。此二字组合在一起见于俄藏黑水城文献保存最完整的刻本西夏文《杂字》之《人名部》，原文为[illegible]，李范文先生翻译为夏娃吉，而且在《杂字》之《辈份异杂义和合部》，“祖先”之后出现此二字。⑤结合武威亥母洞出土的这件卖驴契约草稿，耈薕二字应为西夏党项姓氏。笔者请教贾常业先生，贾先生提出耈在《音同》中与灯为同一组，薕在《音同》中与皺为同一组，而在《番汉合时掌中珠》中灯的音为罨，皺的音是斡，所以此处耈薕为姓氏，音译为罨斡。

① [清]顾祖禹：《读史方舆纪要》卷六三《甘肃镇》，上海书店出版社，1998 年。

② 陈炳应：《西夏探古》，甘肃文化出版社，2002 年，第 25－26 页。

③ 史金波：《西夏社会》，第 175 页。

④ [元]脱脱：《金史》卷一三四《西夏传》，中华书局，1975 年。

⑤ 王静如、李范文：《西夏文<杂字>研究》，《西北民族研究》1997 年第 2 期，第 67—86 页。

[3]□□：抄共，通常表示后面出现的姓名为本家。

[4]□□：□直译为口、关卡，□直译为拘、缚。字面意思为口缚，此二字组合出现在俄藏黑水城文献(Инв.No.5010)西夏天盛二十二年（1170）耶和氏宝引卖地契约中。史金波先生意译为“争议”，[①]此处翻译从史金波先生翻译。

[5]□□：□直译为言语，□直译为易、译，此二字字面意思为言易。此二字组合同样出现在俄藏黑水城文献(Инв.No.5010)西夏天盛二十二年（1170）耶和氏宝引卖地契约中，史金波先生意译为“反悔”。

[6]□□□：一缗钱，在原件中用墨线方框圈定此三字，似乎是书写者写错不需要的内容。

[7]□：此字书写于被圈定的“一”和“缗”右侧。族姓，音译利，根据上下文意，此处翻译为族姓不通，应该是货币计量单位，似乎有厘的意思。

[8]□：绢、丝之意，音乙，根据文意此处应该是人名，翻译采用音译。

附：《西夏乾定戌年罨斡善典驴契约草稿》图片

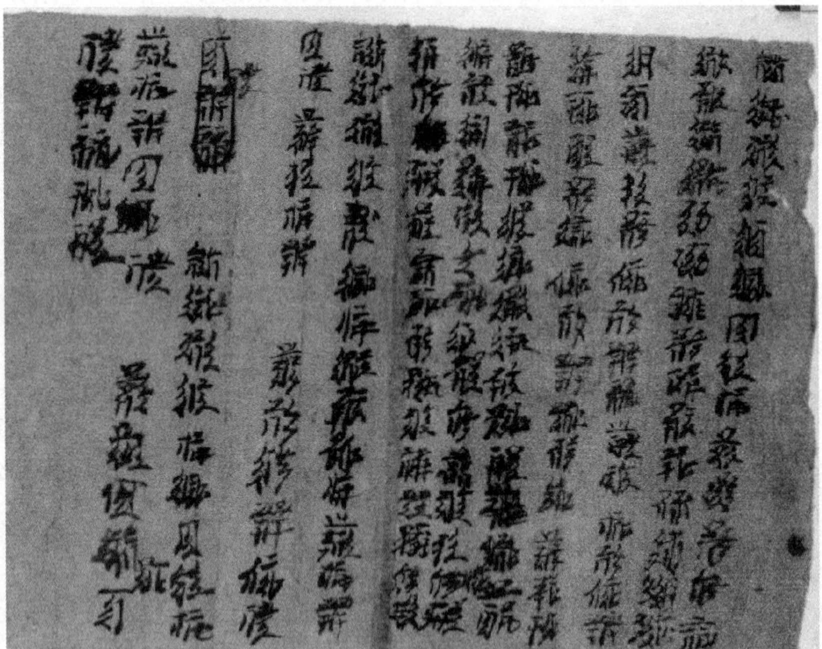

（作者通讯地址：宁夏大学西夏学研究院　银川 750021；甘肃省武威市博物馆　武威 733000）

① 杜建录、史金波：《西夏社会文书研究》，上海古籍出版社，2010年。

西夏学 第10辑 2013年9月
Xixia Studies, Sep,2013,Vol.10

西夏文《法则》卷八“为婚门”考释*

王　龙

摘　要: 本文选取西夏文《法则》卷八“为婚门”进行了解读，同时探讨了相关内容与《天盛律令》等法律文献的关系，旨在为研究西夏晚期婚姻法、法律制度、西夏社会历史提供一份基础资料。

关键词:《法则》　《为婚门》　《天盛律令》　西夏婚姻制度

一

西夏文《法则》于1909年与大批西夏文献一同出土于黑水城遗址，并于当年秋季被科兹洛夫率领的俄国皇家蒙古四川地理考察队携往圣彼得堡，今藏俄罗斯科学院东方文献研究所。编号共有5个，即Инв.No. 6374、827、2868、2872、8082，皆为写本。戈尔芭切娃、克恰诺夫《西夏文写本和刊本》率先著录，①但并未将其单独作为一本著作，将其中一部分误入《新法》，另一部分视为介于《新法》和《亥年新法》（当时他们将二者看成是两种不同的文献）之间的不确定的文献。《法则》一书体例同《天盛律令》，内容多以“𘈩”(一)开头，每“𘈩”（一）之下又用“𘈩[illegible]”（一等）分列。原书九卷，抄本，蝴蝶装二册，第一册为卷一至卷五，草书，无墨框，佚卷一。第二册为卷六至卷九，楷书，无墨框。首尾全，末叶题“校同”，似非一人所抄，保存良好。未署撰人及年代，则似成书于《天盛律令》之后，可视为《天盛律令》之补充条文。此书前半部（No. 6374）系用草书写成，颇难识读。全部照片刊布于《俄藏黑水城文献》②第9册，合为甲、乙、丙3种，内容涉及卷二至卷九，页53—118。三种版本的基本情况如下：

（一）《法则》（甲种本）第二至第五（俄 Инв.No. 6374）

《新法》，登录号6374。写本，蝴蝶装，无边框，缺页码，用草书写成，迄今不能识读。

№6374——草书。页面20.5×14厘米，6行，行13至14字。98面。保存中等。

（二）法则（乙种本）第六至第九（俄 Инв.No. 827）

---

* 本文的释读部分得到段玉泉老师的很大帮助，特此致谢。

① З. И. Горбачева и Е. И. Кычанов, *Тангутские рукописи и ксилографы*, Москва: Издательство восточной литературы, 1963. 汉译本见白滨译《西夏文写本及刊本——苏联科学院亚洲民族研究所藏西夏文已考订写本及刊本目录》，载中国社会科学院民族研究所历史研究室编译《民族史译文集》第3集，1978年。

② 俄罗斯科学院东方研究所圣彼得堡分所、中国社会科学院民族研究所、上海古籍出版社编《俄藏黑水城文献》（第9册），上海古籍出版社，1996年，第53－118页。

《新法》，登录号 827。写本，蝴蝶装，无边框，缺页码。

№827——书法工整，间有草书。页面 20×12 厘米，7 行，行 16 至 19 字。91 面。保存中等。

（三）法则（丙种本）第六至第九共有以下三个编号：

1.俄 Инв.No. 2868

《新法》，登录号 2868。写本，蝴蝶装，无边框，缺页码。

№2868——书法工整，间有草书。页面 21×13 厘米，6 至 9 行，行 16 至 17 字，28 面，背面有西夏文草书，系另一著作。保存良好。

2.俄 Инв.No. 2872

№2872——斜体字。页面 20.5×13.5 厘米，6 至 9 行，行 16 至 17 字，32 面，正文背面书斜体字，并有草书。保存中等。

无名称，未确定，可能属于《新法》和《猪年新法》。登录号 2872。写本，蝴蝶装，无边框，缺页码。

3.俄 Инв.No. 8082

名称，未确定，可能属于《新法》和《猪年新法》。登录号 8082。写本，蝴蝶装，无边框，缺页码。

《法则》卷八乙种本涉及编号为 Инв.No. 827，包含《俄藏黑水城文献》第九册 47－18 至 47－22 共 5 幅图版，[①]分为左右两面。丙种本涉及 Инв.No. 2868、2872、8082 三个编号，包括《俄藏黑水城文献》第九册 35－14 至 35－18 凡 5 幅图版。[②]《法则》卷八乙种与丙种作为同一文献的两个版本在条文内容上差异几无，都由“[illegible]”（烧伤杀门）、“[illegible]”（夺妻门）、“[illegible]”（侵凌妻门）和“[illegible]”（为婚门）构成，不同之处集中在保存状况、版式特点、个别语序等方面。两个版本虽均为写本，在识别的难易程度上却有着很大的区别，乙种本纸张多整洁、完整，字迹工整清晰，书写比较规范，便于识别；丙种本纸张则多有污损，沁色较深，背面书写有许多文字，墨色已渗至正面，书写凌乱，字形出错较多。

二

西夏文《法则》一书的研究相对滞后，目前尚无解读成果问世，但相关的介绍和认识却多有涉及。《俄藏黑水城文献》在内容提要中介绍：

> 《法则》是近年来新认识的西夏法典。原书不署年款，估计成书略晚《天盛律令》，约于十二、十三世纪之交，是书体例仿效《天盛律令》，亦以“门”“条”分例，内容则为对《天盛律令》部分条文的补充及改订。[③]

经过初步的梳理，这里先将西夏文《法则》卷八、《天盛律令》卷八、《唐律疏议》和《宋刑统》之间相同的篇目作一简单的比较，整理如下：

---

① 《俄藏黑水城文献》（第 9 册），第 86—88 页。
② 同上，第 108—110 页。
③ 同上，第 2 页。

《法则》卷八、《天盛律令》卷八、《唐律疏议》、《宋刑统》之间相同篇目比较表

《法则》		《天盛律令》	《唐律疏议》	《宋刑统》
[illegible]法则第八[illegible]计四门	[illegible] 烧伤杀门	13条，是对于有意或无意放火杀人毁物、亲属之间相杀伤及自杀的判罪规定。	相似于卷二十三"斗讼"篇"误杀伤"、"戏杀伤"、"过失杀伤"条。	相似于卷二十三"斗讼"篇"误杀伤"、"戏杀伤"、"过失杀伤"门。
	[illegible] 相伤门	4条，是对于父母、丈夫等伤害子女、妻子以及主人伤害奴仆，养恶犬牲畜伤人者的处罚规定。	卷二十二"斗讼"篇部曲奴脾良人相殴、殴伤妻妾、妻殴晋夫等条，卷十五"厩库"篇犬伤杀畜产、畜产觝龠齿人条。	卷二十二"斗讼"篇"良贱相殴"、"夫妻妾睃相殴并杀"门，卷十五"厩库"篇"犬伤害人畜"门。
	[illegible] 夺妻门	10条，对抢夺人妻的判罪规定。	无	无
	[illegible] 侵凌妻门	15条，是对于侵凌人妻者的判罪规定。	略同于卷二十六"杂律"篇奴奸良人条等。	略同于卷二十六"杂律"篇"诸色犯奸"门。
	[illegible] 威势藏妻门	4条，是对身居高位及皇室隐藏他人妻、女、媳及妇人逃避他人家中家主不举。	无	无
	[illegible] 行非礼门	3条，是对于亲属间行非礼的判罪规定。	相当于卷二十六"杂律"篇奸绍麻以上亲及妻条等。	相当于卷二十六"杂律"篇"诸色犯奸"门"奸缌麻以上亲及妻条"等。
	[illegible] 为婚门	30条。主要是对于结婚年龄、主婚权、婚价与嫁妆、再嫁以及出妻的规定。	卷十四"户婚"篇同姓为婚、和娶人妻、妻无七出而出之、卑幼自娶妻、嫁娶违律条等。	卷十四"户婚"篇"同姓及外姻有服共为婚姻"、"和娶人妻"、"违律为婚"门等。

注：本表依据邵方的《西夏法制研究——以中华法系的传承与创新为视角》一文补充，文中《法则》与《天盛律令》部分属于笔者补充。

需要说明的是：《法则》卷八开头所列篇目与《天盛律令》中篇目完全一致，共有七门，而在正文中仅有"烧伤杀门"、"夺妻门"、"侵凌妻门"和"为婚门"共四门，缺少前面名例所列"[illegible]"（相伤门）、"[illegible]"（威势藏妻门）和"[illegible]"（行非礼门）三门。其正文内容主要是对于婚姻法律制度的规定，与中原法律《唐律疏议》和《宋刑统》有着很密切的关系。

下文顺便对《法则》一书的成书年代做一简单的界定：

在西夏文《法则》卷八"[illegible]"（烧杀伤门）和卷九"[illegible]"（事过问典迟门）中，出现"[illegible]"（光定猴年）和"[illegible]"（光定亥年）两个年代，原文摘列如下：

卷八"烧杀伤门"中，图版47－18左面："[illegible]。"（一、于光定猴年府中起火正盛，……）

卷九"事过问典迟门"中，第90页47－25左面至第90页47－26右面："[illegible]。"（一、简军们于此光定亥年六月十四来，于御前司使公时，私意损害他人除外，私意用麯酿曲饮，淮买裴隐税，大人检查自属其畜，与此似损他人不应为杂罪，短期徒刑六年内寻问，不需重复，还罪债全政司当赦，其中在边私麯酿酒。边中京师有谕文自三日至五日，分别当舍除，不允有留，度日不舍除，争罪过等寻问，依律法实行。）

综上，西夏文《法则》一书中有确切纪年的时间为卷八所载的光定猴年和卷九的光定亥年，“亥年”盖指西夏神宗乙亥年（1215），或早至桓宗癸亥年（1203）。又《俄藏黑水城文献》第九册中“亥年新法”。一本卷末有光定巳年（1221）款题，是继《天盛律令》颁行之后所制定的又一部重要法典，所以按照这个推断，光定亥年即为夏神宗光定乙亥年（1215），光定猴年为夏神宗光定申猴年（1212），所以，大约可以推知《法则》的颁布不早于光定猴年（1212）。至于文书的下限，根据聂鸿音先生的《公元 1226：黑水城文献最晚的西夏纪年》①一文，可以确定为 1226 年。所以西夏文《法则》的颁布不是一时的，历经数年，主要是根据新出现的社会问题对《天盛律令》条文的补充和修改。其颁布过程也正好印证了，西夏社会末期社会动荡不安，西夏法律文献《法则》条目简单细化。

总之，《法则》至今尚无进行全面系统地解读，其与《天盛律令》有何关系，是一种什么性质的文献？这些问题也不是十分清楚，对这些问题的探讨都成为本论文译释的依据。

三

下面我们拟对西夏文《法则》“为婚门”进行全文译释。首列西夏原文；其次为汉文对译；再为按照语法通译的汉文直译，全用宋体。斜线表示原文另起一行。文中的标点为笔者所加。其中西夏原文、对译汉文中，符号“△”表示无法用汉字表达的虚词；符号“□”表示西夏文原文中污损缺失之字；直译文中圆括号内的字词，在不改变原文意思的情况下，为求译文通顺而增加的字词；“〈〉”表示不好译为汉文的字词。校注包括两部分：一是乙、丙两种文本之间的校勘，文中以脚注的形式标注；二是文章中的注释，是对译文的逐一注解。注解包括字、词的含义、语音、特殊表达等内容。在资料应用上，尽量选用《番汉合时掌中珠》，②被学界普遍认可的《文海研究》、③《同音研究》④等也被广泛引用；注释原则偏重于：（1）与汉文不能形成字面对应的西夏词语。（2）译音词。（3）语法词。(4) 专有术语。

第 88 页 47—21 左面：

原文：

……

[illegible]

[illegible]、[illegible][1][illegible]，[illegible]

[illegible]，[illegible][2][illegible]，[illegible][3][illegible]

对译：

婚为门/一、光定猴年三月二十三比前前先已婚为，及此后婚/为者有与，△顺肉酒食宴所令为，夫妻家门/

意译：

一、于光定猴年三月二十三日前为婚，及与此后有为婚者，一律定酒肉宴食，夫主于家门迎，

校注：

① 聂鸿音：《公元 1226：黑水城文献最晚的西夏纪年》，《宁夏社会科学》2012 年第 4 期，第 80—85 页。
② [西夏]骨勒茂才著，黄振华、聂鸿音、史金波整理《番汉合时掌中珠》，宁夏人民出版社，1989 年。
③ 史金波、白滨、黄振华：《文海研究》，中国社会科学出版社，1983 年。
④ 李范文：《同音研究》，宁夏人民出版社，1986 年。

[1] [illegible]，此二字有添加符号。

[2] [illegible]，“[illegible]”·ja|VIII，有“一”之意，加在动词之前表示趋向；又可以作为语助，具有“大、都、已、所”等义。“[illegible]”śjij|1.35|VII，词缀，可以加在名词、动词、副词之后，起助词作用，掌中珠中也可译为“顺”，“[illegible]”，二字合在一起表“一律”、“所有”之意。

[3] [illegible]，字面作“夫妻”，此处以“夫主”尽其意。

第 88 页 47—22 右面：

原文：

[illegible]，[illegible][1][illegible]，[illegible]。

[illegible]、[illegible]，[illegible]，[illegible][2][illegible]

[illegible]，[illegible]，[illegible]

[illegible]，[illegible][3]

[illegible]，[illegible][4][illegible][5]，[illegible]

[illegible][6][illegible]，[illegible]。

[illegible]、[illegible]、[illegible]、[illegible]，[illegible]，

对译：

于所迎，媒人使知证分白者，嫁食婚为换应计/一寡妇女将嫁等，食宴肉酒所令为，夫妻家门于/所迎，法依婚为变数应中，光定猴年三月二/十三日内至新法于前前，妇人夫妻家门/于住不在，尔后<>分离数<>口缚，状取遣/行当不允，此后于法有依<>实行。/一诸寡妇公公、婆婆、父母未有，则三年孝期闭于，/

意译：

媒人知证分明，应计定为婚馔价。

寡妇女将嫁等，酒肉宴食，于夫主家门迎，应依法计定为婚，至光定猴年三月二十三日

于新法前，妇人于夫主家门不安住，其后分离闹口角等，当接状不允行遣，此后

所定实行。

一、诸寡妇未有公公、婆婆、父母，则于三年孝期闭，

校注：

[1] [illegible]，字面作“明显”，聂鸿音先生《西夏文〈新集慈孝传〉①研究》一书中译为“分明”，又《掌中珠》中有“[illegible]”（知证分白）②之说，二字译为“分白”。此处以“分明”当尽其意。

[2] [illegible]，字面作“夫妻”，《天盛律令》汉译本译为“主人”，西夏文《法则》卷九“[illegible]”（事过问典迟门）的第 94 页 47—34 左面至第 95 页 47—35 右面：“[illegible]、[illegible]，[illegible]，[illegible]，[illegible]，[illegible]、[illegible]、[illegible]。[illegible]，[illegible]，[illegible]。”（一、诸人以强弩他妻之，有呼告者时，门下所迎接，一样夺去时，妻、夫主、本人不知语典。及节亲主使军奴仆， 有知他人语典只关者，则依法当寻问。）此处当以“夫主”尽其意。

[3]《法则》乙种本“[illegible]”后“[illegible]”有勾画，表此字已删除。

① 聂鸿音：《西夏文〈新集慈孝传〉研究》，宁夏人民出版社，1997 年，第 167 页。

② [西夏]骨勒茂才著，黄振华、聂鸿音、史金波整理《番汉合时掌中珠》，第 61 页。

[4] [illegible]，njij|2.33|III，字面意思“你”，为希求式前缀，加在动词之前，表示说话者期待宾语实现或不要实现的愿望。

[5] [illegible]，字面作“口缚”，《天盛律令》汉译本译“诉讼或争讼”①，此处以“争讼”当尽其意。

[6] [illegible]，字面作“行遣、送行”，《同音》解释为“遣送、送行”②。按，“[illegible]”，《文海》中解释为“[illegible]”（遣者行也，遣也，役使之谓）。可知“[illegible]”与“[illegible]”同义，都为“行、遣”之义，《掌中珠》中有“[illegible]”（依法行遣）③之说，又聂鸿音先生的《西夏文《新集慈孝传》研究》一书中出现了两次，分别译为“服饰”及“主理”。④

第 88 页 47—22 左面：

原文：

[illegible][1][illegible]，[illegible]，
[illegible]。[illegible]
[illegible]，[illegible]、[illegible][2]，[illegible]，
[illegible][3][illegible][4][illegible]。

对译：

自行△食婚为给应计，父母如在△价食不知时，/未嫁往则官有罚马一，庶人十三杖；嫁往者三个/月，父母、兄弟等使告当分离，他人告状不允，/取状告者等<>法官有罚马一，庶人十三杖. /

意译：

自行计定婚价，父母如在不知婚价时，未嫁出则有官罚马一，庶人十三杖；如嫁出三个

月，父母、兄弟等可告分离、他人不得告状，告他状者等一律有官罚马一，庶人十三杖。

校注：

[1] [illegible]，·jij [jij]|1.36|VIII，助词，可译为“乃”。

[2] [illegible]，二字合在一起当作“分离”解。

[3] [illegible]，字面作“取状”，又《掌中珠》中作“[illegible]”（接状只关）⑤解，为西夏法律术语，此处当以“接状”尽其意。

[4] [illegible]，“[illegible]”·ja|VIII，有“一”之意，加在动词之前表示趋向；又可以作为语助，具有“大、都、已、所”等义。“[illegible]”tj□j|2.55|III，有“礼”、“法”、“仪”、“式”、“制”等意思。“[illegible]”，二字合在一起表“一律”、“所有”之意。

综上所述：《法则・为婚门》仅有三条，兹列如下：

一、于光定猴年三月二十三日前为婚，及与此后有为婚者，一律定酒肉宴食，夫主于家门迎，媒人知证分明，应计定为婚馔价。

一、寡妇女将嫁等，酒肉宴食，于夫主家门迎，应依法计定为婚，至光定猴年三月二十三日于新法前，妇人于夫主家门不安住，其后分离闹口角等，当接状不允行遣，此后依法所定实行。

① 史金波、聂鸿音、白滨译注《天盛改旧新定律令》，法律出版社，2000 年，第 639 页。
② 李范文：《同音研究》，宁夏人民出版社，1986 年，第 383 页。
③ [西夏]骨勒茂才著，黄振华、聂鸿音、史金波整理《番汉合时掌中珠》，第 59 页。
④ 聂鸿音：《西夏文〈新集慈孝传〉研究》，宁夏人民出版社，1997 年，第 117—110 页。
⑤ [西夏]骨勒茂才著，黄振华、聂鸿音、史金波整理《番汉合时掌中珠》，第 61 页。

一、诸寡妇未有公公、婆婆、父母，则于三年孝期闭，自行计定婚价，父母如在不知婚价时，未嫁出则有官罚马一，庶人十三杖；如嫁出三个月，父母、兄弟等可告分离、他人不得告状，告他状者等一律有官罚马一，庶人十三杖。

四

根据史金波先生《西夏党项人的亲属称谓和婚姻》[①]一文中的叙述：西夏语“[illegible][illegible]”（为婚）一词，其第一个字同“舅”的音，第二个字同“甥”的音。从构字上看第一个字是“[illegible]”（子）加“[illegible]”（娶），即“[illegible]”+“[illegible]”=“[illegible]”；第二个字是“[illegible]”（女）加“[illegible]”（嫁），即“[illegible]”+“[illegible]”=“[illegible]”。西夏语中“舅甥”和“为婚”两词语读音完全相同，表现在过去党项人的社会中，舅甥关系是一种必然的姻亲关系，外甥娶舅舅的女儿为妻是社会的规定。

《法则》卷八“为婚门”集中地反映了西夏婚姻的状况，主要有：

（一）媒妁

最早在《番汉合时掌中珠》中有记载：“男女长大，遣将媒人，诸处为婚，索与妻眷。”[②]也证明当时西夏和中原王朝一样，媒人在缔结婚姻时是常有的一个过程。西夏的婚姻既有“父母之命”，也讲究“媒妁之言”。《天盛律令》中如在处罚因贪婚价而一女嫁二处时，若媒人“知晓是他人妻”，则要治罪；“因不宜婚姻”而成婚财，媒人“徒三个月”。《法则·为婚门》中的第一条也明确指出了“媒人知证分明”。

（二）举行婚宴

西夏的婚姻在迎娶活动时举行婚宴。正如西夏法律《天盛律令》规定的“诸人为婚时已予应允，酒食已饮者，嫁资未转传则不算换为婚”。同时还规定，“其中为婚非乐意，则不许彼此强令食婚酒食”[③]。所以吃婚酒席在西夏人的婚姻当中是一项重要的仪式。《法则·为婚门》第一条中也有相关的规定：“于光定猴年三月二十三日前为婚，及与此后有为婚者，一律定酒肉宴食。”

（三）婚价

婚价即聘礼、聘财，除了“父母之命，媒妁之言”，婚价也是封建社会婚姻关系成立的关键。《唐律疏议》规定：“婚礼先以聘财为信”，“聘财无多少之限，酒食非者。以财物为酒食者，亦同聘财”。[④]《天盛律令》卷八中有相关的规定，西夏的婚价主要是以劳力充当和以实物为主，这些都比较适合于经济相对落后、人民生活水平相对低下的西夏社会。《法则·为婚门》中第一条和第三条也有相关的规定，主要是对正常女子和寡妇即定婚价的规定。正常女子是“于光定猴年三月二十三日前为婚，及与此后有为婚者，……应计定为婚馔价”，而“寡妇未有公公、婆婆、父母，则于三年孝期闭，自行计定婚价。”

（四）迎娶

《圣立义海》记载西夏成婚要“吉日送迎”，并解释：“男女相敬，择日求安，送女迎媳。亲家翁、亲家母相敬，依礼往来。”[⑤]《番汉合时掌中珠》也记载了西夏迎娶的过程：“室女长大，嫁与他

---

① 史金波：《西夏党项人的亲属称谓和婚姻》，《民族研究》1992年第1期，第88页。
② [西夏]骨勒茂才著，黄振华、聂鸿音、史金波整理《番汉合时掌中珠》，第70页。
③ 史金波、聂鸿音、白滨译注《天盛改旧新定律令》，法律出版社，2000年，第329页。
④ 刘俊文：《唐律疏议笺解》，中华书局，1996年，第1010页。
⑤ [俄]克恰诺夫、李范文、罗矛昆：《圣立义海研究》，宁夏人民出版社，1995年，第83页。

人，送与沉房，亲家翁、亲家母，并诸亲戚，尽皆聚集，儿女了毕，方得心定。”[①]这些叙述虽然简单，仍可看出迎娶时少不了婚宴和结婚仪式。《天盛律令》没有记述西夏婚姻迎娶的具体过程，《法则·为婚门》中做了详细的补充，即“夫主于家门迎”等。

（五）关于寡妇改嫁

《天盛律令》对寡妇改嫁有具体规 定：“寡妇行三年孝期满，有公婆则不许随意出。若公婆情愿放，有欲赎出者，则有无子女一律当听赎出。无公婆，则愿住即住，愿往乐处即往，夫主之畜物勿取。”寡妇改嫁要待丈夫死后三年孝期满后才可以，要征得公婆同意，无公婆则自己作主。所以，《天盛律令》详细规定了寡妇改嫁的条件，这样的规定实际上保障了妇女改嫁的权利。《法则·为婚门》中对“寡妇改嫁”的规定是对《天盛律令》条文的补充，具体解释为：寡妇和正常女子享有同样的权利，即寡妇将嫁时“定酒肉宴食”，“夫主家门迎”，“依法计定为婚”等。最后一条是对寡妇违反规定的相关的惩罚措施。

（六）西夏社会末期婚姻制度的特点

《法则》作为西夏社会末期由国家修订颁布的法典，涵盖了方方面面的内容。其书颁布于西夏社会衰落时期，在这一时期，由于西夏统治阶级内部矛盾激化，国内阶级矛盾异常尖锐，人民生活困苦，为应对日益加深的民族和统治危机，西夏统治者试图通过立法来缓和统治危机，《法则》的出台实际上就是这种需要的产物。在“[illegible]”（为婚门）中，《天盛律令·为婚门》有 30 条。主要是对于结婚年龄、主婚权、婚价与嫁妆、再嫁以及出妻的规定。《法则·为婚门》仅有 3 条，主要是对于结婚程序、婚价与寡妇再嫁的规定。其条文简单明了，是对《天盛律令·为婚门》条文的补充和说明。《法则》也在一定程度上反映了西夏社会末期婚姻法主要是适应社会的需求对《天盛律令》有关婚姻法规的修改补充和说明。

西夏的婚姻法律作为思想上层建筑，是由当时的经济基础决定的。西夏社会末期，政治混乱，内忧外患，其法律条文更加简单细化，适应了社会发展的需要，从一定程度上是对西夏法律《天盛律令》条文关于“正常女子将嫁”和“寡妇改嫁”条文的进一步修改、补充和说明。概言之，无论是从法制史研究还是西夏社会史研究而言，《法则·为婚门》都给我们提供了弥足珍贵的资料，具有重要的史料学价值。

（作者通讯地址：中国社会科学院民族学与人类学研究所　北京 10081）

① [西夏]骨勒茂才著，黄振华、聂鸿音、史金波整理《番汉合时掌中珠》，第 70 页。

《西夏佛经序跋译注》导言

聂鸿音

本书从存世的西夏文献里搜集佛经的序跋并加以翻译和注释，目的是为中国文学史和佛教史研究者提供一份完整的基础素材，同时为有志学习和钻研西夏语文的朋友提供一份实用的阅读数据，而著者自己则希望藉此来实践一种模拟西夏文学风格的翻译手法。

这里所谓“西夏佛经序跋”指的是西夏时代（1038—1227）帝后臣民在编印或散施佛经时写下的短文，包括“序”、“跋”、“后序”、“愿文”、“题记”等，一般附在相关佛经的卷首或卷尾一并流行。这些作品或者用西夏文写成，或者用汉文写成，共同构成了西夏文学中一个独特的类别。考虑到当今很少有人能够直接阅读西夏文字，所以我们对西夏文的序跋进行了比较详细的解说，并以此作为书的主体部分。用汉文写成的作品相对易懂，我们就不再加以注释，只是把它们汇集起来，放在书末作为“附录”，以方便读者从总体上体会西夏的文学风格。

一　研究史的回顾

从目前掌握的史料估计，佛教在西夏的普及程度不亚于同时代的中原和吐蕃，由此而产生的佛教文学作品似应不在少数。不过到19世纪末为止，这些珍贵的文化遗产已几乎亡佚殆尽，没有人能够想象出它们曾经享有怎样的一段辉煌。

事实上，晚清时代仍然传世的西夏佛经序跋只有一篇，即大臣贺宗寿在命人编成《密咒圆因往生集》后用汉文写下的序言。1897年，波兹季涅耶夫从明刊本《大藏经》里辑录出了这部作品并针对其中的八思巴字进行了详细研究，但由于他的成果只是发表在一部关于蒙古历史文献的油印教材里，①所以并未引起人们的足够注意。②

在1900年的“庚子之乱”中，法国汉学家伯希和等三人来到了北京北海的白塔下，从一堆废弃的旧书里找到了六册西夏文的《妙法莲华经》。③据毛利瑟后来说，其中第一册的卷首有一篇未知的序言，可能是西夏时代的，也可能是1420年明成祖御制的，④不过遗憾的是，这册书连同其他两册一起

① A. M. Позднеев, *Лекціи по исторіи монгольской литературы*, С.-Петербургский Университет, 1897, с. 209.中央民族大学图书馆收藏有这份教材的原件。

② 《密咒圆因往生集》的这篇序言后来被罗福颐辑入《西夏文存》（七经堪校印本，1935）第19－20页，始为西夏学界周知。

③ 见伯希和（P. Pelliot）为聂历山《西夏研究小史》写的评论，*T'oung Pao*, vol. 29 (1932), pp. 226－229。

④ M. G. Morisse, Contribution préliminaire à l'étude de l'écriture et de la langue Si-hia, *Mémoires présentés par divers savants à l'Académie des Inscriptions et Belles-Lettres*, 1re Série, tome XI, IIe partie (1904).

被卖给了柏林的国家图书馆（Staatsbibliothek zu Berlin），20世纪40年代前后又转到了波兰的雅盖隆图书馆（Biblioteka Jagiellońska），至今未获刊布，[①]毛利瑟的猜测自然也无从证实。

作为西夏学史上最重大的事件，科兹洛夫（П.К. Козлов）率领俄国皇家蒙古四川地理考察队于1908年和1909年两次来到内蒙古额济纳旗的黑水城遗址进行发掘，最终在一座古塔内获得了难以数计的西夏文献，现藏俄罗斯科学院东方文献研究所（Институт восточных рукописей, РАН）。在这些数据里，佛教著作的西夏文译本占了九成以上，[②]本书辑录的佛经序跋大都出自其中。不过，20世纪上半叶的人们还不能熟练地识读西夏文字，所以当时能够鉴定出的仅限于本书“附录”里那些用汉文写成的作品。

黑水城所出西夏佛经序跋的发表始于1911年。在那一年里，伊凤阁公布了汉文《观弥勒菩萨上生兜率天经》的施经发愿文，并且写下了一些注释。[③]应该承认，研究初期的少数注释不能令人满意，例如他把佛弟子“阿逸多”解释成了“释迦牟尼弥勒佛”，又把夏仁宗尊号“奉天显道耀武宣文神谋睿智制义去邪惇睦懿恭”里的“显道”解释成了“西夏第三代统治者（1032—1049）的年号”。文章刊出的当年，沙畹（E. Chavannes）在《通报》上发表了一篇评论来匡正伊凤阁的疏失，[④]不过这篇评论自身也并非全然无可指摘，例如其中把《金刚经》和《普贤行愿经》误会成了一部实际并不存在的“金刚普贤行愿经”，并试图勘同不空所译《金刚顶胜初瑜伽普贤菩萨念诵法经》。除此之外，沙畹的录文里还出现了多处句读错误，令人感到无奈。[⑤]

大约一年后，伯希和赴圣彼得堡浏览了黑水城所出的汉文文献，在这过程中他注意到了其中有西夏帝后的款题，还有一些西夏时代的刊印后记，包括天庆二年（1195）皇太后罗氏的《转女身经发愿文》。[⑥]然而可能是出于专业兴趣的缘故，欧洲学者并没有对佛经序跋表现出太大的关注。事实上除了弗鲁格对罗太后《华严经普贤行愿品发愿文》、仁宗《圣佛母般若波罗蜜多心经后序》和《佛说大乘三归依经后序》做过简介之外，[⑦]成倍的资料长期不见有人理会。这种情况一直持续到1984年纔得以改观——俄罗斯汉学家孟列夫编成了一本《黑城出土汉文遗书叙录》，[⑧]在描述俄罗斯所藏全部汉文书籍的同时几乎也把每篇序跋都著录其中，书末还附有少量图版，令学者按图索骥毫无困难。当然，如果能够提供序跋的全文，肯定会有利于读者对书籍的性质形成更深层次的印象。[⑨]

与汉文序跋相比，西夏文序跋的公布就滞后了许多。在20世纪上半叶，只有罗福苌抄录发表过一篇不署年代的《妙法莲华经序》并进行了试解，[⑩]不过限于当时的文字识读水平，其中的西夏字录

---

① 另外三册《法华经》收藏在法国的吉美博物馆（Musée Guimet）。据我所见，其中卷八的末尾有两行残损非常严重的题跋，内容已经不能通读。有理由估计这几册西夏文《法华经》是明代抄本，卷尾的题跋也应该是明代写下的。

② 关于这些文献的详细情况，参看 Е. И. Кычанов, *Каталог тангутских буддийских памятников*, Киото: Университет Киото, 1999。

③ А. И. Иванов, Страница изъ исторіи Си-ся, *Извѣстія Императорской Академіи Наукъ*, VI серія, томъ V (1911).

④ *T'oung Pao*, vol. 12 (1911), pp. 441－446.

⑤ 这篇文章后来被罗福颐以《施经发愿文》为题辑入《西夏文存》（七经堪校印本，1935年）第20叶，并题“此文书于《弥勒上生兜率天经》之末，乃俄人柯智洛夫氏访古黑水所得诸经之一”。

⑥ Paul Pelliot, Les documents chinois trouvés par la mission Kozlov, *Journal Asiatique*, Mai-Juin 1914.

⑦ К. Флуг, По поводу китайских текстов, изданных в Си Ся, *Библиография востока*, вып. 2－4, 1932.应该指出的是，弗鲁格由于粗心而犯了一个错误——他把《佛说大乘三归依经》的译者沙门德慧误认作后序的作者了。《佛说大乘三归依经后序》的作者其实是夏仁宗仁孝。关于仁宗《圣佛母般若波罗密多心经后序》，另参看 Е.И. Кычанов, *Очерк истории тангутского государства*, Москва: Наука, 1968, с. 236。

⑧ Л.Н. Меньшиков, *Описание китайской части коллекции из Хара-хото*, Москва: Наука, 1984.有王克孝中译本，宁夏人民出版社，1994年。

⑨ 2000年，上海古籍出版社出版了《俄藏黑水城文献》第6册，书后附有孟列夫、蒋维崧、白滨新编的《叙录》66页，对汉文文献和序跋的详细考证尽在其中。

⑩ 罗福苌：《妙法莲华契经序释文》，《国立北平图书馆馆刊》第4卷第3号，1930（1932年出刊）。文章所据原始文献的照片大概是聂历山（Н.А. Невский）提供给罗氏的。俄藏《妙法莲华经》的原件照片在70年后得以发表，见西田龙雄《西夏文〈妙法莲华经〉写真版》，IOS RAS・Soka Gakkai, 2005。

文不够准确，夏汉文字对译也不尽合理。1970 年，日本语言学家西田龙雄造访瑞典斯德哥尔摩的民族博物馆（Etnografiska Museet），见到了探险家伯格曼（F. Bergman）在中国西北地区获得的西夏文佛经残片，这些残片都出自元刊本“番大藏经”的首函，其中最重要的是一篇《大白高国新译三藏圣教序》。西田先生抄录了这篇序言，后来伴随着相应的解读发表在他的名著《西夏文华严经》里。[①]大概由于翻译的目的语是日语而非汉语，所以西田先生得以在一定程度上摆脱西夏语法的成规，转以追求译文的通畅易懂为要义，而这也正是其译文优于前人的关键原因。

1988 年，中国西夏学家史金波首次尝试对当时他所能见到的西夏碑碣铭文、佛经序跋、发愿文和石窟题记进行汇编。[②]他的《西夏佛教史略》共辑录了这方面的资料 37 种，其中有西夏时代的汉文序跋 20 种，西夏文序跋 4 种。[③]汉文序跋是史先生于前一年访问俄罗斯时在孟列夫“叙录”指引下据原始文献抄录的，四篇西夏文作品中的《妙法莲华经序》来自罗福苌录文，《大白高国新译三藏圣教序》来自西田龙雄录文，《慈悲道场忏法序》和《金光明最胜王经发愿文》则是史先生本人在北京和西安查访所得。毫无疑问，首次发表俄藏汉文佛经序跋的全文是《西夏佛教史略》的重大功绩，[④]而未能披露任何一件俄藏西夏文佛经序跋的内容却不能不说是该书永久的遗憾。

黑水城文献在俄罗斯科学院东方文献研究所属于特藏文物，阅览手续比较复杂，加之史先生当初在俄的时间仓卒，所以不能指望做出纤毫无误的录文。[⑤]以仁宗皇帝御制的《圣观自在大悲心总持并胜相顶尊总持后序愿文》和罗太后的《转女身经发愿文》为例，这两篇作品在俄国各存有两个印本，不知为什么史先生仅抄录了其中的残本（TK. 164、TK. 13），[⑥]却没有采用那两个相对完整的本子（TK. 165、TK. 12），由此不但导致迻录的文字缺失，而且还在录文的相应地方出现了断句错误。另外，史先生在翻译那几篇西夏文的序跋时也未能给出足够的语文学和文献学注释，使读者难以确知他之所以这样处理译文的理由。不过无论如何我们还是应该说，在 20 世纪的最后十年间，《西夏佛教史略》在本研究领域中的地位是无可替代的。

1999 年，俄罗斯杰出的西夏学家克恰诺夫在日本京都发表了他的巨著《西夏文佛教文献目录》，[⑦]展示了俄罗斯科学院东方文献研究所黑水城特藏中已经考定的西夏文佛教文献的全貌。书中详细描述了每一个编号的版本形制和现存内容，著录了文献的作者、译者、校订者、施主和抄写人的姓名，对佛经序跋的简介也散见其中。凭借克恰诺夫的这部著作，人们可以很方便地辑录出一份俄藏西夏佛经序跋的目录，并且到近九千个编号的黑水城特藏里把所需的数据查找出来。不过，由于著作中没有提供序跋的全文，尤其是在很多地方甚至没有给出首尾款题的西夏文形式，而仅仅代之以俄文的翻译或者注音，这往往令研究者感到他们关注的一些问题在书里找不到最终的答案。人们更为期待的显然是尽

① 西田龙雄：《西夏译经杂记》，《西夏文华严经》第 2 册，京都大学文学部，1976 年，第 5－7 页。

② 史金波：《西夏佛教史略》，宁夏人民出版社，1988 年，第 230－333 页。

③ 另有《金光明经流传序》等四种，均为蒙元至明代作品，不属本书讨论范围。

④ 附带说，中国的文献学界尚缺乏对出土文献和国内外研究成果的关注。例如在西夏时代的汉文佛经序跋绝大多数都已刊布的情况下，许明编著的《中国佛教经论序跋记集》（上海辞书出版社，2002）却只收集到了一篇《密咒圆因往生集序》（第 1015 页），这当然是不应该的。

⑤ 史先生《西夏佛教史略》中的录文错字曾由宗舜法师逐一为之指出，参看宗舜《〈俄藏黑水城文献〉（汉文部分）佛教题跋汇编》（《敦煌学研究》第 3 辑，首尔出版社，2007 年）的注释部分。

⑥ 史金波：《西夏佛教史略》，第 270－271 页、第 275 页。

⑦ Е. И. Кычанов, *Каталог тангутских буддийских памятников*, Киото: Университет Киото, 1999.

快公布俄藏黑水城文献的全部照片。[①]

事实上，在克恰诺夫《西夏文佛教文献目录》正式发表之前的 1993 年，大规模整理出版俄藏黑水城文献的计划就已经启动。这项计划由俄罗斯科学院东方研究所圣彼得堡分所（现在的东方文献研究所）、中国社会科学院民族研究所（现在的民族学与人类学研究所）和上海古籍出版社联合实施，目的是以图版形式整体刊布俄国黑水城特藏中的汉文文献和西夏文世俗文献，以及有选择地刊布西夏文佛教文献。近 20 年来，计划中的汉文文献和西夏文世俗文献已经出版完毕，[②]西夏文佛教文献的出版也已经开始。[③]尽管距离全部资料的刊布仍然遥远，但值得称道的是，借助这个计划，上海古籍出版社的蒋维崧、严克勤二位先生已经将大量西夏原始文献拍摄回国，这批为学界企盼已久的资料很快便在中国引发了西夏文献整理研究的新一轮高潮。[④]

进入 21 世纪以后，中国学术界不再满足于对悠久历史和灿烂文化进行肤浅的介绍和空泛的礼赞，而逐渐转向对具体文献和文化现象的细致考察。在这种新的趋势下，不断公布和开放的原始文献为学者提供了广阔的探索空间。就西夏文的佛经序跋而言，近年来以录文形式刊布的有《圣观自在大悲心总持并胜相顶尊总持后序愿文》、[⑤]《佛说父母恩重经发愿文》、[⑥]《佛说阿弥陀经后序愿文》、[⑦]《无垢净光总持后序》、[⑧]《圣大乘三归依经后序愿文》、[⑨]《观弥勒菩萨上生兜率天经施经发愿文》、[⑩]《仁王护国般若波罗蜜多经后序愿文》、[⑪]《拔济苦难陀罗尼经发愿文》、[⑫]《圣六字增寿大明陀罗尼经题记》，[⑬]汉文序跋经过重新研究的则有《圣佛母般若波罗蜜多心经御制后序》、[⑭]《佛说父母恩重经发愿文》。[⑮]值得指出的是，近年对西夏文献的解读已经基本摆脱了当初佶屈聱牙的“逐字硬译”模式，以追求汉译文的准确、流畅为目标，甚至尝试再现原作的文学风格，这很可能会成为今后一段时期的主流。显然，在现有资料和研究成果的基础上，再参考来自俄罗斯科学院东方文献研究所的文献照片，[⑯]最终为西夏佛经序跋编录一本总集已是水到渠成的事情了。

---

① 早在 1973 年，格林斯蒂德就曾编过一套九卷本的《西夏文大藏经》（Eric Grinstead: *The Tangut Tripitaka*, 9 vols, New Delhi: Sharada Rani, 1973），刊布了中国和俄国收藏的一批西夏文献，这套书的编辑质量差强人意，且中国没有一个图书馆购买，因此在国内没能产生预期的影响。

② 俄罗斯科学院东方研究所圣彼得堡分所、中国社会科学院民族研究所、上海古籍出版社编《俄藏黑水城文献》，第 1－14 册，上海古籍出版社，1996－2011 年。

③ 同上，第 15－19 册，上海古籍出版社，2011－2012 年。

④ 在《俄藏黑水城文献》开始出版之后，又有一大批海内外收藏的西夏文献得以刊布，相关的出版物计有：西北第二民族学院、上海古籍出版社、英国国家图书馆编《英藏黑水城文献》5 册，上海古籍出版社，2005－2010 年；宁夏社会科学院编《中国国家图书馆藏西夏文献》4 册，上海古籍出版社，2005－2006 年；西北第二民族学院、上海古籍出版社、法国国家图书馆编《法藏敦煌西夏文文献》，上海古籍出版社，2007 年；宁夏大学西夏学研究中心、国家图书馆、甘肃五凉古籍整理研究中心编《中国藏西夏文献》20 册，甘肃人民出版社、敦煌文艺出版社，2005－2007 年；武宇林、荒川慎太郎主编《日本藏西夏文文献》2 册，中华书局，2011 年。不过这些著作能为我们提供的西夏佛经序跋数据不多。

⑤ 段玉泉：《西夏文〈自在大悲心、胜相顶尊后序发愿文〉研究》，《宁夏社会科学》2007 年第 5 期。

⑥ 聂鸿音：《论西夏本〈佛说父母恩重经〉》，《文献研究》第 1 辑，学苑出版社，2010 年。

⑦ 聂鸿音：《西夏文〈阿弥陀经发愿文〉考释》，《宁夏社会科学》2009 年第 5 期。

⑧ 聂鸿音：《西夏文〈无垢净光总持后序〉考释》，《兰州学刊》2009 年第 7 期。

⑨ 孙伯君：《黑水城出土西夏文〈佛说圣大乘三归依经〉译释》，《兰州学刊》2009 年第 7 期。

⑩ 聂鸿音：《乾祐二十年〈弥勒上生经御制发愿文〉的夏汉对勘研究》，《西夏学》第 4 辑，宁夏人民出版社，2009 年。

⑪ 聂鸿音：《〈仁王经〉的西夏译本》，《民族研究》2010 年第 3 期。

⑫ 聂鸿音：《俄藏西夏本〈拔济苦难陀罗尼经〉考释》，《西夏学》第 6 辑，上海古籍出版社，2010 年。

⑬ 孙伯君：《黑水城出土《圣六字增寿大明陀罗尼经》译释》，《西夏学》第 4 辑，宁夏人民出版社，2009 年。

⑭ 聂鸿音：《黑水城所出〈般若心经〉德慧译本述略》，《安多研究》第 1 辑，中国藏学出版社，2005 年。

⑮ 聂鸿音：《论西夏本〈佛说父母恩重经〉》，《文献研究》第 1 辑，学苑出版社，2010 年。

⑯ 另有些资料经过初步整理，散见聂鸿音《西夏遗文录》，《西夏学》第 2 辑，宁夏人民出版社，2007 年。

二　西夏的译经和礼佛

佛教在西夏国建立之前就传入了党项地区，只是具体时间和途径已经无从查考。[①]现存史料所载党项人最早的礼佛活动见于《宋史》卷四八五《夏国传上》，时间是1007年：

（宋景德四年）罔氏薨……及葬，请修供五台山十寺。

从11世纪30年代到70年代，西夏曾经不止一次地向北宋王朝求购整部的大藏经，[②]同时陆续着手把汉文的佛经译成西夏文。西夏桓宗皇帝御制的《大白高国新译三藏圣教序》里面有"曩者风帝发起（敕准）译经"一句话，显示出由皇室发起的译经活动始于"风帝"（景宗元昊）在位期间（1038－1048）。[③]西夏覆亡将近一个世纪后，党项遗民在《过去庄严劫千佛名经发愿文》里追溯了这段历史：

又千七年，汉地景佑年间，夏国风帝兴法明道图新。戊寅年间，令国师白法信，承道年又令臣智光等先后三十二人为首，译为番语。民安元年，五十三载，其中先后成大小三乘半满教及不见著录者三百六十二帙，八百十二部，三千五百七十九卷。[④]

遗憾的是，现存的西夏文佛经中没有一部可以确定为早年景宗、毅宗两朝的译作，[⑤]我们无从得知元昊发起译经的具体情况，甚至不知道最初的译经活动是出自元昊本人的敕命还是由别人发起后再得到元昊支持的。然而取西夏时代的相关记载对比一下我们却能明显感到，元朝人对历史的追溯恐非全可相信。例如西夏文佛经序跋中最为著名的《妙法莲华经序》里说：[⑥]

风角城皇帝以本国语言，建立番礼，创制文字，翻译契经，武功特出，德行殊胜，治理民庶，无可比拟。前朝译经众多，此《莲华经》未在译中。

惠宗秉常（1068－1086在位）的西夏文《慈悲道场忏法序》里说：

---

① 不能排除党项人最初从吐蕃人那里得知佛教的可能性，参看 Ruth Dunnell, *The Great State of White and High: Buddhism and State Formation in Eleventh-Century Century Xia*, Honolulu: University of Hawai'i Press, 1996, p. 75－77。另一个重要的事实是，西夏语的"如来"、"经"、"论"这几个最基本的词并非来自汉语，而是分别来自藏语的De-bzhin-gshegs-pa、mdo-sde和sde-snod-ma-mo。参看聂鸿音《西夏佛教术语的来源》(《固原师专学报》2002年第2期)

② 西夏的"赎经"活动据史金波统计共有六次（《西夏佛教史略》，宁夏人民出版社，1988年，第59－62页），但他依据的有些资料原始来源不明，恐非北宋时代的实录，所以实际的次数也许没有那么多。

③ 西田龙雄直接把"风帝"译成"李帝"，是考虑到党项首领接受的北宋王朝赐姓"李"。见西田龙雄《西夏译经杂记》，《西夏文华严经》第2册，京都大学文学部，1976年，第6页。

④ 聂鸿音：《西夏文〈过去庄严劫千佛名经发愿文〉中的两个年号》，《固原师专学报》2004年第5期。这篇发愿文是史金波首次研究的，他的译文如下："重千七年，汉国贤者□岁中夏国风帝新起兴礼式德。戊寅年中，国师白法信及后禀德岁臣智光等，先后三十二人为头，令依番译。民安元年，五十三岁，国中先后大小三乘半满教及传中不有者，作成三百六十二帙，八百十二部，三千五百七十九卷。"见史金波《西夏文〈过去庄严劫千佛名经〉发愿文译证》，《世界宗教研究》1981年第1期。

⑤ 现存注明年代最早的文献是夏惠宗大安十一年（1085）刻本《佛说阿弥陀经》（俄藏 Инв.No. 4773），参看 З. И. Горбачева и Е. И. Кычанов, *Тангутские рукописи и ксилографы*, Москва: Издательство восточной литературы, 1963, c. 20。

⑥ "导言"部分中凡引用本书译注的序跋均不再一一注明出处。

朕今怜念，慈悯有情故，乃开道场，延僧传译众经，其中此《忏法》者，于诸经率先选出。

毫无疑问，如果说西夏早期在半个多世纪的官方译经活动中译出的佛经有812部之多，甚至连“不见著录者”都收录了进去，而其中竟然遗漏了世人皆知的《妙法莲华经》和《慈悲道场忏法》这两部头等重要的著作，那是令人绝对难以置信的。对这个问题我们是不是可以这样解释，即元昊时代尽管开设了译场，但并没有从政府角度对译经工作做出具体指令，至少是当时的译经僧并没有严格依据“开宝藏”那样的整部藏经把其中的经文依次译成西夏文。[①]换言之，西夏早期的译场固然在组织形式上或称完善，[②]但其业务工作却像是缺乏整体设计的无序行为。12世纪中叶以后出现了由仁宗皇帝具名新译和校译的大量佛经，[③]但这似乎只能说明前代的佛经翻译工作并不完善，却不足以证明西夏文“大藏经”的结集在那时已趋告竣。显然，如果要说西夏时代编印过整套的西夏文“大藏经”，我们还需要更多的证据。根据目前的资料我们宁可相信，真正意义上的西夏文大藏经结集和刊印只是在元代纔首次完成的。[④]

然而，西夏君臣的功德记录却屡次提到人们在礼佛仪式中开读了各种文字的“大藏经”。例如贺宗寿的西夏文《拔济苦难陀罗尼经发愿文》有“念诵番、汉、西番三藏契经各一遍”，呱呱的汉文《父母恩重经发愿文》有“开阐番汉大藏经各一遍，西番大藏经五遍”，似乎表明当时确有完整的“番大藏经”（西夏文大藏经）存在。不过我们仅凭常识就可以判断，在几天时间内念诵完成三千余卷的“大藏经”是绝对不可能做到的事情。

西夏人的“大藏经”定义显然不同于唐朝《一切经音义》中的“一切经”，因为至少我们知道“西番大藏经”（藏文大藏经，“甘珠尔”和“丹珠尔”）在那时还没有正式结集。[⑤]现在比较稳妥的假定是，西夏时代所谓“大藏经”只是那以前翻译的众多释典的泛称，并非依照统一体例编成并依照统一规格刊印的佛教作品总集，而“念诵番、汉、西番三藏契经各一遍”，其实际意思也仅仅是“宣读了三种文字的许多佛经”。至于皇太后罗氏在西夏文《施大藏经牌记》里说的“新增写番大藏经一整藏”，则不过意味着她命人抄写了某个皇家寺院收藏的全部零散佛经而已。[⑥]

无论是中原还是西藏，从开始翻译佛经到《大藏经》的正式结集都经历了数百年时间。在这段时间里，人们致力于翻译他们通过各种途径寻访到的佛典梵文原本或者其他语言的译本，只是在自己语言的译本积累到相当大的数量时纔会产生按照统一体例编纂《大藏经》的念头。[⑦]毫无疑问，12世纪末的西夏已经出现了“大藏经”的概念，但我们还不能确切知道那究竟是已然实施的行动还是泛泛的理想。[⑧]不过无论如何，西夏王朝毕竟在30年后亡于蒙古，而这个理想至少是在一个世纪后由元代的西夏遗民实现了。

---

① 《大白高国新译三藏圣教序》里所说的“白子经本不丰，未成御事，功德不具”可能指的就是这种情况。

② 关于西夏的译场组织，参看史金波《〈西夏译经图〉解》，《文献》1979年第1期。

③ 史金波：《西夏佛教史略》，宁夏人民出版社，1988年，第79－82页。

④ 聂历山、石滨纯太郎：《西夏语译大藏经考》，原载《龙谷大学论丛》287（1929）。周一良译文见《国立北平图书馆馆刊》第4卷第3号，1930年。

⑤ 一般认为藏文大藏经的首次结集是13世纪中叶在日喀则附近的纳塘寺进行的，参看王尧《藏传佛教译经史料钩沉》，《中国藏学》1992年第3期。另外，目前也没有证据表明西夏刊印过汉文的《大藏经》，参看李际宁《关于“西夏刊汉文版大藏经”》，《文献》2000年第1期。

⑥ 令人费解的是，在世界各地收藏的西夏文献中至今没有发现某个寺院的藏经目录，而这类目录在敦煌文献中却很多见。

⑦ 另一个可用以对照的事实是元大德年间（1297－1307）翻译并刊印的蒙古文大藏经和清乾隆年间（1736－1795）翻译并刊印的满文大藏经其实都是不完整的。

⑧ 罗太后在《施大藏经牌记》里说她命人“新增写番大藏经一整藏”，这至少暗示我们在西夏晚期还没有“番大藏经”的雕版存在，否则就不必命人抄写。

一般认为西夏前期接受的是汉传佛教，[①]12 世纪中叶以后则增加了藏传佛教的成分。[②]现有证据表明藏传佛教在西夏的普及程度始终没有超过汉传佛教，因为我们看到，不但存世西夏文藏传佛教著作的数量远远少于汉传，而且译自藏文的著作大多数都是由实际译者署名，而不像许多译自汉文的西夏文著作那样，题署西夏帝后"御译"或者"御校"。还有一个有趣的事实是，西夏文的《五部经》是从藏文翻译的，然而我们看到，序言作者的汉文化和藏文化素养似乎都不很高，甚至对佛教的基本知识也不甚了了，[③]以致我们从他笔下看不到吐蕃文化的任何信息。事实上，尽管12 世纪中叶以后进入河西地区的藏族喇嘛受到了西夏的举国尊崇，其中有些人还得到了皇家的封赠并在政府的宗教管理部门任职，[④]但他们除了翻译少量藏传佛教的经典和主持皇家的法事之外，似乎并没有在宗教普及方面做过更多的规划工作。

与这种情况相应的是，现存的西夏佛经序跋也纯粹是在汉文化影响下的产物，只不过比敦煌藏经洞所出的同类民间作品多了些皇家的侈靡气派。例如太后罗氏的汉文《大方广佛华严经普贤行愿品发愿文》在叙述这次法会所做功德时说：

> 大法会烧结坛等三千三百五十五次，大会斋一十八次。开读经文：藏经三百二十八藏（大藏经二百四十七藏、诸般经八十一藏），大部帙经并零经五百五十四万八千一百七十八部。度僧西番、番、汉三千员，散斋僧三万五百九十员，放神幡一百七十一口。散施：八塔成道像净除业障功德共七万七千二百七十六帧、番汉《转女身经》、《仁王经》、《行愿经》共九万三千部、数珠一万六千八十八串。消演番汉大乘经六十一部、大乘忏悔一千一百四十九遍。皇太后宫下应有私人尽皆舍放并作官人。散囚五十二次，设贫五十六次，放生羊七万七百七十九口，大赦一次。

通过"追荐"来祈求国泰民安似乎是西夏人举办大型法会的永恒主题。西夏举办的几次极大规模的法会都是由皇太后和皇帝发起的，目的都是追思去世的前代君王，其用度自然不菲。当然，在几天时间内一次成就如此巨大数目的功德自无可能，那实际上是西夏皇室给寺院和政府部门下发的"订单"。就是说，皇室向寺院和政府有关部门拨款，要求在那前后的较长一段时间内陆续完成这些任务。这样，如果把寺院的日常诵经、生活开支和慈善用度都计算在内，这个庞大的目标倒也并非全然不可实现，只不过相关的史料记载不足，我们无从得知当时成就这些功德究竟用了多少时间以及花费了多少钱财。

与皇室相比，大臣的气派自然要略逊一筹。呱呱在 1200 年发起的那次法事是官吏阶层里用度较大的，其目的是超度他刚刚去世的父亲、西夏中书相贺宗寿。他在汉文《父母恩重经发愿文》里说：

> 敬请禅师、提点、副判、承旨、座主、山林戒德、出在家僧众等七千余员，烧结灭恶趣坛各十座，开阐番汉大藏经各一遍，西番大藏经五遍，作《法华》《仁王》《孔雀》《观音》《金刚》《行愿》经、《干陁般若》等会各一遍，修设水陆道场三昼夜及作无遮大会一遍，圣容佛上金三遍，放神幡、伸净供、演忏法，救放生羊一千口。

---

① 索罗宁最近注意到，西夏汉传佛教的一个重要来源是契丹，参看所著《道𡵆及〈镜心录〉西夏译本初探》，沈卫荣主编《西域历史语言研究集刊》第 5 辑，科学出版社，2012 年。这无疑是一个值得认可的事实。

② 史金波：《西夏佛教史略》，宁夏人民出版社，1988 年，第 50—51 页。

③ 例如序言作者把夜梦金人的汉明帝说成了"汉王"，又把佛陀说法的鹫峰和祇树给孤独园误会成了一处。

④ 罗照：《藏汉合璧〈圣胜慧到彼岸功德宝集偈〉考略》，《世界宗教研究》1983 年第 4 期。

如果依前面所说，“大藏经”并非指后世概念里的整套藏经，那么就可以推测到，在几天时间内完成这些功德应该不无可能。

西夏人礼佛活动中最常见的功德是散施同一种佛经的若干个印本。皇室散施的佛经有时是组织僧人新译或重行校订的，有时是据原有经文复刻的，而其他人散施的佛经则有时是据原有经文复刻的，有时是用原有雕版加印的。人们散施的佛经数量可以成百上千，实际上大都是发愿人出资向寺院“订制”。①为了散施的方便，施主订制的经文大都篇幅短小，一般仅为一卷，而不会出现数十卷乃至数百卷的大经。②我们知道从古至今都有这样的传统，即施主给寺院捐献一定数量的钱财并提出施经的愿望，寺院就会按照他要求的数量刊刻或者加印某种佛经，并把施主写的发愿文附在后面，然后将印好的经本放在佛堂里任人自取。上至宗室，下至僧尼庶民大多如此，例外的情况仅见郭善真的西夏文《圣观自在大悲心总持并胜相顶尊总持复刻跋》：

> 此《大悲心总持》者，威灵叵测，圣力无穷。所爱所欲，随心满足，一如所愿，悉皆成就。因有如此之功，先后雕刊印版，持诵者良多，印版须臾损毁，故郭善真令复刻新版，以易受持。有赎而受持者，于殿前司西端来赎。

我们不知道这个郭善真是何许人，但看到他投资刊印的佛经竟然不是用作发愿和散施功德，而是要人们到官府的大墙外购买——宣传佛法的根本目的是为了自己赚钱，这使我们相信郭善真必是一位政府官员。他不信佛，但是会利用佛。

西夏皇室在最大规模的法事活动中散施的佛经可以同时有汉文和西夏文两种文本，前者的数量有时还会大于后者，③却从来没有印施过藏文本，这说明他们预期的读者对象主要是汉人和党项人而非藏族人。事实上，西夏境内的藏族人有许多都是在12世纪中叶以后入境弘法的喇嘛，④他们在西夏人口中所占的比例一定不大。这些喇嘛居于宗教的上层地位，习惯于接受供养，自然不必自己花钱施印佛经。大概就是出于这个原因，我们在西夏佛经序跋里始终没有见到藏族喇嘛的作品。

三 西夏佛经序跋的语言文学风格

如所周知，记录僧俗礼佛愿望的“发愿文”最早见于南北朝时代，存世最丰富的资料出自敦煌藏经洞，⑤到了唐宋时期，这类文章更是大行于世。⑥西夏的佛经序跋可以说是唐宋同类作品主流传统的延续，其形式相当于后世所说的“序”、“跋”、“后序”、“愿文”、“题记”几种。“序”位于所施佛经的卷首，可以写出题目，也可以不写题目。写出题目的如《达摩大师观心论》的西夏文序言题做“观

---

① 存世的西夏佛经发愿文如果在末尾题署时间，一般都会在“月”和“日”两个字前留空，这是因为发愿人不知道他所订制的经本什么时候刻印完毕。

② 如果是多达数百卷的佛经如《大般若波罗蜜多经》之类，施主一般是请寺院以他的名义抄写其中的任意一卷。黑水城遗址所出这种抄本的数量几乎占到了文献总数的一半。

③ 例如据太后罗氏的《仁王护国般若波罗蜜多经后序愿文》所记，为了1194年的法会，她“请工刊刻斯经，印制番一万部、汉二万部，散施臣民”。

④ 在西夏的藏族喇嘛中，比较典型的是“大乘玄密帝师”，参看陈庆英《大乘玄密帝师考》，《佛学研究》2000年总第9期，以及《西夏大乘玄密帝师的生平》，《西藏大学学报》2000年第3期。

⑤ 敦煌所出的这类作品集中收录于黄征和吴伟编校的《敦煌愿文集》（岳麓书社，1995年）。这部书辑录的文章既有佛教的也有非佛教的，既有出自施主的真正的发愿作品，也有不涉布施而仅表达祈福禳灾愿望的应用文字，显出编者对“愿文”的界定比本书略宽。

⑥ 这方面资料收集较多的是许明编著的《中国佛教经论序跋记集》，上海辞书出版社，2002年。

心序”，不写题目的如汉文《密呪圆因往生集序》。“序”的正文包括两个结构层次：

1. 对本部经文的赞颂。
2. 对编译校刻缘由的叙述。

例如贺宗寿的汉文《密呪圆因往生集序》：

窃惟总持无文，越重玄于化表；秘诠有象，敷大用于域中。是以佛证离言，廓圆镜无私之照；教传密语，呈神功必效之灵。一字包罗，统千门之妙理；多言冲邃，总五部之指归。众德所依，群生攸仰，持之则通心于当念，诵之则灭累于此生。妙矣哉！脱流患之三有，跋险趣之七重，跻莲社之净方，埽云朦之沙界。促三袛于顷刻，五智克彰；圆六度于刹那，十身顿满。其功大，其德圆，巍巍乎不可得而思议也。以兹秘典，方其余教，则妙高之落众峯，灵耀之掩群照矣。（以上第一层次）宗寿夙累所钟，久缠疾疢，汤砭之暇，觉雄是依。爰用祈叩真慈，忏摩既往，虔资万善，整涤襟灵。谨录诸经神验密呪，以为一集，遂命题曰“密呪圆因往生”焉。然欲事广传通，利兼幽显，故命西域之高僧、东夏之真侣，校详三复，华梵两书，雕印流通，永规不朽云尔。（以上第二层次）

存世的西夏文献里没有以“跋”为题的文章，[①]我们现在所说的“跋”仅用于拟题，指的是附在佛经卷末记述校译刊印缘由的短文，[②]其中没有具体的祈愿内容。如法师智能的西夏文《仁王护国般若波罗蜜多经校译跋》：

此前传行之经，其间微有参差讹误衍脱，故天庆甲寅元年皇太后发愿，恭请演义法师兼提点智能，共番汉学人，与汉本注疏并南北经重行校正，镂版散施诸人。后人得见此经，莫生疑惑，当依此而行。

“后序”和“愿文”这两种文体在西夏人的写作实践中是合为一体的——仁宗仁孝 1149 年的西夏文《圣观自在大悲心总持并胜相顶尊总持后序愿文》就直接以“后序愿文”为题，[③]这大约是因为当时的“后序”大都包含祈愿的成分。“后序愿文”附在所施佛经的卷尾，[④]是西夏佛经序跋里最多见也是最重要的种类。[⑤]与敦煌的同类作品相比，西夏的后序愿文从形式到内容都显得更加程序化，甚至让人感觉当时所有作者在从事写作时都依照了某种既定的模版。这个模版共包括以下四个结构层次，其中前两个层次属于通常定义的“后序”，后两个层次属于通常定义的“愿文”：

1. 对佛和佛法的总体赞颂。
2. 对所施具体经文的赞颂。
3. 对施主所做功德的叙述。
4. 藉本次功德发出的祈愿。

由皇室和重臣具名的文章大多具备全部四个层次，例如仁宗仁孝的汉文《圣大乘三归依经发愿文》：

---

① 捷连季耶夫—卡坦斯基在他的《从东方到西方》(А.П. Терентьев-Катанский, *С востока на залад*, Москва: Наука, 1990）里提到过“繼紌”这样一个词，释作“跋”，见左少兴译本（商务印书馆，2012 年）第 70 页。不过我没有见到这个词在西夏文献里的实际用例。

② 本书收录的资料里有一方朱印的《施大藏经牌记》，虽然印在经文的卷首，但从内容上看也应归入“跋”的一类。

③ 在原文没有题目的情况下，本书一般遵照此前西夏学界的习惯以“发愿文”拟题。

④ 惟一的例外是西夏国师鲜卑宝源的《金刚般若波罗蜜多经发愿文》，这篇短文虽然题作“发愿文”，却不合常规地置于佛经正文之前，而且内容是由“回向偈”和“校经题记”组成的。参看荒川慎太郎《西夏文〈金刚経〉の研究》，京都大学博士论文，2002 年，第 25 页。

⑤ 关于西夏发愿文的界定与内容描述，此前有段玉泉的《西夏佛教发愿文初探》(《图书馆理论与实践》2008 年第 1 期），也可用为参考。

朕闻能仁开导，允为三界之师；圣教兴行，永作群生之福。欲化迷真之辈，俾知入圣之因，故高悬慧日于昏衢，广运慈航于苦海。仗斯秘典，脱彼尘笼，含生若肯于修持，至圣必垂于感应。用开未喻，以示将来。睹兹妙法之希逢，念此人身之难保，若匪依凭三宝，何以救度四生？（以上第一层次）恭惟《圣大乘三归依经》者，释门秘印，觉路真乘，诚振溺之要津，乃指迷之快捷方式。具寿舍利，独居静处以归依；善逝法王，广设譬喻而演说。较量福力以难进，穷究功能而转深，诵持者必免于轮迴，佩戴者乃超于生死。劝诸信士，敬此真经。（以上第二层次）朕适逢本命之年，特发利生之愿。恳命国师、法师、禅师暨副判、提点、承旨、僧录、座主、众僧等，遂乃烧施结坛，摄瓶诵咒，作广大供养，放千种施食。读诵大藏等尊经，讲演上乘等妙法。亦致打截截、作忏悔、放生命、喂囚徒，饭僧、设贫诸多法事。仍敕有司，印造斯经番汉五万一千余卷、彩画功德大小五万一千余帧、数串不等五万一千余串，普施臣吏僧民，每日诵持供养。（以上第三层次）所获福善，伏愿皇基永固，宝运弥昌。艺祖神宗，冀齐登于觉道；崇考皇妣，祈早往于净方。中宫永保于寿龄，圣嗣长增于福履。然后满朝臣庶，共沐慈光；四海存亡，俱蒙善利。（以上第四层次）

一般人的文章则可以有所省略，例如李智宝的汉文《无量寿王经并般若心经发愿文》就省略了第一层次：

盖闻《无量寿王经》者，诸佛秘印，海藏真诠，闻名乃六庆齐圆，诵持则三涂殄灭。《般若心经》者，神功叵测，圣力难思，高谈无二之门，直显真空之理。（以上第二层次）今微僧智宝，宿有良缘，幸逢斯世，特升弘愿，命工镂板。（以上第三层次）伏愿三界九有，咸获衣中之宝；六趣四生，速证常乐之果。普施传持，同沾此善者矣。（以上第四层次）

梁吉祥屈的西夏文《佛说父母恩重经发愿文》则省略了第二层次：

今闻：如来慈悯有情，现世传留明教，圣功最胜，神力绝佳。依法修行，悉除祸业，信诚随愿，福禄繁多。（以上第一层次）是以清信弟子梁吉祥屈闻此功德，为上报圣帝及父母之恩，乃发愿雕版，初始印造一千卷，散施诸人。十□□以劝念□□。（以上第三层次）以兹胜善，伏愿：皇帝圣容可匹星辰，皇后□□堪同日月。皇子千秋可见，仇雠万世长消。金叶常常郁茂，瑞相日日鲜明。又愿以兹神力，转身父母悉除旧业，遂愿往生极乐净土，立即得见弥陀佛面。法界众生，果证菩提。（以上第四层次）

如果把第一、第二层次都省略掉，只保留第三、四两个层次，那么恐怕就不足以称之为“发愿文”，而只能是一则“题记”了。例如仇彦忠的汉文《圣六字增寿大明陀罗尼经施经题记》：

右愿印施此经六百余卷，（以上第三层次）资荐亡灵父母及法界有情，同往净方。（以上第四层次）

最简单的题记可以仅写上发愿者的名字，具体的祈愿内容隐含其中。[①]例如嵬啄氏夫人的《圣六字增寿大明陀罗尼经发愿题记》：

---

① 事实上，黑水城所出佛经里最常见也是最短小的发愿题记格式是“发愿者+姓名”，如“发愿者某某”、“此经发愿者某某”。这类题记的数量多至数百，但由于没有记录功德和祈愿的具体内容，且施主姓名都不可考，所以本书没有将其收录在内。

发愿者嵬咩氏夫人。

许愿者嵬咩赋谕。

舅姑宝，亥年八月六日夜傍晚入夜时生；

舅舅孙，牛年五月二十七晨巳时分生。

此经发愿者嵬咩氏夫人。

此经许愿者嵬咩茂娱。

很明显，这篇附在《六字增寿陀罗尼经》后面的题记表现的是一位家庭主妇在为她的丈夫和孩子祈求健康长寿。

当然还有一种出自译者之手的题记，仅用简单的几句话交待经本的翻译过程。例如在西夏文《等持集品译经题记》里，如果没有“此《等持集品》者”和“其后番国永平皇帝朝”这两句，简直就是卷首款题的补充：[①]

此《等持集品》者，西天大师毗奈耶旃陀啰共译师西蕃比丘法慧等译。其后番国永平皇帝朝，大师傅兴盛正法寺知译经诠义法门事度解三藏功德司正国师思善觉嵬名德源番译。

从语言风格的角度看，以“后序愿文”为代表的文章特点非常突出——除叙述施主所做功德的那个层次采用散文体外，其余层次采用的大都是骈文体或者歌行体。里面尽管有个别地方的词义对仗不够工整，平仄搭配不够严格，但我们相信那只是些临时的权宜之举，[②]规范的骈俪句式仍然是作者心中始终如一的追求。我们知道，敦煌所出的早期愿文一般都是散文，并没有模仿汉魏骈赋传统的痕迹，[③]而西夏愿文采用了高度程序化的骈文体，明显是在追随唐宋两代的中原文风。即使是在沙门德慧《大印究竟要集序》之类西夏藏传佛教作品的序言中，骈俪句式的特征仍然表现得十分明显。[④]

取汉文发愿文和西夏文发愿文对读几篇就可以看出，后者的写作格式完全是前者的再现，也就是说，西夏作品从结构层次到骈俪句式的安排都与汉文作品同出一辙。我们今天见到的佛经序跋中有四篇为汉文本和西夏文本并存，即《圣观自在大悲心总持并胜相顶尊总持后序愿文》、《圣佛母般若波罗蜜多心经御制后序》、《圣大乘三归依经后序愿文》和《观弥勒菩萨上生兜率天经施经发愿文》，这四篇作品在当年应该是先写出汉文，再另外请人翻译成西夏文的。[⑤]其实不仅是皇家作品，其他的序跋也大都如此，我们甚至可以从中发现西夏译者在遣词造句时无意间透露出的汉语语法痕迹。如所周知，汉语句子的基本结构是“主语—谓语—宾语”，即所谓“SVO 型”，而西夏句子的基本结构则是“主

---

① 这部经文的卷首款题是“觉贤菩萨集，奉天显道耀武宣文神谋睿智悖睦懿恭皇帝嵬名御译”。结合译经题记看，显然夏仁宗只是具名者，实际的翻译工作是由嵬名德源完成的。

② 有些声韵违例现象涉及专有名词。例如上述仁宗仁孝的汉文《圣大乘三归依经发愿文》有“具寿舍利”一读，连用四个仄声字，违反了骈文的声韵搭配原则。不过由于那是佛陀弟子的名字（具寿舍利子），不容改易，所以作者不得不在本该使用平声字的地方使用了仄声的“寿”字。

③ 例如早期著名的《梁武帝东都发愿文》（P. 2189）和《天台智者大师发愿文》（P. 3183）。参看黄征、吴伟编校《敦煌愿文集》，岳麓书社，1995 年，第 283—292 页。

④ 西夏有些藏传佛教作品会在卷首介绍作品的主旨和传承谱系，这部分文字一般仅以“今闻”二字开头，而不冠以“序”字。本书把这类文字视为序言。

⑤ 与这种情况形成对照的是，凉州护国寺感通塔的汉文碑铭和西夏文碑铭则是由不同的人分头撰写的，所以语句差别很大。关于这通碑刻的详细研究参看 Ruth W. Dunnell, *The Great State of White and High: Buddhism and State Formation in Eleventh-Century Xia*, Honolulu: University of Hawai'i Press, 1996。

语—宾语—谓语”，即所谓“SOV 型”，然而在西夏文的佛经序跋中却偶尔可见如下违反常规的语序：

《慈悲道场忏法序》：“[illegible]”，字面意思是“今劝众生”，为汉语语序，依西夏语法本当作“[illegible]”（今众生劝）。比较《达摩大师观心论序》的“[illegible]”（乃劝友人）。动词“[illegible]”（劝）在句末。

《拔济苦难陀罗尼经发愿文》：“[illegible]”，字面意思是“上报圣恩”，为汉语语序，依西夏语法本当作“[illegible]”（上圣恩报）。比较《佛说父母恩重经发愿题记》的“[illegible]”（报答父母之大恩）。动词“[illegible]”（报答）在句末。

《金刚般若波罗蜜多经发愿文》：“[illegible]，[illegible]”，字面意思是“上报四重恩，下济三途苦”，为汉语语序，依西夏语法本当作“[illegible]，[illegible]”（上四重恩报，下三途苦济）。[1]

这种现象引导我们做出一个假定，即一部分西夏文序跋在产生之初必有汉文本作为参照。这个假定还可以通过《金光明最胜王经发愿文》里的用典来得到进一步的证明：

“[illegible]，[illegible]”，西夏文的字面意思是“渊深边如，冰薄步同”，来自《诗经・小雅・小旻》的“如临深渊，如履薄冰”。

“[illegible]”，西夏文的字面意思是“远柔近能”，来自《诗经・大雅・民劳》的“柔远能迩”。[2]

现有的证据表明西夏人对《诗经》并不熟悉，[3]因此我们估计，如果没有汉文的发愿文作为参照，西夏人是不太可能想到这些中原典故的。由这个假定再推进一步就是，除了那些短小的题记之外，存世的大多数西夏文骈体佛经序跋应该都是译文，而不是直接用西夏语文进行的初始创作。认识到这一点，就可以理解人们之所以至今未能在其中发现多少党项本民族文化因素的缘故。[4]

在党项的民族文学里，“词义对仗”是采用最多的修辞手段。不仅是上层官吏的诗歌经常应用对仗，[5]而且民间的谚语也多由对偶句构成。[6]与此相对的是，“韵律”在党项民族文学里就显得不那么突出——包括《夏圣根赞歌》和《新修太学歌》在内的一大批名作都是无韵的，[7]用韵的情况只出现在以汉文古风或者坊间俗曲为蓝本的拟作当中。[8]可想而知，本民族的民间文学传统会导致党项人的一种习惯，即他们在欣赏或者翻译外民族的作品时，更加留意的是词义的对仗而非韵律的铿锵。

汉语的骈体文不一定要求押韵，但声调的平仄搭配却是必须要遵守的规则。西夏语有“平声”和“上声”两个声调，人们自然可以估计其中的平声相当于汉语的平声，上声相当于汉语的仄声（上声、去声和入声），而平声字和上声字在西夏文的骈句里也应该按规则交错使用，至少在骈俪的句末应该

① 值得注意的是，这两句话来自中原地区流传最广的一首《回向偈》。这首《回向偈》的起源不详，全文是：“愿以此功德，庄严佛净土。上报四重恩，下济三途苦。若有见闻者，悉发菩提心。尽此一报身，同生极乐国。”

② 这句话又见于《尚书・舜典》。应该指出，西夏译者把“柔远能迩”中的“能”字理解为“能够”（[illegible]），这并不正确。“能”在这里与“柔”形成对文，意思应该是“柔和”、“柔远能迩”等于说“优抚远方和近处”。

③ 聂鸿音：《西夏译〈诗〉考》，《文学遗产》2003 年第 4 期。

④ 一个比较有趣的例子是陆文政的汉文《夹颂心经发愿文》，文章开头说道：“《般若多心经》者，寔谓醒昏衢之高炬，济苦海之迅航，拯物导迷，莫斯为最。”这几句话实际上是从唐代法藏的《般若波罗蜜多心经略疏序》里抄来的。参看《大正藏》第 33 册，第 552 页上栏。

⑤ 西夏大臣诗作中最具特点的是《夏圣根赞歌》和《新修太学歌》，全文日译见西田龙雄《西夏语〈月月乐诗〉の研究》，《京都大学文学部研究纪要》25，1986 年。

⑥ 俄罗斯科学院东方文献研究所收藏有一部 1187 年编印的西夏文谚语集，书题一般译作“新集锦合辞”，全文俄译及相关研究见 Е.И. Кычанов, *Вновь собранные драгоценные парные изречения*, Москва: Наука, 1974。

⑦ 聂鸿音：《〈文海〉探源》，《固原师专学报》1990 年第 3 期。

⑧ 荒川慎太郎：《西夏詩の脚韻にられる韻母について——〈三世属明言集文〉所収西夏語詩》，《京都大学言语学研究》20，2001；孙伯君：《西夏俗文学“辩”初探》，《西夏研究》2010 年第 4 期。

表现出平声字和上声字的对立。然而实际情况却出人意料——西夏文骈句里平声字和上声字的分布竟然全无规律可循。造成这种现象的真正原因令人费解，一种可能性是党项人出自其民间文学传统，不像重视词义对仗那样重视韵律，另一种可能性是西夏语声调的性质不同于汉语，西夏语的平声和上声不能与汉语的平声和仄声形成对当。[①]毋庸讳言，根据现有的材料，我们目前还无力在这两种可能性中间作出抉择。

纵观存世的西夏佛经序跋可以产生一个突出的感觉，即这些作品的思想境界和文学气质明显胜过敦煌文学。在西夏的祈愿主题中较少见到像敦煌愿文那样局限于个人或小家庭命运的平民理想，而大多是站在国家的高度祈求皇图永固和国泰民安，这大概是因为西夏的佛经序跋大量出自皇室，而作为政府内最优秀的写作人才，为皇室捉笔的官吏自然善于揣摩领导的心理，也善于把这些心理用当时最典型的文学形式表达出来。毫无疑问，仁宗皇帝和桓宗皇帝执政期间的佛经序跋作为一种独立的文体，尽管在内容上难免同类作品的空灵，但遣词造句的高贵典雅已足以表明其创作和翻译技巧的成熟。可以说，那个时代的作者和译者已经在汉文化的框架下把党项语言的应用发挥到了极致，他们的作品值得作为一份宝贵的文化遗产永驻人间。

（作者通讯地址：中国社会科学院民族学与人类学研究所　北京 10081）

① 聂鸿音：《西夏语声调研究的新课题》，《宁夏社会科学》1997 年第 5 期。一个有趣的事实是，西夏语的音韵著作中竟然对汉语的“平”、“上”、“去”、“入”四个声调代表字采用了意译，似乎表明西夏人还不知声调为何物。

《大乘要道密集》与西夏文本关系再探

孙伯君

摘 要： 此前，通过黑水城出土西夏文本目录和已经刊布的汉文本，人们曾感觉到《大乘要道密集》中所收萨迦派、噶举派传承的“道果”法、“大手印”法经典与西夏所传藏传密法有很大关联，并猜测《大乘要道密集》所收诸多汉文本可能最早是西夏时期翻译的。通过对勘，我们发现有些西夏文本题名与内容均可以勘同，但有些虽然题名一致，而实际内容却大相径庭，这一事实提醒我们注意：西夏文本与汉文本有千丝万缕的联系，反映西夏与元代的藏传密教之间有很深的渊源，这是毋庸置疑的。不能只根据西夏文本的题名就判断汉文本可能最早是西夏时期翻译的，西夏文本与同名汉文本可能并非出自同一个传承体系，即西夏时期传行的萨迦派、噶举派部分教法或许与元代的传承体系颇有不同。

关键词： 西夏学 藏传佛教 《大乘要道密集》 俄藏黑水城文献

一

如所周知，西夏曾经盛行藏传密法，尤其是在西夏仁宗（1139－1193在位）时期，萨迦派和噶举派等教法甚为流行。据西夏仁宗乾佑二十年（1189）御制《观弥勒菩萨上生兜率天经发愿文》记载，当时在西夏首都兴庆府附近的大度民寺所做的大法会上，曾“延请宗律国师、净戒国师、大乘玄密国师、禅师、法师、僧众等，请就大度民寺内，具设求修往生兜率内宫弥勒广大法会，烧施道场作广大供养，奉无量施食，并念诵佛名咒语。读番、西番、汉藏经及大乘经典，说法作大乘忏悔”[①]。而据《大乘要道密集》第四册中“大手印伽陀支要门”，其中的“大乘玄密国师”，即“玄密帝师”，是噶举派著名祖师米拉日巴（铭□移粹啰悉巴）的再传弟子。[②] 此前，学者曾通过黑水城出土西夏文本的内容，发现《大乘要道密集》中所收萨迦派、噶举派传承的“道果”法、“大手印”法经典与西夏所传藏传密法有很大关联。这一现象是西田龙雄先生首先指出的，他在1977年出版的《西夏文华严经》第3册中把《道果语录金刚句记》与《大乘要道密集》中的同名经典联系到一起，[③]之后又在《西夏语佛典目录编纂之诸问题》中介绍了西夏文《大印究竟要集》、《大手印顿入要门》、《大手印定引导要

① 聂鸿音：《乾祐二十年<弥勒上生经御制发愿文>的夏汉对勘研究》，杜建录主编《西夏学》第4辑，宁夏人民出版社，2009年，第42－45页。

② [元]八思巴等编《大乘要道密集》卷四，自由出版社，1974年，第407页。

③ 西田龙雄：《西夏文の華厳経》第3册，京都大学出版社，1977年，第24页。

门》等与藏密"大手印法"有关的经典，并简要翻译了其中有关传承体系的内容。①此后，这一现象受到了藏学界的普遍重视，陈庆英、沈卫荣等先生先后撰写了系列文章，就西夏帝师与藏传佛教祖师的传承关系、西夏遗存文献与《大乘要道密集》汉文本的关联加以论述，并通过黑水城出土西夏文本目录和已经刊布的汉文本，进一步指出《大乘要道密集》所收诸多汉文本可能最早是西夏时期翻译的。②索罗宁则通过对俄藏西夏文 Инв.No.2841、No.7216 所收大手印经典、以及《大印究竟要集》内容的考察和分析，指出《大印究竟要集》所代表的是 12 世纪西夏的"大手印"法传承体系，而《大乘要道密集》则代表的是西夏晚期的"大手印"传统。③ 最近，孙伯君也对俄藏"大手印"法经典的几种西夏文本进行了解读，并通过与《大乘要道密集》中汉文本的对勘，发现有些西夏文本虽然与汉文本题名完全相同，但内容迥异，并提醒学界注意：首先，不能只根据西夏文本的题名就判断《大乘要道密集》中的同名汉文本可能最早是西夏时期翻译的；其次，西夏时期盛行的萨迦派、噶举派教法或许与元代的传承体系颇有不同。④本文拟在此前研究的基础上，通过西夏文本和《大乘要道密集》汉文本的对勘，梳理两种文本的复杂关系，从而为进一步判断《大乘要道密集》汉文本与西夏文本的关联，进而讨论元代藏传佛教与西夏的传承关系提供参考。

二

在进一步把多部黑水城出土西夏文本与《大乘要道密集》汉文本综合比较之后，我们发现它们之间大概有几种复杂关系：

1．正如此前学者注意到的，黑水城出土几种"大手印"法经典的西夏文本与《大乘要道密集》中所收汉文本题名与内容基本可以勘同，可确定两种译本均自藏文原本翻译而成。如：俄藏 Инв.No.2841 号中所收《大手印八镜要门》、《大手印九种光明要门》、《大手印十三种法喻》等与《大乘要道密集》中所收同名经典内容基本一致。此合抄本此前索罗宁介绍过，⑤下面选《大手印八镜要门》中卷首一段加以对勘：

西夏文：

[illegible]！

[illegible]。[illegible]（[illegible]，[illegible]。[illegible]，[illegible]，[illegible]，[illegible]）；[illegible]（[illegible]，[illegible]。[illegible]，[illegible]，[illegible]）；[illegible]（[illegible]，[illegible]，[illegible]，[illegible]。[illegible]，[illegible]；[illegible]，[illegible]。[illegible]，

① 西田龙雄：《西夏語仏典目録編纂上の諸問題》，载 Е. И. Кычанов, *Каталог тангутских буддийских памятников*, Киото: Университет Киото, 1999.XXXⅧ－XLV.

② 陈庆英：《〈大乘要道密集〉与西夏王朝的藏传佛教》，《中国藏学》2003 年 3 期；陈庆英：《大乘玄密帝师考》，《佛学研究》2000 年，总第 9 期，第 138－151 页；沈卫荣：《序说有关西夏、元朝所传藏传密法之汉文文献——以黑水城所见汉译藏传佛教仪轨文书为中心》，载《西藏历史和佛教的语文学研究》，上海古籍出版社，2010 年，第 440－459 页；沈卫荣：《〈大乘要道密集〉与西夏、元朝所传西藏密法》，载《西藏历史和佛教的语文学研究》，上海古籍出版社，2010 年，第 347－391 页。

③ 索罗宁：《西夏文"大手印"文献杂考》，未刊稿。

④ 孙伯君：《黑水城出土〈大手印定引导略文〉考释》，《西夏研究》2011 年 4 期，第 12－19 页；《俄藏西夏文〈大手印定引导要门〉考释》，沈卫荣主编《西域历史语言研究集刊》第 5 辑，科学出版社，第 189－208 页，2012 年；《黑水城出土藏传佛典〈中有身要门〉考释》，7 至 17 世纪西藏历史与考古、宗教与艺术国际学术研讨会论文，2013 年 7 月 13－15 日，四川成都。

⑤ 索罗宁：《西夏文"大手印"文献杂考》，未刊稿。

[illegible]）；[illegible]（[illegible]，[illegible]。[illegible]，[illegible]。）[illegible]（[illegible]，[illegible]。[illegible]、[illegible]，[illegible]。[illegible]，[illegible]，[illegible]，[illegible]，[illegible]。）

译文：

敬礼最妙上师等！

《大手印之八种明镜要门》。**见色眼之明镜者**（所有诸色，种种显现，皆心影像。镜中影像，虽略有，实无体，不离于镜）；有空不二界内真（身自心起，有相无体。不离于识，若了空有不二，即是双融清净）；**听声耳之明镜者**（声性本无，虚从因起，犹如响声，实无所有。闻好声时，爱着；闻恶声时，生憎嫌。推察实体，不可得声也）；声空不二界内净（声性即空，空性即声。双了不二，声性无生）；**闻香鼻之明镜者**（声性本空，从妄分别。能知觉所知觉，俱无自性。犹如清风，好香恶香，虚假知觉。根本不了，则双融不二成也）。

汉文本：

《大手印八镜要门》[①]

敬礼最妙上师等！

见色眼之明镜者（所见色境，皆心影像，与空不二。如镜中影像，现而无体，不离于镜）；色空双融界内净（色自心起，有相无体。不离于识，若了空有。不二即是双融清净）；**听声耳之明镜者**（闻性本无，声从因起，犹如响声，实无所有。闻好声时，有何爱着？闻恶声时，岂可憎嫌？推察其体，别无所得）；声空无生界内净（声性即空，空性即声，双了不二。声性无生，五色八相，都无所有）；**闻香鼻之明镜者**（其性本空，从妄分别，能闻所闻，俱无自性。犹如清风，香之好恶，虚假闻觉，若了无根本，成双融不二）。

通过对勘，夏、汉文本的内容可以勘同，可以判定两种译本均自藏文原本翻译而成，惟两种文本是否同时翻译尚待进一步确定。

2. 黑水城出土西夏文本与《大乘要道密集》中所收汉文本题名稍有差异，但内容大致可以勘同。如俄藏Инв.No. 2530号《大手印定引导要门》，与《大乘要道密集》中所收《大手印引定》题名稍异，[②]但内容大体一致，可确定夏、汉两种译本均自藏文原本翻译而成。西夏文本与汉文本最突出的差别是西夏文本最后一叶存如下咒语：

西夏文：[illegible]。

梵文：*Om vajra vairocaniye hum phat hrnisa hum phat sarva pathadavaniye hum phat Om vajra darmaniye hum phat。

下面把两种文本卷首内容对勘如下：

西夏文本：

[illegible]！

[illegible]，[illegible]，[illegible]，[illegible]，[illegible]。[illegible]，[illegible]、[illegible]。[illegible]、[illegible]

① 《大手印八镜要门》，载《大乘要道密集》卷四，自由出版社，1974年，第415－416页。

② 汉文本卷首题《大手印引定》，卷尾题《大手印赤引定要门》，载《大乘要道密集》卷四，第397－407页。

[illegible]

译文：

《大手印赤引定要門》

敬礼最妙上师！

此者亦名《大手印赤引导》，亦名《大手印无文字理》，亦名《传理要门》，亦名《大手印一种主》，亦名《大手印金刚无比主》。斯则心未安者，令得安息，已安息者，令得坚固、增盛。故又身之坐仪、止息心仪、生觉受仪，三种之法，亦如也。不修整者，正是法身；修整是过，不获圣道。心不整则明，水不动则澄，道不谬则近，果不缘则证。不修有三：身不修者，如旷野弃尸，纵任而住，如草绳断；语不修者，不思何意；（心）不思者，以紧缠缚。纵任此心，则解脱不疑。

汉文本：

敬礼最妙上师！

然此引定，亦名《大手印赤引导》，亦名《大手印无文字理》，亦名《传理要门》，亦名《大手印一种主》，亦名《大手印金刚无比主》。斯则心未安者，令得安息；已安息者，令得坚固；坚固者，令增盛。故又身之坐仪、止息心仪、生觉受仪，三种之法，唯斯是矣。所以云：不修整者，正是法身，修整是过，不获圣道。心不整则自明，水不动则自澄，道不谬则自近，果不缘则自证。不修有三：身不修者，如旷野尸，纵任而住，或如柴蔞断，任运而住；语不修者，不应谈说；心不修者，意勿缘虑。故有颂曰：不须急切系缚心，纵任解脱无所疑。

通过对比可知，除了题名稍异外，两种译本内容上并无太大差别，个别字句的区别，如西夏文本“已安息者令得坚固、增盛”，汉文本作“已安息者令得坚固，坚固者，令增盛”等，只是翻译表述上的问题，可确定夏、汉两种译本均自藏文原本翻译而成。

3. 黑水城出土西夏文本与《大乘要道密集》中所收汉文本内容基本可以勘同，如俄藏Инв.No.892和No.7216号所收《大手印顿入要门》，与《大乘要道密集》中《新译大手印顿入要门》内容一致。不过，汉译本不仅题名上较西夏文本增加了“新译”二字，而且款题“果海密严寺玄照国师沙门慧贤传，果海密严寺沙门慧幢译”亦不见于西夏文本。这两点不同，可能预示着《大乘要道密集》汉译本是元代新译的。下面是两种文本卷首一段的内容：

西夏文本：

《[illegible]》

[illegible]！

[illegible]

[illegible]，[illegible]，[illegible]。[illegible]《[illegible]》[illegible]：[illegible]，[illegible]。[illegible]，[illegible]、[illegible]。

译文：

《大手印顿入要门》

敬礼诸上师！

初见解宗法，有三种：一法及法性（法者，色等四大及依四大所成之法也。法性者，色等诸法，虽是有像而无实体。离戏论边，无生无灭，即真空性也）；二心及心性（心者，指种种分别计度之心也。心性者，不追过去，不思未来，不缘现在，其心不可捉，离于色相，元是真空无生性也）；三虚空自性（是前二之喻。谓如虚空广大周遍，无生无灭，无去无来。前法性真如，普遍诸法，广大无涯，如虚空也）。师曰：此见宗者，若依果乘，是大手印；若据因乘，无住中道，以为宗本。又二真性及喻等三法，本性一味，自体无殊。故《般若经》云：色法清净，则果法清净无二。无二分，无别、无断也。

汉文本：

《新译大手印顿入要门》①

果海密严寺玄照国师沙门慧贤传，果海密严寺沙门慧幢译。

敬礼一切上师！

然此要门大分三段，初见解宗，本分三分：法及法性（法者，坚等四大及依四大所成之法也。法性者，色等诸法，虽是有像而无实体。离戏论边，无生无灭，即真空性也）；次心及心性（心者，种种分别计度之心也。心性者，不追过去，不思未来，不缘现在，不可识认，离于色相，元是真空，无生性也）；后虚空自性（斯乃即是前二之喻。谓如虚空广大周遍，无生无灭，无去无来。法性真如，亦复如是。普遍诸法，广大无涯，如虚空也）。师曰：此见宗者，若依果乘，是大手印；若据因乘，无住中道，以为宗本。又二真性、喻等三法，本性一味，自体无殊。《般若经》云：色法清净，故果法清净无二。无二分，无别、无断也。

通过对勘可知，两种文本内容上只有几处稍有区别，如西夏文本“初见解宗法，有三种”，汉文本作“然此要门大分三段，初见解宗，本分三分”，这些差异不过是译法的不同，可确定夏、汉两种译本均自藏文原本翻译而成。

4. 西夏文本与汉文本同名，但内容完全不能勘同。比如俄藏西夏文本 Инв.No.0913，题名为“[illegible]”，直译作“道果语录金刚句之解释记”，意译为“解释道果语录金刚句记”，②此本与《大乘要道密集》中所收汉文本《解释道果语录金刚句记》同名。西田龙雄先生曾认为两种本子可以勘同，且均译自藏文本，③藏学界也曾把它作为有力的例证讨论《大乘要道密集》中的汉文本可能是西夏时期翻译的。④经过对勘，西夏文本与汉文本的内容迥然有别。下面是夏、汉两种文本卷首内容：

西夏文本：

[illegible]

① 《新译大手印顿入要门》，载《大乘要道密集》卷四，第395－396页。

② Е. И. Кычанов, *Каталог тангутских буддийских памятников*, Киото: Университет Киото, 1999. стр. 545.

③ 西田龙雄：《西夏文佛经目录》第76号，《西夏文华严经》III，京都大学文学部，1977，第24页。

④ 陈庆英：《〈大乘要道密集〉与西夏王朝的藏传佛教》，《中国藏学》2003年3期。

[illegible]！

[illegible]□，□□[illegible]。

[illegible]，[illegible]。

[illegible]，[illegible]。

[illegible]，[illegible]。

[illegible]（三[illegible]）：[illegible]，[illegible]，[illegible]。[illegible]，[illegible]。[illegible]，[illegible]：[illegible]，[illegible]□□[illegible]，[illegible]，[illegible]。

译文：

《解释道果语录金刚句记》第一

敬礼诸上师！

妙音摄受深慧□，□□经义诸智照。

难时生死如顶珠，堕金刚渡坏有度。

见义名者皆爱乐，悲他饶足实恭敬。

如意宝解金刚句，集妙师语利益彼。

默有自在觅栗瓦巴大师之金刚句三分：一初义，二体义，三尾义。一初义者，是妙真等二句，敬礼上师并明解说传语。谓妙真上师者，身体上独依功德有四种解：一种增睦禁断金刚上师；二种□□智金刚上师；三种密等生智解金刚上师；四种究竟真如一切义法说最胜清净金刚上师等。

汉文本：

《解释道果语录金刚句记》①

北山大清凉寺沙门慧忠译，中国大乘玄帝师传，西番中国法师禅巴集。

五密义相续不绝处，令获成就及生诸功德，故以四耳传教示道者。即文云：密乘耳传，四母不绝故也。释曰：此有义句，相续不绝二母中。今此言义相续不绝者，有四：一、主戒江河不绝；二、摄受相续不绝；三、师要绳墨，了不误谬；四、以敬信力，充足自心。

第一复三：一、因主戒河不绝；二、道主戒河不绝；三、果主戒河不绝。因主不绝者，谓自未得主，不可与他受主戒，故须自己先于上师上、中、下三法事中选依一种，备受四主。其师亦须相续得主，如觅栗瓦巴师，于化身智空行母等处，全得四主，以迄于今时者也。

通过对勘可知，两种文本内容完全不能勘同。不过我们注意到文中均提到了“觅栗瓦巴大师”，可以推测两种译本均属于传自觅栗瓦巴大师的“道果”法经典。觅栗瓦巴（Virvapa）大师，又译作必哩（二合）呃巴、密哩斡巴、密哩呃巴、觅呃巴等，是将“道果”法传入吐蕃的印度八十五成就师之一，《大乘要道密集》中《密哩斡巴上师道果卷》、《修习自在密哩呃巴赞叹》、《修习自在拥护要门》的“修习必哩（二合）呃巴观想次第”、《成就八十五师祷祝》等等，②均有谈及或赞叹觅栗瓦巴大师的语句。据传他颇能饮酒，《成就八十五师祷祝》中曰：“善能逆流大江河，饮酒指住红日轮。其名号为密哩（二合）呃巴，上师尊处我敬礼！”一行沙门慧觉亦曾在《大方广佛华严经海印道场十重行愿常遍

①《解释道果语录金刚句记》，载《大乘要道密集》卷三，第171－200页。

② 上述记载分见《大乘要道密集》卷三、四，第169、304－305、313、320页。

礼忏仪》卷第十四中辩证地谈及大师的饮酒，曰：“如觅呱巴大师，虽则饮酒，吐出其乳。又为助禅定力，则于大象囊中，饮一皮囊，亦则无妨。若非助定力，如水滴许亦不应饮。以此观之，于放逸中，虚浪妄饮，岂可得也？诸僧俗等应诫慎之。”①

5. 除了《大乘要道密集》之外，俄藏汉文文献中也存有很多译自藏文的密教经典，有些经典与黑水城出土同名西夏文本也不能勘同，比如俄藏 Инв.No. 7116 号《中有身要门》，此经《大乘要道密集》未见收录。两种译本题名虽然一致，但内容却大相径庭，最明显的区别是汉文本为散文，西夏文本几乎全篇为便于诵读的七言偈颂。下面是两种文本卷首的内容：

西夏文：

《[illegible]》

[illegible]

[illegible]

译文：

《中有身要门》

大度民寺内中国觉照国师 法狮子 传

Om namo guru 以修觉证而拙火，以梦觉证而幻身，以睡觉证而光明。不修觉证之夺舍，夺舍法与迁识异。此者现世之正觉，乃说令其得达法。此世正觉如不证，密意方便之上道。中有身之证法说，已灭上师如此求。中有身亦有二种：谓之耳传中有身，要论总论之纲要。所修不惟十五法，如以下说所了解。彼者中有身本体，中有十五法亦谓。前面耳传中有者，有三种义当了解：一者生死中有身，二者梦之中有身，三者有之中有身。

汉文本：

《中有身要门》②

麓麻蘖上师传 宫厮当译

夫中有身者，各有三种。中有三者，谓生死、梦想、轮回也；身三种者，谓熟习气、意、身是也。然此三种，何法系属？与贪、嗔、痴而相系属。谓生死中有身，与慧主系属；梦想中有身，与忆识系属；轮回中有身，与师父、师母系属。

很明显，上述夏、汉两种译本并非出自同一原本，这一现象可以佐证这部“大手印”法经典在河西地区有不同的传承体系。

---

① 唐兰山云岩慈恩寺护法国师一行沙门慧觉依经录，宋苍山载光寺沙门普瑞补注，明钦褒忠义忠荩四川布政佛弟子木增订《大方广佛华严经海印道场十重行愿常遍礼忏仪》，载《卍新纂续藏经》第 74 册，No.1470。

② 汉文本《中有身要门》，刊布于俄罗斯科学院东方研究所圣彼得堡分所、中国社会科学院民族研究所、上海古籍出版社编《俄藏黑水城文献》第 5 册，上海古籍出版社，1998 年，第 106－112 页。

三

《大乘要道密集》与西夏的关联，还体现在诸文本的译音用字颇有西夏时期汉语河西方音的特点，下面是相关的梳理：

1. 卷一《依吉祥上乐轮方便智慧双运道玄义卷》、《拙火定》中，[①]梵文 Avadhūti，对译为“阿斡寧六帝”，其中 dhū 对“寧六”，符合夏译佛经陀罗尼中与梵文 tu、du、nu 对音普遍使用“切身”字“丁六”、“寧六”、“寧各”和“丁各”的典型特征；[②]

2. 卷四《金瓔珞要门》中梵文 Vajra 对译为“末口则啰（二合）”，j-“口则”相对；梵文 Indra bodhi，对音为“因得啰（二合）波矴”，dhi 对“矴”；藏文 Tilopa，对译“丁口浪巴”，lo 对“口浪”等，[③]符合河西方音梗摄“矴”字失落辅音韵尾-ŋ；宕摄“浪”字失落辅音韵尾-ŋ 后元音高化等典型特征；

3. 卷四《师承等处奉集轮仪》中梵文 gana，对译作“遏捺”，ga 对“遏”，符合河西方音影母开口字“遏”读 g-的典型特征。

由此，我们可以推断，《大乘要道密集》中上述汉文本与西夏有关，换句话说，凡是对音用字与西夏时期河西方音特点相符的汉文本，极有可能是西夏时期翻译的，如果是元代翻译，它们的译者也可能是来自西夏故地河西。

值得注意的是，《大乘要道密集》中有些篇章的对音用字与西夏时期译音用字特点大不相同，不具有河西方音的典型特征，如：

1. 卷四《北俱卢洲延寿仪》中有咒曰：“捺麽 孛塔牙 捺麽 塔哩麻牙 捺麽 僧伽牙 怛的牙塔 唵 啞得（一字念）爹 發爹 必爹 孤难爹 怛葛（一字念）隔 塔怛隔 怛啰葛（一字念）隔 呼嚕 麻帝 兮里兮里 密里密里 三巴葛（一字念）尼牙 尾巴葛（一字念）恰發 目捺赞南细萨 萨埵 班荅 莎曷。”此仪轨所用汉字除了未见西夏译经常见的对音用字外，还有一个突出地方与西夏时期的对音传统不甚符合，即对译梵文复辅音，用“一字念”来标记，而西夏陀罗尼对音遵循唐宋传统用“二合”二字来标记。由此，可以推测此仪轨是元代翻译的，也可以佐证沈卫荣先生关于其成书年代不应早于元朝末年的猜想。[④]

2. 卷四《五方佛真言》中所收录真言，只可见到河西方音的一些痕迹，下面是“阿弥陀佛根本咒”与梵文和西夏智广于西夏天庆七年（1200）编定的《密咒圆因往生集》的对比：

梵文：

Namo ratna trayāya namo ārya-amitabhaya tathāgataya arhate samyaksambuddhaya tadyathā om amrte amrtisambhave amrta sambhave amrtagarme amrtasiddham amrtateje amrta vikrānte amrta vikrānta gāmini amrta gagana girtikari amrta garhavisvare sarva arthasādani sarva garma garśa gśayo gare svāhā.

《五方佛真言》汉译本：[⑤]

唵 那谟 婆葛斡谛[⑥] 哑箆达婆耶 荅塔葛达耶 哑哩合（二合）谛 三藐克（二合）三勃塔耶 荅牒塔 唵 哑梅哩（二合）谛 哑梅哩（二合）都忒[⑦]（二合）婆微 哑梅哩（二合）荅 三婆微 哑梅哩（二合）荅葛哩昆（二合）

---

① 见《大乘要道密集》卷四，第 46、53 页。

② 孙伯君：《西夏新译佛经的对音研究》，中国社会科学出版社，2010 年。

③ 见《大乘要道密集》卷四，第 425 页。

④ 沈卫荣：《〈大乘要道密集〉与西夏、元朝所传西藏密法》，载《西藏历史和佛教的语文学研究》，第 369 页。

⑤《五方佛真言》，载《大乘要道密集》卷四，第 293－294 页。

⑥《五方佛真言》汉译本首句“唵 那谟 婆葛斡谛”，对应的梵文当为*om namo bhagavate，与梵文原文 Namo ratna trayāya namo ārya 有所不同。

⑦ 都、忒，分别与梵文 ti 和 sam 对译，与北方汉语和河西方音均不合，疑误。

哑梅哩（二合）荅些提 哑梅哩（二合）荅的济 梅哩（二合）荅 月葛囒（二合）都 哑梅哩（二合）荅 月葛囒（二合）荅 葛（引）箴尼 哑梅哩（二合）荅 葛葛那 吉哩的（二合）葛哩 哑梅哩（二合）荅 敦[①]合撇莎哩 萨哩吼 哩塔（二合）萨塔尼 萨哩斡（二合）葛哩麻（二合）鬲梨（二合）摄 彻扬 葛哩 莎诃

《密咒圆因往生集》汉译本：

捺么 啰捺 嘚啰(二合)也(引)也 捺麻 啊(引)呤拽(二合) 啊弥怛(引)末(引)也 怛达(引)遏怛(引)也 啊啰诃(二合)矴 萨灭三莫口捺(引)也 怛涅达(引) 唵 啊密口栗(二合)矴 啊密口栗(二合)多纳末(二合)永 啊密口栗(二合)怛三末永 啊密口栗(二合)怛遏呤口命 (二合) 啊密口栗(二合)怛西寧 啊密口栗(二合)怛矴口精 啊密口栗(二合)怛觅悔磷(卢间反二合引)矴 啊密口栗(二合)怛觅屹磷(上同)怛遏(引)弥你 啊密口栗(二合)怛 遏遏捺鸡(引)呤帝(二合)葛呤 啊嘧口栗(二合)怛嫩努觅厮斡(二合)呤 萨呤末(二合引) 呤达(二合)萨(引)口捺你 萨呤末(二合) 葛呤麻(二合) 屹令(二合)折 疙折(二合)口养 葛呤 莎(引)诃 (引)

我们知道，《密咒圆因往生集》汉译本中用“矴”对梵文 te，“口精”对梵文 je，“遏”对梵文 ga，“涅”对梵文 dya，“口养”对梵文 yo 等等，反映了 12 世纪河西方音梗摄字“矴”、“精”等字失落辅音韵尾-ŋ，影母开口字“遏”读 g-，泥母字“涅”读 nd-，宕摄字“养”失落韵尾-ŋ 之后元音高化等特点，具有西夏译经用字的典型特征。而《五方佛真言》汉译本中这些用字换作“谛”对梵文 te，“济”对梵文 je，“葛”对梵文 ga，“牒”对梵文 dya，符合元代北方方音的特点，只有宕摄字“扬”对梵文 yo，还可以看出一些河西方音的遗迹。由此，我们推测，《五方佛真言》的翻译可能已经到元代中晚期了。

上述对音情况与两种文本对勘所呈现的特点可以互相佐证。

四

如所周知，夏元之交，西夏故地河西，尤其是与藏区毗邻的甘州、永昌、凉州等处，是藏传密教“大手印”法广为传行之地，这些密法随着元代西夏遗僧到中原传法而被带往内地。据现藏洛阳白马寺《故释源宗主宗密圆融大师塔铭》所载一行慧觉的生平：“公讳慧觉，杨氏，姑藏人，父仕西夏为显官。夏亡，易服为苾刍，隐居求道，物论美之。公幼读书，聪颖不群，少长，志慕佛乘，遂祝发为僧。时西北之俗笃信密乘，公服膺既久，深得其道。……世祖皇帝诏海内德望校经于燕，公从护法，以见赐宗密圆融大师之号。会永昌王遣使延公启讲于凉，公之道大振于故里，创寿光、觉海二寺。……真觉殁，公亦西归，群雄乖竞，释源鼎沸。诏以公为宗主，错枉举直，因能任事，逾期而百废具修，寺以大治。寻以太后诏驰驲适凉，修佛事，为国延釐。公有家僮四十余人，至是，悉良之。以皇庆二年五月甲寅卒于白马寺。”可知“大手印”法在夏末元初仍广泛传播于西夏故地，期间内地和河西的密法交往颇为密切。

尽管如上所述，有些西夏文本与《大乘要道密集》汉文本存在不能对勘的情况，但毋庸置疑，多数文本内容关系密切，尤其是“大手印伽陀支要门”所反映的传承体系与俄藏西夏文№ 7216 号中《大手印伽陁支要门》（[illegible]□[illegible]）残存部分的传承惊人一致，即：

[illegible][②][illegible]，[illegible]，[illegible]

① 敦，与梵文 gar 对应，不合，疑误。

② [illegible]，原文误作“[illegible]”。

[illegible]，[illegible]，[illegible]，[illegible]，[illegible]□[illegible]，[illegible]……[illegible]……[大手印要门师承者，真实究竟名满传与菩提勇识大宝意(解脱)师，此师传与萨啰曷师，此师传与萨啰巴师，此师传与哑斡诺帝巴，此师传与辢麻马巴，此师传与铭𠯗移辢啰悉巴，此师传与（辢）麻辢征，此师传与玄……]。

上述师承中，西夏文“[illegible]”，与汉文本“铭𠯗移辢啰悉巴”对应，此师学界一般认为即噶举派在西藏的第一位祖师米拉日巴（1040－1123），藏文 Mila-raspa。① 按照宋代河西方音的读音规则，“铭𠯗移辢啰悉巴”当拟为 mi-zi-la ras-pa，其中“𠯗移”多见于《番汉合时掌中珠》的对音汉字，放在精母字前面描摹西夏语的齿头浊音 z，如“[illegible]”，对音汉字为“𠯗移则”，拟音为*zjir²。② 西夏文“[illegible]”，在俄藏西夏文 Инв.No.2885 中又译为“[illegible]”，两种译名均可拟为 mi-zi-la ras-pa。③ 奇怪的是，这两个译名与汉语一致，却与藏语有些差别；此外，“玄密”，在俄藏西夏文 Инв.No.941《弥勒上生经御制发愿文》中曾译为“[illegible]”，此处残存“[illegible]”，当是“玄（密）”之音译。④

《大乘要道密集》的对音用字情况与西夏文本与汉文本的对勘所呈现的复杂关系促使我们得出如下结论：1. 西夏文本与汉文本有千丝万缕的联系，反映西夏与元代的藏传密教之间有很深的渊源，甚至可以说有些文本最早是西夏时期翻译的；2.《大乘要道密集》中的有些汉文本可能是河西僧人在夏末元初新译的，就像《新译大手印顿入要门》提示给我们的一样；3. 有些西夏文本和《大乘要道密集》同名汉文本内容上并不能勘同，因此，不能只根据西夏文本的题名就判断汉文本可能最早是西夏时期翻译的；4. 西夏文本与同名汉文本可能并非出自同一个传承体系，正如索罗宁此前所指出的，西夏中期盛行的萨迦派、噶举派教法或许与西夏末年、元代的传承体系颇有不同。

（作者通讯地址：中国社会科学院民族学与人类学研究所　北京 10081）

① 陈庆英：《〈大乘要道密集〉与西夏王朝的藏传佛教》，《中国藏学》2003 年 3 期。

② 龚煌城：《西夏语言文字研究论集》，民族出版社，2005 年，第 16－20 页。

③ 西田龙雄：《西夏語仏典目録編纂の諸問題》。

④ “[illegible]”，西夏语拟音为 ŋwer¹，属疑母字，音译匣母字“玄”（胡涓切，匣先合四平山），可以做如下解释：河西方音疑母合口字与匣母四等合口字读音相近。《大乘要道密集》中有喻四母三等字“馀”与匣母四等字“兮”同用与 yi 对译的例子，如：lūyipa 大师，在《大乘要道密集》卷四《金璎珞要门》（第 426 页）中对译为“噜馀巴”，而在《成就八十五师祷祝》（第 319 页）中对译为“噜兮巴”，说明喻四母三等字与匣母四等字读音相近，而西夏文献中既有疑母开口四等“霓”与喻四开口三等“夷”同用一个西夏字注音，又有疑母合口三等“原”与喻四合口三等“沿”同用一个西夏字注音的情况（龚煌城《西夏语言文字研究论集》，第 515－516 页），说明疑母合口字“[illegible]”用作匣母字“玄”注音是可能。

俄藏Инв.No.8085西夏历日目验记[*]

彭向前

摘 要：本文对一件尚未刊布的编号为инв. № 8085的西夏历日文献作了目验，纠正了前人对该件文书的一些错误认识，认为其装帧形式不是蝴蝶装，而是缝缋装。连续88年，而非86年。并非原封不动地照搬北宋历日，在朔日、节气对比上有时与之有一、二日之差。该件对复原西夏历谱、促进西夏纪年研究具有重要意义。

关键词：西夏 历日 俄藏黑水城文献

本文打算介绍的这件珍贵的西夏历日，是1908－1909年在黑水城遗址(今属内蒙古额济纳旗)出土的，现藏于俄罗斯科学院东方学研究所，迄今尚未刊布。初次著录见戈尔芭乔娃、克恰诺夫于1963年合著的《西夏文写本和刊本》，编号为Инв.No.8085。书中称："无名称，历书，登录号8085。写本，蝴蝶装，页面16×10.8厘米，文面13×8.5厘米，7行，有隔线，行16字。页码未确定，157面。保存极坏。此历书编排同No.5282（本目录№40）。主要用汉文，间用西夏文书写。"[1]此后一直无人问津，直到四十余年后的2006年，史金波先生在《西夏的历法和历书》一文中首次对该件西夏历日作了初步研究。该文称：俄罗斯所藏黑水城出土文献有西夏文、汉文合璧历书，为表格式。每年一表占一页，分左右两面，右上角有该年的干支。其中Инв.No.8085号历时最长，从庚子年至西夏第二乙丑年，共86年的历书，也即从西夏元德二年(1120年)至天庆十二年(1205年)，中缺戊午年历书，又有Инв.No. 647号残页，正为戊午年历书，补上所缺。此历书经西夏崇宗、仁宗、桓宋三朝，时间跨度大。该件历书前几页和最后几页有不同程度的残缺，此外还有一些残片。每一表中每月占一竖行，各行分为上下很多横格，自上而下为月序、该月朔日干支、日、木、火、土、金、水、罗睺、月孛、紫炁等九曜星宿与该月时日的纳音等对照关系。文中并首次指出：这是目前所知中国保存至今历时最长的古历书。根据一般历书当年用过即成无用的废纸的特点，现在能见到连续86年的中古时期的历书，十分难得。[2]但不知什么原因，已经出版的《俄藏黑水城文献》并未收录该件文献，令人遗憾。笔者于2009年申请获得国家社科基金项目《西夏历法研究》，对这件文献朝思暮想，直到2013年，利用赴俄罗斯科学院做访问学者科研工作的机会，始在东方所"绿厅"阅览室一睹该件历日文书的庐山真面目。

Инв.No.8085文书装在一个不大的白色硬纸盒里，上书Танг.44，Инв.8085（175л.+56фр.），即该

* **基金项目**：本文为国家社会科学基金一般项目《西夏历法研究》（项目编号：09BMZ009）阶段成果。

① 戈尔芭乔娃、克恰诺夫著，白滨译《西夏文写本和刊本》，载中国社会科学院民族研究所历史研究室编译《民族史译文集》第3集，1978年。

② 史金波：《西夏的历法和历书》，《民族语文》2006年第4期。

件文书有 175 面，另有 56 个残片。打开盒子，除历日文书本身外，还可发现一片印本文献，整理者用俄文注明 Обложка низа，意思是“下面的封皮”，显然与历日文献一道出土。考察发现为《天盛律令》中的内容。上书 Нити середины，即“中间的线”，指装订线，并标明发现时所在页次。

经目验，可以纠正前人对该件文书的一些错误认识，条列如下：

1．不是蝴蝶装，而是缝缋装。这是一种常见的写本装帧形式。先把单页纸左右、上下或上下、左右对折。再将若干折叠好的单页沿中缝线订成叠，最后将数叠缝缀成册。因只能单面书写，岁久册页散乱后，打开折叠过的单页纸张，书叶之间自然有字头相对者，且文字内容多不连贯，很难找到原来的顺序。古人云：“作书册粘叶为上，久脱烂苟不逸去，寻其次第足可抄录。屡得逸书，以此获全。若缝缋，岁久断绝，即难次序。”[①]如图所示，以下 4 面共处一纸，上 2 面字头朝下，与下 2 面字头相对。但 72 与 87 面内容不连贯，73 与 86 面内容不连贯。这里的页码为整理者所加。在书册散乱而又没有页码的情况下，阅读者往往会感到茫然无绪。

86	73
87	72

被包在一片纸中的那几条细线，应该是整理者从 Инв.No.8085 号历书上拆下来的装订线。为研究西夏的纺织提供了实物。

2. 戊午年历书不缺。俄藏 Инв.No.8085，显然不止一次得到整理，上面标注的页次被一再修改过，但 164 面的戊午年历书与 142 面的丁未年历书还是互倒，使人误以为缺戊午年历书。经过这样的调整后，仍然有问题，142 面与 163 面、164 面与 141 面均不能构成一年的历日。顺便指出，整理者对页码的标注是从后往前排序的。

3．连续 88 年，而非 86 年。现存 175 面较为完整，余皆为残屑，计有 56 枚。历书有明确纪年者从庚子（[illegible][illegible]）年至西夏第二乙丑年，连续 86 年，也即从西夏元德二年(1120 年)至天庆十二年(1205 年)。[illegible][illegible]二字的写法不太规范，或可视之为俗体字。俄方整理者把该年历日置于文献最后，顺序有误。余两年残存信息较少，初步考察为丙寅年（1206）、丁卯年（1207）。丙寅年历书残存西夏文寅（[illegible]）字。丁卯年历书残存正月朔日直宿[illegible]（觜）宿，根据二十八宿注历同“七曜日”注历之间固定的对应关系（见下表），可知该年正月初六为星宿，查《二十史朔闰表》，1207 年 2 月 4 日，恰为星期日，可以佐证上述推论。[②]

二十八宿与“七曜日”注历对应关系表

七曜日	木	金	土	日	月	火	水
二	角	亢	氐	房	心	尾	箕
十	斗	牛	女	虚	危	室	壁
八	奎	娄	胃	昴	毕	觜	参
宿	井	鬼	柳	星	张	翼	轸

① 张邦基：《墨庄漫录》。

② 陈垣：《二十史朔闰表》，中华书局，1999 年。

4．在第二个庚申年(1200 年)开始，不仅在朔日干支以下加上了二十八宿注，还记载有二十四节气，使历书内容更加丰富和准确。

5．表中所列非九曜星宿与该月时日的纳音对照关系，而是九曜星宿的运行周期情况。关于这一点，另文申述。

6．此历书可与其余西夏历书互证。如斯坦因 1914 年从黑水城掘获的，此前学界考定为西夏天授礼法延祚十年丁亥（1047）历日，笔者曾经对之作了重考。[①]该文以“冬至”为突破口，结合每月的朔日干支和大小月，并利用二十八宿直日的记载与“七曜日”加以对比，考定该件历日属于西夏乾祐二年辛卯（1171）而非西夏天授礼法延祚十年丁亥（1047）历日。所不同者，历日残存部分白露、冬至、大寒各较宋乾道七年晚一天。俄藏 Инв.No.8085 号历书中也能找到这一年的历书，进一步表明笔者当年的考订正确无疑。

此外，俄藏 Инв.No.647 号历书为戊午年历书，也能在 Инв.No.8085 号得到验证。

7．并非原封不动地照搬北宋历日。残历无论从格式上还是从内容上都与黑水城出土绍圣元年（1094）历书极其相似，但大同小异，也有相异之处。以公元 1152 年为例：[②]

北宋绍兴二十二年壬申（1152）		西夏天盛四年壬申（1152）	
正月小	丁酉	正月小	丁酉
二月大	丙寅	二月大	丙寅
三月小	丙申	三月小	丙申
四月大	乙丑	四月小	乙丑
五月小	乙未	五月大	甲午
六月大	甲子	六月大	甲子
七月小	甲午	七月小	甲午
八月小	癸亥	八月小	癸亥
九月大	壬辰	九月大	壬辰
十月小	壬戌	十月小	壬戌
十一月大	辛卯	十一月大	辛卯
十二月大	辛酉	十二月大	辛酉

由上表可以看出，由于该年西夏历日五月的朔日提前一天，即北宋朔在乙未，而西夏朔在甲午，导致该年西夏历日与北宋历日小有差异。西夏的四月变成了小月，而五月则变成了大月。余皆相同。

在辽宋西夏金时期，各政权之间的历日早一天或晚一天是常见的事。如《宋史》记载：苏颂“使契丹，遇冬至，其国历后宋一日。北人问孰为是，颂曰：‘历家算术小异，迟速不同，如亥时节气交，犹是今夕，若逾数刻，则属子时，为明日矣。或先或后，各从其历可也。’北人以为然。使还以奏，神宗嘉曰：‘朕尝思之，此最难处，卿所对殊善’”[③]。而敦煌历日与中原历日在朔日、节气对比上，

① 彭向前、李晓玉：《一件黑水城出土夏汉合璧历日考释》，《西夏学》第 4 辑，宁夏人民出版社，2009 年。
② 北宋绍兴二十二年（1152）月朔日和月大小，载张培瑜《三千五百年历日天象》，河南教育出版社，1990 年。
③《宋史》卷九九《苏颂传》。

也经常有一、二日之差。于此我们不难理解宋夏历日之间的这种差异。

此历书经西夏崇宗、仁宗、桓宋三朝，连续88年，是目前所知中国保存至今历时最长的古历书，在中国古代史上绝无仅有，弥足珍贵。它对复原西夏历谱，促进西夏纪年研究具有重要意义。该件西夏历日，虽然经过初步整理，但页面顺序仍然有多处错误，数十个残屑也有待拼补。我们相信，只要假以时日，根据月朔日、月大小、二十四节气、闰月、二十八宿直宿、九曜星宿的运行周期等历法知识，一定可以使之得到全面而彻底的整理。

附录：《天盛律令》残叶

封皮中有《天盛律令》印本残叶一片，或可对其编号为 Инв.No. 8085-1，录文如下：

[illegible]

[illegible]

[illegible]

[illegible]

[illegible]

[illegible]

经核查，相当于《天盛改旧新定律令》第十三《派大小巡检门》中的一段文字，见划线部分：

对译：

<u>一等都巡检者强盗偷盗</u>一日起

<u>十日至及十日以上延</u>误等罪情前

<u>述巡检者人延误罪与</u>当同

<u>一等属</u>所司人正副人不令时延误罪

<u>都巡检</u>处人延误之罪状以法依判断

<u>一等送者</u>与遣延误时都巡检人延误罪与

意译：

<u>一等派都巡检人捕强盗、偷盗</u>，<u>延误</u>一日<u>至十日及十日以上</u>等罪情，与前<u>述巡检人延误罪相同</u>。

<u>一等所属</u>司人、正副人不令时，延误罪依都巡检处派人延误之罪状判断。

<u>一等送者</u>延误时，与都巡检人延误罪相同。①

后记：2013年7月作于圣彼得堡俄罗斯科学院东方学研究所。在此向我的访问学者导师波波娃（Попова И.Ф.）教授深致谢意，还要感谢 Амалия Станиславовна、Алла、Анна 女士，衷心感谢他们在我查阅西夏文献时为我提供的支持和帮助。

（作者通讯地址：宁夏大学西夏学研究院　银川 750021）

① 译文引自史金波、聂鸿音、白滨译注《天盛改旧新定律令》卷六《季校门》，法律出版社，2000年。

西夏学 第10辑 2013年9月
Xixia Studies, Sep,2013,Vol.10

一批新见的额济纳旗绿城出土西夏文献

段玉泉

1991年，中央电视台拍摄纪录片《望长城》，在内蒙古额济纳旗绿城北7公里左右的一处寺庙遗址内，摄制组发现了一批西夏文物、文献。这批文物、文献大部分藏于内蒙古博物馆，少量留存于额济纳旗文物保管所。绿城发现的西夏文文献史金波先生曾作过整理并加以介绍，主要有以下几种佛经：《金刚般若波罗蜜多经》、《顶尊相胜总持功德依经录》、《圣观自在大悲心总持功德依经录》、《佛说消除一切疾病陀罗尼经》、《慈悲道场忏罪法》封面。[①]《中国藏西夏文献》刊布时令我们有了惊奇的发现，原来绿城出土的西夏文献并不只有以上这么几件。这里增加了一些史先生当初没有见到的文献，例如长达39面的《佛顶放无垢光明入普门观察一切如来心陀罗尼经》；此外，上述几件文献中，新刊布图版文献的实际页数明显要比原先的介绍多出许多。此后，笔者在协助整理国内藏黑水城出土民族文字文献时，再次见到了一批此前未曾刊布的绿城出土西夏文献，材料的全部图版即将在《中国藏黑水城民族文献》中刊布。这批材料为内蒙古博物馆收藏，笔者初次见到这批材料时有似曾相识之感，原来其中一部分在《中国藏西夏文献》已经见到过。剔除已刊布的材料，还有43个图版为首次所见，主要涉及以下几种文献：《金刚般若波罗蜜多经》、《圣观自在大悲心总持功德依经录》、《大方广佛华严经普贤行愿品》、《佛说圣佛母般若波罗密多经》、《妙法莲华经观世音普门品》、《十二宫吉祥偈》等。兹择重要者简要介绍如下。

一　金刚般若波罗蜜多经

《中国藏西夏文献》刊布了绿城出土的《金刚般若波罗蜜多经》四种。其一种编号M11·009，刻本，蝴蝶装，上下单栏，左右双栏，白口。存经文8面，面7行，行17字。[②] 此次所见的43个西夏文图版中，绝大多数属于同一版本的《金刚经》，它们在版本特征上与M11·009号非常相似，但不是同一版本。因为M11·009号字体偏细偏长，新见《金刚经》字体较为饱满；此外正文第二分所在页面二者同时保存，却明显存在异文，即M11·009号中的“絩”在新见材料中作“[redacted]”。

新见《金刚经》共20个图版，存蝴蝶装第三页（左）至第五页（右）、第十页至十八页（右）、第十九页（左）至二十四（右）、第二十五页（左）至二十六页（右）。前面虽然缺少了请八金刚、四

① 史金波、翁善珍：《额济纳旗绿城新见西夏文物考》，《文物》1996年第10期，第72－80页。

② 史金波先生曾介绍过绿城出土《金刚般若波罗蜜多经》5种，然M11·009不在其介绍之列，就此而言，绿城出土《金刚经》至少有6种。

菩萨及持经梵音等内容，但于经题之下保留题款两条。兹转录并翻译如下：

[illegible]

[illegible]

汉译：

姚秦三藏法师鸠摩罗什 译

大白高国大度民寺诠教法师鲜卑宝源 重校

这里的“鸠摩罗什”为大家所熟知，为后秦时期汉文本的翻译者，并非此西夏文本的译者。第二条中的鲜卑宝源，笔者曾重点做过考证。此人曾在《圣观自在大悲心总持功能依经录》等西夏译汉文佛教文献中反复出现，其全称是“诠教法师、番汉三学院兼偏袒提点、[口褱]卧耶沙门鲜卑宝源”。在俄藏西夏文献中有一《鲜卑国师劝世集》和《贤智集》，其上有一幅《鲜卑国师说法图》，图正中侧坐一高僧，身穿宽袖僧袍、头戴翻边高帽，两侧有小僧站侍两旁，身后立一留须侍从、手持大伞盖。座前有几个信男信女跪拜听法。图版左侧偏上有四个大字，汉译为“鲜卑国师”，听众上方有三个小字，汉译为“听法众”。[①]《贤智集》前有一篇署名比丘和尚杨慧广所作、皇城检视司承旨成嵬德进撰的序文，[②]序文重点赞扬已故鲜卑显法国师，其西夏文为“[illegible]”。这里的“[illegible]”二字字面作“法显”，实则可与汉文本中“诠教”对应。因为其前一字也可以翻译成“教”，如西夏文《华严经》中就用该字对汉文“教轮”的“教”（华III123）；其后一字通常与汉文的“显、明、宣、达”相对，汉文中的“诠”表示的是“详细解释、阐明”的意思，以其对西夏文的“[illegible]”应该可行。所以笔者曾改“法显”为“诠教”为与汉文记载取得一致。[③]本文《金刚经》题款中的“[illegible]”人名的出现与汉文“鲜卑宝源”取得一致，进一步证实了《贤智集》中的“[illegible]”即“诠教国师”，《鲜卑国师说法图》中“[illegible]”即鲜卑宝源。

《中国藏西夏文献》刊布的绿城西夏文中还有另一种类似版本的《金刚经》。其编号为 M11·008，亦为蝴蝶装刻本，面 7 行，行 17 字，每页的文字排列也完全相同。与新见《金刚经》上下单栏、左右双栏不同的是，这一版本为四周单栏。这一件文献颇为戏剧性地分为两个部分，它的另外一部分保存在内蒙古额济纳旗文管所，亦为《中国藏西夏文献》所刊布，编号为 M31·008。因为与新见《金刚经》版本相似，同存的页面文字排列吻合，借此可以发现，M11·008 在刊布的时候页面的拼合有些错乱，例如其第 3 幅图版经折装的右面为第十八分的内容，而左边却是十七分的内容。

史先生曾介绍过绿城出土《金刚般若波罗蜜多经》5 种，然 M11·009 不在其介绍之列，再加上这里新见的《金刚经》，一共有 6 种之多。而在刊布或即将刊布的材料中，还缺少了史先生当初介绍的一种写本，[④]看来绿城出土西夏文献还应该有一些不知道存放于何处。

二　圣观自在大悲心总持功能依经录

《中国藏西夏文献》曾刊布了一件《圣观自在大悲心总持功能依经录》。其编号 M11·005，刻本，经折装，上下单栏，存经文 17 折，每折 7 行，行 14 字。前有经名及传译者题款，末尾有跋，中后残

① 史金波：《西夏社会》，上海人民出版社，2007 年，第 587－588 页。

② 聂鸿音：《西夏文〈贤智集〉考释》，《固原师专学报》2003 年第 5 期，第 46－48 页。

③ 段玉泉：《语言背后的文化流传——一组西夏藏传佛教文献解读》，兰州大学博士学位论文，2009 年。

④ 史金波：《额济纳旗绿城新见西夏文物考》，《文物》1996 年第 10 期。

缺。此次所见《圣观自在大悲心总持功能依经录》共3个图版，是又一种不同的刻本。经折装，上下单栏，存经文6折，每折6行，皆断裂，行14字。每一图版两折皆可拼接，其两折为正文“誓愿”部分，前后内容亦见于M11·005，但比后者保存更为完整，且不少字体笔画有较大差别；另两折为“清凉偈”部分，内容亦见于M11·005；还有两折属于大悲心陀罗尼。

《圣观自在大悲心总持功能依经录》是一部非常特殊的西夏文献，在俄藏黑水城文献中还发现有这部佛经相应的汉文本及藏文本。西夏文献中，夏、汉、藏三种文本材料并存是难得多见的情况。这一文献由西天大般弥怛、五明国师、功德司正、㘚乃将沙门㘚也阿难捺所传，诠教法师、番汉三学院兼偏祖提点、㘚卧耶沙门鲜卑宝源奉敕翻译成汉文，显密法师、功德司副、㘚檄利沙门周慧海奉敕翻译成西夏文。其西夏文本数量众多，到目前为止，笔者共梳理出了38件，颇为遗憾的是无有一件完整者。笔者此前利用各种出土残片试着拼配其全文，且基本上拼配了出来。稍有遗憾的就是陀罗尼部分，因为材料不全，一部分陀罗尼当时只能依据汉文本并参照《胜相顶尊总持功能依经录》进行构拟。这次所见《圣观自在大悲心总持功能依经录》有一部分陀罗尼材料颇令笔者兴奋。新见的陀罗尼共两折，其前一部分在其他材料英藏Or.12380－3690.cc，3690.1中可以见到，但英藏残损较多，新见的陀罗尼正好可以弥补其中的缺漏，同时也发现了一些异文材料；其后一部分则为笔者此前完全没有见到的部分，可补足笔者当初拼配不出的部分，提供了一些此前未见到的对音资料。兹将这部分陀罗尼转录如下：

[illegible]

鲜卑宝源汉译本中与对应的部分是：

厮麻二合啰　口纥哩二合口捺刹　口嗌形兮　啊吟夜二合　啊斡逻鸡帝说啰引　钵啰麻　昧引嘚哩二合即怛　葛噜你葛　光口浪光口浪　葛吟二合口鸠　萨(引)口捺也　萨引口捺也　觅涅合口　宁兮宁兮铭　啊啰上腭口仡　口鸠口仡麻　觅㰶口仡麻　西口捺　养鸡说啰　𩞉各护　𩞉各护　委吟二合阎砢麻诃　委吟二合阎砢　口捺啰口捺啰　口捺啰你说啰　口撮辢口撮辢　觅麻辢啊麻辢麽吟二合帝　啊吟夜二合　啊斡逻鸡帝说啰　屹哩二合实捺　啊口精捺口捞怛引　麻孤怛啊兰屹吟二合怛　舍哩引啰揽末　不啰二合揽末　觅揽末

他们对译的梵文如下：

……smara-hṛdayaṃ. ehyehi āryā avalokiteśvara prama maitrījita kāruṇika. kuru kulu karmaṃ, sādhaya sādhaya vidyaṃ. dehi me aradga maṃ-gama vihaṃ-gama. siddha yogeśvara, dhuhu dhuhu vīryante, mahā-vīryante, dhara dhara dharaniśvara. jvala jvala, vimala amala-murte, ārya avalokiteśvara. krisna ajinajaṭā makuṭa alamkraṃta śarīra-lambha pra-laṃbha vi-laṃbha　mahā-siddha……

① [illegible]，Or.12380－3690.cc作“[illegible]”。

三　十二宫吉祥偈

整理过程中，发现了几个偈颂体的残叶，这些残叶并没有放置在一起，而是分散开来。但他们有一个共同特征，皆为经折装，每折六行，行 11 字。这种形式和《圣胜慧功德宝集偈》颇为相似。其中一件共 4 折，但第一折与后三折并不相接，且纸张泛黄程度更深，似乎是不同材料拼合过来的，经核对文本内容，第一折为《大方广佛华严经普贤行愿品》的一部分。故整理时，将这一折分离了出去，因此这件偈颂体实则包括三折。

残存部分的第一句“[illegible]”（愿安乐一切大畏怖 竟），这应该是前一部分的结尾。此句之后第二行则出现“[illegible]”（十二宫吉祥偈），这是此下一部分的标题。兹将此三折所存部分辑录如下：

[illegible]	十二宫吉祥偈
[illegible]	敬礼无上导师天人供养处佛
[illegible]	今皆愿安乐
[illegible]	离寂离欲天人供养[
[illegible]	今皆愿安乐
[illegible]	诸聚之上天人供养处[
[illegible]	今皆愿安乐
[illegible]	护无上明兜率圣妙宫殿中
[illegible]	不败殿之座续令最妙灌顶
[illegible]	大象以白色相而生赡部洲
[illegible]	吉祥如是殊胜今皆愿安乐
[illegible]	王舍城中最妙城邑清净子
[illegible]	母者无过谄曲相离名天应
[illegible]	十月怀胎意智已全释迦种
[illegible]	吉祥如是殊胜今皆愿安乐
[illegible]	心喜寂静身毫林中静虑树
[illegible]	持枝生时皆敬仰净梵释帝

这里的“十二宫吉祥偈”与前面的“愿安乐一切大畏怖”之间究竟构成什么关系，他们是不同作品的汇编还是一部作品中的几个不同部分，笔者一时还无法弄清楚。这里暂时将其拟题为“十二宫吉祥偈”。

这段文字笔者暂时也不能完全读懂，但这个标题容易让人想到“黄道十二宫”。黄道十二宫的概念在西夏文献中有过多处出现，《蕃汉合时掌中珠》就载有黄道十二宫中的十一宫名称（缺双子宫），俄藏西夏文献《圣曜母中道法事供养典》、《佛说大威德炽光诸星宿调伏灾消吉祥陀罗尼经典》等经典中都有过相关的记载，圣彼得堡艾尔米塔什博物馆黑水城艺术品中也有几件描绘黄道十二宫的绘画：X 2424、编号 X 2431、X 2481、X 2482 等等。在这个“十二宫吉祥偈”中似乎还见不到更为明白一点的信息。

这个材料的出现倒是可以帮助我们解决山嘴沟西夏石窟中的一件文献。在《山嘴沟西夏石窟》中有一件编号为K2：131的写本文献，编者拟题为“吉祥如是殊胜今皆愿安乐”，判为经折装。[①]这件文献共3纸，其中K2：131－1前十句与这里的第八行起十句正好对应，只是有些个别文字的差别，例如：第九行的“[illegible]”在K2：131－1中作“[illegible]”；第十一、十五、十九行的“[illegible]”在K2：131－1中均作“[illegible]”。至此可以判定，山嘴沟西夏石窟出土K2：131号西夏文献亦当为《十二宫吉祥偈》。

山嘴沟西夏石窟的这件文献反过来也可以帮助我们确定额济纳绿城的两外三叶偈颂体残叶也属于《十二宫吉祥偈》。稍有意思的是，绿城其中一折的六行文字与K2：131的顺序不一致，绿城这一折的前两句对应于K2：131－1第三面的最后两行，后四句则对应于K2：131－2第四面的前四句。细看山嘴沟西夏石窟出土的这件文献，第一纸四面之间并无断裂痕迹，第二纸两面之间也无断裂痕迹，出现这样差别，最有可能的情况是山嘴沟西夏石窟出土K2：131不是经折装，而是缝缋装。因此按照散页后逐页释读的顺序不是文献实际的顺序。

（作者通讯地址：宁夏大学西夏学研究院　银川 750021）

① 宁夏文物考古所：《山嘴沟西夏石窟》（上），文物出版社，2007年，第124－126页。另见下册“图版一二八”。

《华严经》卷十一夏汉文本对勘研究

孙飞鹏

摘　要：通过对西夏文本与各种汉文本《大方广佛华严经》（本文所指八十卷本，以下简称《华严经》）卷十一的对比校勘，探讨了西夏文《华严经》译经校经所据的汉文底本以及各种版本《华严经》之间的关系。认为西夏文《华严经》所据底本与《金藏》本更为接近，且较《金藏》为善，其应出自经修订过的《开宝藏》。西夏本译经者在翻译过程中融入了自己对经文的理解，并对汉文本的一些漏脱进行了订正。此外，通过几处本校，发现了西夏文本前后卷中存在着用语表达差异，提出了夏文本《华严经》为多人翻译完成的观点。

关键词：大藏经　西夏文　华严经　校勘

1917年宁夏灵武县出土大量西夏文文献，后经辗转传藏，部分于1929年入藏于国立北平图书馆（今中国国家图书馆），计百余册，其中包括有八十卷本《大方广佛华严经》若干册。①国家图书馆藏西夏文《华严经》收录于2005年出版的《中国藏西夏文文献》第六卷至十二卷中。②笔者近年在考察国家图书馆所藏西夏文《华严经》印刷技术之余，也进而参照汉文本对其内容进行了逐字逐句释译，并同汉文本进行了对比校勘。通过夏汉文本《华严经》的对勘，可以探讨西夏译经所用汉文底本，探讨现存汉文《华严经》乃至大藏经各版本的关系等。本文拟以《华严经》卷十一为例进行试析。

一

1997年由任继愈先生主持编辑的汉文《中华大藏经》出齐全部106册，八十卷本《华严经》收录于该丛书第十二、第十三册。③汉文《中华大藏经》中，八十卷本《华严经》除个别卷外，基本以《赵城金藏》为基础影印，并选用《房山云居寺石经》、《资福藏》、《影宋碛砂藏》、《普宁藏》、《永乐南藏》、《径山藏》、《清藏》及《高丽藏》等版本大藏经为参照本进行对校，"校勘记"列于各卷尾。九种版本（其中《房山云居寺石经》仅存第一卷）《华严经》的会同比较，为研究者提供了空前的便利。本文研究即据此便利展开。

将西夏文《华严经》逐字逐句译为汉文，并同《中华大藏经》（第十二册）中影印本《华严经》进行对比，夏本同汉文本各版本均不同之处如表一：

① 史金波：《文苑瑰宝：国家图书馆藏西夏文》，《文献》2003年第1期；白滨：《宁夏灵武出土西夏文文献探考》，《宁夏社会科学》2006年第1期。

② 宁夏大学西夏学研究中心等编《中国藏西夏文献》，甘肃人民出版社、敦煌文艺出版社，2005年。

③《中华大藏经》（汉文部分）(第12册、第13册)，中华书局，1985年。

表一 《华严经》卷十一汉文本与西夏文本校勘表

序号	《中华大藏经》中起始处位置	汉文本	西夏文本
1	七一五页中二行三行间	无	奉天显道耀武宣文神谋睿智制义去邪淳睦懿恭皇帝御校
2	七一五页中十六行九字	十宝栏楯	七宝栏楯
3	七一五页下四行一字	人王	仁王
4	七一六页下七行九字	夫人	皇后
5	七一六页下十行四字	夫人	嫔妃
6	七一六页下十行四字	般若波罗蜜	般若波罗蜜多
7	七一七页上三行十一字	寂然而正受	寂净入禅定
8	七一七页上十二行十三字	世尊	佛
9	七一七页上二十一行十四字	如来	佛
10	七一七页中十行十三字	夫人	皇后
11	七一七页下九行一字	功德须弥	功德山须弥
12	七一七页下十五行二字	功德须弥	功德山须弥
13	七一八页上六行十四字	世尊	佛
14	七一八页下五行五字	功德须弥	功德山须弥
15	七一八页下八行六字	正觉	等正觉
16	七一九页上十行八字	佛	如来
17	七一九页下二十一行八字	世界	世界海
18	七二〇页上十一行十字	大光	大威光

表一所列为西夏文本与汉文各大藏经版本的 18 处不同之处。除了经名后西夏仁宗皇帝校经的题款外，有些是译者在译经过程中根据经文结构（如颂言的字数）对相关内容以同义词进行代替，如几处“世尊”、“如来”、“佛”等的互换。有些是译经者根据自己的理解对某些内容加以引申意译，如几处“夫人”分别译作“皇后”或者“嫔妃”，再如某段颂言中“大光”译作“大威光”，即指“大威光菩萨”；这些意译的成分有助于我们对经文义理的领会。此外，我们也通过对两点文字在该卷中的本校与对校，发现了现存所有汉文本《华严经》的多处文字漏脱，如表二中两点文字“世界海微尘数修多罗”及“一切功德山须弥胜云”在该卷中多次出现，但其在汉文本中却偶尔脱掉了“海”或“山”字。类似的文字讹脱可以通过西夏文《华严经》进行补正。

表二 《华严经》卷十一中某两点文字汉文本与西夏文本对比

序号	《中华大藏经》中位置	汉文本	西夏文本
a-1	七一七页下一二行九字①	世界海微尘数修多罗	世界海微尘数修多罗
a-2	七一九页下二一行八字	世界微尘数修多罗	世界海微尘数修多罗
a-3	七二〇页中九行六字	世界海微尘数修多罗	世界海微尘数修多罗
b-1	七一六页上一七行四字	一切功德山须弥胜云	一切功德山须弥胜云
b-2	七一六页中七行三字	一切功德山须弥胜云	一切功德山须弥胜云
b-3	七一七页下八行一三字	一切功德须弥胜云	一切功德山须弥胜云
b-4	七一七页下一四行一四字	一切功德须弥胜云	一切功德山须弥胜云
b-5	七一八页上二〇行一二字	一切功德山须弥胜云	一切功德山须弥胜云
b-6	七一八页中八行一二字	一切功德山须弥胜云	一切功德山须弥胜云
b-7	七一八页下五行三字	一切功德须弥胜云	一切功德山须弥胜云

① 此行中 15 字，多出他行 1 字，“海”字当为后来勘误。

卷十一中仅出现一处文字"十宝栏楯"，在西夏本中作"七宝栏楯"[①]。我们也对《华严经》其他卷中出现的该文字做了本校与对校。如表三：

表三 《华严经》中有关"十宝栏楯"与"七宝栏楯"内容对比

序号	卷目	汉文本	西夏文本（原文）	西夏文本
1	卷第十一	十宝栏楯	[illegible]（03.3）	七宝栏楯
2	卷第八	十宝栏楯	[illegible]（20.2）	十宝栏楯
3	卷第六十四	七宝栏楯	[illegible]（04.4）	七宝栏楯
4	卷第七十二	十宝栏楯	[illegible]（40.6）	十宝栏楯

表中，八十卷本《华严经》中共出现四处"N 宝栏楯"。除卷十一中，西夏文本与汉文本不同外，[②]其余三处即卷八、卷六十四及卷七十二中均同，但其译文的用语表达方式却不尽相同。卷七十二中作"[illegible]"，字面意思即"以十宝为栏楯"。此外，也有一些佛教名相词汇在前后卷中存在差异，如："乾闼婆"在卷十一中作"[illegible]"，在卷二十三中作"[illegible]"，采用了不同的音译字。我们认为这种表达的差异可能来自不同译经者的不同用语习惯，因此西夏文《华严经》似乎不是一人所译，而是数人分工完成。在后续研究中，我们将运用统计与比较语言学方法对更多词汇及语句进行比较，以进一步研究此问题。

二

西夏文本《华严经》同各版本汉文大藏经均存在以上不同，其译经所据汉文底本又是来自何种大藏经？这可以通过对《中华大藏经》所附校勘与西夏文本的比较来分析。

表四 《华严经》卷十一各种版本校勘

序号	《中华大藏经》中起始处位置	金藏大宝集寺本	其他汉本	西夏本
1	七一五页中一行小字	新译	诸本无	无
2	七一五页中二行首字	唐于阗	（资、碛、普、南、丽）于阗国[③]	唐于阗
3	七一五页中二行四字	三藏	（资、碛、普、南、径、清）	三藏

① 据丁福保佛学大辞典，"栏楯"指建筑物栏杆，横木谓栏，竖木为楯。"七宝"诸经论所说略有不同，大致有法华经受记品曰："金、银、琉璃、砗磲、玛瑙、真珠、玫瑰七宝合成。"无量寿经上就说七宝："金、银、琉璃、玻璃、珊瑚、玛瑙、砗磲。"智度论十曰："有七种宝：金、银、毗琉璃、颇梨、车渠、马瑙、赤真珠（此珠极贵非珊瑚也）。"阿弥陀经曰："亦以金、银、琉璃、玻璃、砗磲、赤珠、玛瑙而严饰之。"般若经以金、银、琉璃、砗磲、玛瑙、琥珀、珊瑚为七宝。唐澄观《大方广佛华严经疏》："言十宝者，有云：金银琉璃砗磲码瑙珊瑚琥珀真珠玫瑰瑟瑟为十；十中前七即是七宝。"

② 东晋天竺三藏佛驮跋陀罗译六十卷本《华严经》中，与该卷内容相应的《卢舍那佛品》中作"以十种宝栏楯围绕"。然诸佛经中，"七宝"出现频率远远多于"十宝"，夏本此处作"七宝栏楯"，似是译经者根据对佛经的理解有意而改之。

③《中华大藏经》之《华严经》校勘记中仅提到各版本中是否有"唐"，而未曾注意到各版中"于阗"与"于阗国"的差别。

			三藏沙门	
4	七一五页中二行末字	译	（丽）奉制译	译
5	七一五页中三行品名前	无经名	（碛、南）有经名	无经名
6	七一五页中一五行九字	大	（南、径、清）大莲	大
7	七一五页下二二行一二字	次以下 20 字	（资、碛、普、丽）无	同金藏
8	七一五页下二二行一四字	紧那	（南、径、清）紧那罗	紧那罗
9	七一六页上二二行三字	方	（丽）万	方
10	七一六页中一四行五字	世	（普、南、径、清、丽）法	世
11	七一六页下九行夹注	别本云二万五千人①	（资、碛、普、丽）无	别本中云二万五千
12	七一七页下一二行九字	世界海	（诸本）世界	世界海
13	七一八页下一行二字	就	（诸本）熟	就
14	七一八页下六行四字	彼佛灭度	（资）得佛灭度	彼佛灭度
15	七一八页下七行六字	严	（普、南、径、清、丽）严王	严
15	七一九页上一〇六字	众海	（资、碛、清）海众	众海

表四所列为《中华大藏经》校勘记中所列校勘条目与西夏本的对比。为探讨各种大藏经《华严经》之间的版本关系，我们统计了各版本间不同之处的数量。如表五所示。

表五　《华严经》卷十一各种版本相异之处数目

	金	**资**	**碛**	**普**	**南**	**径**	**清**	**丽**	**夏**
金									
资	8								
碛	8	2							
普	9	3	3						
南	10	7	5	4					
径	8	7	7	4	2				
清	8	7	7	4	2	0			
丽	10	6	6	3	7	7	7		
夏	2	7	7	8	8	6	6	9	

就《华严经》卷十一来看，根据表四及表五，所比较的 15 处内容中，《清藏》同《径山藏》内容完全一致；②它们经文内容同《永乐南藏》也完全一致，仅在卷首经题上有两处差别，即增加了译经者的时代“唐”，以及品名前去掉了经名“大方广佛华严经”。

《影宋碛砂藏》同《资福藏》较接近。③《资福藏》中有一处作“得佛灭度”，其余各本均为“彼佛灭度”；另外，《碛砂藏》卷首经题处各品名前有经名，这在所比较的各大藏《华严经》中仅见于《碛砂藏》和《永乐南藏》。

西夏文本《华严经》同《金藏》本无论是经题以及内容上都存在着较好的一致性，仅有两处不同。一处是经题处缺少“新译”；另一处在金藏中作“紧那”，而在西夏文本中为“紧那罗”。西夏文本亦或金藏本都同其他版本存在着较多的差异。据此，西夏文所据汉文底本应同《金藏》有着紧密的关系。

① 别本指六十卷本《华严经》，《卢舍那佛品》有云：“二万五千子。”澄观《华严经疏》云：“别，梵本也。”

② 据陈兵《新编佛教辞典》，“龙藏”全称《乾隆版大藏经》，又名“清藏”，清代官刻藏经，雍正十三年开雕，乾隆三年完工。“嘉兴藏”又名“径山藏”，明末清初私刻藏经，康熙十五年完工。收入永乐南北藏及藏外典籍多部。

③ 据陈兵《新编佛教辞典》，“资福藏”又名“思溪资福藏”、“后思溪藏”，宋代安吉州法宝资福寺私刻大藏经。“碛砂藏”南宋绍定四年至元至治二年在平江碛砂延圣禅院雕印。

三

史金波先生在《西夏佛教史略》中指出，“西夏得自宋朝的大藏经只能是官刻本开宝藏”[①]，那么西夏本《华严经》所据底本也应是“开宝藏”。《金藏》与《高丽藏》是《开宝藏》系统的覆刻本。[②]“开宝藏”始刻于宋太祖开宝四年，完成于宋太宗太平兴国八年（983），后来还经过比较重要的三次校勘修订形成三个不同版本。[③]西夏本译经所据底本与《金藏》中《华严经》覆刻所用本是否是相同的版本呢？我们认为不同（后文我们亦对此论点做了部分修正）。这里通过《高丽藏》、《金藏》以及西夏本的内容对比来说明。

《中华大藏经》第十二册中《华严经》卷十一以《金藏大宝集寺本》为底本影印，其第七一五页最后四行文字字体较小，字数较其他各行（14 字）多出 4 到 6 字，这应是后来发现此处经文脱漏 20 字而重新补入所致（如图 1 所示）。《高丽藏》本中此处亦缺 20 字，而西夏本中文字完整且没有补充的迹象。又如，《金藏》本中，卷十二前有科文四行，西夏本亦有科文四行，《高丽藏》中无。《金藏》本以及《高丽藏》本卷十二还有一处经文脱漏 40 字，而西夏文本全。由此，似乎可以认为《高丽藏》中《华严经》更好地保留了《开宝藏》的原貌（后文论述中我们将推翻此观点）；《金藏》中《华严经》起初依照《开宝藏》覆刻，后又对部分内容进行了修订，或者是依据经过部分修订过的《开宝藏》覆刻；而西夏本《华严经》译经的底本则是经较好修订过的《开宝藏》本。

復有百萬億園林周匝圍繞其中皆
有種種雜香摩尼樹香周流普熏衆
鳥和鳴聽者歡悅此大城中所有居
人靡不成就業報神足乘空往來行
同諸天心有所欲應念皆至其城次
南有一天城名樹花莊嚴其次右旋
有大龍城名曰究竟次有夜叉城名金剛勝妙幢次
有乾闥婆城名曰妙宮次有阿脩羅城名曰寶輪
次有迦樓羅城名妙寶莊嚴次有緊那羅城名遊
戲快樂次有摩睺羅城名金剛幢次有梵天王城

图 1 《金藏》本《华严经》中某处曾修订补入文字

《金藏》中卷十一、卷十二均是“大宝集寺”本，但是对脱字的处理却不同：卷十一除了对上述所脱 20 字做了不增加行数、字号变小处理外，也有另一处（表四中 12 行所提）发现“世界海”脱“海”字而对此行作 15 字处理；卷十二所脱字则未进行处理。卷十一所修订内容的字体与其他部分一致。据此，我们推测这些并非是版刻好后发现脱字挖却重补修订，而是《金藏》中《华严经》即采用经过部分修订过的《开宝藏》为底本覆刻。这些修订并没有大规模的改变原版，仅是局部的修改补足。

---

① 史金波：《西夏佛教史略》，宁夏人民出版社，1988 年，第 69－71 页。
② 任继愈先生在《〈中华大藏经〉编纂记》中提到“《高丽藏》与《赵城金藏》同属《开宝藏》系统的覆刻本”。
③ 童玮：《二十二种大藏经通检》，中华书局，1997 年。

四

一睹了《高丽藏》中《华严经》后，我们立刻发现了之前仅凭《中华大藏经》中《校勘记》及前人观点，就得出上述“似乎认为《高丽藏》中《华严经》更好地保留了《开宝藏》的原貌”的观点具有明显错误。《高丽藏》中《华严经》每行字数为 17 字，所以其应不属于《开宝藏》系统的覆刻本。另外，《高丽藏》中《华严经》卷十一与卷十二虽然亦脱漏有上文提到的两处文字，但是在各卷尾“音释及补勘”中引述《疏主》[①]即已说明经文中有漏脱内容。据此经卷中的若干脱衍，其源头自唐本以及梵本就已有之，并非始自《开宝藏》。然这两处内容在后来宋金元时代的《资福藏》、《碛砂藏》、《金藏》以及《普宁藏》本中均没有被完全补入，但是在同时代的西夏文译本中却均做了修订。那么在当时一定尚有一个未曾被我们所发现的较善的汉文本《华严经》。

《高丽藏》中《华严经》不属于《开宝藏》系统，那么其是否是根据《契丹藏》覆刻？目前有两种版本的辽代八十卷本《华严经》出土：应县木塔出土的八十卷本《华严经》三卷，其行字数均为 15 字；丰润发现的辽代八十卷本《华严经》，行字数为 30 字。[②]除了已经发现的这两种版本外，是否还存在第三种呢？辽道宗咸雍四年曾颁行《御制华严经赞》，咸雍八年以“御书《华严经五颂》”出示群臣，同年“赐高丽佛经一藏”[③]。我们做一大胆假设，或许正是由于辽道宗对于《华严经》的狂热，使得在其时代完成的《契丹藏》中《华严经》别出心裁，在经卷末附入了“释音”及“补勘”内容。而正是这一“革新”使得再雕《高丽藏》之《华严经》舍弃了《开宝藏》而采用了《契丹藏》。我们推测，同时也有人根据《契丹藏》之《华严经》各卷末的“补勘”而对其他版本的《华严经》进行了修订；西夏文《华严经》的底本或许就是据此而修订的某一《开宝藏》本。当然也有另一种选项：西夏文本《华严经》最早据《开宝藏》本所译，后来仁宗皇帝又以《契丹藏》为蓝本，根据各卷末的“补勘”而对先前的译本进行了重新校正。[④]

五

通过《华严经》夏汉对勘，可以对这一佛教经典的汉文本疏漏之处进行完善；可以进一步通过统计和比较语言学的方法来对不同的译经者进行甄别；可以逐步还原西夏译经、校经的大致历程；可以进一步考察各种汉文《大藏经》之间的版本演变与传承关系。我们期待着深入的研究能得以展开。

以上通过西夏文《华严经》卷十一的夏汉对勘，仅对相关问题进行了粗浅的探讨。笔者才疏学浅，不足与错误之处敬请批评指正！

（作者通讯地址：西安交通大学人居学院文物保护与考古工程研究中心　西安 710049）

① “疏主”是否指《华严经疏注》，我们检索今通行本，此两卷尾分别引用《华严经疏注》与《华严经疏》；《华严经疏注》卷第十八：“通前人城，共圆八部，而无第七紧那罗城及第八摩睺罗伽，乃以梵天自为一类。”《华严经疏》卷第十三：“密训唯九者。勘晋经开晓意下阙一闻慧。南方唯二，旧经则具。乃是新本脱漏。准前后例，不应独此便略。西北方名有十一者。独此有余不成文体。此中专念法。应即是前所脱闻慧。亦是梵本之漏。注者误安贝叶耳。”但六十卷本《华严经》中相应经文中如来名号同八十卷本后补入的并不相同，其为何时据何补入仍有待研究。

② 罗炤：《有关<契丹藏>的几个问题》，《文物》1992 年第 11 期。

③ [元]脱脱：《辽史》，中华书局，1974 年，第 267、274 页。

④ 史金波先生在《西夏佛教史略》中，讨论了西夏文《过去庄严劫千佛名经》发愿文中的西夏仁宗校经记载。提出西夏用以校经的北经，当指《契丹藏》或者《赵城藏》。

西夏学 第10辑 2013年9月
Xixia Studies, Sep,2013,Vol.10

英藏西夏文《大宝积经》译释研究*

崔红芬

摘　要：《大宝积经》是通论大乘一切法门各经的总括，由唐菩提流志等翻译并集录诸经编纂而成的。魏晋南北朝隋唐诸翻译家以不同经名陆续译出二十三会八十卷余，称为“旧译”；菩提流志新译出二十六会三十九卷半，称为“新译”，现存《大宝积经》是新译与旧译并合而成的，共收录四十九会。依据《开元录》的体系，宝积、华严、般若、大集和涅槃部被称为中国汉传佛教五大部经。菩提流志汇编本《大宝积经》流传到西夏，被翻译成西夏文并流行不同版本。在英藏黑水城西夏文佛经文献共发现九件西夏文《大宝积经》残经，在秉常时期翻译完成的，其残经内容分别为竺法护、曼陀罗仙、菩提流志和实叉难陀等人翻译的单部经文。

关键词：英藏　西夏文《大宝积经》

《大宝积经》是通论大乘一切法门各经的总括，诸翻译家以不同经名陆续译出二十三会八十卷余，称为“旧译”；菩提流志新译出二十六会三十九卷半，称为“新译”。现存《大宝积经》是新译与旧译并合而成的，共收录四十九会。依据《开元录》的体系，宝积、华严、般若、大集和涅槃部被称为中国汉传佛教五大部经。菩提流志汇编本《大宝积经》流传到西夏，被翻译成西夏文，在西夏境内流行不同版本。西夏文《大宝积经》在俄藏黑水城文献和英藏黑水城佛教文献中都有保存。罗福成最早对西夏文《大宝积经》卷二十七进行释文研究。[①]日本学者西田龙雄将《大宝积经》列入西夏文佛经目录第70号。[②]之后，克恰诺夫在《俄藏黑水城西夏文佛经文献叙录》中收录《大宝积经》（第97-102号）。[③]西夏文《大宝积经》的相关研究成果比较少见，本文欲对英藏黑水城西夏文佛教文献中的《大宝积经》进行整理，并作相应研究，以求教博雅君子批评指正。

一

在《英藏黑水城文献》（1－4册）中，刊布者定名为《大宝积经》或《大宝积经》题签的仅有4件，即or12380－0933(K.K.II.0281a.xxix)和or.12380－3669a(K.K.II.0257.i)定名为“《大宝积经》题签”，

* **基金项目：**本论文得到2012年教育部新世纪优秀人才支持计划的资助，2011年国家特别委托项目《西夏文献文物研究》之子课题成果之一，项目批准号11&ZH001。

① 罗福成：《〈大宝积经〉卷二十七释文》，《国立北平图书馆馆刊》第4卷第3号《西夏文专号》，1932年，第195－198页。

② [日本]西田龙雄：《西夏文华严经》（第3册），京都大学文学部，1977年，第23页。

③ Е.И.Кычанов:*Каталог тангутских буддийских памятников*. Университет　Киото .1999г. стр.320－353.

or.12380－1920 和 or.12380－1223(K.K.II.0230.h)定名为《大宝积经》，但具体情况如何？我们在下面进行梳理考证。

1．Or.12380－0933(K.K.II.0281.a.xxix) 残经存 1 页 1 行，应为佛经经套题签，刊布者将其定名为《大宝积经第十三题签》，下面将西夏文录文并翻译如下：

[illegible]　　大宝积经典卷十三第

翻译为：《大宝积经》卷第十三

《大宝积经》卷十三应该是西晋三藏竺法护译的**“密迹金刚力士会第三之六”**内容。

2．Or.12380－3669a(K.K.II.0257.I) 残经存 1 页 1 行，应为佛经经套题签，刊布者将其定名为《大宝积经题签》，下面将西夏文录文并翻译如下：

[illegible]　　大宝积经典百十五第

翻译为：《大宝积经》卷第百十五

《大宝积经》卷第一百十五大唐三藏菩提流志奉诏译**“无尽慧菩萨会第四十五”**内容。

3．Or.12380－1223(K.K.II.0230.h) 残经存 1 页 3 行，上栏线单栏，下栏线无存，刊布者将其定名为《大宝积经》，下面将西夏文录文并翻译如下：

[illegible]……　　菩萨不四部众般若波罗……

[illegible]　　行

[illegible]　　大宝积经典卷百十六第

解读 Or.12380－1223(K.K.II.0230.h) 残经，比对《大正藏》可以确定其内容为梁三藏曼陀罗仙译《大宝积经》卷一百一十六**“文殊师利说般若会第四十六之二”**结尾处的内容：

……尔时诸大菩萨及四部众，闻说般若波罗蜜，欢喜奉行。

<u>大宝积经卷</u>第一百一十六 ①

4．Or.12380－1920(K.K.)残经存 1 页 5 行，残缺严重，字数无法确定，上栏线单栏，残经原版上有 1920 号，刊布者将其定名为《大宝积经》，下面将西夏文录文并翻译如下：

[illegible]……　　识除灭汝受持应……

[illegible]……　　者优波离诸比丘众……

[illegible]……　　菩萨摩诃萨世间一切……

[illegible]……　　佛等所言闻皆大……

[illegible]……　　大宝积经典……

解读 Or.12380－1920(K.K.)残经，比对《大正藏》可以确定其残叶为大唐三藏菩提流志奉诏译《大宝积经》第九十**“优波离会第二十四”**的相应内容，翻译如下：

……亦名摧灭心识，汝应受持，佛说此经已。尊者<u>优波离</u>，<u>诸比丘众</u>，文殊师利，并诸菩萨摩诃萨，及一切世间天人阿修罗等，闻佛所说，皆大欢喜，信受奉行。

大宝积经卷第九十 ②

除了英藏黑水城文献刊布定名的这几件残叶以外，在文献中还存在 5 个编号残经为西夏文《大宝积经》，他们分别是：

1．Or.12380－3435RV(K.K.)残经存 2 折页，上下单栏，共存 6 行，行 18 字，左面残缺严重，原

---

① [梁]曼陀罗仙译《大宝积经·文殊师利说般若会》，《大正藏》第 11 册，No. 0310，第 656 页下栏。

② [唐]菩提流志译《大宝积经·优波离会》，《大正藏》第 11 册，No. 0310，第 519 页中栏。

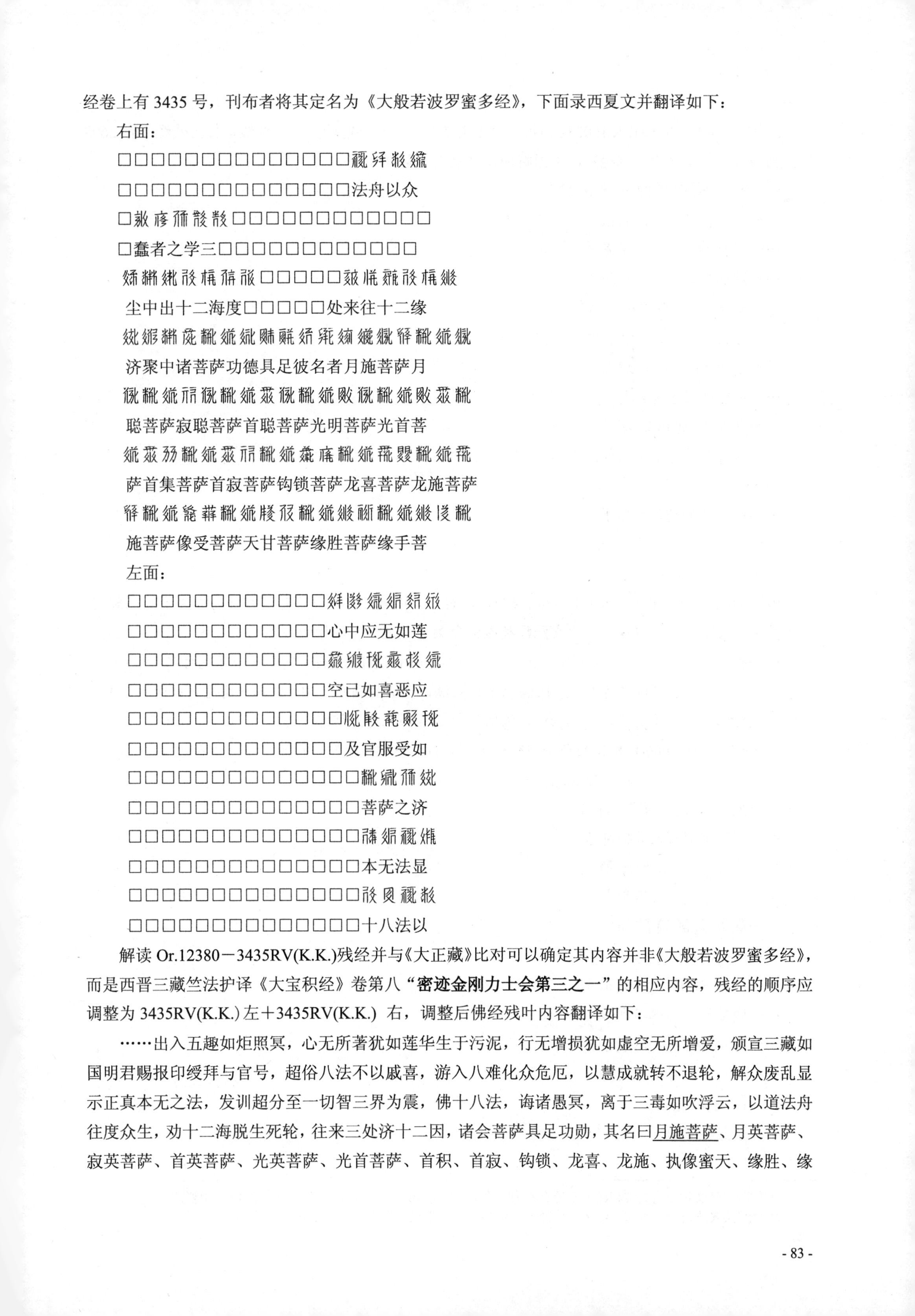

经卷上有 3435 号，刊布者将其定名为《大般若波罗蜜多经》，下面录西夏文并翻译如下：

右面：

□□□□□□□□□□□□□□[illegible]

□□□□□□□□□□□□□□法舟以众

□[illegible]□□□□□□□□□□□□

□蠢者之学三□□□□□□□□□□□□

[illegible]□□□□□[illegible]

尘中出十二海度□□□□□处来往十二缘

[illegible]

济聚中诸菩萨功德具足彼名者月施菩萨月

[illegible]

聪菩萨寂聪菩萨首聪菩萨光明菩萨光首菩

[illegible]

萨首集菩萨首寂菩萨钩锁菩萨龙喜菩萨龙施菩萨

[illegible]

施菩萨像受菩萨天甘菩萨缘胜菩萨缘手菩

左面：

□□□□□□□□□□□□[illegible]

□□□□□□□□□□□□心中应无如莲

□□□□□□□□□□□□[illegible]

□□□□□□□□□□□□空已如喜恶应

□□□□□□□□□□□□□[illegible]

□□□□□□□□□□□□□及官服受如

□□□□□□□□□□□□□□[illegible]

□□□□□□□□□□□□□□菩萨之济

□□□□□□□□□□□□□□[illegible]

□□□□□□□□□□□□□□本无法显

□□□□□□□□□□□□□□[illegible]

□□□□□□□□□□□□□□十八法以

解读 Or.12380－3435RV(K.K.)残经并与《大正藏》比对可以确定其内容并非《大般若波罗蜜多经》，而是西晋三藏竺法护译《大宝积经》卷第八 **“密迹金刚力士会第三之一”** 的相应内容，残经的顺序应调整为 3435RV(K.K.)左＋3435RV(K.K.) 右，调整后佛经残叶内容翻译如下：

……出入五趣如炬照冥，心无所著犹如莲华生于污泥，行无增损犹如虚空无所增爱，颁宣三藏如国明君赐报印绶拜与官号，超俗八法不以戚喜，游入八难化众危厄，以慧成就转不退轮，解众废乱显示正真本无之法，发训超分至一切智三界为震，佛十八法，诲诸愚冥，离于三毒如吹浮云，以道法舟往度众生，劝十二海脱生死轮，往来三处济十二因，诸会菩萨具足功勋，其名曰月施菩萨、月英菩萨、寂英菩萨、首英菩萨、光英菩萨、光首菩萨、首积、首寂、钩锁、龙喜、龙施、执像蜜天、缘胜、缘

手……[①]

2．Or.12380－2605(K.K.II.0232.n)残经存 1 页 7 行，字数不能确定，下栏线单栏，残经上有 2605 号，刊布者将其定名为《佛经》，下面将西夏文录文并翻译如下：

……[illegible]

……也答言佛法圆满者故真

……[illegible]

……满如是如佛法如真虚空

……[illegible]

……法云何圆满说使者色圆

……[illegible]

……彼已如狮子勇言色

……[illegible]

……（善）男子于意云何汝见

……[illegible]

……也文殊师利言善男子

……[illegible]

……满者何云若诸法于

解读 Or.12380－2605(K.K.II.0232.n)残经，比对《大正藏》，可以确定其残叶为大唐于阗三藏实叉难陀译《大宝积经》卷第六十**“文殊师利授记会第十五之三”**的相应内容：

……答言佛法圆满，如真如圆满，真如圆满如虚空圆满，如是佛法，真如虚空亦无有二。善男子，如汝所言：云何圆满诸佛法者？如色圆满乃至识圆满，佛法圆满亦复如是。师子勇猛言：何者是色等圆满？文殊师利言：善男子，于意云何？汝所见色是常耶，是无常耶……[②]

3．Or.12380－2666(K.K.II.0245.c)残经存 1 页 6 行，下栏线单栏，残经原卷上 2666 号，刊布者将其定名为《残片》，下面将西夏文录文并翻译如下：

……[illegible]

……正受诸多解入监护神达

……[illegible]

……复又不问三宝旨学言

……[illegible]

……诸声闻独觉之地

……[illegible]

……四梵行招摄恩界利学

……[illegible]

……与智至三界常行日月

……[illegible]

……子慧生老病

① [西晋]竺法护译《大宝积经・密迹金刚力士会》，《大正藏》第 11 册，No. 0310，第 42 页中栏。

② [唐]实叉难陀译《大宝积经・文殊师利授记会》，《大正藏》第 11 册，No. 0310，第 346 页中栏。

解读 Or.12380－2666(K.K.II.0245.c)残经，比对《大正藏》可以确定其残叶为西晋三藏竺法护译《大宝积经》卷第八“**密迹金刚力士会第三之一**”的相应内容：

……一切禅思三昧正受，将护畅达处处所入，十方闻声受无重问，不断三宝训诲言教，积德无量兴隆道宝，过诸声闻缘觉之地，行无尽慈遵无极哀，摄四梵行四恩普济随时开度，过三脱门至三达智，周旋三界犹如日月，往来四域如转轮圣王，以勇猛慧度生老死。[1]

4．Or.12380－0408(K.K.II.0285.a.x)、Or.12380－0408V(K.K.II.0285.a.x)残经存 1 页 6 行，残缺严重，刊布者将其定名为《佛经》和《佛经经颂》，下面将西夏文录文并翻译如下：

□□□□□□[illegible]　　[illegible]

□□□□□□念　　善思念非正念非

□□□□[illegible]　　[illegible]

□□□□离思起　　彼分离者真实无

□□□□□□□□　　□[illegible]□□□□□□

□□□□□□□□　　□如□□□□□□

[illegible]……

波离是者声乘闻人……

[illegible]……

悟乘人胜殊扩者者何所……

□□□[illegible]……

□□□念为我……

解读 Or.12380－0408(K.K.II.0285.a.x)、Or.12380－0408V(K.K.II.0285.a.x)残经，比对《大正藏》可以确定其残叶为大唐三藏菩提流志译《大宝积经》卷第九十“**优波离会第二十四**”的相应内容，但比对佛经内容之后，可以发现经颂内容在后，3 行佛经长行内容在前，二者之间相差一些内容，不能缀合，调整后翻译如下：

优波离，声闻乘人，乃至不应起于一念更受后身，是名声闻持清净戒，然于菩萨名大破戒，云何菩萨持清净戒于声闻乘名大破戒。[2]……

若有比丘念诸佛　　非善思惟非正念

于佛妄生分别想　　而此分别无真实[3]

5．Or.12380－1968(K.K.)残经存 1 页 7 行，残缺十分严重，字数无法确定，上栏线单栏，残经原版上有 1968 号，刊布者将其定名为《佛经》，下面将西夏文录文并翻译如下：

□□[illegible]……　　□□佛处听闻正法受持诵读……

□[illegible]……　　□处诸佛国土中最上菩……

[illegible]……　　依义正等觉说尔时尊……

[illegible]……　　触有善释是广大法门何……

[illegible]……　　是法门名者菩萨……

[illegible]□[illegible]……　　是也如名□汝受持应……

[illegible]……　　百富有诸菩……

---

① [西晋]竺法护译《大宝积经・密迹金刚力士会》，《大正藏》第 11 册，No. 0310，第 42 页中栏。

② [唐]菩提流志译《大宝积经・优波离会》，《大正藏》第 11 册，No. 0310，第 516 页下栏。

③ [唐]菩提流志译《大宝积经・勤授长者会》，《大正藏》第 11 册，No. 0310，第 518 页上栏。

解读 Or.12380－1968(K.K.)残经，比对《大正藏》可以确定其残叶为大唐三藏菩提流志译《大宝积经》卷第九十六“勤授长者会第二十八”的相应内容，翻译如下：

于诸佛所听闻正法，受持读诵为他广说，过二十五劫，各于诸佛刹中成无上菩提，皆同一字号胜莲花藏如来应正等觉。尔时，尊者阿难白佛言：世尊，希有，世尊。希有，善逝。当何名此广大法门，云何奉持？佛告阿难：是法门名菩萨瑜伽师地。亦名勇猛授长者所问：如是名号汝当受持？佛说此经已，尊者阿难，及诸比丘，五百长者，诸菩萨众……[1]

二

上述对西夏文《大宝积经》进行译释，英藏西夏文《大宝积经》存西晋三藏竺法护译“密迹金刚力士会第三之六”、大唐三藏菩提流志奉诏译“无尽慧菩萨会第四十五”、梁三藏曼陀罗仙译“文殊师利说般若会第四十六之二”、大唐三藏菩提流志奉诏译“优波离会第二十四”、西晋三藏竺法护译“密迹金刚力士会第三之一”、大唐于阗三藏实叉难陀译“文殊师利授记会第十五之三”、西晋三藏竺法护译“密迹金刚力士会第三之一”、大唐三藏菩提流志奉诏译“优波离会第二十四”、大唐三藏菩提流志译“勤授长者会第二十八”等内容，涉及四十九会之八会内容，从南北朝到唐诸多译经僧的译本都有存在。

英藏黑水城西夏文《大宝积经》残经过于残缺，我们无法判断《大宝积经》翻译成西夏文的时间，可以借助俄藏黑水城西夏文《大宝积经》的题记初步判断翻译成西夏文的大致时间。俄藏黑水城西夏文《大宝积经》存多种版式，有写本经折装、刻本经折装和写本贝叶装等。《大宝积经》（第 97 号，西夏特藏第 357 号，馆册第 368 号）经后又题记为“秉常皇帝（德成国主福盛民正大明皇帝嵬名尊号）及其母梁皇太后（天生全能番禄祐圣国正皇太后梁氏尊号）御译，发愿者嵬□移由牢（Нгве-жвей Гхеы-лхиуо）”[2]。西夏文《大宝积经》（第 97 号，西夏特藏第 357 号，馆册第 481 号）经题后有秉常皇帝（德成国主福盛民正大明皇帝嵬名尊号）及其母梁皇太后（天生全能番禄法式国正皇太后梁氏尊号）御译。[3]西夏文《大宝积经》（第 97 号，西夏特藏第 357 号，馆册第 502 号）经题后有秉常皇帝（德成国主福盛民正大明皇帝嵬名尊号）及其母梁皇太后（天生全能番禄法式国正皇太后梁氏尊号）御译，校勘者野利宝成（Гхи-рие Лдиэ-шие）。[4]我们知道秉常皇帝 1067－1086 年在位，其母亲梁皇太后死于 1085 年。秉常时期母后干政严重，秉常和其母皆有尊号，且他们的尊号经常一起出现，上述题记说明在秉常时期《大宝积经》译经被翻译成西夏文在其境内流行。

西夏文本《大宝积经》多次被信众抄写弘扬，西夏文《大宝积经》（第 97 号，西夏特藏第 357 号，馆册第 363 号）结尾处重复经题，题记为：

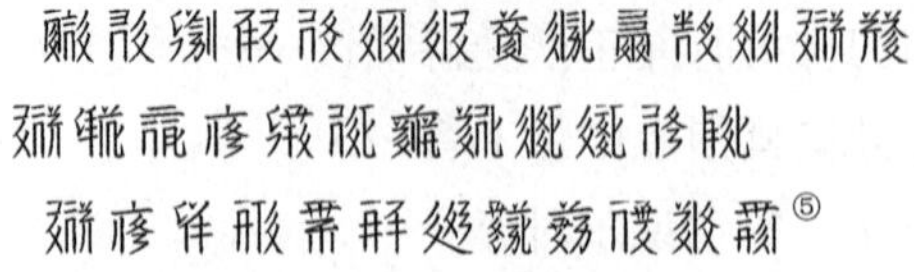
[5]

天盛壬午十四年七月十三日写毕

① ［唐］菩提流志译《大宝积经》，《大正藏》第 11 册，No. 0310，第 543 页上栏。

② Е.И.Кычанов:*Каталог тангутских буддийских памятников*. Университет Киото .1999г. стр.321.

③ Е.И.Кычанов:*Каталог тангутских буддийских памятников*. Университет Киото .1999г. стр.327.

④ Е.И.Кычанов:*Каталог тангутских буддийских памятников*. Университет Киото .1999г. стр.329.

⑤ 参见 Е.И.Кычанов:*Каталог тангутских буддийских памятников*. Университет Киото .1999г. стр.321。俄译翻译成汉语：抄写完毕于天盛十四年七月十三日，马年（1162 年 8 月 25 日）。施写发愿者黑水城转运使 ngwe zwei ·ew lhiuo Нгве-жвей Гхеы-лхиуо。抄经者 lion mban śiu ngên Лион Мбан-шиу-нген。已校勘，内容相符，校勘者·i rie ldiə śie Гхи-рие Лдиэ-шие。

发愿写经文者黑水城转运使嵬□移由牢

写经者梁满殊银重校野利宝成

西夏文《大宝积经》（第 100 号，西夏特藏第 357 号，第 91－100 卷）的第 100 卷重复经题后有题记，内容为：

[illegible]

[illegible]①

乾祐庚戌年六月二十五日写毕

发愿者边防使行主嵬□移

第 100 号第 105 卷结尾有题记，内容为：

[illegible]

[illegible]

[illegible]

[illegible]

[illegible]②

乾祐辛亥年三月十八日写毕

总发愿者善近

一卷随喜发愿者善近头领耶哈由宝

一卷随喜发愿者善近男子耶哈谷

写者芷嵬茂

可见，在秉常时期翻译成西夏文，在仁孝时期再次校勘佛经，西夏时期《大宝积经》受到统治者和僧界的广泛关注，一些官员和信众不断发愿施印或抄写西夏文《大宝积经》。

三

《大宝积经》主要叙说菩萨修行法及授记成佛等，泛论大乘佛教的各种主要法门，涉及范围甚广。《大宝积经论》卷一记载：“问曰：汝欲释《宝积经》，应先释此法。问以何义故，名为《宝积》？答曰：大乘法宝中，一切诸法差别义摄取故，所有大乘法宝中，诸法差别相者，彼尽摄取义故，名曰《宝积》。一聚、二积、三阴、四合和，义一名异，是中一切大乘法中……彼法门中，此一切诸相现所说故。彼大乘法宝中，所有诸相尽摄取故。此妙法门名为《宝积》。问曰：云何彼大乘正法宝中所有诸相，而此法门中所摄取成，彼大乘法宝中所有法相尽摄取故，此妙法门名为《宝积》。”③

《大宝积经》备受历代高僧关注，它传入中土很早，最早有月支国沙门支谶所译《宝积经》（一卷，安公云，一名《摩尼宝》，光和二年出。旧录云：《摩尼宝经》二卷）。④魏晋南北朝隋唐诸译家以不同经名陆续译出二十三会八十多卷，菩提流志新译出二十六会三十九卷半。自唐菩提流志新译之后，

① Е.И.Кычанов:*Каталог тангутских буддийских памятников*. Университет Киото .1999г. стр.351.俄译翻译成汉语：抄写完成于铁狗年六月二十五日（1190 年 7 月 29 日）。发愿者、边防使、百夫长（行主）Нгве-жвей。

② Е.И.Кычанов:*Каталог тангутских буддийских памятников*. Университет Киото .1999г. стр.352.俄译翻译成汉语：抄写完毕于乾祐年三月十八日，铁猪年（1191 年 4 月 13 日）。1 卷经文的施写发愿者、近德者 Гха-гхва Кво。抄经者、德者 Чией Нгве-вай，后面被涂掉。

③ ［后魏］菩提流支译《大宝积经论》，《大正藏》第 26 册，No. 1523，第 204 页上栏。

④ ［梁］释僧祐：《出三藏记集》，中华书局，2003 年，第 27 页。

并收录以前单品译经，汇编四十九会，辑成《大宝积经》。《大宝积经》每一会相当一部经，也都各有其独立的主题。除了西夏文残经内容外，《大宝积经》中旧译经还有西晋竺法护译《宝髻菩萨会》，西晋聂道真译《无垢施菩萨应辩会》，梁曼陀罗仙译《法界体性无分别会》，唐玄奘译《菩萨藏会》，唐义净译《佛说入胎臧会》，元魏佛陀扇多译《大乘十法会》、《无畏德菩萨会》，后秦鸠摩罗什译《富楼那会》、《善臂菩萨会》，北齐那连提耶舍译《菩萨见实会》，隋阇那崛多译《护国菩萨会》、《贤护长者会》，隋达磨笈多译《善住意天子会》，曹魏康僧铠译《郁伽长者会》，元魏月婆首那译《摩訶迦叶会》，元魏菩提留支译《弥勒菩萨问八法会》，东晋竺难提译《大乘方便会》，北凉道龚译《宝梁聚会》等。

《大宝积经》四十六会《文殊说般若会》属于般若部，主要论述“般若性空”的思想。第五会《无量寿如来会》主要宣说弥陀净土的信仰。第二、第三、第七、第十一、第二十四会等则弘扬密教的重要义理。第一《三律仪会》、第二十三《摩诃迦叶会》属于律部等。因此，《大宝积经》每一会各有特色，从整体看，各会之间缺乏连贯的系统。

《大宝积经》作为比较有特色的大乘佛经的汇编，西夏文残经中就有竺法护单译经，如太康九年（288）译《密迹经》（或《密迹金刚力士经》七卷）与唐编录《大宝积经·密迹金刚力士会》相同；另外，竺法护于太康八年（287）译《普门经》（或《普门品经》一卷）与唐菩提流志译《大宝积经·文殊师利普门会》为同本异译；太康十年（289）十二月二日译《离垢施女经》（一卷）与《大宝积经·无垢施菩萨应辩会》为同本异译；竺法护译《弥勒菩萨所问本愿经》（一卷）与《大宝积经·弥勒所问会》同本异译。

竺法护月氏国人，是中国早期著名佛经翻译家之一，成就最为突出。他八岁出家，随师竺高座游历西域诸国，通三十六种语言，携大量佛经回中夏，翻译佛经。《出三藏记集》载：“自敦煌至长安，沿路传译，写为晋文。所获大小乘经《现劫》、《大哀》、《正法华》、《普耀》等凡一百四十九部。孜孜所务，唯以弘通为业，终身译写，劳不告倦。经法所以广流中华者，护之力也。”[①]竺法护世居敦煌，主要活动在敦煌、酒泉、长安一带，化道周给，被誉为“敦煌菩萨”之美名。

西夏文中梁三藏曼陀罗仙译“文殊师利说般若会第四十六之二”应与曼陀罗仙所译《文殊师利所说摩诃般若波罗蜜经》（上下）同本。《开元释教录》卷六记载：“沙门曼陀罗仙，梁言‘弱声’，亦云‘弘弱’。扶南国人，神解超悟幽明毕观，无惮夷险志存开化，大赍梵经远来贡献。以武帝天监二年癸未届于梁都，敕僧伽婆罗令共翻译，遂出《文殊般若》等经三部。虽事传译未善梁言，故所出经文多隐质。”[②]同书还载“自武帝天监元年壬午至敬帝太平二年丁丑，凡经四主五十六年缁素八人，所出经律论及诸传记等并新集失译诸经，总四十六部二百一卷”。其中沙门曼陀罗仙译三部一十一卷经。[③]梁朝三藏曼陀罗仙在南方翻译经典也传至北方和西北，在河北南响堂石窟第二窟内前壁左侧北齐（565－577）刻经保存有梁扶南国[④]三藏曼陀罗仙译《文殊师利所说摩诃般若波罗蜜经》（下）或唐时编录《大宝积经·文殊说般若会》。此经在唐菩提流志时编录《大宝积经》之中，再后来弘传西夏，被翻译成西夏文。梁朝三藏曼陀罗仙所译佛经的传播过程值得我们继续探讨。

菩提流志，南天竺人，婆罗门氏，十二岁就外道出家，年过六十，知外法乖违，改信佛法。有关菩提流志翻译整合《大宝积经》的内容在《宋高僧传·菩提流志传》有载，其内容为：“年逾耳顺，

---

① [梁]释僧祐：《出三藏记集》，第518页。

② [唐]智昇撰《开元释教录》（卷六），《大正藏》第55册，No. 2154，第537页中栏。

③ 同上，第536页下栏。

④ 扶南国在《三国志》、《晋书》、《宋书》、《南齐书》、《梁书》和《陈书》等都有记载，扶南国信仰佛教其中《晋书》卷九七记载：扶南西去林邑三千余里，在海大湾中，其境广袤三千里，有城邑宫室。人皆丑黑拳发，倮身跣行。

方乃回心，知外法之乖违，悟释门之渊默，隐居山谷，积习头陀。初依耶舍瞿沙三藏学诸经论，其后游历五天，遍亲讲肆。高宗大帝闻其远誉，挹彼高风，永淳二年，遣使迎接。天后复加郑重，令住东洛福先寺译《佛境界》、《宝雨》、《华严》等经，凡十一部。中宗神龙二年，又住京兆崇福寺，译《大宝积经》。属孝和厌代，睿宗登极，敕于北苑白莲池、甘露亭，续其译事，翻度云毕，御序冠诸。其经旧新凡四十九会，总一百二十卷。"[①]菩提流志于神龙二年（706）在崇福寺开始翻译《大宝积经》，到睿宗时期（710－712 在位）间才受皇帝之命在北苑宝莲池和甘露亭等将新旧经共四十九会编录为《大宝积经》，然后入藏流行。

西夏文残经中还存在唐实叉难陀翻译的《文殊师利授记经》的内容，《宋高僧传·实叉难陀传》载："释实叉难陀，一云施乞叉难陀，华言学喜，葱岭北于阗人也。智度恢旷，风格不群，善大小乘，旁通异学。天后明扬佛日，崇重大乘，以《华严》旧经，处会未备，远闻于阗有斯梵本，发使求访，并请译人，叉与经夹同臻帝阙，以证圣元年乙未于东都大内大遍空寺翻译。天后亲临法座，焕发序文，自运仙毫，首题名品。南印度沙门菩提流志、沙门义净同宣梵本，后付沙门复礼、法藏等于佛授记寺译成八十卷。圣历二年功毕。至久视庚子，驾幸颍川三阳宫，诏叉译大乘入《楞伽经》，天后复制序焉。又于京师清禅寺及东都佛授记寺译《文殊授记》等经，前后总出一十九部……"[②]实叉难陀于久视庚子（700）译出《文殊授记经》即《文殊师利授记经》，在睿宗时期即被菩提流志编录《大宝积经》之中。

《大宝积经》其入藏分类也多有变化，《开元释教录》将汉文佛经分为大乘经律论和小乘经律论，大乘经律论以般若、宝积、大集、华严和涅槃为五大部经。明智旭于崇祯八年至永历八年（1635－1654）编撰《阅藏知津》一改《开元录》的体系，将汉文佛经分为华严、方等、般若、法华和涅槃五部，其中方等部包括宝积和密教仪轨等。[③]《大正新修大藏经全览》又将"宝积"单独列出，分为"阿含、本缘、般若、法华、华严、宝积、涅槃、大集、经集、密教、律部、释经论、毗昙、中观、瑜伽、论集"等。[④]及至吕澂《新编汉文大藏经目录》时将《大宝积经》列入第 1 号，[⑤]可见，《大宝积经》是受到历代重视的一部大乘经典。

综上所述，目前在英藏黑水城西夏文佛经文献共发现九件西夏文残经，分别为竺法护、曼陀罗仙、菩提流志和实叉难陀等人翻译的经文。西夏本《大宝积经》是在秉常时期翻译完成的，主要参照菩提流志汇编的《大宝积经》汉文本。《大宝积经》内容丰富，是通论大乘法门的各经的汇编，涉及大乘戒定慧、法身与色身、中道正观、净土信仰、本心清净等众多方面。《大宝积经》不仅是一部非常重要的大乘经典，而且汉文大藏经目录中都将其单独列为一部。

（作者通讯地址：河北师范大学历史文化学院　石家庄 050024）

---

① [宋]赞宁撰《宋高僧传》卷三"菩提流志传"，中华书局，1997 年，第 43 页。
② [宋]赞宁撰《宋高僧传》卷三"实叉难陀传"，中华书局，1997 年，第 31－32 页。
③ [明]智旭撰《阅藏知津》(卷四八)，《大正新修昭和法宝总目录》(第 3 册)，第 1007－1252 页。
④《大正新修大藏经全阅》，《大正新修昭和法宝总目录》(第 3 册)，第 80－86 页。
⑤ 吕澂编《新编汉文大藏经目录》，齐鲁书社，1980 年，第 1 页。

西夏文《大般若波罗蜜多经》函号补释

Yulia Mylnikova　彭向前

摘　要: 汉文《大般若波罗蜜多经》共600卷，西夏人译出前450卷，分别用45个西夏字作函号。克恰诺夫《西夏佛教文献目录》仅辑录了前40个函号，受当时西夏字录入条件的限制，有些西夏字是错误的。本文对函号中错误的西夏字作了纠正，并新补了第401—450卷中的5个函号，为学界提供一份准确的西夏人原创作品《千字文》。文章最后对这个仅存45字的小短文作了重新翻译，并认为这是一则西夏卵生神话故事，反映了党项羌族的宇宙观，它与吐蕃卵生神话故事关系密切。

关键词: 西夏文　大般若波罗蜜多经　千字文　函号　卵生神话

“函号”是中国佛教文献的专利。如所周知，佛教传入中国后，其经典经过历代的翻译、流通，数量日益增多，最后汇编而为“大藏经”。在如此庞大的作品中，为了确定某一部分内容在全部大藏中的位置，一种特殊的标记体系应运而生。通常，佛经每10卷（100张纸到200张纸左右）装入一个竹制的匣子里或用粗麻布、丝绸做的套子中，是为一帙。每帙用当时流行的《千字文》中的某一单字作为自己的秩序标志。《千字文》由1000个汉字组成，里面没有一个汉字是重复的，作为当时的识字课本之一，很多中国人都能倒背如流。从《千字文》里撷取汉字用作佛经中诸帙标记，并以这些汉字作为诸帙的名称，这就是所说的“函号”。有学者认为，在中国唐末五代时期（9—10世纪），就已经流行利用《千字文》来作书籍的标记编号了。[①]这种做法也为西夏所借用。作为佛经中诸帙标记的西夏文，有的来自经名，如《大方广佛华严经》；有的则来自当时流行的模仿汉文《千字文》而作的西夏文《千字文》著作，如《大般若波罗蜜多经》。

汉文《大般若波罗蜜多经》由唐玄奘法师所译，共600卷，每10卷1函，共60函。各函分别使用了《千字文》中前60个字作标号：“天地玄黄、宇宙洪荒、日月盈昃、辰宿列张、寒来暑往、秋收冬藏、闰馀成岁、律吕调阳、云腾致雨、露结为霜、金生丽水、玉出昆冈、剑号巨阙、珠称夜光、果珍李柰。”此经分为两部分：第一部分由前400卷组成，有单行本流传于世。第二部分由401—600卷组成。西夏文有好多译本，共收录了前400卷和第二部分的前50卷。在克恰诺夫《西夏佛教文献目录》中，№8—19皆为《大般若波罗蜜多经》，第二部分的前50卷编号为№8。[②]

西夏文《大般若波罗蜜多经》所使用的西夏文《千字文》函号也是四字一组，但内容却与汉文《千

① 方广锠:《佛教大藏经史》，中国科学出版社，1991年，第300—304、312、375页。

② Е. И. Кычанов. *Каталог тангутских буддийских памятников*. Киото: Университет Киото, 1999. С. 690.

字文》不同。克恰诺夫所辑录的西夏文《大般若波罗蜜多经》函号，截止到第 400 卷，共计 40 个，以后的函号缺如。①本文比照俄罗斯科学院东方所藏西夏文《大般若波罗蜜多经》原件，对已收录函号中错误的西夏字作了纠正，并新补了第 401—450 卷中的 5 个函号，为学界提供一份准确的西夏人原创作品《千字文》开头部分，其内容为“西夏卵生神话故事”。

根据克恰诺夫《西夏佛教文献目录》所收录函号之西夏文，史金波先生最先对之做了翻译。因为不能一一与原件相对照，而《西夏佛教文献目录》中的录文，受当时西夏字录入条件的限制，不少西夏字点画有误，这段译文有以下几处需要勘正：

天长不散，空广最胜，地无神首[1]，圣星聚集[2]，霄地本源，鸟产卵蛋，感应已就[3]，指几未全[4]，口日星无[5]，暗昧垢见[6]。②

[1]“地无神首”的“无”字，《目录》录文有误，原件作[illegible]，该字有“深、玄、幽”之义，③与当“无”讲的西夏字[illegible]形近易混。上文的“[illegible]（高天）”与下文的“[illegible]（幽地）”正好形成对仗关系。

[2]“圣星聚集”，当为“圣宫聚集”，相应的那个西夏字原件作[illegible]，有“宫殿”的意思，与“星”义无关。④

[3]“感应已就”，原件西夏文作[illegible]，或可译为“有灵已就”。

[4]“指几未全”，不好理解。原件西夏文作[illegible]，[illegible]字有些许、略微的意思。⑤这句话的本义应该为“还不全备，差指尖那么大一点”。

[5]“口日星无”，原件西夏文作[illegible]，即“日月星无”。“[illegible]（月）”字原件录文有误，故无法识别。

[6]“暗昧垢见”，与“垢”字对应的西夏字作[illegible]，有“斑点”的意思。⑥全句的意思是可以看见黑斑。

在《西夏佛教文献目录》中编号为№8 的 Танг. №334《大般若波罗蜜多经》，写本，卷子装，译自汉文《大般若波罗蜜多经》第二部分，现存第 401—450 卷，从这 50 卷中可新辑 5 个函号，它们依次分别是：[illegible]（四）、[illegible]（大）、[illegible]（合）、[illegible]（和）、[illegible]（云）。“四大和合”是完整的一句话，“云”则为下一句的开头，显然这部佛经尚未译完。

至此，我们可以得到仅存开头 45 字的一篇小短文，准确的西夏文录文如下：

[illegible]，[illegible]。

[illegible]，[illegible]。

[illegible]，[illegible]。

[illegible]，[illegible]。

[illegible]，[illegible]。

[illegible]，[illegible]……

在史金波先生译文的基础上，我们对这段文字作了如下重新翻译：

高天不散，空广最胜。

幽地神首，圣宫聚集。

霄地本源，鸟产卵蛋。

① Е. И. Кычанов. *Каталог тангутских буддийских памятников*. Киото: Университет Киото, 1999. С. 48—266.

② 史金波：《西夏出版研究》，宁夏人民出版社，2004 年，第 163 页。

③ 李范文：《夏汉字典》，中国社会科学出版社，1997 年，第 4693 个字。

④ 同上，第 3130 个字。

⑤ 同上，第 1012 个字。

⑥ 同上，第 3851 个字。

有灵已就，些许未全。

日月星无，暗昧斑见。

四大和合，云……

我们认为这段文字为西夏文《千字文》的轶文，系模仿汉文《千字文》而作。其一，从形式上来看，它与汉文《千字文》一样，也是四字一句，所不同的是，行文完全不讲究押韵（见附表中的拟音），但似乎强调对仗，如“[illegible]（高天）”对“[illegible]（幽地）”。其二，从内容上来看，也是从天地起源开始讲起。其三，从用途上来看，二者都用来作西夏文函号。既然当作函号用，这篇文字中的西夏文就一定不会重复。综合起来看，我们完全有把握把这段文字定名为“西夏文《千字文》”。顺便指出，俄藏编号为 Инв.No.741 和 742 的西夏文本《碎金》，虽然也是用一千个不重复的字巧妙地编成的，但它不能称之为《千字文》，它是五言一句的，也不见它用来作为佛经的函号。

尽管这篇西夏文《千字文》，仅存开头 45 个字，但其中蕴含的历史文化因素值得我们深入挖掘。笔者认为，西夏文《千字文》开头讲的是西夏卵生神话故事，反映了党项羌族的宇宙观。卵生神话广泛存在于世界各民族，原始先民们在长期的狩猎游牧生活中观察到鸟能生蛋，蛋能孵鸟，于是他们无意识地运用类比、相似性的原理，赋予它们特殊的功能，从而卵生世界、卵生人类、卵生万物的神话广为传播。吐蕃苯教时期就广泛流行卵生神话，[1]如在 13 世纪西藏的《灵犀宝卷·朗氏家族史》中记载道：从地、水、火、风、空中产生一卵，后由卵壳、卵清生成白岩石和海螺湖，卵液产生出六道有情。卵液又凝聚成 18 份，即为 18 枚卵。从海螺的白卵之中跃出一个有希求之心的圆肉团，他虽无五识，却有思维之心，并由此而产生人及动物。[2]西夏文《千字文》明确记载“霄地本源，鸟产卵蛋”，并提到“四大和合”，所谓“四大”即“地、水、火、风”。两种传说在思想内涵上十分接近。党项族原居住在今青海省东部、四川省西北部广袤的草原和山地间，与吐蕃壤地相接，二者在语言文化、风俗习惯上关系密切。西夏卵生神话故事应该来源于吐蕃。

西夏文佛经函号的全面搜集工作尚未展开，面对数千个编号的西夏佛教文献，这是一个相当细致而又艰苦的过程。希望学界同仁能留心此事，随手采撷，考订编次。如所周知，西夏人的原创作品少之又少，吉光片羽，弥足珍贵。假众手之力，撮录成文，庶几可以使西夏人原创作品西夏文《千字文》轶文获得最大程度的辑补。

附：西夏文《大般若波罗蜜多经》函号一览表

1－10	[illegible]	372222	3950	tshjwu	天
11－20	[illegible]	234122	2612	phju	长、高
21－30	[illegible]	210127	1918	mji	不
31－40	[illegible]	234422	2668	kụ	散
41－50	[illegible]	174422	1364	ŋa	空虚
51－60	[illegible]	274420	3310	wạ	广
61－70	[illegible]	214122	2091	zji	最
71－80	[illegible]	112222	0206	bụ	殊
81－90	[illegible]	212244	2039	·we	土地
91－100	[illegible]	802124	4693	na	深、玄、幽
101－110	[illegible]	274440	3333	mẹ	神

① 林继富：《西藏卵生神话源流》，《西藏研究》2002 年第 4 期。

② 大司徒·绛求坚赞著，赞拉、阿旺等译《朗氏家族史》，西藏人民出版社，1989 年，第 4—6 页。

111—120	[illegible]	104420	0124	ljụ	头、首
121—130	[illegible]	122028	0480	lha	圣灵
131—140	[illegible]	274124	3130	mjijr	宫殿
141—150	[illegible]	144140	0804	djɨ	助词
151—160	[illegible]	122024	0478	śjo̱	集
161—170	[illegible]	149142	0842	kj̱ɨr	霄
171—180	[illegible]	254520	2882	gjwi	地
181—190	[illegible]	284400	3671	njij	父辈
191—200	[illegible]	804140	4905	rjar	亲
201—210	[illegible]	214422	2262	·jow	鸟、禽
211—220	[illegible]	214900	2295	gj̱i	生、产
221—230	[illegible]	174144	1210	dźiã	卵、蛋
231—240	[illegible]	174122	1188	ŋa	卵子
241—250	[illegible]	274100	3111	mjij̱r	通、灵
251—260	[illegible]	274122	3126	dźjij	有
261—270	[illegible]	232422	2590	wjɨ	助词
271—280	[illegible]	214140	2132	·jiw	成就
281—290	[illegible]	184420	1751	śjwa	手指
291—300	[illegible]	172222	1012	zjij̱	许、略
301—310	[illegible]	172412	1064	mjij	未
311—320	[illegible]	182144	1602	ŋowr	全
321—330	[illegible]	824400	5319	tjɨj̱	日、太阳
331—340	[illegible]	192224	1846	ka	月
341—350	[illegible]	814240	5223	tśjɨr	星
351—360	[illegible]	220425	2376	mjij̱	无
361—370	[illegible]	172124	0958	rjɨj̱	黑
371—380	[illegible]	284140	3597	mj̱ijr	昧
381—390	[illegible]	312124	3851	tser	斑点
391—400	[illegible]	210222	1945	mjij	远眺
401—410	[illegible]	174420	1341	kwej	四
411—420	[illegible]	214170	2177	pə	大
421—430	[illegible]	172224	1028	dzow	和
431—440	[illegible]	177240	1507	ŋwej	合
441—450	[illegible]	242152	2738	djɨj̱	云

（作者通讯地址：俄罗斯圣彼得堡大学东方系；宁夏大学西夏学研究院　银川 750021）

《经律异相》的经录入藏和西夏文本的翻译雕印

杨志高

《经律异相》是中土一部现存最早、影响广泛的佛教类书，也是一部重要的佛教故事总集。全书 50 卷，由南朝僧旻、宝唱纂集而成。其内容主要由经律藏中为说明佛教教理而讲述“异相”的佛教寓言、譬喻、传说等 21 部类故事构成。

现存西夏文《经律异相》第十五卷属全书“声闻无学第三”之“僧部第四”，为有关修声闻道的僧尼因缘故事，20 世纪初出土于宁夏灵武，藏中国国家图书馆（简称“中藏本”）。1932 年周叔迦先生在《国立北平图书馆馆刊》[①]第四卷第三号上对其进行了简略介绍。其后，史金波先生分别在《西夏佛教史略》[②]（1988 年）、《国家图书馆学刊》[③]（2002 年增刊）又作了全新的叙录。2005、2006 年，《中国国家图书馆藏西夏文献》、[④]《中国藏西夏文献》[⑤]先后刊布了全部图版。

中藏本为西夏皇太后梁氏与乾顺皇帝挂衔初译，仁宗皇帝御校，元武宗大德十一年（1307）重刻。登录号 B11·051（di7jian），护封误作“大方广佛华严经”。经文 98 折。每半页 6 行，行 17－18 字。框高 59.5 厘米、宽 25 厘米，[⑥]麻纸经折装。卷首版画 8 折（“释迦如来说法”3 折，龙牌 4 折，韦陀像 1 面），其中龙牌为元朝当今皇帝（武宗）2 折，太后、皇后，皇太子各 1 折（龙牌 1、5 分别记印施佛经之事）。其后依次为西夏文题款和该经卷之品目，自“优波离为佛剃发得入第四禅一”至“阿难试山中比丘并问阿育王十四”。相关通行汉文本见《大正藏》[⑦]53 册 No. 2121 第 0076－0082 页。同名汉文整理本有董志翘等《〈经律异相〉整理与研究》。[⑧]

一 《经律异相》的经录入藏

《经律异相》自梁代成书后，代有流传。现存资料揭示，自隋法经等撰《大隋众经目录》以来，该书就见载于各种经录。下面，看看其在现存隋唐宋时期的经录和相关入藏。

---

① 周叔迦：《馆藏西夏文经典目录》，《国立北平图书馆馆刊》（第 4 卷 3 号），1932 年，第 64－65 页。

② 史金波：《西夏佛教史略》，宁夏人民出版社，1988 年，第 373 页。

③ 史金波：《国内现存出土西夏文献简明目录》，《国家图书馆学刊》（增刊），2002 年，第 222 页。

④ 宁夏社会科学院编《中国国家图书馆藏西夏文献》（3），上海古籍出版社，2005 年，第 225－239 页。

⑤ 宁夏大学西夏学研究中心、国家图书馆、甘肃古籍编译整理研究中心：《中国藏西夏文献》（5），甘肃人民出版社、敦煌文艺出版社，2006 年，第 314－368 页。

⑥ 任继愈主编《中国国家图书馆古籍珍品图录》，北京图书馆出版社，1999 年，第 343 页。

⑦ 大正一切经刊行会：《大正新修大藏经》（第 53 册 2121 号），财团法人佛陀教育基金会印行，1990 年，第 0076a－0082a 页。

⑧ 董志翘主撰《〈经律异相〉整理与研究》，巴蜀书社，2011 年。

首先，看《经律异相》在国家藏经（敕修）的著录。

记录一朝一代较早的梁武帝时代的《华林佛殿众经目录》、《梁世众经目录》，可惜已经失佚。现存的宋之前的国家藏经目录有《大隋众经目录》、《大唐内典录》、《开元释教录》。“后两部目录只有‘入藏录’方是专记本朝本藏经之盛，其余部分仍为记通代译经之盛。”[①]《开元释教录·入藏录》（即《开元释教录略出》）的分类体系，还为后世沿用为钞写、雕刻佛经（大藏经）的目录。《历代三宝纪》则为敕修目录。

1. 隋法经等撰《大隋众经目录》

此目载：

《经律异相》五十卷（梁武帝令宝唱撰）[②]

2. 隋费长房《历代三宝纪》

《历代三宝纪》也是足本目录。其卷三、十、一一关于《经律异相》有不同的记载：

敕沙门宝唱撰《经律异相》，凡五十卷。[③]（卷三）

萧衍……敕沙门僧旻、宝唱等录经律要事，以类相从，名《经律异相》，凡五十卷。[④]（卷十）

《经律异相》一部并目录五十五卷（天监十五年敕撰）……令庄严寺沙门释宝唱等总撰集录，以备要须。[⑤]（卷一一）

3. 唐道宣《大唐内典录》

《大唐内典录》载：

天监七年，帝以正像浸末，信重渐微，三藏弥纶，鲜能该洽，敕沙门僧旻等撰《经律异相》，以类相从，凡五十卷。[⑥]（卷四）

梁杨都庄严寺沙门释宝唱奉敕撰诸经律相合一百余卷：《经律异相》并目五十五卷。[⑦]（卷十）

4. 唐释智升《开元释教录》、《开元释教录略出》

《开元释教录》（简称《开元录》），被认为是历代经录中编得最好的一部足本目录著作，《经律异相》在其文中有三处著录：

《经律异相》五十卷（天监十五年奉敕撰。录云：并目录五十五卷。今阙其目，但五十卷。其目但纂篇题，应无别事。见《宝唱录》及《长房录》）。[⑧]（卷第六）

《经律异相》五十卷五帙（梁天监十五年敕沙门宝唱等撰。出《长房录》，新编入藏。[⑨]（卷第一三）

《经律异相》五十卷　梁敕沙门宝唱等撰。[⑩]（卷第十七）

另，《开元释教录略出》是《开元录》中的节本目录——“入藏录”，创以“千字文”编次入藏典籍。在其卷第四“类别二　此方撰述集传”载：

---

① 徐建华：《中国历代佛教目录类型琐议》，《佛教图书馆馆迅》1991 年第 29 期，第 24 页。
② 大正一切经刊行会：《大正新修大藏经》第 55 册《众经目录》，第 144 页下。
③ 大正一切经刊行会：《大正新修大藏经》第 49 册《历代三宝纪》，第 45 页上。
④ 同上，第 94 页中。
⑤ 同上，第 99 页中。
⑥ 大正一切经刊行会：《大正新修大藏经》第 55 册《大唐内典录》，第 263 页下。
⑦ 同上，第 331 页下。
⑧ 大正一切经刊行会：《大正新修大藏经》第 55 册《开元释教录》，第 537 页下。
⑨ 同上，第 624 页中。
⑩ 同上，第 670 页下。

《经律异相》五十卷　梁天监十五年敕沙门宝唱等撰　自五帙计八百五十四纸灵丙舍傍启。[①]

本经录不仅提到了《经律异相》的用纸数量，而且还第一次提到了《经律异相》的千字文号“灵丙舍傍启”。

其次，看《经律异相》在个人私修的读藏目录。

《开宝藏》刊行后，读藏目录（索引）也随之而兴。除已亡佚的宋代文胜《大藏经随函索隐》、遵式《教藏随函目录》外，现存最早的这类目录当属宋徽宗时的《大藏经纲目指要录》、《大藏圣教法宝标目》。二者前详后略，其所据的印经，皆为《开宝藏》。

1. 北宋惟白《大藏经纲目指要录》

《指要录》是现存最早的一部《大藏经》专题的解题著作，具体说“《指要录》的内容也就是《开宝藏》初刻本的内容”[②]。北宋徽宗崇宁三年(1104)，东京(开封)法云禅寺住持惟白集。其卷八“圣贤传记”部分是对《经律异相》的解题，抄录如下：

《经律异相》五十卷

仙（十卷）

一……十

灵（十卷）

十一……二十

丙（十卷）

二十一……三十

舍（十卷）

三十一……四十

启（十卷）

四十一……五十[③]

从上面看出，《指要录》对《经律异相》的解题，不仅开列了总卷数，尤其是首次标注了各卷所属千字文函号和所属品章简目。《经律异相》卷一五分属“灵”函，所列简目为：“优波离为佛剃头入四禅、迦旃延教卖贫、难陀柰女、三十相、化牧女、二长者分物、先世为友、阿难奉佛、七梦、咒禁、乞乳、化王、试山等。”[④]著录没有反映《经律异相》的编者，也缺少“迦留陀夷非时教化自丧其命（七）”的品目。

2. 北宋王古《大藏圣教法宝标目》

《大藏圣教法宝标目》（十卷，一说八卷），北宋崇宁四年（1105 年）由曾任礼部侍郎、清源居士王古撰。此目当由《开宝藏》而来。其卷九载：

《经律异相》五十卷（仙～傍）　右梁天监中，敕僧旻等及禀武帝，节略经律论事。凡六部：一天，二地，三佛，四诸释，五菩萨，六声闻、比丘、比丘尼、人、鬼、神、杂畜、地狱。[⑤]

从上面《经律异相》在现存赵宋之前的主要足本佛教目录中著录来看，有两大特点：一是部分内

---

① 大正一切经刊行会《大正新修大藏经》第 55 册《开元释教录略出》，第 745 页中。
② 李富华：《金藏目录还原及研究》，中华书局，2012 年，第 5 页。
③《大正新修昭和法宝总目录》第 2 卷，第 758 页上至 760 页上。“仙（十卷）”之“十”，原误作“上”。
④ 同上，第 758 页下。
⑤ 同上，第 831 页中。

容渐趋翔实（卷目存佚、帙数、用纸、函号、章品）；二是对作者的著项或宝唱、宝唱等，或僧旻等，或僧旻、宝唱或回避不提。

书籍著录的相关信息是判断其版本的重要元素。下面我们再看看《经律异相》的在刻本大藏经的入藏情况。

再次，看《经律异相》的入藏。

北宋开宝四年（971年）《开宝藏》（蜀版）雕刻，《经律异相》（下表中简称“异相”）即被首刻入藏，属于初刻本（千字文编号天～英）内的经典。[①]下面开列其汉文本在宋元几种相关大藏经中的著者、千字文号、所属系统等情况：

大藏经	《异相》署名帙号	《异相》卷一五帙号	备注
契丹藏（约1067年之前刻成，山西存其部分残卷）	丙舍傍启甲[②]	舍（灵）	北方系统（辽代官刻）
开宝藏（983年刻成，现仅存数卷）	梁沙门僧旻、宝唱等集 仙灵丙舍傍[③]	灵	中原系统（北宋官刻）
赵城金藏（广胜寺本，1173年刻成，现存补雕本）	梁沙门僧旻、宝唱等集 仙灵丙舍傍[④]	灵	中原系统（金代私刻），我国现存最完整的大藏经。
高丽藏（初刻本、再雕本）	梁沙门僧旻、宝唱等集 仙灵丙舍傍	灵	中原系统（官刻）
崇宁藏（1104年刻成，全藏已佚）	灵丙舍傍启[⑤]	丙	南方系统（北宋私刻）
毗卢藏（1151年刻成，日本存有部分印本）	梁沙门宝唱等译 灵丙舍傍启[⑥]	丙	南方系统（南宋私刻）。现存国内最早的《异相》有卷一二（丙）、二一、二九（舍）。[⑦]
圆觉藏（1132年刻成，日本存有部分印本）	灵丙舍傍启[⑧]	丙	（南宋私刻）
资福藏	灵丙舍傍启[⑨]	丙	（南宋私刻）
碛砂藏	梁沙门宝唱等译 灵丙舍傍启[⑩]	丙	南方系统（南宋至元私刻）
普宁藏	灵丙舍傍启[⑪]	丙	南方系统（元白云宗所刻）

已有研究表明，现存《赵城藏》《高丽藏》（初刻本）是《开宝藏》初刻本的覆刻。《赵城藏》中的《经律异相》卷一五卷首有广胜寺刊刻“释迦说法图”。今日本南禅寺收藏的《高丽藏》初刻本《经

① 吕澂：“蜀版的内容，从金代的复刻本即‘金刻藏经’上，可见它最初刻成的部分以《开元录》入藏写经为基础，约四百八十帙（千字文编号为天字到英字），五千零四十余卷”，吕澂《吕澂佛学论著选集》（三），齐鲁书社，1991年，第1426页。

② 小野玄妙：《佛教经典总论》，台湾新文丰出版公司，1983年，三经分别见第648页上栏、638页下栏至649页上栏、647页上栏。白化文、李鼎霞：《〈经律异相〉及其主编释宝唱》推断“《辽藏》的帙号恐亦为‘仙、灵、丙、舍、傍’”，载永寿主编《峨眉山与巴蜀佛教》，宗教文化出版社，2004年，第424页。据此，《经律异相》卷一五帙号当为“舍（灵）”。以下各藏推算同。

③ 李富华：《金藏目录还原及研究》，中华书局，2012年，第86页。

④《经律异相》卷一五（金藏广胜寺本），《中华大藏经》（汉文部分）第52册，1992年，第900—914页。李富华：《金藏目录还原及研究》，第86页。

⑤ 蔡运辰：《二十五种藏经目录对照考释》（上），台湾新文丰出版公司，1983年，第2243页。

⑥ 据白化文、李鼎霞《〈经律异相〉及其主编释宝唱》，永寿主编《峨眉山与巴蜀佛教》，第423页。

⑦［南朝梁］僧旻、宝唱：《经律异相》“出版说明”，上海古籍出版社，1988年，第3页。

⑧⑨⑪ 蔡运辰：《二十五种藏经目录对照考释》（上），第2243页。

⑩《经律异相》（《影印宋碛砂版大藏经》缩叶影印），上海古籍出版社，1988年，第78页。

律异相》残存有：卷 1－10（仙），23、25－27、29（丙），40（舍），41－45、47－50（傍）残品，缺“灵”帙。其卷首钤有“摄州兵库下庄帝释神抚山禅昌寺常住”双行阳文朱印，作者俱署名“梁沙门僧旻、宝唱等集”。按每十卷一帙的千字文编号推算，《经律异相》卷一五为“灵”。现存的最早完整刻本《高丽藏》再雕本所载《经律异相》的作者和帙号，一如初刻本。

方广錩先生指出“区别诸种刻本大藏经的最大依据是它所依凭的版片”。“凝聚了大藏经三要素的版片，自然成为我们鉴别刻本藏经的基础。”[①]

夏译汉文《经律异相》卷一五署名“[illegible]、[illegible]（汉本沙门僧旻、宝唱等集）”[②]，帙号为“[illegible]”。[illegible]，通常对译“做、作”，本身就是作格动词。[③][illegible]也有“为”之义。

依据上表，并结合现有成果和党项与周边民族关系，可以看出西夏文《经律异相》显然来源于《开宝藏》初刻本，是藏经本。虽然它的帙号迥异于上述各大藏经，但限于资料，我们目前还无法理清其来源。正如史金波先生《西夏佛教史略》所言“西夏文大藏经可能也效法了这种标号方法，但其标号并未沿用汉文《千字文》中的文字，而是另有一套”[④]。

此外从前述来看，《经律异相》的作者在现存相关经录和大藏经中有些不一致。

僧旻(467－527)俗姓孙，吴郡富春(今属浙江)人，曾主编《一切经论》，注《般若经》，居五寺首讲右席。宝唱生卒年不详，俗姓岑，吴郡人。他 18 岁从僧祐出家，后住持新安寺，曾编撰《集绿》、《续法轮论》、《法集》、《名僧传》、《比丘尼传》等书，并奉敕重编僧绍《华林佛殿经目》。《开元释教录》题作宝唱撰。但该书序言中则有“新安寺僧豪、兴皇寺释法生等相助检读”等语，可见并非一人之作。各种著录以单独冠名宝唱者居少，这也说明该书的作者肯定非一人之力所为。白化文先生所持的“僧旻没有参加编纂”[⑤]观点，似非定论。

二、《经律异相》的翻译和雕印

研究表明，西夏立国前后有 6 次向北宋请赐佛教经籍。[⑥]记述北宋与西夏关系的史料典籍，当推李焘的《续资治通鉴长编》。[⑦]是书记载：

（宋仁宗天圣八年十二月）丁未，定难节度使、西平王赵德明遣使来献马七十匹，乞赐佛经一藏，从之。[⑧]（第 9 条）

（宋仁宗景祐元年十二月）己巳，赵元昊献马五十匹，以求佛经一藏，诏特赐之（实录于此既书赐经，明年十二月又书献马求经特赐之，当是一事，误重出尔，今止见于此）。[⑨]（第 7 条）

（宋仁宗庆历五年闰五月丙午），夏国主曩霄遣丁卢、嵬名聿、营吕则依张延寿来谢册命。又遣僧吉外吉法正谢赐藏经。[⑩]（第 10 条）

（宋仁宗至和二年四月）庚子，赐夏国大藏经。[⑪]（第 7 条）

（宋神宗熙宁六年十二月庚午朔）夏国主秉常进马赎大藏经，诏特赐之，而还其马。[⑫]（第 52 条）

① 方广錩：《中国写本大藏经研究》，上海古籍出版社，2006 年，第 29 页。
②《中国藏西夏文献》(5)，第 319 页，第 2 行。
③ 林英津：《西夏语译〈真实名经〉释文研究》，中研院语言学研究所，2006 年，第 365 页。
④ 史金波：《西夏佛教史略》，宁夏人民出版社，第 109 页。
⑤ 永寿主编《峨眉山与巴蜀佛教》，宗教文化出版社，2004 年，第 426 页。
⑥ 史金波：《西夏佛教史略》，第 59－62 页。
⑦ 李华瑞：《宋夏关系史》，中国人民大学出版社，2010 年，第 3 页。
⑧《续资治通鉴长编》卷一〇九宋仁宗天圣八年（1030）十二月丁未条，中华书局，2004 年，第 2549 页。
⑨《续资治通鉴长编》卷一一五宋仁宗景祐元年（1034）十二月己巳条，第 2708 页。
⑩《续资治通鉴长编》卷一五六宋仁宗庆历五年（1045）闰五月丙午条，第 3779 页。
⑪《续资治通鉴长编》卷一七九宋仁宗至和二年（1055）四月庚子条，第 4330 页。
⑫《续资治通鉴长编》卷二四八宋神宗熙宁六年（1073）十二月庚午朔条，第 6063 页。

北宋太祖开宝四年至宋太宗太平兴国八年（971－983），我国第一部木刻本大藏经《开宝藏》初雕本问世，继而真宗咸平二年（999年）首次增补本和历经仁宗、英宗到神宗的再增补本也延续进行。相应地从西夏立国前德明、元昊到立国后元昊至秉常时期多次求经。 上文“吉外吉”，应即是藏语的译音，意为法主，是藏传佛教高僧的一种称号，[①]是藏族僧人。[②]

西夏文《经律异相》有西夏时初译本、校译本和元代重新雕印三个版次。

（一）初译本

上面提到西夏文《经律异相》的翻译底本来源于《开宝藏》初刻本，是藏经本。这有助于具体明确童玮先生所持的“西夏文大藏经的翻译底本，可能系《开宝藏》的天禧修订本”[③]旧说。

《经律异相》的初译者为：“胜智广禄治民集礼德盛皇太后梁氏 御译 神功胜禄习德治庶仁净皇帝嵬名 御译”，也就是西夏皇太后梁氏与乾顺皇帝初译。

（二）校译本

西夏文《经律异相》的校译者为：“奉天显道耀武宣文神谋睿智制义去邪惇睦懿恭皇帝 御校”，也就是仁宗皇帝御校。

宋辽夏金一代，中国的大藏经版本已分南北经。南方有北宋《开宝藏》、《崇宁藏》、《圆觉藏》、《毗卢藏》，北方有《契丹藏》和《赵城金藏》。夏仁宗（1140－1193）在位时，也是辽亡金兴，宋室南渡的高宗、孝宗时期。

研究表明在西夏中后期的104年间，夏共遣使238次，其中乾顺朝36次，仁宗朝141次，纯祐朝36次。夏金之间的交聘活动以西夏为主动，遣使频繁。[④]结合夏金交流和西夏据“南北经”重校的记载。南经指《开宝藏》似无较大争议外，北经可能除指《契丹藏》外，似乎也不排除《赵城金藏》是较大的可能。

（三）元代重刊本

西夏文《经律异相》在元代的雕印从动议到最后成形似有一个过程。有趣的是该经龙牌一文字有：“大元国天下一统、世上独尊、福智名德主集，当今皇帝圣寿万岁！奉敕，印成、流通一全大藏经。”这里“集”前的尊称应是指元世祖。[⑤]“集”有“定”之义。

“当今皇帝”，无疑为大德十一年五月二十一日即位的元武宗（生于至元十八年七月十九日，即1281年8月4日）。

龙牌四文字有：“奉敕，大德十一年六月二十二日，皇太子寿长使见千秋！印大藏经五十部流通。”可见西夏文《经律异相》在元代的重刻是西夏遗民为祝贺武宗寿辰，在沿袭世祖动议刻印西夏文佛教大藏经的基础上奉敕印制的。

（四）元刻西夏文《经律异相》与“河西字大藏经”

佛教“大藏经”历来是佛教文献研究的重点和难点。西夏文《大藏经》（即西夏时的《番大藏经》、

---

① 陈庆英：《西夏与藏族的历史、文化、宗教关系试探》，载《藏学研究论丛》第5辑，西藏人民出版社，1993年，第46页。

② 聂鸿音：《西夏的佛教术语》，载李范文主编《西夏研究》第3辑，中国社会科学出版社，2006年，第388页。

③《中国大百科全书选编・佛教》，中国大百科全书出版社，1990年，第192页。

④ 刘建丽：《中国西北少数民族通史・辽宋西夏金卷》，民族出版社，2009年，第479页。

⑤ 参见杨志高《西夏文〈经律异相〉卷十五“优波离为佛剃发得入第四禅一”译考》，《图书馆理论与实践》2013年第12期。

元《河西藏》）不言而喻，也历来为学界所特别关注，[①]并艰难推进。西夏文献中，到目前为止，有明确奉诏题款的元刻《大藏经》的材料发现依然较少，仅有三例，分别是：1917年，宁夏灵武出土的今中国国家图书馆收藏的元大德十一年六月（1307，武宗主政）西夏文刻本《经律异相》卷一五、《悲华经》卷九、《说一切有部阿毗达磨顺正理论卷第五》（简称"《顺正理论》"）卷五。

西夏文《经律异相》无疑是"河西字大藏经"之版本一种。上述三部经典的共同版本特征：

版片大小：33×12～12.2厘米（高宽）；

行款：面6行，行17－18字；

界栏：上下双栏，栏高23.8厘米（《经律异相》栏高23.4厘米）；

装帧：经折装；

扉画及其文字（译文）：卷首有佛说法图1幅3面，祝赞4面，韦陀像1面（《顺正理论》佛说法图1幅4面）。祝赞第1面西夏文3行译文为"奉大元国天下一统世上独尊福智名德俱集当今皇帝圣寿万岁敕，印制一全大藏经流行"，第2面译文为"当今皇帝圣寿万岁"，第3面译文为"太后皇后与天寿等"，第4面3行译文"奉敕大德十一年六月二十五日，皇太子寿长使见千秋，印大藏经五十部流行"；

题记（译文）：天生全能禄蕃佑圣式法皇太后梁氏御译，救德主世增福正民大明皇帝嵬名御译，奉天显道耀武宣文神谋睿智制义去邪惇睦懿恭皇帝嵬名御校；

帙号（译文）：《悲华经》卷九"䌌（年、岁）"、《顺正理论》卷五"𗶠（玉、璧）"、《经律异相》卷一五"𗧓（做、作、为）"。

三部佛典同是明确的大藏经译印本，属于中原系统。按传统大藏经分类，《悲华经》属于经藏"五大部外诸重译经"部。《顺正理论》属于论藏"声闻对法藏"部。《经律异相》属于论藏"此方撰述集传"部。三者大小、装帧一致，分属夏皇太后梁氏共惠宗秉常皇帝译、皇太后梁氏共崇宗乾顺译、佚名译，又同为仁宗仁孝皇帝御校和同是"奉大元国天下一统、世界独尊、福智名德主——当今皇帝圣寿万岁诏集，印成、流通一全大藏经"的组成部分。

元代"印行西夏文大藏经至少四次或五次"[②]，有"三藏"、"十藏"、"五十藏"、"三千六百二十余卷"、"大藏经五十部"之说。那么同属"大藏经五十部"系列的《经律异相》、《悲华经》、《顺正理论》"到底和前者有无关系？散在三经正文之外的内容（版间接纸处表示经名卷次的汉字、版序数、字数刻工和经末墨书汉字人名题款），还没有形成有效的关联，也缺乏其他方面过多文献的印证。看起来"河西字大藏经"终究在规模、结构到底如何，抑是否有汉藏"大藏经"那种意义上的佛典，还有待于发现更多的新资料。

（作者通讯地址：宁夏大学西夏学研究院　银川　750021）

---

① 参阅王国维、聂斯克、石滨纯太郎、王静如相关论文及史金波《西夏文〈过去庄严劫千佛名经〉发愿文译证》（《世界宗教研究》1981年第1期）；史金波、黄润华：《中国历代民族古文字文献探幽》，中华书局，2008年，第196页；段玉泉：《元刊西夏文大藏经的几个问题》（《文献》2009年第1期）；孙伯君：《元刊〈河西藏〉考补》（《民族研究》2011年第2期；聂鸿音：《西夏佛经序跋译注·导言》（未刊书稿）。

② 史金波、黄润华：《中国历代民族古文字文献探幽》，第196页。

西夏学 第10辑 2013年9月
Xixia Studies, Sep,2013,Vol.10

英藏西夏文《圣胜慧到彼岸功德宝集偈·魔行品》考

张笑峰　王　颖

摘　要：《圣胜慧到彼岸功德宝集偈》是一部在黑水城出土比较常见的佛经文献。本文首次对英国国家图书馆东方部所收藏的编号 Or.12380－3086a、Or.12380－3086b、Or.12380－3086cRV、Or.12380－3086dRV 的四件文书进行录释，确定其为《圣胜慧到彼岸功德宝集偈·魔行品》，并与《中国藏西夏文献》中所收录的文书 G21·053[T23-2]-4P、5P（魔行品十一）比对，得其为不同版本。

关键词： 西夏文　佛经　圣胜慧到彼岸功德宝集偈　英藏黑水城文献　中国藏西夏文献

《圣胜慧到彼岸功德宝集偈》是般若部的一部重要佛经，在黑水城出土的佛经文献中也比较常见。其中俄藏黑水城文献中该经数目在《西夏文的写本和刊本》一书中 Tang66《圣胜慧彼岸到德用宝集颂曰》条中共提到 14 条。[①]克恰诺夫后又在其叙录中对其进行了调整，宁夏大学段玉泉先生在其《西夏文〈圣胜慧到彼岸功德宝集偈〉考论》一文中进行了详细的考论。[②]关于中国藏西夏文献中该经的论述，详见段先生及于光建先生的相关论述。[③]由于英藏黑水城文献残片数量较多，残损较为严重，故存在一些误判现象。所以有关英藏黑水城出土《圣胜慧到彼岸功德宝集偈》残片考定的相关研究也较为突出。段玉泉先生、崔红芬女士、苏杭先生都对其中相关的残片进行了判定。[④]英藏黑水城文献编号 Or.12380－3086a 定名为"圣胜慧到彼岸功德宝集颂"，Or.12380－3086b 定名为"集颂中魔行品第十一"，另两件同一编号文书 Or.12380－3086cRV、Or.12380－3086dRV 均定名为"佛经"。本文

① 参见戈尔巴乔娃、克恰诺夫著，白滨译《西夏文的写本和刊本》，载中国社会科学院民族研究所历史研究室资料组编译《民族史译文集》（第3辑），1978年，第69页。

② 段玉泉：《西夏文〈圣胜慧到彼岸功德宝集偈〉考论》，《西夏学》第4辑。

③ 段玉泉《甘藏西夏文〈圣胜慧到彼岸功德宝集偈〉考释》（《西夏学》第2辑）一文对《中国藏西夏文献》第16册《甘肃编》中 G21·053[T23-2]、G31·023[6739]、G31·026[6746]3 件未定题西夏文《圣胜慧到彼岸功德宝集偈》残件进行了考释；于光建、黎大祥《武威博物馆藏 6746 号西夏文佛经〈圣胜慧到彼岸功德宝集偈〉考释》（《敦煌研究》2011年第5期）一文介绍了武威博物馆藏 6746 号西夏文《圣胜慧到彼岸功德宝集偈》，即段玉泉《甘藏西夏文〈圣胜慧到彼岸功德宝集偈〉考释》一文中文书 G31·026[6746]，并对学界由于中国藏中照片、题记引起的错误考释进行了订正。

④ 段玉泉《西夏文〈圣胜慧到彼岸功德宝集偈〉考论》（《西夏学》第4辑）一文对俄藏黑水城出土西夏文《圣胜慧到彼岸功德宝集偈》进行了考察，并对英藏黑水城该佛经残卷 Or.12380－2555、Or.12380－2677、Or.12380－2953RV、Or.12380－2954、Or.12380－3202、Or.12380－3384RV、Or.12380－3413 进行了补考；崔红芬《英藏西夏文〈圣胜慧到彼岸功德宝集偈〉残叶考》（《宁夏师范学院学报》2008年第1期）一文对英藏黑水城出土西夏文《圣胜慧到彼岸功德宝集偈》残卷 Or.12380－3060RV（K.K.Ⅱ.0240.a）、Or.12380－2969（K.K.）、Or.12380－2969V（K.K.）进行了考释；苏航：《西夏时期的〈圣胜慧到彼岸功德宝集偈〉版本研究：一黑水城出土藏文文献 XT16 及相关藏、汉、西夏文文献为核心》，辽金西夏元古文献国际研讨会会议论文（北京），2008年。

试将该编号文书进行译释，并结合房山云居寺汉文本[1]进行比较研究。通过对该编号文书的考释，可知 Or. 12380－3086 文书均为“圣胜慧到彼岸功德宝集偈·魔行品”内容，因此该编号文书的定名应全部定为“圣胜慧到彼岸功德宝集偈·魔行品”，该编号文书的顺序也应该依次调整为（1）3086dRV、（2）3086cRV、（3）3086b、（4）3086a。另外文书 Or. 12380－3086dRV (K. K. Ⅱ. 0294. k)与《中国藏西夏文献》中所收录的文书 G21· 053[T23-2]-4P、5P[2]（魔行品十一）内容同，可相互补正，文书录释括号中西夏文即后补。并且将黑水城出土该佛经与甘肃出土该佛经版本进行比较，对黑水城出土该佛经版本进行考证。

一　文书录释

（1）Or. 12380－3086dRV (K. K. Ⅱ. 0294. k)[3] 文书为“缝缋装，印本，纵向摺纸”，尺寸为“166×85”[4]。

上　　十五

[illegible]

[illegible]

[illegible]

[illegible]

[illegible]

[illegible]

直译：	云居寺汉文本：
上　　十五	
上食得时食恶寻搜祈已过	得已弃舍反求弊恶之饮食
菩提勇识胜慧彼到此得时	菩提勇识获此胜慧到彼岸
敌毁[5]地以菩提祈寻以其如	于声闻地求菩提者亦复然
恭高喜求及又得财祈求乃	若为希求恭敬及与浮财利
望心以之舍与访求为在也	以贪欲心访认族戚聚落中
正法弃舍非法为应行修行	舍彼正法受乐行诸非法事

[illegible]

[illegible]

[illegible]

[illegible]

---

① 云居寺汉文本参照罗炤《藏汉合璧〈圣胜慧到彼岸功德宝集偈〉考略》，载《世界宗教研究》1983 年第 4 期。

② 宁夏大学西夏学研究中心、国家图书馆、甘肃古籍文献整理编译中心编《中国藏西夏文献》第 16 册，甘肃人民出版社、敦煌文艺出版社，2005 年，第 318、319 页。

③ 西北第二民族学院、上海古籍出版社、英国国家图书馆编《英藏黑水城文献》第 3 册，上海古籍出版社，2005 年，第 353 页。

④ 《英藏黑水城文献》第 5 册，第 45 页。

⑤ “敌毁”，“[illegible]”在《圣胜慧到彼岸功德宝集偈》中经常出现，宝源汉译本中又以“应供”对，段玉泉先生指出“大概宝源所理解的声闻当与如来十号之一的应供相当”，西夏文献中有“[illegible]”一词，正是“声闻”之意，疑由汉文翻译而来。

([illegible])([illegible])[illegible]

[illegible]

直译：	云居寺汉文本：
此者不闻此弃舍则魔业是	弃舍于此不听受者是魔事
其如不达彼等本者弃舍时	不达如是彼等弃舍于根本
愚痴者者枝及叶数搜寻矣	由愚痴故寻逐枝末及萼叶
大象得亦大象足迹搜寻如	如有获象舍彼反求于脚迹
胜慧彼岸闻时经寻亦此如	闻此胜慧反求余经亦复然
譬如或或百味有之食得故	譬如有人先得百味之肴饍

（2）Or.12380－3086cRV（K.K.Ⅱ.0294.k）[①]文书尺寸为“166×90”[②]。

[illegible]

[illegible]

[illegible]

[illegible]

[illegible]

□□[illegible]

直译：	云居寺汉文本：
种种间断其亦多多生发矣	复有种种差别障碍之魔事
彼时何数以之善发众乱使	若时以此恼乱无数比丘众
胜慧彼岸此者执持不擢矣	不会受持如是胜慧到彼岸
何数宝大价量非乃得难依	诸有特殊无价异宝难得故
其数于之时一切间伤者多	于处恒有种种触恼之阻隔
□□胜势[③]胜慧彼岸到之上	善逝最上胜慧彼岸大法宝

[illegible]

[illegible]

[illegible]

[illegible]

□□[illegible]

□□□[illegible]

直译：	云居寺汉文本：
道弃邪道往者此从魔行也	弃背正路趣邪途者是魔事
何已彼时节上爱乐信发随	若时于此发起信敬欣乐心
法间最妙此者闻受往欲时	意欲往诣听受微妙于此法
闻者其数术言务有知晓时	听者知彼法师所作之事务
□□所非谋不安乐随己生	无有欢悦意戚懊恼而散去
□□□于此如魔行生发矣	当尔之时感起如是之魔事

---

① 《英藏黑水城文献》第3册，第353页。

② 《英藏黑水城文献》第5册，第45页。

③ “胜势”，“[illegible]”同云居寺之“善逝”，同为佛之名号。

（3）Or.12380－3086b（K.K.Ⅱ.0294.k）[①] 文书尺寸为“166×72”[②]。

[illegible]
[illegible]
[illegible]
[illegible]
[illegible]

直译：	云居寺汉文本：
习新乘入者对意少情有者	创入大乘亲学劣慧有情类
何已得难此大宝者未得则	若未得此极难值遇大法宝
其之中禁作因魔者好乐起	诸魔踊跃于彼作诸障碍事
十方明满[③]其数受执于行添	十方诸佛护念于彼而摄持
集偈中魔行品十一等 终	

（4）Or.12380－3086a（K.K.Ⅱ.0294.k）[④] 文书“166×40，4纸，缝缋装，印本，纵向摺纸”[⑤]。

[illegible]
[illegible]

直译：	云居寺汉文本：
上 十六	
圣胜慧彼岸到德功宝集偈曰	圣胜慧到彼岸功德宝集偈
上卷	卷上

二 文书版本比较

中国藏西夏文献中所收录之《圣胜慧到彼岸功德宝集偈·魔行品》编号为G21·053[T23-2]，“单页。高17.5厘米，宽9厘米，上下单栏，栏高13.6厘米。存5面，面6行，行11字”。下面为G21·053[T23-2]-4P、5P[⑥]两面文书的录文：[⑦]

[illegible]□□
[illegible]
[illegible]
[illegible]
[illegible]
[illegible]□
[illegible]□□□
[illegible]□
[illegible]□[illegible]□□□

①④ 《英藏黑水城文献》第3册，第352页。
②⑤《英藏黑水城文献》第5册，第45页。
③ “明满”，“[illegible]”该经中出现次数较多，与云居寺汉文本对应“诸佛”。
⑥ 《中国藏西夏文献》第16册，第318、319页。
⑦ 段玉泉《甘藏西夏文〈圣胜慧到彼岸功德宝集偈〉考释》对该编号5面文书全部进行了考释，即G21·053[T23－2]－4P、5P对译内容。

[illegible]□□□□
[illegible]□□
[illegible]□

对译：	云居寺汉文本：
此者不达此弃舍则魔□□	弃舍于此不听受者是魔事
是如不达彼等本者弃舍时	不达如是彼等弃舍于根本
愚痴者者枝及叶数搜寻也	由愚痴故寻逐枝末及萼叶
大象获亦大象足迹搜寻如	如有获象舍彼反求于脚迹
胜慧彼岸闻时经寻亦此如	闻此胜慧反求余经亦复然
譬如或或百味有之食得□	譬如有人先得百味之肴膳
上食得时食恶搜寻□□□	得已弃舍反求弊恶之饮食
菩提勇识胜慧彼到此获□	菩提勇识获此胜慧到彼岸
声闻地以菩提□求□□□	于声闻地求菩提者亦复然
恭高喜求及又得□□□□	若为希求恭敬及与浮财利
欲心以者舍与访求为□□	以贪欲心访认族戚聚落中
正法弃舍非法为应行修□	舍彼正法受乐行诸非法事

前文已述，英藏西夏文《圣胜慧到彼岸功德宝集偈·魔行品》文书情况为“166×40，4 纸，缝缋装，印本，纵向摺纸”[①]。另外，通过以下图板对比可以看出该经应为“双面，上下双栏，行 11 字”，在经题处则“行 12 字”。其版式明显较中国藏西夏文献中所收录之《圣胜慧到彼岸功德宝集偈·魔行品》“高 17.5 厘米，宽 9 厘米”小。文书上下栏存在明显差异，文书 G21·053[T23-2]均为“上下单栏”，且应为“经折装”。但通过文字对比，可以发现该经的文字排版并无明显区别。当然，在黑水城出土的《圣胜慧到彼岸功德宝集偈》其他品残叶中亦有“上下单栏”，如文书英藏编号为 Or.12380-2953RV、Or.12380－2954、Or.12380－3202、Or.12380－3384RV、Or.12380－3413 的几件该经残叶。

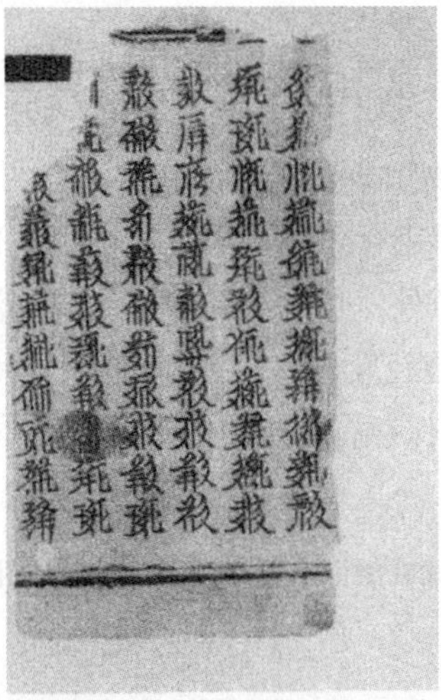
Or.12380－3086dRV

G21·053[T23-2]-4P 西夏文刻本 佛经残页（5-4）

（作者通讯地址：宁夏大学西夏学研究院　银川 750021）

① 《英藏黑水城文献》第 5 册，第 45 页。

甘肃省博藏西夏文《观弥勒菩萨上生兜率天经》释译*

何金兰

摘　要： 西夏文《观弥勒菩萨上生兜率天经》，1972 年出土于甘肃省武威小西沟修行洞，现藏于甘肃省博物馆。1908 年在内蒙古黑水城就有发现，经后还有施经发愿文。赵天英对该经进行了探讨并做了逐字对译。到目前为止，学术界还未对该佛经文献进行全面翻译。本文将对甘肃武威出土的西夏文《观弥勒菩萨上生兜率天经》进行全文释译。

关键词： 西夏文　观弥勒菩萨上生兜率天经

甘肃省博物馆所藏西夏文《观弥勒菩萨上生兜率天经》是 1972 年甘肃武威小西沟修行洞出土的众多西夏文献之一。《中国藏西夏文献》甘肃卷收录有该文献（文献编号为 G21 . 031[13198 . 8342]）。该文献为刻本，上下框单栏，经折装，麻纸，高 22 厘米，宽 10.7 厘米，上下单栏，栏高 16.5 厘米，存 24 面，面 6 行，行 13 字。个别页面版心中间印有汉文“上生”或“五”、“六”等数字。“上生”为佛经《观弥勒菩萨上生兜率天经》简称经题，“五”、“六”似乎表示页码。《观弥勒菩萨上生兜率天经》收于《大正藏》第 38 册，NO. 1772[of. No. 452]，属经集部。

一　国内外研究进展

该文献发现后，已故著名西夏学家陈炳应先生曾署名甘肃省博物馆予以了首次刊布和介绍。①之后，陈炳应先生在其《西夏文物研究》、②《西夏探古》③等论著中都进行了初步研究，认为是仁宗施印的“十万册”“上生经”之一。除武威修行洞出土该部西夏文佛经外，1909年，俄国人科兹洛夫在我国内蒙古额济纳旗黑水城盗掘走的文献中也有该文献，经后还有施经发愿文。④戈尔巴切娃和克恰诺夫《西夏文写本和刊本》对俄藏该文献进行了整理编目，俄藏西夏文本保存有完整的佛经发愿文。⑤ 1916

* **基金项目：** 国家社科基金特别委托项目《西夏文献文物研究》子课题《武威出土西夏文献研究》（项目编号 11@ZH001）阶段性成果之一。

① 甘肃省博物馆：《武威发现一批西夏文物》，《考古》1974 年第 6 期。

② 宁夏人民出版社，1982 年。

③ 甘肃文化出版社，2002 年。

④ [苏]孟什科夫：《黑城遗书（汉文）诠注目录 . 导言》；史金波：《西夏佛教史略》，宁夏人民出版社，1988 年，其文中注明年代为夏仁宗时期。向达在《斯坦因黑水获古记略》中全文公布了该施经愿文。段玉泉在《西夏佛经发愿文初探》一文中，也全文登录了该施经发愿文。史金波先生在其著作《西夏社会》(上)彩页六也刊登了该施经愿文的照片。

⑤ 1963 年，苏联戈尔巴切娃和克恰诺夫发表《西夏文写本和刊本》一书，公布了科兹洛夫劫走的部分西夏文献目录，其中就有《弥勒上升兜率天经》。

年，伊凤阁教授根据黑水城出土文献和其他学者的研究成果，又做了译释研究。①日本西田龙雄曾将该经文的西夏文本部分翻译成日文。②继科兹洛夫之后，英国人斯坦因在黑水城盗掘走的文献中也有该部文献的残件。③史金波先生的《西夏佛教史略》、④《西夏社会》⑤对该佛经进行了考释，并刊布有完整的佛经发愿文。段玉泉先生的《西夏佛教发愿文初探》、⑥聂鸿音先生《乾祐二十年〈弥勒上生经御制发愿文〉的夏汉对勘研究》⑦对俄藏《上生经》的西夏文和汉文本发愿文做了对勘比较研究。赵天英先生对俄藏该经进行了探讨，并对发愿文进行了语法分析。⑧据黑水城施经发愿文记载，乾祐乙酉二十年（1189）九月十五，仁宗恭请宗律国师、净戒国师、大乘玄密国师、禅法师僧众等，就大度民寺作求生兜率内宫弥勒广大法会，散施番、汉《观弥勒菩萨上生兜率天经》十万卷。这次盛大的佛事活动也有其特殊意义。仁孝于崇宗大德五年（1139）继位，至乾祐二十年（1189）整整五十周年，所以大搞佛事作为庆赞。但目前为止，学术界还没有对甘博藏该部佛经文献进行全面翻译。本文试就甘肃省博物馆所藏西夏文《上生经》进行全面录文和译释。

二　录文及译释

录文根据《中国藏西夏文献》版式页码，以每个图版页码为一单元，分行录文，并逐字对译，之后根据《大正藏》本给出相应的汉文本内容。原文献缺失部分以□表示，／表示分行。《大正藏》对应汉文部分的黑体字为西夏文佛经中模糊不清的部分。

G21·031[13198．8342]

P12－1

[illegible]□□□[illegible][1][illegible]／[illegible]

[illegible]

[illegible]

[illegible]

[illegible]

[illegible]

[illegible]／　[illegible]／

对译：

各宝华执宝座上□□□莲花其／　然皆五百亿宝女生手白拂执帐／

内侍立四宝柱有宫殿四角四宝／柱柱一一柱上百千楼阁有梵摩／

尼珠以足为时诸阁间百千天女／有色妙无比手中乐器执其乐音／

中苦空无常无我诸波罗蜜法说／是如天宫百万亿无量宝色有一／

一诸女亦宝色相同尔时十方无／　量诸天皆发愿寿终后向兜率／

天宫往生人说时兜率天宫五神／大有／

① 国立北平图书馆馆刊《西夏文专号》第4卷第3号（1932年）刊登了伊凤阁的《观弥勒上生经释文》。

② 参看西田龙雄为克恰诺夫《西夏文佛典目录》写的序言。

③ 向达：《斯坦因黑水获古纪略》，载《西夏史论文集》，宁夏人民出版社，1981年。

④ 宁夏人民出版社，1988年。

⑤ 上海人民出版社，2007年。

⑥ 刊载于《图书馆理论与实践》2008年第1期。

⑦ 刊载于《西夏学》2009年第4辑。

⑧ 刊载于《第三届国际西夏学论坛论文集》，第565－578页。

《大正藏》对应汉文：

各持宝华以布坐上。是诸莲花自然皆出五百亿宝女。手执白拂侍立帐内，持宫四角有四宝柱，一一宝柱有百千楼阁。梵摩尼珠以为绞络。时诸阁间有百千天女。色妙无比手执乐器。其乐音中演说苦、空、无常、无我诸波罗蜜。如是天宫有百亿万无量宝色。一一诸女亦同宝色。尔时十方无量诸天命终。皆愿往生兜率天宫。时兜率天宫有五大神。

P12—2

[illegible]□□[2][illegible] / [illegible] / [illegible] / [illegible] / [illegible] / [illegible] / [illegible] / [illegible] / [illegible]□□□[illegible] / /

对译：

缠讼第一□神□名曰宝幢身上七宝生 / 宫墙内雨一一宝珠化无量乐器 / 为空中所停不击自鸣无量音出 / 众生心欢喜令 / 第二大神名乃华德身众华雨宫 / 墙容罩化华盖为一一华盖百千 / 幢幡先引导 / 第三大神名乃香音身毛孔中如 / 此岸微妙旃檀香香生其香 / 百宝色为宫七周绕 / 第四大神名乃喜乐摩尼珠雨一 / 一宝珠其灌幢□□□无量佛法 /

《大正藏》对应汉文：

第一大神名曰宝幢，身雨七宝散宫墙内，一一宝珠化成无量乐器，悬处空中不鼓自鸣，有无量音适众生意。第二大神名曰华德。身雨众华，弥覆宫墙化成华盖，一一华盖百千幢幡以为导引。第三大神名曰香音，身毛孔中雨出微妙海此岸旃檀香，其香如云作百宝色绕宫七匝。第四大神名曰喜乐。雨如意珠。一一宝珠自然住在幢幡之上，显说无量归佛、归法

P12—3

[illegible]□[illegible] / [illegible][3][illegible] / [illegible] / [illegible] / [illegible] / [illegible] / [illegible][4][illegible] / [illegible] / [illegible] / [illegible][5] / [illegible] / [illegible] /

对译：

僧之种归又五戒无量善法诸波 / 罗蜜说以菩提法求者之饶益 / 此 /

第五大神名乃正音身诸毛孔众 / 水出流一一水上五百亿华有一 / 一华上二十五玉女居一一玉女 / 身诸毛孔诸种音出天魔王之乐 / 声如胜佛优波离之说此乃十善 / 经报胜妙福受处兜率天也若我 /

世居一少劫以广一生补补菩萨／今之果报又十善果报说尽处无／汝等之略许解说／

《大正藏》对应汉文：

显说无量归佛、归法、归比丘僧，及说五戒、无量善法诸波罗蜜，饶益劝助菩提意者。第五大神名曰正音声，身诸毛孔流出众水，一一水上有五百亿华，一一华上有二十五玉女，一一玉女身诸毛孔出一切音声胜天魔后所有音乐。

佛告优波离：此名兜率陀天十善报应胜妙福处。若我住世一小劫中广说一生补处菩萨报应及十善果者不能穷尽，今为汝等略而解说。

P12—4

[illegible]

[illegible]

[illegible]

[illegible]

[illegible]

对译：

佛优波离之说若比丘又大众一 ／切死生不厌天上生愿者极上菩

／提心之爱乐者弥勒之学子为欲 ／者是观做应是观为者五戒八斋

／俱足持应身心献精结断不求十 ／善法修一一兜率天上上妙快乐

／之思念此观为者正观名也若他 ／观者邪观为也 ／

尔时优波离坐处一起衣服修砜倘出／额礼敬拜佛之语曰世尊兜率天

／上此如极妙安乐有也今此大者／□□阎浮提灭彼天上生往／

《大正藏》对应汉文：

佛告优波离："若有比丘及一切大众，不厌生死乐生天者，爱敬无上菩提心者，欲为弥勒作弟子者，当作是观。作是观者，应持五戒八斋具足戒，身心精进不求断结修十善法，一一思维兜率陀天上上妙快乐。作是观者名为正观，若他观者名为邪观。"

尔时，优波离即从坐起，整衣服头面作礼，而白佛言："世尊，兜率陀天上乃有如是极妙乐事。今此大士何时于阎浮提往生于彼天？"

P12—5

[illegible]

[illegible]

[illegible]

[illegible]

[illegible][6][illegible]

[illegible]

[illegible]

对译：

佛优波离之说十二年后向二月／十□日本生可处波罗椴国劫波／

离旷野家波摩利大婆罗门家廻足／而坐灭定入如身紫金色光明艳／

艳百千日如兜率天上生往其身／舍谚金洒像如不动不摇身围光／

中首楞严三味般若波罗蜜之字／义显现时诸天人立即众宝妙塔／
造起舍谚之求供养时兜率天七／宝壇上摩尼殿内狮子莲花座上／
闪电□化生回脚趺坐身阎浮檀金／□□长十六由旬三十二相八十／

《大正藏》对应汉文：

佛告优波离：弥勒先于波罗捺国劫波利村波婆利大婆罗门家生。后十二年二月十五日，还本生处结跏趺坐如入灭定，身紫金色光明赫如百千日，上至兜率陀天。其身舍利如铸金像不动不摇，身圆光有首楞严三昧般若波罗蜜字义炳然。时诸人天寻即为起众宝妙塔供舍利。时兜率陀天七宝台内摩尼殿上狮子床座忽然化生，于莲花上跏趺坐，身如阎浮檀金色长十六由旬，三十二相，八十种好，

P12—6

[illegible]

对译：

□□皆皆俱足顶□肉髻上毛发乃／绀□琉璃石色如释迦毗楞伽摩尼
／百千万亿迦叔迦宝以天冠美丽／其天宝冠百万亿色有一一色中／
无量百千化佛有诸化菩萨侍奉 ／者为又他方诸大菩萨有十八种／
变为争依自主天冠中住弥勒眉／间毫白相光有众光出流百宝色／作
三十二相有一一相中五百亿／宝色有一一好中亦五百亿宝色／
有一一相好八□四千光明妙云 ／□诸天子与各华座坐昼夜六时／

《大正藏》对应汉文：

皆悉具足，顶上肉髻，发绀琉璃色，释迦比楞伽摩尼、百千万亿甄迦宝以严其天冠。其天宝冠有百万亿色，一一色中有无量百千化佛诸化菩萨以为侍者。复有他方诸大菩萨，作十八变随意自在住天冠中弥勒眉间有白毫相光，流出众光作百宝色。三十二相一一相中有五亿宝色，一一好亦有五百亿宝色，一一相好艳出八万四千光明云。诸天子各坐华座，昼夜六时常

P12—7

[illegible] [7] [illegible] [8] [illegible]

对译：

□不退转地法轮行说一一时中／五百亿天子□□阿耨多罗三藐／
三菩提中不退转令此如兜率天 ／上昼夜常此不退转法轮说以诸 ／
天子之度阎浮提年依五十七亿 ／六万岁尔时又此阎浮提生下弥／

勒生下经典中说 ／佛优波离之说此乃弥勒菩萨阎 ／浮提灭兜率天
生因缘是佛度灭 ／后我诸学子若奉献精以诸德功修／法行俱足塔塔
□舍扫拭众妙香／也求供养众三□行深禅□入经典／

《大正藏》对应汉文：

说不退转地法轮之行。经一时中成就五百亿天子，令不退转于阿耨多罗三藐三菩提，如是处兜率陀天昼夜恒说此法度诸天子。阎浮提岁数五十六亿万岁，尔乃下生于阎浮提，如《弥勒下生经》说。弥勒菩萨于阎浮提没生兜率陀天因缘。佛灭度后我诸弟子若有精勤修诸功德，威仪不缺，扫塔涂地，以众名香妙华养，行众三昧，深入正受读诵经典说不退转地法轮之行。经一时中成就五百亿天子，令不退转于阿耨多罗三藐三菩提，如是处兜率陀天昼夜恒说此法度诸天子。阎浮提岁数五十六亿万岁，尔乃下生于阎浮提，如《弥勒下生经》说。

佛告优波离：是名弥勒菩萨于阎浮提往生兜率陀天因缘。佛灭度后，我诸弟子若有精勤修诸功德，威仪不缺，扫塔涂地，以众名香妙华供养，行众三昧，深入正受读诵经典。

P12—8

[illegible]

对译：

□□□如□□□□诚前结所强 ／匈奴□□得如心□以佛身像念弥／
勒名说应是如等类一念之时八 ／斋戒持诸净业□深大发愿善者 ／
寿终后向比如力士手曲伸葡立／即兜率天上生得莲花上迴足而／
坐百千天子天乐伎为天曼陀罗／华摩诃曼陀罗华持其上所洒赞 ／
言善哉善哉善男子汝阎浮提内 ／福业广修缘此□生来使高者兜 ／
率天□□此天□名乃弥勒汝依／□□美□□□□□一心以眉间／

《大正藏》对应汉文：

如是等人应当至心，虽不断结如得六通，应当系念念佛形像称弥勒名。如是等辈若一念顷受八戒斋，修诸净业发弘誓愿，命终之后譬如壮士屈伸臂顷，既得往生兜率陀天，与莲花上结跏趺坐，百千天子作天伎乐，持天曼陀罗华、摩诃曼陀罗华，以散其上赞言：‘善哉！善哉！善男子，汝于阎浮提广修福业来生此处。此处名兜率陀天，今此天主名曰弥勒，汝当归依。’应声即礼，礼已谛观眉间白毫相光，

P12—9

[illegible]

□□□[illegible] /

对译：

□□□□□□□□□□亿劫死生 / 罪灭□者菩□□□□□□□依妙 / 法说为不退转□上道心坚固秘密 / 令此如等菩萨有□□播净六种法 / 行所定后兜率天上生往得弥勒 / 相遇后弥勒随引导下阎浮提来初 / 会中法闻后未来世贤劫诸佛一 / 切相遇后星宿劫诸佛世尊相亦 / 遇诸佛同前□□□执 / 佛优波离之说□□灭后比丘比 / 丘□□□□□□□□□□夜叉节 / □□□□□□□□罗紧那罗摩睺 /

《大正藏》对应汉文：

即得超越九十亿劫生死之罪 。是时菩萨随其宿缘为说妙法，令其坚固不退转于无上道心。如是等众生若净诸业行六事法，必定无疑当得生于兜率天上值遇弥勒，亦随弥勒下阎浮提第一闻法，于未来世值遇贤劫一切诸佛，于是宿劫亦得值遇诸佛世尊，于诸佛前受菩提记。 佛告优波离：佛灭度后，比丘、比丘尼、优婆塞、优婆夷，天、龙、夜叉、乾达婆、阿修罗、迦楼罗、紧那罗、摩睺罗伽等。

P12—10

□□□□□□□[illegible][9][illegible] / [illegible]□□[illegible]□□□□□[illegible] / [illegible]□□□[illegible] / [illegible]□□[illegible] / [illegible] / [illegible] / [illegible] / [illegible] / [illegible] / [illegible]□□[illegible] / [illegible]□□[illegible] / [illegible]□□□□□□□[illegible]□[illegible] / □□□□□□□[illegible]□[illegible] /

对译：

□□□□□□□众护弥勒菩萨摩 / 诃萨□□闻□□□□□□恭敬礼 / 拜此人寿终□□□时立即兜率 / 天生得前与不□□弥勒名闻者 / 寿终不向暗黑鹿地边邪见诸恶 / 律威仪处不失永正见家生亲近成 / 成就三宝不谤 / 佛优波离之说若善男子善女人 / 诸禁戒犯众恶□□此菩萨之大 / 悲名闻五体□□心诚罪悔其诸 / 恶□□□□□□□来□两诸菩萨有 / □□□□□□□悲名闻□像 为造 /

《大正藏》对应汉文：

是诸大众，若有得闻弥勒菩萨摩诃萨名者，闻已欢喜恭敬礼拜，此人命终如弹指顷即得往生，如前无异。但得闻是弥勒名者，命终亦不堕黑暗处边地邪见诸恶律仪，恒生正见，眷属成就，不谤三宝。

佛告优波离：若善男子、善女人，犯诸禁戒造众恶业，闻是菩萨悲名字，五体投地诚心忏悔，是诸恶业速得清净。未来世中诸众生等，闻是菩萨大悲名称。造立形象。

P12—11

□□□□□□□[illegible] / [illegible]□□□□□□□□□[illegible] / [illegible]□□[illegible] / [illegible]□□[illegible] / [illegible]□□[illegible] / [illegible] / [illegible] / [illegible] / [illegible] /

[illegible] / [illegible]□□□[illegible] / [illegible]□□[illegible]
[illegible] / [illegible]□□□□□□□□□□□[illegible] / □□□□□□□□□□□[illegible] /

对译：

□□□□□□□盖幢幢以求供养 / 心诚□□□□□□□□弥勒菩 /
萨眉间毫白□□子相光遣诸天 / 子与曼陀罗华□□人之迎接来此 /
人立即兜率天上生得弥勒相遇 / 遇额置礼敬头举无空暇立即法闻 /
极上道中不退转得又未来世强敌 / 汲取沙数等诸佛如来相遇 /
佛优波离之说□□□听此弥勒 / 菩萨未来世□□有一切之大依 /
归□□□□□□□□□□归者富 / □□□□□□□□□□□得弥勒 /

《大正藏》对应汉文：

香华、衣服、缯盖、幢幡礼拜系念。此人命欲终时，弥勒菩萨放眉间白毫大人相光，与诸天子雨曼陀罗花来迎此人。此人须臾即得往生，值遇弥勒头面礼敬，未举头顷便得闻法，即于无上道得不退转，于未来世得值恒河沙等诸佛如来。

佛告优波离：汝今谛听！是弥勒菩萨于未来世，当为众生所大归依处。若有归依弥勒菩萨者，当知是人于无上道得不退转。弥勒

P12—12

□□□□□□□□□□[illegible] / □□□□□□□□□□[illegible] /
[illegible] / [illegible]□□[illegible] / [illegible] / [illegible]
[illegible] / [illegible] / [illegible] /
[illegible]□□□□□□□□[illegible] / [illegible]□□□□□□[illegible]□[illegible] /
□□□□□□□□□□□□□□□ / □□□□□□□□□□□[illegible]□ /

对译：

□□□□□□□□□□□三藐三 / □□□□□□□□□□□光明见 /
即记授得 / 波离之说□□灭后四部学 / 子天龙鬼神若兜率天生欲
者是 / 观做应心诚以兜率天思念佛之 / 持若日所至七日十善思念
十 / 善道行此德功以回施弥勒面前 / 生欲□□□□□□□为者若
一 / 天人□□□□□若一□停时闻 / □□□□□□□□□□□□□□□
/ □□□□□□□□□□□此人□ /

《大正藏》对应汉文：

菩萨成多陀阿伽度阿罗诃三藐三佛陀时，如此行人见佛光明既得授记。

佛告优波离：佛灭度后，四部弟子、天龙鬼神，若有欲生兜率陀天者，当作是观，系念思惟念兜率陀天，持佛禁戒一日至七日，思念十善行十善道，以此功德回向愿生弥勒前者，当作是观。作是观者，若见一天人、见一莲华，若一念顷称弥勒名，此人除却二百劫生死之罪。但闻弥勒名合掌恭敬，此人除却五十劫生死之罪。

三 注释

[1] 西夏文“[illegible]”字面意思为“清净华”，在佛经中译为“莲华”。

[2] □□两字模糊不清，根据经文内容应为“[illegible]”，因后有“[illegible]”、“[illegible]”等皆与“[illegible]□□[illegible]”相对应。

[3] 西夏文“[illegible]”字面意思为“菩提”音译自汉语，为汉语借词。

[4] 西夏文 “[illegible]”为“天魔王”，《大正藏》译本为“天魔后”。俄藏也为“[illegible]”。

[5] 西夏文“[illegible]”可称为“梵式词”，字面意义是“生觉”（令觉众生），来自梵语 Bodhisattva（觉有情），这个词在西夏最为常用，西夏人从汉文转译佛经时，遇到“菩萨”一般都译作“[illegible]”。

[6] 西夏文“[illegible]”字面意思为“塔”，音译自汉语的“浮图”，为汉语借词。西夏文“凉州碑”的碑额上也有该词，作“塔”讲。

[7] 西夏文“[illegible]”字面意思为“阿耨多罗三藐三菩提”，为梵文直译，是佛教修行的最高境界。

[8] 西夏文“[illegible]”字面意思为 “经藏”（旧译“契经”、“经典”），梵文原作 sutra,佛教三藏之一。无论面对汉文佛经还是藏文佛经，西夏人总是使用“[illegible]”来译。直译自藏语的 mdo-sde(经藏)。

[9] 西夏文“[illegible]”字面意思为“菩萨”，音译自汉语的“菩萨”，为汉语借词。

武威出土的《观弥勒菩萨上生兜率天经》，虽然只保存了佛经中间的部分内容，但除个别字词残缺外，内容基本完整相连。从俄藏西夏文本该经看，完整的该经经首有佛画，经尾有施经发愿文。

俄罗斯已故学者捷连吉耶夫－卡坦斯基对西夏经文用纸情况做过较为详细的研究。他认为西夏纸主要是用碎布等织物作原料制造的，把黑水城佛经用纸分为八个等级。一级纸：白色，质地优良细腻，纸质表面无纤维粗梗，无杂质。二级纸：黄色纸，纸张经过染色而成。三级纸：红色纸，在纸浆中添加赭石染色而成。四级纸：灰色纸，纸质薄而柔软，较粗糙，表面有大量的纤维粗梗。五级纸：纸的颜色从灰白到浅棕，纸质很薄，较透明。六级纸：带有浆液痕迹的厚纸。七级纸：中原宋朝纸。八级纸：较为普通的灰纸或棕灰色纸，使用很广泛。①根据捷连吉耶夫－卡坦斯基的研究成果，将其细致地对应比较，该《观弥勒菩萨上生兜率天经》纸质洁白、柔软、细密，属于一级纸，符合皇家用纸特点。

（作者通讯地址：甘肃省武威市文物考古研究所　武威 733000）

① 崔红芬：《俄藏西夏文佛经用纸与印刷》，《兰州学刊》2009 年第 2 期。

西夏学 第10辑 2013年9月
Xixia Studies, Sep,2013,Vol.10

俄藏黑水城所出两件《多闻天王修习仪轨》缀合及复原

宋　坤

摘　要：《俄藏黑水城文献》第六册当中所收ф214号、ф234号两件文书书写朝代、装帧格式、所用纸张、笔迹行距等等均相同，且两者内容相关，均为《多闻天王修习仪轨》，故二者可以缀合为一件文书。且由缀合后之文书可见，西夏多闻天王信仰与唐宋时期有明显不同，其应与西夏所传藏传佛教均为密教范畴有关。

关键词：多闻天王　修习仪轨　缀合复原

上海古籍出版社《俄藏黑水城文献》第六册当中所收ф214号、ф234号两件汉文佛教文书的书写朝代、装帧格式、所用纸张、笔迹行距等都相同，且两者内容相关，均为《多闻天王修习仪轨》，故可以缀合为一件文书。为便于论证，现将这两件文书录文及相关介绍移录如下：

（一）ф214号文书

（前缺）

1. 唵□[　　　　　　　　　　　　.]
2. 此咒三遍或七遍，天王□[　　　　　　　　.]
3. 等施与余鬼，叶上诸大鬼神[　　　　　　　.]
4. 诵此[①]咒曰：　　唵外实啰斡捺英莎诃唵嘐[　　.]
5. 唵布吟捺钵嘚啰英莎诃　唵麻祢钵嘚啰英莎诃
6. 唵孤㗆 啰英莎诃 唵萨不啰拶捺英莎诃 唵 㖴怛厮
7. 怛捺英莎诃唵钵即葛英莎诃唵即觅孤捺里英
8. 莎诃。　此咒诵一遍时，彼等大力鬼神想令饱满。次一息中诵
9. 唵猥三十二遍已，然动金刚猥三十二遍已，[②]然动金刚铃杵，
10. 或无铃杵亦得。应命奉食偈曰：　护此天王多闻子，
11. 执鼠狼幢身黄色。拥护世间得自在，具大威势部类多。[③]

① 文书中“此”字原作“法”，涂抹后，于另行改写，现径改。
② “然动金刚猥三十二遍已”等字似为衍文。
③ 文书中“势部类多”四字原作“契部麺多”，涂抹后，于另行改写，现径改。

12. 能令敌坏诸冤[1]众， 作紧行[2]时他严想。[3]有太[4]光明及神通，
13. 拯[5]胜妙色具美[6]名。 以神变力伏非天， 及天众处能调[7]顺。
14. 于汝广大自性处， 歌呗[8]供养而奉食。 利益护持我寄故，
15. 唯愿慈悲哀纳受。 汝等色相威神力， 我及我等诸眷属，
16. 并与施主眷属等， 长寿无病得富贵。 吉祥大力名称者，
17. 令施广大等资具。 诵此偈已，如前作五供养讫，乞所愿
18. 事，既令允许。诵： 唵猥实啰斡捺英和呪，散钩光，弹
19. 指奉送，将施食弃在北方也。此者奉广大施食仪竟。
20. 次说奉略施食仪者， 如前所说，以面不
21. 作相，则只奉饭食二盘，内一盘奉本尊求所愿事，余
22. 一盘奉天王等仪，或同前。其施食者，而有广略也。次于
23. 天王处奉极略施食仪者，面前置施食一盘已，于上
24. 诵：唵哑吽七遍，其食器顿成广大如三千界量，
25. 于内想满甘露，然自心吽字出光，召请北方天王
26. 并施㝵眷属等至面前时，意作五供养。应求请云：
27. “为拥护我等故，受此施食。”天王等各舌出光筒，受
28. 饮食时，诵：阿渴浪么渴等呪三遍，想天王等饱满
29. 欢喜，觉受悦乐，求所愿事允已，诵：唵猥实啰
30. 斡捺英和，弹指奉送，将施食弃在此[9]方也。 次多闻
31. 天王处奉施食察梦仪者，持呪人欲令天王为
32. 拥护神，预先奉施食，应求梦境。其奉施食仪
33. 者，寂[10]静宫中向北，应挂天王帧相，面前置种种供
34. 养。如前应置广略施食已，然修习人天王相前
35. 稳[11]坐，应起本佛慢，自心吽字出钩光，召请须弥
36. 山北多闻天王并施㝵等至面前时，标入帧相
37. 中，想为不二，于彼等处作五供养。谛观帧相，
38. 应诵天王心呪曰： 唵猥实啰斡捺英莎诃。 此
39. 呪诵千遍，乃至多遍，随力诵已，于天王处如前例
40. 应奉施食。天王等饱满欢喜，求须[12]梦，令奉送
41. 已，将施食弃在北方。于其夜，复彼帧相前铺孤
42. 舌草，枕右舒左，想多闻天王住自己心而令安眠，或

① 文书中“冤”字原误，涂抹后，于另行改写，现径改。
② 文书中“行”字原误，涂抹后，于另行改写，现径改。
③ 文书中“严想”两字原误，涂抹后，于另行改写，现径改。
④ “太”字通“大”。
⑤ 从句意来看，“拯”字应为“极”。
⑥ 文书中“具美”两字原作“其寒”，涂抹后，于另行改写，现径改。
⑦ 文书中“调”字原误，涂抹后，于另行改写，现径改。
⑧ 文书中“呗”字原误，涂抹后，于另行改写，现径改。
⑨ “此”字应为“北”。
⑩ 文书中“寂”字前有一涂抹痕迹。
⑪ 文书中“稳”字原作“德”，涂抹后，于另行改写，现径改。
⑫ 文书中“湏”字前原衍一“所”字，后涂抹，现径改。

43. 悦意宫室内眠卧亦许，梦[1]吉凶之事临时察度
44. 也。次多闻天王亲[2]诵仪者，修习人于林薮，或墓
45. 冢，或大水边，或空寺[3]内，或寂静宫内亲诵亦可。如初
46. 作亲诵时，须拣太[4]自在天日，其日于宫等内向北应
47. 挂天王帧相，面前准前文備置供养施食已，修
48. 习人烧香发愿，坐帧相前。如前本佛处应奉
49. 施食求请云：“某甲依法求修，天王等为我护神，
50. 标授于我。”允已，奉送。次诸护神等处奉食求
51. 请：“我今求佛道故，多闻天王已为护神等为证明，
52. 愿胁拥护。”允已，奉。[5]如是奉施食已，起本佛慢，心中
53. 吽字出于钩光，请须弥山北天王、施㝵想住面前，诵：
54. 唵猥实啰斡捺阿遏补拶莎诃呪一遍，奉阿遏
55. 水，倾入受纳器中。次诵：唵猥实啰瓦捺钵[6]麻蔼麻梓耶
56. 莎诃呪一遍，应奉花座，[7]奉天王、施㝵想住花座。[8]次诵：
57. 唵猥实啰斡捺不啰斡啰萨嘚蔼啰不啰底唆
58. 莎诃呪一遍，奉洗足水，倾[9]入受纳器中，如前作五
59. 供养已，求请愿云：“汝曾形噜割处受于佛敕，未
60. 成正觉之间常为拥护之神者，今我求修佛果，
61. 汝愿作护神。”想令允许，入帧相[10]中为不二已，尒
62. 时修习人观彼帧像，诵观心呪至于千遍，或随
63. 力诵。如是一饷诵呪毕时，如前奉食求请奉
64. 送，将施食弃在北方。依此每日一饷、两饷乃至三
65. 饷，随力所办，应作亲诵。亲诵数者，诵一亿遍。若
66. 亲[11]诵未毕之间，及诵毕时，决定现于境相之
67. 兆。[12]其境相者，二种：一现境相；[13]二梦境相。初现境
68. 相者，自心恐怖或毛竖，或头痛，或近在人处
69. 降则亦是，或见旗幢幡，或见刀釖器械等，或见
70. 天王及围绕等。如是见时，即[14]持奉于施食，祈所
71. 愿事等也。二梦境相者，或梦太[15]水而无断绝，或梦

① 文书中“梦”字前原衍一“所”字，后涂抹，现径改。
② 文书中“亲”字原作“观”，涂抹后，于另行改写，现径改。
③ 文书中“寺”字原作“等”，涂抹后，于另行改写，现径改。
④ “太”字通“大”。
⑤ 从文意来看，“奉”字后应脱一“送”字。
⑥ 文书中“钵”字原作“斡”字，涂抹后，于另行改写，现径改。
⑦ “座”字为另行补入。
⑧ 文书中“座”字原误，涂抹后，于另行改写，现径改。
⑨ 文书中“倾”字原误，涂抹后，于另行改写，现径改。
⑩ 文书中“相”字有改写痕迹。
⑪ 文书中“亲”字原作“观”，涂抹后，于另行改写，现径改。
⑫ 文书中“兆”字原误，涂抹后，于天头处改写，现径改。
⑬ 文书中“相”字原作“想”，后将“心”部涂抹，现径改。
⑭ 文书中“即”字原误，涂抹后，于另行改写，现径改。
⑮ “太”字通“大”。

72. 出家僧，或梦死活虵，或梦冤人放火自烧，或梦

73. 大石非人等，或梦师子恶像等，或[①]梦天王围绕等。

74. 如是前件相中，现几种者，乃得亲念之功验也。

75. 如是亲诵时，凡作法事决定成就，如一次亲诵毕

76. 时已，后每日随所办亲诵，奉于施食。若不间断，

77. 则所祈无所[②]不成。若作此法事者，未亲诵已，

78. 前勿作非法，更亲念十万遍，自此[③]之后亦不作

79. 非法，则证甚深殊胜之功。 此亲诵仪已竟。

80. 天庆丙辰三年十二月廿五日写 勘了

本件文书收于《俄藏黑水城文献》第6册第70—72页。第6册《附录·叙录》原拟题为《亲诵仪》，并在题解中列出本件各要素为：西夏写本，卷轴装，白麻纸，薄，软；高23，宽157；共3纸，纸幅51.7；卷心高21.5，天头0.8，地脚0.5；每纸27行，行18字；楷书，墨色浓淡不一；首残缺，中有“奉广大施食仪竟”“次说奉略施食仪者”，卷末“此亲诵仪已竟”；后有校勘题记：“天庆丙辰三年十二月廿五日（1197.1.15，桓宗在位）写 勘了”等字。

（二）Φ234号文书

（前缺）

1. [□ 仪]

2. 敬礼出有坏吉祥形噜葛。修习人预先欲要多闻天

3. 王处奉广太[④]施食，则月初八日，或十五，或三十日。奉之其

4. 施食者，用粳米，或白米饭亦得，须一石米已上为妙。若

5. 不办，则随力所置。十盘：于中第一盘应奉本尊，置于面前，

6. 内入酒肉，竖插杂色旗幡等；第二盘奉于天王，内入酥

7. 煮禽兽各十六般。如旡酥，则水煮亦得。于施食中央，置

8. 一旡目僧相，合掌敷坐。此僧顶上复置三角面、灯盏并

9. 竖旗幡。彼施食，四方四隅各置施食一盘，内入熟肉，并

10. 插杂色旗[⑤]幡，及灯[⑥]一盏。此是八施㝵王施食也。如是置

11. 已，然修习人面向北坐，前置阿遏洗足、五供养等已，起

12. 本佛我慢。先本佛处，依每日例应奉前置施食，并阿

13. 遏、五供养等，求属云：“我未证正觉之间，今教天王为我

14. 拥护之神，标授于我。”允许既已，应奉送之。次天王及八施

15. 㝵处奉施食仪者，于施食上诵：唵末□啰拽疙折吽呪，令

16. 手结三股又[⑦]印，遣除魔㝵已，又于施食上诵： 莎末瓦呪，

17. 施食成空。于其空处，想九个白色没隆字变成九个七

① “或”字为另行补入。
② 文书中“所”字原误写为另两字，涂抹后，于另行改写，现径改。
③ 文书中“此”字原作“北”，涂抹后，于另行改写，现径改。
④ “太”通“大”。
⑤ “旗”字为另行补入。
⑥ 文书中“灯”字原作“所”，于另行改写，现径改。
⑦ “又”字应为“手”。

18. 宝广太之[①]器，量如楼阁。彼等器中，各想一青色嚷字变成
19. 天妙百味饮食，于上想白色唵字，消融入彼食中，
20. 其食增长无垢清净。又彼食中，想一赤色哑字消融，
21. 变成甘露。复彼食上，想一青黑色吽字入彼食中，其食
22. 出光，召请诸佛心中智甘露入彼食中，想为不二，诵唵
23. 哑吽三字呪，标授三遍。复次手结金刚法界印，诵：唵
24. 阿渴噜目渴等呪三遍，想彼施食光明炽燃 。次结佛眼
25. 母印，诵：唵噜噜厮布噜撮辩帝实達哑捺 啵 拶
26. 祢萨吟斡啊吟达萨捺祢莎诃呪三遍，变成殊胜施
27. 食。又复结虚空藏印，诵：捺麻萨吟斡怛达遏矴□切身
28. 萨吟斡磨庆□ 萨吟斡怛 嚷 鸣 嗡遏矴厮拽啰捺遏遏
29. 捺希麻上腭渴莎诃呪三遍，想食增长，满虚空界。
30. 次诵：唵哑 嘐 哩怛 昆 噤 哩诃捺诃捺 吽发呪一遍，
31. 标授施食。又面前食，复想一白色 啷 字，或想白色 嚨 哩
32. 二合字亦得。其字变成八叶杂色莲花，各花叶下想无数小
33. 花叶，然吹螺 啨 鼓等，及烧安息乳香、粳米面等，结铁钩
34. 手印。然自心吽字出钩光，召须弥山北面斡捺宫中多闻
36. 天王，其光照着斡捺及眷属等，亦各心中出钩光等相钩。
37. 想标来[②]时，应诵此偈：世尊已弃游行座，今当正是恶浊时，
38. 所有溺[③]在烦恼泥，来至此座非殊胜。汝曾释迦师子前，
39. 誓愿拥护于正法，及有情处作饶益，其所愿言应悉思。
40. 住彼北方宫位者，为众生故速隆赴。此偈诵一遍已，续诵
41. 请召呪曰：唵外实啰斡捺英萨末哩末啰末 喞 啰萨麻
42. 也 拶吽钵和唵外莎诃 此呪诵多遍，则或自头痛，或心
43. 战撼，或惧怖。此等相[④]中，若现一，则乃天王降临之相。或降近
44. [　　　　.]之相。尒时亦有亲见天王之面，如是言

（后缺）

本件文书收于《俄藏黑水城文献》第 6 册第 104—105 页。第 6 册《附录·叙录》原拟题为《多闻天陀罗尼仪轨》，并在题解中列出本件各要素为： 西夏写本，卷轴装，白麻纸，薄；高 23，宽 93；共 3 纸，纸幅 41；每纸 18 行，行 21 字；隐栏，楷书，拙，墨色有浓淡；有校改校补字。另，苏州戒幢佛学研究所宗舜认为，《附录·叙录》对本文书原定名不当。本文书为西夏写本，首题仅残存一“仪”字。从内容看，确与多闻天王有关，不过不是什么陀罗尼仪轨，而是多闻天王施食（供养）仪轨。开篇即云：“修习人预先欲要多闻天王处，奉广太（大）施食。则月初八日、或十五日、或三十日奉之。”其后广说施食之法。故此件可定名为：多闻天王施食仪。[⑤]

仔细对比，此两件文书实际上是同一件文书的两个关联部分（残页），是可以缀合的。笔者的理

① “之”字为另行补入。
② 文书中“来”字原误，涂抹后，于另行改写，现径改。
③ “溺”字为另行补入。
④ 文书中“相”字原作“想”，后于另行改写，现径改。
⑤ 宗舜：《〈俄藏黑水城文献〉之汉文佛教文献续考》，《敦煌研究》2004 年第 5 期。

由如下：

首先，两件文书书写朝代、装帧方式、纸张材质、纸幅高度均一致，两者均为西夏写本、卷轴装、白麻纸，纸幅均高23，提供了文书缀合之前提。

其次，两件文书笔迹一致，行距相同，故而两者可以缀合。

最后，也是最为重要的一点为两件文书内容相关。由Φ234号文书第2—3行云“敬礼出有坏吉祥形噜葛。修习人预先欲要多闻天王处奉广太（大）施食”可知，此件文书为“多闻天王广大施食仪”，但其后残缺未完。而Φ214号文书第19行云“此者奉广大施食仪竟”，可知此件文书第1—19行内容为“广大施食仪”。又据其第10行云“护此天王多闻子”可知，此“广大施食仪”应为“多闻天王广大施食仪”，与Φ234号文书同，故而两件文书可以缀合为一件。其中Φ234号文书在前，Φ214号文书在后，两者之间有缺文。

据缀合后之文书可见，此件文书应为《多闻天王修习仪轨》，其中包括奉广大施食仪、奉略施食仪、奉施食察梦仪、亲诵仪等，为西夏天庆三年所书。多闻天王又译“毗沙门天王”，为佛教四天王中之北方天王。唐宋时期，“四天王”之中，惟有“毗沙门”香火最盛、传奇最多。张永安曾指出毗沙门天王最初的流行跟于阗有关，突出的是一种建国护国的保护神作用。此种信仰传入敦煌地区后除了建国护国的保护神功能外，还把它作为一种战神、护军神来信仰，这跟唐在西北的用兵和对密宗的崇信有关。这样毗沙门天王既可卫护众生、替人解困，又可护国护城、助军退敌，也可以除去罪孽、消灾除病等，所以成为敦煌人民极为崇拜的对象之一，在河西地区一直流行不衰。①在藏传佛教中，四大天王中最受重视的仍是北方多闻天王，藏传佛教绘画中北方天王一手持旗，一手抱着一只吐宝兽，不断吐出珍宝，北方天王不仅是藏传佛教的护法神，还是财源充足的财神。西夏王朝继承了河西地区对多闻天王的信仰，也把它作为护法和财富的象征。崔红芬曾指出在黑水城文献当中有多件关于北方天王信仰的佛经和版画，例如ДX2461《北方守护者毗沙门天王》卷画、ДX2382《多闻天王》唐卡、Φ234号文书、西夏文《四天王护摩坛典》（第691号，西夏特藏第214号，馆册第820号）等等。②

不过，西夏黑水城所出有关多闻天王信仰之佛经及版画均为藏传密教文献，与唐、宋之时多闻天王信仰有所不同。以本文所论两件文书缀合后之《多闻天王修习仪轨》为例，唐、宋之时多闻天王多被作为战神、护军神来信仰，而此仪轨当中之奉广大施食仪、略施食仪、奉施食察梦仪、亲诵仪等之修持目的均为欲得多闻天王护持，使其成为修习人之拥护神，两者不同。此应与藏传佛教在西夏地区之流传状态有关。沈卫荣就曾指出《俄藏黑水城文献》中的所有关于藏传佛教的文献都是属于密宗类文书，特别是有关实修的仪轨。人们通常以坛城、手印和密咒为佛教密乘之核心内容，而黑水城所见藏传佛教文献基本上都与这三个核心相关。换句话说，曾经于西夏和元朝所传的藏传佛教当全部属于密教范畴。③

总之，此件文书为西夏多闻天王信仰之重要文献，对于研究西夏佛教历史有着重要意义，其提供的信息远不至于上述这些。碍于笔者水平有限，且对文献研究还不够深入，故文献的价值还有待于进一步考证和发掘。

（作者通讯地址：河北师范大学历史文化学院　石家庄　050024）

① 张永安：《敦煌毗沙门天王图像及其信仰概述》，《兰州大学学报》（社会科学版）2007年第6期。

② 崔红芬：《浅析西夏<金光明最胜王经>信仰》，《敦煌研究》2008年第2期。

③ 沈卫荣：《序说有关西夏、元朝所传藏传密法之汉文文献——以黑水城所见汉译藏传佛教仪轨文书为中心》，《欧亚学刊》第7辑，中华书局，2007年。

法兰西学院汉学研究所藏西夏文“大方广佛华严经第四十一卷”的论文介绍“十种事”的例子

罗　曼

摘　要： 这篇文章首先讲西夏人有关“华严经”的接收，沿着原本 80 卷的介绍。然后讲发生于第四十一卷中的一系列“十种事”。这些十事不会随便发生而尊重一种逻辑上的模式。“十”这一数字在中国文明、佛教具有很大的意义。在这个模式上各个字的逐步研究非常重要，可以明确地察看到一种逻辑次序。这篇论文对我的博士论文非常重要，代表博士论文中最重要部分之一。

关键词： 西夏　佛教　华严经　“十”数字。

大方广佛华严经一共有三个版本：第一个四十卷，也称四十华严；第二个有六十卷，也称六十华严；最后一个版本有八十卷，也称八十华严。我论文针对的是西夏文八十华严的第四十一卷，并是西夏自汉文大方广佛华严经译成西夏文。其他版本(40，60) 好像从来没有西夏文翻译。我为什么选择这一卷？如下几个原因能解释：第一是这一卷代表佛命中最重要的阶段之一，即佛入涅盘后的阶段。第二是这一卷看起来没有八十华严中的其他经卷或所有的经卷那么被关注。除了其他经卷在历史学、语言学、语文学范围内的研究和分析以外，学界对第四十一卷的研究和分析很少，研究人员已经探讨它在西夏学的地位。研究和分析这一卷需要具备佛教、西夏文字、西夏文化的知识。

在汉文第四十一卷和西夏文第四十一卷之间存在什么语言文字的差异？存在句法的变化吗？比起其他经卷，为什么对西夏文第四十一卷特别重视呢？用西夏文字写的大部分西夏字书都属于佛经的这个范围，属于汉文“大藏经”的一版。所以我认真地研究这一批西夏文“大藏经”中的经卷翻译，认真地察看汉文第四十一卷对西夏文第四十一卷有什么影响。西夏文第四十一卷的翻译怎么进行？它有没有受到汉文的影响？两个不同语言的经卷有什么区别，在汉文和西夏文第四十一卷的每一字行相不相同，这都是我研究的主要目的。

西夏文第四十一卷的分析必须围绕每一字行中的每一个西夏字或每一个字组或每一个词或每一个词组的语义、句法、语言范围。

第一部分我首先谈一下“大方广佛华严经”在历史学领域中的研究情况；接着介绍其与西夏的关系，第四十一卷中有关十定品的观念；最后介绍世界上收藏华严经卷的状况。

第二部分，我介绍一下西夏文“大方广佛华严经”第四十一卷中的五大部分。此部分能够明显地区别每一个定品，或者每一个善巧智。最后研究一下第四十一卷中的“十”数字，“十种谋事”逐步发生的逻辑。

一、“大方广佛华严经第四十一卷”的介绍

八十华严

大方广佛华严经的八十卷也称“八十华严”，是实叉难陀(651－710)在唐朝武则天权力下于699 年翻译的，并在于阗国进行翻译，也称为“唐经”或“新经”。至唐朝高宗后，武则天称帝，她一向尊崇大乘，欲求《华严经》完整之梵本。听说于阗有所珍藏，派送人去于阗求《华严经》之梵本与翻译者。于是，实叉难陀大师携四万五千颂梵本来到洛阳的佛授记寺进行翻译。

华严经和西夏

在西夏王国当时主要为西夏文、汉文与藏文版。西夏文佛经在 20 世纪发掘比汉文佛经多五次。这是因为西夏人翻译佛经先用西夏文，后用汉文，结果以西夏文翻译的佛经多。于是，西夏的大藏经称为“蕃大藏经”，“蕃”为中国古代历史上“非汉”的意思。蕃大藏经共计 820 部，即 3579 卷。

“大方广佛华严经第四十一卷”

第四十一卷很有特色，因为它属于佛法的十定品，并属于八十华严的版本。它被实叉难陀翻译了，而在李秉常时期翻译成西夏文，在李仁孝时期得以校勘。

华严经与世界上收藏的第四十一卷

按西夏时代的华严经或其他佛经的翻译与校勘已被印刷了几千卷，不过到现在很少是由中国、欧洲探寻人发掘的。其中的一些华严经卷由几个人来介绍西夏翻译佛经的兴盛时代。根据崔红芬女士介绍，[①]华严经的大幅翻译是因为当时在河西地区内西夏文化、佛教有华严和净土的大信仰，并受到辽朝很大的影响。

1. 中国的发掘

1917，年在宁夏回族自治区的灵武县离银川市区一百公里处，出土了西夏文的佛经。其中有不少的“大方广佛华严经”。这一版本，根据王国维先生推测 是元朝的。[②]在 1930 年初，罗福苌先生对这一版本的卷首进行分析，描写其内容与其写字方法，读字自右至左，一页有六行，每行有十七个字。并指出这一版本肯定借鉴了元朝的印刷术 (活字版印刷术)，而字也肯定是河西字 。[③]

孙伯君女士指出，[④]“大方广佛华严经”的第 11、2、14－16、20－23、27－35、37、39－46、48、51、53、54、57、59－75、79、80 都是藏于北京国家图书馆。此六十一卷中有个别两或三本是同一卷。西安文化遗产保护研究所藏第 9 卷，宁夏回族自治区博物馆藏第 26、57、76 卷，宁夏考古研究所藏第 63 卷，甘肃省兰州博物馆藏第 11 至 15 卷。敦煌学研究所也藏有一些残卷。

2. 法国藏西夏文“大方广佛华严经”

法国的伯希和先生(1878－1945)于 20 世纪初从中国甘肃省敦煌市郊的莫高窟发掘了一批文献。他的发掘品都出自 1906 年到 1908 年间。在莫高窟的第 181 窟发掘了华严经第四十卷，后来于 1938

---

① 崔红芬：《西夏河西佛教研究》，民族出版社，2010 年 6 月。
② 王国维：《元刊本西夏文华严经残卷跋》。
③ 在 19 世纪初，西夏字称为“河西字”。
④ 孙伯君：《北京大学图书馆所藏<华严经>卷42残片考》，《西夏学》第2辑，2007年。

年找到了第四十一卷。大多数的西夏文文献藏在法国国家图书馆，[①]在吉美博物馆只收藏有西夏文的“莲花经”，在法兰西学院的汉学研究所藏有“大方广佛华严经”第四十一卷 (就是我们研究的一文)。

汉学研究所的汉学图书馆负责人 Delphine Spicq 女士详细说明：第四十一卷是蝴蝶装，其尺寸为 32cmx 12cm x 1.5cm。其刻本的印刷技术大概是 13 或 14 世纪的，其中一张正面表示佛教的一个重要阶段，表示第八会：文殊菩萨和普贤菩萨坐在毗卢遮那佛的周围。三者常常表达释迦牟尼的圣三会。[②]根据罗福苌先生的分析，第四十一卷中每页有六行，每行有十七个字。

3. 日本京都大学藏西夏文“大方广佛华严经”

在 1960 年初，华严经的第 1 至第 10 卷、第 36 卷藏在京都大学。京都大学也藏华严经四本第四十一卷，一本第七十四卷，是由木板刻本印刷术所做的。后来从 1975 至 1977 年第三十六卷被西田龙雄先生所研究。[③]

二、研究翻译第四十一卷中的一系列“十”数字的大阶段逻辑

华严经一文的五部分段

第四十一卷包括十定品中的第三至第七定品。第四十一卷分为五大部分，每一部分于“佛子”开始而结束于中文语法的虚词“也”，而在西夏文中于“是也”结束。动词“是”为西夏文的语法，但是放在句子的后边。后来在研究佛经的语法特点时，这个虚词也称为末尾助词。还有另外一个特点，就是每部分的最后一句之后另起一行，看起来佛经译者或作者明确了每一部分的末尾，从而来开始一个新段落。汉文佛经的文章中没有如此明确的划分。

十定品中的第三至第七定品如下：

第一阶段

[illegible]	[illegible]	[illegible]	[illegible]	[illegible]	[illegible]	[illegible]	[illegible]	[illegible]	[illegible]
5354	3583	5685	4037	4737	0685	4037	1139	5865	1290
thjɨ	tja	po	tsa	ma	ŋa	tsa	jij	sọ	tsew
2.28	1.20	1.49	1.17	2.14	2.56	1.17	1.36	1.70	2.38
此	者	菩	萨	摩	诃	萨	之	三	第

[illegible]	[illegible]	[illegible]	[illegible]	[illegible]	[illegible]	[illegible]	[illegible]	[illegible]	[illegible]
5379	0433	0968	2852	2937	5258	2983	0010	4481	3294
tśjɨ	bju	rjur	tha	lhjij	iọ	u	źji	śjɨ	me̱
1.32	1.3	1.76	1.17	2.54	1.71	2.1	2.10	1.29	2.11
次	第	诸	佛	国	土	于	遍	往	神

[illegible]	[illegible]	[illegible]	[illegible]	[illegible]	[illegible]	[illegible]	[illegible]	[illegible]

① 参考 Fonds Pelliot-xixia 第 922、924、925、946 号、法国国家图书馆。

② 参考 Jean-Pierre Drège：« De l’icône à l’anecdote : les frontispices imprimés en Chine à l’époque des Song (960－1278) », *Arts Asiatiques*，1999 年， 第 44－65 页。

③ 西田龙雄：《西夏文华严经》，第 1－3 册，京都大学文学部，1975－1977 年。

3111	4457	3984	2563	5353	2620	1771	0508	5285
mjijr	ljij	sã	mej	khio	njwi	sjij	ŋwu	ljɨ
2.68	2.14	1.24	2.30	2.43	2.10	2.54	2.1	1.29
通	大	三	昧	巧	善	智	是	也

是为菩萨摩诃萨第三次第遍往诸佛国土神通大三昧善巧智

"Here is the third great concentration, reached by bodhisattvas-mahāsattvas, with their supernatural strength, successively crossing all buddha lands."

第二阶段

[illegible]	[illegible]	[illegible]	[illegible]	[illegible]	[illegible]	[illegible]	[illegible]	[illegible]	[illegible]
5354	3583	5685	4037	4737	0685	4037	1139	2205	1290
thjɨ	tja	po	tsa	ma	ŋa	tsa	jij	ljɨr	tsew
2.28	1.20	1.49	1.17	2.14	2.56	1.17	1.36	1.92	2.38
此	者	菩	萨	摩	诃	萨	之	四	第

[illegible]	[illegible]	[illegible]	[illegible]	[illegible]	[illegible]	[illegible]	[illegible]	[illegible]	[illegible]
1638	4751	4693	2518	5604	4457	3984	2563	5353	2620
gji	sej	na	njij	dzjɨ	ljij	sã	mej	khio	njwi
1.11	1.33	1.17	1.39		2.14	1.24	2.30	2.43	2.10
清	净	深	心	行	大	三	昧	巧	善

[illegible]	[illegible]	[illegible]
1771	0508	5285
sjij	ŋwu	ljɨ
2.54	2.1	1.29
智	是	也

是为菩萨摩诃萨第四清净深心行大三昧善巧智

" Here is the fourth great concentration of the pure and deep application of the mind of bodhisattvas-mahāsattvas."

第三阶段

[illegible]	[illegible]	[illegible]	[illegible]	[illegible]	[illegible]	[illegible]	[illegible]	[illegible]	[illegible]
5354	3583	5685	4037	4737	0685	4037	1139	1999	1290
thjɨ	tja	po	tsa	ma	ŋa	tsa	jij	ŋwə	tsew
2.28	1.20	1.49	1.17	2.14	2.56	1.17	1.36	1.27	2.38
此	者	菩	萨	摩	诃	萨	之	五	第

[illegible] [illegible] [illegible] [illegible] [illegible] [illegible] [illegible] [illegible] [illegible] [illegible]

2590 2474 0541 0516 4730 2699 3916 4457 3984 2563

wjɨ rar śjwo tshjij ụ nwə sji ljij sã mej

2.27 2.73 2.44 2.54 2.51 1.27 2.10 2.14 1.24 2.30

过 去 庄 严 藏 知 具 大 三 昧

[illegible] [illegible] [illegible] [illegible] [illegible]

5353 2620 1771 0508 5285

khio njwi sjij ŋwu ljɨ

2.43 2.10 2.54 2.1 1.29

巧 善 智 是 也

是名菩萨摩诃萨第五知过去庄严 藏大三昧善巧智

" Here is the fifth great concentration of the knowledge of bodhisattvas-mahāsattvas on the treasure of past ornaments."

第四阶段

[illegible] [illegible] [illegible] [illegible] [illegible] [illegible] [illegible] [illegible] [illegible] [illegible]

5354 3583 5685 4037 4737 0685 4037 1139 3200 1290

thjɨ tja po tsa ma ŋa tsa jij tśhjiw tsew

2.28 1.20 1.49 1.17 2.14 2.56 1.17 1.36 1.46 2.38

此 者 菩 萨 摩 诃 萨 之 六 第

[illegible] [illegible] [illegible] [illegible] [illegible] [illegible] [illegible] [illegible] [illegible] [illegible]

1771 4573 5120 4730 4457 3984 2563 5353 2620 1771

sjij bji swew ụ ljij sã mej khio njwi sjij

2.54 1.11 1.43 2.51 2.14 1.24 2.30 2.43 2.10 2.54

智 光 明 藏 大 三 昧 巧 善 智

[illegible] [illegible]

0508 5285

ŋwu ljɨ

是 也

是为菩萨摩诃萨第六智光明藏大三昧善巧智

" Here is the sixth great concentration of bodhisattvas-mahāsattvas on the treasure of the knowledge light."

第五阶段

[illegible] [illegible] [illegible] [illegible] [illegible] [illegible] [illegible] [illegible] [illegible] [illegible]

5354 3583 5685 4037 4737 0685 4037 1139 4778 1290

thjɨ	tja	po	tsa	ma	ŋa	tsa	jij	śja	tsew
2.28	1.20	1.49	1.17	2.14	2.56	1.17	1.36	1.64	2.38
此	者	菩	萨	摩	诃	萨	之	七	第

[illegible]	[illegible]	[illegible]	[illegible]	[illegible]	[illegible]	[illegible]	[illegible]	[illegible]	[illegible]
4713	4719	0027	0027	2983	2852	0541	0516	4457	3984
rjur	kięj	ŋowr	ŋowr	u	tha	śjwo	tshjij	ljij	sã
1.76	2.53	2.82	2.82	2.1	1.17	2.44	2.54	2.14	1.24
世	界	一	切	于	佛	庄	严	大	三

[illegible]	[illegible]	[illegible]	[illegible]	[illegible]	[illegible]	[illegible]	[illegible]	[illegible]
2563	2699	3574	3916	5353	2620	1771	0508	5285
mej	nwə	sji	tsjij	khio	njwi	sjij	ŋwu	ljɨ
2.30	1.27	2.33	2.10	2.43	2.10	2.54	2.1	1.29
昧	知	了	具	巧	善	智	是	也

是为菩萨摩诃萨第七了知一切世界佛庄严大三昧善巧智

" Here is the seventh great concentration on the knowledge of buddhas ornaments from all bodhisattvas-mahāsattvas lands."

[illegible]	[illegible]	[illegible]
khio	njwi	sjij
巧	善	智

这五个句子表示五个段落，也表示五种“善巧智”，就是梵文的“pāramitā”。 西夏文写“[illegible][illegible][illegible]”，就是“善巧智”。

“十”数字在佛教中，也在“大藏经”常常出现，对入涅盘的过程的表述具有逻辑而循环的观念。在华严经第四十一卷中这些还存在吗？

第四十一卷中有“十住”、“十行”、“十力”，可是我们找到其他的“十种谋事”，人或菩萨要达到、了解的境界。华严经第四十一卷中有一系列十大阶段的逻辑，不过此一系列有何次序？这一次序是持续进行的吗？

例子

……**例子** A 第 85－86 行

[illegible]

佛子彼菩萨摩诃萨此三昧于起如来所

[illegible]	[illegible]	[illegible]	[illegible]	[illegible]	[illegible]	[illegible]	[illegible]	[illegible]	[illegible]
1084	5932	2364	5612	5645	2194	0055	3507	0467	
ɣạ	mə	sew	tshjij	tji	mjij	tśjiw	pho	tsjịr	
2.56	2.25	2.41	1.39	2.60	1.36	2.40	1.49	1.93	

十　种　思　议　可　不　灌　顶　法　受亦得亦清净亦

"These bodhisattvas-mahāsattvas leaving the samādhi, went to the Tatāghata and received the ten blessing methods by sprinkling. Once obtained, they entered in pure state of mind and reached the enlightenment. "

……**例子**B 第 95－96 行

[illegible]

亦复如是此定于起如来所一念之时立即

[illegible]

1084　5932　0467

ɣạ　mə　tsjir

2.56　2.25　1.93

此十　种　法　得佛子此者菩萨摩诃萨之五第

"Once out of the samādhi, they went to the Tatāghata and obtained the ten methods."

……**例子** C 第 125 行

[illegible]

1084　5932　2135　5689

ɣạ　mə　jij　ɣa

2.56　2.25　1.39　1.17

了因故其心复十　种　持　门入十者何云此者

"Once they knew, their minds returned to the ten dharani. "

……**例子**D 第 127 行

[illegible]

1084　5932　2559　4710　0666

ɣạ　mə　thow　lo　nji

2.56　2.25　1.54　1.49　1.10

也法持入故　十　种　陀　罗　尼光明不尽辩才得

"Once they received the dharani of Dharma, they obtained the infinite rhetorical talent of the ten dharani light."

……**例子**E 第 155－156 行

[illegible]

佛子此菩萨摩诃萨如是知了时诸众生之

[illegible]

1084　5932　1918　1364

ɣạ　mə　mji　ŋa

2.56 2.25 1.11 1.17

十 种 不 空 得令十者何云一者见不空诸众

" Ô disciples of Buddha ! These bodhisattvas-mahāsattvas thus reached a perfect knowledge. They allowed sentient beings to get ten non-vacuity. What are these ten non-vacuity?"

……例子 F 第 268 行

[illegible]

1084 5932 2520 2752 0467

ɣạ mə dzjɨr ljị tsji̱r

2.56 2.25 1.86 2.60 1.93

佛子菩萨摩诃萨此三昧住 十 种 速 疾 法

" Ô disciples of Buddha! These bodhisattvas-mahāsattvas reached the ten fast perfections. What are these ten fast perfections?"

……例子 G 第 272 行

[illegible]

1084 3354

ɣạ ɣie

2.56 1.9

示现速而平等智以 十 力 趣 入 速 而 如 来 一

" With ten strengths, they quickly entered the wisdom of equity."

……例子 H 第 276 行

[illegible]

1084 5932 0467 5779

ɣạ mə tsji̱r tjɨj

2.56 2.25 2.55 1.93

摩诃萨复 十 种 法 印 得 法 一 切 印 十 者 何 云

" Ô disciples of Buddha ! These bodhisattvas-mahāsattvas still obtained ten dharma seals, to write the dharma. What are these ten dharma seals?"

……例子 I 第 298 行

[illegible]

1084 5932 0467 5865 1084 5865 3513 0027 0027 1473 1640

ɣạ mə tsji̱r sọ ɣạ sọ mə ŋowr ŋowr su dzjij

2.56 2.25 2.55 1.70 2.56 1.70 1.27 2.82 2.82 1.1 1.61

十 种 法 三 十 三 天 一 切 出 过 得十者

[illegible]

何云

" Once they got this pearl, Sakra obtained ten dharma which go beyond the thirty-three gods. What are these ten? "

……例子 J 第 303 行

[illegible]

1084 5932 3310 4457 1771 4730

ɣạ mə wạ ljij sjij ụ

2.56 2.25 2.56 2.14 2.54 2.51

十 种 广 大 智 藏 得 十 者 何 云 一 者 佛 刹 一

" They obtained ten great baskets of wisdom. What are these?"

This concept of the ten great wisdoms 十種廣大智 seem to not appear in any other sutra, so they seem to uniquely belong to *Huayanjing*.① It may be discussed.

……例子 K 第 311 行

[illegible]

1084 5932 2091 1638 4751 2596 2748 1546

ɣạ mə źji gji sej pjụ tśhja ljụ

2.56 2.25 2.10 1.11 1.33 1.59 2.16 2.52

三昧住复 十 种 最 清 净 威 德 身 得 十 者 何 云

" The bodhisattvas-mahāsattvas remained into the samādhi. They obtained ten kinds of of pure virtue and majestuous bodies. What are they?"

……例子 L 第 322 行

[illegible]

1040 3349 5932 5932 2639 3703

śja rjijr mə mə mjij we

1.19 2.68 2.25 2.25 2.35 2.7

变现八者 十 方 种 种 名 号 佛一切所法请问

" All the names of the ten directions."

……例子 M 第 328 行

[illegible]

1084 5932 5258 5171

ɣạ mə iọ sə

2.56 2.25 1.71 1.27

种最清净威德身得已及众生之 十 种 圆 满

① 慈怡：《佛光大辞典》，上、中、下、索引，台湾佛光出版社，1989 年。

" Once they obtained these ten kinds of of pure virtue and majestuous bodies, they could help the sentient beings to obtain ten kinds of perfection. What are they?"

……例子 N 第 337 行

[illegible]

	1084	5932	2852	1736
	ɣạ	mə	tha	tśju
	2.56	2.25	1.17	1.2

生岂　十　种　佛　事　作十者何云此者众生之成

" They did ten buddhist activities for the sentient beings. What are these activities? "

佛经中的一系列"十种"

十种谋事	汉译	第四十一卷
[illegible]	十定品	第 4 行
[illegible]	十种不可思议灌顶法	第 85－86 行
[illegible]	十种法	第 95－96 行
[illegible]	十种持门	第 125 行
[illegible]	十种陀罗尼	第 127 行
[illegible]	十种不空	第 155－156 行
[illegible]	十种速疾法	第 268 行
[illegible]	十力	第 272 行 没有量词　'[illegible]种'
[illegible]	十种法印	第 276 行
[illegible]	十种法出过一切三十三天	第 298 行
[illegible]	十种广大智藏	第 303 行
[illegible]	十种最清净威德身	第 311 行
[illegible]	十方种种名号	第 322 行 '十' 这里有另外的一种写方法：'[illegible]' 如在 '[illegible]（十 方 国 土）
[illegible]	十种圆满	第 328 行
[illegible]	十种佛事	第 337 行

按此表格，共有十五个"十种谋事"的阶段，包括此佛经的章节："[illegible]十定品。" "[illegible]定"属于第十个阶段的一系列，处于善财童子五十三参示之前，属于"十信"。"十信"如下：

信、念、精进、定、慧、不退、回向、护法、戒、愿。

又据表格，我们可以看到在此一系列中的一种特别的持续性，一种特别的逻辑，就像五十三阶段一样的逻辑、持续性，以致功德圆满。十五个大'十种谋事'的阶段不会独立存在，而是和善财童子的过程相关连的。

最值得重视的是如何确定此一系列何时出现，不过这样做必须研究华严经全文，所以需要很长时间。不过在十五个"十种谋事"的阶段中只有十个阶段可以明确地计数，都在西夏文和汉文中由"何等为十？"开始。西夏文的这个疑问句子是："[illegible]"，相当于"十者何云"。十大"十种谋事"的阶段按正确的次序随后："十种不可思议灌顶法、十种陀罗尼、十种不空、十种速疾法、十种法印、十种法出过一切三十三天、十种广大智藏、十种最清净威德身、十种圆满、十种佛事。"

再次按表格可以提出两个特点。第一在华严经第四十一卷中其实有两种写“十”数字的方法：“□”[1]1040 和“□”1084。“□”是在“□□□□ 十 方 国 土”[2]写的。

□	□	□	□
1040	3349	2937	5258
śja	rjijr	lhjij	iọ
1.19	2.68	2.54	1.71
十	方	国	土[3]

在第四十一卷中的第 226 行有一个例子能加强这个数字的作用 ：“□□一寻。”“□寻”这个长度单位与“□”组成，如《同音》所表示的：“□□ 十丈。”“寻”作为古代长度单位，等于 8 尺，即 3.3 米。西夏语不写“寻”，而写“丈”，如李范文的《夏汉字典》提出：“按：□字结构为□□□□ 十全尺中，即十尺为一丈之义。”[4]

这个意思是“□”字由“□十”字的全字和“□尺”字的中面构成的。而且汉文写“一寻”，等于 8 尺，而西夏文写“一丈”，等于 10 尺。西夏文本的作者也许计算得长一点。

第二在“□□十力”中完全没有量词“□种”，像在其他阶段中的“□种”。回答这个问题还是不肯定的。

十大“十种谋事”的标图

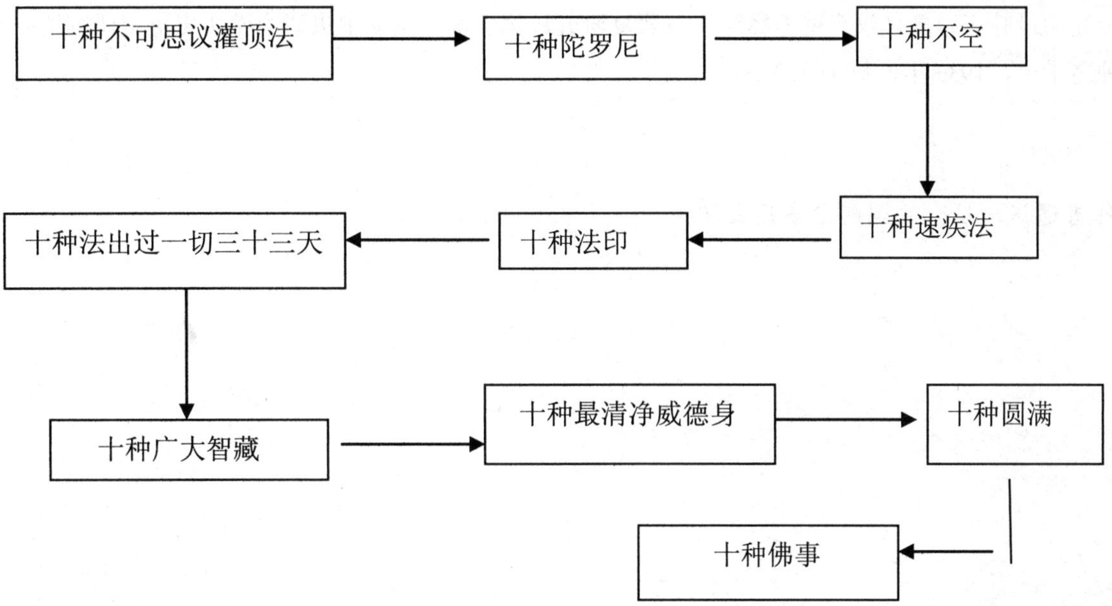

我们从今往后可以说“十”这一数字在佛经中有很大的意义。根据华严经第四十一卷中的一系列“十种事”，我们可以明显地解释及分析华严经中的“十定品”的观念。

我希望这篇论文能够有助于全世界社会科学研究者将西夏学、西夏佛教学学界的一个新兴走向。

① Николай Александрович Невский N.A. Nevsky (1892－1937) 聂历山：《西夏语文学》。李范文《西夏研究》第 6 辑（2007 年），第 107 页：“□ 十 只用于表示年代。”本来作者聂历山觉得这个数字只能和年代相关使用的。

② 西田龙雄 ：,*Seikabun Kegongyō*《西夏华严经》，*Kyōto Daigaku Bungakubu* 京都大学文学部，1975－1977 年，第 3 册， 第 81 页。

③ 西田龙雄：《西夏文华严经》，京都大学文学部，1975－1977, vol.III, p.81.

④ 李范文 ：《夏汉字典》，中国社会科学出版社，1997 年。

参考文献：

[1]Cleary, Thomas ：《The Flower Ornament Scripture，A translation of the Avatamsaka Sutra》，*Shambala,* Boston & London，1993 年，前言第 43 页。

[2]崔红芬：《西夏河西佛教研究》，民族出版社，2010 年 6 月。

[3]Drège, Jean-Pierre ：De l'icône à l'anecdote : les frontispices imprimés en Chine à l'époque des Song (960－1278) , *Arts Asiatiques*，1999 年， 第 44－65 页。

[4]Николай Александрович Невский N.A. Nevsky（聂历山，1892－1937）：《西夏语文学》。李范文《西夏研究》第 6 辑（2007 年）第 107 页：“𗏁 十 只用于表示年代。”本来作者聂历山觉得这个数字只能和年代相关使用的。

[5]Fonds Pelliot-xixia 第 922、924、925、946 号，法国国家图书馆。

[6]李范文：《夏汉字典》，中国社会科学出版社，1997 年。

[7]孙伯君：《北京大学图书馆所藏〈华严经〉卷42残片考》，《西夏学》第2辑，2007年7月。

[8]王国维：《元刊本西夏文华严经残卷跋》。

[9]西田龙雄：《西夏文华严经》，第 1 至 3 册，京都大学文学部，1975 年－1977 年。

[10]孙伯君：《国外早期西夏学论集》，民族出版社， 2005 年，两册。

[11]王静如：《过去庄严劫千佛名经》，《西夏文专号》，国立北平图书馆馆刊，1932 年，第四卷，第三号。

[12]《金光明最胜王经夏藏汉合璧考释》，《西夏研究》第 2 辑，国立中央研究院历史语言研究所单刊甲种之十一，1933 年，第 1－10 卷。

（作者通讯地址：法国阿尔多瓦大学）

西夏学 第10辑 2013年9月
Xixia Studies, Sep,2013,Vol.10

西夏《首楞严经》文本考辨

柴 冰

摘 要： 现存西夏《首楞严经》的相关文本出于拜寺沟方塔、山嘴沟石窟及黑水城。拜寺沟方塔所出汉文本源自《首楞严经》第五卷，属于后世被净土宗尊为“五经一论”之一的《大势至菩萨念佛圆通章》的内容；与其他佛经有关净土宗的部分攒集于一处，拟题为“众经集要”。山嘴沟石窟所出西夏文刻本残片为被誉作“楞严大师”、宋初复兴华严宗的六祖子璿所撰《首楞严义疏注经》。已释读的残片对应于《首楞严经》第一、四、五、六、八卷。黑水城所出《密咒圆因往生集》、《禅源诸诠集都序》也吸纳了《首楞严经》的内容。这些文本不仅反映了净土宗、华严宗、密宗、禅宗在西夏的传布，还昭示了《首楞严经》被各派吸纳取舍后在西夏通行。值得关注的是《首楞严经》的注释本有西夏文本存世，可见《首楞严经》经文本身在西夏较为流行。

关键词：《首楞严经》 西夏

《首楞严经》具显密圆融之特色，汉文本自唐神龙元年（705）译出后，影响很大，为自北宋《开宝藏》起的各版大藏经所收录。历代多有疏解阐释之作。而《首楞严经》还存有藏、满、蒙、回鹘等文字的译本。①目前未见存世的西夏文的《首楞严经》，然而西夏故地出土的若干与《首楞严经》相涉的文本，给了我们《首楞严经》在西夏流传情况的一个研究媒介。本文拟对这些文本做一探析。

一 《众经集要·大佛顶如来密因修证了义诸菩萨万行首楞严经》

《众经集要·大佛顶如来密因修证了义诸菩萨万行首楞严经》出自拜寺沟方塔，为汉文写本残卷，藏于宁夏考古研究所。在《拜寺沟方塔》一书中已有录文。②其源自《首楞严经》第五卷，属于后世被净土宗尊为“五经一论”之一的《大势至菩萨念佛圆通章》中的一部分。它与《佛说大乘无量寿庄严经》、《佛说无量寿经》、《佛说观无量寿经》、《佛说阿弥陀经》、《佛说称扬诸佛功德经》、《大方广佛华严经》等佛经中有关净土宗的部分攒集于一处，拟题为“众经集要”。《大势至菩萨念佛圆通章》篇幅仅为两百多字，为《首楞严经》第五卷的很小部分，而拜寺沟所出《首楞严经》的内容更是《大势至菩萨念佛圆通章》的一部分。

从内容看，本文献与《乐邦文类》“经证部”属于同一类典籍，均系摘抄诸经典中关于净土的论

① 笔者在《多语种背景下〈首楞严经〉文本的译传》一文中对《首楞严经》的多语种版本有梳理及介绍。第二届汉藏佛学研讨会会议论文，待发。

② 宁夏文物考古研究所编《拜寺沟西夏方塔》，文物出版社，2005年，第215页。

述编集而成，故拟名作“诸经集要”。从所抄典籍看，本文献与《乐邦文类》也有重复、共同之处。[①]《乐邦文类》是由南宋宗晓（1151—1214）编纂。宗晓，俗姓王，字达先，四明（今浙江鄞县）人。“乐邦”指西方极乐世界，“文类”指文献的类编，《乐邦文类》即净土文的总集。

笔者将《乐邦文类》与《众经集要》对《首楞严经》的摘引做了比照，发现《乐邦文类》也收入了《首楞严经·势至获念佛圆通》，不同的是，《乐邦文类》在《首楞严经·势至获念佛圆通》之后，还引入了长水子璿的注疏。因《众经集要》与《乐邦文类》先后关系目前无法确定，互动的具体情形有待查考。

二　山嘴沟石窟所出《首楞严义疏注经》残片

山嘴沟石窟二号窟所出第十二种与第十种两组残片，为西夏文刻本，依据《山嘴沟西夏石窟》中对其的识读，高山杉先生指出其中四块残片与《首楞严义疏注经》有关。[②]循高山杉先生所作之努力，笔者又将其他的残片作了查找和对应。

《首楞严义疏注经》的作者是宋初复兴华严宗的六祖子璿(？—1038)。子叡，字仲微，秀州嘉兴(今浙江嘉兴)人，俗姓郑氏。他一生开讲《楞严经》多达三十遍，颇为推崇此经，被称为“楞严大师”。《首楞严义疏注经》一书总分十门，一教起因缘，二藏乘分摄，三教义分齐，四所被机宜，五能诠体性，六所诠宗趣，七教迹前后，八传译时年，九通释名题，十别解文义。

《首楞严义疏注经》的体例为先举经文原文，再作注释。因而西夏文《首楞严经》的存在可以说某种程度上保留了《首楞严经》的西夏译本。当然，如今能看到的仅是山嘴沟石窟这两组佛经残片中的部分。

《山嘴沟西夏石窟》对这两组西夏文佛经残片的识读与《首楞严义疏注经》的对应如下所列：

山嘴沟残片第十二种，共八纸。

K2：275

(前缺)

……舍牟陀止于依……

……舍那观于依……

……故见谓，□知见，二……

……者定慧正等处三……

(后缺)

故起信云。所言止者。谓止一切境界相。随顺奢摩他观义故。二者审观烦恼结解根元。起对治行。即依生灭门修观也。生灭法相染净不同。起智拣择。对治令断。故起信云。所言观者。谓分别因缘生灭相。随顺毗钵舍那观义故。修前方便未能相即。故名随顺。修之成就。即观明止。即止明观。止观不二名为正修。即成三昧也。今是初修故名发觉 二别明二义三。一正明二义二。一因果同异门三。（卷四）

① 方广锠：《宁夏西夏方塔出土汉文佛典叙录》，《藏外佛教文献》第7辑，2000年，第400页。

② 高山杉：《拜寺沟方塔与山嘴沟石窟出土佛典刻本残片杂考》，《中西文化交流学报》2013年6月，5卷1号。

K2：321

（前缺）

……凉是。今……

……亦性合真……

……也。慈者人姓也……

（后缺）

二因修获证逢无量佛。如是至于山海自在通王如来。方得亡身。与十方界诸香水海。性合真空。无二无别。今于如来。得童真名。预菩萨会 前犹见水。今合真空无水可得。皆如来藏。故云亡身。（卷五）

K2：189

（前缺）

珠弃未……

注佛作开示经……

神珠表未获，解……

中亦此譬有……

（后缺）

高山杉先生在《拜寺沟方塔与山嘴沟石窟出土佛典刻本残片杂考》[1]中已做对应：

虽实贫穷。珠不曾失 虽流生死觉性常然。

忽有智者指示其珠 佛为开示。

所愿从心致大饶富 大用现前。

方悟神珠非从外得 始觉合时。本不曾动。今无始静也。法华中亦有此喻。彼约结缘。此约本有。意不同耳。（卷四）

K2：269

（前缺）

……说□□布列诸集……

……诸集□所说。二……

（后缺）

此经第十住明陈列灌顶。即圆融不碍行布也。圆融即横论。行布即竖说。二无障碍。二经颇同。故无疑也。（卷八）

K2：327

（前缺）

① 高山杉：《拜寺沟方塔与山嘴沟石窟出土佛典刻本残片杂考》。

……此间……

……事相忧……

（后缺）

如此间杏仁。故以为喻。喻惑业苦也。（卷一）

K2：328

……者性相……

此云觉者。谓觉了真妄性相之者。（卷一）

此处对应很不确定，但这句为全文中最接近的一处。

K2：54

首楞严经……

□□所……

（后缺）

此句信息非常有限，高山杉先生认为第四字只能说是近似于西夏文的“经”字，并指出此句或为《首楞严经》相关文本的首题或尾题，或即为《首楞严义疏注经》的首题或尾题。①

此种判断很有可能。当然，就汉文本而言，“首楞严”三字后出现过的字有“义、 定、 王、 也、 三、 等、 化、 者、 经、 为、 大”十一种。

K2：273

……者 □慧□□

……者慧净

与《首楞严义疏注经》相关的人员信息。高山杉先生判断其似是书尾所附募缘者和助印者的芳名录。

山嘴沟残片第十种，三纸

K2:96

（前缺）

断……

人道中。上……

各自无上道……

与自然获得成就……

断□修定、修福……

① 高山杉：《拜寺沟方塔与山嘴沟石窟出土佛典刻本残片杂考》。

有，由福天魔……
二未来多迷惑。[经]……
欲广行善知识……
生无正法眼……
者引诱失德……
心教修三摩地。……
净显悟是。[注]此……
□□念□□……
断谓。依彼……
少与法所俱……
阿难陀……
（后缺）

此残片内容高山杉先生已对出，[①]出自《首楞严义疏注经》第六卷：

汝修三昧。本出尘劳。淫心不除。尘不可出。纵有多智禅定现前。如不断淫。必落魔道。上品魔王。中品魔民。下品魔女。彼等诸魔亦有徒众。各各自谓成无上道　魔不断淫而修禅定。魔定顺惑易得成就。功深者为上品功浅者为中下。虽不断欲。而修定修福。随福优劣。故成三品。以邪定力报得五通。以有漏福生天魔界。随得少定。不辨邪正。各各自谓成无上道　二未来多惑。

我灭度后。末法之中。多此魔民。炽盛世间。广行贪淫为善知识。令诸众生落爱见坑失菩提路　末世众生。无正法眼。多被魔惑。广行贪淫。假称善友。诱化无识。失正遭苦。宜深察之不令得便　二结成明诫。

汝教世人修三摩地。先断心淫。是名如来先佛世尊第一决定清净明诲　此戒虽与小乘名同。而持随有异。此则一一内防心念。轻重等持。彼则事遂缘成。轻重随戒。故云先断心淫。故论云。心生则种种法生。心灭则种种法灭。故与小乘持戒全别　三诫劝二。一重彰过患二一喻显。

是故阿难。若不断淫修禅定者。如蒸砂石欲其成饭。

K2：56
（前缺）
……无漏业及觉心等……
……因金……
……令化……
……离又……
……离故。然……
……识资……
（后缺）

未找到十分对应的。

① 高山杉：《拜寺沟方塔与山嘴沟石窟出土佛典刻本残片杂考》。

K2：428

（前缺）

……处无，故混杂，亦无……

……先六识之实……

（后缺）

又汝心中忆识诵习。性发知见。容现六尘。离尘无相。离觉无性。相织妄成。是第三重名烦恼浊六识分别三世遍缘。（卷四）

三 《密咒圆因往生集》

《密咒圆因往生集》是存世的汉文大藏经中唯一一部由西夏僧人编集的佛经。此经集由甘泉师子峰诱生寺出家承旨沙门智广、北五台山大清凉寺出家提点沙门慧真编集，兰山崇法禅师沙门金刚幢译定。[①]其于西夏天庆七年（1200）编定，为汉文的藏传佛教经典（诸经神验密咒总集），也含净土因素。

除汉文大藏经中的版本之外，俄藏黑水城也存有《密咒圆因往生集》的西夏刻本，编号为TK271。其中含有密咒标题汉字的八思巴字标音和梵文的八思巴字音写，孙伯君等学者已就对音做了细致研究，称之为目前存世的八思巴字转写梵文的最长的纯文献材料。[②]孙伯君指出，黑水城出土《密咒圆因往生集》除存有梵文原文外，所收密咒数量以及编排顺序与普宁藏本也不甚一致。黑水城出土本《密咒圆因往生集》共录密咒二十一道，与通行本中录密咒三十二道显然不同。然而两者内容大体相同，只是所用汉字有些区别。[③]

查考《大正新修大藏经》第46册No. 1956《密咒圆因往生集》，在《大佛顶白伞盖心咒》之后有以“万行首楞严经云”开始的一段话：

大佛顶白伞盖心咒

捺麻厮但(二合)达(引)须遏怛(引)也啊啰诃(二合)碇萨灭三莫[口捺]薛怛涅达(引)唵啊[口捺]令觅折宁　觅(引)啰末唎啰(二合)噤吟末(舌齿)[口捺]末(舌齿)噤祢末唎啰(二合)钵(引)祢　发(怛)吽唵[口(隆-一)](二合引)发(怛)莎(引)诃

万行首楞严经云。佛告阿难。是佛顶章句。出生十方一切诸佛。十方如来因此咒心。得成无上正遍知觉。十方如来执此咒心。降伏诸魔制诸外道。十方如来乘此咒心。坐宝莲华于微尘国转大法轮。摩顶授记拔济群苦。所谓地狱饿鬼畜生盲聋喑哑。五苦诸横同时解脱。贼难兵难王难狱难。饥渴贫穷应念销散。若我说是咒之功德。从旦至暮音声相联。字句中间亦不重叠。经恒沙劫终不能尽。若诸众生以纸素白叠。书写此咒贮于香囊。是人心昏未能诵忆。或带身上或书宅中。当知是人尽其生年。一切诸毒所不能害。阿难若佛灭后末世众生。有能自诵若教他诵者。水不能溺火不能烧。大小毒气入此人口成甘露味。一切恶星鬼神毒人不能起恶。当知是咒。常有八万四

① 段玉泉：《武威亥母洞遗址出土的两件西夏文献考释》，《西夏学》第8辑，2011年，第132页。

② 孙伯君：《普宁藏本<密咒圆因往生集>的八思巴字注音研究》，《中华文史论丛》2009年03期，第163页。

③ 同上，第166—167页。

千那由他恒河沙俱胝金刚藏王菩萨种族。一一皆有诸金刚众。而为眷属昼夜随侍。设有众生于散乱心。非三摩地心忆口持。是金刚王常随从彼诸善男子。何况决定菩提心者。此诸金刚藏王。精心阴速发彼神识。是人应时心能记忆。八万四千恒河沙劫。周遍了知得无疑惑。劫劫不生贫穷下贱不可乐处。此诸众生纵其自身不作福业。十方如来所有功德悉与此人。由是得于恒河沙阿僧祇不可说不可说劫。常与诸佛同生一处。无量功德如恶叉聚。同处熏修永无分散。是故能令破戒之人戒根清净。未得戒者令其得戒。未精进者令得精进。无智慧者令得智慧。不清净者速得清净。不持斋戒自成斋戒。是善男子持此咒时。设犯禁戒于未受时。持咒之后众破戒罪。无间轻重一时消灭。纵经饮酒啖食五辛种种不净。一切诸佛菩萨金刚天仙鬼神。不将为过。纵不作坛不入道场亦不行道。诵持此咒。还同入坛行道功德。若造五逆无间重罪。及诸比丘比丘尼四弃八弃。诵此咒已如是重业。犹如猛风吹散沙聚。悉皆灭除更无毫发。若有众生从无量劫来。所有一切轻重罪障。从前世来未及忏悔。若能读诵书写此咒。身上带持若安住处庄宅园馆。如是积业犹汤消雪。不久皆得悟无生忍。若有女人未生男女。欲求孕者。至心忆念或带身上。便生福德智慧男女。求长命者即得长命。命终之后随愿往生十方佛土。若诸国土饥荒疫厉刀兵贼难。写此神咒安城四门支提幢上。令国土人奉迎礼拜恭敬供养。一切灾厄悉皆消灭。风雨顺时五谷丰殷。兆庶安乐灾障不起。恶星出现种种灾异。有此咒地悉皆消灭。十二由旬成结界地。诸恶灾祥永不能入。是故如来宣示此咒。汝及未来诸修行者。于此咒心不生疑悔。是善男子。于此父母所生之身不得心通。十方如来便为妄语。

将以上段落与《大正新修大藏经》第19册 No. 0945《大佛顶如来密因修证了义诸菩萨万行首楞严经》第七卷的相关部分仔细查考后有三点发现：首先，此《大佛顶白伞盖心咒》的篇幅较之《首楞严经》中名为“佛顶光聚悉怛多般怛罗秘密伽陀微妙章句”或一般称作《楞严咒》的四百三十九句远远不及。其次，两段咒文并无一致的语句，至少《大佛顶白伞盖心咒》文字上并不是照抄自《楞严咒》。再者，看似源自《首楞严经》的一段话，在《首楞严经》中出现在《楞严咒》的咒文之后。两段咒语之阐发对比之下，《大佛顶白伞盖心咒》用以阐释宣说咒文功德效用的文字基本是取自《首楞严经》，只有个别文字的调整。篇幅却几乎缩了一半，更像《首楞严经》相关段落的一种简写版或者是缩略版，将所涉文字进行了摘抄和融汇。

孙昌盛先生提出，《密咒圆因往生集》的出现标志着西夏佛教已逐渐民族化。[①]对《首楞严经》咒文阐释部分的摘引和重组，也反映出当时的西夏僧人对《首楞严经》的熟悉程度及将其吸纳进自己借之传教的新文本的主观能动性。

四　《禅源诸诠集都序》

《禅源诸诠集都序》是由唐代沙门宗密（780—841）所作，是最重要的禅宗思想史文献之一。[②]聂鸿音先生曾就此序的西夏刻本做过研究，此西夏本在俄罗斯科学院东方文献研究所编号为 $И_{НВ}$.No.735和 800。聂鸿音先生指出此西夏本比现存所有本子都要古老，可以用于汉译本的校勘。[③]汉译本本身提及《首楞严经》计有两处，《佛顶》即为《首楞严经》的异称，在敦煌文献中亦有此种表达。据《大

① 孙昌盛：《略论西夏的净土信仰》，《宁夏大学学报》(哲学社会科学版)1999年第2期，第29页。
② 聂鸿音：《〈禅源诸诠集都序〉的西夏译本》，《西夏学》第5辑，2010年，第23页。
③ 聂鸿音：《〈禅源诸诠集都序〉的西夏译本》，第25页。

正新修大藏经》第48册No. 2015《禅源诸诠集都序》，这两处分别为：

1. 即是真性与佛无异。故显示真心即性教也。华严密严圆觉佛顶胜鬘如来藏法华涅槃等四十余部经。宝性佛性起信十地法界涅槃等十五部论。虽或顿或渐不同。据所显法体皆属此教。

2. 即华严一分及圆觉佛顶密严胜鬘如来藏之类二十余部经是也。遇机即说不定初后与禅门第三直显心性宗全相同也。

据西夏本，通行汉译本中还有一些讹脱。[①]聂鸿音先生所举的典型例子即包含三处《首楞严经》的内容。即汉译本中没有或未明确提出《首楞严经》而西夏本中则明确包含了。这三处分别为：

1. 卷下"但是渐教一类，不摄《华严经》等"。西夏文译本将"《华严经》等"具体作了"《华严》、《佛顶》、《圆觉》、《金刚三昧》等经"。[②]

2. 卷下"《圆觉经》中'观行成时，即成佛道'"。西夏文译本多了"《大佛顶经》云：'识阴尽，则速超十地，顿入于如来妙庄严海'"。[③]

3. 卷下"性觉宝光，各各圆满"。西夏本有双行小注"《大佛顶经》现有明文"。[④]

此外，俄藏黑水城文献中有《大佛顶如来密因修证了义诸菩萨万行首楞严经卷第十》这一写本残片。它与另外17种文本粘裱于俄A20的背面，即编号为俄A20v。黑水城汉文文献时间跨度较大，包括唐、五代、宋、西夏、伪齐、金、元（含北元），其中元代的数量最多，其次是西夏、宋，为研究宋夏金元历史文化提供了珍贵的史料。[⑤]在孟列夫、蒋维崧、白滨三位先生所作的《俄藏黑水城文献叙录》中，A20被定为元代刻本，包含《大随求陀罗尼经》、《一切如来心陀罗尼》以及《唐梵般若心经》的印本。[⑥]其背面除《大佛顶如来密因修证了义诸菩萨万行首楞严经卷第十》外，还包含《满庭芳》、《词章》、《小重山》、《声声慢》、《木栾花》、《醉蓬莱》、《小镇西》、《山亭柳》、《暮山溪》、《大圣乐》、《亡牛偈》等诗词写本，医方、杂写以及《大方广佛华严经梵行品第十六》、《佛印禅师心王战六贼出轮回表》、《金刚般若波罗蜜经》等佛经类文本。因这些写本似作为裱补正面元刻本之用，无意识中被保存下来。且断代为元代，本文不拟细述。

余论

通过分析西夏发见的关涉《首楞严经》的四个文本《众经集要》、《密咒圆因往生集》、《首楞严义疏注经》、《禅源诸诠集都序》，可以发现：

这四个文本分别关联净土、密宗、华严、禅宗四个派别，既与汉传佛教相关，又和藏传佛教有涉，符合《首楞严经》显密圆融的特色。反映出净土、密宗、华严、禅宗在西夏传播的一些情形。

从考察《首楞严经》的角度来看，也透露出此经在西夏的影响力，特别是其注疏作品《首楞严义疏注经》被译成了西夏文，就目前对照出的残片来看，第一、四、五、六、八卷的内容都有发现。想

---

①②③ 聂鸿音：《〈禅源诸诠集都序〉的西夏译本》，第27页。

④ 同上，第28页。

⑤ 杜建录：《黑水城汉文文献综述》，《西夏学》2009年第4辑，第 11页。

⑥ 孟列夫、蒋维崧、白滨：《俄藏黑水城（汉文）文献叙录》《俄藏黑水城文献》第6册，上海古籍出版社，2001年，第41页。

必《首楞严义疏注经》全文被译成了西夏文。而西夏人自己编制、具备西夏特色的《密咒圆因往生集》对《首楞严经》内容的吸收，也体现了《首楞严经》在西夏的流行。

此外，关于西夏文《大藏经》，各位前辈学者多有探讨，但是否存在完全对译了汉文《大藏经》的西夏文《大藏经》，似乎尚不能定论，至少目前并未见到《首楞严经》的西夏文译本。尽管不能确知是否曾有西夏文的《首楞严经》译本，但西夏曾雕印全部汉文《大藏经》，至少印制了 12 部《大藏经》。[①]那么《首楞严经》的汉文本在西夏有所传播自当无疑。

而《首楞严经》的注释作品被译成西夏文，那么本经是否也曾被译为西夏文？就《首楞严义疏注经》“先举经文原文，再作注释”的体例来看，西夏文《首楞严义疏注经》某种程度上也可以说保存了西夏文的《首楞严经》。

唐代时即有《首楞严经》的注疏，宋代亦有诸家注释，目前所见西夏文注疏本仅为长水疏，不管《乐邦文类》与《众经集要》是谁影响谁，两者间的相似性不可否认。《乐邦文类》引述《首楞严经》时也采纳的是长水疏，就探讨《首楞严经》而言，或可想见长水疏在当时的流行程度。

《密咒圆因往生集》中以《首楞严经》中解说《楞严咒》之文字的缩略版来阐发《大佛顶白伞盖心咒》的功德。而咒文却并非取自《楞严咒》，文字上并不一致。“白伞盖”与《楞严咒》的关系，以及西夏人对这两者之间的混同或者区别如何认知，有待进一步查考。

《禅源诸诠集都序》是唐代的作品，虽然在反映当时《首楞严经》的影响力和受众度上，与《密咒圆因往生集》这样西夏人自己的作品、以及《首楞严义疏注经》这样的西夏文注疏译本不可相较。它的西夏译本的存世客观上保存了《首楞严经》的零星资料，可以窥见西夏文字对经文的译法和译者对经义的理解。或者，还有一些其他西夏时期的西夏文或者其他文字的文本也存在类似情形，可从中寻觅《首楞严经》的蛛丝马迹。

（作者通讯地址：中国人民大学国学院西域历史语言研究所　北京 100081）

---

① 孙昌盛：《西夏印刷业初探》，《宁夏大学学报》(社会科学版)1997 年第 2 期，第 38 页。

西夏学 第10辑 2013年9月
Xixia Studies, Sep,2013,Vol.10

日本藏西夏汉文文书初探*
——张大千旧藏西夏汉文文书研究之一

刘广瑞

摘　要：近些年来，俄藏、英藏、中国藏西夏文书的研究成果丰硕，而日本藏西夏文书的研究还比较滞后。随着《日本藏西夏文文献》一书的出版，为我们研究日本藏西夏文文献提供了有利条件。本文首先对日本所藏西夏汉文献进行了整理与研究，发现这些西夏汉文文书主要是原来张大千收集品，从文书中获取了有关于西夏社会经济诸多领域的信息，看到西夏社会生活与经济关系的一些变化。

关键词：日本　西夏文书　典谷文书　张大千

随着《中国藏西夏文献》、《法藏敦煌西夏文献》、《俄藏黑水城文献》、《英藏黑水城文献》、《中国国家图书馆藏西夏文献》、《中国藏黑水城汉文文献》的陆续出版，在学术界掀起了一股“西夏学”热潮。在此热潮推动下，由北方民族大学社会学与民族学研究所教授武宇林主持的国家社会科学基金重大项目“日本藏中国出土西夏文献的研究整理出版”的最终成果《日本藏西夏文文献》正式出版，无疑是锦上添花。该书是中日双方共同努力的结果，是对日本馆藏全部西夏文文献资料的首次公开，将对中国乃至世界西夏学界的学术研究产生积极的影响。

一　日本藏西夏汉文文书概况

日本的西夏文文献来源是经历了一个长期的过程，在20世纪初至第一次世界大战前的十余年间，英、德、法、俄、瑞典等国家的探险队，陆续到中亚地区进行大规模的探险活动。与之并行的还有一支亚洲探险队，那就是日本的大谷探险队。大谷光瑞是日本中亚探险队的创始人和主宰者。大谷光瑞（1876—1948）为净土真宗本愿寺派第二十二世宗主，他在1901年至1902年旅居英国伦敦期间，受到斯坦因等探险家相关报导的启示，特别是他们关于佛教遗迹的发现，使他下定了中亚探险之决心。在与英国的两位探险家谋面切磋之后，他于1902年组建了大谷探险队。日本大谷探险队通过三次探险，获取了大量的西域出土文物。大谷探险队以考察中亚遗迹、搜集敦煌文书而出名，他们搜集来的文献是研究东方学不可多得的珍贵资料。

日本藏西夏文文献资料，分布于东京、京都、大阪和奈良四座城市的七处大学图书馆及博物馆。

* **基金项目**：本文是河北省高等学校人文社会科学研究项目《张大千旧藏西夏汉文文书若干问题研究》（项目编号SZ134001）阶段性成果。

它们分别是：京都大学文学研究科图书馆、京都大学人文科学研究所东亚人文情报学研究中心、天理大学附属天理图书馆、龙谷大学图书馆、大阪大学外国学图书馆、东京大学附属图书馆和国立民族学博物馆。《日本藏西夏文文献》[①]分为上下卷，上卷中收录有京都大学文学研究科图书馆、京都大学人文科学研究所东亚人文情报学研究中心、龙谷大学图书馆、大阪大学外国学图书馆、国立民族学博物馆、东京大学附属图书馆的藏品；下卷收录有天理大学附属天理图书馆的藏品。

笔者根据《日本藏西夏文文献》对所藏藏品进行了统计：日本京都大学文学研究科图书馆所藏品有《大方广佛华严经卷》；日本京都大学人文科学研究所东亚人文情报学研究中心所藏品有《大方广佛华严经卷》；龙谷大学图书馆（大宫图书馆）所藏品有《瓜州监军司番判案》、《六祖大师法宝坛经》、《不明论典》等；大阪大学外国学图书馆（旧大阪外国语大学图书馆石滨文库）所藏品有《大方广佛华严经卷》；国立民族学博物馆所藏品有《圣胜慧彼岸到功德宝集颂》；东京大学附属图书馆所藏品有《出高昌佛迹各种断简》；天理大学附属天理图书馆所藏品有《西夏文经断简》、《圣胜慧彼岸到功德宝集颂》、《白伞盖陀罗尼经》、《佛顶心观世音菩萨陀罗经》、《圣柔吉祥之名真宝诵》、《圣智寿无量之总持》、《白伞盖陀罗尼经》、《汉文写本百字咒》、《瑜伽集要焰口施食仪（拟）》、《阿毗达磨大毗婆沙论第二十九》、《大方广佛华严经》、《金光明最胜王经》、《十八契印》、《金刚般若波罗蜜多经》、《佛画残片》、《汉文卦残片》、《慈悲道场忏法》、《圣大悟荫王随求皆得经》、《圣摩利天母总持经》、《圣柔吉祥之加讚（拟）》、《圣无量寿莲华行加讚》、《圣观自主大悲心总持功德经韵集》、《佛顶心观世音菩萨陀罗尼经》、《三十五佛经》、《西夏回鹘文书断简》、《夏汉合壁典谷文书》、《汉文借绢马文书（拟）》、《夏汉合壁典谷文书》、《汉文典谷文书》、《西夏文典谷文书残页》、《典谷文书》、《欠粮担保帐》、《西夏文借粮帐》、《西夏文典谷文书》、《种咒王荫大孔雀经》、《敦煌遗片》、《现在贤劫千佛名经》、《宁夏省黑城发现西夏经》、《圣摩利天母总持经》、《妙法莲华经心》。

从上面的统计不难看出所藏文献中佛教文献较多，这跟当时西夏大力推行佛教有关，包括西夏皇族在内的党项人也虔诚信佛。在所藏佛教文献之中，《大方广佛华严经》所藏最多，共计 20 件。其中，日本京都大学文学研究科图书馆有 6 件，日本京都大学人文科学研究所东亚人文情报学研究中心有 6 件，大阪大学外国学图书馆（旧大阪外国语大学图书馆石滨文库）有 1 件，天理大学附属天理图书馆有 7 件。

书名虽为《日本藏西夏文文献》，实际上里面有很多珍贵的西夏汉文文献，如天理大学附属天理图书馆所藏品《汉文写本百字咒》、《汉文卦残片》、《汉文典谷文书》等，由藏品的数量中我们知道了汉文文献主要是关于典谷文书。天理大学附属天理图书馆是日本这七处藏西夏文文献中所藏最多的。该图书馆还收集有关于东西方世界的外交史资料、天主教东洋傳道史资料、基督教出版文献、日本和荷兰的外交关系资料等。另外，还收藏有几种宋版的汉文书。该馆收藏的西夏文献类型较多，数量较大。其中，有两部《大方广佛华严经》卷四一，还有大量的西夏文字残片，被整理割分为四类：《西夏文经断简》、《西夏回鹘文书断简》、《敦煌遗片》、《宁夏省黑城发现西夏经并元代古文书》。包含有佛经、世俗文书、刊本、抄本的各种残片。

二　日本藏西夏汉文文书来源

如上所述，日本藏西夏汉文文书主要收藏在天理图书馆，而天理图书馆所藏敦煌文献的主体是张大千的旧藏品，共有四组：

---

① 武宇林：《日本藏西夏文文献》，中华书局，2011 年。

（一）景龙三年（709）张君义公验等三件文书，已经重裱，张大千有跋，记其1941年在敦煌发现这些文书的经过。（二）《敦煌遗片》一册，收西夏文、藏文、回鹘文和汉文佛典写本或刻本断片，据张大千题跋，是1944年得之敦煌石室，1952年装裱成册的。（三）《西夏回纥文断简》一册，共18叶，主要是回鹘文文献。（四）《西夏文经断简》一册，共计有44叶，近百件残片，所收有西夏文，也有汉文和回鹘文写本印本残片。审其来历，第一组是张大千在莫高窟窟前沙中发现的，由题跋可知。第二组说是得自"敦煌石室"，易使人联想到敦煌藏经洞。实际上，张大千在敦煌时．藏经洞文献早罄，据其所得西夏、回鹘文文书内容和时代看，这里的"敦煌石室"当指莫高窟北区的元代洞窟。后两组没有其来历的明确记录，从内容看大多数和第二组相同，但其中也混有一些早期的写本。其中的藏文《无量寿宗要经》7件，可能来自敦煌藏经洞而流散在民间，它们已由藤枝晃和上山大峻合作发表。而西夏文资料则由西田龙雄发表。回鹘文有《增一阿含经》、各种《缘起》、《十王生七经》，由百济康义先生发表。汉文则有《佛说十想经》、《俱舍论颂》、《回施文》等，为元代写本。另有残户籍、医书等，年代或许早些。[①]

《日本藏西夏文文献》收录了张大千所藏的《敦煌遗片》、《西夏回纥文断简》、《西夏文经断简》三组有关西夏的文献。由于"景龙三年（709）张君义公验等三件文书"为唐代文献，而没有收录。另外，《日本藏西夏文文献》还收录了十几件张大千对这批文书所作的题跋以及日本清野谦治用日文所作的《宁夏省黑城发现西夏经并元代古文书》题跋。实际上，并不是《日本藏西夏文文献》第一次系统影印出版这批文书，日本天理图书馆首先进行了整理影印，名为《石室遗珠》。1990年，中国西北文献丛书编辑委员会所编的《敦煌学文献》第8卷收录了《石室遗珠》，并由兰州古籍书店出版，让国人第一次见到这批文书。

张大千的旧藏品，据荣新江先生介绍，主要收藏在日本天理图书馆和美国普林斯顿大学的葛斯德图书馆。来源于敦煌莫高窟北区石窟。[②] 也就是说天理图书馆所藏的西夏汉文文献来源于敦煌莫高窟北区石窟。

三　日本藏夏汉合璧典谷文书整理与研究

古代的典谷文书是今人关注的一个重要研究课题。典谷文书不仅是反映当时具体的社会活动的第一手资料，而且是古代社会经济状况和社会关系更深层次的体现。关于西夏的典谷或者典粮文书，首推著名的西夏天庆年间的典粮文契，先后有陈国灿、杜建录、史金波等[③]学者对其进行研究和探讨。而日本天理大学附属天理图书馆所藏品中汉文典谷文书共计19件，《日本藏西夏文文献》将其定名为《夏汉合璧典谷文书》，分为9组，分别为12—02《夏汉合璧典谷文书》、12—03《夏汉合璧典谷文书》、12—04《夏汉合璧典谷文书》、12—05《夏汉合璧典谷文书》、12—06《夏汉合璧典谷文书》、12—07《夏汉合璧典谷文书》、12—08《夏汉合璧典谷文书》、12—09《夏汉合璧典谷文书》、12—10《夏

① 荣新江：《海外敦煌吐鲁番文献知见录》，江西人民出版社，1996年，第208页。

② 荣新江：《〈敦煌莫高窟北区石窟〉（第一卷）评介》，《敦煌研究》2000年第4期。

③ 参见陈国灿《西夏天庆间典当残契的复原》（《中华史研究》1980年1期）；杜建录：《俄藏西夏天庆年间典粮文契考释》（《西夏研究》2010年第1期）；史金波：《西夏粮食借贷契约研究》（《中国社会科学院学术委员会集刊》第1辑，社会科学文献出版社，2004年）等文。

汉合璧典谷文书》。关于这批文书的整理与研究，日本学者西田龙雄、百济康义、森安孝夫、松泽博，大陆学者荣新江、台湾学者王三庆等学者对天理图书馆藏西夏文献进行了介绍和研究。①纵观国内外学者研究状况，仅停留在对这批文书的介绍，尤其是对其中的汉文文书进行研究的更少。因此，有必要进行系统地整理与研究。

（一）《日本藏西夏文文献》中汉文文书录文

第一，12—02《西夏回鹘文书断简》。

【释文】

一

1—3 行为西夏文（略）

4□ 娘罗

5□ 白毛一片床本利玖肆升

6—8 行为西夏文（略）

9□ 贺盂堆楼铎副

10□ 本利肆斗捌升

二

1—3 行为西夏文(略)

4 不尚

5 也。壹石一小麦九十八升

（押印）

三

1 □□石

2 丝款单

3—6 行为西夏文(略)

7 毡

8 二石

9 行为西夏文（略）

本文书收录在《日本藏西夏文文献》第 331 页，为《西夏回鹘文书断简》残页，编号为 12—02。

第二，12—03《西夏回鹘文书断简》。

【释文】

---

① 参见西田龙雄《天理図書館所蔵西夏語文書について》I（《ビブリア》第 9 号，1957 年），《天理図書館所蔵西夏語文書について》II（《ビブリア》第 11 号，1958 年）和《天理図書館所蔵西夏文<无量寿宗要経>について》（《ビブリア》第 23 号，1955 年）；百济康义：《天理図書館所蔵ウイクル語文献》（《ビブリア》第 86 号，1986 年）；森安孝夫：《ウイクル語文献》（《敦煌胡语文献・讲座敦煌 6》，大东出版社，1985 年）；松泽博：《西夏文谷物借貸文書私見——天理図書館所蔵夏漢合璧文書断片を中心として》（《东洋史苑》第 30、31 号，1988 年）、《敦煌出土西夏語仏典研究序說——天理図書館所蔵西夏語仏典について》（1～2）（《东洋史苑》1990 年第 36 号；《龙谷史坛》第 103—104 号，1994 年）；荣新江：《海外敦煌吐鲁番文献知见录》（江西人民出版社，1996 年）；王三庆：《日本天理大学天理图书馆典藏之敦煌写卷》（《第二届敦煌学国际研讨会论文集》，台湾汉学研究中心，1991 年）等文。

一

1 黑米

2 黄□□二疋□□臣又二疋

3 少妇伴出□二疋

4 □□已召户□都出□

5 □子□吟只下

6 呈　一户□雇黑青肩马一疋半半□□

7 　　　　　　一白　　　　？

8 　一□例□□□兀良马□义兀□□

9 　　　　□马一十疋　　　　？

10 　　　及人纳　　　　？

二

1 同立文人索那正取到谷壹石（押印）

三

1 □疋□□米五月十八日　　　　？（押印）

本文书收录在《日本藏西夏文文献》第336页，为《西夏回鹘文书断简》残页，编号为12—03。

第三，12—04《西夏回鹘文书断简》。

【释文】

1—4行为西夏文（略）

5 □十六□代伊（押印）

6 □米三十□（押印）

7 五斗□典

本文书收录在《日本藏西夏文文献》第339页，为《西夏回鹘文书断简》残页，编号为12—04。

第四，12—05《西夏回鹘文书断简》。

【释文】

一

（前缺）

1 　　　　立□

2 　　　　立□

3 （押印）立□

4 同雇也出今普□

5 小麦本壹石至本钱

二

1 行为西夏文（略）

2 正典

3—4 行为西夏文（略）

5 梁凌□子典

6 伍升典 （押印）

三

1 □正男□□□

2 □孙男乃日□

3 然二吾屈□

4 典□□米皂□□□

5 石伍升典限八月初□

6 立文□□□□□

四

1 □缬半疋半五厘五

2 壹石□本钱

3 二杨那三（押印）

五

1 半斗

2 一口上粮马黑麻（押印）

3 欠一□□□（押印）

4 尚

六

1 呈付京四年

2 呈半猪□□

3 呈 ？

4 将毡三片典卖

5 米典限八月

本文书收录在《日本藏西夏文文献》第344页，为《西夏回鹘文书断简》残页，编号为12—05。

第五，12—06《西夏回鹘文书断简》。

【释文】

一

1 天庆甲子十九

2 等人得白 ？

二

1 天庆甲

2 在床两

三

（前缺）

1　　　　　　　　壹彩□□一□

2　　　　足五运□米壹石□升□□

3　　　　小麦　　　？

4　　　　钱　　　？

5　　　　？

（押印）

四

1　　　　足典到小麦

2　　　　典限八月初一日

3　　　　贺者

4　　　　白松

5　　　　逮

6　　　　哉□米典（押印）

五

1 天庆甲子十五日

六

1 天庆甲子十五 十二日

七

1 □伍斗至本

八

1 同架黑米□典正

2 □贰升至本钱叁□

九

1 五石□十日立（押印）

2　　　　布褥子

本文书收录在《日本藏西夏文文献》第350页，为《西夏回鹘文书断简》残片，编号为12—06。

第六，12—07《西夏回鹘文书断简》。

【释文】

一

1　　　　　　　　　知见人

2 同日专俄万山入典旧大羊□

3 □升上限八月初二日还本

4　　　　　　　　立文十四

5 同日□□夜火奴成入典旧□

6 吴奉辜处典小麦本肆斗粟弍

7 本利肆斗弍升限至八月一日不赎□□
8 □□□一夜火
9 知见人□
10 同日□□□氏福姐入典红四八尺
11 处典小麦本壹石本利壹石弍斗
12 不到 立
（后缺）
二
（前缺）
1 弍石五斗壹升小麦叁石五斗典
2 □□□祝月填
3 方□□祝玉合房土
4 □□□袁玉合布□
5 真无项雇死□□□□□□□
6 合石□□小麦叁石玖斗典限□
7 立□□□四升真无项□
8 立□□□梁大石□
9 始解计大石伽利叁升
三
（前缺）
1 □□□□□□□女
2 □□□□□□□三升
3 麦壹石弍斗典限八月一日
4 □□□□□□□
5 □□典
6 □本壹石□本利壹石
（押印）
四
（前缺）
1 □□□□□□□
2 □□□□□□□
3 □小麦弍石弍斗粟糜子
4 大麦斗本利叁石叁斗小麦
5 石伍斗限八月卯日□
6 壹石肆升壹石正契
7 □□□□□□□
8 立□□梁
9 □□□□□□□

本文书收录在《日本藏西夏文文献》第355页，为《西夏回鹘文书断简》残片，编号为12—07。

第七，12—08《西夏回鹘文书断简》。
【释文】
一
1—4行为西夏文(略)
5付阿强小麦四十
6石二斗
二
1—4行为西夏文(略)
5立文

本文书收录在《日本藏西夏文文献》第360页，为《西夏回鹘文书断简》残页，编号为12—08。

第八，12—09《西夏回鹘文书断简》。
【释文】
一
1同日立
二
1同日立

本文书收录在《日本藏西夏文文献》第364页，为《西夏回鹘文书断简》残页，编号为12—09。

第九，12—10《西夏回鹘文书断简》
【释文】
一
1合□石一石四斗
二
1火芭申大羊皮
2大羊□□疋□粟七斗
3五升
三
1银钵盂
2五升

本文书收录在《日本藏西夏文文献》第369页，为《西夏回鹘文书断简》，编号为12—10。

（二）研究

1. 立契时间

上述文书中有“天庆甲子”年，应为西夏天庆十一年（1204）。本组共涉及四件“天庆甲子”年文书。俄藏黑水城西夏文粮食借贷契约主要集中在西夏中晚期50多年间，较早的有乾祐壬辰年(1172年)，最晚的有乾定甲申年(1224年)，其中天庆(1194—1205年)与光定(1211—1223年)年间最多。在已知的其他国家和地区的黑水城西夏汉文贷粮文契“全部在天庆年间”，本组文书也有四件是天庆年间，可以推测本组文书至少应为天庆年间文书。

2. 文契的格式与形制

在西夏天庆年间典粮文契中，以保存完好的天庆六年和天庆十一年文契为例，两者格式基本一致，均首书某年月日立文字人某某，次书借贷大小麦及其他谷物的本利，接着是到期偿还不上的处罚，最后是立文人、同立文人、知见人、书契人的签名画押。[①]日本藏西夏汉文典谷文书中有“立文字人”、“知见人”记载，可以看出典谷文书也符合基本契约格式。

关于天庆年间典粮文契的性质，有学者认为是典当商人裴松寿的“典当契约底账”[②]。而有的学者认为天庆年间典粮文契“就其性质而言还是契约”[③]。笔者认为天庆年间典粮文契上面书有双方的借贷数量、利息、偿还期限、违约处罚以及借贷双方和担保三方的签字画押，应该具有法律效力，受西夏法律保护。日本藏西夏汉文典谷文书上也书有上述几个要素，同样也具有法律效力，受法律保护。西夏《天盛律令》明确规定：“诸人买卖及借债，以及其他类似与别人有各种事牵连时，各自自愿，可立文据，上有相关语，于买价、钱量及语情等当计量，自相等数至全部所定为多少，官私交取者当令明白，记于文书上。”如果“于官私处借债，本人不在，文书中未有，不允有名为于其处索债”[④]。“文书中未有，不允有名为于其处索债”，就是没有签订借贷文契，是不能凭其他记录索债的。

3. 偿还期限与违约处罚

黑水城位于我国西北地区，属内陆干燥气候。具有干旱少雨、蒸发量大、日照充足、温差较大、风沙多等气候特点。这种自然环境决定了农作物适合一年一熟。“当地农牧民多在青黄不接的四月、五月借贷粮食，秋收后的八月一日偿还”[⑤]，日本藏西夏汉文典谷文书时间有五月十八日，偿还日期有八月初一日、八月一日。五月份借债，距偿还只有短短两个月时间。由于文书残损严重，如果到期不能偿还，文书没有记载处罚规定。但西夏天庆年间典粮文契有两种处罚规定：一种是“限日不见交还之时，每一斗倍罚一斗”，这和西夏文借贷文契规定的“日过不还来时，一石还二石”相一致；另一种是到期“不赎来时，一任出卖不词”，也即偿还不上，任由出借人出卖抵押品。日本藏西夏汉文文书中有“不赎”记载，很可能就是此种处罚规定。

4. 借贷双方的民族成分

西夏是以党项为主体包括汉、吐蕃、回鹘等多民族在内的政权，黑水城作为西夏的一个监军司所在地，更是一个多民族聚居区。这种多民族聚居的状况在黑水城文献中有很多反映，如社会经济类和政治军事类文献中出现的姓氏和人名就是最为典型的个案。

前人对西夏天庆年间的典粮文契中的“裴松寿”做了系统研究，认为“他是一个专门从事放高利贷的汉人。他是黑水地区目前所见的放贷时间最长、放贷数量最大的商人”[⑥]。黑水城所出有关“裴松寿”的文书，共有12组，涉及到年份有天庆六年、天庆十一年、天庆十三年，这说明裴松寿很可能长期在黑水城从事借贷。也就是说，黑水城地区的高利贷长期普遍的。

日本藏西夏汉文典谷文书中借贷者中有党项族，也有汉族。党项姓多为复姓，党项族借贷者如娘罗、索那正、俄万山、夜火奴等。汉族姓氏如梁、吴等。西夏姓氏文献《杂字》分为西夏文和汉文两种，都列有“番姓”和“汉姓”。笔者翻检这两种文献，日本藏西夏汉文典谷文书中的党项姓氏和汉

①③⑤ 杜建录：《俄藏西夏天庆年间典粮文契考释》，《西夏研究》2010年第1期。
② 陈国灿：《西夏天庆间典当残契的复原》，《中国史研究》1980年第1期。
④ 史金波、聂鸿音、白滨：《天盛律令》卷二《催索债利门》，法律出版社，2000年，第189—190页。
⑥ 杜建录、史金波：《西夏社会文书研究》，上海古籍出版社，2010年，第123页。

族姓氏都位列其中。特别值得一提的是，通过上述的汉姓人名可见有的突破了一字、二字的格式，出现了三字的形式，如吴奉辜、祝月填、祝玉合等。这可能受到党项族名字的影响。

5. 借货利率

西夏借贷契约中都是有息借贷，契约中明确本、利数量，多数还明确记载到期应还的本利总和。敦煌的贷粮契约中多数未提及利息，只强调到期归还，若到期不还，要加倍偿还。而7世纪西域的契约明确规定了利息，与黑水城的借贷契约类似。[①]黑水城粮食借贷契约不仅全是有息借贷，而且大都是高额利息。所有借贷都以本粮数为基础，但计息方式不同，大致可分为三种，即：总和计息、按月计息和按日计息。[②]

据史金波先生研究，“总和计息一般是青黄不接的三月、四月借贷月，收获后的七、八月偿还，利息有三利、四利、五利(即半变)、六利、七利、八利，以及‘倍称之息’，即30%到100%的利息”[③]。天庆间典粮文契就是总和计息，西夏法典规定：“全国中诸人放官私钱、粮食本者，一缗收利五钱以下，及一斛收利一斛以下等，依情愿使有利，不准比其增加。”[④]其中“一缗收利五钱以下”应是一缗每日收利五钱，日利率 0.5%，月利率 15%。“一斛收利一斛以下”应是指全部利息。这种对放贷钱、粮利率加以限制的规定，使放贷者不能无限制地盘剥，相对有利于借贷者。日本藏西夏汉文典谷文书由于残损严重，并不能看出属于哪种计息方法，但根据文书中的“本利”可推测应属于总和计息。西夏法典还规定“前述放钱、谷物本而得利之法明以外，日交钱、月交钱、年交钱、执谷物本年年交利等，本利相等以后，不允取超额。若违律得多利时，有官罚马一，庶人十三杖。所超取利多少，当归还属者”[⑤]。这里规定了西夏借粮收取利息可以按日、按月、按年等多种形式交利息，也规定了债主利率不得高于100%。从日本藏西夏汉文典谷文书中，我们可以粗略得看出实际生活中收取利息的情况远比《天盛律令》规定复杂得多。

四 日本藏西夏其他汉文文书整理与研究

39—39《西夏文经断简》

【释文】

1 必须

2 但多少

3 口尝之，众鼻

4 敦，此盖是合和

5 药味多

本文书收录在《日本藏西夏文文献》第328页，为《西夏文经断简》残页，编号为39—39。

《西夏文经断简》39—39所记载的内容为《太平惠民和剂局方》卷上《论合和》的一部分。原文如下：

是以医者必须殷勤注意，再四留心，不得委以他人，令其修合，非但多少不等，兼亦失本方

① [法] 童丕著，余欣、陈建伟译《敦煌的借贷：中国中古时代的物质生活和社会》，中华书局，2003年，第12—13页。

②③ 史金波：《西夏粮食借贷契约研究》，《中国社会科学院学术委员会集刊》(第1辑)，社会科学文献出版社，2004年。

④ 史金波、聂鸿音、白滨《天盛律令》卷三《催索债利门》，第188—189页。

⑤ 同上，第189页。

意，捣和之后，妍丑难明，众口尝之，众鼻嗅之，药之精气一切都尽，而将疗病固难得效，此盖是合和之盈虚，不得咎医方之浅拙，熟宜思慎之也。又古方药味多以铢两，及用水皆言升数，年代绵历浸远，传写转见乖讹，或分两少而水数多，或水数多小而分两少，轻重不等，器量全殊，若不别其精粗，何以明其取舍。

《太平惠民和剂局方》为宋代太平惠民合剂局编写。全书十卷，附指南总论三卷，分伤风、伤寒、一切气、痰饮、诸虚等14门，载方788首。所收方剂均系民间常用的有效中药方剂，记述了其主治、配伍及具体修制法，是一部流传较广、影响较大的临床方书。西夏与宋亦有友好的医学往来。宋英宗时，西夏向宋求医书。英宗"以《九经》及正义、《孟子》、医书赐夏国，从所请也"①。黑水城文献就有《千金方》、《神农本草》等汉文中医学著作。此件文书内容为《太平惠民和剂局方》，说明了宋代医学在西夏的流传也是十分广泛的。

五　日本藏西夏汉文文书的价值

史学家陈寅恪曾有言："一时代之学术，必有其新材料与新问题。取用此材料，以研求问题，则为此时代学术之新潮流。"西夏学已经不再是所谓的"绝学"了，要想赶上西夏学的"新潮流"，必须用其新材料。在这些已知的传世和出土的文献中，有较为可观的西夏资料。就出土文献而言，俄藏、英藏、法藏、中国藏西夏文献的研究比较成熟，而日本藏西夏文书的研究还不太深刻。随着《日本藏西夏文文献》正式出版，日本馆藏全部西夏文文献资料的首次公开，为我们研究西夏历史与文化有很大的帮助。从史料方面来看，西夏文书又是研究西夏政治、军事、经济和文化等最可靠最直接的史料之一。因此，梳理、研究日本藏西夏文书资料对西夏学的研究有极其重要的历史价值。目前，由于对日本藏西夏文书的研究特别是汉文文书的研究相当薄弱，所以还是有余义可求的。

就其日本藏西夏汉文文书的价值而言，笔者认为可归纳为以下四点。

一是为研究西夏社会经济提供了直接史料。例如有关典谷文书，从借贷契约中我们可以知道当时西夏国存在大量的放贷者，他们从事高利贷活动，国家的法律也保护放贷者。

二是为研究西夏的政治军事等问题提供了间接史料。日本藏西夏汉文社会经济文书很多都涉及到了相关的非经济内容，这对于研究相关的政治、军事等问题起到了至关重要的作用。例如日本藏汉文典谷文书中关于"正契"等内容，为研究古代契约制度提供了范例。

三是为西夏学提出了新问题。这些问题一方面包括了前人已经做过研究，但仍有待继续挖掘；二是未进行过研究的，属于空白点的文书更值得开掘。如以西夏典谷文契为例。虽然有多位学者进行过研究，特别是西夏天庆年间典粮文契，但对日本藏西夏汉文典谷文书研究仍然有一些问题值得探讨。又以张大千对西夏文文献和回鹘文献所作的题跋为例，目前尚无专文研究，对于这些题跋的研究，必定会加深对西夏文献的认识和解读。

四是为敦煌莫高窟北区文书的缀合提供了可能。正如荣新江先生提出的：

张大千的发掘是盗宝式的发掘，没有科学的记录，但已知的材料已经不少，这批材料和北区新发现的材料属于同一来源，有些文书可能属于同组文书，在今后文书的整理工作中，应当充分

---

① 徐松辑《宋会要辑稿》，中华书局，1997年，第1715页。

注意北区新文书与天理、葛斯德图书馆藏卷缀合的可能性。[①]

简言之，日本藏西夏汉文文献是其新材料，必然能够带来新问题。笔者以为，随着西夏学研究的深入，其价值必将被越来越多的学者所认识，得到学术界的关注和使用。

（作者通讯地址：河北邯郸学院科技处　邯郸 056000 ）

① 荣新江：《〈敦煌莫高窟北区石窟〉（第一卷）评介》，《敦煌研究》2000 年第 4 期。

十七种清及近代重要汉文西夏文献解题

胡玉冰

摘　要： 有清一代，是汉文西夏史籍成书最多的时代，被目录书著录和文集述及的有20种左右，留存至今者6种，2/3都已亡佚。清人编修的西夏文献专史史体多样，取材范围广泛，记述内容更加丰富，且注意甄别史料真伪，但编史的指导思想中尊宋贬夏的倾向明显，所辑史料出处大同小异，绝少创新，专题类西夏文献凤毛麟角。传世的西夏史籍中脱、讹、衍、倒等现象严重，需加以整理后方能利用。为便于学者利用清朝及近代重要汉文西夏文献，兹选其17种重要文献解题。

关键词： 汉文西夏文献　清代　近代

清代是汉文西夏文献的辑编勃兴时期，只有到了清代，才出现了真正意义的西夏专史著作。经过清代史家的钩沉索隐、重修重著，形成了一批汉文西夏史籍，为今人研究西夏提供了诸多便利。有清一代，是汉文西夏史籍成书最多的时代。据笔者统计，被目录书著录和文集述及的就有20种左右，但留存至今的只有6种，2/3的史籍都已亡佚。

清人编修的西夏文献具有以下四个优点：第一，专史史体多样。传世的清修西夏专史中有纪传体的《西夏书》，有纲目体的《西夏书事》，有纪事本末体的《西夏纪事本末》。由于各种史体各有优缺点，所以这几种西夏专史在研究西夏史时就具有互补作用。第二，记述内容更加丰富。《西夏书事》有42卷，为传世西夏专史中内容最多、也是最丰富的；《西夏纪事本末》有36卷，这些书的卷帙都远远高于宋、元、明三朝史家编修的西夏史书的卷帙。第三，取材范围广泛。举凡史部、子部、集部文献，凡与西夏相涉者，都在清人史料取材范围内。第四，注意甄别史料真伪。学者在编修西夏专史时，开始注意到西夏史料存在真伪混杂的现象，注意对史料加以考证，部分纠正了以往汉文西夏史料之失。

清修西夏文献也有缺点，具体表现为：第一，编史的指导思想是正统思想，尊宋贬夏的倾向明显，这在吴广成的史学思想中表现得最明显。第二，专史均为辑录史料之作，各家所辑史料出处大同小异，绝少创新。极少利用西夏国原始文献编写史书者，各家只在史书编修体裁上花样翻新。第三，尽管注意对史料进行甄别，但亦有失。第四，专题类西夏文献凤毛麟角，除《西夏姓氏录》、《西夏地理考》等少数著作外，其他西夏专史中有关西夏各种典章制度的材料仍处于零散状态，不成系统。第五，传世的西夏史籍中脱、讹、衍、倒等现象严重，需加以整理后方能利用。

为便于学者利用清朝及近代重要汉文西夏文献，兹选其17种重要文献解题如下：

一、《西夏国志》

清朝洪亮吉编，16卷，未刊行。洪亮吉原有编写《西夏国志》的计划，由于西夏史料过于缺乏，辑佚困难，最后计划并未付诸实施。由于《西夏国志》世无传书，其具体内容不得而知。

二、《西夏书》

清朝王昙著，4卷，已佚。王昙（1760—1817），一名良士，字仲瞿，号瓶山，浙江秀水（今浙江嘉兴）人。《清史列传》卷七二有传。由于仕途失意，王昙一生都穷困潦倒，但他仍能痴心于学，在文学方面有较深的造诣。王昙曾写《虎丘山窆室志》，自言著述多达300余卷，但绝大多数均亡佚，《西夏书》即其中之一。清人钱泳《烟霞万古楼文集序》（作于道光十八年）罗列王昙著作，称王昙著"《西夏书》四册"，王秉恩《西夏纪序》言王昙著《西夏书》为4卷。《南献遗徵笺》著录王昙的未刊之著述中有《西夏书》4卷。由于《西夏书》世无传本，其书编写体例、内容特点都无法确考了。

三、《西夏书》

清朝秦恩复编，20卷，未刊。秦恩复（1760—1843），字近光，一字澹光，号敦夫，晚年自号猾翁，江苏江都（今江苏扬州）人。《清史列传》卷七二有传。秦恩复在学术上以校勘见称，在史学方面与西夏相关的著作是《西夏书》。《（嘉庆）扬州府志》卷六二《艺文·史部·杂史类》著录是书。清人张澍亦见是书部分书稿。惜是书未最后完稿，故世无传本。

四、《西夏地理考》

清朝徐松著，已佚。徐松（1781—1848）字星伯，原籍浙江上虞，入籍为直隶大兴（今北京大兴县）人。《清史稿》卷四八六、《清史列传》卷七三有传。徐松精通地理之学，尤其对西北地理的研究有开拓之功。其地理考证之作有《西夏地理考》等。国内有学者考证，徐松是俄罗斯藏《西夏地图》册手稿本的作者。

五、《西夏事略》

清朝陈崑撰，16卷，已佚。陈崑字友松，四川开县人，生卒年不详。道光二十五年乙巳科（1845）进士，三甲第46名，属贺太后万寿恩科进士。陈崑学术上为人称道的就是他所编修的西夏专书《西夏事略》。《清史稿》卷一四六《艺文志·史部·载记类》著录为16卷。民国时期戴锡章编修纲目体西夏史籍《西夏纪》正是在《西夏事略》的基础上编校完成的。《西夏事略》是一部纪事内容丰富、取材严谨、考证精深、卷帙较多的纲目体西夏国史书，《西夏纪》问世后，由于它的编辑内容和编纂体例远胜出《西夏事略》，所以《西夏纪》渐行于世，而《西夏事略》渐渐失传。

六、《西夏书》

清朝周春编，是传世的清人著汉文西夏史籍中成书时间最早的一部，是汉文西夏史籍中第一部也是唯一一部纪传体断代西夏史书。传世本为残本，完整的原本《西夏书》应包括《世纪》2卷、《列传》4卷、《载记》5卷、《考》3卷、《年谱》1卷，共计15卷。传世《西夏书》内容首尾完整者9卷，即《西夏书列传》卷之一《妃嫔传》、《西夏书列传》卷之二《家人传》、《西夏书列传》卷之三《臣传》、《西夏书列传》卷之四《外国传》、《西夏书》卷之五《载记三》、《西夏书》卷之六《载记四》、《西夏书》卷之七《载记五》、《西夏书》卷之九《地理考》、《西夏书》卷之十《官氏考》。内容残缺者2卷，即《西夏书》卷之三《载记一》（缺首页前半页）、《西夏书》卷之四《载记二》（存首页前半页）。内容全缺者4卷，即《西夏书》卷之一《世纪一》、《西夏书》卷之二《世纪二》、《西夏书》卷之八《××考》、《西夏书·年谱》。造成这种情况的原因已无法确考。从《西夏书》传世情况看，由于它全靠手抄传世，从未刊行过。传世的《西夏书》共有三种版本，即国家图书馆藏本、北京大学图书馆藏本、上海师范大学图书馆藏本。质量最佳者当属国图本。此本文字错讹较少，内容在传世本中最全，且卷次无错乱。《中华再造善本》影印国图藏《西夏书》。胡玉冰《〈西夏书〉辑补校注》即将由中华书局出版。

七、《西夏书事》

清朝吴广成著，42卷，叙事起自唐僖宗中和元年（881）春三月宥州刺史拓跋思恭起兵讨贼，迄于宋理宗绍定四年（1231）夏四月夏故臣王立之隐于申州，西夏自夏州政权建立至国亡共350余年历史集于一书。内容以叙西夏攻伐、朝贡之事为主，杂以天文、地理、职官、选举、礼乐、兵刑等典章制度。吴广成用编年纲目体形式将与西夏有关的多种资料汇为一编，是传世的汉文西夏史籍中卷帙最多、内容最丰富者，代表了明清汉文西夏史籍的最高编纂水平。是书不仅对西夏研究有重要史料价值，同时，也是研究宋夏关系、辽夏关系、金夏关系的重要文献。《西夏书事》由小岘山房初刻于道光五年（1825）。1935年，北平隆福寺文奎堂影印小岘山房本，但漏印《参订姓氏》1页。1991年江苏广陵古籍刻印社、2002年四川民族出版社影印出版了小岘山房本，1993年巴蜀书社影印出版了文奎堂本。1995年，甘肃文化出版社出版了龚世俊等校证《西夏书事》。

八、《西夏纪事本末》

清朝张鉴编，36卷，为传世西夏史籍中唯一一部纪事本末体断代西夏史，《清史稿》卷一四六《艺文志·史部·载记类》、《清朝续文献通考》卷二六二《经籍考·史·纪事》、《贩书偶记》卷五《史部·纪事本末类》、《续修四库全书提要》卷五《史部·纪事本末类》等目录均有著录。叙西夏史，起自唐僖宗中和（881—885）年间西夏远祖拓跋思恭居夏州，迄宋理宗宝庆三年（1227）蒙古灭夏。西夏350年间的历史被裁并为36个专题，36卷的内容，仅次于吴广成编著的42卷《西夏书事》，记叙内容还是比较丰富的。是书是清人著西夏史籍中刊印版次最多的一种，传本均为刊印本，以单行本和丛书本两种方式传世。单行本主要有5种，即光绪十年（1884）江苏书局本、光绪十一年（1885）金陵书局本、光绪二十一年（1895）上海书局本、光绪二十八年（1902）上海捷记书局石印本、光绪二十九年（1903）文盛书局本。丛书本有4种，即《半厂丛书初编》收入的光绪十一年（1885）仁和谭氏刊本，《历朝纪事本末》收入的光绪十四年（1888）上洋书业公所排印本、光绪二十五年（1899）上海慎记书庄石印本、宣统二年（1910）文盛书局石印本。比较各传世本，绝大多数都以金陵书局本为底本进行刊印。1998年，甘肃文化出版社出版龚世俊等校点《西夏纪事本末》。

九、《西夏地图》

《西夏地图》一册，手稿本，线装19页，地图绘制时间当在清朝乾隆三十三年至道光三十年（1768—1850）间，有学者认为系清朝地理学家徐松绘制。原图现藏于俄罗斯国家档案馆，系俄罗斯人斯卡契夫从中国所获。全册共有地图13幅，有图题的地图共12幅，最后第13幅即《西夏地形图》原图没有图题。前12幅地图都采取计里画方的方法来标注西夏国和宋朝陕西五路以及契丹政权交界地区重要的州城堡寨，在地图的右侧竖行大字标明图题，图题下小字注明“每方××里”的字样。前12幅地图上都有双线勾画的大几字形的黄河，在黄河内外不同的地方绘制出西夏国重要的州城堡寨。这些州城堡寨除用文字注出地名外，还用黑点、圆圈、黑三角、白三角、白四方形和黑四方形等不同的图形符号来标注其具体位置，这样可以利用该图的比例尺即“每方××里”来测量并换算出各地之间的实际距离。有些还注明西夏时期的地名在现在（即《西夏地图》绘制时期）的变化，以便于了解其历史沿革。有的地图在空白处还有考证性的文字说明，以帮助用图者补充了解原图反映的地理信息。为避免和《西夏地形图》中反映的地理信息相重复，《西夏地图》前12幅地图主要以绘制西夏国政区为主，对西夏国的山川地理、道路交通等情况不再涉及。据各图图题推测，《西夏地图》是一部以西夏国地理为绘制主题的地图集，绘制的地图包括西夏与陕西五路交界地区边境堡寨详图，还有西夏与契丹政权交界图，《西夏疆域总图》、《夏东与宋五路接界图》、《夏东北与契丹接界图》和《西夏地形图》属于总图性质，其他则是局部的详图。由于原图未全部公布，故无法对其做深入研究。

十、《西夏地形图》

《西夏地形图》为传世的西夏地图文献中内容最丰富者，绘制者不详。传世本中最重要的有三幅，成图时间最早的一幅出现在明朝康丕扬于万历三十六年（1608）刊刻的《宋两名相集·宋文正范先生文集》中。俄藏手稿本《西夏地图》、《西夏纪事本末》附图都源自于此图。地图提供了很多文字文献中没有提及或者言之不详的西夏地理信息，对考证一些西夏地名的地理位置提供了重要的线索，可以和其他史籍中的记载相互印证。通过借鉴图中绘制的地理信息，可以推测某些已经亡佚的西夏地图文献的内容。但该图绘制技术比较粗糙，对西夏国地理情况的表达方法比较单调，地图符号种类不多，用一些简单的文字注记来补充说明地图内容。该图也没有明确的比例尺，图上所表示的地理要素不易度量，属于描述性的地图。关于其绘制时间，有学者认为绘制于宋英宗治平三年至神宗元丰四年（1066—1081）之间，有认为绘制于宋徽宗大观二年（1108），有认为绘制于明朝万历三十六年（1608）《宋两名相集》问世之前的某个时间。

十一、《凉州府志备考·西夏纪年》

清朝张澍编，2卷。在西夏历史中，凉州曾是该国的重镇。张澍在编写凉州史时，用两卷的篇幅介绍西夏国史，以此体现自己对历史的尊重。鉴于当时西夏史料缺乏，张澍曾打算自撰一部西夏史，但令人扼腕的是，嘉庆十五年（1810）夏，张澍辛辛苦苦积累的六巨册西夏史料竟被蒙昧无知的家人当成废纸给烧了，这对于西夏学研究来说，无疑是巨大的损失。好在张澍未完全泯灭自己对西夏史的关注之情，他在编辑《凉州府志备考》时，参考明代邵经邦编修《弘简录》卷二五四《西夏》专题、《金史》卷一三四《西夏传》，编修了2卷《西夏纪年》，记西夏国史从拓跋赤辞归唐述起，卷一记拓跋思恭至李继捧、李继迁、李德明、李元昊、李谅祚事，卷二记李秉常、李乾顺、李仁孝、纯佑、安全、李遵顼、德旺、晛等国主事。卷二最后集中介绍西夏国疆域、物产、州郡设置、军事制度以及民风民俗等内容。从所记内容来看，主要围绕宋夏关系来写。记事未有新史料填充，但记叙方法主干突出，不枝不蔓，文笔非常流畅。叙述中重点介绍了在西夏历史上有重要影响的人物的事迹，特别是元昊立国以后，西夏各代国主的生平都进行了较为详细的概括介绍。

十二、《西夏姓氏录》

清朝张澍著，1卷。张澍的西夏姓氏学研究，是他在史学领域对西夏学研究做出的最为突出的贡献。他的姓氏学代表著作是《姓氏五书》，其中附于《辽金元三史姓录》之后的《西夏姓氏录》是传世的西夏史籍中唯一一部研究西夏姓氏的专著。张澍根据《长编》、《宋史》、《辽史》、《金史·交聘表》、《元史》、《续通志》等历史文献，共析理出西夏姓氏162姓，其中一字姓83种，二字姓77种，三字姓和四字姓各1种。张澍在析理出来的每条姓氏之后均注明史料出处，并摘抄原文，有的还加“按”语，说明其他文献中的不同音译名。张澍从西夏姓氏演变的角度探讨西北地区民族关系及宋、辽、金、西夏各王朝相互渗透的历史，最终完成《西夏姓氏录》一书。《西夏姓氏录》虽为西夏姓氏专书成书时代最早的一部文献，但存在着严重的误录、漏录现象。《西夏姓氏录》书成后影响还是很大的，近代学者戴锡章在计划编修《西夏丛刊》时，与西夏姓氏有关的部分就打算用《西夏姓氏录》中的材料。《西夏姓氏录》有三种抄本传世，其中一种被伯希和在光绪三十四年（1908）从西安张澍的故居中掠走。被掠走的这批文稿共84本，合装成10大巨册，现藏法国巴黎国家图书馆，著录在伯希和乙库（即史部文献）1633号。近代著名学者罗振玉曾从巴黎移录《西夏姓氏录》原稿，收入他的《雪堂丛刻》中，才使这部重要的西夏姓氏学专著得以在中国传世。陕西博物馆藏有两种《西夏姓氏录》，其中一种不分卷，一册，为张澍手稿本；另一种为清稿本，二卷一册。

十三、《西夏志略》

清朝人抄编，抄编者、抄成时间均不详，6卷。是书不是一部由学者独立撰写的学术著作，有清人将《古今图书集成》、《续通志》中的西夏资料依原貌（包括内容和格式）抄录出来，《集成》卷七九至卷八二《西夏部汇考》一至四即为《志略》卷一至卷四，《续通志》卷六〇四《载记十一·西夏上》即为《志略·载记上》，卷六〇五《载记十二·西夏下》即为《志略·载记下》。前4卷以编年纲目体的形式记载了自唐懿宗咸通末年平夏部拓跋思恭自称刺史至南宋理宗宝庆三年（1227）西夏国亡共350余年的历史。《载记》用人物列传的形式记述了西夏立国前后16位重要人物（主要是国主）的生平事迹。《载记上》记李彝兴（夏州政权彝兴前的历代先祖如仁福、彝超等人的事迹附在彝兴传中）、克睿、继筠、继捧、继迁、德明、元昊、谅祚等8人生平，《载记下》记秉常、乾顺、仁孝、纯佑、安全、遵顼、德旺、晛等8人生平。《志略》当抄成于嘉庆十四年（1809）至道光九年（1829）这二十年间，抄录者已不可考。从提供新史料的角度来看，《西夏志略》使用价值不大。但从资料汇编角度看，是书独特的价值。《西夏志略》在中国民族图书馆、中央民族大学图书馆、日本大阪大学图书馆等单位有藏，均为抄本。大阪大学藏本抄录质量最佳。1998年甘肃文化出版社出版胡玉冰《西夏志略校证》。

十四、《西夏文缀》

清朝王仁俊辑，2卷。是书是一部汉文西夏公文的汇辑之作。王仁俊主要是从《宋史》、《金史》、《通鉴长编纪事本末》、《西夏纪事本末》、《朔方新志》等史书和《东斋录》、《桯史》、《松漠纪闻》、《容斋三笔》、《千百年眼》、《西清诗话》等笔记、诗话中辑取材料，共辑出汉文西夏诗歌6首、汉文西夏公文21篇，21篇公文包括：《表》11篇，《书》4篇，《奏》、《铭》、《碑》、《序》、《露布》、《榜》各1篇。《西夏文缀》卷二《西夏文逸目考》属有目无文者。王仁俊在辑录西夏公文时，从史书中仅见到一些公文的篇目，却未见其正文，因此暂付阙如，留待以后辑补。《逸目考》辑有38篇这种公文的篇名，其中见于《宋史》的有24篇，见于《辽史》的有5篇，见于《金史》的有7篇，见于《宋元通鉴》和《东都事略》的各有1篇。王仁俊的《西夏文缀》属辑佚汇编之作，开了辑录专题汉文西夏文献之先河。是他首先注意对散落在各种文献中的西夏公文进行辑录，把这种材料集中起来，极大地方便了学者的研究和利用，使学者研究时省去翻检之劳，同时也为后人作类似的工作提供了借鉴。由于材料不足等原因，王仁俊汇辑西夏公文之举尚存缺憾，突出表现为两点：一是有漏辑现象，二是辑录的公文中有些是节选之文，而非全文。

十五、《西夏文存》及其《外编》

近代著名学者罗福颐辑《西夏文存》1卷、《外编》1卷，专门纠正《西夏文缀》之失。罗氏共辑得汉文西夏公文30篇，按公文类别来分，包括《表》14篇、《奏》3篇、《书》6篇、《铭》1篇、《碑》2篇、《序》2篇、《后记》1篇、《敕》1篇。在这些公文中，从《长编》、《三朝北盟会编》、《欧阳文忠公集》、《甘肃通志》等汉文文献中辑出4篇公文，又补入新近发现的《番汉和时掌中珠序》、《施经发愿文》2篇，再加上从《西夏纪事本末》中辑录的4篇公文，这10篇是《西夏文缀》没有辑录的。罗氏又对《西夏文缀》辑录的节选之文进行了校证补足工作。罗氏从《西夏书事》中辑出汉文西夏公文有 8 篇，包括《表》4 篇、《疏》3 篇、《檄》1 篇，这 8 篇公文也都是《西夏文缀》漏辑的。罗氏将这 8 篇不明出处的公文辑录为《西夏文存外编》1 卷。《西夏文存》及其《外编》正可弥补《西夏文缀》的不足。

十六、《西夏艺文志》

清朝王仁俊辑，1 卷。王仁俊从《宋史》、《金史》、《续文献通考》、《大藏经》、元朝人虞集的《道园学古录》等文献材料中，辑得西夏人撰译之书 18 种，附宋人谈西夏之事的书 4 种，成《西夏艺文志》1 卷，弥补了西夏有国而无《艺文志》的缺憾。是志将西夏文献分为经、史、子、集四部，共著录西夏人译撰之作 18 种，其中经部 5 种、史部 2 种、子部 8 种、集部 3 种。著录文献采用“以书类人”的方法，即著录时以人为主，作者名在书名之前。每一部文献都附有解题，介绍著录的依据，并引用与所著录文献相关的文句，有时对文献的存佚情况还略加说明。《附宋人谈西夏事书目》著录宋人著《西国枢要》、《西夏杂记》、《西戎聚米图经》和《西夏须知》共 4 种。由于资料匮乏，《西夏艺文志》著录文献数量较少，只能从一个侧面反映西夏的著述情况，而且著录的西夏文献中有相当多的都已亡佚了。有感于王仁俊《西夏艺文志》著录中存在的问题，考虑到西夏文献已大量出土的事实，聂鸿音先生广采博搜，根据前苏联学者所公布的黑水城西夏文献目录，结合其他古今中外撰述中提及的西夏文献，作《补〈西夏艺文志〉》（《古籍整理研究学刊》1990 年第 6 期），辑录西夏人翻译或撰写的文献，共得 74 种，其中经部 22 种、史部 9 种、子部 37 种、集部 6 种。

十七、《宋史·夏国传集注》

罗福苌注，罗福颐校补。罗福苌《集注》的大部分计划没有完成就英年早逝，他的遗作发表在 1932 年出版的《国立北平图书馆馆刊·西夏文专号》上。罗福颐继承其兄的遗志，将《集注》全部完成，析为 14 卷，收入其《待时轩丛刊》（1937 年编）中。集注引书有 48 种，以宋元时期史、子、集诸部及《西夏书事》、《西夏纪事本末》等为主要徵引文献，另外还引石刻文献《芒洛冢墓遗文》、《山左冢墓遗文》（两文俱为罗振玉所编）和新近发现的西夏国原始文献《西夏乾祐二十年施经发愿文》、《西夏乾祐二十一年刊〈蕃汉合时掌中珠〉》。最后还编有《西夏世系表》。罗氏兄弟《集注》内容丰富，引石刻文献和西夏国原始文献来证西夏史尤其值得称道。但是《集注》也有缺点，比如多处征引《西夏书事》和《西夏纪事本末》来注西夏史，而这两种西夏史籍主要是根据宋元时期西夏史料来编修的，罗氏兄弟未能探寻其史料来源，直接引之为第一手材料，这样做是不恰当的。

（作者通讯地址：宁夏大学西夏学研究院　银川 750021）

西夏官府文书档案研究的几个问题*

赵彦龙

摘　要：西夏官府文书档案是指从中央到地方的各级官府或官员在政府管理过程中产生的具有规范格式、保存备查价值的文字材料。西夏官府文书档案数量比较庞大，既有汉文西夏史籍中收录的档案，也有西夏故地出土的西夏文、汉文档案，后者是西夏档案的主体。这些官府文书档案分散在汉文西夏史籍、出土文献、研究著作之中，为了更加确切、全面、系统地了解和掌握西夏官府文书档案的种类、数量及其价值，本文简单地对西夏官府文书档案进行有规律的整理，最后重点对其所反映出的相关内容进行比较全面深入的研究。

关键词：西夏　官府　文书档案　整理　研究

西夏官府文书档案是指从中央到地方的各级官府或官员在管理过程中产生的具有规范格式、保存备查价值的文字材料。这些档案数量庞大，是西夏档案的主体，除汉文西夏史籍中收录的西夏文书外，西夏故地出土的西夏文、汉文档案大部分收录在《俄藏黑水城文献》第12至14册中，还有少量的西夏官府汉文、西夏文档案收录在《俄藏黑水城文献》其他各册、《中国藏西夏文献》、《英藏黑水城文献》等文献中。

据《天盛改旧新定律令》（以下简称《天盛律令》）及其西夏故地出土的实物文书和汉文西夏史籍的记载，经统计，西夏官府文书档案共有26个种类，除圣旨、制、诏书、御劄子、署牒、头子、札子等7种只见史籍和其他文书的记载，并未见到实物档案，其他的种类保留一件到几百件不等。保留1件档案的有敕书、榜文、露布、布告、禀帖、上书、移等7种，保留2件的有令、奏等2种，保留3件的有檄文，保留5件的有誓表、牒、书等3种，保留10件的有疏，保留11件的有申状，保留12件的有呈状，保留30件的有表，保留413件的有告牒，还有308件档案暂时无法识别或残缺可归为其他官府文书档案类。以上26种档案共保留下来实物档案约815件，其中汉文档案88件，汉、藏文合璧档案1件，汉、夏文合璧档案3件，西夏文档案约724件。这些西夏官府文书档案是西夏最为原始的凭证，反映了西夏政治、经济、文化、宗教等各方面的原貌，其学术价值、文献价值非常珍贵。

一、官府文书反映了西夏与周边王朝的各种关系

西夏党项族从唐代迁徙到内地后，就与中原及其周边地区王朝发生着各种各样的关系，一直到西夏灭亡。从上述官府文书档案的整理可知，“西夏对宋金制度分别采取了不同的态度，或模仿移植，或加以改造，或在参照的基础上进行独创”[①]。总之，西夏与周边王朝在政治、经济、军事、文化等

＊ **基金项目：**国家社科基金西部项目“西夏档案及档案工作”（批准号：12XTQ013）阶段性成果。

① 孙继民、许会玲：《西夏汉文“南边榷场使文书”再研究》，《历史研究》2011年第4期。

各方面的关系密不可分。[①]试举几例。

首先是官制。从李继迁开始就“潜设中官，全异羌夷之体，曲延儒士，渐行中国之风”，德明则“一如中国制”，元昊称帝之后，所设官制大部分与中原无二致，“无论从名称上，还是从职掌上，都是仿照中原宋朝制度”；到了仁孝时期，“西夏职官制度之完备，品级之系统已和中原相差无几”[②]，西夏文《天盛律令·颁律表》中所列官制可为例证。

其次是汉礼、服饰。传统史籍中记载西夏对中原的汉礼、服饰的倾慕，而且西夏致宋、金的官府文书也反映出了西夏对中原汉礼、服饰等的极力渴求，如《与宋乞用汉仪表》、《于宋乞工匠表》、《于宋乞买物表》[③]等。

再次是经济方面的关系。西夏地处西北边陲，由于干旱少雨、风沙肆虐、一年种植一茬等自然原因，西夏的经济总是不景气。因此，西夏在很多时候还要与“周边地区保持着密切的商贸关系。在和平时期，西夏与宋、辽、金诸政权间贡使往来频繁，榷场贸易兴盛；在战争状态下，北宋为迫使西夏就范，惯用的手段之一就是使用经济制裁，如停止使节往来、关闭榷场，甚至不许他国商人经由西夏入宋贸易”[④]。到了南宋，由于金朝所阻，西夏与南宋的经贸往来减少，取而代之的是夏金之间的贸易往来。关于此，不仅史籍有记载，更为可贵的是《俄藏黑水城文献》中收录了 15 件汉文夏金榷场贸易的官府文书，如俄 $И_{HB}$.No.348 《西夏大庆三年呈状》、俄 $И_{HB}$.No.354《南边榷场使呈状（申状）》[⑤]等，这足以证明夏金在经济方面的相互关系。

最后是文书体式。汉文西夏史籍中收录的西夏致宋、辽、金（可以理解为外交公文）的公文必须符合宋、辽、金的体式，不然的话，宋、辽、金则是不会接收西夏文书。如西夏梁氏得到宋朝岁赐后遣使上表入谢，“夏国进表不依旧式，但谢恩而不设誓，又不言诸路商量地界事”，因此，宋朝故意刁难西夏；西夏曾进降表于契丹，因“表不如式，契丹主使南面林牙高家奴持诏谕意”[⑥]。可见，西夏外交文书必须符合进呈公文对象国家的公文体式。那么，西夏国内的汉、夏文文书的体式又是如何呢？通过对 15 件夏金榷场贸易文书和 1 件西路乐府签勾官文书[⑦]的分析，得出西夏申状或呈状文书的体式如下：

某司（官）　申
某事云云（一一具其事）
右谨具申
（官府名称或官名）闻谨状
某年　月　日（事由），具官封姓名（或具官封姓名另起一行）
具官封姓名　　状[⑧]

这种体式与宋代《庆元条法事类》的“申状格式基本相同”。尽管有个别的差异，“但足以说明西夏南边榷场使的申状与宋代的申状基本结构和基本形式大致相同”。“但至少可以说其中上行文之一的

① 赵彦龙：《西夏公文写作研究》，宁夏人民出版社，2012 年，第 190 页。
② 同上，第 191—192 页。
③ 《宋大诏令集》卷二三四，中华书局，1962 年，第 911—912 页。
④ 杨富学、陈爱峰：《黑水城出土夏金榷场贸易文书研究》，《中国史研究》2009 年第 2 期。
⑤ 史金波等《俄藏黑水城文献》（第 6 册），上海古籍出版社，2000 年，第 279—286 页。
⑥ 赵彦龙：《西夏公文写作研究》，第 125 页。
⑦ 史金波、陈育宁主编《中国藏西夏文献》（第 16 册），甘肃人民出版社、敦煌文艺出版社，2006 年，第 273 页。
⑧ 赵彦龙：《西夏公文写作研究》，第 139—140 页。

申状文书与宋朝大同小异。”[①]因此，西夏国内的汉文官府文书的撰写则仿效宋朝官府文书的体式。

西夏文官府文书的体式又是怎样呢？《俄藏黑水城文献》第十三册收录有西夏文俄 $И_{HB}$.No.2736《黑水守将告近禀帖》、第十四册收录有西夏文俄 $И_{HB}$.No.8185《黑水副将上书》。这两篇西夏文文书已经被聂鸿音先生翻译成汉文。通过译成汉文的《黑水守将告近禀帖》、《黑水副将上书》来看，其体式与宋、金文书差别并不是很大，相反有很多方面却相仿。

由上可知，西夏官府文书的体式不论是汉文文书还是西夏文文书，都仿效和吸收了中原宋朝、金朝文书的体式。

二、官府文书档案的版本价值

中国的文书从古到今基本都是写本，因为文书是实用性文章，与政治、经济、军事、文化、宗教等政务活动紧密相联，时效性很强。文书的现实使命完成之后，大部分文书就会成为有待查考利用价值的档案被保存下来，成为后人研究历史的真实记录和原始凭证。因此，文书一般只写一份，至多也再抄一份或多份作为副本保存或分发而已，一般没有必要印刷若干份，这就是文书和文学作品、佛教经典等文章的最大区别。[②]

目前所见西夏官府文书档案仍然以写本或抄本为主，但是，西夏却出现了 2 份刻本文书，一份是《英藏黑水城文献》中收录的西夏文英藏 Or. 12380—2349V(K. K)《残片》。[③]史金波认为：“西夏有填字刻本文书。2349V 定为残本，应是刻本，但残留文字太少，且字迹浅淡。仔细揣摩，仍可见：第一行‘今自……’；第二行（刻本文字不清）墨书填写‘利限……’；第三行刻本文字‘天盛’，墨书填写‘二十……’；第三行刻本文字‘司吏耶和……’。此文书或与公家放贷有关，惟其有刻版文书，只需填写数量、利限和时间即可。若如是，则此残片为首见此类文书。因残损过甚，尚难做确切解释。”史金波对该残片重新定名为“天盛二十年刻版填字文书”，而且认为是“首次发现”[④]。

另一份是《中国藏西夏文献》中收录的汉文中藏 G. 21. 023[15542]《布告残页》[⑤]雕版文书，似是因为要经常发布有关日常性的工作事项，量大任务重，所以，刻印成形，只需填写部分变动的内容，这样就减轻了工作量。

但不管怎样，这是目前国内首次发现的 2 篇单份文书的刻本，可以说填补了中国文书无刻本之空白，其价值可谓大矣。

三、官府文书补充了西夏许多新的职官名称

西夏官府文书档案补充了许多新的职官名称。如俄 $И_{HB}$.No.2150，共两件文书，第一件定名为“三司设立法度文书”，第二件定名为“违越恒制文书”。两件文书都是有关都案、案头的派遣一事，这在《天盛律令》及汉文史籍中都有明确的记载，但第一件文书中出现了“汉都案、案头、司吏”之职官名称，这是西夏法典以及汉文史籍中未记载的，属于第一次出现。由此可见，西夏不仅独创性的设置

① 孙继民、许会玲：《西夏汉文“南边榷场使文书”再研究》，《历史研究》2011 年第 4 期，第 51 页。

② 按：中国古代有刻本文书，譬如，《唐大诏令集》、《宋大诏令集》等，但这是后人对前人的单份文书汇集起来而刻写的，供后人学习借鉴而用，并不是当朝、当时、当地的文书作者单份刻写。

③ 西北第二民族学院、英国国家图书馆、上海古籍出版社编《英藏黑水城文献》（第 3 册），上海古籍出版社，2005 年，第 80 页。

④ 史金波：《〈英藏黑水城文献〉定名刍议及补正》，《西夏学》（第 5 辑），上海古籍出版社 2010 年，第 4 页。

⑤ 《中国藏西夏文献》（第 16 册），第 271 页；甘肃省博物馆：《甘肃武威发现一批西夏遗物》，《考古》1974 年第 3 期。

了都案、案头、司吏之职，同时还设置有“汉都案、案头、司吏”之职。

西夏俄 И$_{HB}$.No.307、俄 И$_{HB}$.No.315、俄 И$_{HB}$.No.354、俄 И$_{HB}$.No.2208 等 4 件汉文榷场贸易文书中都出现“安排官（或银牌安排官）”一职。甘肃武威西郊林场西夏一号墓出土残木塔顶部题记中有“故亡考任西路经略司兼安排官”[1]一职。这一职官在汉文史籍和西夏法典中都未记载。可见，官府文书中出现的“安排官”和墓葬题记中出现的“安排官”可补汉文史籍和西夏法典未记职官之缺。

四、官府文书印证了汉文史籍中记载的西夏设“镇夷郡”并补充了西夏法典中未记载“乡”之地方官府

《西夏书事》有一条记载：“又以肃州为蕃和郡，甘州为镇夷郡。”[2]由于该书没有注明史料来源，往往为史家所诟病，研究者不敢确认西夏设镇夷郡。但西夏官府文书汉、藏合璧《告黑水河诸神敕》和俄 И$_{HB}$.No.307、俄 И$_{HB}$.No.351、俄 И$_{HB}$.No.353 等中各出现一次“镇夷郡”，这为西夏在甘州设郡找到了确凿证据，[3]印证了《西夏书事》的一些记载的正确性。

中藏 G21・029[15539]汉文文书中存文字 2 行，就有“依中口各乡以　属行遣”[4]之“乡”一词。此外，俄 И$_{HB}$.No.2736 西夏文《黑水守将告近禀帖》中说没年仁勇是“鸣沙乡里人氏”[5]。这两篇出土的汉、夏文官府文书充分证明西夏时期设置有“乡”这样的地方机构。同时，这两篇官府文书可补西夏法典未记载“乡”这一地方机构之缺。

五、官府文书补充了汉文史籍未记载河西地区设置榷场之缺失

史载夏宋榷场先于宋真宗景德四年设在保安军，[6]后来又在镇戎军高平寨设置榷场；[7]夏辽榷场设在云中西北过要带、上石楞坡、天德、云内、银瓮口诸处；金朝除恢复夏辽、夏宋榷场外，还在东胜、环州、庆州、兰州、绥德等处新设榷场，[8]但并不见在河西地区设置榷场。黑水城出土的榷场贸易文书中却多次出现“镇夷郡”和“西凉府”两个地名。如俄 И$_{HB}$.No.307、俄 И$_{HB}$.No.351、俄 И$_{HB}$.No.353 等中各出现一次“镇夷郡”。镇夷郡即今甘肃张掖市，“在西夏时期，这里应是西院转运司的所在……是东西方货物贸易的重要集散地”。俄 И$_{HB}$.No.347 和俄 И$_{HB}$.No.352B 中各出现一次“西凉府”，俄 И$_{HB}$.No.307（2—2）、俄 И$_{HB}$.No.316、俄 И$_{HB}$.No.352A 中各出现一次“本府”。“本府”实指“西凉府”。西凉府本为凉州，宋初置西凉府，西夏攻占河西走廊后，仍以西凉为名，“亦称凉州，是南院转运司的所在，地位仅次于兴庆府，为西夏第二大城市，长期充任河西走廊一带之政治、经济、文化中心，著名的《凉州重修护国寺感通塔碑》汉文铭文生动地描述了凉州的交通情况……”[9]这里的“镇夷郡”和“西凉府”属河西地区范畴。由此可见，西夏在河西地区同样也设置了榷场，并进行广泛的贸易。因此，西夏汉文榷场贸易文书可补史籍未记载河西设置榷场的缺失。

---

① 陈炳应：《西夏文物研究》，宁夏人民出版社，1985 年，第 190 页。

② [清]吴广成撰、龚世俊等校《西夏书事校证》卷一二，甘肃文化出版社，1995 年，第 145 页。

③ 杜建录、史金波：《西夏社会文书研究》，上海古籍出版社，2012 年，第 11 页。

④《中国藏西夏文献》（第 16 册），第 274 页；陈炳应：《西夏文物研究》，第 299 页。

⑤ 聂鸿音：《关于黑水城的两件西夏文书》，《中华文史论丛》第 63 辑，上海古籍出版社，2000 年，第 134 页。注：《俄藏黑水城文献》（第 14 册）定名为“告牒”。本研究以聂先生的翻译为准。

⑥ [元]脱脱等《宋史》卷一八六，中华书局，1977 年，第 4563 页。

⑦ 杜建录、史金波：《西夏社会文书研究》，第 24 页；杨富学、陈爱峰：《黑水城出土夏金榷场贸易文书研究》，《中国史研究》2009 年第 2 期。

⑧ [宋]宇文懋昭、崔文印校证《大金国志校证》卷一三，中华书局，1986 年，第 186 页。

⑨ 杨富学、陈爱峰：《黑水城出土夏金榷场贸易文书研究》，《中国史研究》2009 年第 2 期。

六、全面反映了西夏社会生活的真实面貌

西夏的官府文书是西夏官府政治、经济、文化、宗教等各方面生活的原始凭证，直接反映了西夏社会生活的各方面真实面貌。笔者曾在《西夏公文写作研究》一书中已经对西夏公文所反映出来的相关内容总结了十四大类进行了比较系统的研究，即外交关系类公文、重教兴学类公文、为民主请命类公文、直谏除奸类公文、创新图强类公文、祝贺赞颂类公文、指陈时弊类公文、完善法制类公文、崇拜神灵类公文、榷场贸易类公文、军事管理类公文、建元立制类公文、讨伐叛军类公文、倡导节俭类公文等。[①]当然，随着西夏文献的逐渐丰富，西夏官府文书所反映的内容也会不断的深厚，于是有关的问题还有必要进行更深层次的探讨，以使西夏官府文书档案的一些现象能够全方位地展示在读者面前。

1. 有关粮库管理方面的内容。粮食是西夏人民的主要食品，是维持西夏社会的最基本的物资，因此，西夏特别注重粮食的收缴和粮库的管理。譬如俄И$_{HB}$.No.31—2《粮库告牒》、俄ИHB.No.4991—2《藏粮告牒》等官府文书，虽然这两篇西夏文官府文书残缺且都是行书或草书写就，还没有完全识读并翻译成汉文，所以具体的内容还不得而知。但从其标题可知，这两篇告牒肯定与粮库管理和收缴粮食有关，这也印证了西夏法典中关于粮库管理和收缴的规定。

（1）粮库的建造。西夏的粮库有库房和地窖两种。“有木料处当为库房，务需置瓦，无木料处当于干地坚实处掘窖，以火烤之，使好好干。”[②]从法典记载来看，西夏的粮库有官黑山新旧粮库、大都督府地租粮库、鸣沙军地租粮库、林区九泽地租粮库。[③]从汉文史籍可知，西夏的地窖有瓮谷粮窖、灵州粮窖、兰州粮窖等。[④]

（2）西夏重视保护粮库。夏大安七年（1080）宋军攻打西夏宥州时，“夏兵千骑屯城西左村泽，保守窖粟”[⑤]。

（3）西夏的粮库收支都有严格的程序和管理办法。每年粮食成熟后农牧民要向国家缴纳各种粮食租税，关于此，西夏法典有具体操作的规程：“纳种种租时节上，计量小监当坐于库门，巡察者当并坐于计量小监之侧。纳粮食者当于簿册依次一一唤其名，量而纳之。当于收据，上有斛斗总数、计量小监手记，不许所纳粮食中入虚杂。计量小监、局分大小之巡察者巡察不精，管事刺史人中间应巡察亦当巡察。若违律，未纳而入已纳中，为虚杂时，计未纳粮食之价，以偷盗法判断。受贿则与枉法贪赃罪比较，从重者判断。未受贿，检校未善者，有官罚马一，庶人十三杖。”粮食缴纳完毕后还要形成新的簿册，如《俄藏黑水城文献》第十三册中收录有俄И$_{HB}$.No.2568—1—9粮账、俄И$_{HB}$.No.2759粮账、俄И$_{HB}$.No.2851—2～5 2851—8～14 2851—19～22 2851—24 2851—28粮账等都是此类粮帐新簿册，并“以新旧册自相核校，无失误参差，然后为清册一卷，附于状文而送中书。中书内人当再校一番，有不同则当奏，依有何谕文实行。同则新旧二卷之册当藏中书，新簿册当还之，送所管事处往告晓”[⑥]。至此，粮食缴纳的手续就完成了。

西夏粮食出库时手续同样很严格。首先要有监军司等部谕文，谕文上要写明所领粮的数量和领粮者，“刺史处知觉当行”；其次是要派计量小监和巡察之人，“计量小监由监军习判、同判等轮番当往一人。领粮食处邻近，则刺史当自往巡察，若远则可遣胜任巡察之人，依数分派”；再次是粮食领完后，还要有本册报于有关局分处，本册所记“所予为谁，分用几何”，而且“现本册当送刺史处磨勘，

① 赵彦龙：《西夏公文写作研究》，第148—257页。
② 史金波、聂鸿音、白滨译注《天盛改旧新定律令》卷一五，法律出版社，2000年，第513页。
③ 史金波、聂鸿音、白滨译注《天盛改旧新定律令》卷一七，第534页。
④ [清]吴广成撰、龚世俊等校《西夏书事校证》卷二五，第285—289页。
⑤ 同上，第287页。
⑥ 史金波、聂鸿音、白滨译注《天盛改旧新定律令》卷一五，第513—514页。

同时令库局分、巡察者等当一并只关。未有虚杂，谕文、本册等相同无疑，则当还监军司，并告出谕文之局分处，以索注销”[①]。这就是粮食出库的全部手续。

2. 有关逃亡事宜的内容。如西夏文俄 $И_{HB}$.No.324—1《逃亡告牒》[②]、俄 $И_{HB}$.No.6377—1《逃亡告牒》[③]等。虽然这几篇逃亡告牒未译成汉文，无法了解其具体内容，但通过专家考证的标题来看，这两篇告牒是有关禁止逃亡或关于逃亡的处罚或追捕逃亡或其他逃亡之事的告牒，但至少印证了西夏法典中有关逃亡之规定的条文。古代的战争更多的就是掠夺土地和人口，还有劫掠财物等。中国中古时期的宋、辽、西夏、金等也不例外。西夏从元昊开始一直到灭亡这段时期内，处在一个前期与北宋、辽对峙、后期与南宋、金抗衡的十分复杂环境之中，而且与宋、辽、金相比，的确实力较弱。因此，西夏统治者为了保住和扩大自己的领域和势力，他们一方面通过法律与其他手段制止不忠于西夏王朝的本国人口的叛逃行为，另一方面却在战争中不断地掠夺人口，使之成为本国的财富，并同时制定一系列的法律保障这些掠夺而来的人口不再逃亡。关于此，《天盛律令》卷一《背叛门》、卷七《番人叛逃门》、卷一三《逃人门》等都做出了详细而具体的规定。

（1）对于商议叛逃行为已行或未行的惩罚。这种叛逃行为的处罚相当严厉：“诸人议逃，已行者造意以剑斩，各同谋者发往不同地守边城无期徒刑，做十三年苦役。主、从犯一样，自己妻子、儿女当连坐，当入牧农主中……”“诸人议叛逃未行者，造意绞杀，从犯迁居异地，当持守边地城中无期徒刑，做十二年苦役……”[④]

（2）对官私人及其他人叛逃则允许捕告，捕告得赏。这一现象有七种情况。一是对官私人逃跑行为的处罚。法典规定：“官私人逃跑，无有畜物，无所取持，及妄助逃跑而逃跑未成等被捕告，捕告赏按捕杀敌人法当由犯罪者出给，不能办当由官给。”二是对妇人逃跑行为的处罚。“有妇人若为逃跑造意者，无力给捕者，则捕告赏十五□□□□[缗钱]，当由就近有司处罚赃中给予。”三是对使军、奴仆逃跑行为的处罚。“使军、奴仆逃跑已起行，则□□夺持畜物多少，捕获、捕告者夺取，正军依法□□□中逃跑未起行之畜物，没收一分……”四是对各种任职位人逃到敌界得大位等的处罚。“任职位人等逃往敌界，他人尊崇给大职位时”，遗留亲属“不应入连坐者中”，逃人未得大位而亲属在我方居大位者，是否连坐，当奏告；五是逃人亲属知情不告则“依闻知他人逃跑言不举告法判断”。“参与议逃时自反悔举告者，当释其罪。”六是捕者杀、伤逃人或取其财物者要治罪，“追捕人首先动手速将人捕杀时，造意徒八年，从犯徒六年，有官则应以官当”。七是诬人逃跑反坐，“诸人相嫉，贪求畜物者，对无有逃跑言词，说其欲逃，举告报呼乡里往追捕，其人说无有逃跑言词时……若杀、乱为时，按相嫉故意杀光人法判断。其中诬人逃跑者，造意者杀一人时，原妻子、儿女当连坐，并入农牧主中，畜物罚没法当与逃跑未起行相同”[⑤]。

（3）官私人逃跑，其主人不告不追或追之不力等当治罪。“官私人逃跑，其所属大小首领、正军，所属迁溜检校边管、近处邻居等，闻所报不往追，及已追应追及而于道中迟缓，不深追已追及而省力惜命，不败之等，一律徒一年。”[⑥]

（4）逃人出境则守边将校不告或捕而转卖当治罪，“逃人已过敌界，信任担保者失落，则前状徒

① 史金波、聂鸿音、白滨译注《天盛改旧新定律令》卷一五，第512—513页。
② 史金波等《俄藏黑水城文献》（第12册），上海古籍出版社，2006年，第60页。
③ 史金波等《俄藏黑水城文献》（第14册），上海古籍出版社，2011年，第136页。
④ 史金波、聂鸿音、白滨译注《天盛改旧新定律令》卷一，第115—116页。
⑤ 史金波、聂鸿音、白滨译注《天盛改旧新定律令》卷七，第274—278页。
⑥ 同上，第279页。

四年，给担保者徒三年。具名人失落，则前状徒二年，相接状徒一年”[①]。

（5）对举告或隐匿官私逃奴的赏罚规定。一是官私人逃窜至国境内，有罪人举告逃人者，“依法当得举赏，可迁住处，勿转院”。其他人举告得赏，因举告人数多少得赏则不同，但“至十户当得赏钱一百缗，是十户以上亦不过百缗”；二是隐匿逃人当治罪，“隐者一二户徒三年，三户徒四年……九户无期徒刑，自十户以上一律当绞杀”。三是节亲亲戚隐匿逃人也治罪，“自一户至三户徒六个月……自十户以上一律徒三年”[②]。

（6）对官人为逃人的所管处的处罚规定。若官人为逃人，所管处知其何往而因种种原因不告或隐匿则要治罪，“若大小管事知其往住处，受贿使避杂事摊派而不告，或已告而掩盖曰不知所住时，以枉法贪赃罪犯及隐逃人之罪状比较，从重者判断……”“知官私人不在自家而在他人家，役使受贿等时，依隐逃人法判断……”“官私人男女处出逃匿，诸人收留而送何往处，知逃匿情而未受贿者徒六个月，不计工价。又途中与外逃者遇，引导、予坐骑者，未知则勿治罪，知则有官罚马一，庶人十三杖，其中受贿者当以枉法贪赃论。”[③]

通过分析西夏法典的规定和黑水城出土西夏文俄 $И_{HB}$.No.324—1《逃亡告牒》、俄 $И_{HB}$.No.6377—1《逃亡告牒》等可知，西夏对各种逃亡事件十分重视，而且处罚也相当严酷。

3．反映了西夏晚期经济萧条困顿的状况。文书的最大贡献不仅能真实记载历史事实，同时还能还原历史原貌。一个王朝的存在每到了没落时期都会出现各种各样的弊端，其中经济的萧条也在所难免，西夏文俄 $И_{HB}$.No.2736《黑水守将告近禀帖》就真实地再现了西夏晚期经济困顿的状况。

4．反映了榷场贸易实态和“番客税利”的征收情况。从史籍记载来看，宋金两国都把榷场设在本国境内，由沿边长吏和专门机构负责管理。西夏的榷场当也设在本国境内沿边地区，这可以从俄 $И_{HB}$.No.347《榷场使兼拘榷西凉府签判文书》、俄 $И_{HB}$.No.354《南边榷场使呈状》等得到证实。南边榷场文书则是西夏在夏金榷场贸易中由榷场使向银牌安排官所汇报有关进出口物品检查结果和进口物品开列单表、依例扭算收上税历等情况的汇报文书，这些内容真实地再现了榷场贸易的实态。此外，西夏在榷场贸易管理过程中积极主动地参与管理榷场，设置了管勾和市[④]与榷场指挥使。榷场设有税务负责征税，征税的方式为“官中止量收汉人税钱，西界自收番客税利”[⑤]。金灭北宋后，仍维持这种征税方式。因此，榷场文书档案“是西夏南边榷场使以汉语形式保存下来的第一手资料，同样反映了西夏榷场贸易某些活动过程的实态以及相关环节中的许多具体细节，具有非常难得的新材料意义和原始资料价值”[⑥]，更是西夏征收“番客税利”的真实写照。

5．有关投诚人员安置的内容。《俄藏黑水城文献》第十三册收录有西夏文俄 $И_{HB}$.No.2775—12《投诚告牒》、第十四册有西夏文俄 $И_{HB}$.No.8185《黑水副将上书》。这两篇有关投诚人员安置的官府文书印证了《天盛律令》的有关规定：一是西夏重视境外投诚人员的安置。《天盛律令》规定：“敌人引领本族部来投诚，自共统摄者，若统摄十抄以上，则当为所统摄军首领。”[⑦]还规定：“敌人真来投诚者，地边、地中军内及他人辅主等，原投奔处当办理。其中若于敌界任高位，及一部部迁家统摄引导来投诚，

---

① 史金波、聂鸿音、白滨译注《天盛改旧新定律令》卷七，第 280 页。

② 史金波、聂鸿音、白滨译注《天盛改旧新定律令》卷一三，第 461—462 页。

③ 同上，第 462—463 页。

④ [宋]李焘撰《续资治通鉴长编》卷一八五，中华书局，2004 年，第 4470 页。

⑤ [宋]文彦博：《潞公文集》卷一九《奏西夏誓诏事》，文渊阁影印《四库全书》第 1100 册，台湾商务印书馆，1986 年，第 697 页。

⑥ 孙继民、许会玲：《西夏汉文“南边榷场使文书”再研究》，《历史研究》2011 年第 4 期，第 46 页。

⑦ 史金波、聂鸿音、白滨校注《天盛改旧新定律令》卷六，第 267 页。

并有实言消息送来昌，视其人状、功阶，应得何官赏、职位，以及应按原自本部顺序安置，当依时节奏告实行。”[1]这也是增强西夏国力的一项有效措施；二是保证投诚者的人身安全，违者处罚：“投诚者来，为贪求其畜物而将其杀光死者，以诸人互相斗殴杀人法判断。”[2]以此来吸引境外的投诚人员。

此外，西夏官府文书还反映了一些其他方面的具体事宜，一是土地买卖之事，如俄И$_{\text{HB}}$.No.2007—13《土地买卖告牒》和俄 И$_{\text{HB}}$.No.2206—13《土地买卖告牒与告牒等》；二是寺庙修缮事宜，如俄И$_{\text{HB}}$.No.4175《修寺告牒等》；三是牲畜放牧事宜，如俄И$_{\text{HB}}$.No.2851—15《放牧告牒》等；四是纳粮、租税、交钱事宜，如俄И$_{\text{HB}}$.No.8007—8007V《纳钱粮告牒》、俄И$_{\text{HB}}$.No.5919《租税告牒》、俄И$_{\text{HB}}$.No.1642《交钱告牒》等；五是有关打架斗殴的事宜，如俄И$_{\text{HB}}$.No.5120—1《乾祐酉年斗殴告牒》等。

七、有关西夏官府文书草稿或初稿问题

据对《俄藏黑水城文献》第十二册至第十四册收录西夏文官府文书进行统计，有158件文书在页面上有明显的勾画或涂改痕迹。其中第十二册84件，如俄И$_{\text{HB}}$.No.162—1《光定申年告牒》等；第十三册40件，如俄И$_{\text{HB}}$.No.2174—2《辰年腊月告牒》等；第十四册34件，如俄И$_{\text{HB}}$.No.5919《租税告牒》等。我们认为，这158件官府文书应为草稿或初稿，并非定稿。因为不论是古代还是当代，官府正式发出的文书要求页面整洁，体式完整，绝对禁止在定稿上随意勾画或涂改。唐代为防止公文在誊抄中因改动或脱剥而歪曲原意时，则要严把审定关，且不许擅自改动，若“诸制书有误，不即奏闻，辄改定者，杖八十；官文书误，不请官司而改定者，笞四十。知误，不奏请而行者，亦如之。辄饰文者，各加二等”[3]。宋代对随意改动官文书的规定如唐代。[4]西夏也沿袭唐宋文书撰拟的规定，禁止随意涂改或勾画：“诸司所判写文书者，承旨、习判、都案等当认真判写，于判写上落日期，大人、承旨、习判等认真当落，不许案头、司吏判写及都案失落日期。若违律时，一律徒六个月”[5]；西夏对文书的校对也有严格的规定：“案头、司吏校文书者当于外为手记。倘若其不合于文书而住滞，则校文书者依法判断。同任职有手记时，所校文书上有疑□，知有住滞而未过问者，比校者罪减一等。未知，则因未仔细搜寻而再减一等。”[6]《天盛律令》中还有许多条款规定在撰写官府文书时不许随意勾画或涂改，违者则当受罚等等。[7]从这一层面来理解，以上158件西夏文官府文书则实为草稿。

当然，这些草稿能完整保留下来，也反映出西夏官府文书立卷、保管的规范和严谨。

八、反映了西夏的部分文书制度

西夏故地出土的官府文书为我们研究西夏文书制度提供了西夏文和汉文实物样本，弥补了汉文史籍中收录的公文体式不全的遗憾，从而为我们总结和归纳西夏部分文书制度提供了坚实的资料基础。

1．官府文书抬头制度

西夏作为一个少数民族割据政权来说，积极主动地学习和借鉴唐宋文书抬头之制，在撰写文书时采用了抬头之制即平抬和空抬，以示尊重。西夏文书的抬头之制虽然并未见到法律根据，但在西夏故

---

① 史金波、聂鸿音、白滨校注《天盛改旧新定律令》卷七，第268—269页。
② 同上，第269页。
③ [唐]长孙无忌等撰、刘俊文点校《唐律疏议》卷一〇，法律出版社，1999年，第218页。
④ [宋]窦仪等撰、薛梅卿点校《宋刑统》卷九，法律出版社，1999年，第177页。
⑤ 史金波、聂鸿音、白滨校注《天盛改旧新定律令》卷九，第322页。
⑥ 同上，第321页。
⑦ 史金波、聂鸿音、白滨校注《天盛改旧新定律令》卷一一，第400—401页。

地出土的文书中却十分普遍。[①]

（1）平抬之制

西夏法典规定，凡遇到“先圣”、“敕 ”等字样时，另起行平格书写，称“平抬”[②]。西夏故地黑水城等出土的汉、夏文文书为我们研究文书平抬之制提供了第一手原始资料。如俄 $И_{HB}$.No.2570 4187《天盛律令·颁律表》[③]就是最为典型的一篇遇“先圣”、“敕”另起行平格撰写的官府文书。通过查阅目前所能见到的西夏汉、夏文文书，并未见单抬、双抬等其他方式。因此，我们基本可以认为西夏借鉴了唐宋之制，以平抬为尊贵。

（2）空抬之制

西夏在撰写文书时遇到“官”、“祖帝”、“帝”、“御前”、“制”、“御旨”等字样时，“其前皆空一格”[④]，这种空格书写的方式叫做“空抬”。空抬有空一格、空多格之制。

空一格之制。如仁孝皇帝撰写的敕文《告黑水河诸神敕》[⑤]中遇“贤”、“佛”等都空一格书写，以示对贤士、神佛的敬畏；《俄藏黑水城文献》第六册的俄 ИHB. No. 315《南边榷场使呈状》中的“银牌安排官”前空一字、俄 ИHB. No. 353《收取镇夷郡住户榷场贸易税呈状》中的“上司”、“上者”之前均空一字，表示对上级官府或官吏的敬重。

空多格之制。如《俄藏黑水城文献》第六册俄 ИHB. No. 307《收取酒五斤等榷场贸易税呈状》共保留十一行文字，第六行的“上者”的“上”前空 4 或 5 字，以示对上级官府或更高级的官吏或皇上的敬重。

西夏的文书抬头之制从另一个侧面也充分说明了西夏“封建社会的等级制度是赤裸裸的，在不同等级之间不仅没有实际上的平等权利，而且连形式上也无平等可言”。这不仅仅存在于西夏这样一个偏居西北边鄙的少数民族割据政权，“在整个封建社会的历史过程中，人与人之间等级差异的严重存在是贯穿始终的，尊卑贵贱，君臣上下之间有不可逾越的鸿沟。这种等级区分不仅强烈地表现在政治、经济上，也渗透在人们生活的方方面面，如房屋、服饰、车骑、用具等，都分不同等级而各有等差，不得任意僭越”[⑥]。当然，官府文书抬头制度对文书发挥效用并无实际意义，但文书抬头制度却是封建社会专制主义中央集权制的产物，是封建礼仪的内容之一，是为维护贵贱有等、长幼有序、朝廷有位的统治秩序而服务的，这也是西夏官府在撰写文书时自觉借鉴和学习中原文书抬头之制的实质。

2．官府文书押署制度

押署是西夏官员对撰写完毕并进行了校对、核稿等环节之后需定稿的文书签上意见和姓名及时间的行为，是对文书的负责，同时也是主管官员行使权力的象征。押署有判署和签押之分。目前未见判署实物，而签押形式则较丰富。

（1）签押内容及形式

从《俄藏黑水城文献》、《中国藏西夏文献》等收录及散见的西夏文书实物来看，西夏文书的签押内容大体上由三部分构成，即签押时间、职衔和姓名。其形式如下：

一是职衔在文首，时间和姓名押在文尾。这是西夏官府文书中最基本的签押形式。如西夏文俄 $И_{HB}$.No.2736《黑水守将告近禀帖》的文首写“黑水守城勾管执银牌都尚内宫走马没年仁勇禀”，文尾

---

① 赵彦龙：《西夏公文写作研究》，第 294—298 页。

② 史金波、聂鸿音、白滨译注《天盛革故鼎新律令》卷首，科学出版社，1994 年，第 16 页。

③ 史金波等《俄藏黑水城文献》（第 8 册），上海古籍出版社，1998 年，第 47—48 页；汉译文见史金波等译注《天盛改旧新定律令》之《颁律表》，第 107—108 页。

④ 史金波、聂鸿音、白滨译注《天盛革故鼎新律令》卷一，科学出版社，1994 年，第 35—37 页。

⑤ 王尧：《西夏黑水桥碑考补》，《中央民族学院学报》1978 年第 1 期。

⑥ 冯惠玲：《我国封建社会文书抬头制度》，《历史档案》1985 年第 1 期。

写“乾定申年七月，仁勇”[①]。再如，西夏文俄 $И_{HB}$.No.8185 《黑水副将上书》也属该形式。

二是只在文尾处签押。如汉文俄ДX2957 ДX10280《光定十三年千户刘寨杀了人口状》最为典型。文书的倒数第二行签押时间“光定十三[年]十月初四日杀了人口”，时间包括年号、年次、月日、具体内容；倒数第一行签押“千户刘寨 状”[②]，即为职衔、姓名、文书种类。汉文俄 $И_{HB}$.No.347《榷场使兼拘榷西凉府签判文书》[③]、中藏 G21・027[15538]《光定二年公文残页》[④]等都为文尾签押形式。

三是在文尾处联合签押。由职、官和号以及姓名几部分内容构成。如西夏文俄 $И_{HB}$.No.2570 4187《天盛律令・颁律表》便是代表，即“北王兼中书令嵬名地暴，中书令赐长艳文孝恭敬东南姓官上国柱嵬名忠囗……”[⑤]。《天盛律令・颁律表》签押只有职、官、姓名，并无时间。职官名称的书写是比较特殊和复杂的。因为，西夏存在职、官并不完全一致的情况，“官和职在西夏职官制度中是两个不同的系统，但二者有密切的联系。在西夏，官品高的人一般职位也高。官品和职位有大体一致的对应关系”。“西夏的‘官’是代表人身份的品级，而‘职’表示所任现职，因此它们之间有明显的区别。”但也存在特殊情况，即“有职位者并不一定有官，官和职的等级并不相当，官和职的次第先后也不一定相符”[⑥]。因此，签押时，若既有职又有官的话，必须职、官名称书写齐全，不得遗漏。

四是官印加盖在签押官员姓名上。官府文书都要在文尾加盖官印，官印压在签押文书的官员姓名上。虽说西夏官府文书数量较多，但加盖官印的文书数量并不多，目前所能见到的最为典型的则为汉文中藏 G.21.023[15542]《布告残页》。这篇布告，残存官印的大半部分，下为汉文“刘”字，“刘”字下面有墨书签名像“廷”一样的字。[⑦]

五是特殊的签押形式。魏晋以后出现了花押，这种签押形式在西夏官府文书中普遍存在。花押，又称画押或押字，是官吏按照各自的习惯或爱好，在文书页面上多处创造性地画出一种特定的符号，以代表签押者的意愿。花押的目的就在于防止其他官吏伪造文书或涂改相关内容。西夏官府文书中花押的位置并不固定，花押的图饰也不一样。有的在文尾签押姓名后的空白处，其图饰似乎像四个小直角“┐”背靠背在一起，如《天盛律令・颁律表》的花押；有的花押随处可见，如汉文俄ДX2828《乾祐二年材植帐》，[⑧]这篇文书随处可见像压扁的“血”字的花押图饰；有的花押图饰像“美”字，如汉文俄 $И_{HB}$.No.2208《乾祐十四年安推官文书》[⑨]等。

花押在西夏官府文书中使用极为广泛，花押和官员署名一样，在官府文书中具有同等的法律效力。

（2）押署规定

对于西夏官府文书的押署，法律有明确而具体的规定，即文书一经撰写完成，应及时交主管官吏阅批并签名画押，以示文书生效，并表明对该文书负责。

一是所有文书都必须押署或称“手记”。平行司署之间行文要“手记”，“上等中书、枢密自相传牒，语尾依牒前同至请等当有，官下当手记，而后各司上当置，在末尾当说，并记上日期”。上报或

---

① 聂鸿音：《关于黑水城的两件西夏文书》，《中华文史论丛》第 63 辑，第 133 页。

② 史金波等《俄藏黑水城文献》（第 6 册），第 161 页。

③ 史金波等《俄藏黑水城文献》（第 6 册），第 282 页。

④ 史金波等《中国藏西夏文献》（第 16 册），第 273 页。

⑤ 史金波等《俄藏黑水城文献》（第 8 册），第 47—48 页；汉译文见史金波等译注《天盛改旧新定律令》之《颁律表》，第 107—108 页。

⑥ 史金波：《西夏的职官制度》，《历史研究》1994 年第 2 期。

⑦ 史金波、陈育宁等编《中国藏西夏文献》（第 16 册），第 271 页；甘肃省博物馆：《甘肃武威发现一批西夏遗物》，《考古》1974 年第 3 期。

⑧ 史金波等《俄藏黑水城文献》（第 6 册），第 150 页。

⑨ 同上，第 300 页。

下发文书仍然要“手记”，“次中下末等当报司等大于己处，同品传导而后有请者，官下手记，当于低一等处置，后当有卜送。自二等以下者，后有卜字，官字下手记。其中上谕者，无论司高低当置。同品及大小司处行者，官下手记”。若因种种情形未手记时，“有官罚马一，庶人十三杖”①。

二是文书押署的顺序，这主要指联合行文的签押规定。西夏为了严格执行文书押署制度，规定了诸官吏押署的先后次序，这也是为了体现党项民族的主体地位和党项族官吏在执政过程中的绝对权威。《天盛律令》多处提到不同民族官吏签押排名的有关规定。先是以官位高低决定签押先后次序，官位高者在前，官位低者在后；再是皇室宗亲与其他番汉官吏共同押署文书时，当以皇室宗亲排列在前，其他番汉官员排列在后；然后是既有文官又有武官时，排序当然是官大者为先，官小者为后。若二者官阶相等时，当以文官为先；最后是以职位的高低决定先后次序，“任职人番、汉、西番、回鹘等共职时，位高低名事不同者，当依各自所定高低而坐。此外，名事同，位相当者，不论官高低，当以番人为大。若违律时，有官罚马一，庶人十三杖”②。这些文书签押规定对维护皇权、巩固西夏最高统治者的地位起到了很好的作用。

3．官府文书用字制度

西夏官府文书的用字与西夏法律的相关规定基本一制，但从实物文书的撰写情况来看，以西夏文为主，兼有汉文、汉夏文合璧、汉藏文合璧的官府文书。

（1）西夏文是官府文书档案撰写的主流。众所周知，西夏文创制后西夏“尊为国字”，“凡国中艺文诰牒，尽易蕃书”③。从《俄藏黑水城文献》《中国藏西夏文献》《英藏黑水城文献》等收录的西夏官府文书档案来看，大约有 815 件，其中汉文档案 88 件，汉、藏合璧档案 1 件，汉、夏文合璧档案 2 件，西夏文档案约 724 件。从数量上来看，西夏文档案约占官府文书档案的 89%，也就是说，从西夏国创制西夏文字以后，西夏的“艺文诰牒”基本上是以西夏文为主进行撰写。可见，西夏对“国字”制度的贯彻落实之彻底情形。

（2）西夏也兼用汉字撰写官府文书。从上统计可知，西夏官府文书档案中有 88 件纯汉文档案，占总档案的 10%还多一点。这 88 件汉文档案中，有 65 件是西夏与中原宋、辽、金朝的往来文书，只有 23 件是西夏国内运行的文书。虽然说汉文文书的比例低了一些，但不管怎么说，直到西夏后期，汉文仍然可以作为政务管理之工具的文书用文字。这是因为西夏境内还有汉族居住的原因所致。

（3）西夏也存在两种文字合璧的文书。一是夏、汉文合璧。《俄藏黑水城文献》第十四册后附《附录·叙录》对俄 ИНВ. No. 1158—1—2《告牒等》介绍说：“写本……右部西夏文、汉文合璧。有签署、画押。”④再如《俄藏黑水城文献》第 6 册的俄 ДX2957、ДX10280《光定十三年千户刘寨杀了人口状》。⑤目前已经有 3 篇夏、汉文合璧的官府文书。这 3 篇夏、汉文合璧的官府文书，可能是双语翻译，方便了西夏境内不同民族人们的阅读和知晓。二是汉、藏文合璧的文书，如仁孝的《告黑水河诸神敕》就是典型。这些西夏官府实物文书，无可辩驳地证明西夏境内多民族聚居、多种文字共同存在、共同使用的状况。

（作者通讯地址：宁夏大学人文学院　银川 750021）

---

① 史金波、聂鸿音、白滨译注《天盛改旧新定律令》卷一○，第 364 页。
② 同上，第 378—379 页。
③ [清]吴广成撰、龚世俊等校《西夏书事校证》卷一二，第 146 页。
④ 史金波等《俄藏黑水城文献》（第 14 册），第 27 页。
⑤ 史金波等《俄藏黑水城文献》（第 6 册），第 160—161 页。

西夏文《谨算》所载图例初探

荣智涧

摘　要：本文对俄藏黑水城文献西夏文《谨算》第一、二页中的图进行了考释，对该图的内容特点、用词顺序等进行分析，并且尝试与同时期的占星术进行对比研究。

关键词：黑水城文献　西夏文《谨算》　占星　七曜　十二宫

西夏文《谨算》，1909年出土于内蒙古额济纳旗的黑水城遗址，后被克兹洛夫率领的俄国皇家蒙古四川地理考察队带到圣彼得堡，现在收藏在俄罗斯科学院东方文献研究所。在上海古籍出版社出版的《俄藏黑水城文献》第10册中刊布，俄藏编号是 И_{HB}.No.5722。写本，卷子，麻纸，高20厘米，宽360厘米，行1至20字不等，195行，有图三幅，每幅图有字100至200不等，共4200余字，卷首楷书，以下行书，卷端题“谨算”。

西夏文《谨算》可能有相对应的汉本文献，但目前还未发现，本文选取 И_{HB}.No.5722 文献原文中第一、二页的图进行翻译，试对其内容特点作初步探析。通过对图的翻译可以初步认为这是一份占星文献，有可能是当时西夏的星占术士为解析占星术的方法而著。

占星术是通过日月五星和恒星等天文现象的观察来预告人间的事情。中国古代传统占星术是本着“常则不占，变则占”①的占星原则。常是经常出现的天体在通常情况下的运行。变是偶然出现的或天者体反常运行的天象。中国占星术在西方占星术的影响下不断发展演变，在古籍中对这些“变”和“常”主要是对以下三方面做出规定：一是对日月五星和恒星的规定，像对七曜、九曜的属性解释；二是对天体的运行路径也就是黄道十二宫做出的一些规定，如黄道十二宫内的每一宫与七曜的关系，七曜所属的宫以及七曜在哪一个宫上发挥的力量最大或最小；三用十二命宫来作为基本占法，一命宫是指人在出生的时候，东方地平线上出现的宫，按自西向东的顺序，依次为财帛、兄弟、妻妾、疾厄等宫。 这篇文献是记述当时西夏天文学发展水平中的珍贵文献，通过此文我们能够更加清晰地了解当时西夏自然科学的发展概貌。

在文献的第一和第二页有一幅圆形图，图是有五层内圆组成的一个大圆，被划分成十二部分，共划分成六十个小格，每一小格内0至4字不等，本文从内圆至外圆按圆一至圆五来代称。因为文献内圆有一处被标有一圈，所以此为起点试读。

① 高平子：《史记天官书今注》，中华丛书委员会，1965年，第29页。

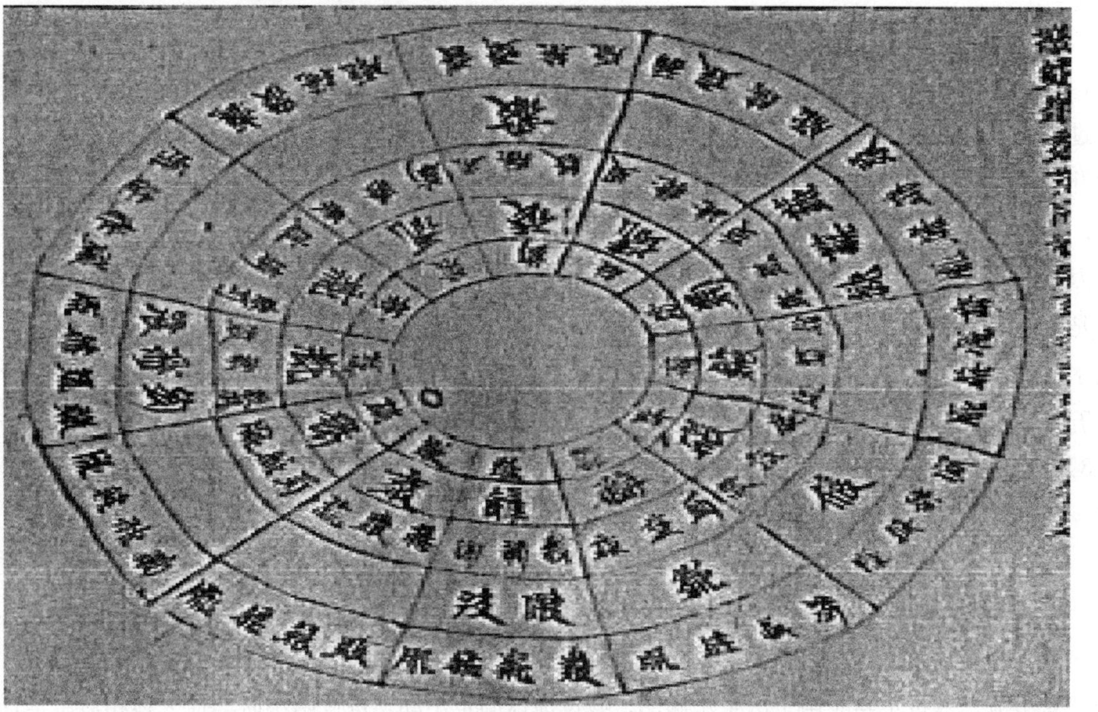

一　图的释读

（一）图中文字的释读

（1）圆一原文：[illegible]

译文：木　火　金　水　日 月　水　金　火　木　土　土

这一层列出七曜，也称之为七政、七纬、七耀。《易·系辞》："天垂象，见吉凶，圣人象之。此日月五星，有吉凶之象，因其变动为占，七者各自异政，故为七政。得失由政，故称政也。"①七曜是中国古代对日、月、五星的总称，日是指太阳，月为太阴，金为太白，木为岁星，水为辰星，火为荧惑，土为填星或镇星。观七星是占星术的一种，古代对七星的观察即是对天象的观察，《汉书·艺文志》："天文者，序二十八宿，步五星日月，以纪吉凶之象，圣王所以参政也。"

（2）圆二原文：[illegible]

译文：虎 兔 龙 蛇 马 羊 猴 鸡 狗 猪 鼠 牛

这一层列出的十二个字，可以表示四种可能。一可能是表示十二生肖，是纪年的一种方法，比如常用于表示蛇年、猴年、马年。二是表示寅、卯、辰、巳、午、未、申、酉、戌、亥、子、丑十二地支。地支又与方位有关，可以用来表示方向：寅、卯、辰代表东方，寅为东北、卯为正东、辰为东南；巳、午、未代表南方，巳为东南、午未正南、未为西南；申、酉、戌代表西方，申为西南、酉为正西、戌为西北；亥、子、丑代表北方，亥为西北、子为正北、丑为东北。将文献图中的圆分成东南西北四部分，恰好亥、子、丑被写在南方向，寅、卯、辰在西方向，巳、午、未在北方，申、酉、戌在东方。这是与中国的罗盘上所刻的十二地支方位是相吻合的，罗盘上的指针是指在其相反方向，这是由于地磁的南北方向和地球的南北方向是相反的。十二地支又可以表示一年中的十二个月，在我国古代历法中以寅月为正月，因为寅的五行属木，一年分春、夏、秋、冬四季，正月是春天的开始，木在春始生

① 金景芳：《周易·系辞传》新编详解，辽海出版社，1998 年，第 82 页。

长，所以在夏朝时期将寅月定为正月，一直沿用至今。《尔雅·释天》中讲，“岁阴者，子、丑、寅、卯、辰、巳、午、未、申、酉、戌、亥”[①]为月。同样十二地支的顺序也蕴含着事物的发展变化过程。子就是孳，表示万物繁茂的意思；丑就是纽，是用绳子捆住的意思；寅就是演，指万物开始生长的意思；卯就是茂，指万物茂盛的意思；辰就是震，指万物震动生长的意思；巳就是已，指万物已成的意思；午就是仵，指万物已过极盛之时，又是阴阳相交的时候；未就是味，是万物已成有滋味；申就是身，是万物初具形体的意思；酉就是鲍，指万物十分成熟的意思；戌就是灭，指万物消灭归土；亥就是核，指万物成种子的意思。十二地支也有其五行属性：子、亥属水，丑辰、未、戌属土，寅、卯属木，巳、午属火，申、酉属金。《五帝》篇中记载：“……天有五行，水火金木土，分时化育，以成万物。其神谓之五帝。”[②]四是表示一天中的十二个时辰。

（3）圆三原文：[illegible] [illegible] [illegible] [illegible]□ [illegible] [illegible]□[illegible] [illegible] [illegible] [illegible]□[illegible] [illegible] [illegible] [illegible]

译文：一命宫 二财帛 三兄弟 四父母 五男女 六奴仆 七夫妻 八疾厄 九迁移 十官禄 十一福德 十二相貌

从对这一层的翻译可以认为，列出的可能是命宫十二宫，十二宫是由命宫、财帛宫、兄相貌宫这十二宫组成。宫位主要应用于出生星座图，假设地球固定不动，每过两小时其他天体相对于地球的位置就会移动一段距离，这就是一个宫位。一个有二十四个小时，十二格时辰，也就是十二个宫位，出生星座图圆呗分成十二个等份，每个等份即为一个宫位。

命宫是第一宫，主本命、自我，是生命诞生的第一宫，代表一个人的性格，言行举止、外貌、体型以及给人的第一印象。第二宫是财帛宫，主钱财和工作能力，代表一个人的经济情况、金钱价值观、处理财物的能力、所拥有的资源等。第三宫是兄弟宫，主手足关系，代表一个人的沟通能力以及兄弟姐妹、亲戚邻居之间的关系。第四宫是父母宫，主家族、祖先、家庭和晚年生活，代表一个人内心情感和家庭的关系，反映出一个人的家庭状况、晚年生活。第五宫是子女宫，主爱情、娱乐和教养子女，代表一个人对感情的态度和表现方式。第六宫是奴仆宫，主工作和健康，在过去代表主人对待仆人的态度，现在转换成一个人对工作、部属关系的态度。第七宫是妻妾宫，主夫妇、婚姻，表示和爱情有关的方面。第八宫是疾厄宫，显示一个人对死亡、神秘事物的态度。第九宫是迁移宫，显示一个人对远距离旅行的态度，无论是精神上还是身体上的。第十宫是官禄宫，显示事业成败、地位高低、名誉等方面。第十一宫是福德宫，显示一个人一生的物质和精神享受的福分和精神态度，也可预测寿命长短。第十二宫是相貌宫，表示一个人的内心生活和神秘主义。

（4）圆四原文：[illegible]□ [illegible] [illegible] [illegible] [illegible] [illegible]

译文：珠□ 以前 孛 木火月 碧细珠 水金日

这一层列出的孛，孛就是彗星，彗星的出现在我国古代被认为是凶兆的显示，“孛者，孛孛然，非常恶气之所生也”[③]。《宋史》中记载在彗孛出现时：“谨视其所见之国，不可举事用兵。”对于其他列出的名称暂时我还无法考证破解。

（5）圆五原文：[illegible] [illegible] [illegible] [illegible] [illegible] [illegible] [illegible]□[illegible] [illegible] [illegible] [illegible] [illegible] [illegible]

译文：人马座 麽竭座 宝瓶座 双鱼座 白羊座 金牛座 室女座 巨蟹座 狮子座 双女座 天秤座

---

① 郭璞：《尔雅·释天》（第八），中华书局，1985 年。
② 张兵：《〈洪范〉诠释研究》，齐鲁书社，2007 年，第 1 页。
③ 朱文鑫：《十七史天文诸志之研究》，科学出版社，1965 年，第 8 页。

天蝎座

这一层列出的是十二星座的名称。太阳运行的轨迹成为黄道，黄道两侧各八度的区域是黄道带，行星在黄道带中运行。希腊科学家将黄道带分成十二格区段。在黄道上以春分点为零度算起，每隔三十度为一宫，一共十二宫，按各宫内包含的主要星座来命名十二宫。当时希腊人把他们想象成动物或人物的样子，并且结合成神话故事而命名，依次为白羊宫、金牛宫、双子宫、巨蟹宫、狮子宫、室女宫、天秤宫、天蝎宫、射手宫、摩羯宫、水瓶宫、双鱼宫，称为黄道十二宫。

太阳每年在黄道上运行一周，每天必然停留在黄道某一星座上，古代西方占星师认为一个人出生时太阳停留在哪个星座上，能决定这个人的性格和未来生活的命运。西方星相学通过观察不同人的生理发育、性格特征方面的差异，将人归属于十二星座，来预测一个人的命运。在资料中对十二星座的介绍如下：白羊宫的人有活力，生机勃勃，为人处事积极果断，有男子气概，具有领导者的风范；金牛宫的人有很强的领悟能力，很有耐心并有很好的创造思维，有女性特征，是一位有天赋的建设者；双子宫的人洞察能力很强，善于发现，他们有很强的能力；巨蟹宫的人情感世界很丰富，敏感多情，自我保护能力很强，是保护者和梦想者；狮子宫的人有很强的创造力，是出色的创造者，他们豪迈、热情；室女宫的人有很好的组织和协调能力，适合监督；天秤宫的人很理性和实在；天蝎宫的人性格倔强，极端，富于激情和冒险，喜欢神秘的力量；人马宫的人充满激情；摩羯宫的人善于计划，有野心有抱负；宝瓶宫的人有很强的怜悯心；双鱼宫的人优雅、浪漫、神秘而富于诗意，追求美的事物。

（二）对图的纵向释读

就纵向来看，星座一层与生肖一层是相对应的关系。十二生肖是中国天干地支纪年法的衍生品，十二星座同样是古代历法的产物，生肖和星座同样被用来占卜人生命运。中国人认为一个人的出生年、月、日以及时辰构成其命理运数，也就是构成了四柱八字，就是民间的“测八字”。西方的占星师也根据星座来对一个人进行占卜，并且认为出生于某星座的人都会拥有只属于该星座的性格气质和人生命运，与中国的四柱八字占卜法非常相似。十二星座中宝瓶座对应的十二生肖中的子，也就是鼠；摩羯座对应丑牛；人马座对应寅虎；天蝎座对应卯兔；天秤座对应辰龙；双女座对应巳蛇；狮子座对应午马；巨蟹座对应未羊；室女座对应申猴；金牛座对应酉鸡；白羊座对应戌狗；双鱼座对应亥猪。

图中的七曜与十二星座也是有一定的对应关系，查阅资料可知：“历代史志书目中所著录之七曜术著作几乎全部佚失，所幸在敦煌藏经洞尚保存了数种，且系实用手册或指南性质的作品。如伯二六就三题《七星历日一卷并十二时》一书，每章先述此日各种吉凶宜忌，次按十二支列出十二小节，且引数节如此：‘入此名宫，其人所求官财钱口万事皆遂心。若有官职更加富，亦见大君富贵人。（莫空•午）入此名宫，其人所求皆得遂，所向皆得。求官者高迁。亦得赏财，亦得妻子。吉。（嘀日•酉）入此名宫，其人和离别家宅，亦合游行他方，是忧愁。大凶。（温没斯•亥）’ 此处十二支所代表的正是黄道十二宫。”[①]这里按照人出生时刻的日子来看七曜的哪一曜入此宫来预测吉凶祸福，说明七曜与黄道十二宫也就是十二星座是有一定关联的。

二　文献中图的研究价值

文献的图上列出了七曜、十二地支、十二宫和十二星座等占星词语这与当时中国传统的占星术不同，引用了外来的十二星座和命宫十二宫。

① 江晓原：《天学真原》，译林出版社，2011 年。

星座最早可以追溯到公元前3000年，住在两河流域的苏美尔人已经有了星和星座的名字。在公元前650年，亚述帝国时期留下的楔形文字中就已经存在黄道部分和十二星座。后来在腓尼基人的传播下，在希腊出现。“希腊最早的天文学家塞利斯（约公元前640—前562）就是腓尼基人的后裔。”[①]公元1世纪左右，黄道十二宫从希腊传入印度，并且被用于佛经中。佛经随着佛教传入中国并被译成汉文，便在中国出现了黄道十二宫。“目前所能见到的最早文献是隋代开荒初年那连提耶舍所译的《大乘大方等日藏经》。随后又中唐至德三年同时古印度来华僧人不空和尚所译的《七曜禳灾诀》等佛教经典。”[②]这些文献中都有对十二星座的翻译。十二星座传入中后，与本土的二十八星宿和七政、九相结合，经常一起出现。在敦煌鸣沙山莫高窟千佛洞第六十一洞甬道两侧的壁画上，四周天空绘有黄道十二宫，在炽盛光佛的旁边和后面还画有七曜和九曜星官的神像。在这幅壁画下面汉文和西夏文题名。

中国的天学、星相学与西方的黄道体系不同，采用的是赤道式的，在《汉书•艺文志》中记载：“天文者，序二十八宿，步五星日月，以纪吉凶之象，圣王所以参政也。”古人根据天人感应、阴阳五行来观察如月五星的行迹占卜国家大事和个人命运。

七曜和十二地支是中国古代占星术中的术语，十二宫和十二星座是西方占星学的术语。其糅合了中西方占星术并按照其内在联系排列在一起，表明当时西夏已经在本土占星术的基础上吸收了西方星相占卜术并对其进行应用，对研究同时期宋朝和西方占星术有积极的意义，也可以窥探出当时中西方的文化交融情况。

参考文献：

[1] 北方民族大学、上海古籍出版社、俄罗斯科学院东方研究所圣彼得堡分所：《俄藏黑水城文献》（10），上海古籍出版社，1996年。

[2] 宁夏大学、上海古籍出版社、俄罗斯科学院东方研究所圣彼得堡分所：《俄藏黑水城文献》（14），上海古籍出版社，2009年。

[3] 聂历山著，崔红芬、文志勇译《十二世纪西夏国的星曜崇拜》，《西夏研究》2006年第3辑。

[4] 陈鹰：《〈天文书〉与回回占星术》，《自然科学史研究》1989年第1期。

[5] 《灵宝领教济度金书》，文物出版社，1988年。

[6] 肖巍：《中国占星术初探》，《上海社会科学院学术季刊》，1991年第4期。

[7] 郭庆光：《传播与教程》，中国人民大学出版社，2006年。

[8] 郭璞：《尔雅•释天》，中华书局，1985年。

[9] 陈戍国点校《四书五经》（尚书），岳麓书社，1990年。

（作者通讯地址：北方民族大学人文学院　银川 750021）

①② 潘鼐：《中国恒星观测史》，学林出版社，2009年。

黑水城出土汉文刻本TK172《六壬课秘诀》考释

李 冰

摘 要： 黑水城出土的刻本TK172文献是孟列夫根据《宋史》中关于《六壬课秘诀》的记载而命名，通过TK172与《官板大六壬神课金口诀》的对比，发现两者不仅篇目排列次序一样，内容也基本相同，两者应属于同一版本系统文献，而TK172也应命名为《六壬金口诀》。通过对“金口诀”文献版本的梳理，认为该类文献应早于明朝万历年，众叙录皆称其为金刻本也是有一定依据的。

关键词： 六壬金口诀　版本　文献　黑水城

TK172《六壬课秘诀》[①]最早著录于《黑城出土汉文遗书叙录》，认为该文献的封面之上有“大字的书名：‘《[六壬]□□[诀]》’”[②]，“这类标题的书，《宋史》书目中提到过”[③]。现参照《俄藏黑水城文献·叙录》将TK172《六壬课秘诀》叙录整理如下：金刻本，蝴蝶装，白麻纸，薄、软。共34叶，另有书牌残叶。纸幅高20cm，宽27cm，版框高15.5cm，宽22.6cm，天头4.3cm，地脚0.6cm，每半叶11行，行20字。左右双边，上下单边，中乌丝栏，宋体，墨色中，白口，双鱼尾，上鱼尾下版心题“课上”、“壬上”、“上”，下鱼尾下有页码。第11至28叶内容较完整，其余具有残缺，尤其第32、33、34下半叶残缺严重。按鱼尾下页码推算存第3至37叶，则前有2叶缺失。按标题序号推算，存“第二”后半部分至“第六十三”，其中第“四十九”重复出现，而内容完全不同。封面残存双框书牌，上方双行小字“此书包【缺】/夫皆悉【缺】，下方大字‘司’”。

查现存目录书籍，仅《宋史》卷二〇六载有：“《六壬课秘诀》一卷。”[④]孟列夫据模糊的书名页及《宋史》中的相关记载而断定该文献命名为“六壬课秘诀”。如仔细研读该文献，会发现该刻版文献的版心处虽有“课上”、“壬上”、“上”等字，并无“秘诀”字样；虽为六壬类文献，但不止一卷。可见孟列夫把该文献命名为“六壬课秘诀”与宋史中的“《六壬课秘诀》一卷”有很大出入。

一　TK172《六壬课秘诀》与《官板大六壬神课金口诀》比对

六壬起源很古，俞正燮在《癸巳类稿》卷十“六壬古式考”中说：“六壬之起，《道藏》谓自黄帝，名六壬者，神机制胜。《太白阴经》云：‘玄女式者，一名六壬式。玄女所造，主北方万物之始，因六

① 《俄藏黑水城文献》（4），上海古籍出版社，1997年，第84—118页。
② 孟列夫著、王克孝译《黑城出土汉文遗书叙录》，宁夏人民出版社，1994年，第241页。
③ 同上，第18页。
④ [元]脱脱：《宋史》，中华书局，1977年，第5256页。

甲之壬，故曰六壬。'" [①]认为六壬起于黄帝时的玄女。《四库全书总目》中载："六壬其传尤古。或谓出于黄帝元（玄）女，固属无稽。" [②]虽然对出于元（玄）女之说进行了批判，但是作者也不能断定六壬出于何时。该文考证六壬之术在《吴越春秋》、《越绝书》中已有记载，认为六壬之术不迟于汉代。六壬虽然古代盛行，但是此类书籍多散佚不传。

现在较易见到与TK172相近的六壬类书籍要数《故宫珍本丛刊》中的《官板大六壬神课金口诀》。《故宫珍本丛刊》是根据故宫博物院收藏的古籍图书整理出版的丛书文献。现将《官板大六壬神课金口诀》文献叙录如下：

六卷附别录一卷共七卷，内容分为扉页、序言、目录、正文等部分。扉页四周双边，分左中右三栏，右左两列大字书"官板大六壬/神课金口诀"，中间一栏较小字书"金陵经正堂校梓"。序言共3叶半，每半叶7行，行13字，第2叶左半叶仅存4行；左右双边、上下单边，版心有折缝线、黑上鱼尾，鱼尾之上书"神课金口诀"，下书"序"，之下是页码，共4页；第1、2叶为"神课金口诀序"署"丙午岁季春清明日余川遽然子谨序"，第3、4半叶为"钤序"署"适适子自序"。目录共8叶，每半叶10行，版心有折缝线、黑上鱼尾，鱼尾之上书"神课金口诀"，下书"目录"，之下是页码，共8页。目录之后紧接为"神课金口诀起例"，共三叶半，鱼尾之下书为"起例"，页码顺至第12页。正文每半叶10行，行20字，鱼尾之下依次从"卷一"至"卷七"，每卷另分页码。

现将《故宫珍本丛刊》中《官板大六壬神课金口诀》与TK172所存篇目罗列于下进行比对：

	《官板大六壬神课金口诀》	TK172
1	论十二贵神法第二	【缺】
2	论十二贵神旺相法第三	论十二贵神旺相法第三
3	论十二位神将吉凶法第四	论十二位神将吉凶法第四
4	论十二位贵神吉凶法第五	论十二位贵神吉凶法第五
5	论十二位神将所主法第六	论十二位神将所主法第六
6	论十二位贵神所主法第七	论十二位贵神所主法第七
7	论十二位神将所临法第八	论十二位神将所临法第八
8	论十二位天官所临法第九	论十二位天官所临法第九
9	论十二位天官形貌法第十	论十二位天官形貌法第十
10	论十二位天官怪形法第十[③]	论十二位天官怪形法第十一
11	论十二贵神所临玄关诀第十二	论十二贵神所临玄関诀第十二
12	论十二贵神临本位吉凶第十三[④]	论十二贵神临本位吉凶第十三
13	论十二贵神临劫杀吉凶法第十四	论十二贵神临劫杀吉凶法第十四
14	论天乙贵神治旦暮法第十五	论天一贵神治旦暮法第十五
15	论天乙贵神所居法第十六	论天一贵神所居法第十六
16	论天乙贵神值人元克[⑤]法第十七	论天一贵神值人元克法第十七
17	论天乙贵神所临神煞法第十八	论天一贵神所临神煞法第十八
18	论魁罡所临吉凶法第十九	论魁罡所临吉凶法第十九
19	论传送所临吉凶法第二十	论传送所临吉凶法第二十
20	论人元所主吉凶法第二十一	论人元所主吉凶法第二十一
21	论人元五子日干法第二十二	论人元五子日干法第二十二
22	论五行林[⑥]旺吉凶法第二十三	论五行休王吉凶法第二十三
23	论五行聚管吉凶法第二十四	论五行聚管吉凶法第二十四

① [清]俞正燮：《癸巳类稿》，商务印书馆，1957年，第391页。
② [清]永瑢：《四库全书总目》，中华书局，1965年，第924页。
③ "十"字，应为"十一"，正文标题误，目录正确。
④ 以上为第一卷内容，从第十四起为第二卷内容。
⑤ "元克"，目录误为"老值"，正文标题正确。
⑥ "林"字，正文标题误为"林"，书目录为"休"，是。

24	论解五行聚管吉凶法第二十五	论解五行聚管吉凶法第二十五
25	论天干吉凶法第二十六	论天干吉凶法第二十六
26	论飞符更年月日吉凶法第二十七	论飞符更年月日吉凶法第二十七
27	论丧门加年月日吉凶法第二十八	论丧门加年月日吉凶法第二十八
28	论天鬼加年月日吉凶法第二十九	论天鬼加年月日吉凶法第二十九
29	论天罗地网加年月日吉凶法第三十	论天罗地网加年月日吉凶法第三十
30	论游都鲁都吉凶法第三十一	论游都鲁都吉凶法第三十一
31	论占人贵贱法第三十二	论占人贵贱法第三十二
32	论占阴人贵贱法第三十三	论占阴人贵贱法第三十三
33	论占阴阳贵贱法第三十四	论占阴阳贵贱法弟①三十四
34	论占年中吉凶法第三十五	论占年中吉凶法第三十五
35	论月下吉凶法第三十六	论月下吉凶法第三十六
36	论占日时下吉凶法论自己第三十七	论占日时下吉凶法论自己第三十七
37	论占伤阳人老少法第三十八	论占伤阳人老少法第三十八
38	论占伤阴人老少法第三十九	论占伤阴人老少法第三十九
39	论贵人受克伤阳人老少法第四十	论贵人受克伤阳人老少法第四十
40	论贵人受克伤阴人老少法第四十一	论贵人受克伤阴人老少法第四十一
41	论占疾病吉凶法第四十二	论占疾病吉凶法第四十二
42	论占五脏受病吉凶法第四十三	论占五脏受病吉凶法第四十三
43	论占墓吉凶法第四十四	论占墓吉凶法第四十四
44	论占宝②吉凶法第四十五	论占宅吉凶法第四十五
45	论占求财吉凶法第四十六	论占求财吉凶法第四十六
46	论占亡失去住法第四十七	论占亡失去住法第四十七
47	论占奴婢走失法第四十八	论占奴婢走失法第四十八
48	论占六畜走失法第四十九	论占六畜走失法第四十九
49	论占禽噪吉凶法第五十	论占禽噪吉凶法第四十九③
50	论寻人吉凶法第五十一	论寻人吉凶法第五十
51	论占井地法第五十二	论占井地法第五十一
52	论置井法第五十三	论置井法第五十二
53	论射覆吉凶法第五十四	论射覆吉凶法弟④五十三
54	论射覆神将法第五十五	论射覆神将法第五十四
55	论射人身上衣物法第五十六	论射人身上衣物法第五十五
56	论占人身上盘龠第五十七	论占人身上【缺】第五十六
57	论贵玄武法第五十八	论责玄武法第五十七
58	论失物所藏方法第五十九	论失物所藏方【后缺】
59	论支干数目法第六十	论支干数目【后缺】
60	论修造宅舍吉凶法第六十一	论【后缺】
61	论宅内见怪去住法第六十二	论宅内见怪【后缺】
62	论占家中百怪法第六十二⑤	论占家中【后缺】
63	论人行年运灾福法第六十四	论人【后缺】

通过上述的比较可以发现，《官板大六壬神课金口诀》（金陵经正堂写刻本）和 TK172《六壬课秘诀》除极个别字句不同外，不仅篇目相同，内容及表述方式基本一致，可以肯定两者应属于同一版本系统，有一定的传承关系。孟列夫命名的“六壬课秘诀”应更改为“六壬金口诀”。

① “弟”字，与“第”字同。
② “宝”字，正文标题与目录俱误为“宝”，据此条目下内容，应是“宅”字。
③ “第四十九”排序重复，之后各篇第数俱误。
④ “弟”字，与“第”字同。
⑤ “六十二”，应为“六十三”，目录正确。

二 《六壬金口诀》源流考

《故宫珍本丛刊》的编者于目录中认为《官板大六壬神课金口诀》的作者为明代适摘子撰，但《官板大六壬神课金口诀》中并无直接写明作者。开首仅有“神课金口诀序”和“钤序”，“神课金口诀序”末尾署“丙午岁季春清明日余川遽然子谨序”，“钤序”结尾处署“适适子自序”。钤序是指刊刻时写的序言，如《司天判官张居中六壬祛惑钤序》[①]为湛然居士耶律楚材所作，但耶律楚材并非《六壬祛惑钤》作者。“钤序”后署“适适子自序”，仅知该本曾由适适子刊刻。“海阳”即安徽休宁，适适子为何人，不见记载。但是《古本董解元西厢记》卷一书名下署“海阳风逸散人适适子重校梓”，开首有明嘉靖丁巳年（1557）张羽的序文。在影印本《古本董解元西厢记》跋中赵万里根据此书版式和刻工体式，认为是嘉靖、隆庆之间或万历初年刻本。[②]则适适子最迟应是万历时安徽休宁人。而《官板大六壬神课金口诀》迟应曾于万历时由适适子刊刻。“神课金口诀序”中有“昔有孙公讳宾（膑），可谓精而能神者也。唯其精而能神，乃立为是术，……今将是术驾其说，姑效颦而已，亦以‘金口’为此书之名……于是命其名焉，名曰‘神课金口诀’。”虽然序中作者认为“金口诀”传自孙膑，但是完成此书并且对此书进行命名者应是该序作者，那么署名为“余川遽然子”即是该书作者。然而在目录和卷一之间的“神课金口诀起例”后署为“万历廿四年六月吉旦新安赤岸真阳子订”。则“新安赤岸真阳子”可能为本书增订或辑补。至此我们可对该书下一总结：《官板大六壬神课金口诀》最迟至明万历二十四年就已成书，在万历时就开始刊刻印行。此书作者为“余川遽然子”，不详为何许人，此书曾经明万历时人“新安赤岸真阳子”增订或辑补，并曾由万历时人安徽休宁适适子刊刻。

在《官板大六壬神课金口诀》名为“适适子自叙”的“钤序”中称该文献为“金口诀”，而在前面的“神课金口诀序”中则直接称为“神课金口诀”。尤其是版心鱼尾之上皆书“神课金口诀”，故知该书原名为《神课金口诀》，应是官板重刻六壬类书籍故更名为《官板大六壬神课金口诀》。可见TK172确应命名为“六壬金口诀”。

郑同认为现存的金口诀版本有 12 种即：1. 明正德阴山道人懒云子本《金口指玄》（三卷）；2. 明嘉靖金台宋氏重订本《大六壬金口诀神课》（三卷）；3. 故宫金陵经正堂本《官板大六壬神课金口诀》（六卷、别录一卷）；4. 通行本《校正京本六壬神课金口诀大全》（又作《六壬神课金口诀》、《大六壬金口诀》，明代适适子撰，清钟谷逸士熊大本校正，金谿居士周儆弦重订。清末民初多有石印本）；5. 清巫国匡辑《订正六壬金口诀》（署孙膑撰）；6. 清浙兰李石文重刊本《校正京本六壬神课金口诀》（三卷）；7. 韩国藏清抄本《易诀神课》（题洞春道人杨守一精阅，清钟谷逸士熊大本校正，金谿居士周儆弦重订）；8. 韩国藏清抄本《墨龟》（无抄录者署名）；9. 韩国藏清抄本《二垂课》；10. 韩国藏清抄本《金口诀上下合编》；11. 韩国藏清抄本《神课金口诀大传》；12. 韩国藏清抄本《小占神课金口诀》。[③]而在《中国古籍总目・子部》中记载有 6 种[④]：

1.《神课金口诀》六卷、别录一卷，明遽然子撰

明成化二十三年刻本（上海）、明万历三十四年金陵富春堂刻本（北大）

---

① [元]耶律楚材：《湛然居士文集》，中华书局，1986 年，第 182—183 页。

② [金]董解元：《古本董解元西厢记》，上海古籍出版社，1984 年，第 245 页。

③ [战国]孙膑：《官板六壬金口诀指玄》，华龄出版社，2013 年，第 3—6 页。

④ 中国古籍总目编纂委员会编《中国古籍总目・子部》，中华书局、上海古籍出版社，2010 年，第 1209—1210 页。

2.《大六壬神课金口诀》六卷、别录一卷，明适适子撰

明万历间唐氏富春堂刻本（安徽）、刻本（上海）

3.《神课金口诀》四卷，题孙膑撰

明刻本（台图）

4.《订正六壬金口诀》四卷，清巫国匡辑注

清抄本（北大）

5.《六壬神课金口诀》三卷，清陶中辅校订

清读书堂刻本（北大）、清书业堂刻本（南京）

6.《六壬神课金口诀》三卷，清周儆弦重订

清金陵三多斋刻本（国图）、清光绪六年扫叶山房刻本（国图）

清浙兰李石文刻本（国图）、清敬文堂刻本（国图）

因许多原版书籍不曾得见，今据以上两种记载可知：

一、直言六壬祖述自孙膑。明嘉靖金台宋氏重订本《大六壬金口诀神课》卷首之序中说："世传神课《金口诀》佥谓述自孙氏膑始"①，《官板大六壬神课金口诀》中"论神课入式法歌"和《大六壬金口诀》中"入式歌解"都有"此是孙膑真甲子"。《中国古籍总目·子部》中台湾图书馆收藏的四卷本《神课金口诀》直接题孙膑为撰者。当然在TK172也有相关记载，如"此是孙宾（膑）真妙诀"（第二十六）、"此乃孙宾（膑）真妙法"（第三十一）、"会得孙宾（膑）占病法"（第四十三）。

二、"六壬金口诀"版本系统较复杂。有六卷本、四卷本和三卷本，《中国古籍总目·子部》中两种六卷本的"金口诀"都有明万历金陵富春堂刻本，可见题名遽然子的《神课金口诀》与题名适适子的《大六壬神课金口诀》应为同一种书籍。而六卷本的《官板大六壬神课金口诀》中既有遽然子序，也有适适子钤序，可见六卷本有着同源关系。现在社会上流行的金口诀多是通行三卷本，如上海广益书局出版《大六壬金口诀》②题名明代洞春道人真阳子辑，清代杨守一精阅，钟谷逸士熊大本校正，金谿居士周儆弦重订。出版时虽分为七册，但从原本目录上看仅三卷。《官板大六壬神课金口诀》与《大六壬金口诀》的内容有很大区别。如目录编次不同，内容也有很大的差距。但同时两者又有明显的传承关系。如《官板大六壬神课金口诀》的"神课金口诀起例"结尾处题："万历廿四年六月吉旦新安赤岸真阳子订。"这与通行本所列明代"洞春道人真阳子辑"相同，署名者应该为同一人。此外《大六壬金口诀》中"入式歌解"、"十二贵神所属"、"贵神治旦暮"与《官板大六壬神课金口诀》中"论神课入式法歌"、"论十二贵神法第二"、"论天乙贵神治旦暮法第十五"的内容和表述皆相同。

三、六壬金口诀有很久的渊源。现存最早的版本即是明朝的版本，可见早在明代金口诀已经有广泛的流传，而作为金刻本的TK172文献更是一个明显的例子。此外，宋祝泌《六壬大占·兵机三十占法注解》③④中"游都鲁都第一"与TK172中"论游都鲁都吉凶法第三十一"有很大的传承性。如"游都鲁都第一"：

游都鲁都法最玄，穿地寻尸见九泉。鲁都临处逢白虎，戊己原加辰戌间。常将月将地分数，

① [清]周鹏：《大六壬寻源编》，华龄出版社，2012年，第719页。
② [清]周儆弦重订《大六壬金口诀》，上海大成书局石印本。
③《六壬大占》的清隐山房本有此内容，而宛委别藏本无。
④ [宋]祝泌：《六壬大占》，《丛书集成续编》（45），台湾新文丰出版公司，1988年。

两位相逢远近看。此是先贤真妙诀，千金莫与世人传。

诀曰

甲巳之日丑为先，乙庚神后不虚言。丙辛常向功曹上，丁壬之日在巳边。戊癸传送游都住，游都冲处鲁都安。要知贼伏藏人马，游都之法计推干。出入鲁都临定出，依前法式可通仙。

TK172 中“论游都鲁都吉凶法第三十一”：

游都鲁都法最玄，穿地寻尸见九泉。鲁都临处逢白虎，戊巳元加辰戌间。常将月将地分数，两位相逢远近看。此乃孙宾（膑）真妙法，千金莫与世人传。甲巳之日丑为先，乙庚神后不虚言。丙辛长向登明上，丁壬之日在辰边。戊癸传送游都处，游都冲处鲁都安。要知贼伏藏人马，游都之法计推干。出入鲁都临定处，依前法式□□□。

四、六壬金口诀名之为“金口诀”，书中表述方式多采歌诀形式。如《官板大六壬神课金口诀》和 TK172 相关内容主要是以歌诀方式表述。孟列夫所述有“大字的书名：‘《[六壬]□□[诀]》’”①，则该 TK172 文献应命名为《六壬金口诀》，而不是《六壬课秘诀》。

总之，TK172《六壬金口诀》与《官板大六壬神课金口诀》有很强的传承性，这两部是属于同一个版本系统，由于资料缺乏，我们还不能确定 TK172《六壬金口诀》卷数是否与《官板大六壬神课金口诀》同为六卷本，但两者之间的传承关系不能否认。可以肯定 TK172《六壬金口诀》不会是一卷的《六壬课秘诀》，该文献应该命名为“六壬金口诀”。

（作者通讯地址：河北大学宋史研究中心　石家庄 071002）

① 孟列夫著、王克孝译《黑城出土汉文遗书叙录》，宁夏人民出版社，1994 年，第 241 页。

黑水城所出西夏马料文书补释

陈瑞青

摘　要：《英藏黑水城文献》中收录有四号西夏时期马料文书，这四号文书多为残片，是研究西夏基层马料分配制度的重要资料。本文对黑水城所出西夏马料文书进行了重新的整理，对文书中存在的错简问题予以纠正；同时，通过文书中的职官、日期等大致推断其为西夏时期的文书，但具体时间难以确定。通过比较宋、夏、元军事制度，基本排除文书中所涉及的马匹为军队用马，而应是政务用马。文书中的马主身份很可能是西夏时期的站户。

关键词：西夏　马料　军主　部署

《英藏黑水城文献》中收录西夏马料文书共计四号，分别是Or. 12380—3178a(K. K.)号、Or. 12380—3178b（K. K. ）号、Or. 12380—3178c（K. K. ）号和Or. 12380—3179（K. K. ）号。这四号文书，《英藏黑水城文献》的编者均将其定名为《汉文马匹草料账册》。[①]杜建录先生在《英藏黑水城马匹草料文书考释》（以下简称《考释》）一文中对这四号文书进行了研究，认为这四号文书属于西夏时期的社会文书，同时就文书中反映的西夏时期供给问题进行了探讨。[②]就目前所知，这四号文书为黑水城文献中唯一集中反映西夏基层马料分配制度的文书，其史料价值，不言而喻。笔者不揣浅陋，试在杜先生研究基础之上，对文书进行重新录文，并就文书的断代、性质及价值进行再探讨，不当之处，敬请方家指正。

一　英藏马料文书录文及复原

《英藏黑水城文献》中只公布了文书的图版，在《考释》一文中，杜先生对文书进行了录文，现对照图版，并参考《考释》对这四号文书重新录入。

Or. 12380—3178a（K. K. ）号文书录文：

[前缺]

1.　□部署下马贰疋，内一疋拾分　　　.

① 西北第二民族学院、英国国家图书馆、上海古籍出版社编《英藏黑水城文献》第4册，上海古籍出版社，2005年，第33—34页。

② 杜建录：《英藏黑水城马匹草料文书考释》，《宁夏社会科学》2009年第5期。

2. ☐一疋伍分，请①十一月二十一日食☐．
3. ☐从十六日②，至二十六日终，计一☐．
4. ☐请二十八日至十二日③月五日终☐．
5. ☐计七日，共计壹④拾日食☐．
6. 糜子貳⑤石☐☐☐，草貳拾⑥☐

　　　　　　［后缺］

Or.12380—3178b（K.K.）号文书由两个残片组成，先分别迻录如下：

（一）

　　　　　　［前缺］
1. ☐☐☐．
2. ☐束
3. ☐分⑦，肆疋☐．
4. ☐至廿八日终☐．
5. ☐☐束

　　　　　　［后缺］

（二）

　　　　　　［前缺］
1. ☐二十九日至
2. ☐柒日食
3. ☐　重吸⑧
4. ☐捌斗

Or.12380—3178c（K.K.）号文书亦由两个残片组成，现迻录如下：

（一）

　　　　　　［前缺］
1. 陆分，支☐示准（？）在等下⑨☐．
2. 马壹拾陆疋，各於⑩十一月⑪☐．
3. 三日，准壹⑫日食☐．

　　　　　　［后缺］

---

① "请"字，《考释》未识读。
② "十六日"，《考释》作"二十六日"。
③ "日"，《考释》作"月"，当为衍文。
④ "壹"，《考释》未识读。
⑤ "糜子貳"，《考释》未识读。
⑥ "草貳拾"，《考释》未识读。
⑦ "分"，《考释》未识读。
⑧ "重吸"，《考释》未识读。
⑨ "等下"，《考释》录文作"草"。
⑩ "於"，《考释》录文作"支"。
⑪ "月"，《考释》录文作"日"。
⑫ "壹"，《考释》录文作"二十"。

(二)

[前缺]

1. ☐　　　　壹拾① 　．
2. ☐　☐一疋，十分；二疋，各五分。
3. ☐　终②十一月二十七日，一日食，共计③二日
4. ☐子壹石贰斗陆升，草壹拾贰束。

[后缺]

Or.12380—3179（K.K.）号文书由五个残片组成，现迻录如下：

(一)

[前缺]

1. ☐　　壹拾　　．
2. ☐保☐通等下马壹拾贰
3. 疋，内叁疋草料十分，玖疋
4. 各草料五分，从十二月四日至
5. 五日，计准二日食。
6. 穈子贰斗，草贰束，支如纤④☐
7. ☐　马三疋　　．

[后缺]

(二)

[前缺]

1. ☐斗⑤，草捌束☐　．
2. ☐等下⑥马壹拾☐　．
3. ☐草料拾分⑦，肆疋各☐　．
4. ☐二月四日，壹日食☐　．

[后缺]

(三)

[前缺]

1. ☐　．
2. 至二十日☐　师翁⑧☐　．
3. 请，至十二月三日请☐　．

[后缺]

---

① "壹拾"，《考释》未识读。
② "终"，《考释》录文作"于"。
③ "共计"，《考释》录文作"草"。
④ "如纤"，《考释》未识读。
⑤ "斗"，《考释》未识读。
⑥ "等下"，《考释》作"草"。
⑦ "分"，《考释》未识读。
⑧ "师翁"，《考释》未识读。

（四）

[前缺]

1. 二十六日至十二月四□

2. 八日，共计[①]九日食□

3. 一疋草料拾分□

4. 二疋草料五分□

5. 糜子九斗捌升[②]，草玖束□

6. □角支长崇并[③]□

[后缺]

（五）

[前缺]

1. 移下[④]马叁疋□

2. 子下壹拾疋□

3. 西藩業示啰八，马壹拾陆匹，□

4. 左移泥巾腻，马伍疋□

5. 军主讹藏嵬嵬[⑤]下壹拾壹疋□

6. 伽泥都工令，马壹疋□

[后缺]

笔者仔细对比图版，发现这四号文书的笔迹并不一致。尤其值得关注的是，Or. 12380—3179(K. K. ）号文书的第三个残片与 Or. 12380—3178a（K. K. ）号文书笔迹一致，因此这两个残片应出自同一件文书。现将两件文书连缀如下：

[前缺]

1. □

2. 至二十日□师翁□

3. 请，至十二月三日请□

………………………………………………………………

4. □部暑下马贰疋，内一疋拾分□

5. □一疋伍分，请十一月二十一日食□

6. □从十六日，至二十六日终，计一□

7. □请二十八日至十二日月五日终□

8. □计七日，共计壹拾日食□

9. 糜子贰石□□□，草贰拾□

[后缺]

① “共计”，《考释》录文作“草”。

② “捌升”，《考释》未识读。

③ 此行《考释》未识读。

④ “移下”，《考释》未识读。

⑤ “嵬嵬”，《考释》录文作“嵬名”。

从文书书写字体来看，除 Or. 12380—3178a（K. K. ）号文书和 Or. 12380—3179（K. K. ）号文书的第三个残片字迹一致外，Or. 12380—3178b（K. K. ）和 Or. 12380—3178c（K. K. ）字迹一致，Or. 12380—3179（K. K. ）号文书的（一）、（二）、（四）、（五）字迹一致，这说明以上四号文书，应当出自三个书写者。从书写习惯及字体来看，Or. 12380—3178a（K. K. ）号文书和 Or. 12380—3179（K. K. ）号文书的第三个残片书写粗拙，而其余文书概用行楷。Or. 12380—3179（K. K. ）号文书和 Or. 12380—3178b（K. K. ）、Or. 12380—3178c（K. K. ）中涉及縻子计量时均用“斗”，而 Or. 12380—3179（K. K. ）号文书用的是“㪷”字；在涉及马料分成时，Or. 12380—3178a（K. K. ）号文书书写形式为“一疋拾分”，而 Or. 12380—3179（K. K. ）号文书为“一疋草料拾分”。这也从一个侧面印证了以上四号文书在字迹、书写形式等方面存在细微的差别。也就是说，以上四号文书如果按照字体及书写习惯应当编为三号，亦即将 Or. 12380—3178a（K. K. ）号文书和 Or. 12380—3179（K. K. ）号文书的第三个残片编为一号；将 Or. 12380—3178b（K. K. ）和 Or. 12380—3178c（K. K. ）编为一号；将 Or. 12380—3179（K. K. ）号文书的（一）、（二）、（四）、（五）四个残片编为一号则更加符合实际。

二　英藏马料文书的断代

在 Or. 12380—3178a（K. K. ）号文书中出现了“部暑”一词，《考释》一文将其识读为“部署”。宋、辽时期，确曾设置过“都部署”、“部署”等职官。宋代的都部署，“掌总治军旅屯戍、营防守御之政令。凡将兵隶属官训练、教阅、赏罚之事，皆掌之”[①]。关于宋代都部署问题，张邦炜、杜桂英《论北宋前期的都部署问题》[②]以及陈峰《都部署与北宋武将地位的变迁》[③]两文曾有专门的探讨，在此不赘述。黄为放《诸行宫都部署院初探》一文则对辽代行宫都部署进行了研究。[④]但值得注意的是，嘉祐八年（1063）宋英宗赵曙即位后，出于避讳，“都部署”、“部署”改为“都总管”、“总管”，“都部署”、“部署”职官系统退出历史舞台。考虑到北宋统治区域并未到达黑水城地区，因此基本上可以认定文书中的“部暑”，并非宋代职官——“部署”。那么，文书中的“部暑”是否为西夏职官？宋代典籍中曾有李继隆任都部署的记载，如《宋史·夏国传上》称：“（至道二年四月）复命李继隆为环、庆等州都部署，会四方馆使曹璨自河西至，言继迁众万余围灵武，城中上表告急，为继迁所得，遂顿兵不去。”[⑤]另据《宋太宗实录》卷七七至道二年（996）夏四月甲戌载：“以侍卫马步军都指挥使李继隆为环、庆等州都部署，殿前都虞候范廷召副之，率师致讨。”但这并不意味着西夏时期曾设置过“部署”这一职官。这是因为，李继隆担任环、庆等州都部署时，西夏尚未立国，其担任的是北宋官职。宋仁宗明道元年（1032），西夏立国，其兵制发生明显变化，史载：“故事，羌俗以帐族盛大者为长官，亦止有蕃落使、防御使、都押牙、指挥使之职。至是始立文武班。”[⑥]同时，元昊在西夏境内“置十二监军司，委豪右分统其众”[⑦]。陈炳应先生依据史籍将西夏军队统兵体制分为三个等级：以枢密院为首的中央统军体制为第一等级；经略司、正统司、统军司和殿前司为第二等级；监军司、擒生军、兴灵镇守军、护卫军为第三等级。[⑧]但在这三级统兵体制中，笔者并未找到关于西夏设置“都部署”或“部署”的记载。同时，笔者还查阅了《天盛律令》，其中也无载“都部署”或“部署”。就目前笔者

① [元]脱脱：《宋史》卷一六七《职官志七》，中华书局，1977 年，第 3979 页。
② 张邦炜、杜桂英：《论北宋前期的都部署问题》，《四川师范大学学报》2005 年第 2 期。
③ 陈峰：《都部署与北宋武将地位的变迁》，《安徽师范大学学报》2001 年第 3 期。
④ 黄为放：《诸行宫都部署院初探》，《黑河学院学报》2010 年第 3 期。
⑤ [元]脱脱：《宋史》卷四八五《夏国传上》，第 13987 页。
⑥ 戴锡章著、罗矛昆点校《西夏纪》卷六，宁夏人民出版社，1988 年，第 147 页。
⑦ [元]脱脱：《宋史》卷四八五《夏国传上》，第 13994 页。
⑧ 陈炳应：《贞观玉镜将研究》，宁夏人民出版社，1995 年，第 9—18 页。

掌握的材料看，尚不能支持西夏设置“部署”一职的可能。笔者推测，文书中的“部暑”并非职官，而应当是人名。这是因为在四号马料文书中，其登记形式基本固定，一般采取在人名下登记马匹数量、差出日程、马料分成以及马料补助总数等项。在这批文书中，Or.12380—3179（K.K.）号文书第五个残片中出现了“军主讹藏嵬嵬”，这说明马匹所有者如有官职，应当登记在姓名之前，如无官职则直接登记姓名，在这批文书中没有直接登记官职的情况。因此，文书中“部暑”并非职官名称，其为人名的可能性较大。笔者之所以对“部暑”一词的考察颇费笔墨，主要是说明就文书本身透露的信息而言，无法通过“部暑”这条线索来确定文书的年代。

关于文书的断代，杜建录先生在《考释》一文中认为：“黑水城出土的汉文文书主要是宋、夏、元三代，元朝不设军主，可以肯定该文书不是元朝的，宋朝沿边蕃兵自备战具粮饷，说明也不是宋朝的。”同时，根据文书中出现的“左移泥巾膩”、“讹藏嵬名”[①]、“伽泥都工令”等党项人名，认定文书为西夏时期的文书。[②]这一推断大体中肯，但也存在不容忽视的缺陷。如认定宋代不设“军主”的推论显然有误。宋代在陕西蕃兵职官系统中，设置有军主，“其大首领为都军主，百帐以上为军主，其次为副军主、都虞候、指挥使、副兵马使，以功次补者为刺史、诸卫将军、诸司使副使、承制、崇班、供奉官至殿侍”[③]。这说明在宋代蕃兵中实行的是“都军主—军主—副军主”职官体系。景德二年（1005）九月，官告院言：“奉诏复位诸蕃告身纸。其蕃官军主、副军主首领、化外刺史子承父任知州授银青阶者，请用大绫纸、法锦褾、大牙轴、色带。化外幕职州县官、上佐指挥使至副兵马使、衙前职员请用中绫纸、中锦褾、牙轴、青带。”[④]皇祐四年（1052）九月八日，宋廷诏颁官告条制：“四夷授郎将已上蕃官，授正副军主并首领及花（按，当作“化”）外刺史身故子孙承袭以银青阶知州，并如三司使制。”[⑤]在宋代典籍中也有关于西北部落蕃兵任军主的记载，如咸平二年十月（999）戊辰，“以勒浪族十六府大首领、归德大将军、恩州刺史马泥领本州团练使，绥州界裕勒沁族首领李继福为归德将军，充本族军主”[⑥]。咸平五年（1002）正月乙卯，“石、隰州部署言李继迁部下指挥使卧浪己等四十六人来附。诏补军主，赐袍带、茶彩，令石州给田处之”[⑦]。景德三年（1006）五月，“渭州言妙娥、延家、熟嵬等族率三千余帐、万七千余人及牛马数万欵塞内附。诏遣使抚劳之，赐以袍、带、茶、彩，仍授折平族首领撒逋格顺州刺史，充本族都军主”[⑧]。天圣三年（1026），环庆蕃部嵬逋等内附，“补泾原降羌首领潘征为本族军主”[⑨]。宝元二年（1039）八月，“以筚篥城唃厮波补本族军主”[⑩]。凡此种种，不一而足。上述材料充分说明，宋代在西北地区蕃兵中设置有“军主”。因此我们尚不能根据文书中出现的“军主”，排除文书为宋代的可能。

宋朝沿边蕃兵是否自备战具粮饷的问题，笔者以为，应当历史地来考察这一问题。宋代的蕃兵来自熟户，属于半兵半农性质，在本部族范围内各“著生业，平居不蠹边储”[⑪]。因此，蕃兵没有俸给，故称之为“非食禄蕃兵”。蕃兵出战时所用衣甲，“例合自备”[⑫]。宋朝通过赐特支钱、酱菜钱、

---

① “讹藏嵬名”，当作“讹藏嵬嵬”。
② 杜建录：《英藏黑水城马匹草料文书考释》，《宁夏社会科学》2009年第5期。
③ [元]脱脱：《宋史》卷一九一《兵志五·乡兵二》，第4751页。
④ [清]徐松辑《宋会要辑稿·职官》11之62，中华书局，1957年，第2653页。
⑤ [清]徐松辑《宋会要辑稿·职官》11之65，第2655页。
⑥ [宋]李焘：《续资治通鉴长编》卷四五真宗咸平二年（999）十月戊辰，上海古籍出版社，1986年，第372页。
⑦ [宋]李焘：《续资治通鉴长编》卷五一真宗咸平五年（1002）正月乙卯条，第429页。
⑧ [宋]李焘：《续资治通鉴长编》卷六三真宗景德三年（1006）五月条，第543页。
⑨ [元]脱脱：《宋史》卷九《仁宗纪一》，第181页。
⑩ [元]脱脱：《宋史》卷一〇《仁宗纪二》，第206页。
⑪ [宋]李焘：《续资治通鉴长编》卷二二一熙宁四年（1071）三月壬辰，第2059页。
⑫ [清]徐松辑《宋会要辑稿·方域》21之7，第7664页。

帛彩，至官职等手段对有功的蕃兵进行犒赏。[①]宋神宗以后，北宋蕃兵制度发生变化。蕃兵中的弓箭手由招募组成，脱离原籍，“官给以地，而不出租”[②]。元符二年（1099）四月，泾原路经略使章楶上奏：“秦凤路旧额正兵、蕃汉弓箭手、马步人乞共那拨一万三千人屯戍新建州及新建两寨，今开析如后：新建州戍守乞以七千人为额，除招置马步军人各一指挥外，余并将秦凤路旧管正兵、弓箭手更代屯戍”，这些弓箭手与正兵轮番屯戍，其待遇是“弓箭手乞月支口食米三斗，马支破五分料，七分草，正兵自依条支破”[③]。此时的蕃汉弓箭手已经和正兵一样，需要朝廷供给口食、马料。但其待遇比正兵略差一些，尤其表现在马匹草料上，只支五分料、七分草。因此，我们不能仅依据蕃兵待遇来否定其为宋代文书的可能性。但考虑到西夏时期曾在黑水城设置黑水镇燕军司的史实，我们将其暂定为西夏文书。

在 Or.12380—3178a（K.K.）号文书中提到“二十八日至十二月五日终 计七日”，说明马主差出的时间是十一月二十八日至十二月五日，总共七天。如此算来，文书反映的十一月份应当只有二十九天，亦即为“小尽”。虽然我们无法确定文书的确切时间，但这为解读文书提供了一定的参照。笔者检阅陈垣《二十史朔闰表》，两宋时期十一月份为小尽的年号有：建隆二年、乾德六年、开宝三年、开宝七年、开宝八年、太平兴国四年、太平兴国六年、平兴国九年、雍熙二年、雍熙四年、淳化五年、咸平六年、景德元年、景德三年、景德四年、大中祥符元年、大中祥符二年、大中祥符三年、大中祥符六年、开禧四年、乾兴元年、天圣元年、天圣二年、天圣八年、天圣十年、景祐四年、宝元元年、康定二年、庆历三年、庆历六年、至和二年、至和三年、嘉祐三年、治平二年、熙宁元年、熙宁二年、熙宁三年、熙宁四年、熙宁五年、熙宁六年、熙宁七年、熙宁八年、熙宁十年、元丰五年、元丰六年、元丰七年、元祐七年、元祐八年、元祐九年、元符二年、建中靖国元年、崇宁元年、崇宁二年、崇宁三年、崇宁四年、大观二年、政和元年、政和七年、政和八年、宣和二年、宣和三年、靖康二年、绍兴二年、绍兴三年、绍兴四年、绍兴五年、绍兴六年、绍兴七年、绍兴九年、绍兴十四年、绍兴十五年、绍兴十六年、绍兴二十三年、绍兴二十四年、绍兴二十五年、绍兴二十六年、隆兴元年、隆兴二年、乾道二年、乾道三年、乾道五年、乾道六年、乾道八年、乾道九年、淳熙六年、淳熙九年、淳熙十年、淳熙十六年、绍熙二年、绍熙三年、绍熙五年、庆元元年、庆元三年、嘉泰元年、嘉泰二年、开禧二年、开禧三年、嘉定元年、嘉定八年、嘉定九年、嘉定十年、宝庆元年、绍定元年、绍定四年、绍定五年、端平元年、端平二年、纯祐四年、宝祐元年、宝祐二年、宝祐五年、开庆元年、景定五年、咸淳三年、咸淳四年、景元二年、景元三年、祥兴二年，等等，共计 108 个年份，或许这件西夏文书形成的时间就在这些年份之中。

总之，笔者试图从多个方面对这批文书进行确切断代，但由于文书反映的信息有限，加之又无太多旁证，因此只将笔者对这一问题进行思考的逻辑轨迹进行了记录，希望能通过这些线索的梳理，为以后研究这批文书提供有益的帮助。

三　英藏马料文书性质的判定

关于文书的性质问题，杜建录先生《考释》一文指出，由于西夏时期各种政治军事制交织在一起，

---

① 参见安国楼《论宋代“蕃兵”制》，《郑州大学学报》1997 年第 1 期；刘建丽、赵炳林：《略论宋代蕃兵建制》，《西藏研究》2004 年第 2 期。

② ［元］脱脱：《宋史》卷一九〇《兵志四》，第 4719 页。

③ ［宋］李焘：《续资治通鉴长编》卷五〇八元符二年（1099）四月癸酉，第 4750 页。

"使我们目前还不能断定该文书记录的是军用马匹支取草料，还是公用马匹支取草料"①。《考释》一文已经将文书性质廓定为军用和公用两个方面，为进一步探讨文书性质指明了方向。

文书中出现的"军主"，为西夏部落兵之职官。西夏时期，部落兵是其军队重要组成部分之一。据《宋史·夏国传》称："每举兵，必率部长与猎，有获，则下马环坐饮，割鲜而食，各问所见，择取其长。"西夏立国之后，对部落兵进行了改造，"其民一家号一帐，男年登十五为丁，率二丁取正军一人。每负赡一人为一抄。负赡者，随军杂役也。四丁为两抄，余号空丁"。同时，还规定"凡正军给长生马、驼各一。团练使以上，帐一、弓一、箭五百、马一、骆驼五，旗、鼓、枪、剑、棍棓、沙袋、披毡、浑脱、背索、锹镬、斤斧、箭牌、铁笊篱各一。刺史以下，无帐无旗鼓，人各骆驼一、箭三百、幕梁一"②。从上述记载不难看出，在西夏军队中，只有正军、刺史及其以上官员才配备马匹。关于西夏正军配备马匹的情况，《天盛律令》中也有记载："正军有：官马、剑一柄、弓一张、箭三十枝、枪一枝、囊一、拨子手扣、弦一根、长矛杖一枝。"③而作为正军辅助人员的辅主和负担均不配备军马。西夏军队中的披、甲、战马有时是通过牧农主提供的，"一等牧农主披甲二种搜寻法，可借于队溜，当接名不须永久注册。行军季校时，当在队溜上阅校。其中有损失不能偿则不偿。官马一种则应按边等法烙印，永久注册"④。牧农主提供的马匹，经过西夏朝廷烙印注册，永久为军队服役。

杜建录先生援引《天盛律令》，认为西夏朝廷派出官员带领人马到国有牧场校验官畜时，"案头、司吏、随从、僮仆等之人马食粮，当自官方领取，于牧场中取时，计其价，以枉法贪赃罪法判断"。其中"大校七日一屠，每日米面四升，其中有米一升。二马食中一七升，一五升。一僮仆米一升。案头、司吏二人共十五日一屠，各自每日米一升。一马食五升。一人行杖者每日米一升。一人检视十五日一屠，每日米面二升。一马五升"⑤。问难磨勘时"大人十日一屠，每日米谷四升，二马中一马七升，一马五升，一童子米一升。□监司写者等一律各自十五日一屠，每日米一升，一马食五升，童子一人，每日米一升。案头、司吏二人共二十日一屠，各自每日米一升。共一童子及行杖者一人，各自米一升"⑥。另外，《天盛律令》中还有这样的记载："一派执符时，当骑诸家民所属私畜及官之牧场畜等有方便可骑乘者，不许差用一种官马。若附近无私畜及牧场畜等，及不堪骑乘，实无有，则允许捕骑官马。倘若违律，附近有堪骑之他畜不用而无理用官马时，徒二年。所派执符直接往职上，致坐骑杀，及已伤，返回者及使在他人等处，返回已死等，是实情，则勿偿，其中有官畜者，当注销。"⑦西夏政务用马分为两种情况：一是骑乘诸家民所属私畜及官之牧场畜等马；一是骑乘官马。从《天盛律令》中的记载可以看出，骑乘诸家民所属私畜及官之牧场畜等马的情况较为普遍，而骑乘官马的程序要严格得多。

在军用和公用马之间，笔者更倾向于政务用马，这是因为军队中正军配备的马匹只有一匹，而文书中使用的马匹有的多达十几匹。军队中的官马主要用于作战，而文书中并未直接反映马匹与作战相关。另外，文书中的马匹草料补助并非全额拨发，而是需要马主自己承担一部分草料。比照宋代正兵使用马匹的情况，中央禁军马匹"每日支破十分草料"⑧，而沿边地区正军马匹也是"支破十分草料"⑨。在乡兵中马料实行分成制，一般拨发五成料或七成料，宋孝宗隆兴七年（1169），乡

---

① 杜建录：《英藏黑水城马匹草料文书考释》，《宁夏社会科学》2009年第5期。
② ［元］脱脱：《宋史》卷四八六《夏国传下》，第14028页。
③ 史金波、聂鸿音等译《天盛改旧新定律令》卷五《军持兵器供给门》，法律出版社，2000年，第226页。
④ 同上，第225页。
⑤ 史金波、聂鸿音等译《天盛改旧新定律令》卷一九《校畜磨勘门》，第585页。
⑥ 史金波、聂鸿音等译《天盛改旧新定律令》卷二〇《罪责不同门》，第614页。
⑦ 史金波、聂鸿音等译《天盛改旧新定律令》卷一三《执符铁箭显贵言等失门》，第467页。
⑧ ［清］徐松辑《宋会要辑稿·兵》22之15，第7151页。
⑨ ［清］徐松辑《宋会要辑稿·兵》25之8，第7204页。

兵义勇“除已将马军日给以草外，有马料一色，……给以五分之料”①。而保甲、民兵中“有马愿充马军之人，马支五分草料”②。元丰八年（1085）四月，河东勇敢“借支省马给与七分草料”③。建炎元年（1127）八月，“其应援本州军府及邻近州县，并把截津渡、离家地远者，依保甲戍守巡防例，日给钱一百文、米三升，其马日给草料七分。”④建炎元年为南宋建立之初，根基未稳，因此给保甲七分草料，算是一种优待。当然在宋代正军中也有实行分成制的时候，如元丰七年（1084）七月宋廷下诏：“陕府西路缘边诸军战马，并依河东麟州例，不以上下槽，支草料各七分。”⑤宋徽宗时期，蔡京用事，竟将湟州驻军口粮、马料“率皆八折”⑥。宋代虽有正军马匹草料按照分成制发放的例子，但主要发生在北宋后期，财力匮乏之际，因此不属于普遍情况。不管是全额拨发还是分成制拨发，宋代军队马料的拨发标准是标准化、制式化的，即要么按照全额发放，要么按照分成制发放，并不像文书中所反映的那样，一人之下有的马料为“拾分”，有的马料为“五分”，甚至有的为“六分”。从这一点来看，文书中所反映的情况与宋代军队马料分配存在明显的不同。同时，军队中骑兵所用马匹只有一匹，而文书中登记的马匹多则十几匹，少则二三匹，每人出马数量不等。再者，黑水城文献中出土的元代军队马料文书中，军队马料是按季支取的，而西夏文书中的马料分配是按天计算的，即使是跨月执行任务，也是在完成任务后即可获得马料。因此，笔者怀疑文书中所反映的情况可能与军队马料分配无关，而应当为政务用马。同时文书马料并非完全足额分配，存在“十分”和“五分”两种情况。总体上看，只有少数马匹享受“十分”马料，而其余多数为“五分”。从这些迹象来看，马主所负担的份额是比较重的。因此，十分怀疑这批文书中的马主可能是西夏时期的站户。

综上所述，我们对黑水城所出西夏马料文书进行了重新的整理，对文书中存在的错简问题予以纠正；同时，通过文书中的职官、日期等，大致推断其为西夏时期的文书，但具体时间难以确定。通过分析西夏及宋代军事制度，基本排除文书中所涉及的马匹为军队用马，而应是政务用马。当然，这批西夏马料文书的价值是多方面的。首先，这批文书使我们对西夏时期马料分配制度有了最直观的认识，如西夏时期的马料至少包括“糜子”和“草”两项，这与元代马料有着明显的不同。黑水城出土文献中有多件发放马料文书，其主要分为粗色和细色两种，粗色主要是黄米，细色主要是大麦。其次，从文书登记形式来看，其分为两个层次。第一层次为：所用马匹数量及时限以及补偿标准是“五分”、“六分”，还是“十分”，并开列出单项分配数额。第二层次为：分列各项支出马料总和。此类记账方式采用的传统的“四柱记账法”。再次，文书为研究西夏时期基层马料分配制度提供了最直接的材料。如西夏时期政务用马是按日计算，进行分配马料的。马料分配存在足额和不足额两种情况，等等。当然，从西夏实行的马料配给制来看，也从一个侧面反映了西夏国力的不足。

（作者通讯地址：河北省社会科学院历史所　石家庄 050051）

① [清]徐松辑《宋会要辑稿·兵》1之32，第6769页。
② [清]徐松辑《宋会要辑稿·兵》2之45，第6794页。
③ [宋]李焘：《续资治通鉴长编》卷三五四元丰八年（1085）四月庚午，第3265页。
④ [清]徐松辑《宋会要辑稿·兵》2之53，中华书局，1957年，第6798页。
⑤ [宋]李焘：《续资治通鉴长编》卷三四七元丰七年（1084）七月己亥，第3213页。
⑥ [元]脱脱：《宋史》卷一七五《食货志上三》，第4247页。

西夏学 第10辑 2013年9月
Xixia Studies, Sep,2013,Vol.10

敦煌、黑水城、龙泉驿文献中的土地买卖契约研究

汤 君

摘 要： 本文将敦煌文献、黑水城文献和清代民国四川龙泉驿文献中的土地买卖契约文书进行对比性的研究，既各个梳理它们在形式和内容以及法律精神上的同异，也对比发现其中各自蕴含的丰富社会、经济、司法信息，最终在对比中见证我国从中古到近代，民间土地买卖契约的发展进程轨迹。

关键词： 敦煌文献 黑水城文献 龙泉驿文献 土地买卖契约

黑水城出土文献中的地契文书、敦煌文献中的地契文书和清中晚期至民国末年的龙泉驿地区的地契文书代表了不同历史时期、不同地域的基本农村经济活动。这三类文献的共同特点是原始性、典型性和历史阶段性，故本文决定从其结缔契约的形式入手，考察敦煌文献所代表的中晚唐至五代宋初期间西北边地民间或官府的契约形成、西夏边地黑水城地区民间或官府的契约形成、清代民国期间成都龙泉驿为代表的西南地区民间契约的形成特点。

一 敦煌、黑水城、龙泉驿三地契约文书的发现和整理

敦煌文献中卖地契约，在沙知《敦煌契约文书辑校》一书中，有土地买卖契约计十件，其中可见最早的发生在唐大中六年(852)，最晚的发生在北宋初太平兴国七年（982），长达一百三十余年的珍贵资料。另有《卖地契样文》一件，弥足珍贵。这些原始资料成了人们研究唐宋时期社会、经济、法律等领域的宝贵财富。在前人已有研究成果中，高潮、刘斌《敦煌所出买卖契约研究》一文通过对敦煌文献中契约文书的研究认为，敦煌地区的土地买卖还是以粮食、牲畜、布匹等物品而不是以货币作为交易物，与关中或内地相比，当时的敦煌一代商品经济还不够发达；土地出售价格偏低，说明敦煌地区的商品经济不够发达。[①]陈永胜《敦煌买卖契约法律制度探析》所探讨的范围包括了目前已见到的土地买卖契约文书。作者从法律发展层面研究认为，契约的作用已从单纯作为交易关系发生纠纷时的凭证，发展到不仅是交易关系发生纠纷时的凭证，而且也是双方当事人设定各自权利义务关系的手段；从契约反映涉及的内容到本身的形式、结构、契约条款的完备，以及契约的保证人制度、权利瑕疵担保、无欺诈担保制度等特点，说明我国中世纪时契约水平已达到了相当高的水平。[②] 学术界还有

① 高潮、刘斌：《敦煌所出买卖契约研究》，《中国政法》1991年第2期，第112—116页。
② 陈永胜：《敦煌买卖契约法律制度探析》，《敦煌研究》2000年第4期，第95—103页。

文章专门针对保人、口承人、同取人、同便人等进行考察，认为这一现象反映当时浓厚的家族观念、宗法思想。契约中见人、知见人为契约的见证人，身份上有节度幕府职官，下有村、里、乡官和百姓。[①]关于敦煌文献契约文书中出现的土地买卖征税情况，岳纯之认为："在五代时期买卖不动产需要抽征契税已逐渐制度化。而到北宋，太祖赵匡胤'收民印契钱，令民典卖田宅，输钱印契税契限两月'，税契更变成一项行之全国的正式制度。印契，与税契实际是一个二而一的过程，是官府税契的借口和已税契的凭据。印契始见于后唐，前引后唐税契的记载中明确提到'官中印契'，后唐长兴二年(931)敕令明确提到'其所买卖田地，仍令御史台委本处巡按御史旋给与公凭，仍免税契'，此处的公凭可能就是印契。后周时开封府典质倚当物业需要'印税'，如前所述，买卖不动产当也需要印税并呈现制度化趋势。到宋朝，印契则与税契一同成为一项行之全国的正式制度。"[②]关于申牒，岳纯之认为，唐朝田令规定"诸官人百姓不得将奴婢田宅舍施典卖与寺观，违者价钱没官，田宅奴婢还主"[③]，否定了在不动产买卖中寺观僧尼作为买方的主体地位，从而推测此时的土地买卖应该要向官府申请文牒。[④]

关于黑水城出土文献中的土地买卖契约文书，1971 年苏联西夏学家克恰诺夫从大批西夏文献中找到一件土地买卖契约《西夏天盛二十二年卖地文契》，并作了译释与研究。1984 年，黄振华的《西夏天盛二十二年卖地文契考释》，对之进行了补充研究。[⑤]前人对西夏契约制度、土地制度、法典制度、经济制度等问题的研究中，对西夏土地契约已有了不少探索。如杜建录的《论西夏的土地制度》认为西夏土地制度大致分为国有、贵族土地占有、寺院土地占有和小土地占有等形式，[⑥]为我们研究西夏土地契约有一定帮助。赵彦龙的《西夏契约研究》一文就对西夏契约的成立要素即当事人身份、公证与担保、标的物界定、借贷约定、违约责任等，以及西夏契约的法律规定即双方合意及订立书面契约、西夏契约的履行和违约处理等方面做了研究，[⑦]我们今天所见到的黑水城地契文书自然就在西夏契约所探讨的范围之列。孟庆霞、刘庆国认为西夏法典《天盛律令》对买卖契约作了比较详尽的规定，表明西夏契约立法已相当发达，法律在民间的契约实践中也得到了比较好的执行。[⑧]这些研究成果，对西夏地契文书的研究具有一定的借鉴意义。此前，由于面世的西夏地契文书的罕见，学术界对土地契约的研究不免受到材料稀缺的限制。史金波先生将新近发现的另外十一件土地买卖契约进行了整理、翻译和介绍：

> 出土于黑水城的西夏文土地买卖契约有的为单张，也有系多件契约连在一起。前述天盛庚寅二十二年卖地契（$И_{HB}$.No.5010）即为单张契约。其他新发现的单张契约有西夏天庆丙辰年（1196）六月十六日梁善因熊鸣卖地房契（$И_{HB}$.No.4199）、天庆戊午五年（1198）正月五日麻则老父子卖地契（$И_{HB}$.No.4193）、天庆庚申年（1200）小石通判卖地房契（$И_{HB}$.No.4194）。另新发现有一契约长卷（$И_{HB}$.No. 5124），是西夏天庆寅年（1194）正月末至二月初的 23 件契约，有卖地契、租地契、卖畜契、雇畜契以及贷粮契，其中卖地契 8 件。以上共见土地买卖契约 12 件，除原已公布的一件是行书体西夏文外，其余皆是更难以识别的西夏文草书。[⑨]

---

① 杨惠玲：《敦煌契约文书中的保人、见人、口承人、同便人、同取人》，《敦煌研究》2002 年第 6 期，第 39 页。
② 岳纯之：《论隋唐五代不动产买卖及其法律控制》，《中国经济史研究》2007 年第 4 期，第 133 页。下引刊物同。
③ [日]仁井田升著、池田温等编《唐令拾遗补》，东京大学出版会，1997 年，第 755 页。
④ 岳纯之：《论隋唐五代不动产买卖及其法律控制》，第 131 页。
⑤ 黄振华：《西夏天盛二十二年卖地文契考释》，白滨主编《西夏史论文集》，宁夏人民出版社，1984 年，第 313—319 页。
⑥ 杜建录：《论西夏的土地制度》，《中国农史》2000 年第 3 期，第 35 页。
⑦ 赵彦龙：《西夏契约研究》，《青海民族研究》2007 年第 4 期，第 105—111 页。
⑧ 孟庆霞、刘庆国：《简论西夏法典对买卖契约的规制》，《北方民族大学学报》2001 年第 6 期，第 121 页。
⑨ 史金波：《黑水城出土西夏文卖地契研究》，《历史研究》2012 年第 2 期，第 46 页。下引刊物同。

史先生还对黑水城出土文献中已见到的十二件契约文书做了深入的研究，如认为这些契约签订的时间大多在正月、二月间，正是农村青黄不接的时候，反映出农民粮食度日、生活难以为继的困苦；卖地人基本都是当地农民，且交易数量很大，证明当时黑水城地区地广人稀、耕地较多；买地人有寺庙僧人和官僚地主，购地数量较大；大宗土地买卖，导致了财富集中和贫富分化的加剧；出卖耕地一般连同土地中的房舍、树木等物，便于厘清原土地拥有者与新的地主之间的关系；耕地四至具体到与某人土地、灌渠、官地等相联，买卖土地还有熟地和生地之别；土地交易不以货币形式，而是以物买地，且普遍价格低廉，卖主在交易中处于劣势；契约明确规定了耕地主人缴纳地税的情况，地契文书对税收的要求与黑水城出土的税收文书有较大出入，这与黑水城地区地广人稀的特殊情况有关；对违约人的处罚通常是罚粮食和黄金，这在黑水城地区土地交易价格本身就很低的情况下，而且契约规定，如以后发生口角，责任在卖地人一方，这其实对卖地穷人的约束进一步的加深；签署和画押按照中国传统契约的基本规范，又一定程度上形成了西夏的独有特征； 黑水城出土契约也有中国传统的红契和白契之分等等。①这些成果为我们进一步考察中国古代地契文件提供了较为全面和细致的基础资料。

《成都龙泉驿百年契约文书》集中整理出版的乾隆十九年（1754）至民国三十八年（1949）的近两百年间发生在现龙泉驿区划内的各类契约文书近三百件。编著者胡开全先生将这些文件分为四大类：一是买卖送讨契约共 166 套 169 件，包括地契、土地买卖定金约、阴地送讨约；二是租赁借贷契约计 75 套 77 件，包括土地实物租佃、钱财借贷、借（收）据、办会融资约；三是分关继承契约计 31 件，包括宗族（家庭）分关和遗嘱继承；四是其他契约 16 件。②根据其中一些契约中记载的同一地块在不同时期交易价格的变化，胡先生认为这些土地的交易时间刚好在能反映时代特征的几个节点上:乾隆年间，地少人多，土地价格普遍较低。到了嘉庆年间，国内市场上的白银充足，加之人口不断增多，土地需求上升，地价迅猛上窜。到了道光、咸丰年间，同宗土地价格有所回落，这是鸦片战争后白银大量外流、货币升值的表现。同治初年，地价再次飙升，是人口增长，人均土地需求不断趋紧的表现。当然，土地价格的起落与人口多寡也不是绝对的此消彼长关系，其背后还有贫富分化加剧、土地兼并严重等因素，操控了地价，导致富者更富、穷者更穷的社会现象。胡先生对龙泉百年契约的研究梳理，总结出如下特点：一是契约重视文本且有法律作为依据；二是契约内容讲究程式且叙述严谨；三是契约讲究公开性原则；四是契约讲究公平杜绝作弊；五是土地买卖等大宗交易中有官府代表参与，显示出权威性；六是写明了惩罚性条款。③具体而言，胡开全先生整理的成都龙泉驿地区百年进三百件契约文书中，土地买卖契约共 70 件，卖地定金契约 38 件，包括了从乾隆十九年（1754）至民国三十七年（1948）的不同时期的文献。

二　敦煌、黑水城、龙泉驿土地买卖契约的范式

关于敦煌文献契约范式，以“未年（827？）上部落百姓安环清卖地契（S. 117V）”④、“唐大中六年(852)僧张月光博地契(P. 3394)”⑤、“天复九年己巳(909)洪润乡百姓安力子卖地契(习字)(S. 3877

① 史金波：《黑水城出土西夏文卖地契研究》，第 45—67 页。

② 胡开全主编《成都龙泉驿百年契约文书·前言》，巴蜀书社，2012 年，第 4 页。下引此著同。

③ 同上，第 7—9 页。

④ 沙知录校《敦煌契约文书辑校》，江苏古籍出版社，1998 年，第 1—2 页。下引同。又下引本件契约时均出此，不赘出注。

⑤ 同上，第 4—5 页。下引本件契约时均出此，不赘出注。

背）”[①]、“后周显德四年（957）吴盈顺卖田契（P. 3649V）”[②]、“太平兴国七年（982）赤心乡百姓吕住盈吕阿鸾兄弟卖地契（习字）（S. 1398）”[③]等5种为例，其基本书写格式大致是：所卖土地（地点、大小、四至边界、附带物）→时间→卖地人→卖地缘由→买地人→价格→卖主责任→翻悔处罚→告诫双方遵守约定→卖地人、证人签字画押。例如“未年（827？）上部落百姓安环清卖地契（S. 117V）”中，契约显示某未年的10月3日，上部落普通百姓安环清母子，为了抵偿突田债负，以及回避官府输纳税收，欲出卖土地给同部落人武国子，价格是斛斗、汉斗共壹硕陆斗，总计是都麦壹拾伍硕，粟壹硕，均以汉斗为量算单位。日后如有其他人对此块土地有所有权的纷争，卖主安环清需赔付买主武国子的损失。买卖双方如出现翻悔，先悔人应赔给不悔人麦子五硕。以后若逢恩敕赦免输纳税收，卖主安环清还需赔付五两金入官。次告诫买卖双方共同遵守官、私协定，当面画押，契约生效；最后是卖方一人、亲属二人、见证人二人签字画押。又如“天复九年己巳（909）洪润乡百姓安力子卖地契（习字）（S. 3877背）”显示后唐天复九年（909），[④]洪润乡百姓安力子父子，因为缺少用度，遂将父亲和祖父留下的口分地卖给同乡的百姓令狐进通，价格是四丈长的生绢一疋。契约商定，买卖完成后，卖主安力子和他的儿子擖揰土地所应缴纳的赋税、所应承担的沟渠劳役等，一并随着土地的卖掉而由卖主令狐进通承担。买卖交易的期间，如若卖主安力子和他儿子擖揰的亲姻兄弟或其他人对交易土地有争论，所有责任均由口承人擖揰一家兄弟们承当，不关买主令狐进通的事。契约也规定，如果以后遇到因为朝廷恩敕而使得双方受到亏损，那么双方都甘认后果，不得相互争讼理论。契约商定，按照官府法律，双方不许翻悔。否则，先悔者需要赔偿不悔者耕牛一头。最后契约讲明“恐人无信，故立私契”的道理，然后是签名画押。遗憾的是，此契约尾后不全，只存卖主安力子的签名。不过我们根据契约的内容，结合前面的两种契约，知道至少签字者还有安力子的儿子擖揰以及其别的兄弟等。其他三件，契约书写格式亦大体如是，故而知唐五代敦煌地区土地买卖契约已经形成了大体的书写范式：契约均是开篇先介绍出售土地的地点、大小和界限四至，再写明成交日期和买卖人姓名。其次，契约一般都要讲明卖方出售原因，绝大多数都是因为贫穷、债务等不得不出卖土地，也有地理因素耕种不便等原因而交换和出卖土地的。再者契约讲明，按双方商定价格之后当即交付清楚，两不相欠，并明确自此之后，买方世代享有所交易土地的归属权和抉择权。交易完成之后，如果用于买卖的土地日后有争议，卖方要负责并赔偿。接着，契约声明依据法律，买卖双方原则上不得反悔。然这种规定不是绝对的，因为契约均声明了反悔一方应该也可以向不悔一方赔偿粮食、牛马、布匹等实物。最后，文书基本都是“恐人无信，故立此契，用为后凭”等类固定警戒之语。署名画押者包括土地出卖方的家长及亲属一般两人以上，保人、见人也往往超过两人，且都画押保证。

关于黑水城出土土地买卖契约范式，以“天盛二十二年（1170）寡妇耶和氏宝引等卖地契（$И_{НВ}$.No.5010）”[⑤]、“天庆寅年（1194）正月二十四日邱娱犬卖地契（$И_{НВ}$.No.5124—2）”[⑥]、“天庆

---

① 沙知录校《敦煌契约文书辑校》，第18—19页。笔者按，据已见地契看，地主之后还应当有同立契人、保人、见人等，即还应有后文，沙知未予说明。而《敦煌资料》第1辑，第399—410页（中国科学院历史研究所资料编室，中华书局，1961年）则说明“后缺”。下引本件契约时均出此，不赘出注。

② 沙知录校《敦煌契约文书辑校》，第30页。下引本件契约时均出此，不赘出注。

③ 同上，第35页。下引本件契约时均出此，不赘出注。

④ 按，“天复玖年己巳岁十月七日”实当梁太祖朱全忠开平三年，即公元909年。晚唐昭宗的天复年号共4年，即公元901—904年。此后昭宗被部下杀死，子唐哀帝即位，年号天祐。五代中原混乱，与敦煌不通消息，所以敦煌人仍以“天复九年”记之。

⑤ 史金波：《黑水城出土西夏文卖地契研究》，第47页。

⑥ 同上，第47—48页。

寅年正月二十九日梁老房酉等卖地舍契（$И_{HB}$.No.5124—1）”[①]、“天庆寅年（1194）正月二十九日恧恧显令盛卖地契（$И_{HB}$.No.5124—7、8）”[②]、“天庆庚申年小石通判卖地房契（$И_{HB}$.No.4194）”[③]等5种为例，其基本书写格式大致是：时间→立契人→所卖土地（地点、大小、附带物）→买地人→议定价格→卖主责任→翻悔处罚→土地四至边界→税收数量→卖地人、有关证人签字画押。例如“天盛二十二年（1170）寡妇耶和氏宝引等卖地契（$И_{HB}$.No.5010）”显示，西夏仁宗天盛二十二年某月日，卖地人寡妇宝引母子，出售二十石种子地及附带有三间草房、两棵树等给耶和米千，价格是二足齿骆驼、一二齿、一老牛共四头牲畜。买卖成交之后，如有麻烦，则由卖家耶和氏宝引负责。翻悔者要依《律令》承担刑事责任和经济处罚即依官罚交的三十石麦。注明所买卖土地数量以及边界四至后，最后是立契人、证人等八人画押保证。此契约最后注明税收已交，但这种补充说明不是常见的情形。又如“天庆寅年（1194）正月二十四日邱娱犬卖地契（$И_{HB}$.No.5124—2）”显示，西夏桓宗天庆元年正月二十四日，卖地人邱娱犬等，出售自家土地及宅院等与普渡寺内粮食经手者梁那征茂及喇嘛事，价格是杂粮十五石、麦十五石。契约属于较为原始的物物交换。契约商定，卖者负责保证，买卖之后，所卖之地不得出现官、私二种转贷或者诸（疑当作“族”）人以及共抄子弟（应该是指共族子弟）等争讼之事发生。契约还约定，翻悔者不仅需要加倍赔付买方粮食，且要承担官府罚金即黄金二两。契约写明土地界限四至、地税数量，最后是卖地人、同立契者、同卖者、证人共6人画押保证。其他三件，契约书写格式亦大体如是，故而知西夏时期黑水城地区土地买卖契约已经形成了大体的书写范式：开篇交待此买卖发生的具体日期、卖地人姓名以及买方姓名。交待清楚所要出卖的房产、土地等物件，成交不以金银等流通货币，而是粮食、牲畜等生产生活必需品，双方交割清楚。明确区分买卖双方责任关系，如有违约，当依据《律令》由毁约方承担经济赔偿责任甚至受到杖罚。最后指明所出售土地的边界四至，绝大多数还写明税收数目，是对买地者的提醒。文书落款首先注明立契者卖地人姓名，一同立契的还包括卖地人的直系亲属如父母、兄弟、妻子等多人。证人数目至少两人。凡写入契约中的立契人和证人皆需画押。

关于龙泉驿土地契约范式，以“乾隆十九年(1754)陈尧征卖地契”[④]、“嘉庆十二年（1807）张宗仁卖地契”[⑤]、“道光十二年（1832）叶当阳卖地契”[⑥]、“清光绪三十二年（1906）廖廷华卖地契”[⑦]、“民国三十七年（1948）刘盛昌、刘罗氏卖地契”[⑧]等5种为例，其基本书写格式大致是：契约杜卖性质→卖主姓名→卖地理由→所卖土地、宅基之类附属物和四至界限→土地所需上缴政府的赋税数额→次明买卖经由亲族邻人同意，由中间人说合卖给买主某某→中间人一起共同勘踏四至→需要特殊说明的情况→再明中间人众邻民主决议买卖价格→银契两交→双方自愿无强买强卖和欺诈→明买主从今以后的土地所有权和过户权→买卖双方对特殊地段的责任→契约的永恒性、合法性以→证人签字画押→买卖发生时间以及卖主签字画押。如“乾隆十九年(1754)陈尧征卖地契”显示，立杜卖契人华阳东山王坟湾村民陈尧征父子，因缺乏银两用度，自愿将祖上遗留下来的分与己份上的田产、堰塘基址、阴阳二宅等卖出，所卖田地每年需要向政府缴纳的条粮银即田赋是一两九钱一分。买卖优先考虑了所有亲

① 史金波：《黑水城出土西夏文卖地契研究》，第48页。
② 同上，第49页。
③ 同上，第52页。
④ 胡开全主编《成都龙泉驿百年契约文书》，第3页。
⑤ 同上，第21页。
⑥ 同上，第41页。
⑦ 同上，第95页。
⑧ 同上，第134—135页。

族邻人的购买权，确认他们无人承买后，才请中间人说合，卖与买主陈祖浩。买卖邀约中人、众邻丈量了所卖土地的四至方位。契约特别说明关于所售土地内黄姓和郑姓的两座坟墓不在交易土地之内及处理方式。契约讲明经中间人及四邻的评估，所卖土地及宅地价值呈色九七的白银六百一十两整，且此价格包含了卖主以及卖主亲族人等所有参与签字画押的人工费在内。契约讲明，若日后不明情由发生矛盾，责任由卖主承当，而买主不负任何责任。契约注明，此次买卖行为皆系买卖双方自己情愿，并无逼勒、包卖、兄弟典当等情。卖出之后，买主全权拥有、处置，并可以过户拨册。再明买卖具有永恒生效和合法性：“一卖千休，永不赎取。”最后是相关证人及卖主签字画押。又如“嘉庆十二年(1807)张宗仁卖地契”显示， 立杜卖契人华阳县卓家店村民张宗仁父子，因少银使用，遂将家里先前置办的田地、堰塘、草房、碾坊、厢房等财产，以及附属的草屋板门、有门、竹扇门框、窗槅楼牵挑手、竹木桁桷、林园竹木、菜橱、铁篱笆、土砖、屋宇地基、院坝菜地、山岭熟土，草山、阴阳二宅等“扫土出卖”，所售土地有条粮银即田赋为一两一钱八分。卖主优先征求家族、近邻等后，请中人说合，卖给冯仁海。在中人见证下，双方勘踏四至范围，并由中人见证，议定价格为九七砝码的足色纹银一千九百两整，内含所有卖主族、戚以及签字画押人报酬银两。双方银契两交，“卖主亲手收足，并无短少分厘”。契约特别说明：地内有同源排水沟一条，买主不得堵塞。买卖土地界内卓姓祖坟，淑璜并淑琨和淑明目坟以及生基、卓淑璋母坟、陈姓坟、苏姓坟、卖主张姓坟等共十六座上的坟墓的处置情况。契约二家允意，无包买包卖、债货准折、逼勒成交，具有合法性。卖后听凭买主照契纳税并办理过户手续，耕输管业。再明此契属于杜卖契，“一卖千秋，永无赎取”，并签字画押。最后是卖方堂弟三人和母亲张冯氏应该是见人身份、邻人也是买卖土地的关系人户 15 人、中间人也是买卖土地的关系人 9 人，代笔人 1 人等共 25 人签字画押。最后书写立契日期及卖主张宗仁及其三子签字画押。其他三件，契约书写格式亦大体如是，故而知清代民国土地买卖契约已经形成了大体的书写范式：开篇交待杜卖契的性质，卖地人姓名及卖地理由，所卖土地、房产及其他附属物件，所卖土地所承担的国税。次明亲邻优先权无碍的情况下，由中人说合卖给买主某某，由中人见证双方勘踏四至界限，由中人以及四邻商议买卖价格，以金银等流通货币成交。然后明确买卖自由，无有欺诈，声明买主对土地和房屋等的所有权和过户权，强调买卖双方对界内特殊地段的责任关系。最后，再次声明契约的永恒性（杜卖性质）以及合法性，然后是相关证人签字画押、注明买卖时间，之后卖地人签字画押。最后补充说明的是，龙泉驿土地买卖契约一律在左边契文的结尾处沾附官方的验证尾契。

以上三地契约形式共同的地方是：都注明买卖的时间、买卖双方的姓名、卖方的身份、所卖土地位置以及相关附属物、价格、卖主的责任担保、卖主和相关证人签字画押。其不同的个性特点是：

（1）三种契约重心的突出有所不同。发生在唐五代时期的敦煌土地买卖契约首重的是所卖土地的情形，故而有关土地的位置、大小、四至、附属物的情况被摆在了第一位。其次是卖地理由得到强调，放在第三位。再者，允许翻悔，且翻悔处罚得到强调。发生在两宋西夏时期的黑水城契约，首重的是买卖发生的时间和立契人的身份。其次，是对所卖土地及附属物的交代，位于第三位。再者也是允许翻悔，且强调翻悔处罚。最后是所卖土地的四至范围界限，以及所需负担的地税。发生在清代民国期间的龙泉驿契约，首重的是买卖的杜卖性质，被放在第一位。其次，和敦煌契约一样，也强调卖地原因，放在了第三位。再次是所卖土地四至及其附属物的巨细不捐的强调，放在第四位。又次，和敦煌契约一样，对地税做出声明，放在第五位。最后，相对敦煌契约和黑水城契约，龙泉驿契约的签约队伍最为庞大，且最为强调签约者的身份、地位，与买卖双方的关系。

敦煌契约和黑水城契约形式上的差异，除去二者行文习惯上可能造成的差异，此或许跟西夏语法、文法等内在规律有关。发生在西夏时期的黑水城契约首重的是买卖发生时间，放在了第一位。黑水城文献契约将签约日期写在最前位置，敦煌契约将日期写在中间，清代龙泉驿契约却将日期写在文末，这或许体现了契约文书演变的一些脉络。清代龙泉驿契约文书将日期落在最后的方式，与现代应用文的写作模式更为接近，自然也是龙泉驿契约文书发展到更加成熟地位的标志。

龙泉驿保存的土地买卖契约，清一色的全是“杜卖契”。除了所举五例外，其他各个契约也均是如此。这种杜卖的声明对于买卖双方来说，一定是最为重要的，因为所有的契约中，抬头第一句话都是讲明杜卖的性质，如“立写杜出卖田地文契人陈尧徵同男”、“立杜卖田地文契人刘明奇”、“立写杜卖水田地文契人钟友琦”、“立杜卖田地、林园、竹木、基址文约人刘氏、同侄刘嘉禄、男嘉耀”等等。且几乎所有龙泉驿契约末尾部分都有“寸土不留，一卖杜绝，永不赎取”、“一卖千秋，永不赎取”、“一卖千休，永不赎取”、“一卖千秋，永无赎取”等等誓言。在文契的最末尾无一例外的再次交代“今恐人心不古，立杜卖田地堰塘房屋基址文契一纸，付与买主子孙永远存照”、“恐口无凭，立杜卖文契交与庐姓，永远存执”、“恐口无凭，立杜卖田地文契一纸，凭中付与苏姓子孙，永远存执为据”、“恐后无凭，特立杜卖文契一纸，付与谢姓子孙，永远存据”等等。[①]

敦煌契约和龙泉驿契约对土地出卖的理由的强调，使得契约有了血肉脉络，有了人情味，历史信息也就更加丰富。敦煌文献中的土地买卖契约，都有简短的卖地原因，或是“安环清为突田债负，不办输纳”，或是僧张月光子父“许回博田地，各取稳便”，或是“安力子及男擖捶等，为缘阙少用度”，或是“吴盈顺，伏缘上件地水，佃种往来，施功不便”等等，理由比较多样合理。黑水城文献中的同类契约却是无一提及卖地原因，我们只能结合卖地人的身份地位，从买卖的价格比较中猜测买卖发生的原因。龙泉驿土地买卖契约文书中的卖地原因是列在书写契约程序的第二项的，也就是说在声明地契的杜卖性质之后，卖主需要马上说明卖地原因。这批文献数量较多，所以有关表述也就更加丰富。如刘胜昌和弟媳刘罗氏是因为“时年变迁，债重无出”。陈谢氏和儿子们是因为“需银使用，无从出备”。邹刘氏母女是因为“需银使用”。刘陈氏是因为“夫故，无从借办”。冯薛氏是因为“先父去世，无钱使用”。李薛氏是因为“少银凑用，母子商议”。雷杨氏母子和侄孙是因为“各负外债，无银偿还”。庐鸿根是因为“移窄就宽，需银使用”。蔡良英父子是因为“债账逼迫，无从出备”。罗三品堂父子是因为“移窄就宽，需款应用”。苏万顺家是因为“移业就业”。苏绍进也是因为“移业就业，乏银使用”。范登福兄弟是因为“移业就业，少银凑用”。卢学富家族是因为“少银应用”。刘三盛父子是因为“需钱使用，无从出备”。刘廷举父子是因为“人口事繁，难以通理”。刘明奇父子是因为“人力不敷”。苏邦珍是因为“口角争论”，卖掉股份地段。如此等等，不胜枚举。极个别的也有不出原因的，如罗六盛叔侄兄弟商议把去岁所买史家的土地再卖。[②]曾开桂兄弟是将两人名下的股份合并卖出，未说原因。曾明阳父子、曾开棕子父等也未说原因。显然，这其实是一种投资买卖。但大概言之，无外乎以下情况：贫困、债务、筹资、管理需要。而贫困是和债务紧密相连的，这类理由在龙泉驿文献中占最多数。有意思的是，其中孤儿寡母又是最多的情况。我们由此看出解放前丈夫的缺乏是很容易造成孤儿寡母的贫困破产的。包括“移窄就宽”、“移业就业”等在内的因筹资、管理和投资而卖地，是第二大原因，可见商品经济在农村土地买卖中的自由和活跃。因口角纷争、人力不敷、等等个别情况都可以管理内，这种情况虽然较少，但又很正常，可以理解。如此，我们不难从中读到百年龙泉驿人的生活缩影，这是此批契约公布的一大文献意义。

---

① 胡开全主编《成都龙泉驿百年契约文书》，第3、5、7、11、15、17、19、29、31、33、55页。

② 同上，第134、133、131、99、89、71、55、129、19、126、59、45、33、125、123、103、5、37、87页。

敦煌契约对契约签订的卖主及相关亲属的身份地位给予适当说明，如“未年（827？）上部落百姓安环清卖地契（S.117V）”中的“地主安环清”、“母安”、“师叔正灯”、“姊夫安恒子亡”等；“唐大中六年(852)僧张月光博地契(P.3394)”中的“园舍田地主僧张月光”、“保人男坚坚”、“保人男手坚”、“保人弟张日兴”、“男儒奴”、“侄力力”等；“天复九年己巳（909）洪润乡百姓安力子卖地契（习字）（S. 3877 背）”中的“地主安力子”等。而其他见人的话，若为僧人，则名字前注明“僧某某”字样，如张月光博地契中的“见人僧张法原”、“见人僧善惠”等。别的一般都是“见人＋姓名”，如安环清卖地契中的“见人张良友”、张月光博地契中的“见人张达子”、“见人王和子”、“见人杨千荣”等。黑水城契约大体同于敦煌契约。如“天盛二十二年(1170)寡妇耶和氏宝引等卖地契($И_{HB}$.No.5010)”中的“同立契子没啰哥张”、“同立契没啰口鞭”等；“天庆寅年（1194）正月二十四日邱娱犬卖地契（$И_{HB}$.No.5124—2)”中的“同立契者子奴黑”、“同卖者子犬红”等；“天庆寅年正月二十九日梁老房酉等卖地舍契（$И_{HB}$.No.5124—1)”中的“同立契弟老房宝”、“同立契弟五部宝”、“同证人子征吴酉”等；“天庆寅年（1194）正月二十九日恧恧显令盛卖地契（$И_{HB}$.No.5124—7、8)”中的“同立契弟小老房子”、“同立契妻子计盃氏子答盛”等。其他证人均是直书姓名，此不枚举。相对而言，龙泉驿契约中对各个契约的参与者的官方身份或者与买卖双方的亲属或邻里的关系特别加以强调。如“乾隆十九年(1754)陈尧征卖地契”中的“乡约贾文运”、“里长彭文思”、“邻人贾文方、邓茂才、邬柏浩、谢元仲”、“在场男陈占乾”等；“嘉庆十二年（1807）张宗仁卖地契”中的“堂弟张宗、梅瑄、杨林”、“在堂母张冯氏”、“邻人卓淑璿”等15人；“道光十二年（1832）叶当阳卖地契”中的“在堂父叶长松”、“胞弟叶青阳、叶元阳、叶文俊”等；“民国三十七年（1948）刘盛昌、刘罗氏卖地契”中更有乡长、副乡长、乡队户、乡民代表主席各1人，文化干事4人（以上为公职人员）、调解主任3人、经收主任1人、经收员1人、保代表1人、保长1人、副保长1人、保队附1人、甲长1人、干事5人（以上为类公职人员）、边邻7人、家族中间人3人等。三种契约相比较，龙泉驿契约主要突出的是官方人员的身份和职务，然后是亲邻见证的重要性。显然，从唐五代到西夏，再到清代、民国，我国契约参与者的公职人员身份以及亲邻等关系人的见证越来越得到凸显。

（2）泉驿契约在形式上具备了诸多敦煌契约和黑水城契约所不具备或不强调的地方。

首先是对亲邻优先权的强调，可见亲族势力和利益仍然在制约和规范着当时的人们。我们例举中的那些卖地契都是声明族邻无人承买后，卖主再请中间证人等说合卖出的。其他的几乎也都是“先尽亲族，无人承买，后凭中说和”之类。[①]这样的好处是最大化的避免合同纷争，同时也在很大程度上保证了亲族的优先利益权。

其次是格外强化的中间人的角色，从卖主央求中间人撮合买卖，到同中间人一起勘踏四至，再到和中间人一起议定价格，最后再是中间人签字画押，“中人”在每张契约中要声明四次。因此，对于龙泉驿契约而言，中人的法律意义显然得到突出。而敦煌文献和黑水城文献土地契约中的中间证人基本在过程中隐去，只是最后签字画押时出现。

再者，出现了对所卖土地内的特殊区域的保护和说明，主要是对坟地的保护。显然，清代民国间的坟地的权利受到绝对的保护，这体现了汉族为主体的地区在祭祀文化上的重视程度。与敦煌文献和黑水城文献中的同类契约相比，龙泉驿土地买卖契约的任何杜卖契，不管指天发誓得多么绝对，只要是涉及到祖宗、家族的故坟或预留坟地，几乎都是网开一面，特殊处理。如例举中的陈尧征卖地契中规定，所售土地内有黄姓和郑姓的坟墓两座，此坟地不在交易土地之内。坟主可以祭扫，只是不许扩

① 胡开全主编《成都龙泉驿百年契约文书》，第113、115、117、119、121、123、12页，等等。

添葬人。黄姓古坟，即使已经无人祭扫，然则买主陈浩祖还是有义务看守它，而卖主陈尧征日后也不得侵占它为自家墓地。再如张宗仁父子卖地契规定，界内卓氏等姓的十六座祖坟，买主都得允许坟主祭扫，当然坟主也不得架造开垦、倚坟侵占。其他所举三例亦同类。其他如萧志银、萧东元叔侄卖地契规定，正宅右边卖主现葬坟穴以及附近地盘，卖主可以原筋原迹复葬。其他廖姓、曾姓、朱姓乃至屋后古坟都要一一点明，交代清楚。[①]又如唐林氏和儿子们的卖地契规定，界内的客坟数冢，可以左右移动，掉拔字头原筋复葬，只是不得添棺进藏。[②]龙泉驿土地买卖契约对祖宗亲族坟穴的保护，一方面固然是也与寸土必争经济考量有关，但更多的还是内地汉族人对祖先的敬畏精神的体现。这一点，我们在敦煌文献和黑水城文献里看不出来，这当然和这些少数民族地区的传统文化精神、佛教文化濡染以及丧葬习惯有关。

又者，买卖价格的协定上，强调了中间人和四邻的参与。当然，从理论上讲，敦煌契约和黑水城契约中，买卖双方应该也有第三方参与，然而这一点在契约形式上既然没有被特别体现，则相比较而言，龙泉驿契约对民主议定价格的强调，无疑有着巨大的历史进步意义。

又者，注明了买卖中，买卖双方要支付其他参与签约者一定的报酬，即“喜礼费”。龙泉驿契约中，契约的参与者往往是一个庞大的群体，然买卖双方，无一例外的都必须为其他参与者支付一定的报酬。如“乾隆十九年(1754)陈尧征卖地契”中，声明“时值价银六百一十两整，呈色九七，并原业主以及亲族人等画字一并包在价内”；“嘉庆十二年（1807）张宗仁卖地契”中，声明“银系卖主亲手收足，并无短少分厘，所有卖主族戚画字银两俱一包在价内”；“道光十二年（1832）叶当阳卖地契”中声明“每亩二拾五千文，共合钱二百三十千文正，书契画字一并包在价内”；“清光绪三十二年（1906）廖廷华卖地契”中声明“时值业价铜钱三百钏正，外议老衣脱业，移神下匾，画字交界钏底，一切喜礼铜钱四十钏正，外无浮瞒需索”；“民国三十七年（1948）刘盛昌、刘罗氏卖地契”中，声明“捆作时值业价国币三千二百万元正，又画押画字、各项喜资均报价内”等等，均是郑重其事。此说明这种“喜礼”钱对于买卖双方而言，并不是一项微不足道的小开支。

另者，龙泉驿契约强调了买主从今以后的土地所有权和过户权。敦煌契约只有“天复九年己巳（909）洪润乡百姓安力子卖地契（习字）（S. 3877 背）”中有“中间或有回换户状之次，任进通抽入户内”之语，当即买主的过户权之意。此说明唐五代敦煌地区土地买卖完成后，实际上有过户一说，然从契约形式上而言，这一点并没有得到强调。黑水城契约在形式上，均不提过户之类的说法，这表明西夏时期黑水城地区的居民全然没有这种程序，或者说全然不注重说明这一点。根据唐长孙无忌等《唐律疏议》卷一三《户婚》“妄认盗卖公私田”条明确规定：“依《令》：田无文牒，辄卖买者，财没不追。苗、子及买地之财，并入地主。”[③]唐杜佑《通典》卷二《食货二·田制下》记载：“凡买卖，皆须经所部官司申牒，年终彼此除附。若无文牒辄买卖，财没不追，地还本主。”[④]所以赵晓耕主编的《身份与契约：中国传统民事法律形态》之《中国古代土地权利形态》认为，唐政府对土地交易采取公示主义，即购买土地时要向当地的主管机关申报，经官府确认后，到年底时，将卖主旧的田籍换为买主新的田籍，并发给土地所有的凭证，类似于今天的不动产过户手续。如果双方没有向官府申报，其土地交易行为不受法律保护，官府会将土地没收后返还给原主。[⑤]这个规定被敦煌土地契约文献所

① 胡开全主编《成都龙泉驿百年契约文书》，第 91 页。
② 同上，第 107 页。
③ 曹漫之主编《唐律疏议译注》，吉林人民出版社，1989 年，第 482 页。
④ 杜佑：《通典》，中华书局，1984 年，第 16 页。
⑤ 赵晓耕主编《身份与契约：中国传统民事法律形态》，中国人民出版社，2012 年，第 479 页。

证实，并且表明一直延续到晚唐、五代、乃至宋初时期。

最后，相对而言，龙泉驿契约在形式上，对买卖土地以及相关附属财产计量非常精细，说明此地人口密集，土地肥沃，寸土寸金。敦煌文献契约中地区的土地面积计算则较为精确，出售土地有几块、几亩，土地外围的道路、围墙、水井等都一一明确，可以说斤斤计较。这说明敦煌地区的土地经营已经非常精细。黑水城文献契约中土地面积计算较为粗糙，是以土地产量来估算大小，说明黑水城地区土地广袤、出产不丰、难于丈量等信息，所以土地价格普遍较低，基本是土地一年的年产量。（关于这一点，下文还要说明）龙泉驿契约文献中的计量基本上都要精确到堰塘、水井、鱼池、漏引、堰底、堰埂、沟渠、水路、斜坡、陡坎、浮沉砖瓦、神坛、社庙、孤坟、瓦草、房屋、街檐、墙脚、窗格、牛栏、猪圈、槽石、底板、栏杆、粪氹、石鐧、石板、谷仓、米碾、杂树、花果、竹、金、土、木、石，以及“寸土寸木，已成未成之物，扫土出卖，毫无除留”之类的话。龙泉驿在素有“天府之国”的成都平原东郊，属于平原、小丘陵结合的地带，属于著名的紫色土壤，肥沃异常，农耕发达，又毗邻成都市，处于大都市外延，商贸网来便利。龙泉驿契约反映出了，这里历来就是人口密集的地方，尤其是以勤劳节俭的客家人聚集地，故而寸土寸金，土地买卖既为频繁常见，也体现了精明的寸土必争的农家传统。当然最重要的是，体现了契约的清晰度已经非常高了。

（3）三种契约土地买卖的支付手段不同。敦煌契约和黑水城契约均还是停留在物物交换的水平。敦煌地区土地出售的交易物品种较为丰富，一次交易中包含了粟、麦、绢、牲畜等物，说明敦煌地区的农业产品较为丰富。黑水城土地出售的交易物比较单一，要么仅为牲畜，绝大多数仅为粮食，说明黑水城地区物产比较单一。龙泉驿契约显示，先是白银支付，如“乾隆十九年(1754)陈尧征卖地契”中的“呈色九七的白银六百一十两整”、“嘉庆十二年（1807）张宗仁卖地契”中的“九七砝码的足色纹银一千九百两整”，再次是“道光十二年（1832）叶当阳卖地契”中的“每亩铜钱二拾五千文，总价二百三十千文整”、“清光绪三十二年（1906）廖廷华卖地契”中的“铜钱三百钏（串）正”，再到“民国三十七年（1948）刘盛昌、刘罗氏卖地契”中的“民国三十七年（1948）刘盛昌、刘罗氏卖地契”中的“国币（即法币）三千二百万元正”，这一次第过程大体显示清代至民国间货币交换形式的演变。

敦煌、黑水城、龙泉驿等地区的土地契约各有特色，反映了不同历史时期我国土地买卖契约的纵向的历史流变，折射出不同地理位置、不同民族主体等因素对契约形式的影响。

三　敦煌、黑水城、龙泉驿土地买卖契约中的自由性、公平性及其他

对比敦煌、黑水城和龙泉驿三地的土地买卖契约，不能不注意到其中最为重要的自由性和公平性问题。总体而言，三种土地买卖契约均体现了相对的自由性和公平性问题，但总有一些局部的线索显示出我国不同时代、不同地域在贸易交易上的社会复杂性。

敦煌土地买卖契约中的“未年（827？）上部落百姓安环清卖地契（S. 117V）”中，出现了诸多的疑点：安环清欲将自家七畦十亩土地出卖给同部落人武国子。武国子付给安环清斛斗、汉斗共壹硕陆斗，总计是都麦壹拾伍硕，粟壹硕，均以汉斗为量算单位。日后如有其他人对此块土地有所有权的纷争，安环清需赔付武国子的损失。买卖双方如出现翻悔，先悔人应赔给不悔人麦子五硕。有意思的是，此契约规定，如果以后若逢恩敕赦免输纳税收，卖主安环清还需赔付五两金入官。此契约中特别注明了卖地人安环清和她母亲的年龄，这在敦煌土地买卖契约中是仅有的一次，这让人难免猜测西夏时期或有对孤儿寡母售地者的年龄限制。“唐大中六年(852)僧张月光博地契（P. 3394）”其实包含了两种买

卖，故称“博地契”。卖主张月光又把所卖宜秋平都南枝渠园内的大小树子、园墙壁及井水、开道的功直（工钱），以出售的形式，以壹头陆岁的青草驴、壹斗两硕麦子、布叁丈叁尺的价格，卖给买方僧吕智通。契约注明，双方的交易是通过官方的法律程序进行的，交易当场完全兑现，互不拖欠。买卖后如卖主张月光方面出现欺诈、争讼（其他人声称对卖主的土地拥有处置权的话）行为的话，张月光子、父应该负责赔偿，通过官府的程序，另觅附近的上好土地赔偿给买主僧吕智通。且一次性偿还智通所交付的同等的斛斗、驴、布的价值。此契约的特点是：（1）明确官府罚金是用来充军粮，违约者还要承担一定的体罚。先悔人将受罚麦贰拾驮，充入军粮，且还要被官府决杖三十棒。（2）最有特色的是，增加了担保人的责任追究。契约规定，如果翻悔人死了，或者是交易后的财物已经花掉了，那么买主僧吕智通的损失要有口承人也就是契约中的保人承担。本契约的保人有五个：僧张月光的弟弟张日兴、儿子坚坚、手坚、儒奴、侄（蛭）儿力力。其后共七位见人签字、画押，参与此契约的人数可谓众多，说明这件契约在增强其合法性之外，似乎买主显得格外仔细和小心。（3）张日兴所画押注明藏文，这说明当时的敦煌地区与吐蕃王朝的交往可能比较密切。“天复九年己巳（909）洪润乡百姓安力子卖地契（习字）（S. 3877背）”中，洪润乡百姓安力子和他的儿子擖捶，因为缺少用度，遂将父亲和祖父留下的口分地七亩卖给同乡的百姓令狐进通。这七亩地的卖价是四丈长的生绢一疋。买卖后，土地永远属于令狐进通以及其儿子、孙子等辈世世代代继承。买主令狐进通可以回换户状，也就是向官府转换户口、田产的登记情况。而卖主安力子和他的儿子擖捶土地所应缴纳的赋税、所应承担的沟渠劳役等，一并随着土地的卖掉而由卖主令狐进通承当。契约也规定，如果以后遇到因为朝廷恩敕而使得双方受到亏损，那么双方都甘认后果，不得相互争讼理论。契约商定，按照官府法律，双方不许翻悔。否则，先悔者需要赔偿不悔者耕牛一头。最后契约讲明“恐人无信，故立私契”的道理，然后是签名画押。此契约具四个特点：（1）强调了买卖后，买主需要将所买土地过户到自己的名下；（2）强调继承土地为私有财产的合法性和永恒性，不惟买主继承父祖土地是这样，而且买主购买的土地一样要传递子孙后代，除非中间发生了其他自愿的变动；（3）如果出现政府恩敕行为而导致政府地税的损失的话，土地拥有者要按协定赔偿。“后周显德四年(957)吴盈顺卖田契（P. 3649V）”中，敦煌乡百姓吴盈顺，因为所佃天地播种施功的往来不便，所以把一块三十亩土地卖给神沙乡百姓琛义深，交易价格是干湿生绢伍疋、麦粟伍拾贰硕。自此以后，土地永为买主琛义深男女子孙后代所有。如果日后卖主吴盈住家兄弟或者其他人要来争讼、侵射此地，那么卖主吴盈住负责另外在附近寻觅好地充替此地给买主。如果以后遇到因为朝廷恩敕而使得双方受到亏损，那么双方都甘认后果，不得相互争讼理论。契约商定，按照官府法律，双方不许翻悔。否则，先悔者需要赔偿不悔者马一疋。此件契约的特点是：卖主出卖耕地三十亩，数目较大。且此地距离卖主甚远，根本不在一个乡。所以其售地原因只是耕种不便，说明卖主并非经济困难。这在敦煌卖地契约中是比较少见的。“太平兴国七年（982）赤心乡百姓吕住盈吕阿鸾兄弟卖地契（习字）（S.1398）”中，赤心乡百姓吕住盈、吕阿鸾兄弟因家庭贫穷，亏欠财物，负债深广，难以偿还，故而将土地四亩，卖给都头令狐崇清，交易价格应该是某牲畜四十八头。买卖完成后，土地归买主令狐崇清所有。如果日后卖主吕住盈、吕阿鸾兄弟有能力赎回，则买主准许赎买。而假若是其他人来赎买，则买主不准。买主令狐崇清可以将所买之土地，合法过户到自己名下。契约商定，按照官府法律，双方不许翻悔。否则，先悔者需要赔偿不悔者绫一疋。此件契约的特点是：（1）对卖主出售天地的贫寒、困窘的经济原因特别强调；（2）买主是一位政府公职人员，即都头，而非普通百姓；（3）买主特许买主本人有机会赎买回售出的土地。

可见，敦煌土地买卖契约中土地买卖的自由性和公正性基本能够保证。契约一般都要讲明卖方出售原因，绝大多数都是因为贫穷、债务等不得不出卖土地，也有地理因素耕种不便等原因而交换和出卖土地的。再者契约讲明，按双方商定价格之后当即交付清楚，两不相欠，并明确自此之后，买方世代享有所交易土地的归属权和抉择权。戒备卖主在所有权或其他方面的欺诈风险，因而规定若卖主存在欺诈、争讼问题，则卖主需完全负责并在该土地附近另寻上等好地赔偿卖主。契约声明依据法律，买卖双方原则上不得反悔。然这种规定不是绝对的，因为契约均声明了反悔一方应该也可以向不悔一方赔偿粮食、牛马、布匹等实物。买卖双方一般都是百姓对百姓，只有个别买主是公职人员对百姓。而且，在公职人员对百姓之间的买卖，还特别指明允许买主本人赎买。契约最后基本都是“恐人无信，故立此契，用为后凭”等类范式化的警戒之语。

黑水城土地买卖契约中的“天盛二十二年（1170）寡妇耶和氏宝引等卖地契（$И_{HB}$.No.5010）”里，寡妇宝引出售土地面积是能收入二十石粮食的土地，附带有三间草房、两棵树，价格是四头牲畜。买卖成交之后，如果有麻烦，则需卖主负责。交易之后不容翻悔，否则要依《律令》承担刑事责任和经济处罚三十石麦。最后注明地税已交。此契约最大特点是：没有出具具体月日，这就使得其合法性大受质疑。“天庆寅年（1194）正月二十四日邱娱犬卖地契（$И_{HB}$.No.5124—2）”中，立契者即卖地人邱娱犬等自愿将自家土地及宅院卖与普渡寺内粮食经手者梁那征茂及喇嘛等，折价为杂粮十五石、麦十五石。卖者负责保证，所卖之地不得出现官、私二种转贷或者诸（疑当作“族”）人以及共抄子弟（应该是指家族子弟）等争讼之事发生。翻悔者不仅需要加倍赔付买方粮食，且要承担官府罚金即黄金二两。此契约的特点是：（1）买主出现普渡寺内粮食经手者梁那征茂以及寺内喇嘛等两人以上的名字。此喇嘛或许是普渡寺的负责人，或许是普渡寺诸多僧人的共称。那么问题是，其为何与寺院的粮食经手者梁那征茂合买？此次交易是对公（普渡寺）还是对私（梁那征茂和寺院喇嘛）？这些均是颇有意味的信息。（2）出现了既是证人又是代写文书者翟宝胜。史金波先生认为：“此长卷契约都是普渡寺买地、租地等事，而寺庙因有诵经、写经等功课，有熟悉西夏文字的僧人，翟宝胜很可能就是普渡寺的一名僧人，‘宝胜’也像僧人的名字。”[①]本文觉得尚需商榷。因为从全部契约来看，只有此名字属于汉化的人名，故也可能不是僧人身份。况且，若其为买方普渡寺里面的人，他可能不会有资格充当证人。“天庆寅年正月二十九日梁老房酉等卖地舍契（ИHB. No. 5124—1）”中，卖地人是梁老房酉，他所卖土地以及院舍、树木、石墓等，价值六石麦及十石杂粮。买方是普渡寺内粮食经手者梁喇嘛。联系上一契约出现的买方是普渡寺内粮食经手者梁那征茂以及寺内喇嘛的情况，知道普渡寺的粮食经手者不止一人，他们中既有僧人身份的梁喇嘛，也有世俗人身份的梁那征茂。此契约的同立契者有梁老房酉的两个弟弟老房宝和五部宝，显示出卖者对出售商品的所有权可能会出现争议部分，故而契约商定，卖方如出现官、私二种转贷及诸同抄子弟争讼等麻烦时，卖方老房酉负责赔偿，而买者梁喇嘛则不需负责。如出现这种麻烦以致于翻悔的情况，卖方老房酉对买者梁喇嘛的赔偿也是一倍的价格，并且要偿付官府罚金即三两黄金。此契约的特点是：出现有“同证人子征吴酉”，此人是证人平尚讹山之子还是卖者梁老房酉之子尚不得而知。“天庆寅年（1194）正月二十九日恧恧显令盛卖地契（$И_{HB}$.No.5124—7、8）”中，卖主是恧恧显令盛，买主是普渡寺中粮食经手者梁那征茂及梁喇嘛。由此我们注意到梁那征茂和梁喇嘛二人或合伙，或单买，均在短时间里极大地完成土地交易数量。由之，有理由怀疑，二人的买卖，并非是代表普渡寺完成的。相反，二人买卖的，很可能是属于他们自己的私有财产。契约议定的价格，依然是麦和杂粮。对契约中有争议情况以及违约处罚，也与前两件一样，要求违约者赔偿原价的两倍。此契约的特点是：同一证人平尚讹山出现在了同一天交易的两份契约之

① 史金波：《黑水城出土西夏文卖地契研究》，第64页。

中，这些信息说明此两件乃至前此的邱娱犬卖地契一样，卖主都是普渡寺附近农民的可能性比较大，经济状况差不多。“天庆庚申年小石通判卖地房契（$И_{HB}$.No.4194）”中，卖主小石通判将自家可收入一百石种粮的大面积土地以及土地上的院落卖与梁守护铁。史金波据黑水城文献中的地契里仅有的四件单页文书，认为：“4 件单页文书中第 1 件是寡妇耶和氏宝引将 22 亩土地卖给党项人耶和米千，其余 3 件都是将土地卖给梁守护铁，分别为撒 10 石种子的 70 亩、23 亩和撒 100 石种子的地，约合 1000 亩左右。这是一笔大的土地交易。前面已经提及卖主小石通判不是普通农民，而可能是地主。买主梁守护铁 5 年中先后购进这么多耕地，更是显示其财力充裕，是存粮大户。黑水城有一件军溜告牒文书，有‘守护铁’之名，为军溜首领，或与上述契约卖地者为同一人。”[①]这一说法还是言之有理的。其实，“通判”也是公职。一般说来，通判为副职，而守护为正职。则此契约之大宗买卖，显然是两个权势人物的交易。正因为如此，其交易额为二百石杂粮，远远大于梁老房酉的六石麦及十石杂粮，然而官方违约罚金却都是一样的三两金子。此契约最大的特点是，与前四件契约相对比，它显示出了唐五代敦煌地区土地买卖交易中的不公性的存在。比如，梁老房酉的十五石种子地及院舍并树石墓等，议定价是六石麦及十石杂粮，折算附加的院舍并树石墓以及麦子和杂粮的差价互补，我们大致可以毛算出：梁老房酉的一石种子的土地相当于换得一石粮食。而对比本契约的交易，小石通判的一百石种子地及院落等却换了二百石杂粮，其价格整整是梁老房酉的两倍。毫无疑问，这可能才是真正的合理的市场土地买卖价格，但它只能发生在通判和守护这些官僚之间，而不可能存在于普通百姓之间。换言之，前面的寡妇耶和氏宝引所卖的契约中，宝引吃亏巨大。其二石种子地连同院落、三间草房、二株树等，在卖与耶和米千时，议定价不是更值钱的粮食，而是二足齿骆驼、一二齿、一老牛共四头牲畜。我们有理由估计，按市场值估计，这四头牲畜的价值当在二石至四石之间，然其违约金却高达三十石麦。我们对比其他几个契约，明显看到这个寡妇的这次交易是吃亏了，罚金奇高也说明买家占了大便宜。至于邱娱犬契约中，二十石种子熟生地及宅舍院全四舍房等，卖价杂粮十五石、麦十五石，其约值市场价的三分之二。梁老房酉的十五石种子地及院舍并树石墓等，议定价为六石麦及十石杂粮，也低于市场价约三分之一。恧恧显令盛的八石种子地及二间房、活树五棵等，议定价为四石麦及六石杂粮，这个交易比率和邱娱犬、梁老房酉的差不多。以上的对比说明了，西夏的土地买卖契约中，不公正交易是事实存在的。比如史金波文中的第 11 份契约，发生在西夏桓宗天庆三年（1196）的 6 月 16 日。卖者是善因熊鸣，买者还是梁守护铁，然而距离小石通判卖地不到一年半的时间内，卖者善因熊鸣的十石种子熟生地等，却只换得五石杂粮，不仅其价格仅仅是小石通判的四分之一，且官方罚金是十石杂粮，高于成交额的一倍。显然，梁守护铁给普通百姓善因熊鸣的土地价，只有市场价的四分之一。相对而言，虽然普渡寺粮食经手者梁那征茂及梁喇嘛等给予卖方邱娱犬、梁老房酉、恧恧显令盛的价格大致低于市场价的二分之一到三分之一之间，但包括官府罚金在内，却是相对比较恒定的兑换价。如史金波文中所列的第 5 条梁势乐酉家契约中，梁势乐酉的十石种子生熟地以及房舍、墙等，梁那征茂及梁喇嘛等给的议价为二石麦、二石糜、四石谷，官府罚金为一两金；第 6 条庆现罗成家契约中，庆现罗成的十石种子熟生地以及大小房舍、牛具、石笆门、五栀分、树园等，梁那征茂及梁喇嘛等给的议价为十石麦、十石糜、十石杂粮，官府罚金为三两金；第 7 条梁势乐娱家契约中，梁势乐娱的五石种子地，梁那征茂及梁喇嘛等给的议价为四石麦、九石杂粮，官府罚金为一两金；第 8 条每乃宣主家契约中，每乃宣主的五石种子地，梁那征茂及梁喇嘛等给的议价为六石杂粮和一石麦，官府罚金一两金；第 9 条平尚岁岁家契约中，平尚岁岁的三石种子生熟地及四间老房等，梁那征茂及梁喇嘛等给

① 史金波：《黑水城出土西夏文卖地契研究》，第 54 页。

的议价为五石杂粮，官府罚金为五石麦。我们并且从梁那征茂及梁喇嘛的诸契约中，也大致估计出当时西夏土地买卖契约中官府违约金的常规收法：平均 10 石粮食的价格，官府大体罚交 1 两金；低于或等于 5 石粮食时，官府罚金以等同石数、然品质略高的粮食充当；介于 5 石和 10 石之间时，官府按照 1 两罚金收费。以此类推，则史金波所列的诸契约中，罚金最不公道的是寡妇耶和氏宝引，她所卖土地获得的价值在二石至四石粮食之间，按正常情况，其官府罚金应该是三石左右的粮食。然契约上规定的其罚金却高达三十石麦，也就是价值三两金。毫无疑问，买家耶和米千伙同证人、说合者耶和铁、耶和舅盛、没啰树铁、梁犬千等狠狠地欺负了寡妇宝引和她的两个儿子没啰哥张、没啰口鞭。或许正因为如此，她家的契约上只有年份，而无月日，显得很不正常。所以千百年后的我们，难免忍不住会为这家孤儿寡母的命运所担心。西夏契约中，第二大吃亏的弱者是善因熊鸣。他的十石种子熟生地等，却只换得了梁守护铁的五石杂粮，且官方罚金是十石杂粮也即是价值大约一两金。由于善因熊鸣的契约不完整，我们无从得知他的其他信息，然而毫无疑问，他也是被欺压和迫害者中的一个。第三个略略吃亏的是梁老房酉，他的六石麦及十石杂粮，在与普渡寺内粮食经手者梁喇嘛的一个人的交易中，官方罚金是三两金。相对于梁那征茂及梁喇嘛二人共同买地的契约而言，梁老房酉在官府罚金的规定上多交了一金。可见，此梁喇嘛私人买地时，所占便宜较大，故而违约金也定得偏高，以防止翻悔。

可见，黑水城土地买卖契约中土地买卖的自由性基本能够保证，但公正性的保证就官私有别、因人而异。契约显示，西夏时期黑水城人的土地计量皆是以能产出种粮的数量为计量法的。考虑到黑水城以沙漠、草原为主的较为恶劣的农耕环境的因素，本文认为这种计量反而更加合理和科学。史金波先生认为："这表明西夏农业家庭耕地面积较大，黑水城地区地处西北，地旷人稀，耕地较多是正常现象。"[①]这一说法应该是比较可靠的，西北地区的自然条件较差，农业出产也相对较低，所以对土地面积的计较并不苛刻，是情理之中的。黑水城土地交易主要用粮食和牲畜完成的，且粮食比牲畜更加保值。契约规定交易完成之后，如果这一土地有任何麻烦，卖主应该负责，以一赔二。对待违约翻悔，黑水城地契文书皆有明文规定，一是依《律令》承罪，惜相关文献，不知承罪的具体情况；二是依官府规定罚交粮食甚至是"金"（西夏货币），并承诺"本心服"，这些严格的规定是买卖自愿、避免争端的有效手段。不过在本文看来，因为所规定的官府罚金基本等同甚至略高于成交总额，所以这个罚金在数量上又是过高的，基本上是杜绝了卖方翻悔的一切可能。又，绝大部分的契约显示，交易双方中，买方给卖方的价格都是低于市场价的。而个别契约还有欺诈买卖的嫌疑。因此虽然从法理上而言，黑水城土地买卖契约对官府罚金的规定是合乎现代法律精神的，然而其数额的巨大则显示对弱者不公的本质性。故而史金波先生认为这些措施是对卖地穷人的压榨和对仅卖方的约束，[②]其说法也并非没有道理。契约暗藏着部分不合理规定。敦煌文献中的契约文书，对翻悔情况，除"张月光博地契"对先悔人"罚麦贰拾驮入军粮，仍决杖卅"一个例外，其余几乎都要会罚先悔人牲畜、粮食、布匹等物充入不悔人，这是要求违约人对不悔人损失的经济补偿，是合乎法理和情理的。然黑水城土地买卖契约虽然也明确了先悔人依《律令》承责和罚麦、罚金等规定，而没有说明这些处罚归政府还是归不悔人。这至少可以说明黑水城地契文书的不严谨性。又，黑水城文献的地契文书中署名条款不见担保人之说，唯有见人是买卖双方都认可的中间人，并且契约并未规定见人需要对整个买卖负担任何责任。

龙泉驿土地买卖契约"乾隆十九年(1754)陈尧征卖地契"中，华阳东山王坟湾村民陈尧征和他的

---

① 史金波：《黑水城出土西夏文卖地契研究》，第 54 页。

② 同上，第 63 页。

儿子，因缺乏银两用度，自愿将祖上遗留下来的分与己分上的田产、堰塘基址、一块，阴阳二宅等卖与陈祖浩。此契约的特点是：（1）契约明确注明买卖土地的条粮银即田赋数额。这表明清朝乾隆时期，四川龙泉驿地区土地和赋税价值的相对稳定性。（2）农民买卖土地、阴阳宅基地，必须优先考虑亲族和邻居。这一方面说明了清代内地家族势力的强化，另一方面也说明优先权的规定有利于减少边界、财产划分不清等造成的争端，故而在实际买卖中得以贯彻实行。（3）卖主签约之日，需邀约亲邻同证所卖土地的四至边界，且还要特别补充说明地界之内两座不属于买卖双方的坟墓的妥善处理方式，确保不产生纠纷。这显示此时此地土地买卖契约的公平性和科学性都大大的进步了。（4）交易的方式是货币交换，反映了清代、民国的内地成熟、发达。（5）土地不需要特别注明亩数，则可能与四川龙泉驿山水较多的地理形势有关。（6）契约郑重之处还表现在签约人员队伍的庞大和身份的合理：既有乡约、里长等官方人员，更有见人、邻居、引进中人即说合人、卖主及其亲属、代笔人等。其中，邻人和引进中人实际上也就是所买卖土地的四至相邻者，亦即契约最大限度地保证了杜绝争议、欺诈等后患产生的可能性。代笔人姓名置于最后，说明他不用负担证人、见人等责任。黄姓和郑姓无人参与契约，然其基本利益能够保障。（7）买卖不准毁约，故而无罚金、赔偿金乃至于政府赔偿金的规定。这对买卖双方的制约都是绝对的。（8）签字画押的人员均有报酬。其实，这八个特点也是清代、民国其他契约所共有的。“嘉庆十二年（1807）张宗仁卖地契”中，华阳县卓家店村民张宗仁父子，因少银使用，遂将家里先前置办的田地、堰塘、草房、碾坊、厢房等财，以及附属的草屋板门、有门、竹扇门框、窗槅楼牵挑手、竹木桁桷、林园竹木、菜橱、铁篱笆、土砖、屋宇地基、院坝菜地、山岭熟土，草山、阴阳二宅等卖给冯仁海。除与上件条约的特点均同处外，此契约的特点是：（1）由于涉及其他人利益处更多，所以签约人员队伍更加庞大，共 29 人。然无乡约、里长类官方人员，说明这两类成员不是法定必须出现的。（2）见人的身份完全是卖主的族人和亲属，可这个大概不太符合法律规定，所以他们出现在见人的位置上，但未注明是“见人”的名分。因此，这一群 29 人签订的合约应该可以说完全是民间的，但同样具有法律效应，受法律保护。“道光十二年（1832）叶当阳卖地契”中，华阳清水沟村民叶长松、叶当阳父子，因为债多难偿的缘故，欲将所继承的祖父叶佳春置办的一份插花田、堰塘、山岭、熟土共九亩二分，卖给叶恒昌。此契约特点是：（1）属于亲族优先买卖契约，故签约人员较少，共 9 人，除邻居刘绍栋外，均是家族成员，无官方人员出现，完全是民间自主买卖，但同样具有法律效应，受法律保护。（2）注明了议定的土地单价即每亩铜钱二拾五千文，结合总田亩数和总价，我们发现买方需要付给书契画字等人的其他报酬，是一并折算在单价内的。这也即是为什么龙泉驿此类契约中，大量契约都不明这个其他报酬的具体数额的缘故。（3）就在本契约的当年，清政府户部奏报道光十年以来的财政情况，谓一、二年间，出多入少，已超过二千余万两。此契约显示，因道光年间农民起义和欧美等国不平等商贸，社会上银两已经短缺，价格高涨，故而民间买卖开始使用铜钱为计量单位。（4）契约提到“此系插花，实难出售”。插花田属于边田、远田和超出自己所在的行政区域的土地，可见这是龙泉驿客家人占有、买卖田地的情形。“清光绪三十二年（1906）廖廷华卖地契”中，简州义乡内绝推立户乡仰天窝村民廖廷华父子因需筹钱应用，拟将前一年置办的山地、房屋、林园、竹木、阴阳二宅基址等卖给陈奕超。此契约的特点是：（1）过多地强调杜卖的决绝性，反复出现如“寸草寸木、寸土寸石、已见未见、已成未成、天覆地载、秋毫之末”、“一切业内并笔未尽录之物，概行扫土尽售，毫无提留”之语，说明买卖双方几乎到了事无巨细都要了明的地步，而此类言语的出现，反映出这种民间自由买卖契约的幽默感和文采性。（2）勘踏程序和签字画押人的名字显示，这次买卖双方并没有知会与所卖土地密切相关的其他利益人，即契约四界等提到的周、韩、邱、李、董、吴等其他姓氏人家的直接参与。签约人只有4位，且缺少最重要的卖主的签字。然而奇怪的是它同样具有法律效应，因为同样附有官方的尾契。这显示，此条约的合理性及合法性可能需要打个折扣。（3）与前两条相应，契约内关于欺诈可能性的警告、避规也格外严厉，如“明抵暗当”、“夫粮不楚”、“内事不明”、“外债当押”、“捏造暗藏不清”等等措辞，进一步表明，这次买卖的合理性及合法性值得怀疑。（4）附加费用更加复杂详细，如老衣脱业、移神下匾、画字、交界、钏底等“喜礼”铜钱均在内，总卖价是三百串，而卖方另出的附加费就有四十串，这当然是较贵的，所以出现另算的情形。值得注意的是“喜礼”二字，每则契约的卖主无一例外是缺钱使用，然参与买卖的人却可以随喜得礼，则此可理解为龙泉驿的当地民俗了。以上的种种新特点，毫无疑问都反映了光绪年间的时政乱象。“民国三十七年（1948）刘盛昌、刘罗氏卖地契”中，华阳县大面乡第一保内正街百姓刘盛昌和弟媳刘罗氏等，因时年变迁，债重需银，将自置的产业包括南华宫侧街房、铺面、瓦屋、阴阳二宅基址等卖给陈福盛。此契约的特点是：（1）除了“明沟暗洞、寸木寸石、已见未见成功者”之语，甚至增加了“上至天空，下齐地府”的说法，说明契约文书进一步文采化以及卖者的绝望情绪。（2）勘踏程序和签字画押人官私人等，一应俱全，但队伍过于庞大，出现了太多的官方或者类官方的名字。38位签字人中间，这类人员就占了23位。考虑到买卖双方其实是需要为所有参与者交付“喜礼”的，那么民国年间的这份契约，显然就反映出了底层政府人员对民间买卖活动的干预和某种意义上的勒索。（3）契约提到了“时年变迁，债重无出”，卖主特别把时代的伤痛写了进去，这与清代的契约明显不同。契约又提到了“团捐、国课、佃当” 情事，可以管窥民国政府将要崩溃时期，四川龙泉驿百姓迅速破产的根本因素。（4）道光、光绪年间民间买卖所使用的铜钱，现在变成了民国发行的法币。我们知道，1948年，国民党法币的发行总额竟达到660万亿元以上，这等于抗战前的47万倍，因而民间物价上涨3492万倍，法币彻底崩溃。1948年5月后，国民政府才任翁文灏为行政院长，任王云五为财政部长，筹划以金圆券取代法币，8月开始金圆券的使用。而本契约恰好发生在这一年的5月20日，正是国民党法币全面崩溃的时代，那么卖主的系列房屋、铺面、家产所卖得的法币三千二百万元正，能为这个“债重无出”的家庭带来什么也就不难知道了。而次年冬，成都解放，而后的土地政策又会给买主带来什么样的命运同样也不难想象。

可见，龙泉驿土地买卖契约一律都是杜卖契，也就是绝卖契。在这种杜卖契中，卖主声明永远放弃有关土地的一切权利，而买主则拥有一切的自主权。这与敦煌文献、黑水城文献中允许翻悔的法律精神，有着本质的不同。土地买卖的自由性和公正性基本能够保证，但买卖中偶尔也还是会有不公正出现，特别是朝代交替的乱世时更是如此。土地以及相关附属财产计量非常精细，说明此地人口密集，土地肥沃，寸土寸金。契约中的计量基本上都要精确到堰塘、水井、鱼池、漏引、堰底、堰埂、沟渠、水路、斜坡、陡坎、浮沉砖瓦、神坛、社庙、孤坟、瓦草、房屋、街檐、墙脚、窗格、牛栏、猪圈、槽石、底板、栏杆、粪凼、石鐗、石板、谷仓、米碾、杂树、花果、竹、金、土、木、石，以及“寸土寸木，已成未成之物，扫土出卖，毫无除留”之类的话。龙泉驿在素有“天府之国”的成都平原东郊，属于平原、小丘陵结合的地带，属于著名的紫色土壤，肥沃异常，农耕发达，又毗邻成都市，处于大都市外延，商贸往来便利。龙泉驿契约反映出了，这里历来就是人口密集的地方，尤其是以勤劳节俭著称的客家人的聚集地，故而寸土寸金，土地买卖既为频繁常见，也体现了精明的寸土必争的农家传统。当然最重要的是，体现了契约的清晰度已经非常高了。与敦煌文献和黑水城文献相比，毫无疑问，龙泉驿文献中的契约还呈现了清代民国以来契约文化上的文采性追求的一面。即使是杜卖的发誓，即使所卖附属物的声明，还有买卖原因的交代，契约永恒性、合法性的陈述，都富有人情味甚至带有夸张效果，读来具有浓浓的生活原味道，这也是我们现代化契约所远远抛弃了的。某种意义上而言，这也恰好是这批文献的契约文化遗留上的意义。

四　敦煌、黑水城土地买卖契约中存疑问题献芹

其一，敦煌土地买卖契约中的“恩敕”和“罚金”问题。敦煌土地契约中反复提到“恩敕”以及明显与官府有关的处罚问题，令人费解。如 “未年（827？）上部落百姓安环清卖地契（S.117V）”中的“已后若恩敕，安清罚金伍两纳入官”、“唐大中六年(852)僧张月光博地契（P.3394）”中的“先悔者，罚麦贰拾驮入军粮，仍决杖卅”、“天复九年己巳（909）洪润乡百姓安力子卖地契（习字）（S. 3877背）”中的“或有恩敕流行，亦不在论理之限”、“后周显德四年(957)吴盈顺卖田契（P. 3649V）”中的“中间或有恩敕流行，亦不在论理之限”、“太平兴国七年（982）赤心乡百姓吕住盈吕阿鸾兄弟卖地契（习字）（S.1398）”中的“恩勅流行，亦不在论理”等等，皆然。因这些契约均已经表明先毁约人对不毁约人的赔偿方式，所以这个与官府“恩敕”有关的“罚金”、甚至是充军粮、罚军棍之内的规定，肯定与买卖双方之间互相的赔偿无关。那么，它究竟是什么意思呢？参照各契约的具体内容和龙泉驿土地买卖契约，本文认为它即类似于清代、民国间土地买卖契约中所强调的“条粮银”，亦即地税。例如“安环清卖地契”中，百姓安环清为突田债负，不办输纳，将土地出卖与同部落人武国子。如遇中原朝廷恩敕，这个地税可能被赦免，那么官府就以“罚金”的形式规定，土地拥有者仍然要向地方财政“纳税”。而“张月光博地契”中，因为买卖双方是交换地界而已，故而这个因“恩敕”而损害官府利益的可能性不存在。然而由于卖主张月光出售了自己的“园内有大小树子少多，园墙壁及井水开道功直解(价)”给僧侣智通，所以官府竟然违反了“先悔人”赔偿“不悔人”的一般原则，而规定“先悔人”的“罚麦贰拾驮入军粮，仍决杖卅”。且补充规定“如身东西不在，一仰口承人衹当。”可见严苛。又“安力子卖地契”中云“地内所著差税河作，随地衹当”，故其“或有恩敕流行，亦不在论理之限”之规定，更是赤裸的明令，无论何时的情况下，这个地税都是无计可逃的。他如“吴盈顺卖田契”、“吕住盈吕阿鸾兄弟卖地契”中的“恩勅流行，亦不在论理”之语亦然，均是指唐五代敦煌百姓地税的无可避逃的可悲情形。

其二，同上之理，黑水城土地买卖契约中的“依官罚金”也属于条粮银，亦即地税。如“寡妇耶和氏宝引卖地契”中的“若有反悔时，不仅依《律令》承罪，还依官罚交三十石麦”，以及“税已交”云云，即是规定，因买卖双方争执翻悔而造成官府地税损失者，要收高额的处罚。“邱娱犬等卖地契”中的“且反悔者按《律令》承责，依官罚交二两金”以及“地税五斗中麦一斗有日水”（本文按，后三字译文可能有误差，“日水”疑为“地税”，下文同）云云，即规定因买卖双方争执翻悔而造成官府地税损失者，要收相应处罚。他如“梁老房酉等卖地契”中的“还要依官府规定罚交三两金”及“有税二石，其中有四斗麦日水”云云、“恧恧显令盛等卖地契”中的“何人反悔变更时，不仅依《律令》承罪，还依官府规定罚交一两金”及“有税五斗，其中一斗麦细水”（本文按，“细水”疑为“地税”）云云、“小石通判卖地契”中的“若有人反悔时，依官罚三两金”云云，均是敦煌官府对地税的霸道规定。《天盛律令》对税收的立法比较细致，第十五卷涉及农业及土地税的有《收纳税门》、《取闲地门》、《催租罪功门》、《租地门》、《纳领谷派遣计量小监门和地水杂罪门》等细则；第十八卷涉及土地交易税的有《缴买卖税门》，由于本卷散失的篇目较多，又缺少可供研究西夏税法的一手资料，仅从条目无法

一窥西夏税种的全貌。[①]又据《天盛律令》，西夏的纳税不仅有粮食，还有麦草、粟草、绳子、麦糠等物，如《天盛律令》卷一《催缴租门》就规定“一顷五十亩一块地，麦草七捆，粟草三十捆，捆绳四尺五寸，捆袋内以麦糠三斛入其中”[②]杜建录先生亦云：“草为西夏土地税的重要组成部分，除冬草蓬子、夏萝外，还有麦草、粟草等谷物秸秆与谷糠。”[③]但黑水城土地买卖契约表明，发生在土地买卖毁约对官府地税有损害时，官府综括诸多种税值的价值，一并以最保值的“罚金”和“罚粮”进行惩戒。

其三，黑水城土地买卖契约中的“种子地”译文可能有误差，本文推测其大义可能为“收获种子粮”。《天盛律令》对土地税的征收写得非常规范，“一顷五十亩一块地”是对土地面积的描述。然而，我们根据史金波先生的译文，发现黑水城土地买卖契约中有一种类似“种子地”的表述。如“寡妇耶和氏宝引卖地契”中的“二十二亩”土地，可以“撒二石种子”，然而其价值只是四头牲畜；“邱娱犬等卖地契”中，所卖土地可以“撒二十石种子”，然其价值只是“杂粮十五石、麦十五石”；“梁老房酉卖地契”中，所卖土地可以“撒十五石种子”，然其价值只是“六石麦及十石杂粮”；“恧恧显令盛等卖地契”中，所卖土地可以“撒八石种子”，但其价值只是“四石麦及六石杂粮”；“小石通判”卖地契中，所卖土地可以“撒一百石种子”，然其价值只是“二百石杂粮”。如是，这种计量土地的方法显然是独特的。然本文以为，从农民的农垦的常情而言，这种买卖的发生是不可思议的。因为一石种子可以耕作的土地是非常大的，同理，八石、十五石、二十石、一百石种子可以耕作的土地数量更是惊人。且“一百石种子地”对应“七十五亩”，也是不能够成立的。如果是这样的话，那黑水城土地契约中所显示的价值确低廉得惊人，件件都属于亏本甩卖的性质了。故而本文这里的“种子地”当理解为“收获相应谷物的地”，二石、八石、十五石、二十石、一百石种子地则分别是能够收入相应某石数量的某种谷物的土地。而之所以发生“种子地”这种容易导致误会的译法，可能跟西夏语法的表述习惯有关。

其四，黑水城土地买卖契约对卖主的法律责任和违约处罚，是否表明买方处于优势地位，或者是否有意让卖方吃亏买方占便宜？本文结合敦煌和龙泉驿土地契约都是特别警惕由于卖方的欺诈而引起争讼和无法交易，故法律严责的都是卖方的情况，因此认为或许在我国古代和近代特定的历史情境中，这种法律的限制，至少从法理上而言，应该是必要且能被老百姓接受的。

其五，敦煌和黑水城土地买卖契约中，在署名处都有统一规范，即卖方人、保证人、见证人若干签名画押，却没有买方签字的情况。这对卖方是否存在不公正呢？对照清代、民国时期龙泉驿土地买卖契约也是这种情形，故而本文推定，这是我国古代至近代土地买卖契约的传统。由于卖方握有原有土地房屋的证券之类的东西，而买方多以同等价值的物质和现金来兑现，那么在买卖中更容易形成对买方承担经济损失的风险因素。因此，真正需要手握契约的是买方，而不是卖方。那么需要签字的当然是卖方，而不是买方。这种签约方式虽然和现代法律精神中的买卖双方共同签字画押的情况不同，但在具体的历史情境中却能约定俗成，得到买卖双方的认可和遵守。其实，历代农民出卖土地和房屋绝大多数都是由于经济困难而不得已的，这是普遍情况。

（作者通讯地址：中国社会科学院民族学与人类学研究所　北京 10081）

① 姜莉：《从天盛律令看西夏的税法》，《贵州民族学院学报》2009 年第 2 期，第 60 页。
② 史金波、白滨、聂鸿音译注《天盛改旧新定律令》，法律出版社，2000 年，第 490 页。
③ 杜建录：《〈天盛律令〉与西夏法制研究》，宁夏人民出版社，2005 年，第 122 页。

试述黑水城出土勘合文书*

潘 洁

摘 要： 黑水城出土有两种勘合文书，叙述勘合的文书和勘合原件。本文的重点是通过黑水城文献和《元典章》《通制条格》等史料的记载，从文书性质、字号、半印、比对勘验等四方面，推断《广积仓支黄米文书》为半印勘合，参照《明太祖实录》，对左半字号与右半字号进行了解释，不仅还原了勘合的原貌，而且对于了解勘验的过程，以及梳理元代勘合制度都起到了重要的作用。

关键词： 黑水城 勘合 元代

我们常见的关于勘合的解释，是指一种加盖印信的文书，分为两半，当事双方各执一半，查验骑缝半印，作为凭证，其相关史料多引自明朝。事实上，唐代以来，勘合就已经出现，只是目前常见的资料中，勘合多用作动词，当勘验对合讲。元代的勘合是一种用于比对、验照的纸质文书，编有字号，加盖半印，有半印勘合和元发号簿两扇，分两地收掌，使用时需对合接支，相同无差，具有防止欺诈的作用。在吏部、户部、兵部、刑部等官署应用于官吏考选、仓库收支、铺马走递、关防盐引、舶商公验、检验尸体等方面。关于元代勘合，相关记载并不多，前期研究也十分有限，勘合实物更是罕见。《明代勘合制度考》①一文在追溯明代勘合的起源时，认为勘合乃蒙古人发明，纸质勘合产生于元代，并简述了元代勘合的形制特点、使用范围和种类等问题，让我们对元代勘合有了一个基本的认识。黑水城出土的勘合文书集中在这一时期，《从黑水城文献看元代亦集乃路地方文书制度》②一文，在叙述元代公文中千字文编号的形成过程、内容、编次依据、应用形式等问题时涉及到勘合；《黑水城所出元代带编号文书初探》③在对带编号文书进行释文、注释、题解的过程中对勘合有所介绍；《元代黑水城文书中的口粮问题研究》④对勘合制度在口粮支出中的应用进行了阐述；已有的成果对梳理黑水城出土勘合文书奠定了基础。

黑水城出土的勘合文书大致有两种：一是叙述勘合的，二是勘合。上述文章中涉及到的勘合均为第一种，拙文《黑水城出土勘合文书种类初探》也以此类文书为对象，将其分为钱粮收支、给由勘合、

---

* **基金项目：** 本文系2012年国家社科基金青年项目《黑水城出土赋役文书研究》阶段性研究成果之一，项目批准号： 12CMZ004。

① 胡光明：《明代勘合制度考》，2009年西南大学硕士毕业论文。

② 尤桦：《从黑水城文献看元代亦集乃路地方文书制度》，2008年宁夏大学硕士毕业论文。

③ 刘广瑞：《黑水城所出元代带编号文书初探》，2009年河北师范大学硕士毕业论文。

④ 张敏灵：《元代黑水城文书中的口粮问题研究》，2013年宁夏大学硕士毕业论文。

站赤提调三类，其中钱粮收支勘合又细分为抽分勘合、军粮勘合、俸禄勘合、祭祀勘合、分例勘合、其他钱粮物勘合等小类。这类文书见此例：

皇帝圣旨里亦集乃路□□□据都思帖木畏兀儿文

字译读□，

一下广积仓，除将总府今□系□□□半印勘合

书填前去，合下仰照验，比对□薄，墨迹、字样

相同，更照无差，依例责领放支，施行。

开，

实支白米壹拾贰硕。[朱色官印] [朱色官印]

一下支持库，除米另行放支外，据白面合折小麦

□□无见在，总府拟照依巡检司报道，至大四年

□月分面货，实直时价扣算合□□分例，天

字十四号半印勘合书填前去，合下仰照□，□□□

发号簿，墨迹、字样相同，更照无差，依数责

领放支，施行。

开，

实支中统钞□拾肆定贰拾两。[朱色官印] [朱色官印]

右各行

至大四年七月　吏刘大明[墨色画押] 张诚[墨色画押]

阿黑不花宁肃王分例米面

提控案牍史

知　　事

经历亦黑迷失[墨色画押]

廿二日 [朱色官印] [墨色画押]

廿二日

见第三册 523 页，M1.0426[F26:W101 正]《至大四年七月阿黑不花宁肃王分例文卷》

从这件文书可以看出，它不是严格意义上的勘合，而是在比对勘合之后予以实际支付的文书，相比之下，其侧重点是比对勘验，所以往往有诸如“某字某号半印勘合书填前去，合下仰照验，比对元发号簿，墨迹、字样相同，更照无差，依数责领放支，施行”的文字。

黑水城出土勘合共有三件，其中有一件半印勘合，元代勘合是用来比对的纸质文书，应有两扇，半印勘合是其中的一扇，二扇相合，称作“接支相同”。编号为 M1·0140[HF193A 正]的《广积仓支黄米文书》，并未收录在李逸友先生的《黑城出土文书》(汉文文书卷）中，保存基本完好，仅左上角残。高 35.8 厘米，宽 38 厘米。正面中间书实支黄米数，其上朱批“照过”二字，前有领取黄米的十人姓名，后为千字文编号和广积仓官满殊失厘准此等字，千字文的编号有畏兀儿体蒙古文和汉字两种，均为左半部分，上面各盖一方朱色半印，实支黄米数上钤盖三方朱印，两方一长。背面有墨色雕印，书“七月初一日全支讫”。现将其抄录如下：

脱忽帖木　阿姐不即　古急义

怯都麻　脱忽脱你　刘赛姐

忽剌真　阿剌古思　法都麻

阿汝

照过 实支黄米伍硕肆斗整（朱色方印）（朱色方印）（朱色长方印）

（畏兀儿体蒙古文）（朱色半印）洪字玖拾贰号（朱色半印）

……下广积仓官满殊失厘，准此①

通过黑水城文书和《元典章》、《通制条格》等史料对勘合的记载，大致可以将其推断为半印勘合。

首先，这是一件支取黄米文书，《通制条格》载仓库收支钱物必要勘合，“照得凡收支钱物，必须半印勘合”②。末尾提到仓库官满殊失厘，说明他在实支中发挥着重要的作用，元朝规定，库子等相关人员一同开库，比对勘合，“如有收支钱物，须要本库色目、汉儿库子、攒典眼同开库，比对勘合，明白销附，书押收支，如违痛行治罪”③。仓库正官掌管钥匙，逐物进纳。“元贞二年七月，遍行合属所设仓库去处，委自达鲁花赤、长官，不妨本职专一提调，所收钱粮如法收顿，不致损坏失陷。仍令正官收掌仓库钥匙，凡有收支，逐物旋关纳。”④

其次，字号。元史中的勘合书都带有字号，吏部勘合“今用厶字号半印勘合书填前去，并将本官年甲籍贯、历仕脚色，同应合申事件，逐一开具于后，官吏保结是实，合行申覆”⑤。户部勘合“本司另置花名销簿，于上附写一贴‘几年月日某人买盐若干，几年月日用某字号勘合’”，“于簿上附写‘几年月日，承奉运司几年月日某字几号勘合，放支客人某人盐若干’”⑥，“所给公验，行泉府司置半印勘合文簿，立定字号，付纲主某人收执”⑦，刑部勘合“某路某州某县某处，某年月日某时，检验到某人尸形，用某字几号勘合书填，定执生前致命根因，标注于后”。“本部今参酌定立尸帐，图画尸身，一仰一合，令各路依样板印，编立字号勘合，用印钤记，发下州县，置簿封收。”⑧黑水城文书中基本上都是以千字文排序的，“字”为千字文编号，“号”为序号，俸禄勘合“至顺四年闰三月廿六日玄字七十三号勘合”⑨，祭祀费用勘合“洪字二十九號”⑩，分例勘合“天字十四号半印勘合书”⑪，钱粮勘合“往字九十八号半印勘合书”⑫。

再次，半印。元代史料和出土文书相互呼应，勘合多注明半印，如收支钱物时，“照得凡收支钱物，必须半印勘合”⑬。官员解由时，“拟自至元三十一年为始至大德三年，若受本路付身，曾充三界院务副使者，许令照勘明白，抄连各界得代无粘带解由，用半印勘合，依式保结开申，毋得滥举违错”⑭。放支盐引时，“若有多余，跑取还官，依例结课；如无余欠，盘卸上仓，依验本司支盐半印勘合资次放支”⑮。黑水城文书 M1·0079[84H.采:W9/2949]《河渠司及张字二十七号勘合》中有“张字廿七号半印勘合”⑯，M1·0477[F116:W593]《桑哥失里大王分例羊酒文卷》

---

① 见第 2 册，第 231 页，M1·0140[HF193A 正]《广积仓支黄米文书》。
② 《通制条格校注》卷一四《仓库·司库》，中华书局，2001，434 页。
③ 《通制条格校注》卷一四《仓库·关防》，中华书局，2001，404 页。
④ 《元典章》卷二一，户部卷之七《关防钱粮事理》，中华书局，2011 年，第 752 页。
⑤ 《元典章》卷一一，吏部卷之五《解由体式》，第 398 页。
⑥ 《元典章》卷二二，户部卷之八《新降盐法事理》，第 826 页。
⑦ 《元典章》卷二二，户部卷之八《市舶则法二十三条》，第 879 页。
⑧ 《元典章》卷四三，刑部卷之五《检尸法式》，第 1480、1482 页。
⑨ 见第 3 册，第 497 页，M1·0401［F209:W60］《玄字号俸禄文卷》。
⑩ 见第 7 册，第 1402 页， M1·1127[F116：W192a]《支祭祀費用》。
⑪ 见第 3 册，第 523 页，M1·0426[F26:W101 正]《至大四年七月阿黑不花宁肃王分例文卷》。
⑫ 见第 2 册，第 273 页，M1·0194[F74：W42]《往字九十八号支黄米小麦大麦文书》。
⑬《通制条格校注》卷一四《仓库·司库》，第 434 页。
⑭《元典章》卷九，吏部卷之三《院务副使叙格》，第 353 页。
⑮《元典章》卷二二，户部卷之八《禁治砂盐》，第 854 页。
⑯ 见第 1 册，第 117 页，M1·0079[84H.采:W9/2949]《河渠司及张字二十七号勘合》。

中有“宙字四十八号半印勘合”[①]，M1·0870[84H·F19:W107/0647]《提调站马文》中有“收字伍号半印号簿”[②]。

最后，左半字号和半印用以勘合的比对。文书中，《新降盐法事理》“卖引支盐批验关防”条，记载了如何比对盐引的细节，“盐仓从运司置立关防号簿，每号余留空纸半张，印押过，预发诸仓收掌。如承运司勘合，比对元发字号相同，辨验引上客名印信别无诈冒漏落，即于簿上附写‘几年月日，承奉运司几年月日某字几号勘合，放支客人某人盐若干’，然后照依资次，拨袋支盐”[③]。黑水城文书中的这件半印勘合，左半字号旁边应该也有半张空纸，上面写有另一半字号，二者分置两处，用半印勘合比对元发字号，如文书所记，“往字九十八号半印勘合书填前去，合下仰照及比对元发号簿相同，更照无差，依数责领放支”[④]。“天字十四号半印勘合书填前去，合下仰照□□发号簿墨迹、字样相同，更照无差、依数责领放支。”[⑤]照勘的目的就是比对半印勘合与元发号簿是否吻合，借用黑水城文书的话说“照勘接支相同”[⑥]。明代勘合与元代勘合形制有些近似，分为两部分，字号、印文相同则行之，《明太祖实录》载：“始置诸司勘合，其制以簿册合空纸之半而编写字号，用内府关防印识之。右之半在册，左之半在纸，册付天下布政使司、都指挥使司及提刑按察司、直隶府州、卫所收之，半印纸藏于内府。凡五军都督府、六部、（都）察院有文移，则于内府领纸，填书所行之事，以下所司，所司以册合其字号印文，相同则行之，谓之半印勘合，以防欺弊。”[⑦]

黑水城文书中还有两件半字号文书。M1·0170[F111：W54]《天字号收米文书》和M1·0172[84H·F111：W13/1091]《杨三宝收米文书残件》。

……伍拾……

天字拾柒号……

忙古歹米壹伯式拾……

天字拾捌号

初一日收米肆伯陆拾石……

何惠月米捌……

天字拾玖号……

□文进米陆拾玖……

天字式拾号……

伯石整……

见第二册 253 页，M1·0170[F111：W54]《天字号收米文书》

孟□……

天字……

杨三宝收米贰……

天字拾陆

见第二册 254 页，M1·0172[84H·F111：W13/1091]《杨三宝收米文书残件》

---

① 见第 3 册，第 589 页，M1·0477[F116:W593]《桑哥失里大王分例羊酒文卷》。
② 见第 5 册，第 1092 页，M1·0870[84H·F19:W107/0647]《提调站马文》。
③《元典章》卷二二，户部卷之八《新降盐法事理》，第 826 页。
④ 第 2 册，第 273 页，M1·0194[F74：W42]《往字九十八号支黄米小麦大麦文书》。
⑤ 第 3 卷，第 523 页，M1·0426[F26:W101 正]《至大四年七月阿黑不花宁肃王分例文卷》。
⑥ 见第 3 册，第 582 页，M1·0474[F116:W569]《桑哥失里大王分例羊酒文卷》。
⑦《明太祖实录》卷一四一，台湾中研院史语所校印本，1962 年，第 2222—2223 页。

这两件文书中字号均存右半，没有印，按照《明太祖实录》的说法，是左半在纸，右半在册，黑水城文书中《广积仓支黄米文书》字号存左半，为纸，这两件收米文书，字号存右半，为收米账，成册。二者收录在不同的地方，以防侵欺。但究竟是否如《明太祖实录》所载，还需要更多元代史料的支撑。

黑水城文献将罕见于史料的更为丰富的、真实的勘合文书还原，尤其是这件保存基本完好的半印勘合，不仅让我们看到了勘合的原貌，而且进一步了解到钱粮放支的过程——先要提出申请，比对勘合，比对过后再次呈文开坐实支数额，半印勘合用于比对，叙述勘合的文书多在支付环节。纵观勘合制度的发展史，在元朝初期勘合就已经出现，至元二十五年（1288），户部设有专门负责填写勘合的官吏，省准："通政等二品衙门典吏，九十月补本院宣使。各寺监典吏，比依上例，考满转补本衙门奏差。 户部填写勘合典吏，与管勘合令史一体，考满从优定夺。[①]勘合的使用范围较广，特别是吏、户、刑等部门，在很大程度上被明朝吸收借鉴，发展成为一种更为成熟的制度，由最初的符契逐渐发展成一种以防侵欺的纸质文书，半印、半字号等作为勘合中重要的比对依据，是防伪技术的一大进步。

（作者通讯地址：宁夏大学西夏学研究院　银川 750021）

① [明]宋濂等《元史》卷八三，中华书局，1983年，第2082页。

西夏学 第10辑 2013年9月
Xixia Studies,Sep,2013,Vol.10

黑水城出土亦集乃路孤老养济文书若干问题研究

周永杰

摘　要: 黑水城出土文献中有七件文书涉及亦集乃路孤老养济事务，笔者校录已有研究成果中的录文讹误，并考释 M1 • 0814[84H · F116: W211/1383]、M1 • 0749[84H • F116: W530/1704]文书残件；俄ДX19072R 文书、俄 TK201 文书原命名不甚准确，笔者根据内容对其进行重命名；并依据文书信息从提请审核、养济物资的筹备和支付两个环节重构了亦集乃路孤老养济的程序。

关键词: 元代　亦集乃路　黑水城文书　孤老养济

黑水城出土文书中有七件涉及亦集乃路孤老养济事务，分别为俄 ДX19072R、 TK201 文书、俄 TK212 文书、M1 •0814[84H •F116:W211/1383]文书、M1 •0220[Y1: W60A] 文书、M1 •0176[84HF205B 正]文书、 M1 • 0749[84H • F116： W530/1704]文书残件，其中四件已有学者进行了不同程度的研究。金滢坤《从黑城文书看元代的养济院制度——兼论元代的亦集乃路》一文，认为俄 ДX19072R 文书系混入《俄藏敦煌文献》的一件黑水城文书，将其定名为《元至正三年（1343）亦集乃路巡检司为收养郭张驴等孤老状本路总管府及指挥使判》，并研究了其反映的元代养济院制度，认为收养程序是由巡检司下属吏员进行核查，巡检司保结，并上报“指挥使”，符合元代养济事务“宪司点治”的规定；① 郭兆斌《黑水城所出两件与养老制度有关的文书研究》认为金先生文中对俄 ДX19072R 文书中“巡检司”和“指挥”的理解有误，认为文书中“指挥”当是指示之意，巡检司亦非扮演“宪司点治”一职，将俄 ДX19072R 文书重新定名为《元至正三年巡检司为收养孤老事上亦集乃路总管府呈状》，并结合俄 TK212 文书，论述了元代孤老收养程序；② 吴超《〈黑水城出土文书〉所见亦集乃路的孤老救济初探》将俄 ДX19072R 、俄 TK212 文书、M1 • 0220[Y1: W60A] 文书、M1 • 0176[84HF205B 正]文书逐个分析，认为文书说明元代亦集乃路落实了孤老救济制度。③ 以上论述基本廓清了元代亦集乃路孤老养济的一般问题，但由于录文讹误，以致定名失准，部分结论有待进一步认识；加之孤老养济文书数量统计不全，研究亦缺乏系统性。本文拟对以上 7 件文书校订录文，系统分析，研究亦集乃路孤老养济的运作程序，拾遗补缺，以求证于方家。

① 金滢坤：《从黑城文书看元代的养济院制度——兼论元代的亦集乃路》，《中央民族大学学报》2003 年第 2 期，第 67—70 页。

② 郭兆斌：《黑水城所出两件与养老制度有关的文书研究》，《西夏学》第 8 辑，2012 年，第 250—25 页。

③ 吴超：《〈黑水城出土文书〉所见亦集乃路的孤老救济初探》，《西夏研究》2012 年第 1 期，第 32—36 页。

一　文书校录与简释[①]

（一）俄ДX19072R[②]《元至正三年巡检司为体覆孤老养济事上亦集乃路总管府呈状》录文如下：

1. 巡检司
2. ……呈照得孤老郭张驴等贰拾壹名，合得口粮柴薪至正三年正月
3. ……行申右人了当外据二月分[③]口粮柴薪钱[④]，未曾支付，今将旧当[⑤]□
4. ……各各花名开呈前去，中间[⑥]并无冒名顶替，捏合不实。如虚当
5. ……不词，巡[检]司官吏保结是实，合行具呈。
6. 亦集乃路揔管府，伏乞。
7. ……行，湏[⑦]至呈者[⑧]
8. ……孤老男子妇女贰拾名
9. ……无
10. ……男子壹名，贾买驴承奉
11. 揔府指挥，该[⑨]为贾买驴[⑩]状告，为是年迈
12. 残疾，亦无亲戚之人，要官体覆[⑪]是实，仰依上
13. 收养施行。奉此，今于至正三年正月廿玖日收
14. 养，所据口粮于二月分粮状。

前已详述金滢坤和郭兆斌二先生对该文书的命名情况，但根据文书中“今将旧当……花名开呈前去，中间并无冒名顶替，捏合不实。……保结是实。……要官体覆是实”推测，该文书应是对孤老衣粮乞请的复核。史籍记载：元代“或出入钱粮，或军民告贫乏，或出入户籍，或地亩征差，或官吏荐举才能，或水旱灾伤，或和雇合买，或一切造作，或给散义粮，例皆体覆”[⑫]。那么，文书反映的应是元代的体覆制度，即巡检司执行总管府交办的体覆孤老乞请支粮事务后，形成的保结文书，故根据郭先生一文拟为该名。

第十二行“体覆”。元代的一种行政程序，指复查核实所管官司申禀之政事。元代“或出入钱粮，

① 注：范例，录文中“……”表示残缺字数不详，“□”表示缺一字，“[]”表示根据文意补字；为简化注释内容，以下采用简称：金滢坤《从黑城文书看元代的养济院制度——兼论元代的亦集乃路》简称“金文”，郭兆斌《黑水城所出两件与养老制度有关的文书研究》简称“郭文”，吴超《〈黑水城出土文书〉所见亦集乃路的孤老救济初探》简称“吴文”，孙继民等著《俄藏黑水城汉文非佛教文献整理与研究》简称“孙书”。

② 俄罗斯科学院东方研究所圣彼得堡分所、俄罗斯科学出版社东方文学部、上海古籍出版社《俄藏敦煌文献》（第17册），上海古籍出版2001年，第334页。

③ “金文”录为“份”，误。

④ “金文“录为“分”，误，当为钱的俗字。

⑤ “金文“录为“官”，误。

⑥ “郭文”将其录为“申闻”，误。

⑦ “金文“录为“原”，当为“须”的俗字，黑水城出土文书中多次出现“照验施行，须至呈者（俄TK201）”。

⑧ “金文“录为“截”，误。

⑨ “金文“录为“咨”，误，图版左半边明显为“言”旁。

⑩ “金文“录为“郭”，误。

⑪ “金文“和”郭文“均录为“侍覆”，误。《通制条格》记载“各处鳏寡孤独残疾不能自存之人，本管官司并不干碍官司体覆是实，随即收养放支衣粮等物，开坐申覆。本路正官体覆，廉访司体察”，与文书意合，结合字形，当为“体”。

⑫ 李修生编《全元文》（第5册），江苏古籍出版社，1999年，第548页。

或军民告贫乏，或出入户籍，或地亩争差，或官吏荐举才能，或水旱灾伤，或和雇合买，或一切造作，或给散义粮，例皆体覆”（前引），是元朝政府加强中央集权的重要内容。《通制条格》规定：“各处鳏寡孤独残疾不能自存之人，本管官司并不干碍官司体覆是实，随即收养放支衣粮等物，开坐申覆。”[①] 文书“体覆是实，仰依上施行”即证明在亦集乃路孤老养济中有效贯彻了体覆制度，金滢坤与郭兆斌先生均将其录为“侍覆”，影响了其对文书内容的判断。

（二）俄 TK212 《为孤老乞答你支请衣粮状》[②] 录文如下：

（前缺）

1. 右乞答你年七十三歲，除见

2. 外[③]無病，係本路承管附藉[④]

3. 住坐，見充孤老，支请衣[粮]

4. 揔府六□司，乞答你□

5. □□□争上取状□来

6. □□□官有父□钱□义

7. □□□存白钱本家站[⑤]

8. 赡养[⑥]□□無打兑[⑦]将

9. 货□他人□後为父□

10. 故止存乞答你□□

11. 见候粮养活□

（后缺）

俄 TK212 为上行文书，旨在向亦集乃路总管府为孤老“乞答你”提请养济，一至三行指出了乞答你的身份，四到十一行则记载了他成为孤老的缘由，应是为孤老申请养济的呈状。

第二行“附藉”。应为“附籍”之误写，指古代实行的使流动人口编入当地户籍的制度。

（三）俄 TK201[⑧] 《元天历三年（1330）亦集乃路巡检司呈路总管府文为朵立赤等合支冬衣及毡台儿等物计价钱事》录文如下：

1. 亦集乃路巡检司

2. 呈照得前元朵立赤等合得衣装，除天历二年夏衣不……

3. 当□□冬衣末系毡台儿未曾支付，当官令行人哈速丁□□司管……

---

① 方贵龄校注《通制条格》，中华书局，2001 年，第 187 页。

② 俄罗斯科学院东方研究所圣彼得堡分所、中国社会科学院民族研究所、上海古籍出版社《俄藏黑水城文献》（第 4 册，上海古籍出版社，1997 年，第 217 页。

③ “孙书”录为“每”，误。

④ “孙书“录为“籍”，误。

⑤ “孙书“录为“强”，误。

⑥ “吴文”录为“赊小麦”，误。

⑦ “郭文“录为“冗”，误。

⑧ 《俄藏黑水城文献》（第 4 册），上海古籍出版社，1997 年，第 204 页。

4. 照依天历二年十月分时估□，实估计到各各价钱，中间并无高借□

5. □捏合不实如虚当。亦除已取讫行人哈速丁甘结文状在官外，今将物色

6. 价直开坐，卑司保结，合行具□

7. 亦集□□揔管府，伏乞

8. 照验施行。湏至呈者：

9. ……实在孤老男子妇女陆拾叁名，例支末系毡台儿，照依天历二年十月

10. 时估各价不等，计中统钞壹拾玖□□拾

11. 两伍钱

12. ……二十□□□且乃岁□六□□□……[①]

13. ……數中[改]□末系每名例支弍拾官尺，为无[依]亦[改]□末系每

14. ……名支回回地面一疋，长弍拾官尺，计末系肆□

15. ……叁疋，每疋价钱壹拾伍两，计中统钞一拾贰

16. 定陆拾伍两钱

17. ……毡台儿每[名]支壹块，长壹丈，阔肆尺半□□□叁块，每块价

《俄藏黑水城文献》编者将该文书拟题为《天历二年呈亦集乃路官府文》，孙继民先生又拟为《元天历二年（1329）亦集乃路巡检司呈路总管府文为朵立赤合支冬衣及毡台儿等物计价钱事》。[②] 但根据文书内容“除天历二年夏衣不……”，“照依天历二年十月时估各价不等，计中统钞壹拾玖”等信息推测，文书似不当为天历二年文书，应为天历二年以后且极有可能是天历三年（1330）文书。结合元史，此文书的背景应为，天历二年（1329）和世瓎与图帖睦尔争夺帝位，西北局势混乱，亦集乃路孤老养济物资不能按时放支。天历三年，图帖睦尔执政，对于天历二年“未曾支付”物资，按照时价折中统钞补贴。故拟为该题。文书是亦集乃路巡检司呈亦集乃路总管府文，是巡检司对朵立赤等应支付物资核查后的保结文书，主要内容是关于朵立赤等合支冬衣及毡台儿等物计价钱事。

（四）M1·0220[Y1:W60A]《孤老口粮文书》[③]录文如下：

1. 奉

2. 揔府官台旨，仰两屯百户所□□□□

3. 将孤老至元三年十月分口粮杂色小麦弍

4. 石□[斗]大麦弍石玖斗，限十四日绝早赴

5. 府，同司吏仓官□□前来□□

6. 委罪奉此

7. 施行

据 “奉总府官台旨”“仰”“两屯百户所”“孤老”“口粮杂色”“绝早赴府”“仓官”等信息可以

---

① “孙书”缺录此行。

② 孙继民等《俄藏黑水城汉文非佛教文献整理与研究》，北京师范大学出版社 2012 年，第 414 页。

③ 内蒙古自治区文物考古研究所、宁夏大学西夏学研究中心、甘肃省古籍文献整理编译中心编《中国藏黑水城文献》，国家图书馆出版社 2008 年，第 325 页。

推测，发文主体应是负责钱粮调配工作的部门广积仓。其奉“总府官台旨”向两屯百户所行文，要求其将孤老口粮送至府仓，以备支付。文书反映了亦集乃路孤老口粮杂色的筹备过程。

第二行“两屯百户所”，是亦集乃路管理屯田及其相关事务的机构，两屯就是指军屯和民屯。[①]黑水城出土文书中还出现了“屯田百户陆文政（M1·0089[84H·F116:W494/1666]）”[②]“屯田千户所（M1·0211[F116:W555]）”[③]等机构，可以推测，亦集乃路屯田机构经历了屯田百户所、屯田军百户所、两屯百户所、屯田千户所的发展变化过程。此机构不见于元时其他地区，具有地域性。

（五）M1·0176［84H·F205B 正］《支孤老钱粮文书》[④]录文如下：

1. 男子玖名□□□拾名，
2. 将任无
3. 实在孤老壹拾玖名，每名月支米叁[斗]
4. □□尽□支粮伍石柒斗……

根据其记录的孤老人数、月支口粮数以及合计支口粮数，极有可能为钱粮供应的账目文书。文书中“孤老二十九名”、“每名月支三[斗]”、“支粮五石七斗”等信息，反映了此一时期亦集乃路总管府孤老数量及其月支口粮数，能佐证传世文献记载。

（六）M1·0814[84H·F116:W211/1383]《收管到孤老冯闰僧》[⑤]录文如下：

1. 揔府收管到孤老冯闰僧……
2. [统]钞伍两，委[将]依奉前去
3. ……如违或事发……
4. ……不词收管……
5. ……年六月　　日也火[乃]……
6. [日]（印）

文书残缺，难通文意。据文书仅能确知孤老姓名、事务办理日期等信息。

（七）M1·0749[84H·F116:W530/1704]文书残件[⑥]录文如下：

……[管]状人孤老李元僧

① 李逸友：《黑城出土文书》（汉文文书卷），科学出版社 1991 年，第 19 页。
② 内蒙古自治区文物考古研究所、宁夏大学西夏学研究中心、甘肃省古籍文献整理编译中心编《中国藏黑水城汉文文献》，国家图书馆出版社 2008 年，128 页。
③《中国藏黑水城文献》，第 299 页。
④ 同上，第 258 页。
⑤ 同上，第 1045 页。
⑥ 同上，第 962 页。

根据黑水城出土其他文书信息“取承管状人谢道英（M1·0696[84H·文官府:W15/2912]）”[①]，“告状人亦不剌兴（M1·0563[F80:W9]）”[②]，“取承管人李哈剌章（M1·0688[F116:W162]）”[③]等信息推测该文书可能为词讼类文书。

二　亦集乃路孤老养济的程序

元代孤老养济制度的建立过程，史书有明确记载，中统元年（1260），诏曰：“鳏寡孤独废疾不能自存之人，天民之无告者也，命所在官司，以粮赡之。”[④] 初步建立了孤老养济的制度，后不断完善，于“至元元年（1264），又诏病者给药，贫者给粮。八年，令各路设济众院以居处之，于粮之外，复给以薪”[⑤]。这样从中央到地方的孤老养济机构随之建立，且救济内容不断丰富，包括粮、药，柴薪等生活物资。对于孤老养济过程中存在的腐败问题，也及时规避，“（至元）十年，以官吏破除入己，凡粮薪并敕于公厅给散”[⑥]。于至元二十年（1283）覆盖衣、食、住、用、医的孤老养济体系最终建立。后每逢重大节日庆典，如天寿节，政府都会赐予孤老柴薪、米绢、布帛、钱钞等诸多恩惠。就其运作层面而言，少有如亦集乃路养济文书所示这样详细者，但就现有研究来看，部分认识还有待商榷和继续深入。

（一）亦集乃路孤老养济的提请审核程序

提请审核是实施孤老养济的开始环节。首先是收养标准的确立，文书登记信息中显示“贾买驴……为是年迈残疾，亦无亲戚之人（俄 ДX19072R）”；“乞答你年七十三岁，除见外无病，系本路承管附藉住坐”（俄 TK212）表明是否病残、有无亲戚、年龄几何、住坐何处是亦集乃路养济孤老要考核的标准。然后根据元代孤老养济的通行程序：“基层官府首先要对拟收养对象的基本情况分辨虚实, 然后造册登记, 和应发放的粮食衣物等一起申报, 经核查确认后, 方才批准对符合条件者进行收养”[⑦]渐进而操作。但是具体亦集乃路执行机构却稍有差异，郭兆斌先生注意到这一问题。根据俄 ДX19072R 认为在亦集乃路孤老养济中“基层官府具体化到了巡检司”[⑧]。亦即由巡检司申报孤老养济，但这一看法是有待商榷的，因为这明显与《元史》职官志所记 “诸路府所辖州县，设县尉司、巡检司……职巡逻，专捕获”[⑨] 中巡检司的执掌相违，并且在俄 ДX19072R 中，巡检司执行的是核查待养济孤老申报情况的任务，而非扮演提请阶段的“基层政府”的角色，在孤老养济申请、体覆（核查）两个不同的程序中属于体覆程序。同文后半部分郭先生又认为元代的孤老养济程序为：“主管户籍土地的户房替鳏寡孤独之人向总管府提出申请；总管府再派遣巡检司进行核实；巡检司核实完毕后，将情况以呈状形式向总管府回禀。”[⑩] 那么孤老养济是否如郭先生所说由“主管户籍土地的户房替鳏寡孤独之人向总管府提出申请”[⑪]，笔者认为这与实际不符，“亦集乃路总管府内设有吏礼房、户房、钱粮房、刑房、兵工房和司吏房等六房”[⑫]。“户房负责管理本路户籍土地，审理地土纠纷案件。”[⑬]该路“所辖农业

---

① 孟列夫著、王克孝译《黑城出土汉文遗书叙录》，宁夏人民出版社，1994 年，第 241 页。
②《中国藏黑水城文献》，第 699 页。
③ 同上，第 914 页。
④⑤⑥ [明]宋濂：《元史》，中华书局，1976 年，第 2474 页。
⑦ 李莎：《元代官方对弱势群体的救助体系》，《中州学刊》2007 年第 6 期，第 59—63 页。
⑧⑩⑪ 郭兆斌：《黑水城所出两件与养老制度有关的文书研究》，第 250—255 页。
⑨ [明]宋濂：《元史》，中华书局，1976 年，第 2593 页。
⑫⑬ 李逸友：《黑城出土文书》（汉文文书卷），第 14 页。

人口约为四千余人，连同城内及关厢所住非农业人口，全路总人口应在七千人以内”①。要适时根据孤老情况替他们申请养济概非易事，参考宋明之制，孤老养济一般先由基层组织官府申请，那么元代也应是如此。文献记载亦集乃路路治下并未设置州县，出土文书表明由总管府直领坊巷和渠社，社长和巷长由总管府派充，给予付身。文书 M1·0760[F197:W32]②即为派帖木立充本渠社长付身残页。那么，亦集乃路治所孤老养济事务，应该是由坊巷和渠社首领直接向总管府相关部门提请。再者，户房本身即为总管府机构，属于路一级建制，笔者认为户房非但不是替孤老申请养济的机构，而是对其申请进行审理的主管官司。

文书俄 ДX19072R 反映了亦集乃路孤老养济的审核程序，是巡检司对总管府交办的孤老养济事务处理后形成的保结文书，亦即总管府对孤老养济事务的体覆制度。文书中巡检司应是体覆制度的执行机构，并非像郭先生所言为威慑民众而行。③史书记载：“各处鳏寡孤独残疾不能自存之人，本管官司并不干碍官司体覆是实，随即收养放支衣粮等物，开坐申覆。本路正官体覆，廉访司体察。”④故文书有“体覆是实”之言，“体覆是实”，孤老通过审核，便可“仰依上收养施行”。由养济院⑤官员管理其日常生活等事务，“令每处创立养济院一所，有官房者就用官房，无官房者[官]为起盖，专一收养上项穷民，仍委本处正官一员主管”⑥。孤老养济过程中存在的“应收养而不收养、不应收养而收养”等“不如法”行为，“仰御史台、按察司计点究治”⑦。

那么，亦集乃路孤老养济的提请审核程序应为：由基层组织坊巷和渠社⑧首领根据收养标准按需向主管官司户房提出申请，然后户房体覆，巡检司临时负责执行，确认养济，支付养济物资，整个过程由“宪司点治”。就制度设计而言，体覆对于规避疏漏、究查不法有重要意义，一旦流于形式不免弊大于利。如胡祗遹所言，每事六转六降，“略无凝滞，凡十六往返，而始得结绝”，以致“吏冗文繁，费时乱日，事久不决，置而无论”⑨。至于孤老养济概不例外，文书反映亦集乃路多次不能按时支给衣粮与此当不无关系。

（二）养济物资及其筹备和支付

养济物资的筹备和支付是孤老养济的过程环节。元代孤老养济的物资，传世文献多有记载。“鳏寡孤独废疾不能自存之人，天民之无告者也，命所在官司，以粮赡之。至元元年（1264），又诏病者给药，贫者给粮。八年，令各路设济众院以居处之，于粮之外，复给以薪。”“（至元）二十年，给京师南城孤老衣粮房舍。”又“（元贞二年 1296）诏遇天寿节，人给中统钞二贯，永为定例”。又“大德六年（1302）给死者棺木钱”⑩。并且除常例之外，凡遇重大节日庆典都会赐予孤老柴薪、米绢、布帛、钱钞等物资，如此就以常例和赏赐为支持，建立了包含衣、食、住、医等内容的孤老养济体系。但是由于地域和气候条件等差异，实际支付物资跟政府规定无论在品类还是在数量上都不一致。就亦集乃路养济物资品类而言，根据文书信息，“二月分口粮柴薪钱，未曾支付。（俄 ДX19072R）”，“见充孤老，支请衣粮。（俄 TK212）”，“毡台儿、回回地面”（俄 TK201），“孤老至元三年十月分口粮杂色小麦式石□[斗]大麦式石玖斗。（M1·0220[Y1:W60A]）”，“月支米叁[斗]□□尽□支粮伍石柒斗。

① 李逸友：《黑城出土文书》（汉文文书卷），第 15 页
②《中国藏黑水城文献》，第 987 页。
③ 郭兆斌：《黑水城所出两件与养老制度有关的文书研究》，第 250—255 页。
④ 方贵龄校注《通制条格》，中华书局，2001 年，第 187 页。
⑤ 刘荣臻、包羽：《元代鳏寡孤独赈贷之制初探》，《前沿》2012 年第 4 期。
⑥⑦ 陈高华等点校《元典章》，中华书局，2011 年，第 97 页。
⑧ 李逸友：《黑城出土文书》（汉文文书卷），第 16 页。
⑨ 李修生编《全元文》（第 5 册），江苏古籍出版社，1999 年，第 548 页。
⑩ [明]宋濂：《元史》，中华书局，1976 年，第 2474 页。

（M1・0176［84HF205B 正］)”整理得，亦集乃路孤老养济物资有：衣，粮（小麦、大麦、米），柴薪，钱钞，毡台儿，回回地面，且按月放支。亦集乃路地处西北干旱缺水， M1・0250[F51:W5a]文书明确记载：“本路并无出产白米。”① 文书中出现“月支米叁［斗］□□尽□支粮伍石柒斗。(M1・0176［84HF205B 正］)”，要么是偶尔为之，更多的是一种折算标准，大麦和小麦为本地物产，应为常供口粮。“毡台儿”和“回回地面”是两种毛织物，主要产销于北方，盛行于游牧民族，这可能是其受游牧民族文化习俗的影响，孤老养济中地域性和民族性的体现。若将亦集乃路与江浙行省孤老养济进行比较，除显而易见的养济物资的品类和放支数量差异外，还能发现元代养济口粮数量的调整。至元三十一年（1294），“江浙行省咨：‘孤老户郑千三等口粮贰斗不敷，拟合日支米壹升，小口减半。’都省准拟”②。依此例计算，当时浙江行省孤老月支米可达三斗。又文书记载：“月支米三[斗]，（（M1・0220[Y1:W60A）”可知，约在至元三十一年，元代孤老口粮已达到“月支米三斗”，但史书记载：“（至元六年）诸路鳏寡孤独废疾之人，月支米二斗”③。如此看来元代孤老口粮数有过调整，由“月支米二斗”增加到“月支米三斗”。

亦集乃路孤老养济物资的筹备和支付。元朝规定：“鳏寡孤独、废疾不能自存之人，夫民之无所告者也，前诏已令所在官司，与官仓内支粮赈赡。”④ 并且规定：“随路孤老口粮，合无于各路存留祗应钱粮内按月放支。”⑤ 有疾病者“命官医调治，其药物惠民局支给”⑥。即按照典章制度，孤老养济物资应从各路官仓库内“祗应钱粮”⑦中放支，具体到亦集乃路即是由广积仓放支，医药由惠民局支给。但是在 M1・0220[Y1:W60A]文书中存在广积仓从两屯百户所所管仓库调配粮食的现象，“奉揔府官台旨，仰两屯百户所□□□□将孤老至元三年十月分口粮、杂色小麦弍石□[斗]，大麦弍石玖斗，限十四日绝早赴府，同司吏仓官□□前来□□”。说明了亦集乃路孤老养济口粮至少有一段时间是由两屯百户所所管仓库供应的，文书中所见的口粮调拨说明广积仓和两屯百户所所管仓库之间不是隶属关系。两屯百户所及其所管仓库可能是一个独立的系统，前者向后者调配粮食要得到总管府长官的允许。若据此对孤老口粮做最大估算，那么将 M1・0220[Y1:W60A]文书中缺文按最大算即“弍石玖斗”，孤老人数按照文书中所见最少的十九名算，那么，每人月支口粮杂色不过大麦一斗半弱、小麦一斗半弱。若忽略折算比率，单就数量而论，与诏令规定：“月支米二斗”⑧已有增加，但口粮却不能按时发放，“二月分口粮柴薪钱，未曾支付。”（俄 ДX19072R）“当□□冬衣末系毡台儿未曾支付。”（俄 TK201）到天历二年（1329），因图帖睦尔先后与阿速吉八、和世㻋争夺帝位，西北局势混乱，孤老养济物资中“毡台儿”“回回地面”已经不能放支，只能于次年折价成纸钞应付，“实在孤老男子妇女陆拾叁名，例支末系毡台儿，照依天历二年十月时估各价不等，计中统钞壹拾玖□□拾两伍钱。”（俄 TK201）然而，贬值、渐进崩溃的纸钞，购买力实在有限，孤老养济已举步维艰。如此为防治腐败而设的措施，“以官吏破除入己”，“凡粮薪并敕于公厅给散”，“委宪司点治”⑨已是徒具虚名了。因此，随着元中后期社会的动乱，亦集乃路养济制度也在衰落。

---

① 《中国藏黑水城文献》，第 351 页。
② 方贵龄校注《通制条格》，中华书局，2001 年，第 184 页。
③ [明]宋濂：《元史》，中华书局，1976 年，第 123 页。
④⑥ 方贵龄校注《通制条格》，中华书局，2001 年，第 182 页。
⑤ 同上，第 183 页。
⑦ 注：祗应钱粮，指为供应过往乘驿人员所储备之钱粮。
⑧ [明]宋濂：《元史》，中华书局，1976 年，第 123 页。
⑨ 同上，第 2474 页。

三　结语

综上所述，出土文献佐证并补充了传世文献关于元代孤老养济制度的记载，系统反映了元代亦集乃路孤老养济的提请审核程序、孤老养济物资及其筹备和支付。从共性和个性的角度看，元代孤老养济制度在制度层面大体是一致的，但具体到运行层面却不尽相同。亦集乃路由巡检司执行体覆制度即为一例，在古代，地理环境对政策的执行限制性较大，这就导致了各地养济孤老放支物品的差异，然而透过这些物质表层，隐含的是不同文化区域间对于孤老养济理念的趋同性。

（作者通讯地址：宁夏大学西夏学研究院　银川 750021）

西夏学 第10辑 2013年9月
Xixia Studies, Sep,2013,Vol.10

黑水城文献《麦足朵立只答站户案卷》再研究

朱建路

摘　要： 黑水城文献《麦足朵立只答站户案卷》内容丰富，从这件案件中明显可见，利用驱口代替使长承当并不能保证驿站的正常运转。但官府对这种情况是默许的，只有在影响驿站正常运转时才加以干涉。麦足朵立只答站户案文书是元末亦集乃路驿站衰败、问题重重的一个缩影。

关键词： 黑水城　站户　驱口　站赤

目前关于元代的站户研究已取得了重大进展，如其中陈高华先生《论元代站户》一文对元代站户作了较为全面的研究，默书民、党宝海先生则在其论著中对站户问题作了总体概括，但以上研究多是从宏观角度多元代站户进行分析，对站户的微观分析因材料缺乏而少有展开。黑水城文献出版后，这种微观研究成为可能。在黑水城文献中载有《麦足朵立只答站户案卷》一组，共包括编号为 F116：W467、F116:W237、F116:W501、F116:502、F116:W242 等多件文书。[1]王盼先生以其为基础，分析了元代民事纠纷的调节机制和元代签发站户的标准等问题，[2]本组文书包含的内容非常丰富，王文尚有未逮之处，本文在前人研究基础上，试就元末期亦集乃路某站站户与其驱口在应役问题上的争论进行分析，以期增加对元末站赤及亦集乃路情况的了解。

一

F116：W467 文书残片二第 5 行、F116：W242 文书残片四第 4 行均有“各画手字”，手字指亲笔写的文书、契约，元杂剧《庞居士误放来生债》载：“将李孝先那一纸文书来。行钱做递文书科回云孝先，这个是你的手字么？李孝先云居士，是小生的手字。正末做扯科，云我搵了这文书，点个灯来烧了者。本利该四锭银子，都不问你要。”[3]F116：W242 文书残片三第 10 行有“忽刺孩钱”一语，“忽刺孩”为蒙古语，意为盗贼；元代有“忽刺孩赤”，意为捕盗之人。[4]此处忽刺孩钱为何意，因文书残缺不得而知。

F116：W242 文书残片七第 6—7 行有“将元与地土壹拾伍石依旧为□.”。土地一十五

① 这组文书收于《黑城出土文书（汉文文书卷）》第 154—157 页，《中国藏黑水城汉文文献》第 775—791 页，前者载有文书录文，后者载有文书图版。本文所做论文是在参考前者的基础上依后者图版所做。这组文书的编号，后书在前书基础上又加了出版编号等，本文采用前者原始编号，特此说明。

② 王盼：《麦足朵立只答站户案文卷初探》，《西夏学》第 4 辑，宁夏人民出版社，2009 年，第 145 页。

③ 张月中、王钢主编《全元曲》，中州古籍出版社，1996 年，第 1419 页。

④ 方龄贵：《元明戏曲中的蒙古语》，汉语大词典出版社，1991 年，第 12—14 页。

石指可以播撒十五石种子面积的土地，在亦集乃路常用播撒种子的数量来计算一块土地的面积，如Y1：W137 有“已将赡给地廿石作钞八锭典与任忍布”[①]。

F116：W242 文书残片四第 9 行有“撒兰伯”一人。Y1：W64 有站户李典病故，其妻抵奴将赡站地典与阔阔歹耕种，被撒兰伯告到官府。两件文书时间分别为至正二十年和至元三年，相差二十多年，且都与站户相关，两件文书中的“撒兰伯”可能为同一人。

F116：W467 文书残片四第 2 行有“□.兄二人应当军站”，F116：W502 文书残片五第 3 行有：“应当军站一切□.”，说明麦足朵立只答属于军站户。军站户是出于军户，受枢密院指派在驿站当役。实际上亦集乃路处在甘肃纳怜道上，延祐元年（1314）十月二十四日的一件文书指出：“甘肃纳怜驿，系蒙古军人应当，专备军情急务。”[②]纳怜道由蒙古军人应当站役，由于亦集乃路原为西夏的黑水镇燕军司，元代这里聚集着很多西夏的遗民，所以这个地方的站役可能由原属于西夏人的军人应当。

F116：W242 文书残片四第 5—9 行有“本驱另居当役去讫，次后有驱李保并驱妇单赤节次病故，抛下驱男亦称布弟兄等伍名，依前当役，节次年月日期不等”，这说明原本由李保替麦足朵立只答承当站役，李保死后，由李保的五名儿子轮流承当站役。F116：W467 文书残片而第 6 行有一个明确的时间：“至至正廿年□□内。”从文书的大意可知道至正廿年站赤管领人员通知麦足朵立只答其驱口不再为其服役，所以诉讼由此展开。所以这些文书形成的时间在至正二十年（1360）或其后不长的一段时间内。

文书中涉及的主要人物有告状人在城军站户麦足朵立只答与弟弟撒兰伯及其父亲麦足合干布，从其姓名判断，他们属于西夏遗民。[③]驱口李保、站赤夫妇及其儿子亦称布、汝真布、嵬兀等兄弟五名，投下官乔智布等。关于李保的身份问题，是本案争论的一个焦点。李保生前已经作为麦足朵立只答家的驱口为其服站役，不曾有异议。李保死后，其儿子依旧服站役，但到至正二十年（1360）亦称布却对其身份问题提出异议，认为其父不是驱口，从而也否认了自己的驱口身份。但麦足朵立只答有“元买李保文契”，显然李保是被买来作为驱口的。

元代禁止略买良人为奴婢，规定：“诸略卖良人为奴婢者，一人，断一百七，流远；二人以上处死；为妻妾子孙者，一百七，徒三年。”[④]但从史料来看，元代略买良人为奴的现象并未断绝。大都即有略买良人为驱口的例子。张养浩指出：“间岁京师编民男女之未年者因事而出，多为奸民所攘匿，或女胁为婢，子压为奴，不然则载之遐檄殊域，若辽海，若朔漠，易羊马牛驼以规赢入。幸而败者常少，不幸而转市互鬻，使其父子昆弟妻女死生不相闻者，比比有焉。”[⑤]也有因穷困将子女卖为奴婢的，《朴通事》中一节记载：

> 我本待请你去来，遭是你来也。我今日买一个小厮儿，他的爷娘里与文书来，你与我看一看中也不中。将来我念：“大都某村住人钱小马，今将亲生孩儿小名唤神奴，年五岁无病，少人钱债，缺口少粮，不能养活，身为未便，随问到本都在城某坊住某官人处卖与，两言议定，恩养财礼钱五两，永远为主，养成驱使。如卖已后，神奴来历不明，远近亲戚闲杂人等往来竞争，买主

① 李逸友：《黑城出土文书》（汉文文书卷），科学出版社，1991 年，第 152 页。
② 《永乐大典》卷一九四二一《站赤六》，中华书局，1986 年，第 7232 页上。
③ 石坤：《从黑水城出土汉文文书看元亦集乃路的西夏遗民》，《敦煌学辑刊》2005 年 2 期。
④ [明]宋濂等《元史》卷一〇四《刑法志三》，中华书局，1976 年，第 2662 页。
⑤ [元]张养浩：《驿卒佟锁住传》，载《全元文》第 24 册，凤凰出版社，2001 年，第 639 页。

一面承当不词，不干买主之事。恐后无凭，故立此文为用。某年月日卖儿人钱小马，同卖人妻何氏。见人某。引进人某。”

买人的文契只这的是，更待怎的？没保人中么？

买人的契保人只管一百日，要做甚么？五岁的小厮，急且那里走？①

这种情况在南方更为常见，最著名的例子是驿卒佟锁柱的故事。佟锁柱本是江西泰和人，七岁时与同伴游戏被过骑略至兴和，后又被贩卖北边牧羊，侥幸逃脱。②更有以过继的形式将他人或自己的子女卖掉，《元典章》载：“江南平定之后，悉为吾民，今十有八年，尚闻营利之徒，以人为货，公然贩鬻，因而强掠良人，及指以乞养过房，夹带货卖，奸伪非一”③；“两浙良民，因值缺食，将亲生男女得价，虽称过房乞养，实与货卖无异，将来腹里转卖为驱，使父子离散”④。

李保从姓名判断应为汉人，朵立只答在诉状中称有“元买李保文契”，李保也是因某种原因被略买为奴的良人。亦称布说其父“元系良人，不系驱口”，原因可能也正在于此。

文书中提到的人物有“投下官乔智布”。从黑水城文书所见的驻屯亦集乃路的诸王有桑哥失里大王、班的失加大王、只立歹大王、必立杰赤帖木儿大王、孛罗帖木儿大王、朵只巴大王、与伦大王、阿里不花宁肃王、亦令只加宁肃王、令真巴柳城王等诸王，投下官乔智布是哪位诸王位下的投下官不清楚。

F116：W242 文书残片六记载：至正某年某月亦称布以站役差发沉重，赡站土地硝碱不堪耕种，求投下官乔智布向麦足朵立只答说情，让麦足朵立只答再拨与他们土地。F116：W467 文书残片二第 4—5 行“□.答合□.布同在投下官乔□.具各画手字分付朵立只答□.”，可见当初亦称布等兄弟承当战役，可能乔智布也是知见人。F116：W242 残片五第 5—6 行载：“嵬兀答合兀不答干布同在投下官乔智布赵答麻劝和”，可见在劝和过程中，乔智布起了调停人的作用。投下官乔智布在案件中起了中间人的重要作用，他能对站户麦足朵立只答发挥影响，麦足朵立只答应该是属于亦集乃路某大王位下的投下户。

投下户是与系官户一样承担对国家的各种义务。如至元四年，“诏遣官签平阳、太原人户为军，除军、站、僧、道，也里可温，答失蛮、儒人等户外，于系官、投下民户内，丁多堪当人户，签军三千人”⑤。投下户也要承担站役，至元十八年八月，元世祖曾“诏甘州凡诸投下户，依民例应站役”⑥。除与系官户一样应兵役、站役外，投下户也要承担“和雇和买，一切杂泛差役”这些封建义务。至大四年诏令“民间和雇和买、一切杂泛差役，除边远军人并大都至上都自备首思站户外，其余各验丁产，先尽富实，次及下户。诸投下不以是何户计与民一体均当”⑦。而从法律上讲，封地内民户对受封者并无任何直接的义务，如若受封者私自役使投下户，则被朝廷视为非法。⑧在这件案件中，有投下官的参与，与元代审判中的约会制度有关。

根据胡兴东先生的研究，元代约会制度可以分成广义和狭义两个层次。广义的约会是指当某件事

---

① 汪维辉编《朴通事谚解》卷中，《朝鲜时代的汉语教科书》（一），中华书局，2005 年，第 257 页。
② [元]张养浩：《驿卒佟锁住传》，《全元文》第 24 册，第 639 页。
③ 陈高华等点校《元典章》圣政卷之三《典章三》，第 76 页。
④ 陈高华等点校《元典章》刑部卷之十九《典章五十七》，中华书局、天津古籍出版社，2011 年，第 1891 页。
⑤ [明]宋濂等《元史》卷九八《兵志》，第 2513 页。
⑥ [明]宋濂等《元史》卷一一《世祖纪》，第 232 页。
⑦ 陈高华等点校《元典章》圣政卷之三《典章三》，第 75 页。
⑧ 陈高华等点校《元典章》户部卷之十一《典章二十五》，第 967—968 页。

的解决涉及到两个或两个以上互不相统属的部门时，在处理或解决时各部门的相关管理者应当会同到齐，提出各自部门的看法，从而达成整体解决的方案。狭义的约会制度是元代司法制度中一种特殊的诉讼制度，当诉讼双方当事人属于不同户计时，就有不同的互不相统属的主管部门，并且在诉讼中双方当事人各自也有不同的权利和义务，在司法审理时就得把相关当事人的上司约会审理。[①]在这件案件中，麦足朵立只答是投下户，所以其诉讼与本管投下官相关；同时他又是站户，尤其是案件涉及驿站的运营，所以亦集乃路总管府也有管辖权。在处理这一案件时，需要总管府约会投下官一起审理，需要双方都在场。虽然案件最后以告拦休和的方式处理，但也是总管府官员和本管投下官共同努力的结果。

二

元代法律对“奴告主”，在诸如贪污、受贿等其他法律中也被允许，在史料中也常见奴告主的案例。但本案却是主告奴不听驱使，在元代乃至整个中国古代都是不多见的。《申斋集》记载：“有蒙古军人讼其富驱背主，议下，所属以驱还之。君视牍，其父已放之为民，诘之曰：‘子安得背父，抑良为驱?’”[②]这段材料中虽然有主告奴，但所告之奴是已经放良为民之奴，属于诬告。主告奴不听驱使的主要原因在于奴为“富驱”，可见驱口富有之后可能会不听主人驱使。

驱奴犯上，在元代也不是绝无仅有。元后期权臣伯颜富贵后对自己仍是郯王的驱奴不满意，借口杀害郯王，“初，伯颜过真定府时，父老捧献果酒，伯颜谓父老曰：‘尔曾见天下有子杀父之事？’父老曰：‘不曾见子杀父，但见奴婢杀使长。’盖暗指伯颜杀郯王之事。伯颜闻之，俛首不语，殊有惭色也”[③]。但伯颜的情况具有特殊性，因为伯颜此时已是一人之下，所以才有杀使主的事发生。

综合以上两则驱奴不听驱使以致杀害使长的例子，可见富与贵是驱口不听驱使的主要原因。李逸友先生分析《麦足朵立只答站户案卷》，认为这是元代末年驱口数量减少和社会地位有所改善的反映。[④]案件中本来麦足朵立只答有捉拿违抗主子的驱口的权力，只是因为“若便捉拿称责，切恐因而别生事端，谋赖昏争不便”才上告到官府，考虑文书中麦足朵立只答已年届六十，且文书中不见有子女后人出现，可能属于鳏寡孤独户，所以驱口才敢于违抗使主。虽然一定程度上反映了驱口身份的变化，但应该指出这种情况在元代乃至元后期也不是普遍现象。

亦集乃路处在岭北行省与腹里交通的纳怜道上，“纳怜”蒙古语为“小”，纳怜道是专为军情急务而设的小道。纳怜道因涉及到军情急务而地位重要。但元代末年，驿站的管理十分混乱，泛滥给驿问题十分突出，纳怜道也不例外。残存的《至正条格》中保存有“泛滥给驿”条：“至顺元年二月刑部呈：亦集乃路达鲁花赤亦老温不令同僚并首领管知会，摄令站提领石塔合暗行书写别里哥，独员署押，行使路印，擅自于数外增给内史府差来使臣乞旦布等铺马二疋。都省议得：亦老温罪犯，拟决五拾七下，解任。”[⑤]泛滥给驿给站户带来沉重的负担，造成站户的消乏。

除了泛滥给驿给站户造成沉重负担外，杂泛差役也是站户的负担之一。文书 F116：W242 文书残片六第 2—4 行有“驱亦称布等求今投下官乔智布等向朵立只答等劝说站役差发□.”。文书

① 胡兴东：《元代民事法律制度研究》，中国社会科学出版社，2007 年，第 202 页。
② [元]刘岳申：《申斋刘先生文集》卷一一《承德郎武昌路推官马君墓志铭》，台北图书馆，1970 年。第 513 页。
③ [元]权衡著、崇岳笺证《庚申外史笺证》，中州古籍出版社，1991 年，第 28 页。
④ 李逸友：《黑城出土文书》（汉文文书卷），第 38 页。
⑤ [韩国]韩国学中央研究院编《至正条格》断例卷五《职制 • 泛滥给驿》，第 207 页。

残缺，大意是因站役差发沉重而不堪当站。元代对站户承担杂泛差役有一个变化过程，最终大德七年三月元朝政府下令诸色民户和民户一体承担杂泛差役，只有边缘出征军人和两都自备首思站户除外，成为固定制度。[①]亦集乃路并不在免除之列，所以要承担杂泛差役。

F116：W242 文书残片六载道："驱亦称布等求今投下官乔智布等向朵立只答等劝说站役差发[ ].地土大半硝碱不堪耕种，当役不前，你每弟兄二人再拨与他□□呵怎生，朵立只答等依从，又令不[ ].汉儿文字一纸，朵立只[ ].讫，本驱[ ].。"从文书中可以看出，在亦称布拒绝服站驿之前，他曾经请求投下官乔智布向朵立只答述说站役差发沉重、土地大半硝碱不堪耕种，请求朵立只答再拨与他土地或其他财物，得到了朵立只答的同意。但后来亦称布又一次拒绝服站役，可见站户的经济负担确实严重。皇庆元年十一月的一份文书曾涉及军站户的沉重负担：

> 十一月十八日。中书省奏：枢密院官铁木儿不花言，所隶军士至脱火赤之地凡三十站，每站备骟马二百疋、牝马五十疋、首思羊二百口、账房二十，陈设之物不等，皆军人之物力也。其始以民户立站，首思并降官钱。今军站之役皆自己出，安有不困乏者？乞令军人出备当站马疋，其余首思羊二百口及陈设什物依百姓例□与官钱。臣等议：当存恤，官为应付铺陈。以彼方抽分羊肉，每站各支二百口充首思。更或不敷，从此给钱令行省买与之。又奏去年西面川两接界地，今军当站至甚贫乏。往者军站各别，乃蒙立站赤之役，已尝遣使至甘肃行省督令追复元户，有阙则佥补百姓，未见回报。今诸王宽彻暨司徒阔阔出、太傅鈇哥塔失鈇木儿知院等会议，川地东西两界所置驿站，预宜斟酌给钱买与马驼，仍于近境官羊内□拨供应，以济军站物力尽用之外。或遇诸王驸马，及使臣往来数多铺马不足，则令附近军人增置。至于阙役蒙古站户从行省，与诸王南忽里宽彻委官追收以复初役。至日具奏。上悉从之。[②]

可见原来甘肃行省尤其是川地附近（亦集乃路地近石川）的军站，首思、马匹、账房、铺陈等物均要军站户来置备，造成军站户的贫乏。虽然皇庆元年十一月官府斟酌给钱买马驼、拨羊口，可能也是并非长期政策，军站户的负担仍然很重。《麦足朵立只答站户案卷》文书中后来双方告拦休和，取得和解的基础也是朵立只答同意在经济上给予亦称布协助。

用驱口承当站役，在元代史料中并不多见。从这件案件中明显可见，利用驱口代替使长承当并不能保证驿站的正常运转。但官府对这种情况是默许的，只有在影响驿站正常运转时才加以干涉。这种情况在当时可能并不少见。在黑城文书中有一卷至正廿四年整点站赤文书，[③]整点即采取清点核实马匹驼只和铺陈什物数目、以及登记站户姓名等措施。可见此时驿站的问题已经十分严重，麦足朵立只答站户案文书是元末亦集乃路驿站衰败、问题重重的一个缩影。

（作者通讯地址：河北省邯郸市博物馆　邯郸　056002）

---

① 陈高华：《论元代的站户》，《元史论丛》第2辑，中华书局，1983年，第135页。

② 《永乐大典》卷一九四二〇《站赤五》，第7228页下。

③ 李逸友：《黑城出土文书》（汉文文书卷），第154—157页。

黑水城文献所见元代税使司的几个问题

杜立晖

摘　要：从黑水城文献可见，元代税使司呈解课程的程序是：税使司先将所收课程呈解到路总管府等机构予以照验、处理，然后再行呈解行省，而非将所收课程径直呈解行省。路总管府税使司对其下级税使司的管理，限于税收，而不涉及官员的人事管理。税使司的收税人员“栏头”，依然保持其前代“栏头”的基本职能，路总管府税使司具有“栏头”的选任权，选任公文为“付身”，元代“栏头”的民族属性还具有多样性的特点。

关键词：黑水城文献　税使司　栏头

对于元代的税收问题，学界已深有讨论，[①]在探讨税收问题过程中，有学者已关注到元代的税收机构。如杨印民先生曾就元代税使司起解课程问题做过研究，其指出：“元代路府州县办到的各项课程通常都要送纳行省府库。”[②]对于具体解送的过程，杨先生引用了至元十三年（1276）《元典章》“江南诸色课程”条画的规定加以说明：“每月一次，打勘办到课程不过次月初五日呈省，据办到课程数目，每月解赴宣慰司，每季差官起运赴省交纳施行。”杨先生除了引用该条材料外，未对税使司起解课程的具体程序再行探讨，杨文之外学界未有进一步的讨论。黑水城文献的发现为我们认识元代的税收机构，提供了重要线索。黑水城文献中多件文书涉及元代税收机构“税使司”，目前对于黑水城文献中的税使司有所涉及的是李逸友、吴超等先生。李逸友先生指出：“税使司是负责钱物课程的机构，凡属抽分羊马、商业贸易等税务，均由税使司办理。税使司也设有大使和副使，并在本路（指亦集乃路——作者加）境内设有税务官”[③]，对于元代亦集乃路的课程如何起解，李逸友先生提出“税使司除将应上缴的钞定起解行中书省外，其余税收交本路支持库，作为本路官府开支用”的观点。[④]李先生的某些观点有进一步探讨的余地。此外，吴超先生曾撰文探讨了亦集乃路的税收管理情况，其指出：“亦集乃路管理税务的机关为税务司，其对地税和抽分羊马的管理主要依据‘勘合’进行征收，并发放收税凭据。”[⑤]吴文虽涉及黑水城文献所反映的元代税收机构，但一方面将“税使司”作“税务司”，另一方面认为“税务司”收税依据“勘合”征收的观点，亦有可商之处。关于元代勘合文书问题，笔

---

① 例如，高树林《元代赋役制度研究》，河北大学出版社，1997年；陈高华：《元史研究新论》，上海社会科学出版社，2005年；陈高华、史卫民：《中国经济通史·元代经济卷下》，中国社会科学出版社，2007年；江玉勤：《元代课程(杂税)制度研究》，《中国社会经济史研究》2009年第1期，等等。

② 杨印民：《帝国尚饮：元代酒业与社会》，天津古籍出版社，2009年，第329页。

③ 李逸友：《黑城出土文书》（汉文文书卷），科学出版社，1991年，第15页。

④ 同上，第15页。

⑤《阴山学刊》2008年第5期，第57—62页。

者已撰专文进行探讨，[①]在此不赘。除以上外，学界尚未对“税使司”进行专门讨论。因此，笔者拟在前人研究基础之上，就黑水城文献所见元代税使司的相关问题，结合传世文献试作粗浅的探讨，不确之处，敬请方家批评指正。

一　元代税使司起解课程的程序

黑水城文献中有一件编号与原题为M1·0056[F274：W1]《泰定二年税使司文书》，为研究方便，现按敦煌吐鲁番文书整理范式将文书录文如下：[②]

（前缺）

1 泰定二年七月一日

2 中统钞壹拾贰定捌

3 捌钱叁分叁厘陆毫，发支

4 依数交割，合下仰照验，斤[③]候

5 发具收管，呈府施行。

6 □

7 税使司　　来呈：解到泰定二年

8 月课程钱，中统钞壹[④]

（后缺）

此件文书首尾均缺，上残下完，由于文书中的“泰定二年”（1325）为元泰定帝的年号，故可知该件无疑应为元代文书。又，鉴于出土此件文书的黑水城遗址在元代为亦集乃路总管府，故又推知，文书中第5行“呈府施行”一语中的“府”字，当指亦集乃路总管府。同时，通过该语可知，文书1—5行的内容应为一件呈文，然仅通过这5行内容尚无法得知此呈文的呈送机关，此文书的呈送机关尚需根据下文内容做出判断。

文书第7行所载的“泰定二年”，以及第8行所载的“中统钞壹”与第1、2行相合，故我们有理由相信，第1—5行的呈文应为第7行所载的“税使司”所呈。由于文书第1、2行与7、8行互有重复，因此推断，此件文书可能与元代其他公文相似，其本身包含了多个层次，即1—5行为一个层次，该层为税使司向亦集乃路总管府所呈呈文，文书1行所载的日期“泰定二年七月一日”很可能是此件呈文呈送的具体时间。此件呈文的内容，通过第2—5行所载的钱钞数额，以及“交割”、“仰照验”、“听候”等词语推测，此件呈文应是税使司向亦集乃路总管府解送相关课程钱钞，请总管府予以验收，并听候其处理意见的文书。由于此件呈文的时间可能为“泰定二年七月一日”，故可以推知，税使司向亦集乃路总管府呈解的课程钱应为七月份之前所征收的课程数额，而非之后的课程数。亦即是说，该层次为税使司在泰定二年（1325）七月一日向亦集乃路总管府提交的，汇报该司六月份所征收的课程钱钞定之数，而非之后的课程数。

---

① 详情参见拙文《从黑水城文献看元代勘合制度的运作》，待刊。

② 以下文书录文均按此方式，下文不赘。

③ “斤”通“听”。

④ 《中国藏黑水城汉文文献》第1册，第93页；《黑城出土文书》（汉文文书卷），第110页。

文书第 7、8 行为第二个层次，由于文书这一部分残缺较甚，故该层次的具体性质尚难确断。

上文杨印民先生已指出，各地的税使司都需将课程钱起解到行省，同时《元典章》所载，各地起解课程钱赴行省的日期不能超过每月的初五日。通过本件文书可知，亦集乃路总管府的税使司在泰定二年（1325）七月初一日，并没有径直将本路同年六月份的课程解送行省，而是将其先呈解总管府，听候总管府的处理意见。之所以呈文的呈送时间是在“七月初一日”，可以推知，税使司在等待总管府的处理意见之后，可能会在七月五日之前再将其呈解到行省也未可知。由于亦集乃路总管府为甘肃行省所辖，故该路税使司再次呈解的对象可能为甘肃行省。

总之，通过 M1·0056[F274：W1]文书，我们可以看到亦集乃路税使司在呈解课程前赴甘肃行省之前，存在该司先将课程呈解到本路总管府，并听候总管府处理的过程。这说明，亦集乃路的税使司并非是如李逸友先生所言的“将应上缴的钞定起解行中书省外，其余税收交本路支持库”，而是先将课程上缴总管府，由总管府予以照验、处理，然后才可能再将有关课程起解甘肃行省。

另，黑水城文献中一件编号与原题为 M1·0055[F270：W7]《酒课文书》也似乎反映了税使司呈解课程的上述程序，如此件文书载：

（前缺）

1 □贰拾伍两陆钱陆分肆厘

2 酒解，呈乞照验。得此。除将

3 见解课程钞定另行起解

4 外，总府合下仰照验，即将

5 □季分，依期起解施行。[①]

此件文书首缺尾全，虽残缺年款，但其纸张颜色、质地、书写笔迹等与元代其他文书无异，故可断定本件应为元代文书。文书第 2 行的“得此”二字，为元代公文结语的标志，由此可知，此件文书至少包含了两个层次：即第 1 行至第 2 行的“得此”为一个层次，由于该层中出现了“呈乞照验”一语，故可以推断，这一层转引了一份呈文的部分内容。此份呈文的内容当为某机构解来相关酒课钱钞，呈请上级机构验收、核实。由于元代的税使司是课程钞定的征收、解送机构，故推知，文书第一层中呈送酒课钱钞的机构应为税使司。又，由于此件文书亦出土于亦集乃路总管府遗址，因此推测，税使司呈文的呈送对象应为亦集乃路总管府。

从文书第 2 行的“除将”至结尾，应属于第二个层次，其中第 4 行的“总府合下仰照验”一语表示，总府要求对上述“课程钞定”进行核实，并要求将相关课程“依期起解”。“总府”无疑应是亦集乃路总管府的简称，该层次的内容，似是亦集乃路总管府向某机构下达起解课程的要求，并将对相关课程进行照验，此部分公文的下达对象无疑是税使司。此件文书似乎也表明了，税使司需将相关课程起解到总管府，由总管府做出相关的处理，而非将相关课程径直解送行省。

另，黑水城文献中还有一件亦集乃路总管府的公书残件，该公文似乎亦说明了上述税使司起解课程的过程。此件文书的编号与原题为 M1·0061[Y1：W108]《课税文书》，文书录文如下：

---

① 《中国藏黑水城汉文文献》第 1 册《户籍与赋税文书》，第 92 页；《黑城出土文书》（汉文文书卷），第 110 页。

（前缺）

1 □集乃路总管府据税□.

2 □发中统钞□准此□.

3 　右下支持①□.

4 □起解正月分课程。

5 （蒙古文）（签押）②

（后缺）

此件文书残缺较为严重，通过文书第 1 行的“集乃路总管府据税”等字可推知，该件文书的发文机关为“亦集乃路总管府”，而总管府下发的此件公文，是依据带有“税”字的某机构呈报的有关情况做出的，在亦集乃路的司属机构中，只有“税使司”的起首字为“税”字。故可知，此处“税”字之后所缺文字当为“使司”等字，换言之，此件文书首行叙述的是亦集乃路总管府据税使司呈报的相关情况进行的说明。

文书第 2 行的“发中统钞”等字，似是税使司向总管府呈解的相关课程钞定的数额，“准此”二字，亦是公文的结语词，该词表明了总管府对此钞定数的处理意见。

文书第 3 行的“右下支持”等字，则表明此行是总管府向其下属带有“支持”二字的某机构下达的有关指令，在亦集乃路总管府中，带有“支持”二字的机构只有“支持库”，“支持库是亦集乃路钱钞的出纳机构”③。因此可以推知，税使司上解总管府的课程钞定在经总管府照验、批准之后，总管府又令支持库进行了处理。由于文书第 4 行“□起解正月分课程”之后是相关人员的签押，由此可知，此语当是此件文书的最后一句。又，鉴于黑水城文献中一些元代公文的末尾常常用一句话来说明此件文书的“事由”或“由头”，因此推断，文书第 4 行的此语，应为该件文书的主要“事由”。这说明，此件文书是由亦集乃路总管府下达，并令某机构“起解正月分课程”的文书。

由文书第 1、2 行推断，税使司已经将课程钞定呈解亦集乃路总管府，总管府对之进行了处理，然后令支持库又做了某些工作，再令相关机构对课程进行了起解，故此次“起解正月分课程”的对象当是甘肃行省。由于支持库的主要任务是“放支一切开支”④，故该机构所作工作似应是对“作为官方支用”的钞定进行核算、截留，同时对需呈解行省的数额进行核实。可以推见，在支持库将核实相关数额后，再由相关机构将需上缴甘肃行省的课程依数起解。起解课程的任务是税使司的职责之一，故推断，最终完成向甘肃行省起解课程的任务者当为税使司。

综上，我们似乎可以看出亦集乃路税使司起解课程的具体程序：亦集乃路税使司向甘肃行省起解相关课程，需首先将有关课程呈解到亦集乃路总管府，由总管府对有关课程钞定数额进行照验、批准后，再令该府主管钱钞机构支持库进行处理，在支持库核实、截留相关课程后，税使司才将需上缴的课程数呈解甘肃行省。通过这一程序可以发现，亦集乃路税使司并非径直将所有课程全部起解甘肃行省，而是存在现将有关课程呈解本路总管府听候其处理的过程，总管府处理完毕后，才进行向行省起解课程的工作。亦集乃路税使司起解课程的程序，对于认识元代税使司起解课程的过程无疑很有帮助。

---

① “持”，《黑城出土文书》（汉文文书卷）录文作“钞”，现据图版改。另，据文意推断其后所缺应有“库”字。

②《中国藏黑水城汉文文献》第 1 册《户籍与赋税文书》，第 98 页；《黑城出土文书》（汉文文书卷），第 110 页。

③④《黑城出土文书》（汉文文书卷），第 15 页。

二 元代路税使司与其下级税使司之关系

元代除在路总管府一级行政机构中设税使司外，往往还在总管府所辖的县、镇等机构设置大小不等的税收机关，这些税收机关，也属于大小不等的税使司。如《至顺镇江志》记载，镇江路除设有“在城都税使司”外，在其所辖的丹阳县又设置了“丹阳税使司”，另外还设有“金坛税使司”、“谏壁税使司”、“丁角税使司”等等。[1]在路总管府设置的税使司与下级税使司之间的关系，正如镇江路的“在城都税使司”与该路下辖的各税使司之关系。《元典章》户部卷之八《典章二十二》“江南诸色课程”条还指出：“各处在城管下县、镇各立院务去处”，该条即说明，各地的“在城”税使司是负责管理所辖的“县”、“镇”税使司的，这里的“在城”税使司，当是指路总管府的税收机构。那么，在具体的管理过程中，路总管府的税使司与其所辖的各地税使司之间存在何种管理机制呢？我们通过一件黑水城文书，似可看出其中的端倪。

黑水城文献中有一件原编号与原题为 M1·0425[F2：W201 背]《刘连代郑忠充任扎黑税务副使文书》，现将文书移录如下：

1 吏房

2　　呈：据扎黑税务申准，前付史郑忠关[2]，除前历仕外，至大三年六月

3　　十六日□

4　　□□等处行中书省将忠发充扎黑汤税务付史。奉此，拎至大三年

5　　七月初一日到任，勾当至至大四年七月初一日有新任官付使刘连

6　　▭□了当差历，勾当过壹拾弍月，界内收到课程钞定节坂[3]

7　　▭□了当，中间并无隐虚漏报不实，亦无侵借[4]系官

8　　▭□伯钱，合由□□□□收付□□[5]▭边远酷寒重[6]

（后缺）

文书首行的“吏房”当是文书的发文机关，而“吏房”为亦集乃路总管府的下属功能房之一。关于该件文书的性质，笔者认为，其应是“吏房为向郑忠开具解由，而向亦集乃路总管府申报的呈文”[7]。文书第2行的“据扎黑税务申准”一语表明，文书以下的内容是由“扎黑税务”向吏房申报的，吏房的此件呈文实则是转引的扎黑税务的呈文。这说明扎黑税务副使郑忠在迁转过程中，为了得到解由，需向亦集乃路总管府负责官吏管理的部门“吏房”呈报相关情况，而“解由”是我国古代官员迁转时使用的重要公文。关于“扎黑税务”，李逸友先生已指出“亦集乃路税务司在扎黑汤设置有扎黑税务”[8]，可知，“扎黑税务”是亦集乃路税使司的下属机构。按《元典章》等文献所云，亦集乃路总管府的税使司应当对“扎黑税务”负有管理职责，但通过该件文书发现，在“扎黑税务”的杂职官“副使郑忠”

---

① 俞希鲁：《至顺镇江志》卷一七，江苏古籍出版社，1999年，第656—659页。

②《黑城出土文书》（汉文文书卷）释作“开”，据图版及文义改。

③“节坂”，《黑城出土文书》（汉文文书卷）录文未释读，现据图版补。

④“借”，《黑城出土文书》（汉文文书卷）录文漏录，现据图版补。

⑤“□伯钱，合由□□□□收付□□”等字，《黑城出土文书》（汉文文书卷）录文未释读，现据图版补。

⑥《中国藏黑水城汉文文献》第3册《俸禄文书》，第519页；《黑城出土文书》（汉文文书卷），第90页。

⑦ 相关论述参见拙文《黑水城文献所见元代解由文书的体式变化与运作流程》，待刊。

⑧《黑城出土文书》（汉文文书卷），第24页。

的迁转过程中，该务并没有向税使司提交呈文，而是将呈文呈报给了“吏房”。这一现象说明，亦集乃路的税使司不负责对其所辖各地税使司“官员”的选拔、任用或迁转等工作。

通过该件文书，我们可以对亦集乃路总管府税使司与其下辖税使司机构在管理中的一些关系有所认识，亦集乃路总管府税使司对各地税使司的管理，不包括对其下级税使司“官员”的人事管理权，下级税使司“官员”的人事管理权由专门负责人事管理的总管府司属机构“吏房”负责，并通过“吏房”最终将“官员”的人事管理权集中于总管府手中。亦集乃路总管府税使司对其下辖税使司的管理，似乎仅限于税收一项。

三　关于元代税使司收税人员“栏头”的选任

目前，学界对于元代税使司的重要组成人员——收税者“栏头”，缺乏专门研究，通过黑水城文献及相关传世文献，我们可以对此职的选任情况有所认识。

对于元代之前的“栏头”，学界已有较为深入的研究，大家一般认为“栏头”有不同的名称，至迟于五代时期出现，在宋代被大量设置，其职责与收税有关。如苗书梅先生指出：“拦头，或作栏头、拦子、揽子、揽头等。五代时，藩镇始在关、津、河渡等处广设拦锁，征收过往商旅的钱物；宋太宗时改为差税户主之。”[①]吴晓亮先生指出：“‘拦头’较早出现在五代十国时期，其与收税有关，‘检税’是其最初的职责。”[②]“随着社会的发展，‘拦头’的设置在北宋已经有一定的定额，到南宋额外设置非常严重。”[③]吴先生还进一步指出，入宋以来，栏头表现出了“职事专门化、身份地位胥吏化的趋向”[④]。

入元代之后，“栏头”依然活跃在历史的舞台上，其成为税使司中的重要组成人员，该职的主要职责依然是收税。元代的栏头又被称作“阑头”，如胡祗遹在《杂著·民间疾苦状》中称：“一、税物不问时估，止由阑头合干人等高下价值，以凭取税。”[⑤]据之可知“阑头”等是主要负责“收税”的人员。元代对于各地栏头的设置数额又有一定的规定，如《元典章》载：“院务攒拦大处不过二三，小处不过一二，合无照依税务例存设。”[⑥]此处所载的“攒拦”，当是“攒典”与“拦头”的合称，如明应槚在其所撰《大明律释义》中对明代的“攒拦”解释道：“攒拦，税务之攒典、拦头也。”[⑦]明元一脉相承，因此可以推见，元代的“攒拦”亦应指“攒典”和“拦头”。从《元典章》的上述记载不难发现，元廷要求各地税使司设置栏头等的数量标准为：最少一人，最多三人。《元典章》还指出，“诸院务官，大者不过三员，其攒拦合干人等，依验所办课额斟酌存设”[⑧]，该条史料又进一步说明，元代各地税使司所设栏头等的数量，是依据税使司所办课额的多少而确定的。

元代传世文献对于税使司栏头的记载，仅限于上述对其职责、设置数量等方面的粗线条勾勒，至于各地税使司中的栏头是如何进行选任的，传世文献缺乏更为详细的资料，黑水城文献的发现为认识这一问题，提供了重要信息。如黑水城文献中有一件编号与原题为M1·0773[F131:W7]《朵立只巴充栏头状》的文书，其录文如下：

---

① 苗书梅：《宋代州级公吏制度研究》，《河南大学学报》2004年第6期，第105页。

②③ 吴晓亮：《 宋代“拦头”专门化、胥吏化问题研究》，《思想战线》2012年第3期，第93页。

④ 同上，第92页。

⑤ 胡祗遹著，魏崇民、周思成校点《胡祗遹集》，吉林文史出版社，2008年，第487页。

⑥ 陈高华等点校《元典章》新集《户部》，中华书局、天津古籍出版社，2011年，第2104页。

⑦ 应槚：《大明律释义》《续修四库全书》史部第863册，上海古籍出版社，2002年，第74页。

⑧ 陈高华等点校《元典章》户部卷八，《典章二十二》，第802页。

1 皇帝圣旨里，亦集乃路税使司□.

2　　渠至正十九年一周岁栏头勾□.

3　　毋致慢易所[①]有付身者

4　　　右给付本人（印章）。准此。

（签押）

5 朵立只巴充栏头　　（签押）

（签押）[②]

（后缺）

此件文书相对完整，通过第1行可知，此件文书的发文机关当为“亦集乃路税使司”。第2—4行表明，亦集乃路税使司给某人发放了“付身”，令其充任“栏头”，充任的期限是“至正十九年一周岁”。关于何为元代的“付身”，笔者已有所探讨，其当是指“在多种职业群体中使用的，多个部门发放的，用于委任基层官吏、差役的官方文书”[③]。通过文书第5行可知，税使司给“朵立只巴”发放了付身，令其充任了栏头。由此可知，此件文书主要内容是亦集乃路税使司为朵立只巴充任至正十九年一周岁栏头，向其本人下发了“付身”公文。

此件文书说明了以下几方面的问题：

其一，关于税使司栏头的选任机构及任命公文的类型。

关于税使司栏头由谁来选任，传世资料未见记载，通过此件文书可知，亦集乃路税使司的栏头，是由税使司向有关人员发放“付身”充任的。这反映出，税使司栏头的选任，总管府等机构并不负责，而是由税使司直接选任。前文已述，亦集乃路的税使司不具有对其下级机构中“官员”选任、迁转管理的权利，但通过上文此件文书又可知，亦集乃路税使司却具有对该司“栏头”的选任权，而栏头可视为地方政府的一种差役。此外，以上文书的重要价值还在于记录了选任栏头所用的公文的类型为“付身”，这些内容都具有重要的补史价值。

其二，关于栏头的民族身份及充任时限。

此件文书显示，朵立只巴充任栏头的时限为“一周岁”，即一年的时间。这反映出朵立只巴充任栏头是有一定的任职时限的，此时限为“一年”，这一时间限度，亦有补史之效。另外，此件文书中充任栏头者为“朵立只巴”，从此人名判断，其应为蒙古人。在元代的宗王中，有人名曰“朵立只巴”，如《俄藏黑水城文献》第六册中收录的两件编号分别为 TK204 号和 TK248 号的元代站赤登记簿中提及了“朵立只巴安定王”，陈高华先生认为站赤登记簿中的“朵立只巴”即是《元史》中的“朵儿只班”[④]，据《元史·泰定帝纪一》记载，泰定二年（1325）二月朵立只巴已为安定王。[⑤]这说明文书中的“朵立只巴”，应为蒙古人无疑。除此件文书之外，黑水城文献中还有一件涉及到元代栏头充任的文书，如编号与原题为 M1·0772[F209:W53]《也先不花充栏头》的文书残件。文书中的第 1 行载有“也先不花充栏头”一语[⑥]，毫无疑问，该处的“也先不花”也应该是蒙古人名。因此，通过黑水城文献可知，在元代的税使司中，充任栏头者，有一部分人应为蒙古人。除蒙古人外，汉人

① “所”，《黑城出土文书》（汉文文书卷）漏录，据图版增补。

② 《中国藏黑水城汉文文献》第 5 册《人事与选官文书》，第 998 页；《黑城出土文书》（汉文文书卷），第 90 页。

③ 详情参见拙文《从黑水城文献看元代的付身制度》，待刊。

④ 陈高华：《黑城元代站赤登记簿初探》，《中国社科院研究生院学报》2002 年第 5 期。

⑤ 《元史·泰定帝纪一》，第 655 页。

⑥ 《中国藏黑水城汉文文献》第五册《人事与选官文书》，第 997 页；《黑城出土文书》（汉文文书卷），第 90 页。

应当也是栏头的重要充任来源。如《元典章》“偷课程依职官取受例问”条载：皇庆元年（1312）三月，行台准御史台咨：“来咨：浙西廉访司申：‘至大四年四月内，杭州税课提举司拦头付显等告，捉获周三匿税段疋，税司不行依例归结。及丁德荣、朱子诚告拦头秃李提控欺诈钱钞，司吏朱敬之等诈讫钞帽公事。”又准咨文：“亦为杭州税课提举司拦头徐珍告，获到僧撒里麻等匿税棕帽，已招明白……”[①]该条材料提到了拦头“付显”、“徐珍”等人，通过这些人名判断，这些人应该是汉人。这说明，元代的栏头当是由蒙古人、汉人等多种民族身份的人员充任的。

（作者通讯地址：滨州学院黄河三角洲文化研究所　滨州 256600）

① 陈高华等校《元典章》刑部卷之八《典章四十六》，第1571页。

元代亦集乃路诸案成因及处理初探*
——以黑水城出土元代律令与词讼文书为中心

张笑峰

摘 要： 黑水城出土元代律令与词讼文书所见当时亦集乃路的驱口案、婚姻案、斗杀案、盗贼案、财物案、土地案等诸类案件中，以盗贼、财物、土地案件居多，且以顺帝至元、至正年间比重最大。这些案件很大程度上是由于该地区的经济发展落后及不均衡、自然环境恶化、吏治败坏等因素造成的。亦集乃路总管府在处理盗贼、财物等案件上积极作为，罪犯由所在地录事司审理过后，派人押送徒役，而该地区由镇戍宗王统领诸军参与抓捕盗贼无疑是元代地方政府处理此类案件的特别之处。

关键词： 元代 黑水城 案件

近年来，运用黑水城出土元代律令与词讼文书，与史籍文献互证以推进相关问题探讨，已成为元代法制史研究的重要发展趋势。相关的研究有李逸友《黑城出土文书》一书，该书在对大部分黑水城出土的元代律令与词讼文书录文的同时，对亦集乃路的社会情况，如地土与财物纠纷、社会治安等问题进行了简要的论证。[①]侯爱梅《失林婚书案文卷初探》[②]一文总结了诉状、取状、承管状、责领状、识认状的书写格式，并论述了元代民事诉讼案件的审理程序。王盼《由黑水城文书看亦集乃路民事纠纷的调解机制》[③]一文主要对黑水城土地案文书中告拦的法律调解进行研究。张重艳《从也火汝足立嵬地土案卷看元代亦集乃路复业案件的审判程序》[④]一文中从提交诉状、审理过程两个方面，对亦集乃路复业案件的审判程序进行了探讨。以上研究主要集中于保存较为完整的案卷，且大多数是对民事诉讼案件审理程序的相关论述，李逸友《黑城出土文书》一书对研究元代及北元历史意义重大，但同时也存在着一些诸如文书收录不全、录文错讹衍漏等问题。同时，对于元代黑水城地区的案件成因、背景少有涉及，当地官府处理这些不同性质案件的策略也有待梳理。因此，本文拟在系统整理黑水城出土元代律令与词讼文书的基础上，对黑水城地区的案件成因、背景，以及亦集乃路总管府的处理策

* **基金项目：** 国家社科基金特别委托项目“西夏文献文物研究”（11@ZH001）子课题“黑水城社会文书录文、考释与校勘”。

① 李逸友：《黑城出土文书》（汉文文书卷），科学出版社，1991年，第38—41页。

② 侯爱梅：《失林婚书案文卷初探》，《宁夏社会科学》2007年第2期，第106—110页。

③ 王盼：《由黑水城文书看亦集乃路民事纠纷的调解机制》，《西夏研究》2010年第2期，第41—44页。

④ 张重艳：《从也火汝足立嵬地土案卷看元代亦集乃路复业案件的审判程序》，《元代国家与社会国际学术研讨会论文》上册，2012年，第260—267页。

略进行探讨，以期揭示文书中所反映的元代黑水城地区社会状况，对认识中世纪西北地区社会治安等问题有所裨益。

一　案件概况

目前已经整理出来的黑水城出土元代律令与词讼文书共计320余件（其中有的是一件文书分成若干份，未按一件文书计），这些文书所记载的案件基本上都发生在元代亦集乃路所辖的黑水城地区。

根据这些律令与词讼文书内容，可将黑水城地区的案件分为七类：一、驱口案。存十一件，其中涉及逃驱、驱口不应役、强夺驱口、拘收不兰奚等内容，文书类别主要为呈牒、诉状、告拦文书等。二、婚姻案。存十件，内容涉及争婚、改嫁、烧毁婚书等，其中失林婚书案文卷保存有诉状、取状、识认状、承管状、责领状、告谕、呈牒等多种文状形式。三、斗杀案。存二十件，内容涉及斗殴、谋杀案件的诉讼、审理、检验等，存诉状、取状、呈牒等文书格式。四、盗贼案。存二十七件，内容涉及对盗窃居民、商户、官府等案件的状告、审理、判决，存诉状、识认状、责领状、告谕、呈牒、札付等文书格式。五、财物案。存十四件，内容涉及粮食、钱财、货物、牲畜、租赁房屋等民事争端案件，存诉状、取状、呈牒等文书格式。六、土地案。存二十九件，内容涉及民户争地、官员夺地、僧俗争地、赡站地典卖、搅夺灌溉等案件的诉讼、审理，存诉状、告拦文书、呈牒等文书格式。七、其他。共六十四件，这些案件由于文书残损严重尚未能判断案件种类，只能凭其残存“取状人”、“告状人”、“干照人”、“状告”等词讼文书常用术语判断其性质，以诉状、取状文书居多。

以上即黑水城文书所载元代黑水城地区案件的大致情况。基于这些案件中有发案时间的相关记载，现将这些案件按类别、发生时间进行汇总，列表如下：

黑水城律令与词讼文书所见元代有时间记载案件统计表

案件 时期			驱口案	婚姻案	斗杀案	盗贼案	财物案	土地案	其他
世祖	中统	1260—1264							
	至元	1264—1294							
成宗	元贞	1295—1297							
	大德	1297—1307	二年五月	三年			六年	三年（2）[1]	八年
武宗	至大	1308—1311							四年、三年
仁宗	皇庆	1312—1313			元年	元年十二月			
	延祐	1314—1320							三年
英宗	至治	1321—1323			二年				
泰定帝	泰定	1324—1328			二年二月、五月				

① “（2）”表示黑水城文书中该年同类案件为两件。

	致和	1328							
天顺帝	天顺	1328							
文宗	天历	1328—1330							
	至顺	1330—1333	四年	年间				三年	元年
惠宗	元统	1333—1335							
（顺帝）	至元	1335—1340	三年			五年二月、年间、二年、四年		三年	三年（2）、四年四月
	至正	1341—1370	廿年	六年、八年、廿二年		十二年六月、四年三月		十八年五年、二年（2）、十一年	十五年十一年三月、十三年、六年六月、廿四年十二月
[北元]昭宗	宣光	1371—1379	元年			元年			

通过以上统计，可见这些案件主要发生在元代晚期，尤其以元惠宗（顺帝）至元、至正年间居多，当然这与黑水城文书所属年代的基本特征相符，即“尤以至正及至正以后的文书为多”[1]，这与顺帝在位时间长达三十九年存在着一定的联系。

二 案件成因及背景的分析

物质的匮乏可以说是大多数犯罪的直接原因。黑水城出土元代律令与词讼文书所载诸类案件中，盗贼案、财物案、土地案等与经济因素相关的案件比重较大即源于此。由经济原因所导致恶劣的生产、生活环境，“使得潜在的恶浮出水面成为现实，这是不恰当的社会化制度的后果，它有可能驱使原本正派的人们走上犯罪之路”[2]。那么，当时亦集乃路的经济环境到底是怎么样的？

亦集乃路在元代属于下路，纳怜道驿站即经由此地到达哈拉和林，黑水城亦出土有关元代纳怜道站赤之文书，李逸友先生对此作了专门的论述。[3]黑水城正是作为出岭北的物资补给之地。“出土文书记载，亦集乃路城内有东街和正街两条街。经考古发掘证实，自东门内直通至城内中心高台佛寺遗址前面，有一条宽 6 米的大街，应是东街。又在东街南面有一条平行的大街，西起总管府大院（Y1）东墙外，东至东城墙根，宽 5—7 米，应是正街。东街全长约 240 米，正街全长约 300 米。在这两条街

① 李逸友：《黑城出土文书》（汉文文书卷），第 10 页。
② [美]马伯良：《宋代的法律与秩序》，杨昂、胡雯姬译，中国政法大学出版社，2010 年，第 10 页。
③ 李逸友：《黑城文书所见的元代纳怜道站赤》，《文物》1987 年第 7 期，第 36—40 页。

的两侧，都发现有店铺的遗址，正街的店铺分布在东半段，与东街的店铺南北相对，因此这两条大街便成为该城的商业中心区域。”[①]

从黑水城出土文书来看，黑水城内的店铺经营项目较多，有饭馆、酒店、杂货店、作坊等。可见，黑水城的商业具有一定规模。如文书M1．0582[F1:W22b]，[②]即亦集乃路居民阿思兰与阿厘、杜长寿、陈玉立、沙元等趁事主刘译店铺无人看守进行偷盗的罪案。《失林婚书案卷》中亦出现了多处亦集乃路礼拜寺答失蛮即奥丁哈的所管回回包银户阿兀经常去岭北地面做买卖的内容，“阿兀前往岭北达达地面作买卖（M1．0668[F116:W71B]）”[③]，可见，亦集乃路与岭北进行经济的往来活动。作为与岭北进行贸易的货物交易、中转站，亦集乃路发生过不少有关于货物抢夺、纠纷的案件。如文书M1•0597[F144:W6]，[④]即亦集乃路王七及其弟王旭赍夯客货的案件诉状。M1•0595[F193:W12]，[⑤]即亦集乃路总管府批准甘州路录事司将陈礼状告孙直欠其货钱不肯归还的案件在司审理的公文。

与经济相关的租赁、借债、典质、手工制造等行业有所发展。文书 M1•0594[F234:W9]，[⑥]即安西路刘万户所管祗候府罗信甫于亦集乃在城赁到王豚月土房一间，今为僧人任义儿状告之案件取状。M1•0604[F17:W1]，[⑦]即亦集乃路所管落卜剋站户吾七玉至罗，借他人钱债，被债主逼取，将土地抵给债主的案件。M1•0614[Y1:W37B]，[⑧]即户房呈关于曹阿立嵬告其父曹我称布存将赡站地典与任忍布的案件。M1•0616[Y1:W64]，[⑨]即至元三年撒兰伯控告，抵奴将已死李典的赡站地典与阔阔歹耕种的案件。手工制造业方面，除了匠户外，还有一些小手工制造业者。作为诸色户计之一的匠户，为官府、军队、诸王从事各种制造服务。“元朝西征时大量俘获、征召西域工匠满足其统治者的生产、生活需要，在元朝控制的官营手工业机构中西域工匠占有很大的比例。这些工匠主要负责政府生产，他们享有免当杂泛差役、免征从军的待遇，到后期由于财政负担，很多官营工匠变为民匠。工匠的地位是低下的，他们被当作工奴，在作坊里被迫劳动，后来成为隶属官府的匠户，与一般民户地位相同。”[⑩]在《失林婚书案卷》中，被告人闫从亮原系巩西县所管军户，至正十九年，红巾军攻破巩昌城，闫从亮先至永昌住坐，二十一年，来到亦集乃路，与沈坊正“合于熟造油皮鞯生活（M1•0673[F116:W32]）”[⑪]。亦集乃路城内，“居民住坐区域分成若干坊，文书中所见坊名有永平坊（F1：W22）、清平坊、极乐坊、崇教坊（以上三坊见 Y1：W11）以及庠序坊（F131：W1）等”[⑫]。沈坊正则应为所在坊的头目。闫从亮来到亦集乃路迫于生计，与沈坊正合伙造油皮鞯，从事手工生产，有别于一般匠户的性质。

亦集乃路的商业经济在元代有所发展，但是总体来说其经济仍是落后的、不均衡的。僧俗土地等财产相争正是其经济发展不平衡的一个重要特征。文书M1•0620[F114:W9a][⑬]和 M1•0629[HF111（下層）B 正][⑭]，均涉及寺院土地纠纷。文书 M1•0610[F116:W491] [⑮]中僧人梁日立合只与失赤马合麻等

① 李逸友：《黑城出土文书》（汉文文书卷），第21页。
②《中国藏黑水城汉文文献》第4册，第719页。
③ 同上，第881页。
④ 同上，第737页。
⑤ 同上，第735页。
⑥ 同上，第734页。
⑦ 同上，第748页。
⑧ 同上，第757页。
⑨ 同上，第759页。
⑩ 马建春：《元代东迁西域人及其文化研究》，民族出版社，2003年，第143页。
⑪《中国藏黑水城汉文文献》第4册，第889页。
⑫ 李逸友：《黑城出土文书》（汉文文书卷），第17页。
⑬《中国藏黑水城汉文文献》第4册，第763页。
⑭ 同上，第771页。
⑮ 同上，第754页。

人在无得耕种浇溉煞地内偷种糜子；文书 M1·0605[Y1:W66B][①]中都领汝足梅、吾即躯汝中玉、亦称布、贾驴及嵬如法师雇人将渠水揽夺尽行浇溉；文书M1·0594[F234:W9]中僧人任义儿在亦集乃路在城与罗信甫发生财物纠纷。[②]而且，寺院及僧户在亦集乃路占据着大量的土地。文书M1·0953[F97:W3]是一件僧人缴纳税粮的凭据，[③]内容为："亦集乃路广积仓今收到/税粮/耳宜法师□/大麦□□/壹佰石/耳宜法师/十一月 日/仓付使蔡/大使卫/支纳石。"耳宜法师交税一百石，相对于《大德十一年税粮文卷》中大德十一年亦集乃路总计征收税粮一千四百余石，是个不小的数额。按照元朝亩税三升的话，其拥有土地三十余顷，至元二十三年合即渠屯田仅获九十余顷，足见寺院及僧户所拥有田产之多。

经济发展落后、不均衡，社会的动荡不安，与基层民众走向犯罪存在一定关系。站户、军户是词讼案件中涉及较多的阶层。如《麦足朵立只答站户案文卷》中站户麦足朵立只答控告其驱口亦称布等不应役案件；文书M1·0604[F17:W1][④]中站户吾七玉至罗，借他人钱债，被债主逼取，将土地抵给债主的案件；文书M1·0606[F9:W34][⑤]为多份站户土地案文书汇总，其中有至正十八年站户汝中吉赴省状告所在地尉官领人强夺其土地案件；《也火汝足立嵬土地案文卷》中亦集乃路站户也火石革立嵬"浑都孩军马叛乱"后，抛弃庄业，逃移到永昌路西凉州孔剌儿站充当站户；《失林婚书案文卷》中巩西县军户闫从亮；文书 M1·0705[84H·F21:W4/0721][⑥]中亦怜其实监宁肃王位下怯薛答海；文书M1·0607[F209:W55][⑦]中柏奇帖木儿大王位下理司马元帅所管昔宝赤军户；文书 M1·0577[HF193B正][⑧]中御位下昔宝赤头目等。

自然灾害严重是站户、军户消乏逃亡的一个重要原因。"亦集乃路地处荒漠之中，天旱不雨，河流流量微小，常常出现颗粒无收的严重荒情。站户无粮支应差役，只得申请消乏。F116：W437 就是至顺三年（1332）二月拟定杨小厮盖因两站户消乏的呈牒，当时消乏站户甚多，'今比比皆然'，故拟定再增加杨小厮等二户消乏。杨小厮等站户经过申报官府准予消乏，有的站户并不申报官府而逃走，站赤交通受到严重影响，甚至停顿。"[⑨]更有甚者，一些站户还将政府拨与耕种的赡站地典质给他人，如文书 M1·0614[Y1:W37B][⑩]户房呈关于曹阿立嵬告其父曹我称布存将赡站地典与任忍布的案件，文书M1·0616[Y1:W64][⑪]至元三年撒兰伯控告，抵奴将已死李典的赡站地典与阔阔歹耕种的案件。

黑水城地区逃驱、驱口不应役的案件常常与站户有所联系。元朝站户的签充往往如文书 F116：W434 所载："官司诸物户计内依验人丁事产物力高强依例佥"[⑫]，这些家境殷实的站户往往购买驱口代其服役。而自然灾害的严重，如"土地碱化"，则往往造成驱口不应役，甚至逃驱案的发生。《麦足朵立只答站户案文卷》中多次提到，亦称布等因土地硝碱无法耕种，求投下官乔昝布向朵立只答劝说。如文书M1·0615[F13:W115][⑬]即土地碱化以致无法应役之案件。

关于经济原因所导致的犯罪，"恶劣的条件使得潜在的恶浮出水面成为现实，这是不恰当的社会

① 《中国藏黑水城汉文文献》第4册，第749页。
② 同上，第734页。
③ 《中国藏黑水城汉文文献》第6册，第1222页。
④ 《中国藏黑水城汉文文献》第4册，第748页。
⑤ 同上，第750页。
⑥ 同上，第933页。
⑦ 同上，第751页。
⑧ 同上，第715页。
⑨ 李逸友：《黑城出土文书》（汉文文书卷），第33页。
⑩ 《中国藏黑水城汉文文献》第4册，第757页。
⑪ 同上，第759页。
⑫ 李逸友：《黑城出土文书》（汉文文书卷），第177页。
⑬ 《中国藏黑水城汉文文献》第4册，第758页。

化制度的后果，它有可能驱使原本正派的人们走上犯罪之路。不过，官员对此同样负有不可推卸的责任，他们的处置不当会使本已恶劣的形势更加恶化。至于颟顸的官员，哪怕在好年景里，也可能制造出违法行为的诱因。倘若遇到荒年，就不得不被人民频繁揭竿而起的严重局势搞得焦头烂额”[①]。

除经济、自然等原因外，黑水城地区官员经商已公开化，这是其政治走向腐败的一个重要诱因。如文书 F111：W61：“皇帝圣旨里敦武校尉亦集乃路总管府判官乞里马沙近年□月内差令捏合伯等，前去达达地面行营盘处做买卖。”[②]文书 M1・0605[Y1:W66B][③]中都领汝足梅、吾即揽夺灌溉的案件。文书 M1・0606[F9:W34][④]中所载至正十八年站户汝中吉赴省状告所在地尉官领人强夺其土地。吏治的败坏甚至走向犯罪已经具有一定的普遍性，以致政府需要发布告谕、律令进行警示。正如文书 M1・0714[84H・F51:W6/0831][⑤]及 M1・0735[84HF135 炕内 D][⑥]中“益富豪及害贫”、“却行循情议拟”、“[执]法之人[不]知警”。

另外，作为社会动荡的直接原因与表现的战乱对该地社会影响也比较大，如《也火汝足立嵬土地案文卷》中多次提到的“浑都孩军马叛乱”、《失林婚书案文卷》中“红巾贼人将巩昌城池残破”(F116：W32）以及《大德四年军粮文书》中海都之乱等等。社会动荡不安，一些民户、站户，如也火石革立嵬等，“抛弃庄业”，逃移到其他路后附籍，维持生计，还有一些人则铤而走险，走上犯罪道路。

三　亦集乃路总管府对案件的处理——以盗贼案为例

由于社会动荡等原因，迫于生计，一些人走向犯罪。这其中，很大一部分人成为盗贼，或盗或抢。目前已整理出的黑水城地区盗窃案中，涉及马、驼、驴的案件有六件，涉及中统钞、艮盏、小麦各一件，涉及偷盗店铺、府署各一件。由于文书残损严重，其他盗贼案文书大多已无法判断案犯所盗窃之物品。亦集乃路地处边漠，作为主要交通、运输工具的马匹、驼只数量较大，失窃率也比较高。另外，这些案件中大部分为盗贼团伙作案，他们往往不是盗窃单个人，而是对更大的目标下手。如文书 M1・0582[F1:W22b][⑦]对事主刘译店铺盗窃为亦集乃路居民阿思兰与阿厘、杜长寿、陈玉立、沙元等人所为，文书 TK231[⑧]为至元年间贼首阿立浑、从贼帖木儿，纠合也速答儿、杨耳班梅的等贼偷到便使忻都怗镯府署马毡等物。

在斗杀案及财物案文书中还记载有五件强窃案件。其中，M1・0563[F80:W9][⑨]为至治二年亦集乃路回回包银户亦不剌兴在取钱后无端遭乔典索要钱财，并被乔典、张哈三等人殴打的案件；M1・0573[84H・F125:W59/1909][⑩]残存“罪不词执结是”等字；M1・0703[84H・F43:W5/0795][⑪]残存“廿七日告状人杨”、“圆夺”等字；M1・0711[84H・F124:W3/1829][⑫]残存“盐池站”、“元夺”等字；

① [美]马伯良：《宋代的法律与秩序》，杨昂、胡雯姬译，第 10 页。
② 李逸友：《黑城出土文书》（汉文文书卷），第 99 页。
③《中国藏黑水城汉文文献》第 4 册，第 749 页。
④ 同上，第 750 页。
⑤ 同上，第 939 页。
⑥ 同上，第 950 页。
⑦ 同上，第 719 页。
⑧《俄藏黑水城文献》第 4 册，第 242 页。
⑨《中国藏黑水城汉文文献》第 4 册，第 699 页。
⑩ 同上，第 709 页。
⑪ 同上，第 931 页。
⑫ 同上，第 937 页。

M1·0746[84HF125A][①]残存“打夺”等字。文书 M1·0711[84H．F124:W3/1829]中盐池站是纳怜道上蒙古八站之一，据李逸友先生考证：在城站在亦集乃城内，城北有两站，一个是苏古诺尔的盐池站，另一个是落克剋站；城南有普竹、狼心、即的、马兀木南子、山口五站。[②]这些驿站里备有马匹驼只，粮草钱钞，并且“各站只设提领百户一人”[③]，所以将驿站作为抢劫的对象不足为奇。但是对官府、驿站的盗窃、抢劫惩处比一般之盗窃、抢劫要重，“盗系官驼马牛者，比常盗加一等”，“诸盗局院官物，虽赃不满贯，仍加等”[④]。因此，如非迫于生计等，恐怕一般之居民不敢结成盗窃团伙对官府，驿站进行盗窃、抢劫。

不同于元代“婚田”诸案进行调解方式，政府在处理盗贼案时较为强硬，“有司归问”[⑤]，必要时动用武力。盗贼案的处理，捕盗的数量作为官员政绩的一部分，是官员考核的客观依据，这也就是官员在解决此类案件时通常较为积极的一个原因。对于捕获盗贼给与奖赏，“诸人告获强盗，每名官给赏钱至元钞五十贯，切盗二十五贯。亲获者，倍之。获强盗至五人，与一官”[⑥]。政府对于失盗处罚的严苛，也使得捕盗官员不敢松懈。如“中统五年八月初四日钦奉圣旨条画内一款节该，若有失盗，勒令当该弓手立定三限收捕（每限一月），如限内不获，其捕盗官，强盗停俸两月，盗窃一月外，弓手如一月不获强盗的决一十七下，窃盗七下，两月不获强盗再决二十七下，窃盗一十七下，三月不获者，强盗再决三十七下，窃盗二十七下，如限内获贼数及一半，全面本罪”[⑦]。到延祐四年，拟“捕盗官任内失过盗贼，除获别境准折外，如三限不获强盗三起，窃盗五起，各笞决一十七下；强盗五起，窃盗十起，各笞二十七下；强盗十起，窃盗一十五起，各决三十七下。当该镇守军官如与捕盗官一体捕限者同罪。亲民提控捕盗官减罪二等。其限内获贼及半者免罪”[⑧]。

盗贼案中首犯与从犯的区分也在黑水城文书中有所反映。如文书 TK231[⑨]中贼首阿立浑、从贼帖木儿、纠合也速答儿、杨耳班梅的等；文书 OR.8212/745 K.K.0231(c)[⑩]中，贼人阿黑怗亦立状招，首贼为哈果歹、从贼为别乞列迷失、亦速答立巴；文书 M1·0587[84H·F36:W4/0763][⑪]中首贼桑空。政府在处理此类案件时，首犯往往作为镇压的对象，而从犯作为误入歧途的犯罪，是可以挽救的。这与《元典章》的相关规定相符，“诸共盗者云云，止从其重论之”，“诸人切盗，例合钦依分别首从”[⑫]，“诸共盗者并赃论。仍以造意之人为首，随从者各减一等”[⑬]。从犯往往从轻处理，甚至是“不得财者免刺”[⑭]。政府通过赦免政策分化盗窃团伙中的首领与从犯，从而更为有效地处理此类案件。

严明律令是官府对案犯剿与抚的重要手段之一，如ДX.189992[⑮]中提到的“省谕各家排门粉壁大字书写所禁”。那么，官府在实际执法中，对窃贼、强盗的追捕、判决是如何运作的呢？

文书ДX.189992残存：“……旨里亦集乃路总管府照得本路置在极边人民……/……亦怜只实监

---

①《中国藏黑水城汉文文献》第4册，第959页。
② 李逸友：《黑城出土文书》（汉文文书卷），第30页。
③ 同上，第31页。
④《元史》卷一〇四《刑法三》，中华书局，1976年，第2658页。
⑤《元史》卷一〇二《刑法一》，第2620页。
⑥《元典章》卷四九《诸盗一·强窃盗·强切盗贼通例》，中国书店，1990年，第698页。
⑦《元典章》卷五一《诸盗三·失盗·失过盗贼责罚》，第734页。
⑧《元典章》卷五一《诸盗三·失盗·失盗的决不罚俸》，第737页。
⑨《俄藏黑水城文献》第4册，第242页。
⑩《斯坦因第三次中亚考古所获汉文文献》（非佛经部份）第1册，第218页。
⑪《中国藏黑水城汉文文献》第4册，第723页。
⑫《元典章》卷四九《诸盗一·强窃盗·盗贼各分首从》，第700页。
⑬《元典章》卷四九《诸盗一·强窃盗·强切盗贼通例》，第697页。
⑭《元典章》卷四九《诸盗一·免刺·从贼不得财者免刺》，第714页。
⑮《俄藏敦煌文献》第17册，第309页。

宁肃王统领各翼军马为民相参……/……外口时盗贼生发若不设发禁约深为未便为……/……下仰照验省谕各家排门粉壁大字书写所禁……/……綽敢有违犯之人捉拿呈府施行须至……/……处递发到配役贼徒并本路……警贼……”。

该文书内容为亦集乃路总管府防盗贼告谕，亦怜只实监宁肃王统领各翼军马参与抓捕盗贼，将省谕“排门粉壁”大字书写所禁等。亦怜只实监宁肃王统领各翼军马参与抓捕盗贼，一方面原因是盗贼案多发，官府捕盗官巡捕、弓手力量不足；另一方面，宁肃王在亦集乃路有镇遏之责，虽然无权自行处理地方事务，但是有义务协助亦集乃路总管府治理该路。

黑水城地区处理盗贼案的案例如下：

M1·0585[F1:W62]①：

至正四年三月　日于本管社长高久石处责/ 领到甘州路已断遆管徒役盗马贼人倒死②

M1·0589[F116:W288a]③：

……等公事除将盗马贼人娄朋布等……/……管押前去亦集乃路交割处理……/……奉此卑司除将已断盗马贼人娄朋……/……管押前赴 /……伏乞/……呈申者/……肆名/……　马忽鲁丁　　李狗儿　兀鲁儿不花/……伏/……廿日/……申

这两份文书内容分别为：至正四年三月，责领人在本管社长高久石处领到甘州路已断，发往亦集乃路徒役的盗马贼人；录事司将已断盗马贼人娄朋布等押送至亦集乃路交割处理的呈牒。这两份文书所反映出的信息如下：（1）两则文书均为在其他路发生的盗马案贼人发往亦集乃路徒役，其中一则发生在甘州；（2）盗贼案件由案件发生所在录事司断案，并派人押送徒役；（3）社长之职。元代徒役之罪犯，“皆先决讫，然后发遣合属，带镣居役。应配役人，随有金银铜铁洞冶屯田、堤岸、桥道一切等处就作，令人监视，日计工程，满日放还充警迹人”④。如此一来，文书中社长高久石应该是履行监视之职。

四　结语

通过对案件类型与发案时间等因素的分析，可知元代亦集乃路诸类案件中，以盗贼、财物、土地案件居多，且以顺帝至元、至正年间比重最大。这些案件的诱因很大程度上是由于黑水城地区物质的匮乏、经济发展落后与不均衡、自然环境恶化、吏治败坏以及战争频仍等因素所导致的该地区长期的社会动荡不安。对于盗窃、强窃等案的处理，亦集乃路总管府在区分首从、严明律令等方面上都有积极作为，案件由所在地录事司审理过后，派人押送徒役。与以往捕盗偏重巡捕弓手之职相比，亦集乃路由镇戍宗王统领诸军参与抓捕盗贼无疑是元代地方政府处理此类案件的特别之处。

（作者通讯地址：宁夏大学西夏学研究院　银川　750021）

①《中国藏黑水城汉文文献》第4册，第722页。

②“倒死”，李逸友《黑城出土文书》第150页录，但该份文书书写潦草，此二字疑误录。

③《中国藏黑水城汉文文献》第4册，第726页。

④《元史》卷一〇四《刑法三》，第2656—2657页。

西夏学 第10辑 2013年9月
Xixia Studies, Sep,2013,Vol.10

《文酒清话》若干问题辨析*

杨金山

摘　要：本文通过对《文酒清话》残卷内容进行考察，据“仪真”、“东平”、“郓州”等地名和《类说》对其征引情况推断出该书应成于宋徽宗宣和元年（1119）之后、绍兴六年（1136）之前。据《文酒清话》中陈大卿的故事所占比例较高且作者对其称谓颇为恭敬，推测作者可能与陈大卿存在一定关系；而该书又处处避讳“谓”字，说明该书作者的父祖辈名字之中可能有“谓”字。又据其书名中“新雕”二字和不回避圣讳“丘”等情况来看，《文酒清话》至少存在两个版本，且新雕本应刊于金明昌三年（1192）之前。另从《韵府群玉》和《六语》对《文酒清话》的收录情况来看，二者选录的内容均较多，且有前代书籍未曾收录者，可知大约在元、明时期，《文酒清话》可能还有残卷流传。此外，本文从《类说》、《韵府群玉》、《古今事文类聚》、《六语》等典籍中辑录了22条《文酒清话》佚文，并对其进行简要考辨。

关键词：黑水城文献　文酒清话　作者　创作时间　版本　辑佚

新雕本《文酒清话》收于《俄藏黑水城文献》第4册中的世俗文献部分，编号为TK228，共十一页（230—240）书影，“金刻本，蝴蝶装”[①]，残存卷五至卷九。又收入上海古籍出版社2002年出版的《续修四库全书》的子部“小说家”类第1272册第334—340页。该书在《宋史•艺文志》与晁公武《郡斋读书志》、尤袤《遂初堂书目》、陈振孙《直斋书录解题》等宋代书目中均无著录，而在更早的《类说》、《碧鸡漫志》及后来的《古今事文类聚》、《古今合璧事类备要》、明代的《六语》、《山堂肆考》等书中却多有征引。最早对该书进行整体介绍的是俄国孟列夫《黑城出土汉文遗书叙录》：“这本书是许多笑话性质的简短故事集。此刊本刻印于13世纪的金代，但根据书名‘新雕’二字来判断，这是更早的、可能是宋代刊本的重刻本。”[②]他还对新雕本《文酒清话》的内容和刊本残卷的情况进行了比较详细的描述，但也有一些纰漏。如关于卷八中的“《陈大卿》、《诮疾》”实则为一个题目，即《陈大卿诮疾》。又据其所列题目顺序及内容来看，残卷编次应从“五代吴献可，昭宗时为学士”[③]开始，而非从“丘源本非儒者”[④]开始。之后，李伟国先生在为《俄藏黑水城文献》所作的《前言》中道：“金刻本《新雕文酒清话》是一部有趣的宋人笔记，书目无载，而王灼的《碧鸡漫志》曾引述其文。

* **基金项目：**2008年度国家社会科学基金青年项目“宋、金汉文文献在西夏的传播和影响”，（08CZS003）。
① 魏灵芝：《〈俄藏黑水城文献〉汉文世俗部分叙录》，《图书馆理论与实践》2001年第3期，第58页。
② [俄]孟列夫：《黑城出土汉文遗书叙录》，宁夏人民出版社，1994年，第20页。
③《文酒清话》，《俄藏黑水城文献》(4)，上海古籍出版社，1996年，第238页。
④ 同上，第234页。

王灼绍兴中为幕官、所著书已引《文酒清话》，则《文酒清话》当刻于北宋时期。黑水城发现的《文酒清话》虽为残本，但王灼所引唐封舜臣索《麦秀两歧》曲事亦在其中，且较王灼引文为详。”①这也为我们提供了辑佚和考订的线索。

上　成书时间、作者、版本考辨

柴剑虹先生在《列宁格勒藏〈文酒清话〉残本考索》中指出“《文酒清话》的成书年代，决不会早于1052年”，“当不会晚于1136年”，“成书于1085年前后的可能性较大”，“《新雕文酒清话》，刊行时间应该是公元1189年之前，很可能是在公元1085至1180年这九十年之间”②。尤为可贵的是，该文指出南宋曾慥《类说》卷五五所收《大酒清话》中“‘大酒’二字语意不清，疑即‘文酒’之讹”③。柴先生对《文酒清话》的研究，给我们带来多方面的启示，然因当时研究对象信息不足，现在有必要对其进行进一步的研究。

新雕本《文酒清话》记载杜力文的故事中有这么一句话，“自仪真入维阳”。据《宋史》卷八八《地理志（四)》载：“政和七年，赐郡名曰仪真。”④据此，则政和七年（1117）以前无“仪真”之地名，那么《文酒清话》成书年代至少在1117年以后。又新雕本《文酒清话》“李成触忌”篇云：“李成，郓州人。”“李成”篇云：“李成，东平人。”据《宋史》卷二二《徽宗本纪》载：宣和元年（1119），“岚州黄河清，升……郓州为东平”⑤。故知郓州、东平其实是同一地方不同时期的名称。又《旧唐书》卷三八《地理志》云：“天宝元年改郓州为东平郡，乾元元年（758）复为郓州。”⑥以后直至北宋末年，“郓州”这个名称没有再变更过。新雕本《文酒清话》在提到李成籍贯时，用到“郓州”、“东平”两个名字，大约是因为地名刚更改不久，习惯上还称呼为“郓州”。故而可知，此书成书时间必定在宣和元年（1119）之后不久。至于《文酒清话》成书时间的下限，据柴剑虹先生考察，最先引用《文酒清话》的就是南宋初年学者曾慥的《类说》，该书成于绍兴六年（1136），因此，《文酒清话》成书时间至少在1136年之前。综上所言，《文酒清话》成书时间应当在1119年至1136年之间。

关于《文酒清话》的作者，各家征引时都没有注明，柴剑虹先生也没有涉及。今笔者不揣冒昧，拟据新雕本《文酒清话》内容及避讳字对该书作者的相关信息略作考索。

新雕本《文酒清话》残卷中可辨文意者共有50则，其中提到陈大卿的有6则，比例达12%；另收集的《文酒清话》共有22则，与陈亚（即陈大卿，其中一则称之为“陈亚大卿”，柴剑虹先生已加考证）有关的共4则，比例更高达18.18%；在合计72则的《文酒清话》中，与陈大卿（亚）有关的达到13.89%；且这些故事不见于《文酒清话》以前的典籍。陈大卿（亚）在《文酒清话》中出现的频率如此之高，固然因为他是“近世滑稽之雄也”⑦，恐怕也因为编者与他存在某种关系，可能就是其乡党，因而对其事迹多有耳闻。又，在新雕本《文酒清话》与陈亚有关的故事6则中，每则开始必称“陈大卿”，共6处（另有3处标题含“陈大卿”）；而称作“公”的共18处，其中16处是作者的叙述性称谓，另两处是故事中的人物对其称谓。享此待遇的另有“上官王公（忘其名)”，其故事仅仅

---

① 李伟国：《〈俄藏黑水城文献〉前言》，《俄藏黑水城文献》（1），上海古籍出版社，1996年，第3页。
② 柴剑虹：《列宁格勒藏〈文酒清话〉残本考索》，《北京师范大学学报》1985年第4期，第85页。
③ 同上，第80页。
④ [元]脱脱等《宋史》，中华书局，1977年，第2180—2181页。
⑤ 同上，第405页。
⑥ [后晋]刘昫等《旧唐书》，中华书局，1975年，第1442页。
⑦ [宋]吴处厚：《青箱杂记》卷一，中华书局，1985年，第5页。

一则，但因为作者忘记其名，故以“公”相称，达 9 次。再有一个就是寇莱公（寇准），与其有关的故事也是只有一则，对其以“公”相称达 6 次；另故事中人物对其以“公”相称 2 次。而其他人物（包括身为北都总管的呼延赞）都没有享受到如此尊崇，均被直呼其名。而笔者另外收集的《文酒清话》，除了在引用杨球《上陈亚大卿启》时，保留了“大卿”二字外，多以“陈亚”、“亚”相称，这大概是因为经过校对的版本对其作了修改，删除了带有感情色彩的称谓。因此，从称呼上来看，《文酒清话》作者的身份和社会地位应该比陈大卿低，故而对陈大卿很是尊敬。

另据笔者统计，在《新雕文酒清话》中，共有 17 处本当写作“谓”字的地方，均把“谓”写作“为”。如题为“哈勇”则中，“陶穀为贵曰：‘君□□□□子之名？’”其后一则（无题）中，“知府为双公曰：‘子不知其为人，何故妄荐举人？’”又如“言碁”则“公他日知某州，通判为公：‘某县簿能棋，然其人不甚熟事。’公遣人召之。簿至，公为簿曰：‘观君风彩，必不甚高，请用黑子。’”这几处“为”字都表示“对某人说”的意思，显然本应该用“谓”字，但却用作“为”，当是为了避讳。查《宋史》、《辽史》、《金史》及陈垣《史讳举例》中，宋、辽、金、西夏皇家均没有避讳“谓”字的，因此笔者认为，这应是作者私讳。经查，北宋时有两个人的名字中有“谓”字：丁谓（966—1037）和唐谓（生卒年不详）。丁谓，今苏州长洲人，宋真宗时任参知政事，见《宋史》卷二八三；唐谓，即熙宁初年参知政事唐介（1010—1069）的祖父，唐介是江陵（今荆州）人，见《宋史》卷三一六和《文忠集》卷二五。因此，《文酒清话》的作者有可能是丁谓或唐谓的后人。可惜的是，史书中并无陈大卿的传记，对其记录最详细的是吴处厚《青箱杂记》，于其交游则记录甚少，更不及其子孙。丁谓、唐谓及其二子一孙虽于史有传，但也无法将其和陈大卿之间建立什么联系。当然，这种私讳也有可能是刻工所为。

新雕本《文酒清话》在被《俄藏黑水城文献》和《续修四库全书》收录后，排版全同，均将其依次编排成十一页。然笔者经过仔细阅读比对，发现其中有两页实为一页。另，各页的排序存在有问题。本文认为，原缺右半版的第 3 页和缺左半版的第 9 页其实是同一页。《新雕文酒清话》的第 9 页最后一则标题是“哈诈”，内容为：

有孙、李二生同巷，多同□□□□□□□□□□□□□□□□□□□□□[1]

《新雕文酒清话》的第 3 页开始内容为：

□□□□□□□□□□□□□□□□□□□□□□□□□□□□□□□也，行行如是者□□□□□□□□□□□□□□□□□□□□□□来□□，乃引避。孙曰：“何避之有？”李曰□□□□□□□□□□□□□□认乞儿为亲也？”李曰：“好底被你都占了也！”闻者□□。[2]

这两页的故事主人公均为孙、李二人；而内容方面，第 9 页最后一则标题是“哈诈”，而第 3 页的内容，恰是嘲笑那种虚荣的自欺欺人者，所以两页的主旨和内容吻合；又据第 3 页中有“引避”、“何避之有”、“认乞儿为亲”、“好底都被你占了也”等词句，我们不妨将其与《笑林广记》卷一一“讥刺部”中的一则题为“引避”的笑话作对比：

---

① 《文酒清话》，《俄藏黑水城文献》（4），第 238 页。
② 同上，第 232 页。

有势利者，每出，逢冠盖，必引避。同行者问其故，答曰："舍亲。"如此屡屡，同行者厌之。偶逢一乞丐，亦效其引避，曰："舍亲。"问："为何有此令亲？"曰："但是好的，都被尔认去了。"①

不难看出，《新雕文酒清话》第3页的内容和《笑林广记》中的这则"引避"的内容，是完全一样的。只不过后则把"哈诈"的主旨，更换为"讥刺"，其讽刺的意味更为显露了，而后则的源头，正在《文酒清话》之中。

又，从第8页和第2页的旁证而言，也可证明第9页和第3页本属同一则故事，同一个版面。第8页末尾仅有一标题，为"陈大卿诮疾"。而第2页开端无标题，内容为：

陈太卿常患疥，有上官笑之。公曰："君□□□（本文按，疑为"勿笑此"）疾，此疾有德，在众疾之上。"上官询之曰："有何德也？"公曰："疥有五德可称。"上官曰："君试言之。"公曰："好皮肉上便生，是智也；见大官不拜，礼也；风雨先之，信也；不上人面，仁也；相传，义也。"上官大笑。公之谑笑皆此类也。②

第8页之标题与第2页之内容正相合，因此二者当首尾相续，第2页当在第8页后；而第2页末尾也是只有一个标题"愚盗"，其内容则在第10页上。第10页开端无标题，正文内容如下：

里巷有鄙人王方、王庆，方乃兄也，庆即弟也。居贫，无以为志，共议为小窃。穴壁而入取物，率以为常。一日，□□一贫家。时深冬，彼家男女极多，皆无衣共卧。庆摸之，其冷如冰铁。庆□兄曰："□□入古墓来也。"兄曰："何为也？"庆曰："满地上皆是石羊、石虎。"其家□□□□开门，方、庆乃□□。③

第2页之标题与第10页之正文内容也正相符合，因此第10页应接于第2页之后。另外一个更有力的证据还是来源于孟列夫《黑城出土汉文遗书叙录》对新雕本《文酒清话》残本内容的说明。在这段说明中，孟列夫依次列出了每个故事的题目（详见绪论），其排列顺序正与笔者推断相符合。如此，第2页应与第9页调换位置，且第9页当与第3页合为一页，这样，新雕本《文酒清话》就只有十版残卷。

柴剑虹先生支持孟列夫关于新雕本《文酒清话》是金刻本的观点，但二人均未说明理由，且柴先生推测新雕本《文酒清话》的刊行时间应该是公元1189年之前，很可能是在公元1085至1180年这九十年之间。笔者认为，孟列夫和柴先生认为新雕本《文酒清话》属金刻本有一定道理，或许正是因为该书刊刻于北方的金国，所以辗转传播到了位处边陲的西夏，而宋朝的文人学者们对其知之甚少，故在宋代的公私书目中都未著录，也很少有文人学者对其加以征引。其次，新雕本《文酒清话》在避圣讳方面也不是很讲究，书中出现了"丘源"、"丘羽"字样。而宋代是要避圣讳的，官方为了避孔子讳，曾经在"大观四年（1110），以瑕丘县为瑕县，以龚丘县为龚县"④，《类说》、《古今事文类聚》

① [清]游戏主人：《笑林广记》，齐鲁书社，1996年，第212页。
② 《文酒清话》，《俄藏黑水城文献》（4），第231页。
③ 同上，第239页。
④ 陈垣：《史讳举例》，上海书店，1997年，第23页。

中的“丘源”都变成了“李源”。这似乎也在说明新雕本《文酒清话》是金刻本。至于其刊刻时间，显然不应早于其成书时间，故而至少在1119年之后。又据《金史》记载，金章宗在明昌三年（1192）年发布诏书，命令回避周公、孔子的名讳，而新雕本《文酒清话》对“丘”字并不避讳，可推知该书应刊刻于1192年之前。

综上，新雕本《文酒清话》与南宋以降诸家征引的《文酒清话》应该是同一部书的两个不同的版本。其一是因为，俄藏残卷题目中有“新雕”二字，而诸家征引者均没有“新雕”二字。虽然“新雕”二字只是表明该书是新雕刻的，但从俄藏残卷来看，“新雕”二字与“文酒清话”四字字体相同，且并无大小之分。若诸家征引者所引版本原有“新调”二字，则一般应该不会遗漏之，故诸家征引者所见的本子本来就没有“新雕”二字。其二，相同的内容，在为诸家征引《文酒清话》时，在文字上却与新雕本《文酒清话》存在些许差异。如《类说》所引“贺四厢太保启”主人公为李源，《古今事文类聚》等征引时也作李源，而新雕本《文酒清话》中却写作丘源。又如诸家征引的《文酒清话》均称双渐为“孟州签判”，而新雕本《文酒清话》则称双渐为“河阳签判”。查《旧唐书•地理志》：“孟州，上，本河南府之河阳县”，“（会昌三年）其河阳望升为孟州，仍为望，河阳等五县改为望”。[①]又新、旧《五代史》及《宋史》载，自会昌三年置孟州后，建制一直没有变更过，一直到宋徽宗政和二年（1112）方才“改济源郡”[②]。这说明双渐担任的本是孟州签判，因州治在河阳县，作者将其误为河阳签判。后人征引时经校对，始改为孟州签判。故仅从“新雕”二字来判断，《文酒清话》至少应该出现了两个版本。再根据南宋、元、明诸家所引的《文酒清话》讹误较少的情况来看，明显是经过校对的，倘若诸家在收录时并没有自行对《文酒清话》加以校对，而是照录原书，那么《文酒清话》就可能有三个版本。

在笔者所收录的22条《文酒清话》中，不在《类说》所收诸条内且晚出者，共有3则，即“周默做东”、“评范希文诗”、“许洞嘲林和靖”。“周默做东”首见于元人阴劲弦《韵府群玉》，次见于明人单宇《菊坡丛话》、冯梦龙《古今谭概》，又见于清人褚人获《坚瓠集》、杜文澜《古谣谚》。“评范希文诗”首见于南宋祝穆《古今事文类聚》，次见于宋人蔡正孙《诗林广记》。“许洞嘲林和靖”见于明代郭子章《六语》，注出处为《文酒清话》；又见于《古今诗文类聚》和《诗林广记》，但均言出自《古今诗话》，大约是《古今诗话》曾收录《文酒清话》。其中，《韵府群玉》和《六语》收录《文酒清话》类容较多，前者收录4则，后者达6则。因此，可能元、明之际，《文酒清话》还有存本流传。据《六语•〈谚语〉序》中所说，该书是“万历戊申（1608）冬十月十日泰和郭子章撰”[③]，则最迟在明末1608年前后，郭子章在撰写《六语》时，还见到了收录较多《文酒清话》内容的书，甚有可能就是《文酒清话》。

下 辑佚和考辨

俄藏新雕本《文酒清话》残卷的内容，涉及东魏、唐、五代、北宋诸多人物的逸闻趣事及谐谑诗，其中有一些内容直接见于前代典籍，如封舜臣（卿）执杯索《麦秀两歧》事，见于《太平广记》卷二五七；“魏人钻火”故事、高敖曹所作滑稽诗均见于《太平广记》卷二五八。也有一些内容见于前代典籍，收录时仅改易人物姓名而已，如该书中白行简戏谑崔云娘之诗，《云溪友议》、《太平广记》等书均言是李宣古所作；又有吴献可“上水船”故事，《唐摭言》、《绀珠集》、《类说》等皆记载为裴廷

① [后晋]刘昫：《旧唐书》卷三八《地理志一》，第1425页。
② [元]脱脱等《宋史》卷八五《地理志一》，第2116页。
③ [明]郭子章：《六语•〈谚语〉序》，北京图书馆古籍珍本丛刊65，书目文献出版社，1996年，第1页 。

裕“上水舩”故事。当然，该书中收录的内容，也有一些为后来典籍征引的，如封舜臣（卿）索《麦秀两歧》为王灼《碧鸡漫志》引用，丘（李）源作贺启诨词为祝穆《古今事文类聚》引用。其他如南宋曾慥《类说》、祝穆《事文类聚》、元人阴劲弦《韵府群玉》、明人郭子章《六语》也对其多有征引。从这些书中笔者共辑得《文酒清话》佚文 22 则，与新雕本《文酒清话》中 50 则一起，合计共得 72 则。兹将笔者所辑得《文酒清话》22 则一一列举辩证之：

1. 惠花酒诗

张齐贤丞相《答西京留守惠花酒诗》曰：“有花无酒头慵举，有酒无花眼倦开。好是西园无事日，洛阳花酒一齐来。”[①]

张齐贤是北宋初著名政治家，宋真宗时曾为相，后以司空致仕，《宋史》卷二六五有传。此诗最早见于北宋末年李献民《云斋广录》（据其自序，成书于 1111 年）卷二《诗话录》，[②]另外宋代《诗话总龟》（成书于 1123 年）卷二六、[③]《类说》（成书于 1136 年）卷二和卷一八、[④]《孔氏谈苑》（成书时间不详）卷四、[⑤]元明之际《说郛》卷二九、[⑥]明代《何氏语林》卷一一、[⑦]清代《宋稗类钞》卷四、[⑧]《宋诗纪事》卷四、[⑨]《御定骈字类编》卷一一六和卷二〇三[⑩]亦皆载此诗，但均言此诗是陈尧佐判郑州时为答谢判西京（今洛阳）的张士逊赠送花、酒之情而作，后两句都作“正向西园念萧索，洛阳花酒一时来”。《类说》卷二、《孔氏谈苑》卷三、《何氏语林》卷一一、《宋稗类钞》卷四等“倦”字均作“懒”。其中，《类说》卷一八、《说郛》卷二九注明出自《云斋广录》，《诗话总龟》注明出自《寒斋广录》，应该是字误。又考查《宋史》，张士逊晚于张齐贤二十余年，景佑五年陈尧佐判郑州，此时张士逊以尚书左仆射的身份判河南府（即今洛阳一带），[⑪]《大（文）酒清话》作张齐贤诗，应当有误。

2. 窃诗

魏周辅有诗上陈亚，犯古人一联。亚不为礼，周辅复上一绝，曰：“无所用心惟饱食，争如窗下作新词。文章大抵多相犯，刚被人言爱窃诗。”亚次韵，曰：“昔贤自是堪加罪，非敢言君爱窃诗。叵耐古人多意智，预先偷子一联诗。”

此则后又出于《古今事文类聚》“别集”卷六、[⑫]《山堂肆考》卷一二七、[⑬]《六语•讥语》卷二。前两者注明出自《文酒清话》，后者注明出自《文酒诗话》。前者题为“作诗讥剽窃”，中者题为“犯人诗联”，后者无题。文内容大体相同，用字稍有差异，如诸家均言“复上一绝句”，第二处“窃诗”均

① [宋]曾慥：《类说》卷五五，文学古籍刊行社，1955 年，第 3653—3654 页。按，本文后第 2 则至第 19 则均出自此处第 3654—3666 页，不再出注。
② [宋]李献民：《云斋广录》，中华书局，1997 年，第 8—9 页。
③ [宋]阮阅：《诗话总龟》，人民文学出版社，1987 年，第 276 页 。
④ [宋]曾慥：《类说》卷五五，第 163、1278 页。
⑤ [宋]孔平仲：《孔氏谈苑》，中华书局，1985 年，第 43 页 。
⑥ [明]陶宗仪：《说郛》，台湾商务印书馆，1986 年影印文渊阁《四库全书》本，第 600 页 。
⑦ [明]何良俊：《何氏语林》，天津教育出版社，2008 年，第 363 页。
⑧ [清]潘永因：《宋稗类钞》，书目文献出版社，1985 年，第 282 页 。
⑨ [清]厉鹗：《宋诗纪事》，上海古籍出版社，1983 出版，第 104 页。
⑩ [清]张廷玉：《骈字类编》，台湾商务印书馆，1986 年影印文渊阁《四库全书》本，第 123 页、158 页。
⑪ [元]脱脱等《宋史》，第 9104、9583、9714、10217 页。
⑫ [宋]祝穆：《古今事文类聚》，日本中文出版社，1989 年，第 1570 页 。
⑬ [明]彭大翼：《山堂肆考》，台湾商务印书馆，1986 年影印文渊阁《四库全书》本，第 492 页 。

作“窃词”，《山堂肆考》又把“非敢”作“谁敢”，“大抵”作“自古”。《韵府群玉》卷一〇仅引用最后两句诗，也注明出自《文酒清话》，但误作“叵耐古人多意智，预先偷我一联诗”[①]，可能是因为将“子”误认为“予”，进而误作“我”。《佩文韵府》卷二六也引了最后两句诗，但注明出自《玉壶清话》，[②]今查《玉壶清话》无此诗文。魏周辅，其人不可考。

3. 陈亚及第

陈亚幼孤，育于舅家。舅为医工，人呼作“衙推”。亚登第，皆贺其舅，有诗云：“张公吃酒李公醉，自古人言信有之。陈亚今年新及第，满城人贺李衙推。”

“衙推”是宋人对从事医卜星相之人的称呼。据唐代张鷟《朝野佥载》记载，“张公吃酒李公醉”是武则天时候的谣谚，张公指的是张易之、张昌宗兄弟，李公指的是皇室。[③]此诗末两句后见于陆游《老学庵笔记》卷二，但没注明出自何处。[④]后《艺林汇考》“称号篇”卷七、[⑤]《南宋杂事诗》卷四、[⑥]《御定子史精华》卷一〇六[⑦]都征引过末两句，并注出处为《老学庵笔记》，无言及《文酒清话》或《类说》者。

4. 平似秤，明似镜

双渐为孟州佥判，同僚或称其县长官：“平似秤，明似镜。”渐曰：“却被押司走上厅，打破镜，踏折秤。”

双渐，据周必大《文忠集》卷一八三提及其熙宁年间曾任吉州通判。[⑧]又据《大明一统志》卷一四记载，双渐为庐江人，庆历年间进士，博学能文。[⑨]此文又见于《韵府群玉》卷一六[⑩]和《御定佩文韵府》卷八三和卷八四，[⑪]前者注明出自《文酒清话》，后者卷八三注明出自《文酒清话》，卷八四注明出自《文酒诗话》，但均将“双渐”写作“桑渐”，大概是因为“双”、“桑”二字音近而误。又新雕本《文酒清话》卷六也录有双渐一则故事，但说其为“河阳佥判”，误。

5. 孙山得解

孙山末缀得解，有同试者托山探得失。山曰：“解名尽处是孙山，君名更在孙山外。”山后以恩榜成名，作诗云：“盘古榜中同进士，伏羲手里探花郎。”又云：“幸赖圣恩收拾了，这回含笑入黄泉。”

---

① [元]阴劲弦、阴复春：《韵府群玉》，台湾商务印书馆，1986年影印文渊阁《四库全书》本，第385页 。
② [清]张玉书：《佩文韵府》，上海古籍书店，1983年，第1373页 。
③ [唐]张鷟：《朝野佥载》，中华书局，1985年，第8页。
④ [宋]陆游：《老学庵笔记》，中华书局，1979年，第25页。
⑤ [清]沈自南：《艺林汇考》，中华书局，1988年，第307页。
⑥ [清]厉鹗等《南宋杂事诗》，浙江古籍出版社，1987年，第162页。
⑦ [清]《御定子史精华》，台湾商务印书馆，1986年影印文渊阁《四库全书》本，第161页 。
⑧ [宋]周必大：《文忠集》，台湾商务印书馆，1986年影印文渊阁《四库全书》本，第65页。
⑨ [清]穆彰阿、潘锡恩：《大明一统志》，台联国风出版社，1977年，第960页。
⑩ [元]阴劲弦、阴复春：《韵府群玉》，第630页。
⑪ [清]张玉书：《佩文韵府》，第3276、3312页。

孙山，其人生平事迹不详，范公偁《过庭录》曾提及孙山是吴地人，是一名性格滑稽的才子。[①]又新雕本《文酒清话》卷七载有“孙山三事”，不见于其他典籍，全文如下：

孙山，赋性轻佻，尤好侮人，人亦已此薄□□□□□益甚谐谑，常讥一同人，其人为山曰：“如子者，不□杀亦当饿杀。”□□□不容易□下里，猜得着我。坐客皆笑。

孙山既释褐，归光州，士大夫朋友日夕已酒交欢于山。后山因酒卧病，久则缠绵不解，垂将不起。子弟不忍其疾苦，乃召僧数人为十念。山闻磬声，乃询曰：“何为□？”“□□僧将欲消罪戾。”山云：“请过僧来，我欲见之。”僧揖之。山曰：“转经乎？念佛乎？”僧曰：“众僧十念。”山云：“念山家贫，且告五念。”山次日乃死。山赋性恢谐，垂死尚如此。

山妻父王正甫，方正有守，常不喜山。从是，山亦相见希□□□□□□误正甫颜色。由是，山经岁不往见正甫，正甫亦不欲见山也。他□□□病八日，不得□，山不往候之。家人闻，皆责山曰：“何憾而如此？况是至亲！□□□名也。”山不已，往见。既入门，问正甫，曰：“丈人惺惺么？”正甫答曰：“不至昏乱。”□□□□（左“忄”右“罗”）么？正甫乃转面向壁，从此又不相见。[②]

据此可知，孙山为光州人（河南潢川），岳父是王正甫。王正甫即王谠，北宋末人，生卒年不详。长安人，武宁军节度使王全斌第五代孙，祖父凯为武胜军节度观察留后，父彭为凤翔府都监，岳父为宰相吕大防。曾学于苏轼，元佑四年（1089）任国子监丞，官至少府监丞，著有《唐语林》八卷，亦笔记小说。宋徽宗崇宁、大观（1102—1110）年间有活动。关于“名落孙山”的典故，除了《过庭录》之外，《古今事文类聚》“前集”卷二七、[③]《记纂渊海》卷三七、[④]《古今合璧事类备要》“前集”卷三八、[⑤]元代《韵府群玉》卷一四、[⑥]明代《说郛》卷一四[⑦]、《山堂肆考》卷八五、[⑧]清代《宋稗类钞》卷二、[⑨]《御定子史精华》卷一三二、[⑩]《佩文韵府》卷六八和卷九六、[⑪]《御定分类字锦》卷三六、[⑫]《御定渊鉴类函》卷一三八[⑬]等均有记载，根据向孙山打听信息的人的不同身份，“君名更在孙山外”又作“贤郎更在孙山外”、[⑭]“余人更在孙上外”、“吾兄更在孙山外”。[⑮]据《山堂肆考》卷八五、《御定分类字锦》卷三六、《御定佩文韵府》卷六八等记载，“名落孙山”的典故出自北宋崇观年间（1102—1110）成书的《遁斋闲览》，可惜此书已佚；《说郛》卷一四、《御定子史精华》卷一三二、《御定佩文韵府》卷九六则注明其出自《过庭录》。只有《韵府群玉》卷一四注明出自《文酒清话》。

---

①⑭［宋］范公偁：《过庭录》，中华书局，1985 年，第 20 页 。
②《文酒清话》，《俄藏黑水城文献》（4），第 236—237 页。
③［宋］祝穆：《古今事文类聚》，第 311 页。
④［宋］潘自牧：《记纂渊海》，台湾商务印书馆，1986 年影印文渊阁《四库全书》本，第 43 页。
⑤［宋］谢维新：《古今合璧事类备要》，台湾商务印书馆，1986 年影印文渊阁《四库全书》本，第 312 页 。
⑥［元］阴劲弦、阴复春：《韵府群玉》，第 546 页。
⑦［明］陶宗仪：《说郛》，第 737 页。
⑧［明］彭大翼：《山堂肆考》，第 609 页。
⑨［清］潘永因：《宋稗类钞》，第 129 页。
⑩［清］《御定子史精华》，第 371 页。
⑪［清］张玉书：《佩文韵府》，第 2792、3709 页。
⑫［清］何焯、陈鹏年等《御定分类字锦》，台湾商务印书馆，1986 年影印文渊阁《四库全书》本，第 632 页。
⑬［清］张英、王士禛等《御定渊鉴类函》，台湾商务印书馆，1986 年影印文渊阁《四库全书》本，第 691 页。
⑮［宋］祝穆：《古今事文类聚》，第 311 页。

又欧阳修《踏莎行》有“平芜尽处是青山，行人更在青山外”[①]之语，窃疑“解名尽处是孙山，君名更在孙山外”应该与其甚有渊源。又据《四川通志》卷八记载，明代四川省顺庆府的李竹有“草幅偏能中李竹，藻文何自落孙山”之句。[②]

“盘古榜中同进士，伏羲手里探花郎”又见《山堂肆考》卷八五。[③]“幸赖圣恩收拾了，这回含笑入黄泉”不见于其他典籍。

6. 讲《易》

咸平邑大夫召黄州先生讲《易》。至《睽卦》，至“上九见豕负涂，载鬼一车”，曰：“阴下有载上之义。鬼，即积阴也。”孙山曰：“载鬼一车，乃阎罗大王般家小也。”一日说《噬嗑卦》，至“雷电合而章”，先生曰：“先一个电，后一声雷，所以相合。”山曰：“某且归。”先生问：“何为？”山曰：“恶天色也。”一日讲《论语》：“季氏旅泰山，为五岳之尊。”山曰：“泰山既为五岳之尊，灶王会是一家之主。”

此则仅见于《类说》卷五五，未被其他典籍收录征引。黄州先生即王禹偁，因为遭人谗谤，于咸平二年（999）贬至黄州，世称王黄州，著有《小畜集》等。小畜亦是卦名。

7. 嘲任毂诗

任毂遁名伊洛山水，望蒲轮而不至，潜至京师访问知友。有朝士嘲曰：“云林应讶鹤书迟，日入京来探事宜。从此见山须合眼，被山相赚已多时。”

任毂，唐代人，生平事迹不详。其隐居伊洛的目的显然与卢藏用是一样的，是想通过“终南捷径”踏入仕途，然而却事与愿违，招致嘲讽。北宋初《太平广记》卷二五七、[④]北宋末阮阅《诗话总龟》卷三八、[⑤]南宋杨伯嵒《六帖补》卷一八、[⑥]明代陈耀文《天中记》卷四〇、[⑦]彭大翼《山堂肆考》卷一一九，[⑧]清代《御定佩文韵府》卷八九[⑨]都收录此诗，除《山堂肆考》未注出处，其余都注明出自《幽闲鼓吹》，则《幽闲鼓吹》或为《文酒清话》所本，然查考今本《幽闲鼓吹》[⑩]却无此条。各本内容大体相同，只是“日入”二字，《山堂肆考》写作“身到”，《太平广记》、《六帖补》、《天中记》、《御定佩文韵府》均写作“自入”，可知《大（文）酒清话》中“日”原应作“自”，系形近而误。又《六帖补》中“探”作“访”，《山堂肆考》中“云林”写作“云间”。

8. 教坊进口号

唐昭宗时，事势为朱全忠所持。一日开宴，教坊伶人观榜曰：“赖是五百年间生一个，若是一年生一个，教朝廷怎生奈何。”

---

①③ [明]彭大翼：《山堂肆考》，第609页。
② [清]黄廷桂等《四川通志》，台湾商务印书馆，1986年影印文渊阁《四库全书》本，第368页。
④ [宋]李昉等《太平广记》，中华书局，1961年，第2000页。
⑤ [宋]阮阅：《诗话总龟》，第371页。
⑥ [宋]杨伯嵒：《六帖补》，台湾商务印书馆，1986年影印文渊阁《四库全书》本，第826页。
⑦ [明]陈耀文：《天中记》，广陵书社，2007年，第1306页。
⑧ [明]彭大翼：《山堂肆考》，第360页。
⑨ [清]张玉书：《佩文韵府》，第503页。
⑩ [唐]张固：《幽闲鼓吹》，中华书局，1958年。

朱全忠，又名朱温，本是黄巢部下，投降唐朝后，赐名“全忠”，后逐渐把持朝政，唐昭宗成为傀儡皇帝。907年自立为帝，改名朱晃。此则故事只见于《类说》卷五五，未为其他典籍收录征引。

9.《羊》、《雪》二诗

书生王勉吟《羊》诗，云：“头上两条皂角，颏下一撮髭须。不知是何方圣者，髀髎里行撒数珠。”又作《雪》诗，云：“上天烧下豆秸灰，乌李须教做白梅。道士变成银鹘箓，师姑化作玉茶槌。”

王勉其人今不可考。此两首诗后又全收录于《古今事文类聚》“别集”卷二〇、[①]《六语·讔语》卷二，[②]“颏下”均写作“项下”，“髀髎”均写作“骨臀”，均注明出自《文酒清话》。另赵次公、施元之等于苏轼《岐亭道上见梅花戏赠季常》中“江云欲落豆秸灰”多引王勉“上天烧下豆秸灰”为注，均言出自《文酒清话》。[③]

10. 皮、归相嘲

皮日休谒归仁绍，托故不出。日休假其姓为诗，嘲曰：“硬骨顽形知几秋，臭骸知是不风流。及至死后钻令遍，只为当初不出头。”仁绍复嘲曰：“几片尖裁砌作球，火中炼了水中揉。一包闲气知常在，惹踢招拳卒未休。”

皮日休，晚唐文学家，湖北天门人，诗文多有反映人民疾苦之作，与陆龟蒙齐名，世称“皮陆”。他曾经以“间气布衣”自号，陆龟蒙说他是“一包闲气”，显然是故意将“间”字写作“闲”字。归仁绍，今江苏吴县人，唐懿宗咸通十年（869）得中状元，后历任侍御史、礼部侍郎、祠部郎中、度支郎中等职，其余事迹不详。这则故事首见于《太平广记》卷二五七，注明出自《皮日休文集》，内容大体相同，只文字略有差异，其所载二诗如下：“硬骨残形知几秋，尸骸终不是风流。顽皮死后钻须遍，都为平生不出头。”“八片尖裁浪作球，火中爆了水中揉。一包闲气如常在，惹踢招拳卒未休。”[④]后《全唐诗话》卷五、[⑤]《古今谭概》卷二四、[⑥]《山堂肆考》卷一一九[⑦]等亦收录了这则故事，但均未注出处。

11. 腊月养蚕

河北一主簿见邑宰，曰：“有一大利便事，百姓五月收麦、养蚕，一并劳苦，欲令腊月中养蚕。”宰曰：“是则是矣，但恐腊月无桑。”簿曰：“伏惟安置。”

这则故事仅见于《类说》卷五五，不见于其他典籍。

① [宋]祝穆：《古今事文类聚》，第1732页。
② [明]郭子章：《六语》，第115页。
③ [宋]王十朋：《东坡诗集注》，台湾商务印书馆，1986年影印文渊阁《四库全书》本，第483页。
④ [宋]李昉等《太平广记》，第1999—2000页。
⑤ [宋]尤袤：《全唐诗话》，中华书局，1985年，第101页。
⑥ [明]冯梦龙：《古今谭概》，中华书局，2007年，第301—302页 。
⑦ [明]彭大翼：《山堂肆考》，第353页。

12. 陈亚诗

有僧岁旱市中求雨，陈亚作《药名诗》赠，云："无雨若还经半夏，和师变作葫芦巴。"寿州有娼魁肥，亚问："是何处人？"曰："本是淝上人。"亚笑曰："我唤作是淝下人。"亚自为名赞，云："有口如哑，无心作恶。中心本无一物，外面多许棱角。"有仆黄兴，外厨煮料，置猪蹄其中，小婢如僧窃食之。兴讼于公，公曰："正合占诗云：'如僧清早厨边过，偷却黄兴料里蹄。'"

据《宋史•艺文志》记载，陈亚曾有《药名诗》一卷。其中《诗话总龟》卷三八、[①]《青箱杂记》卷一、[②]《宋稗类钞》卷二五[③]等均记"无雨若还过半夏，和师晒作葫芦巴"。"淝下人"和"小婢窃蹄"不见于其他典籍。南宋沈作喆《寓简》卷一〇、[④]胡仔《苕溪渔隐丛话》"前集"卷五五、[⑤]祝穆《古今事文类聚》"别集"卷二〇、[⑥]冯梦龙《古今谭概》卷二八[⑦]均记载蔡襄与陈亚相戏，蔡襄说："陈亚有心终是恶。"陈亚立即回应："蔡襄无口便成衰。"但以上诸家均没有言及出自《文酒清话》。

13. 假蝗虫

贾黄中为相，卢多逊作参。一日，附畿有虫蝻，卢曰："其间所有，乃假蝗虫。"贾曰："亦闻不伤稼，但芦多损耳。"

贾黄中，北宋初人，幼时就聪慧异常，每天早晨，父亲让他立正读书，称为"等身书"，还命令他等到事业有成时才准吃肉。官至参知政事，五十六岁因病去世。其为人处事谨慎有余，而明断不足，宋太宗曾经告诫他："夫小心翼翼，君臣皆当然，若太过，则失大臣之体。"[⑧]卢多逊，也是宋初人，广涉经史，博闻强识，文辞敏捷，然性格颇为狡黠，后因为卷入秦王赵廷美结党营私案，发配崖州。此则故事中，二人分别以对方姓名为戏，"贾黄中"与"假蝗虫"音近，"卢多逊"与"卢多损"音近，足见二人机智异常。南宋谢维新《古今合璧事类备要》"续集"卷三九引此文注明出自《文酒诗话》，[⑨]祝穆《古今事文类聚》"别集"卷二〇、[⑩]明代郭子章《六语•谐语》卷五、[⑪]彭大翼《山堂肆考》卷一二〇[⑫]引此文注明出自《文酒清话》，另有冯梦龙《古今谭概》卷二八[⑬]也征引此文，但未注明出处。除《古今谭概》别用一词"京中"外，其余各书均将"附畿"写作"府畿"，《类说》作"附"大概是因音近而误；又《山堂肆考》将文中"假蝗虫"写作"贾蝗虫"。

14. 宣水

---

① [宋]阮阅：《诗话总龟》，第 383 页。
② [宋]吴处厚：《青箱杂记》，第 5 页。
③ [清]潘永因：《宋稗类钞》，第 542 页。
④ [宋]沈作喆：《寓简》，中华书局，1985 年出版，第 80 页。
⑤ [宋]胡仔：《苕溪渔隐丛话》，人民文学出版社，1962 年，第 379 页。
⑥ [宋]祝穆：《古今事文类聚》，第 1731 页。
⑦ [明]冯梦龙：《古今谭概》，第 357 页。
⑧ [元]脱脱等《宋史》卷二六五，第 9162 页。
⑨ [宋]谢维新：《古今合璧事类备要》，第 620 页。
⑩ [宋]祝穆：《古今事文类聚》，第 1725 页。
⑪ [明]郭子章：《六语》，第 224 页。
⑫ [明]彭大翼：《山堂肆考》，第 369 页。
⑬ [明]冯梦龙：《古今谭概》，第 357—358 页。

石参政在中书堂，一相曰："取宣水来。"石曰："何也？"曰："宣徽院水甘冷。"石公曰："若司农寺水，当呼为农水也。"

石参政，即北宋初的石中立，字表臣，河南洛阳人，十三岁时父亲石熙载就去世了，他以父荫补西头供奉官，历任光禄寺丞、尚书礼部侍郎、户部郎中等职，宋仁宗景佑四年任参知政事。他生性诙谐幽默，司马光《涑水记闻》、文莹《湘山野录》、陶宗仪《说郛》等就记载了很多他的诙谐言语，但也因此为人攻击"中立在位，喜诙笑，非大臣体"[①]而遭罢免。这则故事中，石中立把司农寺的水简称为"农水"，"农水"又与"脓水"同音，从而逗乐一班同僚。旧题北宋孔平仲撰《谈苑》卷二也记载了这则笑话，[②]文字大体相同，但未说明出处。

15. 乱写试卷

孔登，非儒者，治平中来京师应举，耻曳白，乃乱写试卷上，云："三日雷声，五日电光，十日雨下。太山不厌微尘，大海不论杓子。杳时人好取奉，我也好随顺。屋上好喂马，屎尿两边流。幡竿头上好开典库，答曰高燥莫下来不得，却待咨闻。"又写："伊州一本。"后云："此去及第十万八千里。"又曰："我道者事，做也，买取一两草鞋长行。"试院出榜召捕，登窜归。

此则仅见于《类说》卷五五，其他典籍未收录。孔登，其人不可考。"治平"，北宋英宗年号，共计四年（1064—1067）。"曳白"，指试卷上一字未写，交白卷，典出《旧唐书》卷一一三："玄宗大集登科人，御花萼楼亲试，登第者十无一二，而奭手持试纸，竟日不下一字，时谓之'曳白'。"[③]

16. 孔门上哲

杨球《上陈亚大卿启》云："伏惟某官，诗礼名家，孔门上哲。"公戏答诗曰："蒙君遗长笺，语意如何说。请看身上衣，裩中本无蝎。"又《嗤人面黑诗》曰："笑似乌梅裂，啼如豉汁流。眉间粘帖子，已上是幞头。"

杨球，事迹不详，据《宋史》卷四七二记载，蔡京为相时，有中人（宦官）杨球代宋徽宗写手诏，号为"书杨"[④]，不知二者是否为同一人。据此"上陈亚大卿启"及阮阅《诗话总龟》卷一二"陈亚大卿，士大夫徒传其谐谑之语，不知其作诗甚佳"[⑤]，可知陈亚、陈大卿是同一个人。据晁公武《郡斋读书志》卷四记载，陈亚，字亚之，官至司封郎中，有《陈亚之集》一卷；[⑥]据陈振孙《直斋书录解题》卷二〇载，陈亚为咸平五年（1002）进士，官至司封郎中，有集三卷；[⑦]而据吴处厚《青箱杂记》卷一记载，陈亚是扬州人，性格宽厚而滑稽，没有威仪，下属都不畏惧他，官至太常少卿，七十岁去世，有《澄源集》。[⑧]本则故事中"孔门上哲"云云，不见于其他典籍。而《嗤人面黑诗》则为《古今

---

① [元]脱脱等《宋史》卷二六三，第9104页。
② [宋]孔平仲：《孔氏谈苑》，第23页。
③ [后晋]刘昫等《旧唐书》，第3350页。
④ [元]脱脱等《宋史》卷四七二，第13726页。
⑤ [宋]阮阅：《诗话总龟》卷一二，第137页。
⑥ [宋]晁公武：《郡斋读书志》，上海古籍出版社，1990年，第1038页。
⑦ [宋]陈振孙：《直斋书录解题》，上海古籍出版社，1987年，第590页。
⑧ [宋]吴处厚：《青箱杂记》，第5—6页。

事文类聚》“别集”卷二〇、[①]《六语•谐语》卷六、[②]《韵府群玉》卷二〇[③]等收录，“豉汁”均作“豆汁”。其中《古今事文类聚》注明出自《文酒清话》，《六语》注明出自《文酒诗话》，《韵府群玉》不注出处。

17. 对属

有郡丞席上作对属，云：“时热不须汤盏汤。”一妓对曰：“厅凉无用扇车扇。”

“对属”即对偶、对联。本条后来明代人冯梦龙《古今谭概》卷二九、[④]梅鼎祚《青泥莲花记》卷一二[⑤]皆有收录，二者均注明出自《文酒清话》，且“时热”均作“酒热”。

18. 末厥

欧公《归田录》云：“尖檐帽子卑凡厮，短靿靴儿末厥兵。”公云：“不知‘末厥’何谓也？尝见老儒云‘尖檐帽子跷蹊攧，浅面麻鞋列缺茶’，说故两存之。”

今查，此文在欧阳修《六一诗话》，[⑥]而不在《归田录》。关于“末厥”一词究竟为何意，自欧阳修后，主要有两种意见。一种以北宋刘攽《中山诗话》为代表，“今人呼秃尾狗为厥尾，衣之短后者亦曰厥。故欧公记陶尚书诗语‘末厥兵’，则此兵正谓末贼尔”[⑦]——彭向前先生指出“末贼”当为“末贱”，认为“末厥”就是身份低微的意思，与“卑凡”相近。另一种观点以元代李治《敬斋古今注》卷八为代表，“大抵‘末厥’者，犹今俚语俗言‘木厥’云耳。木厥者，木强刁厥之谓”[⑧]，即认为是倔强凶悍的意思。两相比较，前者似更有理。

19. 二书生赋诗

河朔书生与洛阳书生同饮赋诗，河朔生曰：“昔年曾向洛阳东，年年只是看花红。今年不见花枝面，花在旧时红处红。”河朔生曰：“昔年曾向北京北，年年只是看萝葡。今年不见萝葡面，萝在旧时葡处葡。”

此则仅见于《类说》卷五五，其他典籍都没有收录此文。

20. 东都周默未尝作东，一日请客，时久旱，忽风雨交作。宋温戏曰：“骄阳为戾已成灾，赖有开筵周秀才。莫道上天无感应，故教风雨一起来。”[⑨]

此诗文首次注明出自《文酒清话》者为《韵府群玉》卷一〇。东都，即今洛阳。周默、宋温二人，皆不可

---

① [宋]祝穆：《古今事文类聚》，第1732页。
② [明]郭子章：《六语》，第237页。
③ [元]阴劲弦、阴复春：《韵府群玉》，第757页。
④ [明]冯梦龙：《古今谭概》，第378页。
⑤ [明]梅鼎祚：《青泥莲花记》，中州古籍出版社，1988年，第226页。
⑥ [宋]欧阳修：《六一诗话》，人民文学出版社，1962年，第12页。
⑦ [清]何文焕：《历代诗话》，中华书局，1981年，第293页。
⑧ [元]李治：《敬斋古今注》，商务印书馆，1935年，第100页。
⑨ [元]阴劲弦、阴复春：《韵府群玉》卷一〇，第375页。

考。又见于《菊坡丛话》卷一、[①]《古今谭概》卷二七、[②]《坚瓠集》“丙集”卷三、[③]《古谣谚》卷四七[④]等书，都注明出于《文酒清话》。唯有彭大翼《山堂肆考》卷四把故事中的人物“周秀才”改为周宗悫，又把“宋温”改成“朱温”（即前文朱全忠），且最末一句诗作“故交风雨一齐来”[⑤]，不知其是否有据。

21.《文酒清话》：范希文《赠钓者》诗云：“江上往来人，尽爱鲈鱼美。君看一叶舟，出没风涛里。”又《观杜》诗云：“一棹轻如叶，傍观亦损神。他时在平地，勿忽险中人。”二诗虽同而意各有寓。[⑥]

此诗文首次注明出自《文酒清话》者为《古今事文类聚》前集卷三七。对范仲淹这两首诗的评论还见于《诗话总龟》卷一、[⑦]《诗林广记》“后集”卷一〇、[⑧]《事实类苑》卷三四。[⑨]其中《诗话总龟》注明出自《翰府名谈》，其评语为“皆不徒作也”。《事实类苑》不注出处，其评语为“范希文为诗，不徒然而作也。《赠钓者》诗曰：‘江上往来人，尽爱鲈鱼美。君看一叶舟，出没风涛里。’《观竞渡》诗：‘一棹轻如叶，旁观亦损神。他时在平地，无忽险中人。’率以教化为主，非独风骚之将，抑又文之豪杰与”。《诗林广记》则是征引了《翰府名谈》和《文酒清话》两家的评论。而从文字上来看，《诗话总龟》、《事实类苑》均把“观杜诗”写作“观竞渡诗”，《文酒清话》把“渡”写作“杜”，显然是音同而误；又《诗话总龟》中把“一棹轻如叶”作“小艇破涛去”，“他时”作“他年”。

22.林和靖傲许洞，洞作诗嘲之，云：“寺里掇斋饥老鼠，林间咳嗽老猕猴。豪民送物鹅伸项，好客临门鳖缩头。”[⑩]

此则故事首次注明出自《文酒清话》者为《六语•谐语》卷六。林和靖，即宋初著名隐士林逋。许洞，字洞天，苏州吴县人，宋真宗咸平三年（1000）进士，著有《虎钤经》。此则故事又见于《诗话总龟》“前集”卷三八、[⑪]《古今事文类聚》“前集”卷三三[⑫]和“别集”卷二〇、[⑬]《诗林广记》“后集”卷九。[⑭]其中《古今事文类聚》“前集”卷三三没有注明出处，而其“别集”卷二〇和《诗林广记》“后集”卷九则均注明出自《古今诗话》，可能《古今诗话》收录了《文酒清话》。又《古今事文类聚》“前集”卷三三和《诗林广记》“后集”卷九都把第三句诗中的“项”写作“颈”。

以上所辑佚文，前19则都出自《类说•大酒清话》卷五五（《类说》本收录《文酒清话》22则，其中“贺四厢太保启”、“观君风采必不甚高”、“高敖曹送客诗”均见于新雕本《文酒清话》，故不列），第20至22则依次出自《韵府群玉》卷一〇、《古今事文类聚》“前集”卷三七、《六语•谐语》卷六。

（作者通讯地址：四川师范大学文学院　成都 610110）

① [明]单宇：《菊坡丛话》，上海古籍出版社，2002年影印《续修四库全书》本，第10页。
② [明]冯梦龙：《古今谭概》，第343页。
③ [清]褚人获：《坚瓠集》，浙江人民出版社，1986年，第415页。
④ [清]杜文澜：《古谣谚》，中华书局，1958年，第611页。
⑤ [明]彭大翼：《山堂肆考》，第69页。
⑥ [宋]祝穆：《古今事文类聚》前集卷三七，第435页。
⑦ [宋]阮阅：《诗话总龟》，第7页。
⑧ [宋]蔡正孙：《诗林广记》，中华书局，1982年，第418—419页。
⑨ [宋]江少虞：《事实类苑》，上海古籍出版社，1981年，第436—437页。
⑩ [明]郭子章：《六语》卷六，第237页。
⑪ [宋]阮阅：《诗话总龟》，第366页。
⑫ [宋]祝穆：《古今事文类聚》前集卷三三，第384页。
⑬ [宋]祝穆：《古今事文类聚》别集卷二〇，第1733页。
⑭ [宋]蔡正孙：《诗林广记》，第396页。

黑水城文献《刘知远诸宫调》创作时期及作者考辨*

付　燕

摘　要：黑水城文献《刘知远诸宫调》自问世以来就备受争议，关于其创作时间更是学术界争论的焦点。本文辨析代表人物为龙建国、武润婷和王昊三人的争论所在，肯定龙建国之产生于北宋、改编于金代的说法更为可靠。并通过补正，认为相对于金代，北宋末年的山西更具备产生《刘》文的天时、地利及人和因素。本文还推测其作者是孔三传这类山西本土的民间说书艺人，《刘》文在西夏流传，反映出了西夏艺人润色和改编的印记。

关键词：黑水城文献　《刘知远诸宫调》　时代　作者

一

关于《刘知远诸宫调》的产生时代，早期的学者们如向觉民、郑振铎、龙榆生等一般认为是12世纪左右，比《董解元西厢记》略前。向觉民对与之同时出土的相关文物推测，认为是出于12世纪左右。①郑振铎同意向觉民先生观点，并根据《董解元西厢记》的作者是金章宗人，认为“《刘知远传》的出于同一时代，大是一个可注意的消息”②。龙榆生将诸宫调发展阶段分为“五个时期”，《刘》文的时期位于《西厢记》之前。③陈治文先生认为“此残本（最后配补）刊刻时代当在金世宗（1161—1189）朝之后”④。《刘知远诸宫调》产生于金代，早于《董解元西厢记》这一观点受到许多学者肯定，如后来蓝立蓂、廖珣英、朱平楚都沿用这一观点。1982年，张鸿勋《简论刘知远诸宫调》从版式、俗字等方面考证《刘》是南宋或金代作品。⑤2002年，朱鸿从联套、古代音乐使用宫调的趋势、唱赚、残本版式四个方面认为《刘知远诸宫调》成书比《董西厢》早几十年。⑥2003年，谢桃坊认为《刘知远诸宫调》虽流行于金代北方，但完全可以肯定是北宋艺人的传统唱本，⑦不过他并没有加以论述。

---

* **基金项目：**2008年度国家社会科学基金青年项目“宋、金汉文文献在西夏的传播和影响”，（08CZS003）。

① 转引自郑振铎《中国俗文学史》，商务印书馆，2010年，第338页。

② 同上，第339页。

③ 龙榆生：《词曲概论》第82页，北京出版社，2003年。

④ 陈治文：《<刘知远诸宫调>校读》，《中国语文》1966年第3期，转引自王昊《黑水城出土<刘知远诸宫调>作期和著作权综考》，《吉林大学社会科学学报》2012年第6期，第115页。

⑤ 张鸿勋：《简论刘知远诸宫调》，《天水师范学院学报》1982年第1期。

⑥ 朱鸿：《谈残本<刘知远诸宫调>》，《黄河科技大学学报》2002年第1期。

⑦ 谢桃坊：《中国市民文学史》，四川人民出版社，2003年，第64页。

同年，龙建国对于其产生年代产生质疑，认为其是北宋后期作品。[①]2004 年，他又对比《刘知远诸宫调》和《董解元西厢记》“缠令”，发现前者明显少于后者，从而认为《刘知远诸宫调》产生得较早。[②]同年，武润婷从文化背景、官职及其用乐特点对龙文进行反驳，认为其创作时期当在公元 1156 一 1182 年之间，而不是北宋末年。[③]2011 年，于新洁认为是产生于金章宗这一时期，[④]但是她只是一笔带过，未加论证。2012 年，王昊以复合思路考证《刘知远》写定于金正隆元年至五年（1157—1160），[⑤]并逆向整合认为《刘知远诸宫调》的著作权归属辽代而非龙建国观点之“北宋后期作品”。

学者们虽然一直都在关注《刘知远诸宫调》的创作年代，但始终存有争论，其中争论最为激烈的是龙建国先生、武润婷先生和王昊先生。龙文与武文的焦点在于创作时期在北宋还是金朝，王文在二人观点基础上，引入刻本和避讳、并结合车遮韵的使用时代逆向整合考定，认为《刘》写定于金正隆元年至五年（1157—1160），“著作权”空间归属地为辽。本文拟先辨析龙文和武文争论所在，再结合王文观点，最后补充证明龙建国之产生于北宋、改编于金代的说法更为可靠。

一、龙文之“北宋人创作，金代人改编”与武文之“金正隆元年到大定二十二年(1156—1182)”辨析

考龙建国先生所论《刘》文产生于北宋、改编于金，其理由大体如下：

其一，《刘》在章节上采用的“×××第一”、“×××第二”的形式，与宋代话本《五代史平话》、《大唐三藏取经诗话》相同，因此它不与以“卷”分章的《董西厢》同一时代。关于此论，武润婷没有反对，本文也支持此说。

其二，龙文以为，《刘》在音律上共有商调、中吕调、大石调、黄钟宫、歇指调、商角调、仙吕宫、越调、正宫、南吕宫、般涉调、道宫、高平调、双调等十四宫调，其中歇指调、商角调不见于《董西厢》。金元不用歇指调，将之并入双调之中。所以也非金章宗和《董西厢》时代作品。关于此论，武润婷有商榷。她首先提出，“商角调即林钟角，在宋初就被废弃了。歇指调见于宋教坊十八调内，但在‘元时已并入双调’（《燕乐考原•卷三》）。由此，龙先生推断这部诸宫调产生于北宋”。本文反复检索龙文，并不见武文征引的这些论断。武文所驳，乃无的放矢。其次，武文指出，商角调虽在宋初被教坊司所废弃，但实际上在社会上并未绝迹。直至元代也还有人用此调。可见此调在金元尽管成为僻调，但并非绝对不用。而元时并入双调的歇指调在金初的作品中出现就更不足以为奇了。本文不能苟同武文此论的逻辑。因为即便商角调在元人时期还偶有运用，也无法推理它在金初一定会有运用，更不能据之必然推测出歇指调在金初也被运用。龙文用宋金文献佐证歇指调在金元的禁用，而武文则用明清文献以论证其在金初的使用，同样是推测，则武文更显得文献基础的不足，故而本文更倾向于龙文的观点。至于武文在音乐上还提出，金代音乐不完全因袭宋制，也参照辽乐，辽乐与宋教坊同属于一个系统，辽乐的四丹二十八调中也有歇指调和商角调，既然“金代的乐曲名已不传，据此推断，其中不一定没有这两种曲调”。[⑥]本文认为，这纯属推测，没有任何直接的依据，所以难以说是坚证。

其三，龙文认为，《刘》文不用“赚”而《董西厢》用了，则《刘》当在南宋“赚词”出现之前，故而不可能是南宋作品。对此，武文则认为，《刘》有散佚部分，故不能肯定就没有“赚”，且《刘》也没必要一定要选用之。故而不能据此推断《刘》产生于南宋之前。本文认为，武文此说可以成立。但此说并不能直接支持其《刘》文“产生于金正隆元年（1156）到大定二十二年（1182）年之间，而

① 龙建国：《〈刘知远诸宫调〉应是北宋后期的作品》，《文学遗产》2003 年第 3 期。
② 龙建国：《诸宫调的发展历程探讨》，《江西师范大学学报》2004 年第 4 期。
③ 武润婷：《也谈〈刘知远诸宫调〉的作期》，《中国典籍与文化》2004 年第 2 期。
④ 于新洁：《略论金元时期诸宫调音乐作品》，《南昌教育学院学报》2011 年第 7 期。
⑤ 王昊：《黑水城出土〈刘知远诸宫调〉作期和著作权综考》，《吉林大学社会科学学报》2012 年第 6 期。
⑥ 武润婷：《也谈〈刘知远诸宫调〉的作期》，《中国典籍与文化》2004 年第 2 期，第 69 页。

不可能是北宋末年”[1]的说法。又，龙文指出南宋南戏《张协状元》与诸宫调《状元张叶传》体制接近，而与《刘》文完全不同，亦可见诸宫调在南宋的发展变化状况，而《刘》不会是南宋作品。武文没有针对此说反驳，本文亦支持龙文的说法。

其四，龙文提出《刘》中的“内证”中，所描绘的文化背景多与北宋有关，如“二税”、“急脚”、“清凉伞”、“经略安抚使”、“十将”、“都头”、“节级”、“团练”等等。又据王灼记载，熙丰、元佑间孔三传首创诸宫调，则此皆可资说明《刘》产生于北宋后期。而“本破”、“射粮军”二词为金人词汇，则说明其被金人改编过。关于这一论点，武文首先认为：“如果一部作品同时反映了前后两个时代的文化背景的话，我们只能认定它是后一个时代的作品，而不是前一个时代的作品。”[2]对此，本文不敢苟同，因为武文的“只能”，不足以否定龙文提出的前代创作而后代改编的可能性。又武文指出“二税”一词不独北宋所有，金代也有，“急脚”一词后代可能沿用等等，本文同意。然这些亦不能否认金代改编之说。武文又提出“清凉伞”是泛指官员出行时的仪仗伞盖，但无任何证据，这和龙文举证的北宋直至神宗熙宁年间仍然禁止寻常百姓使用的材料相比，是缺乏说服力的。另，武文关于“十将”、“都头”、“节级”、“团练”等的反驳，亦无坚证，本文不予采纳。又关于“射粮”一词，龙文已经证其为北宋和金朝均用词汇，然武文竟以之为金代独有的，此失误。武文又因之作为创作于金的证据，其理由更为不足，不能推翻龙文改编之说。至于“本破”一词，武文并未能对龙文提出新说。值得注意的是，武文注意到《刘》文中关于官印“二十五两造”的说法，指出这是金正隆元年（1157）开始的，而这应该是《刘》文的创作时间上限。本文欣赏武文关于“二十五两”问题的提出，然不同意将之作为《刘》文的“创作上限”，道理很简单，正隆元年也可能是《刘》文在金被改编的时间上限。此外，“二十五两”的说法，应是西夏人的改编，而非金人的创作。《刘》文中的《般涉调·麻婆子》云：“二十五两造，莫看成做小可。有印后为安抚，无印后怎结末？上面有八个大字，解说者事务多。”[3]武文认为，这里的“二十五两印”的概念反映了金代的印制，并将金正隆元年（1157）年作为《刘》文创作的上限。本文这里补充论证的是，“二十五两印”反映的不是金代的印制，而是西夏的印制。而“上面有八个大字”的信息，才显示出金代印制的突出特点。我国两汉以后，官印的制作一直以长短尺度和是否涂金来显示官职的级别。《宋史·舆服志》云：

> 两汉以后，人臣有金印、银印、铜印。唐制，诸司皆用铜印，宋因之。诸王及中书门下印方二寸一分，枢密、宣徽、三司、尚书省诸司印方二寸。惟尚书省印不涂金，余皆涂金。节度使印方一寸九分，涂金。余印并方一寸八分，惟观察使涂金。[4]

宋朝的这种印制始被金朝沿用，但不久就被调整为以重量来定等级。《金史·百官志》云：

> 至正隆元年……三师、三公、亲王、尚书令并金印，方二寸，重八十两……诸郡王印，方一寸六分半，金镀银，重三十五两，镀金三字……一品印，方一寸六分半，金镀银，重三十五两，镀金三字。二品印，方一寸六分，金镀铜，重二十六两……九品印，一寸一分，铜，重十四两。[5]

---

① 武润婷：《也谈〈刘知远诸宫调〉的作期》，《中国典籍与文化》2004年第2期，第70页。
② 同上，第66页。
③ 蓝立萱校注《刘知远诸宫调校注》之《知远探三娘与洪义厮打第十一》，第117页。
④ [元]脱脱等《宋史》卷一五四，中华书局，1977年，第3590—3591页。
⑤ [元]脱脱等《金史》卷五八，中华书局，1977年，第1557页。

武润婷文章指出，《刘》文中的“二十五两造”，与《金史》官印的记载不符，但她认为这是由于“民间艺人对于官印的了解不一定会那样准确。而且文学作品不同于史书，也可能是作者觉得二十五两这个数字便于记忆才这样写的”。本文认为这个论断过于想象，也低估了古代艺人对社会生活的熟稔程度。事实上，“二十五两印”一词，反映的正是西夏的印制。黑水城文献《天盛改旧新定律令》中对西夏官印明确记载：

司印：皇太子金重一百两。中书、枢密银重五十两。经略司银重二十五两。①

这里最值得本文留意的就是“经略司银重二十五两”的明确记载。《刘》文中，刘知远当时的官职正是“经略安抚使”，按照西夏人的印制，他所使用的正是不折不扣的二十五两银印。《刘》文只说“二十五两造”，未说金银，这种模糊，恰好说明西夏艺人在改编时的审慎态度——他可能听说过二十五两的概念，因为不知是金是银，故而含糊过去。《刘》文中其他地方又有“玉印金箱”、“金印”等说法，概是下层艺人没有确见，以意推测之故。《刘》文本就在西夏故地发现，而因为缺少西夏文化生活的具体信息，本文暂时还不能找到能够确认为西夏痕迹的文化意象。“二十五两造”一语，无疑是西夏人继续改编《刘》文的宝贵线索。

另，关于“上面有八个大字”一语，前人没有留意过。本为认为它则反映了金代印制的一个显著特点：双行八字。郭兵研究认为，宋代官印普遍使用九迭篆：

九迭篆成为宋代官印普遍使用的文体。这种文字……为求印面整饬丰满，符合官印严谨端庄的使用特点，故而在印文的笔画上多作以盘曲。特别是北宋官印，印文更是圆转盘曲，不仅行内字字勾连，而且两行之间也多有纠结……总之，九迭篆字与字之间不截然分开，笔画相连，贯然一体。②

此外，朱宁虹指出：“宋代较为低下级别的官印多用楷书，其印称‘记’或‘朱记’，以方便百姓识别。”③宋朝官印由于特殊的刻法，字与字浑然一体，难以辨认。所以金朝的官印就不同于宋制。《金史•百官志》云：“泰和八年闰四月，敕殿前都点检司，依总管府例铸印，以‘金’、‘木’、‘水’、‘火’、‘土’五字为号，如本司差人则给之。”④又郭兵指出，“在印文方面，金代官印或将印文均分为两栏，每栏为偶数的印文，构成四、六、八字印，不足者加以‘之’字补足。或者分为三栏，每栏为奇数印文”。⑤据此，《刘》文中“二十五两造”的官印，和“上面有八个大字”的描绘，恰好是金人和西夏人均改编过的历史线索。官印不是人人见得着的，愈是高官愈是如此。而“八个大字”的特征，却可以口耳相传，被民间艺人风闻。因此，本文认为，它们说明了《刘》文在金朝成立稍后的一段时间就被金人改编过，之后它传入西夏，并被西夏艺人改编。

此外，同样的道理，本文支持武文关于“九州经略”、“九州安抚”、“并州大元帅”的辩证，然不支持其相关创作于金的推论。

---

① 史金波、聂鸿音、白滨：《天盛改旧新定律令》，法律出版社，2000年，第358—359页。
② 郭兵：《寸心籀篆：中国古代玺印鉴赏》，湖南美术出版社，2009年，第64页。
③ 朱宁虹：《徘徊古董长河》，军事谊文出版社，2007年，第161页。
④ [元]脱脱等《金史》卷五八，第1338页。
⑤ 郭兵：《寸心籀篆：中国古代玺印鉴赏》，第69页。

二、王文之“写定于金正隆元年至五年（1157—1160），空间归属地为辽而非北宋后期”。

王昊先生于 2012 年 11 月发表的《黑水城出土<刘知远诸宫调>作期和著作权综考》采用“逆向思路”考《刘》之“著作权”和“作期”，认为其写定于金正隆元年至五年（1157—1160），并认为“著作权”的空间归属地为辽朝，而不是龙建国先生之由北宋流入。此文观点新颖，论断独到，为《刘知远诸宫调》的研究提供了新资料、新线索。其一，王昊先生资料搜集广泛全面，注意到 1966 年陈治文先生之《<刘知远诸宫调>校读》，而这篇珍贵材料在武润婷先生和龙建国先生文中都没有提到。当然遗憾的是，笔者也没能找到此文。王文引用陈文中避讳及刻本一说以证明其产生时期，可谓独具慧眼。其二，王文从车遮韵、家麻韵分立时期来绾合《刘知远诸宫调》产生时代，这给《刘》文的研究提供了新的线索，也为前贤研究《刘》文用韵时所忽视。但纵观王文，虽见解独特但观点商榷之处颇多。

第一，王文以“‘射粮’、‘射粮军’为辽、金所共有名物，《宋史》未见；‘都头’、‘团练’、‘十将’辽、宋、金共有；‘节级’金、宋共有，《辽史》未见；‘本破’独见《金史》，为金代独有名物”。以此论证《刘》“最后写定于金代”[1]。此论可以推测《刘》写于金代，但不能断定“最后写定”于金代。《刘》乃说唱文学，书会先生为迎合不同时代的不同需求而加以调整修改，故在金朝融入新的名词也属正常。且本文下文论述之西夏独有意象，也可推测其在西夏得到改编，因此王文之“最后写定”于金代过于武断。

第二，王文引用陈文之刻本和避讳论证《刘》由辽代传入西夏，最晚于 1100 年故事已经产生。陈治文先生《<刘知远诸宫调>校读》题注：“此书现存的一、二、三卷，每半页十二行，字体刊版均较粗劣；十一、十二两卷，每半页十一行，字体版刻均较精工，可见此书不但是个残本，而且是个配本。”且认为“此残本（最后配补）刊刻时代当在金世宗（1161—1189）朝之后”[2]，本文考《刘知远诸宫调》，诚为陈先生所言，第一、二、三卷字体稍短，整体较为粗糙，远不如第十一、十二精工。又陈文云：“翻检此书，发现一 9b 一行、[3]十一 4a 九行、十一 8a 六行、十一 8b 二行五行十行、十一 10a 九行、十一 10b 四行等处的诸‘洪’字，一 9b 四行的‘共’字均缺末笔。……又，一 12a 二行的‘尧’，一 10b 三行的‘烧’字，二 1b 十二行、[4]十一行 10a 六行七行等处的诸‘晓’字均缺末笔。……除上举各处之外的‘洪’字、‘共’字、‘晓’字以及从‘尧’的字并不缺笔。”本文复检《俄藏黑水城文献》第六册之《刘知远诸宫调》，此三字确为缺笔。“洪”、“共”缺笔避辽道宗（1055—1100）的“洪基”讳，陈文认为“此书之有刊本，或即在此时”可见，对于《刘》文产生于辽道宗时期，陈文仅为推测。又“尧”、“晓”、“烧”缺笔避金世宗（1161—1189）父亲“宗尧”讳，“可知此书曾再刻于金世宗时”[5]。又其他各处不缺笔，故“则此残本之（配补）刊刻时代当在金世宗（1161—1189）朝之后。回改未尽，所以有避讳缺笔字的残留”。王文据此得出结论：“从刻版和避讳字特征看，说明是辽代流入金境复流入西夏：最晚 1100 年代故事已经产生。”[6]本文不敢苟同王文逻辑，因为即使五字缺笔避金世宗父亲及辽道宗之讳，只能证明《刘》文在这两个时代

---

① 王昊：《黑水城出土〈刘知远诸宫调〉作期和著作权综考》，《吉林大学社会科学学报》2012 年第 6 期，第 114 页。

② 陈治文：《〈刘知远诸宫调〉校读》，《中国语文》1966 年第 3 期，转引自王昊《黑水城出土〈刘知远诸宫调〉作期和著作权综考》，《吉林大学社会科学学报》2012 年第 6 期，第 115 页。

③ 按此当为“一 9a 一行”。

④ 按此当为“二 2b 十二行”。

⑤ 陈治文：《〈刘知远诸宫调〉校读》，《中国语文》1966 年第 3 期，转引自王昊《黑水城出土〈刘知远诸宫调〉作期和著作权综考》，《吉林大学社会科学学报》2012 年第 6 期第 115 页。

⑥ 王昊：《黑水城出土〈刘知远诸宫调〉作期和著作权综考》，《吉林大学社会科学学报》2012 年 6 期，第 115 页。

存在，而不能断定必然是辽代流入金代，且陈文观点仅为推测，王文之疏漏在于将陈文之或然断为定然。

又五字缺笔也并非必然避金世宗父亲和辽道宗之讳，也可能是宋朝官讳或私讳。考宋朝避讳制度，有严格的法令条文，宋窦仪《宋刑统》载："诸上书若奏事而误，杖六十，口误减二等。上尚书省而误，笞四十，余文书误，笞三十。即误有害者，各加二等。若误可行非上书奏事者，勿论。"①宋朝法律对避讳规定细致，涉及面极广，纳入各种禁令之中，《文书令》、《军防令》、《杂令》、《职制令》、《仪制令》皆有记载，避讳的制度化致使"宋时避讳之风最盛"②。宋朝避讳分官讳和私讳，官讳又称国讳，包括皇帝的旧名、御名、皇帝的历代祖先之名、皇亲国戚的名讳、特殊字的避讳如"君"、"王"、"圣"等都在避讳之内，甚至连古代帝王和圣人的名讳也在其中。宋李焘《续资治通鉴长编》卷五八载宋真宗景德元年（1004），大臣宗谔等人上言："经典之内，尧、舜、禹、汤，或以名，或以谥。今《正辞录》尧、舜并称陶唐、有虞氏，若从改避，足表致虔。其禹、汤望止曰夏王、商王，中宗太戊、高宗武丁并止称庙号，奏可。"③此后真宗又下令："诏内外文字不得斥用黄帝名号、故事，其经典旧文不可避者阙之。"④由此可见，对于避讳苛刻要求的宋朝，"尧"当为避讳之内，那么《刘》文"尧"、"烧"、"晓"缺笔，也可能为宋朝避圣人讳的结果。

不仅国讳制度化，宋朝私讳也极为严格，宋李焘《续资治通鉴长编》载："凡府号、官称犯父祖名，而非嫌名及二名者，不以官品高下，并听回避。""诸上书若奏事，犯祖庙讳者，杖八十，若嫌名及二名偏犯者，不坐。"⑤国家对于避讳的严格要求，直接影响到老百姓的社会习惯和生活方式。宋朱彧《萍州可谈》卷三云："最不可妄谈事及呼人姓名，恐对人子弟道其父兄名及所短者，或其亲知，必贻怒招祸，俗谓口快，乃是大病。"⑥又明叶子奇《草木子》云："宋有礼筵，名曰大排。凡所招亲宾，则先请其三代名讳。筵中倡优杂戏歌曲，皆逐一刊定回避，然后呈进。及入人家，皆先问祖父讳，然后接谈，冀无误犯。"⑦老百姓在安排礼筵时，必先问其三代名讳，可见民间对于避讳的高度重视。因此，在宋朝避讳极为严格的环境下，"洪"、"共"缺笔也可能是官讳或私讳。

另，笔者在翻检此书时，发现李洪义之"义"多处字有缺笔和添笔现象，二 8a 九行"仪"字错笔并添笔，十一 10b 三行写为"仪"，十二 1a 八行"仪"字缺笔，二 11a 一行为"义"，三 4a 九行、十一 8a 六行、十一 8b 二行、十二 3b 四行、十二 9b 八行、十二 11b 三行各处为"义"；除此之外，其余写作"义"字缺笔。《历代避讳字汇典》载："宋太宗赵炅，就名光义。避旧名偏讳'义'"⑧，又《宋史·祁廷训传》云："祁廷训本名廷义，避太宗旧名改焉。"⑨《刘》文中"义"之缺笔或是避宋太宗之讳，又《刘》文之"义"字在全文共出现 6 次，其中 5 次位于第十一、第十二，结合陈文之十一、十二为配刻本，那么"义"之缺笔和改写，极可能避宋朝官讳。

第三，王文首先以《董西厢》（1165—1205）为坐标，并结合金人词调最早者王喆（1112—1170）推测《刘》可能写定于 1170 年之前；兼以毛晃、毛居正父子 1162 年始提"'车遮'、'家麻'以'中原雅声'当析为二韵"，推定《刘》最晚写定年限在 1162 年。又因配补刻本在金世宗（1161—1189）

---

① [宋]窦仪：《宋刑统》卷一〇《职制律》，中华书局，1984 年，第 160 页。
② 陈垣：《史讳举例》第 1 页，中华书局，2004 年。
③ [宋]李焘：《续资治通鉴长编》卷五八，第 1300 页，中华书局，2004 年。
④ [宋]李焘：《续资治通鉴长编》卷八二，第 1878 页。
⑤ [宋]李焘：《续资治通鉴长编》卷一九三，第 4670 页。
⑥ [宋]朱彧：《萍洲可谈》，中华书局，1985 年，第 34 页。
⑦ [明]叶子奇：《元明史料笔记丛刊·草木子》，中华书局，1959 年，第 59 页。
⑧ 王彦坤：《历代避讳词典》，中州古籍出版社，1997 年，第 540 页。
⑨ [元]脱脱等《宋史》，第 9046 页。

朝之后，故“与前述在金配刻的‘刊刻时代’坐标缩和，确定最后‘写定年代’最晚在金世宗朝以前，即1160年前”。此为《刘》写定年代的下限。另王文以武文之金印表重量官阶始于金正隆元年（1157）为上限，确定《刘》“最后实际写定年代在1157年至1160年”。本文欣赏王文的独特切入点，但是不能同意其逻辑。观王文设定年限之坐标，一为徐凌云考《西厢记诸宫调》年限之1165年至1205年，二为成书于1162年的《增修互助礼部韵略》。目前《西厢记诸宫调》的确切产生时代并不可知，故前者作为判断《刘》文产生时代的确切坐标过于绝对。而后者更不足以设定为坐标，因为纵然《刘》文中的“车遮”韵已从“家麻”韵部中独立，单独为一部，且《增修互助礼部韵略》始提出“车遮”、“家麻”以“中原雅声”析为二韵，但二者之间并无必然因果关系。王文更不能仅以“理论总结总在现象之后”[①]之理所当然来认定《刘》文必在《增修互助礼部韵略》之前，王文之论，臆测居多，证据略显不足。

第四，王文考察目前北宋后期雅俗文学材料无“车遮”韵之使用情况，认为《刘》“北宋后期作年”不能成立。黑水城文献《刘》出土于西夏，从北宋到金、西夏的流传过程中，诸宫调这一说唱文学体裁难免会随着时代融入新的韵体。因此，产生于北宋的《刘知远诸宫调》在艺人的改编过程中加入新的韵脚也不足为奇。而本文接下来将论证的大量北宋意象，都不可否认《刘》文在北宋的存在性。

综合以上辨析，本文原则上更倾向于龙建国的观点，即认为《刘知远诸宫调》乃创作于北宋时期，并认为其后来流传到金，并被金人改编过，之后又流传到西夏。那么，《刘知远诸宫调》何以能够在北宋创作，并被金人和西夏人传播和改编呢？本文认为，这和北宋、金、西夏立国的具体历史情境有关。刘知远的故事反映了一个草莽英雄通过造反而终成开国皇帝的大业，此点和宋朝的开国之君的故事类似。其后，刘知远取得政权方式与金作为外族在中原立国的情况类似，所以他的反叛形象也契合了金代统治者和国民的心理，故能被金朝和契丹人接受。同样的原因，西夏人也不会排斥这个形象。

二

《刘知远诸宫调》作为说唱文学，本能地会追求适应听众所熟悉的生活环境，以迎合他们的兴趣爱好。那么，根据其残存内容中的诸多意象，我们不难窥探其活跃时期的社会形态。

《刘》中呈现出了与北宋相关的众多意象，其中一部分是北宋所独有的。《刘》文之《大石调·红罗袄》云：“那汉应喏声绝，言：‘紧切，有文解来申发。’”[②]《宋史》及《宋会要》中有大量关于“文解”的记载，《金史》无“文解”记载。宋朝该词的意思是一种文章考试。《宋会要辑稿·职官》云：“淳化五年七月（994），诏诸州木夹文解，依格逐季申发，令进奏院即收下勿得稽滞。”[③]木夹文解即木质和竹制考试文本。又《宋会要辑稿·职官》载天禧五年（1021）：“五月，广南西路转运司言：元准诏存留摄官二十五人差遣……内有年满乞解人，已磨勘，出给文解，发遣赴铨去讫，欲望特下铨曹依例施行。”[④]出给文解即给予文章考试。此词自北宋初，迄南宋，一直用之，大意不变，而为金代文献所无。《刘》文中，“文解”一词仅出现一次，但据下文乃指紧急或秘密的公文，可见意思已经发生转变。则此词显系宋人之语，然因金人无此词汇，故说书人在下文说明是公文，则是传入金后的必然演变。又《刘》文之《正宫·应天长缠令》云：“幸是宰相为黎庶，百姓便做了台辅。”[⑤]台辅本是三

---

① 王昊：《黑水城出土〈刘知远诸宫调〉作期和著作权综考》，《吉林大学社会科学学报》2012年第6期，第117页。
② 蓝立萱校注《刘知远诸宫调校注》之《君臣弟兄子母夫妇团圆第十二》，巴蜀书社，1989年，第145页。
③ [清]徐松：《宋会要辑稿》职官一一之七十六，中华书局，1957年，第2660页。
④ [清]徐松：《宋会要辑稿》职官六十二之四十，第3802页。
⑤ 蓝立萱校注《刘知远诸宫调校注》之《知远走慕家庄沙陀村入舍第一》，第2页。

公宰辅之通称，宋朝为宰相别称，如尚书左、右仆射、同中书门下平章事之类。《宋史》、《通志》、《宋会要》等对“台辅”记载详实，而《金史》等金代史料暂未发现有记载。本处“百姓变做了台辅”，则当是北宋科举考试使得贫寒子弟跻身高官行列的社会现实的反映。

又《刘》文中多出现“衙内”一词，如《仙吕调•绣带儿》云：“你娇儿便是刘衙内！三娘怒喝：‘衙内却道是伊儿？’”[①]又《南吕宫•一枝花》云：“衙内告夫人妈妈。”[②]又《黄钟宫•快活年》：“其时小衙内，叉手还告启。”[③]又《大石调•伊州令》云：“衙内见不肯放。”[④]又《黄钟宫•出队子》云：“衙内向筵间苦告”[⑤]，以上“衙内”都指某人。又《般涉调•耍孩儿》云：“安抚天晚归衙内。”[⑥]此处“衙内”则指衙门、官府。“衙内”一词，宋代史料见载颇多，本是一种官职，如《宋史》所载的就有衙内都指挥使、衙内都校、衙内指挥使、衙内都虞候等职位，一般不用在指人或官府驻地。然而也有例外，如《宋史•王子韶传》云：

> 刘安世言：“熙宁初，士大夫有‘十钻’之目，子韶为‘衙内钻’，指其交结要人子弟，如刀钻之利。又陷祖无择于深文，搢绅所共鄙薄，岂宜污礼乐之地！”[⑦]

此处的“衙内钻”已经被引申来指代人物了。《刘》文中的关于“衙内”七次记载，实皆引申用法。此种用法在反应北宋现实生活的《水浒传》中比比皆是，都是北宋语言的因袭。而《金史》等金代史料中，本文暂还未发现有关“衙内”一词的记载。此外，《刘》文中另有一个意象值得特别注意，即“排军”。其《越调•踏阵马》云：“旗前排军，争奈意匆忙，复夺夫人还本府。”又《般涉调•苏幕遮》云：“姓郭排军，争奈意忙热。”[⑧]排军本指州衙亲随的军校之流。《宋史纪事本末》卷五载宋太祖干德三年（965）六月，“南汉招讨使邵廷琄屯洸口……有投匿名书，谮廷琄将图不轨……士卒排军门见使者，诉廷琄无反状，请加考验”。[⑨]则排军乃低等然而身份较为特别的官吏。此名称用在南汉，即为北宋同时。其在南宋延续使用，然金、辽史史料无相关记载，则《刘》文本处的排军，不当是金人本有的词汇，而当是金人对宋人词汇的沿袭。以上这些专属宋人的词汇，特别是始于北宋的词汇，表明了《刘》文创作于北宋时期的可能性。

又《刘》文中《黄钟宫•出队子》云：“先索土浑营见司公岳金”[⑩]，又《南吕宫•瑶台月》云：“土军营内，觅个婆娘交奶。”[⑪]“土浑”，即“土军”。土军为宋朝军事编制之一部分，神宗时设置，由民丁充当，属于地方治安部队，与乡兵、蕃兵、厢军等由尚书省兵部掌管，共同组成宋朝的武装力量。《宋史•职官志》云：“兵部，掌兵卫、仪仗、卤簿、武举、民兵、厢军、土军、蕃军，四夷官封承袭之事，舆马、器械之政，天下地土之图……就其乡井募以御盗为土军。”[⑫]又《宋史•职官志》云：“砦置于险扼控御去

---

① 蓝立萱校注《刘知远诸宫调校注》之《知远探三娘与洪义厮打第十一》，第115页。
② 蓝立萱校注《刘知远诸宫调校注》之《君臣弟兄子母夫妇团圆第十二》，第154页。
③ 同上，第154页。
④⑤ 同上，第159页。
⑥ 同上，第141页。
⑦ [元]脱脱等《宋史》卷三二九，第10612页。
⑧ 蓝立萱校注《刘知远诸宫调校注》之《君臣弟兄子母夫妇团圆第十二》，第150页。
⑨ [明]冯琦，陈邦瞻：《宋史纪事本末》卷五，中华书局，1955年，第20页。
⑩ 蓝立萱校注《刘知远诸宫调校注》之《知远走慕家庄沙陀村入舍第二》，第71页。
⑪ 蓝立萱校注《刘知远诸宫调校注》之《知远走慕家庄沙陀村入舍第十一》，第113页。
⑫ [元]脱脱等《宋史》卷一六〇，第3854页。

处，设砦官，招收土军，阅习武艺，以防盗贼。”[①]则土军主要是本地人充当，用来维持地方治安为主的兵种。金代文献关于“土军”的记载本文暂时只找到一条。《金史•乌春传》云：“乌春军觉之，杀二人，余二十人皆得之，益以土军来助。”[②]可见，金代可能也沿袭了北宋的称谓习惯，但“土军”却不是金朝的兵种之一，不见于其兵制记载。而《刘》文这两处记载中，均曰“营”，则仍是正规兵种的称谓，故为北宋词汇。然可能因金人在地方中习惯性地继续因袭了这个称谓，所以《刘》文中仍然可以继续使用。

北宋经济发展迅猛，城市繁华富庶，坊市制崩溃，出现“鬼市子”。“鬼市子”即“夜市”，北宋夜市极为热闹，《东京梦华录》之《马行街铺席》云：“夜市直至三更尽，才五更又复开张。如要闹去处，通晓不绝。”[③]同时，城市的发展也催生了瓦市的产生，《梦粱录》之《瓦舍》云：“瓦舍者，谓其来时瓦合，去时瓦解之义，易聚易散也。”[④]瓦市成为市民消遣娱乐的生活场所，特别是乐舞文化的场所。《东京梦华录》卷六《元宵》云：“楼下用枋木垒成露台一所，彩结栏槛。两边皆禁卫排立，锦袍，幞头簪赐花，执骨朵子，面此乐棚。教坊钧容直，露台弟子，更互杂剧。近门亦有内等子班直排立。万姓皆在露台下观看，乐人时引，万姓山呼。”[⑤]这些教坊、杂剧、乐棚的环境，就直接促使了诸宫调的产生。《东京梦华录》卷五《京瓦技艺》云：“崇、观以来，在京瓦肆伎艺……孔三传《耍秀才诸宫调》。”[⑥]“崇、观以来”即指北宋徽宗崇宁、大观年间，其时间为公元1107年至1110年。据此史料，则诸宫调在此期间已经大为流行。值得注意的是“孔三传”这个人，因为南宋人王灼《碧鸡漫志》卷二明确肯定，他就是诸宫调的创始人：“熙、丰、元佑间，兖州张山人以诙谐独步京师，时出一两解。泽州孔三传者，首创诸宫调古传，士大夫皆能诵之。”[⑦]泽州即山西晋城，唐时即已称县，宋为州。此则史料表明，熙宁、元丰、元佑的1068—1094年间，是山西人孔三传创制诸宫调准确时间，其时他的作品能够在士大夫间得以记诵。而之后的崇、观年间这种诸宫调已经在京师的开封瓦市中大为流行了。那么，在1068—1094年之间，诸宫调就已经产生并取得重大影响了。

由上可见，北宋末年确实具备《刘》文产生的各种主客观条件，所以本文认为相对于金代，北宋的山西更具备产生《刘》文的天时、地利及人和因素。

三

关于残本《刘知远诸宫调》的作者，学者多认为属于民间艺人。较早的郑振铎先生认为：“《刘知远诸宫调》的作者，确是一位不同凡俗的有伟大的天才及丰富的想象力与描写力的作家。”[⑧]1982年，张鸿勋认为：“从作品结尾‘曾想此本新编传，好伏侍您聪明英贤’的话头看，作者该是一位民间说唱艺人吧。”[⑨]1999年，日本学者高桥繁树认为：“关于《刘知远诸宫调》，所看到的仅是残卷，其作者、年代是无法考证的。”[⑩]2003年，龙建国认为：“《刘知远》的作者姓名虽已无考，但有一点可以

---

① [元]脱脱等《宋史》卷一六七，第3979页。
② [元]脱脱等《金史》卷六七，第1047页。
③ [宋]孟元老著、邓之诚注《东京梦华录》，中华书局，1982年，第112页。
④ [宋]吴自牧：《梦粱录》，浙江人民出版社，1980年，第179页。
⑤ [宋]孟元老著、邓之诚注《东京梦华录》，第165页。
⑥ 同上，第133页。
⑦ [宋]王灼著、岳珍校正《碧鸡漫志校正》卷二，巴蜀书社，2000年，第35页。
⑧ 郑振铎：《中国俗文学史》，商务印书馆，2010年，第347页。
⑨ 张鸿勋：《简论刘知远诸宫调》，《天水师范学院学报》1982年第1期，第25页。
⑩ [日]高桥繁树著、李寅生译《论金诸宫调与元杂剧的韵》，《达县师范高等专科学校学报》1999年第3期，第84页。

肯定，他应是一位十分熟悉河东（今山西省）地理与人文环境的人，或者就是河东——一位才识渊博的河东民间文艺作家。”[①]2005年，谢桃坊提出：“今存之早期诸宫调文本是《刘知远诸宫调》和《西厢记诸宫调》，它们是北宋瓦市艺人的传唱本而流传于金代的。”[②] 2011年，张海媚认为：“两种诸宫调的作者要么是熟悉河东(今山西)文化的人，要么是河东人。”[③]可见，学术界关于《刘》文作者的推测都比较简单，未做系统论证。本文在前人的基础上进一步推测《刘》文的作者，很可能就是孔三传这类的山西本土的民间说书艺人，兹试论之：

首先，毋庸置疑，《刘》文的作者当是一位熟悉太原文化地理的本地人。《刘》文之《正宫•甘草子》云：“知崇是隐迹河东圣明主。”[④]河东，是山西的别称，以黄河以东得名。《正宫•甘草子》云：“后散家产，与弟知崇逐母趁熟于太原之地。”[⑤]太原，别称并州，故《正宫•锦缠道》云：“我辞你往并州太原去。”[⑥]太原设太原府，北宋为河东路治，金为河东北路治。《高平调•贺新郎》云：“太原府文面做射粮。”[⑦]太原府亦为河东路即山西治。又《商调•抛球乐》云：“家住应州金城县。”[⑧]应州位于山西北部，唐始置，历代均称应州，领金城、浑源二县。《刘》文所有地名，均为山西一带，《刘》故事当发生于山西，并且作者对太原人文地理极为熟悉。此外，其作者对招兵细节如赏赐记载清楚，《中吕调•拂霓裳》云：“(司公)便赐酒一瓶，钱三贯，且令营中熟歇。又叫节级李辛，暗令作媒。”[⑨]《刘》中“射粮”、“本破”、“留守”、“急脚”、“排军”、“土军”、“九州安抚”、“九州经略”、“九州元帅”等官职的大量记录，由此可见，《刘》作者深谙军中情况。由于军事活动都和山西特别是太原一代密切相关，《刘》文之作者很可能正是山西本地人。

其次，《刘》文的作者当是对北宋后期的政治、经济、军事、乃至社会生活都比较熟悉且富有创作精神，精通民间音乐文化的艺人。诸宫调这种音乐文学，宋金时期在城市瓦市中演唱以供人欣赏，对作者的文艺才能要求很高。刘知远太原投军前居住在慕家庄沙陀村，文章对农村环境描写丰富细腻，对人物风土人情充分描写，可以看出作者有着丰富的农村文化知识。此一点在前文已有论证，不赘。此处补充的是，《刘》文作者对当时北宋话本等说唱文学作品中流行的历史人物、故事情节也相当熟知。《东京孟华录》之《京瓦技艺》云：“外人孙三神鬼，霍四究说‘三分’。尹常卖，《五代史》，文八娘，叫果子。其余不可胜数。”[⑩]“三分”是指三国的故事，“五代史”是发生在“五代”的题材，这些故事在《刘》文中也有体现。《高平调•贺新郎》形容强寇英武时云：“雄猛赛交辽、吕布。”[⑪]又《商角调 • 定风波》云：“脱难似晋王之圣。”[⑫]张辽、吕布、晋王乃三国故事。至于五代历史，《般涉调•麻婆子》云：“说这汉意乖讹，黄巢真佛行。”[⑬]又《般涉调•沁园春》：“毒赛黄巢，狠如庞相。”[⑭]黄巢起义是五代故事。《般涉调 • 沁园春》云：“岂不闻梁国彦璋运拙，遭五龙围困。”[⑮]五代招讨使王

---

① 龙建国：《诸宫调研究》，江西人民出版社，2003年，第32页。
② 谢桃坊：《宋金诸宫调与戏文使用之词调考略》，《东南大学学报》2005年第4期，第95页。
③ 张海媚：《金代两种诸宫调中外来语成分考察》，《河南理工大学学报》2011年第3期，第331页。
④⑤ 蓝立萱校注《刘知远诸宫调校注》之《知远走慕家庄沙陀村入舍第一》，第3页。
⑥ 蓝立萱校注《刘知远诸宫调校注》之《知远别三娘太原投事第二》，第65页。
⑦ 同上，第62页。
⑧ 蓝立萱校注《刘知远诸宫调校注》之《知远走慕家庄沙陀村入舍第一》，第11页。
⑨ 蓝立萱校注《刘知远诸宫调校注》之《知远别三娘太原投事第二》，第72页。
⑩ [宋] 孟元老著、邓之诚注《东京梦华录》，第133页。
⑪ 蓝立萱校注《刘知远诸宫调校注》之《君臣弟兄子母夫妇团圆第十二》，第149页。
⑫ 蓝立萱校注《刘知远诸宫调校注》之《知远别三娘太原投事第二》，第60页。
⑬ 同上，第59页。
⑭ 同上，第74页。
⑮ 蓝立萱校注《刘知远诸宫调校注》之《知远探三娘与洪义厮打第十一》，第122页。

彦璋，曾与李克用战，李嗣源率李亚子、石敬瑭等五虎将迎战。除“三国”、“五代史”故事外，《刘》文诸多故事题材也与北宋话本密切相关。《中吕调•木笪绥》云：“全不改贞洁性，效学姜女。”[①]宋话本有《孟姜女》记载。又《黄钟宫•女冠子》云：“咱效学他乐昌、徐德言。”[②]乐昌分镜本事见唐孟荣《本事诗》“情感第一”，宋话本有《徐都尉》故事。又《般涉调•沁园春》云：“莫言往日宗道休妻。”“合冠李免、双棒王魁。”[③]宋话本载有《王魁负约桂英死报》。又《黄钟宫•快活年》云：“织女牵牛过七夕。”[④]宋话本有《董永遇仙记》，此外，《刘》文中还有等前汉史、后汉史等其他故事，涉及“庞涓”、“宋玉”、戚氏、刘秀、西施等众多历史人物。

《刘》作为一个残本，就引用如此多的故事，说明其作者有着这一时期非常丰富的生活经验。而这些作品故事大量运用在当时的作品题材中，无论是《东京梦华录》记载的说唱文艺，还是在宋话本小说中，《刘》文的作者都能随手取来，说明作者很可能就生活在这一社会时期，这才可能耳濡目染，也才能应用到文学作品中，引起听众的共鸣。

再者，《刘》文的作者熟知农村生活环境，似一位混迹于农村和城市之间的底层文化人。纵观全文，文章语言朴实清新，对于农村的自然风光描写带有浓郁的生活气息，《仙吕调•六么令》云：“数间茅屋道旁边，空里高将布望悬。麾下柴烧芦蔎[⑤]叶，牛屎泥墙画醉仙。”[⑥]又《歇指调•枕屏儿》云：“但见院后披牛厂，柴门向日开。家麻遮嫩草，野鼓映苍苔。”[⑦]同时，作者还通晓农村风土人情，如对农村婚嫁习俗，《南吕宫•应天长》云：“立三翁为媒，使问阴阳牙推，拣择个吉日。”[⑧]又《商调•玉抱肚》云：“牛羊入圈为时分，李三翁，与先生相从。安帐地东南上，牙推道：‘此间房舍没灾凶。’”[⑨]“立媒人”、“择吉日”、为房间卜吉凶等具有浓厚农村意象的婚嫁习俗，又《般涉调•沁园春》云：“听惊天霹雳，眼前电闪……陌地观占，台头仰视，这雨多应必乖（日煞）伤苗稼，荒荒是处，饥馑民灾。”[⑩]反应了作者丰富的农村生活经验，三则具体描写农村生活的材料反映出作者与农村的密切联系。据此可推测，作者平常与农民接触频繁，是一位生活在底层的艺人。

最后，我们依据上述三个必要条件，自然就想到了一个人，即孔三传。孔三传为山西泽州人，生活在熙宁、元丰、元佑年间（1068—1094），是诸宫调的创始者。孔三传所在地泽州，盛产“泽州饧”，宋王明清撰《玉照新志》云：“绍圣中，有王毅者，文贞之孙，以滑稽得名。除知泽州，不称其意，往别时宰章子厚，子厚曰：‘泽州油衣甚佳。’良久，又曰：‘出饧极妙。’毅曰：‘启相公，待到后，当终日坐地，披着油衣食饧也。’”[⑪]泽州饧是一种盛行于两宋的泽州名吃，主要成份为麦芽糖。《刘》文中也出现麦芽糖的记载，《歇指调•耍三台》：“张开吃椹子麻糖口，叫一声真同牛吼。”[⑫]又《高平调•贺新郎》云：“将金印敢换了麻糖。”[⑬]麻糖又称麦芽糖，“麻糖”被用于恶人的形象描述并加以实际利用制成“金印”，正是由于当地百姓熟知麻糖的制作，所以运用到作品中。又王灼《碧鸡漫志》强调了

---

① 蓝立萱校注《刘知远诸宫调校注》之《知远别三娘太原投事第二》，第 66 页。
② 蓝立萱校注《刘知远诸宫调校注》之《知远走慕家庄沙陀村入舍第一》，第 16 页。
③ 蓝立萱校注《刘知远诸宫调校注》之《知远别三娘太原投事第二》，第 74 页。
④ 同上，第 68 页。
⑤ 原文此字为上下结构，上为“艹”，下面左边为“古”，右边为“刂”，今暂时校为“蔎”。
⑥ 蓝立萱校注《刘知远诸宫调校注》之《知远走慕家庄沙陀村入舍第一》，第 4 页。
⑦ 同上，第 9 页。
⑧ 同上，第 17 页。
⑨ 同上，第 19 页。
⑩ 蓝立萱校注《刘知远诸宫调校注》之《知远别三娘太原投事第二》，第 61 页。
⑪ 转引自宋孟元老著、邓之诚注《东京梦华录注》，第 113 页。
⑫ 蓝立萱校注《刘知远诸宫调校注》之《知远别三娘太原投事第二》，第 69 页。
⑬ 蓝立萱校注《刘知远诸宫调校注》之《知远探三娘与洪义厮打第十一》，第 118 页。

孔三传作诸宫调的两个特点：一、影响巨大，脍炙人口，艺术水平高超，能为士大夫广为传诵。此点从《东京梦华录》对其诸宫调的记载可得佐证。二、诸宫调伊始，必然以古人为题材，以传记为形式，形成为古代人物作传的创作传统。我们对照《刘知远诸宫调》，不难发现其为古人立传的根本特点。另，南宋曾有《状元张叶传诸宫调》，从名称上亦不难发现其为古人立传的特征。又金代董解元的《西厢记诸宫调》，本质也是为古人立传。以及元人王伯成《天宝遗事诸宫调》，亦然。为此，我们看，发源于山西的诸宫调，其被孔三传创作伊始，就有为古人立传的特点。另诸宫调作品名称都以人物或故事命名，无单独诸宫调一词之称。我们为之反观《东京梦华录》中所记录的“孔三传《耍秀才诸宫调》”①，必然也是为某古人立传，而不是有些学者所认为的“耍秀才”应该是一位和孔三传一样的诸宫调作者。为此，本文进一步推测，孔三传的“传”字，理当读作传记的传。因为按照古人的命名习惯，“三传”可不是什么稍有身份的人的正式名字。又《刘》文之《正宫·锦缠道》：“翁翁姓李，排房最大，为多知古事，善书算阴阳，时人美呼三传。”②可见《刘》时期亦有“三传”的称呼，此称呼是对通晓“知古事”、“善书”和“算阴阳”之人的美称。那么，我们可以推知，或许孔三传也可能是由于熟知历史故事、善于说书、会占卜阴阳方术而为时人称“三传”。那么，由于创立“古传”，也就是以历史人物为素材，以纪传的方式演说人物，再加上其能占卜阴阳，为方术之事，所以从而得名“孔三传”。如此我们把其为北宋泽州人的巧合联想起来，似乎可以推测，《刘知远诸宫调》的作者，应该就是孔三传这类的山西本土的民间说书艺人。

（作者通讯地址：四川师范大学文学院　成都 610110）

① ［宋］孟元老著、邓之诚注《东京梦华录》，第133页。
② 蓝立萱校注《刘知远诸宫调校注》之《知远走慕家庄沙陀村入舍第一》，第12页。

西夏学　第 10 辑 2013 年 9 月
Xixia Studies, Sep,2013,Vol.10

西夏佛经版画中的建筑图像及特点

陈育宁　　汤晓芳

20 世纪 90 年代中期以来，我国相继编纂出版了《俄藏黑水城文献》（上海古籍出版社 1996—2000 年，目前出版 18 册世俗文献和 4 册佛教文献）、《中国藏西夏文献》（甘肃人民出版社、敦煌文艺出版社 2007 年出版，17 卷 20 册）、《中国藏黑水城汉文文献》（国家图书馆出版社 2008 年出版，10 册）、《英藏黑水城文献》（上海古籍出版社 2005 年出版）、《法藏敦煌西夏文献》（上海古籍出版社 2007 年出版）。在发布的西夏文献中，许多是佛经印本，刊刻了一些佛经版画。这些版画对宣扬、传播佛教理义和诵读经咒偈文起到了看图识经的作用。版画中的说法图和经变图除了佛、菩萨等佛教人物形象外，还绘制了许多世俗人物和物象，其中包含了许多佛教建筑和世俗建筑。建筑是社会物质和文化水平、审美意识的综合载体。对版画中建筑图像的释读并参照西夏考古出土的建筑构件进行研究，对于进一步揭示西夏社会生活、佛教对西夏文化艺术的影响、各民族之间的文化交流有十分重要的作用。本文引证 1146—1195 年皇家刊刻佛经版本中的插图，[①]这是上流社会对建筑的描绘，更具有社会物质和文化发展标志的典型性。

一　西夏文献中佛经版画的建筑图像

西夏是一个信仰佛教的国家，刊刻了许多汉文和西夏文佛经，许多佛经首页插有佛说法、经变版画，在经变及一些佛教因缘故事图中绘制了建筑图像。其中较好的有以下几种：

俄藏《妙法莲华经》卷一至卷七绘有变相图（图 1）（《西夏艺术史》第 145—147 图）。

图 1　俄藏《妙法莲华经》卷一插图

① 本文版画图片资料引自陈育宁、汤晓芳著《西夏艺术史》（上海三联书店，2010 年）128—182 页，该著作通过印经发愿文的考证，确定是西夏时期刻刊的。

俄藏编号 TK1、3、4、9、10、11、15 为汉文七卷本《妙法莲华经》木刻本，经折装，折面宽 8.5 厘米，高 18.5 厘米，各卷首有经变版画一幅，为净土变相。画和文字之间刻版本卷第及刻印地点、日期和刻工姓名。此版本为西夏“上殿宗室御史台正直本”，刻工为“善惠、王善圆、贺善海、郭狗埋”，刻印日期：“大夏国人庆三年岁丙寅五月……”（即 1146 年 6 月 11—7 月 10 日）。卷首版画由两部分组成，右侧是释迦牟尼佛说法，左侧是经文变相，宣传大乘佛教三乘归一，即“声闻”（听佛说法）、“缘觉”（自我修行）、“菩萨”（利己利他普度众生）。全经共二十八品，叙述释迦摩尼在耆阇崛山（汉文经典称灵鹫山）与舍利弗、须菩提、摩柯迦叶等尊者说法，各卷经文内容不同，通过大量形象的比喻故事画面，如“闻法布施”、“持戒忍辱”、“忍心善软”、“供养舍利”、“造塔画像”、“写经念诵”等，叙述消灾免难，能进入极乐世界。尤其是《观世音普门品》的插图，菩萨乘云下降人世间救难，一幅幅图画都是世俗生活的描绘。刻画表现的是人间生活，由人居环境和人居建筑的图家绘出。

卷第一包括《弘传序》、《序号第一》、《方便品第二》，有版画四折面，画面宽 34 厘米，高 15 厘米，画刻人物六十余身，右三折是佛说法，佛说法的环境是西方净土世界:佛、菩萨、天人、护法置于一建筑高平台（图 1-1），这个高平台的台面为左右大、小两个台面组成，左面的台面较小，亦称胎，中间有五级台阶，阶梯两侧有垂带，四周有砖面散水。月台面上跪着尊者和天人；右面的台面较大，台面上有坐于莲花座上的佛和两胁侍菩萨、天人护法站立，还有一童子。台面呈白色，说明是夯土结构；佛前有一长条供桌，四周帷幔。第三折上方绘一受病痛折魔者睡在床上，下跪两人求佛解脱病苦；第四折有造塔供养，绘莲叶台上有一攒尖顶舍利塔（图 1-2），从塔顶盖面绘四脊来看，估计该塔为八角塔。图和经文的中缝刻有：“奉天显道耀武宣文神谋睿智制义去邪睦懿恭皇帝”，即仁宗仁孝（统治时间：1139—1193 年）。卷第二经首版画第二折面有四合院的第一进院落、门楼、起脊院墙和侧屋，侧屋顶起脊并有望兽（图 1-3），院门外站二人，一人着袍为主人，另一短衣人为侍者，主人请“三乘”入院门。卷第三首面版画的第二折左上方绘有城墙阙和城前的护城壕（图 1-4），城门前有桥，左下方绘一矮院墙内有一座呈折角的民房，起脊瓦顶，无正脊及脊饰，屋内摆设条桌，屋外有栅栏，似为瓦肆店面（图 1-5），处于市口。

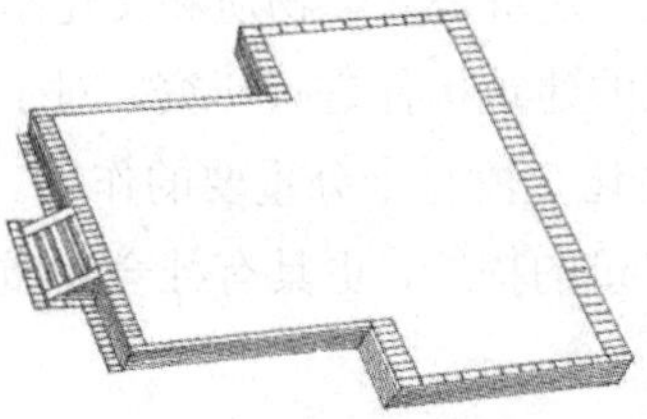

图 1-1　五阶级高台基

图 1-2　攒尖顶舍利塔

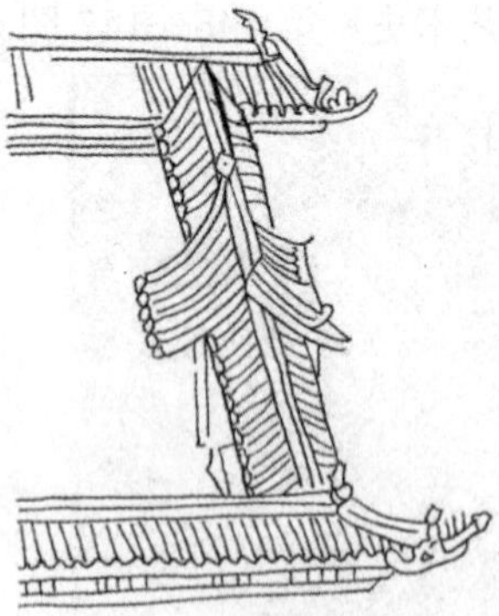

图 1-3　一进院落

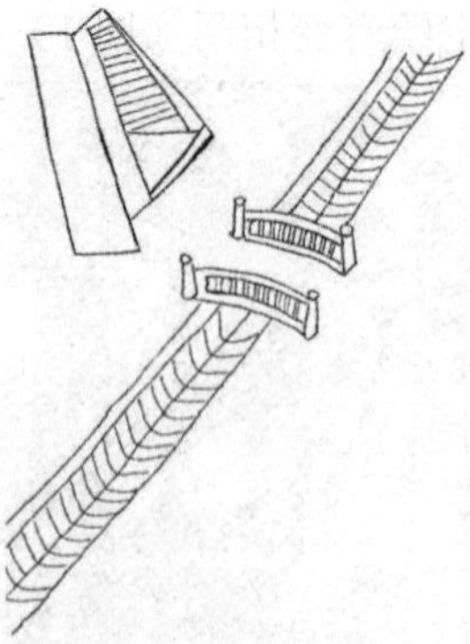

图 1-4　护城壕、桥

图 1-5　瓦肆建筑

卷第四第二折右上角绘一攒尖顶亭式建筑，左上角绘祥云中的佛宫一角，宫中有佛下凡人间说法。右上角有一攒尖顶阁，屋坡四面（图 1-6）。

图 1-6　攒尖顶亭阁

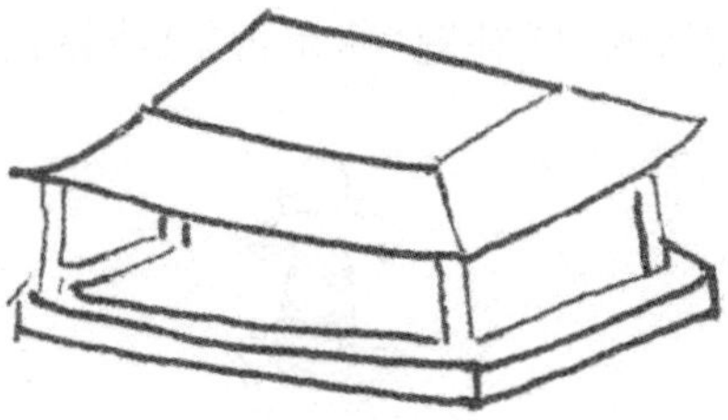

图 1-7　平顶建筑

卷第六第二折右上角祥云中有一平顶建筑，屋面夯土平顶，出四檐，檐上盖瓦，为佛殿（图 1-7），左下角一人供拜攒尖顶舍利塔。

中国藏西夏文《妙法莲华经卷二》经变图（《西夏艺术史》第 149 页），木刻本，页面高 33.1 厘米，宽 10.6 厘米，卷首有四折页插图。在第三、四折页有多种建筑描绘：第三折页有一高等级建筑，从有图案的御路踏道分析是一个三开间殿式建筑，屋顶饰有鸱吻；第四折页有一官邸，三开间官式建筑。

以上仁宗时期刻印的汉文《妙法莲华经》变相图和中国藏西夏文《妙法莲华经》变相图中出现的建筑有：高台基、四合院建筑、瓦肆建筑、城墙、护城壕与桥、亭阁、中原起脊式佛殿、藏地平顶式佛殿、亭式舍利塔、覆钵式舍利塔。

俄藏编号 TK90《妙法莲华经观世音菩萨普门品第二十五》变相图，是 1189 年罗皇后庆贺仁宗皇帝即位五十周年所散施的，封皮有书写流利的两行西夏文和版画。在第四折页下部榜题“还着于本人”的出图中描绘一高级别民居，高台基并有有踏道台级，立柱下有柱础石，两柱之间有坊木，说明西夏时期殿式建筑出现了坊的结构（图 1-8）。

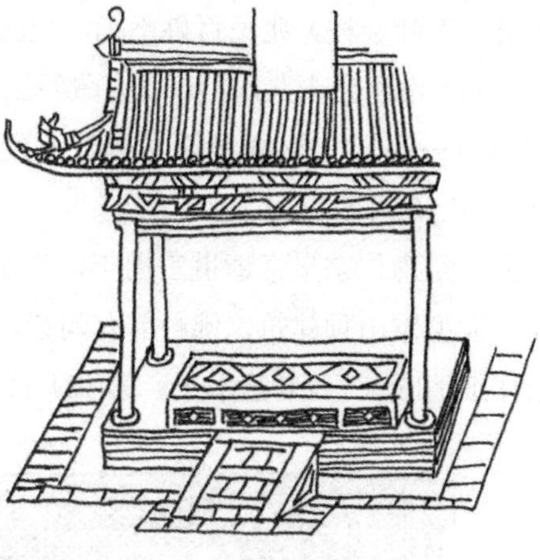

图 1-8　柱、坊、础石结构

俄藏《大方广佛华严经入不思议解脱境界普贤引愿品》（图 2）木刻本、经折装，折面宽 9 厘米，高 21 厘米，第 1—6 折面有幅面高 15.5 厘米、宽 55 厘米的变相图（《西夏艺术史》第 150 页）。

图 2　俄藏《大方广佛华严经入不思议解脱境界普贤引愿品》

第五折面榜题“五随喜功德”有补题“随喜及涅槃\分布舍利根”绘出一金刚座覆钵形舍利塔（图2-1），自上至下绘日月、塔刹、刹基、粗大相轮、相轮基座（基座上有仰覆莲）、覆钵、金刚座。第六折页的“十普皆回向”补题“极重苦果\我皆代受”绘有一座燃烧的城，有门钉的城门紧闭（图 2-2）。

图 2-1 粗大相轮覆钵塔

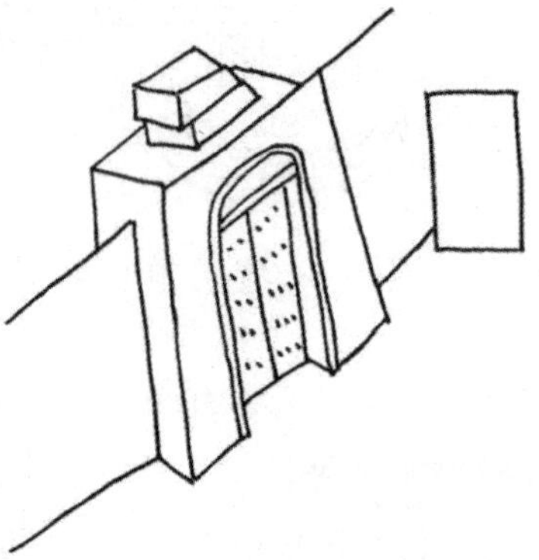

图 2-2 有门钉的城门

此经有题记：“刻印此经称作《大方广花（华）严经普贤行愿品》，它帮助人们像毗卢一样登上脱离尘世的道路，像普贤一样找到主要的道路，摆脱苦孽，免除恶根。因此皇太后罗氏在仁宗皇帝（1139—1193）逝世三周年之际，为了他（仁宗）及早升天，为了“萝图”“宝历”（皇祖）、军政官吏、皇室人员（玉叶金枝）兆民百姓幸福，祝愿他们得到尧时的荣誉、舜时的安乐，特命各寺庙焚香三千三百五十遍，设斋会十八次，起读大藏经三百二十八部，其中主要的经二百四十七套，其他经八十一部，各种小经……。”[①]根据发愿文题记此经刻印于仁宗皇帝三周年忌辰——天庆乙卯二年九月二十日（1195 年 10 月 8 日）。

为了纪念仁宗皇帝逝世三周年，各寺庙刊印了不同版本的华严经，俄藏此经的一残页描绘佛宫建筑为一大型歇山顶建筑，佛殿前有勾栏，立柱上斗栱有两出跳，屋面琉璃筒瓦、瓦当等建筑构件一一描绘仔细清晰（《西夏艺术史》第 151 页）。

图 3 俄藏《佛说转女身经》

① ［俄］孟列夫著、王克孝译《黑水城出土汉文遗书叙录》，宁夏人民出版社，1994 年，第 128—129 页。

俄藏编号TK8、12、13《佛说转女身经》（图3），木刻本、经折装，折面宽10厘米，高21.5厘米，卷首有《佛说转女身经》变相图，尾题称罗太后为纪念去世的仁宗皇帝特施印经三万卷，施印日期"天庆乙卯二年九月二十日\皇太后罗氏发愿谨施"（1196年10月24日），画面出现妇女生产、生活实景及各式宫殿、民舍、庙宇建筑。第五折页有攒尖顶亭阁，第六折页有佛殿、民居，在榜题"怀子在身/□［受］苦痛"边绘有一妇女在起脊的高台基官邸建筑内产子，在榜题"女人为他所使捣/药舂米熬苦磨"边绘有一妇女在无脊的简易房内推磨(图3-1)(《西夏艺术史》第152页)。

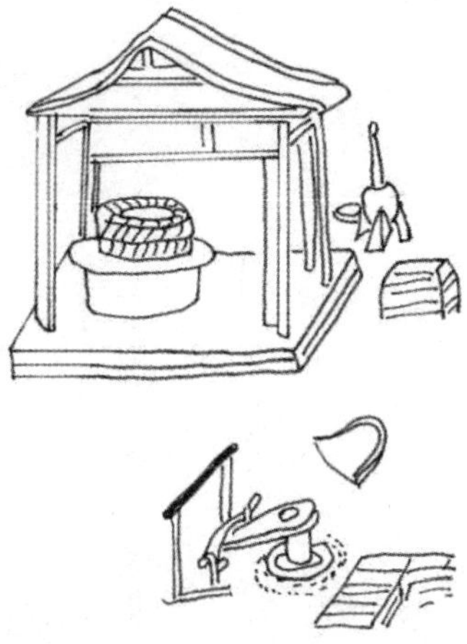

图3-1 磨房

俄藏编号TK58《观弥勒上生兜率天经》，木刻本，经折装。该经是乾祐二十年（1189）仁宗继位五十周年，皇帝发愿散施的，有仁宗皇帝发愿文："朕谨于乾祐巳酉二十年九月十五日……就大度民寺作求生兜率内宫弥勒广大法会……散施番、汉《观弥勒菩萨上生兜率天经》一十万卷……奉显天道耀武宣文神谋睿智制义去邪？ 睦懿恭皇帝谨施。"①经首变相图（图4）有8折面，画幅宽87.5厘米，高23.5厘米。第1-2折面绘弥勒在宫内说法图；第3—6折面描绘弥勒净土盛会，其中宫城建筑规模宏大。宫门四扇，宫墙起脊覆瓦有立柱；九开间大殿，殿面用条瓦覆盖，飞檐上翘，檐下斗栱层层，

图4 俄藏《观弥勒上生兜率天经》

殿前有九根金柱，为皇宫级别的殿宇建筑。殿后有回廊，台阶和桥通向殿前平台，平台下有水池（图4-1)；第8折面绘六幅德行图，榜题"花香供养"、"深入正受"、"修诸功德"、"读诵经典"、"盛仪不

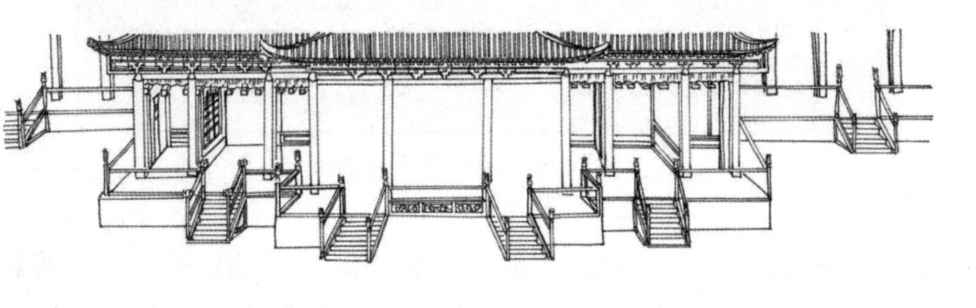

图4—1 九开间佛殿

① ［俄］孟列夫著、王克孝译《黑水城出土汉文遗书叙录》，宁夏人民出版社，1994年，第128—129页。

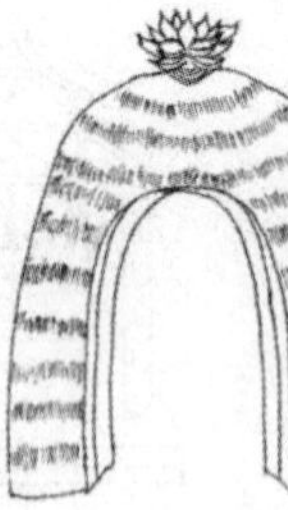

图 4—2　修行冢

图 4—3　覆钵塔内供养摩尼宝珠

缺”、“扫塔涂地”。图中绘出种种德行，德行图中有庙宇、高台基的房子、修行冢（图 4-2)；左下方是两人躬腰扫塔涂地，有金刚座覆钵形舍利塔（图 4-3）建筑，覆钵内有三个摩尼宝珠供养。中国藏西夏文《金光明最胜王经》(图 5)，有西夏文题款：“兰山石台严云谷慈恩众宫一行沙门慧觉集”、“奉白高大夏国仁尊圣德珠城皇帝敕重校”，此经为惠宗秉常时期译，仁宗时期校，神宗时期重译并疏义，在西夏流布时间较长。圣德珠城皇帝为仁宗皇帝仁孝。

图 5 《金光明最胜王经》卷五

图 5 《金光明最胜王经》卷十

此版画绘于仁宗皇帝重校以后刊刻的佛经插图（1193 年前），计有四种经变图，画刻建筑较细腻：卷第一第四折面右上方有窣堵波式塔。卷第五的建筑画面表现丰富：有三开间佛殿，有门楼、围墙。有起脊小阁，一围墙内有四阶梯高台基起脊建筑，正脊两端设吻兽，脊中有一对鸟，屋面上有二只展翔飞翔的小鸟（图 5-1），台基地面有散水方砖，台基邦壁绘花纹，台基四周有勾栏，栏板绘莲花图案。

图 5-1　高台基建筑正脊饰鸟

卷第十第二折页上方有一舍利塔，绘出塔刹、相轮、覆钵、塔座。第一折面右上角绘一座城的一角。折角城墙开有两城门，城门上有门钉，城墙上有雉堞（具有高昌坞壁和波斯城堡风格）（图 5-2），城内绘一起脊、飞檐建筑，殿内绘一床，床上卧一佛。该经由唐义净从梵文译出十卷，西夏文《金光明最胜王经》从汉文转译。

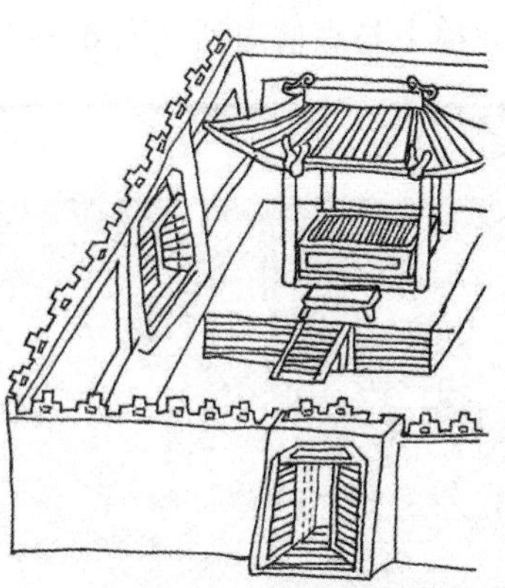

图 5-2　城墙雉堞

西夏文佛经《慈悲道场忏罪法》经首的梁皇宝忏图版画描绘梁武帝为雍州刺史时，夫人郗氏性酷妒，化为巨蟒入后宫的故事。版本有两种，画面绘有宫内建筑及其装饰。

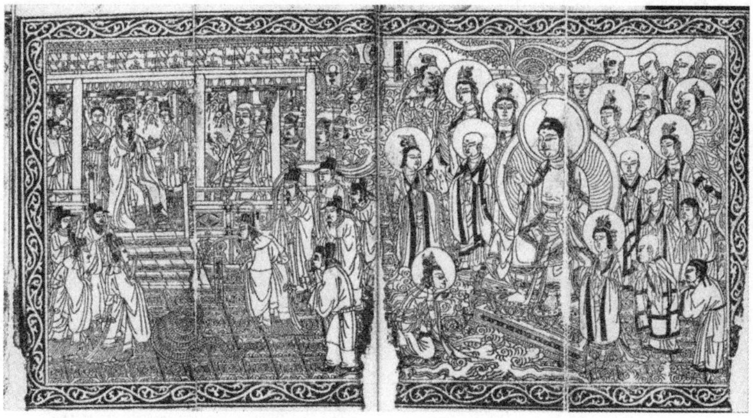

图 6　中国藏《慈悲道场忏罪法》

中国国家图书馆藏《慈悲道场忏罪法》的版画（图 6）占四折页，右两折页为佛说法，左两折页为宫殿内梁武帝与高僧对话。宫殿地面铺花砖（图 6-1），建有一个高出地面五个阶梯的“地平”，台阶两侧的垂带呈白色；地平靠墙绘有立柱，立柱顶为梁坊，坊下绘幔帐；地平前有勾栏，两端立望柱，

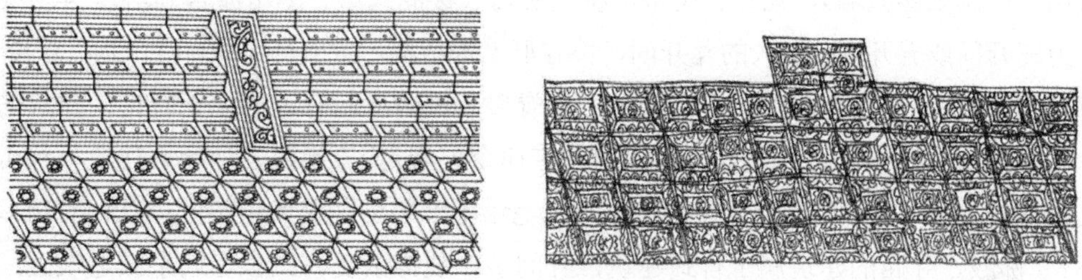

图 6—1　宫殿地面花砖

柱头绘出莲花，栏板是几何图案菱形内绘一莲花，（南朝）梁武帝坐在靠背的龙椅上与高僧对话（图 6—2）。

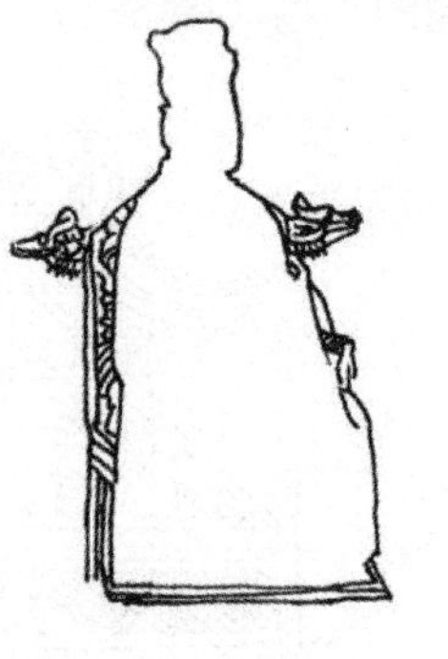

图 6-2　西夏文佛经中的梁武帝龙椅

图 7　《西夏译经图》

俄罗斯藏《慈悲道场忏罪法》的版画描绘宫内建筑画面与中国藏基本相同，更突出额坊上的斗栱和地平、栏板，垂带彩绘，彩绘图案是缠枝卷草，更带有西方特点，与西夏陵出土墓碑残片的卷草图案相似。

西夏文佛经《现在贤劫千佛名经卷首的《西夏译经图》（图 7）展示了译经殿室内建筑，主译人国师白智光高高在上坐在如意宝座上，其前放有译经桌和供桌，供桌上有莲花座上的“经卷”，经卷前有“五供养”。惠宗秉常皇帝和皇太后坐第一排，前有勾栏，说明译经殿内建有“地平”，高出大殿地面。勾栏的装饰讲究，有莲花柱头的望柱，还绘有卷草纹的栏板、地栿、华板、蜀柱、辱杖等，勾栏结构绘制十分细腻，增加了译经殿的神圣和华丽（图 7-1）。

图 7-1　译经殿的“地平”和勾栏

二　西夏文献中佛经版画的建筑特点

（一）传承中原的建筑伦理和布局

1. 建筑形式多样：有佛宫、高台基、阶级、勾栏、望柱、须弥座、廊庑、回廊、庙宇、城墙（土木夯筑城墙、砖砌雉堞城墙）、瓦肆、民舍、桥、佛塔（楼阁式塔、窣堵波舍利塔）。其中起脊佛宫、大型庙宇为三开间或五开间，最大的九开间，长方形土木结构，屋顶有庑顶、歇山顶、重楼（二重楼、三重楼），顶脊的装饰有正脊鸱吻和垂脊神兽、戗脊兽。民舍虽起脊，但无正脊饰。建筑的开间、装饰等传承中原建筑的等级制。西夏《天盛改旧新定律令》规定：“佛殿、寺庙之建筑材料可与皇宫建筑材料之质地、颜色、规格相同”，“任何一座官民宅第不准装饰莲花瓣图案……凡旧有疏璃瓦之房盖均应除掉。”佛殿、寺庙的建筑属于官式建筑，开间多，装饰繁复。民舍等属杂式建筑开间小，装饰简单，如德行图中出现的建筑民舍、小型庙宇，其围墙土建或用竹篱笆围合，磨房两坡无脊，民居瓦肆的折角建筑没有高大的正脊和造型优美的脊饰，反映了非官式建筑的低等级。

2. 佛宫建筑布局为四合多进多院式，大型佛宫为封闭庭院式，或一进二进合院式；小型佛宫以佛殿为中心的封闭合院，属宫殿式庭院。四周用墙围合，宫门、佛宫等主要建筑分布在佛殿（位置或靠后或居中）为中心的中轴线上，次要建筑呈对称分布（侧殿、亭阁、曲桥等），有的围墙用廊庑替代。这种宫殿型多院式殿阁组群，呈现宏伟、庄严的气势，具有强烈的建筑艺术表现力。尤其是正脊的鸱尾和垂脊神兽，角梁抬高殿翼起翘，屋面勾头滴水形成弧形檐口，使庞大的建筑显得轻巧。佛宫的形象在现实生活中也是帝王的宫殿描绘，帝王举行重大典礼朝政及祭祀活动的殿堂也是多院多进制，各级官吏行使统治权力的厅堂建筑也是多院制的。

（二）西夏建筑艺术受到佛教影响，后期尤其受到藏传密宗建筑影响

1. 佛塔建筑出现两种形式：如佛塔供养，绘两种形制：一是亭阁式，二是窣堵波式。窣堵波舍利塔由印度传入，半圆形实心覆钵，周围有栏杆平座供瞻仰，正中立一石竿，竿上串联三层伞盖（即相轮）。西夏窣堵波塔突出粗、高相轮，呈圆锥台体，而覆钵较矮小，与印度佛舍利塔桑齐大塔半圆形大覆钵建筑略有不同，这是早期藏密覆钵塔的形制。此形制佛塔造型，在西夏之前的敦煌壁画中不曾出现过。图像的出现有两种可能：一是西夏时期的西方僧人（天竺、回鹘）从西域通过丝绸之路进一步传入密教而发展起来的建筑；二是藏传佛教僧人从古格王朝引入的建筑，在 10 世纪古格王朝的壁画中此种塔的图像频频出现。①

2. 建筑装饰受到西方密教和藏密传入的影响。佛、菩萨金刚座的纹饰多种多样，反映了绘画及雕刻艺术在建筑体的发展运用，金刚座繁密的花纹，尤其是仰覆莲纹、几何纹、缠枝卷草纹等受到印度、西藏、西域艺术的影响。窣堵波式舍利塔塔刹下对称的缯带装饰直接受到古格王朝藏密艺术的影响（图 8-1）。

图 8-1　金刚座仰覆莲纹

图 8-2　高僧坐椅和桌几、踏凳

3. 室内家具多种多样，有高僧坐的如意头高背椅，有皇帝坐的龙头高背椅，有佛供桌、高僧供桌，有佛涅盘檠床、一般高增坐床等。家具的装饰图案也受到西域和藏传佛教的影响，如佛供桌案下的帷幔装饰，高僧踏凳上的几何图案（图 8—2）。

（作者通讯地址：宁夏大学西夏学研究院；宁夏人民出版社　银川　750021）

① 孙振华：《西藏古格壁画》，安徽美术出版社，1989 年。

自成体系的西夏陵屋顶装饰构件

牛达生

摘　要：我国传统木构建筑，屋顶装饰非常重要。重要建筑物的屋顶，多由屋面、正脊、垂脊和戗脊等组成。装饰部件，除瓦档、滴水外，主要是各式兽件。在现存唐宋建筑中，其各式兽件多为后代补配，失去原制。而在西夏陵，则出土了西夏时期完整的脊兽、套兽、垂兽和蹲兽，成龙配套，未缺一种。西夏陵出土的屋顶装饰构件、特别是套兽、垂兽、蹲兽，从未见于他处，与中原传统屋顶构件完全不同，以致定名都十分困难。本文依据实物的造型特点，探讨这些构件的名称、它们与佛教的关系、以及所体现的丰富的西夏文化内涵，从而证明它是独特的有别于中原的另成体系的屋顶装饰系统。

关键词：西夏建筑　屋顶构件　鸱吻　迦陵频伽　摩羯　吼狮　金翅鸟

西夏陵是埋葬西夏历代帝王的地方，位于银川西郊贺兰山山脚下。这里背山望水（黄河），地势开阔，在约50平方公里的贺兰山洪积扇地带，从南向北坐落着9座皇帝陵园和250多座达官贵人的陪葬墓。此外，还有佛寺、砖瓦窑、石灰窑等遗址多处。1972年以来，已发掘帝陵1座，陪葬墓4座，清理寺庙、碑亭和砖瓦窑遗址多处；本世纪初，又清理了3号陵和6号陵地面建筑遗迹。出土了大量文物，逐渐揭开了西夏陵神秘的面纱，使我们对西夏文化有了更多的认识。我们深切地感到：西夏陵具有独特的人文景观和丰富的文化内涵，是研究西夏陵寝制度、西夏建筑和西夏文化的宝地。理所当然，它早已成为全国重点文物保护单位和全国重点风景名胜，也是国家文物局公布的中国20世纪百项考古重大发现之一。[①]更令人惊喜的是：2011年11月，西夏陵申报世界文化遗产暨国家考古遗址公园项目正式启动，笔者有幸参加了这一活动。在热烈而隆重的启动仪式上，时任自治区主席的王正伟和时任国家文物局局长的单霁翔为启动仪式揭幕，并发表了热情洋溢的讲话。国家考古遗址公园建设指日可待，世界文化遗产力争2015年申报成功。[②]

西夏陵出土文物很多，其中石质的就有雕龙栏柱、莲花柱础、石螭首、力士碑座、经幢、石马、石狗及石刻人像残件等；砖瓦建筑材料更是多如牛毛，莲花纹砖、瓦当、滴水等品种繁多，纹饰精美，别有天地。限于篇幅，本文着重介绍几件与建筑有关又有时代特点的屋顶装饰构件。

我国传统木构建筑，屋顶装饰非常重要，无论建筑大小、等级高低，其屋顶都是要搞得好看一些。重要建筑物的屋顶，由屋面、正脊、垂脊和戗脊等组成。装饰部件，除瓦档、滴水外，主要是各式兽

① 《“中国20世纪100项考古大发现”评选结果》，《中国文物报》2001年4月4日。
② 《西夏陵申报世界文化遗产暨国家考古遗址公园》，《宁夏日报》2011年11月23日。

件，大体说来不外乎脊兽（正脊两端）、垂兽（垂脊最下端）、套兽（檐角仔角梁上）和蹲兽（清称走兽、跑兽，装在垂脊和戗脊前端）。物以稀为贵，在现存唐宋辽金等建筑中，其脊兽、垂兽、套兽和蹲兽等构件，多为后代补配，已失去原制。①而在西夏陵，则出土了西夏时期完整的脊兽、套兽、垂兽和蹲兽，成龙配套，未缺一种。我国传统建筑材料，以满足建筑功能的要求为主，同时也有一定的装饰作用。西夏陵的这些装饰构件，其质地有灰陶、红陶所制的，更有很漂亮的釉陶（也即琉璃）：有蓝色、黄色，但多为绿色，真是五彩缤纷，十分难得。而这些装饰构件，特别是垂兽、套兽和蹲兽，从未见于它处，与中原传统屋顶构件完全不同，以致定名都十分困难。本文依据实物的造型特点，探讨这些构件的名称，探讨它们与佛教的关系，以及所体现的丰富的西夏文化内涵，从而证明它是独特的、有别于中原的、另成体系的屋顶装饰系统。

一 脊兽—鸱吻

(一)概述

鸱尾、鸱吻，是置于屋顶正脊两端的装饰构件，用以封护屋面两坡，也起装饰美化作用。这里顺便谈谈作为屋脊最主要的装饰构件的鸱尾和鸱吻的演变历程。

屋顶的装饰构件，首先出现在屋脊上。从现有资料看，最早的作品出现在汉代。在汉代的画像砖上，可以看到在屋顶正中装有凤凰构件；在汉代的陶楼上可以看到屋脊两端翘起的装缀。大约到了东汉末年，一种新的形态开始产生——鸱尾。“鸱”是什么东西？就是天上飞翔的鹞鹰，也即猫头鹰之属。宋《营造法式》转引《汉纪》②说，海中有一种称为“鱼虬”的鱼，其“尾似鸱，激浪则降雨，遂作其像于屋，以厌火祥”③，于是鸱尾便成了除灾防火的象征。

最早的鸱，其状似鱼尾，有尾无头，故称鸱尾。发展到后来，“鸱”上生出了头，便成了有尾有头的形象，尾似鱼，而头似龙了，于是多了一个名字，称为“鸱吻”。“鸱吻”是从鱼形向龙形的过渡形态。到了明清，“鸱”的形状变成龙的形象，又称“龙吻”、“大吻”了。《易·乾》曰：“云从龙，风从虎”，疏：“龙是水畜，云是水气”。但无论如何演变，其除灾防火的象征意义一直未变。

历代鸱尾、鸱吻形象的资料，在考古中多有发现（明器、画像石、画像砖、墓葬壁画等），而敦煌壁画保留得更为完整、系统。这里，以敦煌壁画为主，参以其他考古资料，略谈其演变过程。

（二）鸱尾

据研究，鸱尾一词最早见于《晋书·安帝纪》卷一〇：东晋安帝义熙六年（410）六月“景④寅，震太庙鸱尾”。《北史·宇文恺传》卷六〇：隋文帝时（581—604），任营东都（洛阳）副监的宇文恺，在谈及宗庙建筑时说，“自晋以前，未有鸱尾”。从考古资料看，四川羊子山东汉墓门阙画像砖上已见端倪，其门阙屋脊的两端呈倒八字形翘起，尾端外指（图 1，见篇末，下同）⑤。云南昭通东晋孝武帝太元年间（376—396）墓，其墓壁画所绘“龙楼”，脊的两端看得更为清析，仍是外翘的倒八字形，

---

① 即使是被梁思成先生称为“极可罕贵之物”的辽独乐寺山门鸱吻，梁先生仍然提出是不是“辽之原物”的问题，他的答案是：“即使非原物，亦必明代仿原物所作。”见《梁思成文集（一）》，中国建筑工业出版社，1982年，第68页。

②《汉纪》，东汉荀悦所撰，成书于东汉末年献帝建安五年（公元200年）。

③ 梁思成：《营造法式注释》卷上，中国建筑工业出版社，1983年，第36页。

④ “景寅”，疑有误。经查陈垣《二十史朔闰表》，公元410年6月9日，为“庚寅”。

⑤ 李全庆、刘建业：《中国建筑琉璃技术》，中国建筑工业出版社，1987年，第37页。

其尾尚未向内（屋脊）弯曲，应是鸱尾的雏形（图 2）。①这些资料说明，东汉、晋代是鸱尾演变的初创阶段。

敦煌壁画中鸱尾的形象，在敦煌最早的北凉石窟中就已出现。敦煌第 275 窟北凉壁画中的鸱尾，与上述尾端外指不同，而是曲背内翻，尾端内指，略呈半月形（图 3）。这是我们能看到的最早的鸱尾形象。敦煌北魏第 254 窟、第 257 窟、北周第 296 窟、甚至晚唐第 85 窟，都可看到它的形象。②在墓葬考古中也有发现，山西大同北魏太延元年（435）墓壁画，侍者图中庑殿顶鸱尾（图 4）。③鸱尾是鸱吻的前身，这种饰件一直被沿用了五百余年，两晋南北朝直到晚唐都普遍使用。

另一种形式的鸱尾，也始于北魏。麦积山第 140 窟北魏壁画鸱尾（图 5），云岗石窟第 9 窟北魏所雕鸱尾，两者大同小异，其特点是有了背鳍，鳍与鸱之间有一线，背鳍一直延至尾尖。这是最早的、也是比较成熟的鸱尾图像。隋唐时期，鸱尾的形象更为完善。据考古发现，隋炀帝大业四年（608）李小孩石棺上，河南博物馆隋代陶屋上都有鸱尾，它们和莫高窟初唐第 431 窟的鸱尾（图 6）大体相类，曲背，尾尖内指，整体比例肥壮；而敦煌第 220 窟初唐壁画、敦煌第 172 窟盛唐壁画和大雁塔门楣刻石上的鸱尾，外轮廓较为高耸，身内有圆珠数枚，整体形象更美。1974 年，考古发掘出土的陕西唐昭陵献殿鸱尾，是目前发现的最早的实物例证。质地灰陶，面施黑釉，上下两拼，整体造型上薄下厚，高 1.5、长 1.0、宽 0.65 米，其高宽比例 10:7.4。④1985 年，韩国清州兴德寺遗址出土鸱尾一件，造型精美，与昭陵出土的形制大体相同（图 7），共出文物还有唐“大中三年”铭文板瓦。⑤

（三）鸱吻

“鸱吻”一词最早出现在初唐、盛唐。据载，唐高宗咸亨四年（673）八月“己酉，大风毁太庙鸱吻”⑥。唐玄宗开元十四年（726），“六月戊午，大风，拔木发屋，毁端门鸱吻，都城门等及寺观鸱吻落者殆半”⑦。鸱吻的形象资料，最早见于四川乐山凌云寺摩崖中唐石刻，但形象简率，敦煌壁画，则多有鸱吻形象。如榆林窟五代第 19 窟壁画（图 8）、莫高窟宋初第 61 窟壁画。这是鸱的最新形式，最大的变化是“鸱”身长出了头，成了有尾有头的鸱吻。

逮及辽金，鸱吻的实物仍有保存至今者。辽代的鸱吻，在大同华严寺和蓟县独乐寺山门（图9）可以看到；金代的，在大同华严寺薄伽教殿和朔县崇福寺弥陀殿（图10）可以看到。辽金鸱吻形制不完全相同：辽代的鸱吻，虽然已有了龙头，但曲背状态一如鸱尾；而金代的鸱吻，多了背兽，已变成蟠曲上弯的龙形，是“龙吻”的最早形式。在巩义宋陵考古调查中，曾发现鸱尾，可惜只有残块，很难窥其全貌。⑧

数百年间，鸱尾、鸱吻的形象，发生了不少变化，除上述这些基本形象外，还有不少其他的形象，可以说是每一建筑物上鸱的头尾都不相同，可谓千姿百态，体现丰富多彩华夏文化。此处不再赘述。

（四）西夏鸱吻

西夏鸱吻，1972—1975年，出土于6号陵西碑亭、南门，有绿色釉陶和灰陶两种。绿色釉陶者复原一件，高达152、宽60、厚30厘米，比昭陵出土的略大。这件鸱吻，上下两拼，形体高大，鸱口大

---

① 云南省文物工作队：《云南省昭通后海子东晋壁画墓清理简报》，《文物》1963 年第 12 期；胡振东、马荫何：《昭通后海子发现东晋壁画墓》，《学术研究》1964 年第 9 期。

② 敦煌文物研究所：《中国石窟·敦煌莫高窟》第 1 卷第 15、34、43、187 等图，文物出版社，1982 年。

③ 徐光冀主编：《中国出土壁画全集·2·山西》，科学出版社，2012 年，第 19 页。

④ 刘向阳：《唐代帝王陵墓》，三秦出版社，2003 年，第 21 页。

⑤ [韩国]清州古印刷博物馆编《清州古印刷博物馆》简介，2002 年 12 月。

⑥ [后晋]刘昫：《旧唐书》卷五，中华书局，1975 年，第 98 页

⑦ [后晋]刘昫：《旧唐书》卷八，中华书局，1975 年，第 190 页

⑧ 河南省文物考古研究所编《北宋皇陵》，中州古籍出版社，1997 年，图版六 O。

张，獠牙外露，周身鳞片，尾出两鳍，形象写实，威猛生动（图11）；青灰色者形状相同，器形较小，高91、宽58、厚20厘米。[①]比辽金鸱吻毫不逊色，是古代建筑物不可多得的精美之作。

3号陵比6号陵出土的更多,是2000年、2001年清理地面遗迹时发现的。已修复的计有5件，出土于东门、西门和北门的废虚中，多为灰陶制品。[②]其中西门的一件，编号：T1517-2：1，通高150、宽95、厚13—34厘米（图12）[③]。北门的一件，编号：T24112-2：2，通高148、宽92、厚17—25厘米。[④]综合考虑，其形象与6号陵鸱身高挺者相比，显得更为粗壮。另外，3号陵鸱吻大小尺度有明显差异，其厚薄差异尤大，说明其烧制过程有欠严谨。还有，南门鸱吻残片过于破碎，无法复原，但其残片全为绿色釉陶，[⑤]这就突显了作为正门的南门的重要地位。

这些鸱吻，对研究西夏乃至我国古代建筑都有重要意义。6号陵鸱吻，已被定为国宝级文物，并被国家博物馆收藏。抗战时期，梁思成先生考察河北蓟县辽代独乐寺，称山门上“其最可注意者，则脊上两鸱尾，极可罕贵之物也”[⑥]。如果梁先生在天之灵能看西夏鸱吻，又会给予怎样的评价和赞誉！

二　套兽—龙首套兽

套兽，是安装在屋顶檐角仔角梁上的装饰构件，既有保护木质角梁的功能，使其免受风雨浸蚀，也有装饰美化作用。据研究，“唐宋的垂脊、戗脊端无兽头和走兽，多以短柱上的宝珠作结，也有以花蕾或脊勾头下的面砖及其他形式作结的”[⑦]。由是可知，西夏陵出土的套兽，是我国古建中所见最早的实物，具有重要研究价值。

西夏陵套兽，最早出土于西夏6号陵，当时不知其用途，名“兽头脊饰”。此后，3号陵又多有出土，正式称其为套兽，又按其“套筒部位形状与下颌出须与否”，分别称为直筒方颈、敞筒方颈等四类。[⑧]又有按有无龙角或龙角之多寡，分为无角套兽、双角套兽、四角套兽等。[⑨]笔者认为，其形式无论如何变化，但其基本形态为龙，故本文分为无角龙首套兽和有角龙首套兽两大类。

（一）无角龙首套兽。只见一式，出土于6号陵。整体略呈长方形，额头平直，鼻头如蒜，上颌翘起，犬牙外露，下唇不显。其形象比清代套兽（图13）更为复杂美观。[⑩]颈部兼作方形套口，以便与仔角梁头套合。其中绿釉一件，长46、高20.5、宽19厘米（图14）。[⑪]此式套兽，在贺兰山拜寺口双塔西塔塔檐上也发现一件，大小、釉色、形制全同，为确定双塔为西夏原建提供了重要依据。[⑫]

---

① 宁夏回族自治区博物馆：《西夏八号陵发掘简报》，《文物》1978 年第 8 期。

② 统计数字见《西夏 3 号陵地面遗迹发掘报告》第 346、347 页“附表五：西夏 3 号陵园出土瓦作装饰构件统计表”(下同)。

③ 宁夏文物考古研究所、银川西夏陵管理处：《银川 3 号陵地面遗迹发掘报告》，文物出版社，2007 年，第 153 页。

④ 同上，第 173 页。

⑤ 同上，第 103 页。

⑥ 清华大学建筑系：《梁思成文集（一）》，中国建筑工业出版社，1982 年，第 67 页。

⑦ 萧默：《敦煌建筑研究》，文物出版社，1989 年，第 242 页。有人认为，成都五代后蜀孟知祥“和陵”墓门刻石，已是一个完整的兽头，也即套兽。经查，“和陵”墓门为石刻的牌楼式建筑，正脊两端为鸱吻，其垂脊前端雕有类似勾头的兽头，不是单独的套兽构件。

⑧ 宁夏文物考古研究所、银川西夏陵管理处：《银川 3 号陵地面遗迹发掘报告》，文物出版社，2007 年，第 316、317 页。

⑨ 汤晓芳、陈育宁等编《西夏艺术》，宁夏人民出版社，2003 年，第 118—121 页。

⑩ 李全庆、刘建业：《中国建筑琉璃技术》，中国建筑工业出版社，1987 年，第 45、46 页。

⑪ 宁夏回族自治区博物馆：《西夏八号陵发掘简报》，《文物》1978 年第 8 期。

⑫ 牛达生：《宁夏贺兰山拜寺口西夏古塔》，《考古与文物》1986 年第 1 期。

（二）有角龙首套兽。分为双角和四角（前二角为仔角）两式，出土于3号陵，仅修复者就有98件之多，门址、角楼、献殿、陵台均有出土，大小、形态略有参差。与上式相比，最显著特点是龙头硕大，口大张呈三角形；额顶出双叉长角，高扬龙首上方；颈部兼作方形套口，以便与仔角梁头套合。四角绿釉一件，陵台出土，编号为T2010-2：16，通长52、高37、筒经18×18厘米（图15）；[①]双角红陶一件，月城出土，编号为T0110-2：3，通长41、高37、筒经17×14厘米（图16）。[②]

三　垂兽—伽陵频伽

垂兽，是安装在屋顶垂脊或戗脊最前端的装饰构件。西夏陵的垂兽只有伽陵频伽一种。如前述“唐宋的垂脊、戗脊端无兽头和走兽”。由是，伽陵频伽是本世纪初，在西夏陵发现的最新的建筑材料。

据研究，迦陵频伽为梵语音译，又译为“嫔伽”，源于印度，意译为“美声鸟”、“好声鸟”、“妙音鸟”， 是印度的乐神。《慧林音义》云：“此鸟本出雪山（即喜马拉雅山），在壳中即能鸣，发声微妙，胜于余鸟。”佛经中称它昼夜六时，常作天乐，声音极美。人们听到这种声音，便会自然产生念佛、念法、念僧之心。它还以美妙的声音和优美的舞姿来供养和娱悦于诸佛。榆林窟第25窟唐代壁画的迦陵频伽，人首人身，头梳高髻，鸟尾凤脚，挺身而立，双翼舒展，曲臂抚琴奏乐，与净土灵鸟白鹤奏鸣应和，生动地表现了天国娱佛的情景（图17）。

作为建筑材料的西夏迦陵频伽，其形象与壁画所绘迦陵频伽有明显差异。虽然也是人首人身，其形态也是双翼舒展，似欲翩翩起舞，但最大不同是：她头带花冠（高髻不显），双手合十（不是抚琴），腹下器座两侧浮雕鸟爪（不是立姿）等。迦陵频伽形象不失其美，它与座器融为一体，更体现了它的创造性和实用性。据报导，迦陵频伽构件实物，在北京房山金陵、河北磁县观台镇窑址也有出土，其造型与西夏陵者略有差异。河南巩义宋陵多处出土嫔伽残头像，但无一能拼对复原者，无法窥见其全貌。[③]

西夏迦陵频伽，多为方形器座，可砌在相关部位。3号陵出土迦陵频伽，已修复者达76件之多，月城、神城四门、城角角楼皆有出土，而以陵台、南门最多。按其冠式不同，分为五角花冠嫔伽、四角叶纹花冠嫔伽两式。

五角花冠嫔伽。头带五角花冠，冠饰花草纹，双手合十置于胸前。细述之，发际中分，抹额分两边向上卷曲，三分式高髻立于冠后；面形长圆，两腮饱满，眼帘底垂，眉心印白毫；宝缯垂肩，肩饰兽毛飘带，颈佩卷草纹项圈；双翼呈扇形，安装在两肋预留孔内；其后为蕉叶纹长尾，装插在器座上，向上扬起。西南角楼出土的一件，编号为T0717-2：2，红陶质，通高38.4、翼展31.5、体宽11.5厘米 (图18，2-1、18，2-2) 。[④]

四角叶纹花冠嫔伽。与五角嫔伽不同：花冠为四角，而非五角；花冠较高，高髻不显；脸形浑圆，而非长圆；袒胸，双乳丰腴；身体略向前顷，两肋双翼呈长翎状等。月城出土的一件，编号为T0211-2：3，灰陶质，通高45、翼展42、体宽10—16厘米 (图19，2-1、19，2-2) 。[⑤]

---

① 宁夏文物考古研究所、银川西夏陵管理处：《银川 3 号陵地面遗迹发掘报告》，文物出版社，2007 年，第 289 页。有人认为现存最早的垂兽，是渤海（713—926）上京遗址出土的垂兽。经查，该件是脊兽鸱尾，而非垂兽。

② 同上，第 86、87 页。

③ 河南省文物考古研究所编《北宋皇陵》，中州古籍出版社，1997 年，图版六五、七五、八O、八七。

④ 宁夏文物考古研究所、银川西夏陵管理处：《银川 3 号陵地面遗迹发掘报告》，文物出版社，2007 年，第 212 页。

⑤ 同上，2007 年，第 88 页。

清代宫殿屋角上的仙人，是砌在檐角尽端的构件，所联结的盖脊瓦为勾头，作用就是将檐角完全封闭起来。其后依次为龙、凤等蹲兽，是屋顶最重要的装饰构件。我们注意到：西夏迦陵频伽器座多为方形，厚壁空心，正面为两朵对称的卷云纹，两侧为鸟形腿爪，底部和后面开口（图20），表明其一定是安装于垂脊或戗脊最前端的，其后也应为其他蹲兽，其地位与清式仙人相当。迦陵频伽在西夏殿堂屋顶构件中占有重要地位。

四　蹲兽—摩羯、吼狮、金翅鸟

蹲兽，明清称为走兽、跑兽，是置于垂脊和戗脊上的装饰构件。我国传统的蹲兽依次为龙、凤、狮子、天马、海马、麒麟、押鱼、獬豸、斗牛等，还有仙人、行什。按建筑的等级，有多有少，在各地的古代建筑、特别是北京故宫，就可清楚地看到。这些走兽，与盖脊瓦烧在一起，以便安装在相应部位。蹲兽，是宋代建筑物上出现的新生事物（唐代建筑上没有蹲兽），在敦煌壁画、山水绘画上都可看到，但画面上是粗线条的轮廓，很难看清楚具体为何兽。宋《营造法式》规定，在殿阁厅堂等建筑上所用“套兽径一尺二寸，嫔伽高一尺六寸，蹲兽八枚，各一尺”，但迄今未见发现实物的报导。据研究，宋代蹲兽“除嫔伽一枚以外，蹲兽多为一至四枚。式样及排列次序都无定则”[①]。因此，西夏陵出土的几种蹲兽，不能不引起人们的关注和重视。但让人惊奇的是，它与明清建筑物上的完全不同，难以比照，定名也十分困难。

但任何事物都有发展变化，也有沿袭和继承。想来宋朝蹲兽的品种不会超过明清，蹲兽的形制也不会有大的变化。果真如此，就更显现出西夏蹲兽不同寻常的价值。近几年来，几件蹲兽的定名问题不时萦绕脑际，后来突发奇想，觉得它与中原地区的蹲兽不是同一系统，而是佛教思想的产物。前面已经谈到的垂兽迦陵频伽，在敦煌石窟的壁画中就有，是西方极乐世界之神。另外的儿件，按佛经中的名称应是：摩羯、吼狮、金翅鸟。这几件蹲兽腹下都有圆形柱柄，下接盖脊瓦，以便砌在垂脊或戗脊相应部位。

（一）摩羯

1986年，在北部佛寺遗址第一次出土，只有一件，当时称为“龙首鱼”[②]。此后，在3号陵建筑遗迹中，又出土多件，定名为“摩羯”，应该说是正确的。[③]

摩羯是什么东西？据说是印度神话中的水怪，身体极大，它能吞陷一切。《法苑珠林》卷十曰:“摩羯大鱼，身长或三百由旬，四百由旬，乃至极大者，长七百由旬。故《阿含经》云:眼如日月，鼻如泰山。”由旬是古代印度长度单位，一由旬或言30里，或言40里，可知其大无比，威力无穷。摩羯形象，在考古中多有发现，有的是器物上的纹饰，如江苏丹徒出土的鎏金银盘；有的是器物，如内蒙古出土的辽三彩摩羯壶；在我国绘制的黄道十二宫中也有摩羯宫，但更多的是生活器皿摩羯灯。据研究，在“印度和中亚的摩羯鱼本无翅膀，唐代的作品起初也没有。中晚唐时，在金银器上锤鍱出的摩羯鱼被添上了翅膀。……辽、宋文物中的摩羯鱼也是这样”[④]。

---

① 祁英涛：《怎样鉴定古建筑》，文物出版社，1981 年，第 50 页。此说与萧默说法不同，根据宋《营造法式》，宋代是有蹲兽的。萧的说法，似可理解为敦煌壁画中未发现唐宋“兽头和走兽”。

② 宁夏文物考古研究所：《银川西夏陵区北端建筑遗址发掘简报》，《文物》1988 年第 9 期。

③ 宁夏文物考古研究所、银川西夏陵管理处：《银川 3 号陵地面遗迹发掘报告》，文物出版社，2007 年，第 320 页。

④ 孙机、杨泓：《文物丛谈・摩羯灯》，文物出版社，1991 年，第 162、163 页。

西夏陵出土的摩羯形象，不是摩羯灯，而是屋顶上的建筑材料——蹲兽，这大概是第一次以摩羯为形象的建筑材料。但是佛寺遗址出土的和3号陵出土的，在形象上有较大差异。前者的形象是兽首鱼身，略呈半月形，引颈翘首，头无角，长鼻上卷，颈部有鬃毛，遍体饰鳞纹，两侧出羽翼，背部有山形鳍，尾鳍分为两支。整体形象，似在水中奔腾搏击，欲有所图。通体施绿釉，通长42、高36、宽15厘米。腹部下有柱形柄与盖脊瓦相接，瓦长24、高10、宽15厘米（图21）。①

而3号陵出土的，不仅有兽首鱼身摩羯，还出土了摩羯新品种——鱼首鱼身摩羯。仅出土在南门和献殿两处，皆施绿釉，已复原者计有13件，兽首鱼身者10件，其中南门8件，献殿2件；鱼首鱼身者仅3件，南门1件，献殿2件。看来西夏陵摩羯，仅在南门和献殿上使用。兽首鱼身摩羯与佛寺出土者形象差异较大，最突出的是：佛寺者无角，3号陵者额顶出一叉式独角；佛寺者背部是山形鱼鳍，而3号陵者是插在背鳍两侧条形孔中的扇形羽翼。其中出土于南门一件，编号：TO710②：6，通长41.3、高31、翼展19.8厘米(图22）。②

鱼首鱼身摩羯，就3号陵出土者而言，其形象与兽首鱼身有相同之处，也是遍体麟纹，尾鳍双出，装有叉式独角和扇形羽翼。不同之处主要是头形类鱼，张口衔珠，鱼身平直。其中献殿两件，一编号为：T0910-2：6，釉色暗绿、光润，通长33.2、宽9、厚7厘米(图23）；另一件脊瓦刹去四角，编号：T1010-2：10，色泽青绿，通长38、高20.5、宽15.5厘米(图24，2-1、图24，2-2）。③

（二）吼狮

1986年，首次出土于北部佛寺遗址，完整的只有一件，当时被称为“四角兽”。此后，3号陵出土更多，定名为“海狮”。但其定名尚需商榷，笔者认为定名为“吼狮”或许更为确当。

北部佛寺遗址出土者，其形体，方口短鼻，头部高昂。眉骨隆起，鼻上有一山形乳突，颈部有一圈鬃毛，躯干呈圆柱形，其尾隐而不显，前肢腾越，后肢伸展，似猛虎扑食之状，通长42、宽18、高24厘米(图25)。④

3号陵出土者，皆为釉陶，而无不施釉者。据统计，已修复的有12件，其中南门9件，献殿3件。可分为两式，以南门出土者为例，一式无犄角，其形体与佛寺者相比，主要是后尾高扬，更显威武。其中一件，编号：TO712-2：33，釉墨绿色，通长39、高30、宽14厘米(图26，2-1)。从俯视图上，我们可以看到其伸展的力度（图26，2-2)。一式有分叉单犄角，形体与上述大体相同，编号：TO611-2：12，釉墨绿色，首尾通长44、高30厘米(图27)。⑤

以上诸式最大的共同点、也是最大特点是：头大脸阔，项饰鬃毛，躯体呈圆柱形。其形象更像陆地上驰骋的雄狮，而非海中游弋的海狮。

此物定名为吼狮而不称海狮者，理由有二：

首先，从形象上看，狮子属哺乳纲，猫科。雄性体魄雄健，头大脸阔，颈饰鬃毛，四肢有力，便于腾越奔跑。雌性体形较小，头颈无鬃毛。从上述描述看，其躯体呈圆柱形，能四肢腾越，并有雄性特征的鬃毛，正是陆地上奔腾的雄狮。而海狮，属哺乳纲，海狗科，因其颈部有长毛似狮，故名。但其前肢、后肢皆呈鳍状，更适宜在海中游弋，而不是陆上奔跑。

---

①④ 宁夏文物考古研究所：《银川西夏陵区北端建筑遗址发掘简报》，《文物》1988 年第 9 期。

② 宁夏文物考古研究所、银川西夏陵区管理处：《银川 3 号陵地面遗迹发掘报告》，文物出版社，2007 年，第 112 页。

③ 同上，第 277、278 页。

⑤ 宁夏文物考古研究所、银川西夏陵区管理处：《银川 3 号陵地面遗迹发掘报告》，文物出版社，2007 年，第 115、119 页。

其二，称其为吼狮，在佛经也找到了依据。佛教认为狮子是灵兽，对狮子形象推崇备至。狮子是佛教的护法神之一，《佛说太子瑞应本起经》载：“佛初生时，有五百狮子从雪山来，待列门侧。”《楞严经》云：“我于佛前，助佛转轮，成阿罗汉。”这些都宣示了佛的威严。狮子还是佛的化身，《大智度论》卷八云：“又如狮子，四足兽中，独步无畏，能伏一切，佛也如是。于九十六种外道之中，一切降伏，故名人中狮子。”佛典将释迦牟尼佛说法，称为“狮子吼”，其声音震动世界，犹如狮子作吼，群兽慑服。《过去现在因果经》卷一载：“太子生时，一手指天，一手指地，作狮子吼曰：‘天上地下，唯我独尊。’”

(三)金翅鸟

数量极少，未见3号陵出土，只在北部佛寺遗址出土1件，通体施绿釉，身长35、高34、宽15厘米；下连脊瓦，长24、高15、宽10厘米(图28)。凝神端立，引颈挺胸，双翼贴于两侧，双腿直立，神态祥和，看起来与普通鸽子无异(图 29)，没有肢体上的夸张，就将其定名为“立鸽”[①]。但这一定名也是值得商榷的。

长期以来笔者不得其解。这难道是一只普通的鸽子吗？它的具体含义是什么？近来忽有所悟，我觉得它就是佛经中所说的“金翅鸟”，又称“妙翅鸟”、“顶瘿鸟”[②]，梵名“迦楼罗”。“顶瘿”的称呼给了我很大启发。“顶瘿”者何也，冠似瘤也。这时我才发现，此鸽与一般鸽子不大相同，普通鸽子无论是白鸽还是灰鸽，其头部光洁，都为羽毛，并无突起的瘤子。而此鸽最大的不同就是其顶冠有高大突出的瘤子。这就是定其为“金翅鸟”最主要的依据。

“金翅鸟”是什么？据研究，它是古印度神话中大神毗湿奴的坐骑，众鸟之王。其形象为半人半鸟，生有鹰首、利爪和喙，身躯和四肢则与人无异，但其威力巨大，是大乘佛教中的八部护法之一。(姚秦)凉州沙门竺佛念译《菩萨处胎经》卷七称：“此鸟首尾相去八千由旬，高下也尔，身量极大，居四天下大树上，两翅相距三百三十六万里。”(东晋)天竺三藏佛陀跋罗译《观佛三味海经》卷一云，此鸟“日游四海，以龙为食”。一日之间可食一龙王及五百小蛇。《大智度论》卷二十七说：金翅鸟王若发现“诸龙命应尽者，以翅搏海，令水两辟，取而食之”。

摩羯、吼狮，都是佛教中威力无比的神物，如果鸽子是普通的鸽子，就难以让人理解了。如今知道这不仅是普通的鸽子，也是威力无比的神物。[③]这些蹲兽，成龙配套，水、陆、空全有，都应是护法大神，也就合理了。这不只是为西夏陵寝制度、西夏文化研究发掘出新的资料，也为西夏佞佛增添了新的资料。

另外，还有龙头形脊饰，6号陵出土，有灰陶、绿釉陶两种，形制全同，大小略异。龙头略呈三角形，张口露牙，上腭、下腭呈90°，长舌卷曲成S形，双目圆睁，形态威猛。绿釉者长60、高88、厚7—24厘米（图30）。[④]此脊饰与何物对接，装于何处，尚待研究。

西夏的蹲兽，与内地的相比，有明显的不同。在形态上，一为立式，一为横式，一为静态，一为动态。这是否是两种民族性格差异的体现呢?更为重要的是内容的不同：在内地，把龙、凤等动物形象置于殿脊上，是用以象征封建帝王的圣德和尊贵地位，象征主持公道和翦除邪恶，象征消灾灭祸和

---

① 宁夏文物考古研究所：《西夏陵园北端建筑遗址发掘简报》，《文物》1988年第9期。

② 吴汝钧：《佛教大辞典》，台湾商务印书馆国际有限公司，1992年头版，1995年北京第3次印刷，第360页“迦楼罗”条。

③ 人们也许会问，只具顶瘿特点的金翅鸟，与半人半鸟的金翅鸟的形象相去甚远，这又如何解释？这或许就是西夏人的创意。就如同摩羯和吼狮一样，尽管在佛经中都是威力无比的神物，但其形象都是比较写实的，都是祥和与善良的。当然，这一问题还有探讨的空间，期望更有说服力的解释。

④ 宁夏回族自治区博物馆：《西夏八号陵对掘简报》，《文物》1978年第8期。

逢凶化吉。而在西夏，则是通过这些与佛教有关的形象，宣扬佛法无边，可镇诸恶，降福人间。在西夏陵，与佛教有关的建筑与文物不少。诸如塔式陵台是佛塔，北部遗址是佛寺，还有石刻经幢等，至于莲座、莲花纹砖更多。从某种意义上说，西夏是以佛立国，这是否寄托着以佛的威力，来护祐西夏的长治久安呢！

我们注意到，在屋顶构件中，脊兽如同其建筑是大屋顶、木结构一样，应是中原模式；而套兽、垂兽、蹲兽，则为西夏所独有。而在我国屋顶建筑构件中，西夏以前没有，西夏以后元明清也未见，说明这一模式，未对后世产生影响。因而可以说，在中国建筑史上，这是独一无二、空前绝后的西夏模式，具有重要的研究价值。

通过以上考述，尽管我们看到西夏陵屋顶装饰构件，的确是与中原不完全相同的另一体系，具有浓郁的民族特色，但从宏观上看，西夏陵采用的仍是传统的木结构、大屋顶建筑。如果加以复原的话，其景观也是红墙碧瓦，雕梁画栋，与中原帝王陵园并无不同之处，反映了中原文化对西夏文化的深刻影响。

附图：

图 1

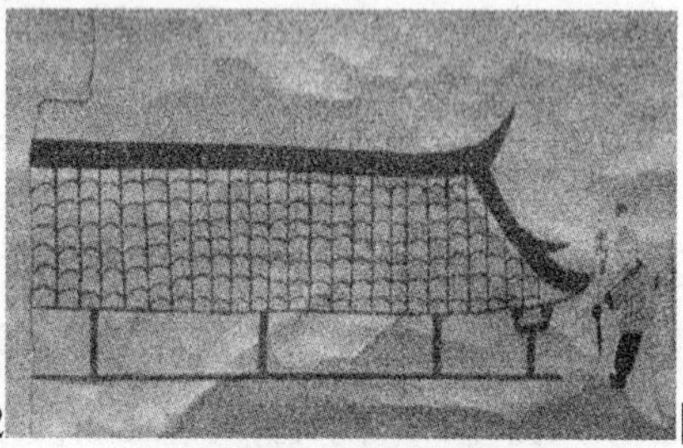
图 2

图 3

图 4

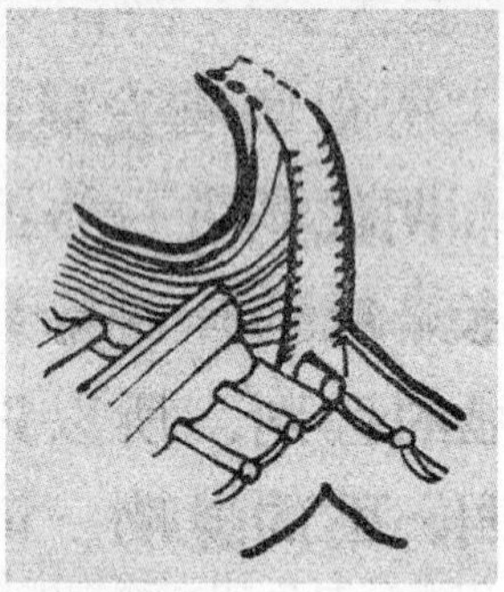
图 5

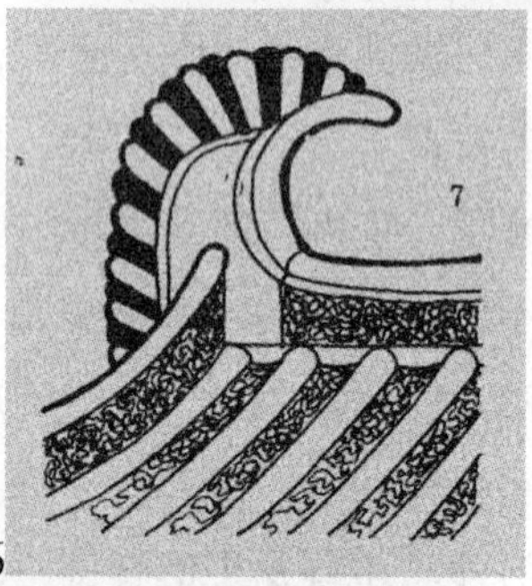
图 6

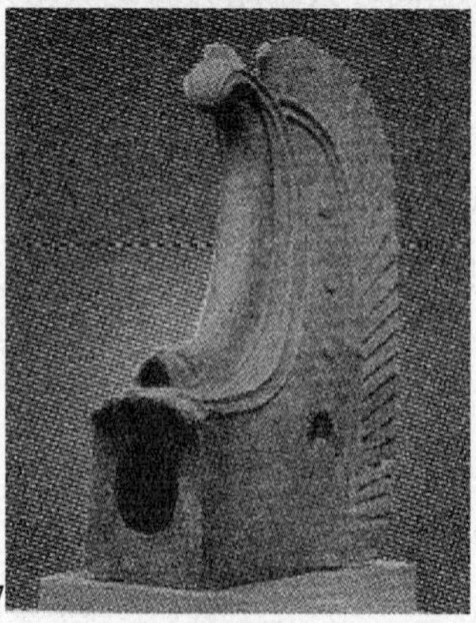
图 7

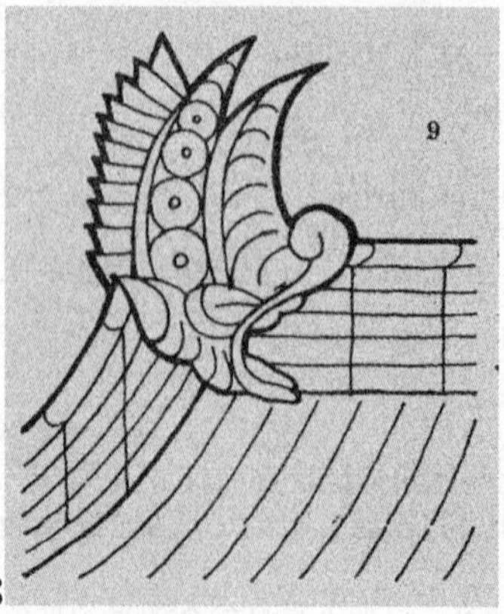
图 8

图 9

图 10

图 11

图 12

图 13

图 14

图 15

图 16

图 17

图 18 2-1

图 18 2-2

图 19 2-1

图 19 2-2

图 20

图 21

图 22

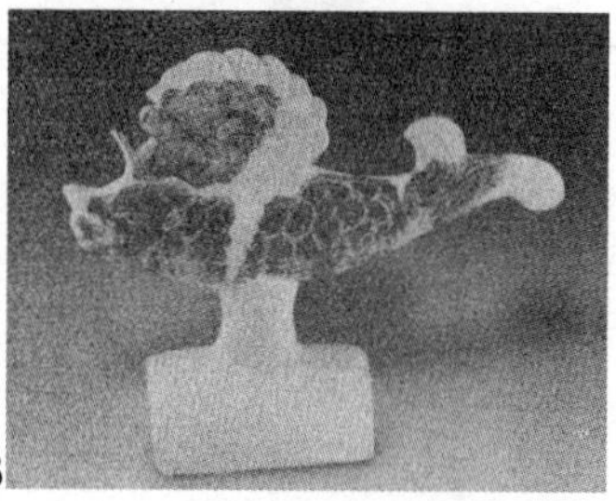
图 23

图 24　2—1

图 24　2—2

图 25

图 26　2—1

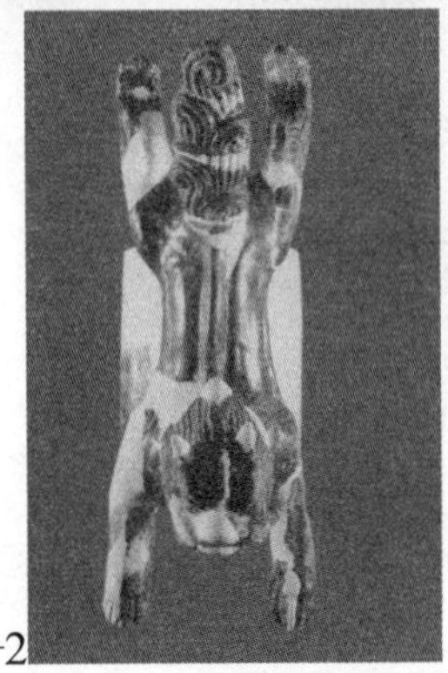
图 26　2—2

图 27

图 28

图 29

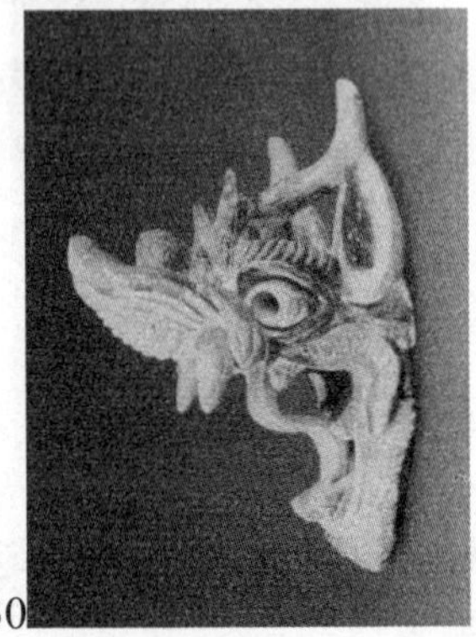
图 30

（作者通讯地址：宁夏文物考古所　银川 750021）

西夏学 第 10 辑 2013 年 9 月
Xixia Studies, Sep,2013,Vol.10

张掖大佛寺西夏涅槃像考释

张宝玺

张掖大佛寺，位于市内西南隅，原名迦叶如来寺、宝觉寺、宏仁寺，而人们习惯上将它称为大佛寺或卧佛寺。它创建于西夏永安元年（1098），是国内罕见的西夏佛寺。这身涅槃像可以称得上是海内巨构，国内稀有。这个奇迹不在于涅槃像有什么奇特之处，而在于它的巨大，其同时代和前代尚未见到佛殿内构有这样大的涅槃像。可见西夏在奉佛方面有着巨大的投入。

大佛寺创建于西夏，其具体年代有着不同的记载，《西夏书事》载创建于西夏贞观二年（1102 年[①]）；另据明宣宗宣德《敕赐宝觉寺碑记》，和有关西夏燕丹、嵬咩思能国师的记载，它创建于西夏永安元年（1098）。[②]

前者虽有一段与西夏皇室有关的故事，但出处不明，可信程度只得存疑。后者出于寺志，故事性很强，剔除其神奇部分，能说明一定历史问题，以后者为重。两者所述创建年代并不远，仅相差四年时间。

张掖大佛寺的创建经历了这样一段故事：西夏国师燕丹，游历印度拔提河释迦涅槃圣迹之际，见一石碑载甘泉（张掖）有迦叶遗迹，于来世释迦法中遇八地菩萨，能以一花一香致瞻之，诚者心证佛果复生天界，而此时尚在张掖的燕丹国师的门人思能，已感远在印度的燕丹国师传来的梵音，敛神静居，遂感异端，起而求之，果在今大佛寺址得金甓翠瓦覆古涅槃像于地下，也就是前文所称的迦叶遗址，这里的迦叶乃是过去世佛中最后一佛。嵬咩思能国师遂觉与佛有缘，就地倡建刹，历时五载，至西夏贞观三年（1103）峻工。这个故事中有两个事实可以肯定：一是西夏重视佛教源流的考察，有高僧燕丹在印度寻访圣迹；二是张掖大佛寺是与西夏宗室有关系的嵬咩思能倡建。嵬咩思能国师不仅创建了大佛寺，而且驻锡于西夏永安元年创建成的重兴寺（明正统已未敕赐崇庆寺）。[③]

这尊涅槃像建在面阔九间的大佛殿内，以七间的面积安置涅槃像。涅槃像头北脚南，面西右胁而卧，右手枕于头下，叠双足，侧卧在低的寝床上，身长 34.5 米，肩高 7 米。（图一）

---

①《西夏书事》载，寺建于西夏贞观二年（1102），“乾顺自母梁氏卒，辄供佛为母祈福，甘州僧法净于故张掖县西南甘浚山下夜望有光，掘之得古佛三，皆卧像也，献于乾顺，乾顺令建寺供之，赐容卧佛”。

② 见附录一〔明〕宣宗皇帝宣德（1426—1435）年间《敕赐宝觉寺碑记》；附录三 佛腹装脏明成化十三年（1477）铜牌；附录四 佛腹装脏明万历十九年（1591）白铁牌；附录六 佛腹装脏清康熙二十六年（1687）铁牌；附录十二 佛腹装脏 清乾隆十二年（1747）石碑；附录十三 乾隆四十四年（1779）《张掖府志》卷一一所载，宋释燕丹。

③《甘州府志》卷一三《崇庆寺碑记》：“永安元年有嵬咩国师者，视为此地因卓锡焉。”崇庆寺即西夏的重兴寺。该寺也创建于西夏永安元年（1098）。

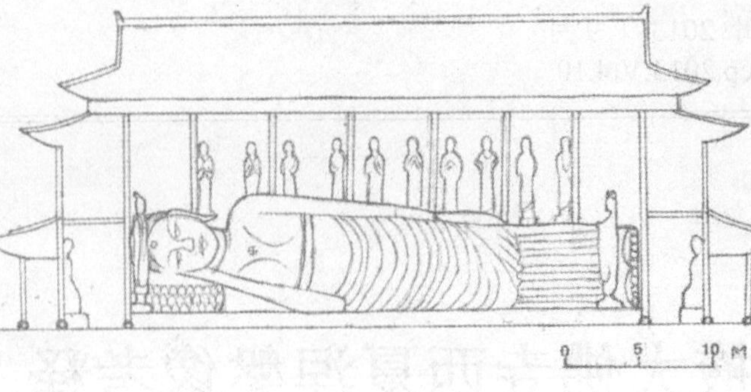

图一　张掖大佛寺造像布局图

图二、三头前立一天人装帝释天（或大梵天），头顶束发结发髻。图四脚后立一末罗首领，头戴幞头（两侧展角已失），身着天人装的官人形象。图五两像皆高 7 米。宋、辽、金、西夏时期涅槃像发生了理念上的变化。一般涅槃像头前立大梵天、帝释天供养，脚根跪着一人摸足供养，和末罗族首领供养。我们看到的瓜州东千佛洞西夏壁画，第 2、7 窟完整的涅槃图都是头前立菩萨装大梵天和帝释天供养，脚根是一人摸足供养和作王侯贵族形象的末罗族首领供养。身后站立举哀的弟子，床前则是对列着人兽供养。图六[1]比较起来东千佛洞西夏壁画涅槃图头前是两像，在佛教故事中从诞生到涅槃的多个情节中，大梵天和帝释天作为佛的近侍往往成对出现，而大佛寺涅槃图头前仅是一像，或是单纯的帝释天供养可能性较大；东千佛洞涅槃图脚根是摸足供养和末罗族首领供养。大佛寺涅槃像仅是官人形象末罗族首领供养，没有摸足供养人。释迦涅槃后的葬礼是由末罗族人举办的，在涅槃图象中末罗族首领有一定地位。身后立十大弟子，高 5.8 米。图七殿之左右侧塑十八罗汉。

图二 张掖大佛寺涅槃像

图三 张掖大佛寺涅槃像头部

图四　帝释天（或大梵天）

图五 末罗族首领

图六 瓜州东千佛洞第 2 窟西夏涅槃图像

① 张宝玺：《瓜州东千佛洞西夏石窟艺术》，学苑出版社，2012 年，第 19—29 页，

图七 十大弟子之一

图八 十八罗汉（部分）

图八背面的扇面墙中心安置三尊坐佛，已不存。现存都是重修壁画，要者如：背面的扇面墙三尊坐佛屏风式背光上画观音救八难；水难、牢狱难、 盗贼难、非人难、火难、蛇难、象难、狮难。及西游记唐僧一行每遭恶遇，观音为其化险为夷。扇面墙上部画七佛图，它们的题名为“南无毗舍婆佛”、“南无□□古佛”、“南无毗婆□佛”、“南无拘那□□□□”、“南□拘□孙佛”、“南无释迦牟尼佛”、“南无□迦叶佛”。

大佛殿后面上层中心间门扇上浮雕观音救八难木刻画（图九）。大佛殿前壁，有大型砖雕两方：“入摩三地”和“祇园演法”。

这是历史上多次重修后，现存的造像组合及重修壁画，本文重在对涅槃像的探讨。

图九 木雕观音救八难之

在体量上可以与这尊西夏涅槃像相比的是重庆大足宝顶山大佛湾第 11 龛南宋摩崖石雕涅槃像。该像身长 31.6 米，肩高 7 米，约小于西夏涅槃像，同样是头北脚南，面西右胁而卧，右手枕于头下，膝以下则隐没，佛足没有雕凿出来。头前雕一天王，膝前（相当于佛足）雕一人，头戴宝冠。身前站一列弟子。身前中心部位雕一供桌，站立在供桌前的中心人物头戴冕旒，手捧玉笏。其上刻一缕化光，化光中化现摩耶夫人等人众 。[①]人物众多，在弟子行列中参列着近于佛位的窟主高僧，地方性很强。图十体量之高大与西夏涅槃像是一致的。如果将膝以下佛足雕凿出来则要大于西夏卧佛。四川潼南卧佛像身长 36 米的涅槃像是宝顶的模刻。唯其形像较粗糙，仅显轮廓。摩崖雕刻不受空间限制，而室内塑像则要受建筑面积制约。

图十 重庆大足宝顶山大佛湾第 11 龛（宋）释迦涅槃像

① 刘长久、胡文和、李永翘：《大足石刻研究》，四川省社会科学院出版社，1985 年，第 472 页。

元代大旅行家意大利人所著《马可波罗西行记》中对张掖大佛寺是这样记述的："甘州（张掖）是一个大城，是唐古特（蒙元称前西夏为唐古特）全州的都会，……有庙宇很多，内奉偶像不少。有木雕的、泥塑和石刻的，制作很好，磨得很光，外面还涂敷金色。最大的睡着的佛像，足有几十步长，周围围绕着较小的佛像，其势似向大佛表示崇敬和行礼。"①

明永乐十八年（1420），古哈烈国沙哈鲁王使臣盖耶麦丁经过张掖时，游历了大佛寺，他在行记中这样写道："甘州城内，有佛寺一所，方五百骨尺，寺中有卧佛一尊，长五十步，足底长九尺，足跗周围二十一骨尺，像之后及头上别有佛像多尊，高皆一骨尺，又有佛教中以前比丘之像，大小与生时相同，雕塑功夫精致，故诸像与活人无异，近墙处也有像多尊，雕塑完美。大佛一手枕于头下，一手置于股上，全身以金涂之……。"②1411—1419 年，大佛寺经历长达八年的重修，1420 年沙哈鲁使团到中国考察，其时沙哈鲁使团看到的已是重修后的大佛寺。

关于卧佛的身长，《马可波罗西行记》载"最大的睡着的佛像，足有几十步长"，古哈烈国沙哈鲁王使臣盖耶麦丁所记"寺中有卧佛一尊，长五十步"，这与现在实测 34.5 米是吻合的。又记"周围围绕着较小的佛像"，"像之后及头上别有佛像多尊"，"近墙处也有像多尊，雕塑完美"，说明是以卧佛为中心的群雕 。这两则记载除了重点记述卧佛之外，难免对围绕卧佛的其他造像记述很不准确，但它提供了一个基本框架，这是很重要的，有头前、脚根、身后、近墙处诸像。这就是本文要考证的头前脚根站立的帝释天和末罗族首领、身后站立的十大弟子、左右壁近墙处的十八罗汉等。

卧佛殿自明永乐九年（1411）重建以来，又历明宣德二年（1427）和万历二十二年（1594）重修。看来都是在原址上进行了整体或局部整修。到了清乾隆十年（1745），这次重建改变了建卧佛殿屋顶。由《敕赐宝觉寺碑记》所形容的"刹宇久而愈隆，四远瞻式，巍巍乎有若兜率者焉"的庑殿顶，改建为腹脏清乾隆十二年（1747）石碑所记"改式重修三层楼阁，仍塑卧佛金身"的重檐歇山顶。这一改变增加了佛殿高度，调整了佛殿高宽比例。这就是现存面阔九间外绕廊宽 49 米、进深七间 24 米、高 20.2 米的重檐歇山顶大佛殿。号称三层楼阁内部结构实际是两层楼建筑，由于是重檐歇山顶，外观上看酷似三层。图十一清光绪三十一年（1905），大佛寺"并更换梁柱、门窗、槅扇、挂瓦补脊"作了局部维修和彩绘。

图十一 清代改制为重檐歇山顶的张掖大佛殿

涅槃像历次重修，根据记载，明洪武五年（1372）大佛寺遭兵燹而"旧像犹存"，明宣德年间"虽栋宇沦谢，而金像坚固"，后历成化十三年（1477）地震，致使佛首倾颓而重修。万历十九年（1591）、康熙二十六年（1687）、雍正二、九年（1724、1731）都是局部重修加固，没有发生结构性变化，基

① 此段根据英文版《马可波罗游记》重译，采自陈良《丝路史话》，甘肃人民出版社，1983 年，第 173 页。
② 见冯承钧《马可·波罗行记》第 61 章注②。

本构架并没有改动。

乾隆十年（1745）重建大佛殿的原因：一方面大佛殿年久失修，其建筑岌岌可危，不能再维持下去了；另一个主要原因是卧佛坍塌散架， 必须重修卧佛。也就是重修后碑载的“仍塑卧佛金身”。看来，卧佛殿的重建和卧佛的重修都是在原址上起建，没有扩大或缩小殿址的记载。卧佛要受大殿空间的制约，亦没有扩大或缩小的迹象 ，也没有这方面的记载。西夏的造像布局缺载，如果对照一下前述的《马可波罗西行记》和古哈烈国沙哈鲁王使臣盖耶麦丁所记，乾隆十年（1745）的重修，其造像布局显然是遵循前代已形成的造像布局，即头前脚根站立帝释天和末罗族首领，身后站立的十大弟子，左右壁近墙处的十八罗汉等。因时代不同，造像风格会有所改变，头冠衣饰则取明制。

寺内存明正统十年（1445）下旨颁赐的《大明三藏圣教北藏》636 函，1621 部，6361 卷。明正统五年至十年陆续运至张掖。

张掖大佛寺明代始设佛教行政管理机构——僧纲司，置督纲一人，副督纲一人。明代成化年间督纲源海印、锁南坚参、忍把舍念、你麻失宁。其中锁南坚参是有名的藏传佛教高僧，根据《明实录》所载，于成化四年（1468）封为静修弘善国师。①

又据明正统十三年（1448）《重修凉州广善寺碑铭》赐号妙善通慧国师，先住凉州广善寺武威天梯山石窟任住持。宣德四年（1429）移住凉州庄严寺（白塔寺）任执事。②

天顺七年（1463）任张掖崇庆寺（重兴寺）任副都纲“有宿德重望，延之主席”③。此际，成化十三年（1477）之前曾历任张掖大佛寺都纲，列在源海印之后。明万历年间都纲领真坚参、藏卜省吉，确位次于法绿清静喇嘛领真扎失。明代都纲多起用藏僧，可见藏传佛教之盛行。清康熙年间都纲宽福，雍正年间都纲刘道津，由僧名看，是为汉僧。

现存主要建筑大佛殿后面的藏经阁，单檐歇山顶，面阔五间 21.3 米，进深六椽 10.5 米，五架梁结构。檐下施出两翅无瓜拱，雕花枋子的斗拱，和大佛殿檐下斗拱极相似，约感粗大，脊桁上墨书：“时大清雍正十一年（1733）癸丑岁五月……重建。”明正统十年（1445）英宗皇帝朱祁镇敕书颁赐给大佛寺一部佛经藏于此。藏经楼后土塔，原名弥陀千佛塔，为砖土混造覆钵式塔，通高 32.5 米，由基座、塔身、相轮、塔刹三部分组成。最下层的塔基是砖土混砌三重台，边长 23 米。其上为二层十字折角形束腰塔座。下层塔座边长 16 米，上层塔座形小，是承受塔身的基座。座上承覆钵式塔身。又在塔座之四角分上下二层置八覆钵小塔。塔身之上承粗大的十三重相轮塔刹。刹座亦为十字折角形，每面每隔内各开方形平顶龛，每龛内置一石雕佛像，计有二十个龛像，刹上承露盘，宝珠。下层塔座以下每面绕以面阔七间加外廊的重楼木檐，将塔座遮在檐内。上下塔座每面方格内皆有天王这类的浮雕，有数十身之多，多已残损。刹座上佛龛内的石雕佛像，制作得并不精致，显得粗糙，皆着袒肩袈裟，粗制的楞起的衣纹，作螺髻或水波纹发髻，有些没有肉髻，一部分五官比例也不恰当。据此很难判断时代，也可能和建塔不处于同一时代。1927 年地震时塔顶溅落，剩余刹基以上五重相轮，近年据原塔修复。建塔年代缺载，相轮粗大，似为明初所建（图十二）。

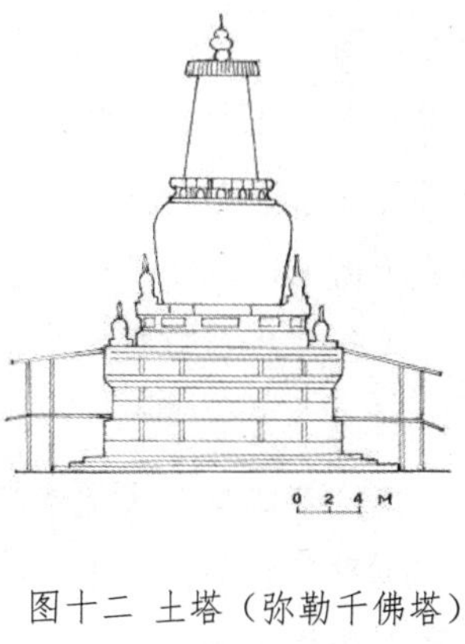

图十二 土塔（弥勒千佛塔）

① 《明实录》正统二年（1438）“陕西凉州卫番僧札巴坚昝，国师锁南坚参等贡马、骆、赐彩帛等物有差”。八年（1443）九月庚子条“命妙善通慧国师锁南坚参侄锁南巴袭封妙善通慧国师”。成化四年（1468）四月庚戌条也有着封“锁南坚参为静修弘善国师”的记载。原存天梯山石窟的明正统十三年（1448）《重修凉州广善寺碑铭》：“先时有番僧伊尔畸者（碑阴藏文称锁南监藏），居于此，能以其法劝人，赐号通慧国师，赐寺名曰广善。”

② 乔高才让：《重修凉州白塔寺碑文考略》，《中国藏学》1993 年第 4 期。

③ 《崇庆寺碑文记》，文载《张掖府志》卷一三。

附：大佛寺创建重修碑刻、佛腹装脏铜铁牌、梁记等14件录文。

一. 敕赐宝觉寺碑记。〔明〕宣宗皇帝宣德（1426—1435）年间。碑已失，文载《甘州府志》卷十三艺文上。

大觉师之道，充周而不穷，神妙而叵测，瞻之而不见，感之而随应，古今所传，彰彰盛矣！其法肇自干竺，以达震旦，所历之地，人之归向，化之感孚，显着尤多。甘州故甘泉之地。居中国西鄙，佛法所从入中国者也。

李干顺之时，有沙门族姓嵬咩，法名思能，蚤从丹燕国师，妙领真乘，深造突奥，合境之内贵贱者壮，敬信无间，号之为国师。一日敛神静居，遂感异瑞，慧光烨煜，梵咒清和，谛听久之，嗢嗢非远，起而求之，四顾无睹，循至崇邱之侧，其声弥近，若在潜翳之下者。发地尺余，有翠瓦罩焉，复下三尺，有金甓覆焉，得古涅盘佛像，时四境之内，僧行善信，传闻忻跃，奔走聚观，感咨嗟曰：吾侪于此，睹光明聆音韵，匪一朝夕，顾以闇昧，莫加寻究，非师善力，曷致感通欤！仰惟上善与佛有缘，在我下愚，虽近弗遇。于时嵬师忻快灵遇心在感激，欲建宏刹，用崇祇奉，殚厥劳勩，经营缔构，不逾期岁，岿然焕然，惟肖像未就，旋感神工，效其妙技，不疾而速，中月以成，竣事之晨，大众咸集，瞻仰欣悦，合掌归诚，膜拜祝赞。诸天龙像，来共鉴观，雨花缤纷，祥云缭绕，其功德甚盛。无量吉祥者也。

时燕丹国师求道天竺，至跋提之境，睹一石碑，载如来，昔记云：甘泉有迦叶遗迹，当于来世，释迦法中，遇八地菩萨，显迦叶之真仪，益恢宏于慧业，自兹以往，如复有善信，能以一花一香，致瞻礼之诚者，心登佛果，复生天界。燕丹览已，铭记心中，即日东还，将图究理，既闻嵬师获斯感应，乃知灵迹者迦叶之所化。嵬师者八地之显化，扬言于众，而归崇益广矣！嵬师既已归寂，刹宇久而愈隆，四远瞻式，巍巍乎有若兜率者焉，其寺故名卧佛，运移代革，荐历兵燹，虽栋宇沦谢，而金像坚固，巍焉常存，天眷皇明，隆兴宝运，朕承祖宗之鸿业，克勤治理以靖万邦。今海宇宁谧，民物康阜，四夷万国，咸共归心，此天与祖宗之重佑，实亦佛慈荫所被及也！故感荷之诚，晨昏靡间，崇将祇奉，弗懈益虔。凡所在禅刹，举废修弊，咸致其勤，况于西来所历之地，佛祖遗化之所，而可后者乎！乃一新其殿宇，而特赐名曰 “宝觉”。用以妥圣灵，用以迎景福，安国家于泰山，保太平于永久。因具述其所由来，勒之于碑，垂示无穷云。

（按，碑系右春坊庶子沈粲奉敕书）

二. 敕赐弘仁宝觉寺碑（碑存张掖市博物馆）

⑴敕赐弘仁宝觉寺，旧名迦叶如来寺，永乐年间重建既备，正统六年| ⑵季春，欲建禅堂于北庑之后，旧有万寿塔，基址高丈许，平治筑地|⑶于其上，发出旧塑佛四尊，各向四面坐，菩萨侍立者八尊，又有镇|⑷塔舍利，用码瑙盒盛贮，及七宝等物，俱不敢动移。|

⑸钦差镇守甘肃御马监太监兼尚宝监太监王贵同左少监李贵，总|⑹兵官宁远伯任礼，都察院右佥都御史曹翼，陕西行都司都指挥|⑺任启刘广等，京都备御都指挥昌英马亮，既大小官员耆老人等，|⑻共发誓愿重新兴建宝殿，于塔基上铸铜佛三尊奉安殿中，铜塔|⑼置于殿顶之上，特镌石为记。并置原镇宝物，再增添舍利、宝贝以|⑽银盒石函盛贮埋藏于殿基之下。用祈境土奠安，风雨顺时，百谷|⑾丰熟，人安物阜，万事吉祥如意，以示后世之人庶，不失阖境守土⑿|官员兵民众庶兴建之诚心云。|

⒀正统六年岁次辛酉夏五月十九日记|（图十三）

图十三 敕赐弘仁宝觉寺碑

三. 佛腹装脏明成化十三年（1477）铜牌

(1)震旦国张掖郡流沙河有迦叶佛遗迹，|(2)大夏建，崇宗皇帝永康元年嵬咩国|(3)师始创卧佛圣像。后兵燹之乱旧像犹|(4)存，至我大明永乐年间重建盈完，于成化十|(5)三年四月初一日申时地震佛首倾颓，镇守甘|(6)肃大臣，并十方檀信合山僧官僧众人等，同|(7)发善心，各舍已赀，重建佛像，今已完成，不|(8)泯来源俟后而矣。|(9)钦差镇守甘肃御用太监颜义，|(10)钦差镇守甘肃总兵官平羌将军都督王玺，|(11)钦差镇守左副总兵都督马仪左参将都指挥刘文，|(12)本寺侍佛都纲源海印、锁南坚参，|(13)忍把舍念、你麻失宁卜。|(14)住持鉴安、尕尔鲁骨鲁。|(15)更愿|(16)皇图永固，帝道遐昌，|(17)佛日增辉，法轮常转。|

(18)时大明成化十三年（1477）岁次乙酉六有初一日造铜牌一面。（图十四）

图十四 佛腹装脏明成化十三年（1477）铜牌（拓片）

四. 佛腹装脏明万历十九年（1591）白铁牌

(1)震旦国张掖郡流沙河。有迦叶佛遗迹，大夏建。崇宗|(2)皇帝永康元年嵬咩国师始创卧佛像，后兵燹之乱旧像犹存。至我|(3)大明永乐年间重建盈完，于我成化十三年四月初一日申时地震佛首倾颓。|(4)镇守甘肃大臣拜十六檀信合山僧众人等重建今|(5)万历十九年四月初一日午时佛首罗髻倾颓脱落。奉|(6)钦差镇守甘肃总兵官都督张臣等，拜十六檀信合山僧众人等，喜舍|(7)资财重建|(8)佛首完备。保镇边疆万民乐业。|(9)信官冯尚贤，肖奉、刘汉、任爵、王□、□□、周栋、|(10)总府管家间□、王文登。|(11)总府门下督工官王应聘、姚应吉。|(12)敕赐弘仁寺法缘清静剌麻领真扎失。比丘罗汉领真

省吉，端竹臧卜。|⒀都刚领真坚参、臧卜省吉。|⒁主持惠聪、徒性连、性逵、性先、性还、|⒂众僧惠净、湛春、孜印、孜法、丁坚□、□广、孜滨、湛嵩、|⒃性通、孜溶、惠真。|⒄剌赐普观寺志慧了悟剌麻领真臧卜。|

⒅大明万历十九年（1591）四月十五日造白铁牌一面。

五. 重修宏仁寺碑记（节录） 明通政使穆来辅，碑不存，文载《甘州府志》卷十三艺文上

甘泉西南隅，有古刹曰宏仁，震山兑向，岿然具瞻，正统间重修，近二百年，倾颓殆甚，都督同知张（臣）公暨子承允起面修焉。……一日，贡士吴生遂从余浮图廊庑千佛阁 、大乘殿及轮藏、金刚、天王诸殿，皆聿新焉，指为公之功也。……公讳臣，号东山，榆林卫都指挥使，子名承允，应袭善承公，志永结佛缘，则住持领真札失等众也。万历甲午（1594）仲夏上浣立

六. 佛腹装脏清康熙二十六年（1687）铁牌

⑴大清国陕西甘州|⑵敕赐弘仁寺。古记云：流沙地界张掖郡有|⑶迦叶佛遗迹，大夏建。崇宗皇帝永康元年，燕丹国师族姓嵬咩，|⑷法讳思能。常闻天乐聆音，掘地丈余乃获涅盘睡像，始创卧|⑸佛大像，迄今年盖有壹千余年，累代重修其间沧桑几致，佛首倾|⑹圮不可枚举，为佛面存焉。但今时逢康熙二十六年四月初四日|⑺子时佛顶脱落，古面犹存，辛蒙我|⑻提督陕西甘肃等处地方总兵左都督孙克思，首捐俸银同|⑼整饰。分巡甘山道陕西按察使司副使董廷思，目击□仰，慨|⑽发菩提，亲|⑾命标下右营游击韩成督工率众监修。在于五月一日起，工至|⑿八月中秋吉日妆塑完满。以此功勲上祈|⒀国祚千秋，下愿万民乐业，处造牌记之功永贻诸后。|⒁甘肃提标内川守备信弟子王天兴，|⒂甘肃提标右营把总信弟子冯君先，|⒃甘肃提标右营都司外□□旗信弟子张君□狄仁|⒄李□、李□、李进宝、叶毓秀、薛鸣凤、张功智。|⒅塑泥木匠赵应春、朱贵、何文焕、任鼎侯、马汝金，|⒆甘州僧纲司正印，都纲宽福。|⒇本寺僧众惟惜、祖梁、净□、道成、祖檀、□元、|（21）祖扬、□□、寂定，□端任、祀□任、王占养。|（22）经修主持慧心|。

（23）清康熙二十六年（1687）岁在丁卯五月十五日垂记刊士王文政室人张氏。

七. 佛腹装脏　清雍正二年（1724）刘悫等捐资补塑金妆卧佛铁牌

⑴大清国陕西甘州敕赐弘仁寺，卧佛金面雍正二年七月二十四日子时|⑵脱落。甘镇老人刘悫发心，普愿镇城乡者，铎约各捐资财，命工补塑金|⑶妆告竣。谨列方僧名于后（以下众信四十五人人名约），|⑾塑工匠人吴友□、王□相，贺为宾，工价银伍拾两整，|⑿雍正二年（1724）九月初一日刊造入藏。|

八. 佛腹装脏　清雍正二年（1724）寺僧捐资补塑金妆卧佛铁牌

⑴大清国陕西甘州敕赐弘仁寺，卧佛金面自|⑵雍正二年七月二十四日子时脱落，寺僧坐视不安，|⑶募化十方众信，各捐赀财，命工补塑金妆，告|⑷竣。谨列僧名于后|⑸陕西甘州僧纲司掌印都纲加一级刘道津|⑹经修主持道涌、方佩、徒孙刘承思、刘承荣、吕垓|⑺众僧海瑶、方玉、寂显、清泰、悟禅、道满、|⑻照蕴、徒道浈、如芳。|⑼雍正二年（1724）九月初一日刊造入藏。|

九. 佛腹装脏　清雍正二年（1724）华严会善信铁牌

⑴分巡甘山道参政加五级傅，|⑵甘镇监督巩昌分府马，|⑶甘州左卫正堂加二级马、郭一凤，|⑷甘州右卫正堂加三级王道记、司藏存端，|⑸华严会善信钱弘乂（以下三十三人名约）|⑾大清雍正二年甲辰岁九月初一日承造，|

十. 佛腹装脏 清雍正九年（1731）补塑金妆卧佛铁牌

⑴雍正九年六月十二日补塑金妆|⑵卧佛法身，助工众信|⑶国□监监生聂□弼、刘□汉。|⑷张掖县儒学庠生李咸亨。|⑸内阁供事朱昌。|⑹张掖县儒学武生任光耀。|

十一. 佛腹装脏 清雍正九年（1731）补塑金妆卧佛铁牌

大清雍正九年岁次辛亥林钟月朔旦发心重新补塑金妆迦叶古佛金身。

信官，张掖县督补厅马士元，吏部候铨，光禄寺署正冯克明，仝众督工总理功德信弟子：景 魁 杨腾运 余 珍 段 玉 严鼎梅 张乃学 萧 仪 王大成 吕 徵 邓万金 赵万益 陈友范 李成栋 张子龙 王祚泰 刘宗彦 魏正恩 王升 潘 云 周国彦 郭一凤 刘 窄。

牌阴铭文：

传临济正宗第三十四世嗣祖沙门同法，禅院副司思宗，甘州府僧纲司都纲道津，督工长老方佩，本寺耆旧 智逵 道潢 悟禅 照蕴 道滨 广禄。普募十方绅衿士庶人等同圆功德，共结善因，上报四恩，下资三有，唯祈：皇王永作千邦帝王，本郡官寮高增禄位。十方界五谷丰登，普天下万民乐业。谨志。

十二. 佛腹装脏 清乾隆十二年（1747）石碑

⑴粤稽|⑵甘肃张掖郡弘仁古刹有卧佛遗迹，始|⑶自晋代永康元年。有真人嵬咩国师中显|⑷三昧异像，帝延入内宫，高设猊座说话。后|⑸国师仍到震旦张掖郡，屡闻此地有丝竹|⑹声，寻声而至，实天乐也，而忽在地就地而|⑺掘得一碧玉卧佛圣像，而嵬咩师始创焉。|⑻其间沧桑几致，其中历朝重建不可枚举。|⑼明宣德年间奉敕重修一次。但今|⑽大清乾隆十年，佛殿倾颓，住持思宗及功德|⑾主秉仁等募化合郡官员军民，共助檀波，|⑿桐月（七月）筑基，改式重修三层楼阁，仍塑卧佛|⒀金身，丁卯梅月（十二年四月）装脏。伏愿皇图与佛日齐|⒁昌，帝道兼法轮并固，重建功勋永贻于后。⒂乾隆十二年（1747）四月八日立　　比丘本明敬述。（图十五）

（背面为捐资者名单）

图十五　佛腹装脏 清乾隆十二年（1747）石碑

十三. 乾隆四十四年（1779）《张掖府志》卷十一所载

宋释燕丹，西夏时人，道行深邃，时号国师。游历天竺至跋提见一石碑，载如来。昔记云：甘泉（张掖）有迦叶遗迹，当于来世释迦法中遇八地菩萨，显迦叶之真义，益恢宏于慧业，自兹以往如复有善信，能以一花一香致瞻礼之，诸者必证佛果，方旧求之。而门人思能已感梵音，得古槃佛像于其地。建刹顶礼，丹宣其说，众益影附。

释嵬咩思能，燕丹国师门人也，妙领真乘，深入窔奥，感梵音，往寻之，得金甓翠瓦覆涅槃像，倡愿建刹。会燕丹国师自天竺归，称说昔记，始知佛像迦叶所化。而思能即八地菩萨，道俗响应坛施山积其刹，即今大寺，详宝觉寺碑记，

十四. 大佛殿内梁下墨书题记

郡城惜字社众信弟子，于大清光绪三十一年（1905）乙已岁设立化育坛，祷祝诸圣飞鸾开化，指示众等，各捐善资补修庙宙……弘仁大佛寺内外围殿，并更换梁柱、门窗阁扇，挂瓦补脊。重修土塔，补铃悬镜。所有各殿神像一并焕然维新。……时宣统三年（1911）岁字辛亥夏六月吉日，甘郡化育坛抚玄弟子。（以下十人姓名略）

（作者通讯地址：甘肃文物考古研究所　兰州 730000）

略论党项民族葬俗在西夏建国后的延续与演化
——闽宁村西夏墓地与西夏陵的比较研究*

张 雯（Diane ZHANG-GOLDBERG）

摘 要： 宁夏回族自治区永宁县的闽宁村西夏墓地为研究西夏葬俗提供了珍贵的资料。其党项墓的布局、建筑特点与丧葬方式，反映出党项民族的文化传统和习俗。虽然闽宁村墓地是西夏建国前后建造的，它的一些形制特点被保留在西夏中期的西夏王陵之中，可以表现出西夏皇帝在墓葬方面对党项族习俗的重视。西夏陵墓葬结构中也有些特点与闽宁村党项墓不同，体现出党项民族在建国后的演化、当时的社会机制、文化影响、与建陵者不同的目的和追求。

关键词： 闽宁村西夏墓地 党项墓 西夏葬俗 西夏陵 陵园建筑 丧葬习俗

永宁县地处宁夏回族自治区北部，闽宁村西夏墓地就位于永宁县西约 25 公里处的贺兰山山前洪积扇上，东北距银川市约 40 公里（图一）。闽宁村西夏墓地共有 14 座墓，分布在沿山公路（201 国道）两侧。公路东侧有 11 座，编号为 M1 到 M6 和 M8 到 M12；公路西侧有 3 座，编号为 M7、M13 和 M14。共发现 4 座碑亭，公路两边各两座 （图二）。发掘工作分为两个阶段：2000 年 7 月，银川市西夏陵区管理处对 M8 及其附近的两座碑亭（B3 和 B4）进行了抢救性的清理。2001 年 8 月到 10 月，经国家文物局批准，宁夏文物考古研究所对 M1 到 M7 墓和遭到严重盗掘破坏的两座碑亭进行清理发掘。闽宁村西夏墓地的发掘是近几十年来西夏墓葬考古中发掘数量最多的一次，为研究西夏丧葬习俗提供了重要资料。[①]

一 闽宁村墓地的时代与族属

根据孙昌盛先生的分析[②]，B3 和 B4 碑亭出土的几块汉文残碑存有年号和人名，说明碑文撰写时间应大致在西夏第二位皇帝李谅祚在位期间。这两座碑亭距离 M1，M2 和 M8 比较近，但是距 M1 最近，位于 M1 西南约 20 米处，所以很可能是此墓的附属建筑。M1 应跟碑亭是同一时期的。

B1 碑亭位于闽宁村西夏墓地 M7 的西南侧，除 M7 外，周围近百米之内别无其他墓葬，可以确定

* 在此感谢史金波先生的帮助与启示，杜德兰 (Alain Thote)老师、林梅村老师的辅导，宁夏文物考古研究所罗丰先生、孙昌盛先生、马晓玲女士提供的考察帮助。

① 宁夏文物考古研究所：《闽宁村西夏墓地》，科学出版社，2004 年。

② 同上，第 141—143 页。

此碑亭是为M7所建的。碑亭出土的残碑块多无文字，但在M7内则出土了十多块有字残碑。这些残碑可能原来位于碑亭中，在墓室被盗后被人丢进盗坑而滚入墓室。残碑上有“天禧”两字应是北宋真宗年号，此时西夏国还未建立，也没有自己的年号，党项大首领是李德明，他接受的是北宋朝廷的册封，纪年也使用北宋年号。

B2碑亭位于M14的西南侧，但是已遭受严重的破坏，出土残碑较少，没有年号。 M14墓又未发掘。其他各墓没有碑亭建筑， 也未出土纪年文物，所以现在只能判断M1葬于西夏第二代皇帝李谅祚期间，M7葬于北宋天禧年代， 闽宁村墓地的时代似应在西夏建国前后。

碑亭出土的残碑块全是汉文碑，没有西夏文碑，与西夏陵碑亭中出土的碑块上汉文与西夏文共存不同，也说明这些墓葬应是西夏建国前或初期建造的。西夏文字虽然在李元昊称帝前就已经创制出来，但在闽宁村墓地建造时期可能还没有得到大范围应用。

闽宁村墓地对研究西夏墓葬意义重大，是因为其中有几个墓被推测是党项族的贵族家庭墓葬。M1两侧B3和B4碑亭出土残碑上有“……野利公讳……”。野利氏是西夏党项族八部之一，是大族，西夏初期的名臣中有许多是野利氏家族成员。再者，有些碑块上的碑文可能是张陟撰写的。张陟，官至右仆射兼中书侍郎平章事，并非平常人物，能由他来撰写碑文说明死者应该是有一定官职地位的人物。B2出土残碑的碑文第一行和第二行说明旁边M14墓主也亦姓野利，且曾官居西夏的“中……”官。最后一个有碑亭的墓葬是M7，此碑亭出土残碑未能提供关于墓主人身份地位的有效信息。

根据这些推测，闽宁村墓地可能是西夏建国前后一处与野利氏家族有关的党项人墓地。

二　闽宁村墓地墓葬形制与西夏陵相近的特点

1. 地理位置

闽宁村墓地北距西夏陵约20公里，两个墓地都位于贺兰山山前洪积扇上。西夏陵西抵贺兰山下。闽宁村墓地在贺兰山东南处，但是东、北、西三面环绕低矮沙梁，南面开阔，形如簸箕的山坳之中（图三）。两个墓地都西部靠山，东部面向银川平原与黄河。

2. 方向

闽宁村的十四座墓中只有四座有墓园，发掘报告没有写出墓园的准确方向，但是发表了各墓墓道的方向。由此可以看出闽宁村墓葬方向朝南或东南，与西夏陵帝陵较一致。西夏陵陪葬墓的方向从90°到185°，但大多数朝南或东南。这些墓葬基本坐北朝南不一定根据党项风俗决定，而应反映出对唐、宋陵制度的继承。

3. 地面形制

闽宁村墓地有四座墓各有单一墓园，发掘的M1与M4墓园平面呈长方形，南方开门，与西夏陵帝陵的外城及陪葬墓墓城形状相似（M14未发掘但是其墓园也呈长方形）。最特殊的是封土与墓道的位置不在墓园中轴线上而偏西（图四、图五）。西夏陵陵台、 墓道与献殿的位置也不在中轴线上而偏西。目前学者推测西夏陵这种布局现象可能与党项族特殊的鬼神崇拜观念有关，[①]认为中间为鬼神之位。[②]西夏陵建筑年代大约是西夏中期，比闽宁村墓地晚得多。但是在西夏早期的闽宁村墓地就表现出了这种特殊墓式，且在中期的西夏陵中继续得以遵循，无疑显示出党项人对避讳中间位置特别重视。

---

① 许成、杜玉冰、宁夏考古研究所：《西夏陵：中国田野考古报告》，东方出版社，1995年，第153页。

② 北宋沈括在《梦溪笔谈》卷一八中记党项人避讳中间位置，因为是鬼神之位。

4. 墓道与墓室

闽宁村西夏墓为阶梯式墓道的土洞单室墓，墓室多呈方形，平地，平顶或穹窿顶，四壁裸露。西夏陵唯一发掘的6号陵和M177陪葬墓的墓道呈斜坡式，M182陪葬墓的墓道呈阶梯式。6号陵墓室分为中室，东侧室，西侧室，在东西侧室壁上残留护墙板朽木但无砖，均发现有竖立的转角木柱，说明原来室内用木材构建了四壁和顶部。M177与M182都是单室土洞，既无壁画，也无砖室。总之闽宁村墓与西夏陵的墓室结构基本相同，都很简单。西夏陵的地面建筑材料很特殊，也很豪华。其大量使用的琉璃制品和瓦制品都在唐、宋陵很少发现，但是帝陵与陪葬墓的墓室却又很朴素，不像唐宋盛行的砖室，有的还绘有壁画，也不像北宋时期的砖砌仿木结构的墓室。在甘肃武威发现的几座西夏墓是小型砖室墓，墓室内出土有木版画，但是这些墓的墓主是汉人。宁夏地区的闽宁村西夏墓与西夏陵帝陵都是与党项族有关的墓，M182陪葬墓的墓主根据残碑研究证明是西夏贵族正献王嵬名安惠，[①]是党项族人。虽然时代不同，墓主人的社会地位也不同，但是把土洞墓保持下来说明这可能与党项生活习俗有关。孙昌盛先生提出早期党项人"俗皆土著"，即使是西夏建国后也是多居土室，唯有命者才以瓦覆，[②]所以上自皇帝下至普通官吏的党项人的墓室都是土室，把早期党项人的居室在墓室中反映出来。[③]我们认为这个分析可以再加深一步。闽宁村墓地野利氏墓主是党项贵族，有一定官职地位，平常生活不可能以土居为居室，西夏皇帝更不会。西夏陵6号陵出土的建筑材料，陪葬墓出土的随葬品都反映出墓主们的优越经济条件。修建陵墓时也不会有太大时间限制，地面建筑都很丰富及完整。6号陵有外城、月城、陵城、阙台、碑亭、角台、献殿与陵台。M177陪葬墓墓园由外城、碑亭、月城、墓城、门楼、照壁、墓冢组成。M182墓园由碑亭（一座）、墓城、门址、照壁、墓冢组成。由此可以看出闽宁村墓地的墓室与西夏陵区的墓室的形制既不是为了表现出墓主生前的居室，也不是以建筑形式把墓主生前生活环境在死亡后进行重现。两宋时期的富民墓葬、文人墓葬、僧道墓葬等等，均可以按照自己的势力、财力或意愿进行营建。在墓室内部的装饰上，反映贵族社会的仪仗出行、城阙楼阁、宫廷生活，体现当时社会信仰的题材等内容成为装饰的主流。仿木建筑雕砖壁画墓最初出现于唐末，北宋中期以后开始流行，金代达到鼎盛，元代开始趋于简化，进入明朝以后急剧减少直至消失。闽宁村与西夏陵的土洞墓说明党项人并没有接受当时流行的墓室装饰风格，这当然可能与党项族人早期的居室有关，但是也说明党项人在建墓时不重视墓室装饰，宁愿墓室朴素，而是通过随葬品或地面建筑来表现墓主的地位、习俗、生活与愿望。

5. 碑亭

闽宁村墓地共发现四座碑亭，在西夏陵区每座帝陵都有一到三座碑亭，陪葬墓有很多拥有一或两座碑亭。这种碑亭建筑非常特殊，为唐、宋陵园所没有。闽宁村B1碑亭位于M7的西南约35米处，B2位于M14西南5米处，B3、B4位于M1西南约20米处。由此可以看到当时建造碑亭偏西南，有两座与南北中轴线也不呈左右对称。西夏陵区碑亭布局比较复杂，但也可以看出一些规律。皇陵与陪葬墓有两座碑亭时，碑亭建立在陵城或墓园南部，在中轴线左右对称。皇陵有三座碑亭时，第三座碑亭就单独在中轴线东部或西部。陪葬墓如只有一座碑亭，碑亭也位于中轴线东部或西部。

闽宁村碑亭建在平面方形台基上，有的是四面无墙，四面出檐的亭式建筑；有的是台基上筑墙，但墙体不承担屋顶的重量，由柱体承重，屋顶呈四面坡形。西夏皇陵的碑亭不论是两座还是三座，建筑面积都各不相同。东碑亭一般大于西碑亭。如有三座碑亭，则单独无对称的那座面积最小。三号陵

① 许成、杜玉冰、宁夏考古研究所：《西夏陵：中国田野考古报告》，东方出版社，1995年，第138—139页。
② 《宋史》卷四八六《夏国传下》，中华书局，1975年，第14029页。
③ 宁夏文物考古研究所：《闽宁村西夏墓地》，科学出版社，2004年，第146页。

经过发掘后发现两个碑亭基址呈方形，但是上面中心是圆形砖砌基址。这个圆形基址有可能说明碑亭也是一个塔式，而不是亭式建筑。在这个圆形基址上东西方向排列四个方形石雕人像碑座，其浮雕的形象是裸体、跪坐、瞪目咬牙的力士。其中有些两乳下垂，可能是女性力士。这种碑座与传统的赑屃碑座完全不同，而且造型粗犷、简略，反映出很特殊的民族习俗。M177 陪葬墓的两座碑亭台基呈方形，台基上有扁平柱础石。西碑亭有围墙。

闽宁村碑亭证明党项贵族很早就在成墓时把碑亭加入到墓葬建筑里，开始把碑亭建在墓葬西南，然后在西夏中期把碑亭移到南部。碑亭建筑本身也有变化。西夏陵陪葬墓碑亭有扁平柱础石而不是柱洞，帝陵的碑亭比较精密，但是仍然加入了造型粗犷、反映出特殊民族习俗的石雕人像碑座。

唐代非常重视立碑，皇帝陵墓和许多陪葬墓都有石碑。到了北宋时期，皇帝陵前不立石碑。但唐、宋陵园的石碑都无建筑围护。闽宁村与西夏陵墓主对石碑的重视与保护完全是一种很特殊的习俗，他们的碑亭是表现党项民族创造力的墓葬建筑形式。

6. 动物骨骼与随葬品

在闽宁村除了 M6 以外，所有的发掘墓中都发现动物骨骼（马、骆驼、绵羊、幼羊），或动物形随葬品。

	M1	M2	M3	M4	M5	M6	M7	M8
动物骨骼	墓道	墓道	墓室	墓道、墓室（马、幼羊）			墓道、天井、墓室盗坑（马、骆驼、绵羊）	
家畜形随葬品					墓道（石雕幼狮）			墓室（木牛、木鸡、木羊）

西夏陵 6 号陵墓室出土鸡与羊骨骼，M177 甬道东壁发现铜牛，头向内（墓室），西壁石马，头向外（甬道），墓室内出土铁狗。M182 墓室中发现石狗、石马各一件，及大量的家畜、家禽。在墓室填土与底部出土的有羊、牛、狗等动物骨片近百块。在距甬道门 1.4 米墓底部发现一具完整的幼狗骨架。在墓室西南角发现一具幼羊骨架。墓室还发现完整的鸡、鸭骨架及蛋壳。

党项人是游牧民族，据《隋书•党项转》记载，“牧养牛，羊，猪以供食”。即使逐渐摆脱了原始的社会形态以后仍然没有放弃“本以羊马为国”[①]，“衣皮毛，事畜牧”[②]的传统。在这些党项墓发现的大量动物骨骼与家畜形随葬品，表现出党项墓主人不论身份地位如何，都对本族的习俗极为重视。这种珍爱家畜的习惯在武威地区西夏时代的汉人墓中没能发现，因为据发掘者称均未见有动物骨骼随葬。由此可以判断随葬动物是西夏党项人的特有葬俗。

三、从闽宁村墓地到西夏陵，西夏墓葬的演化与影响

1. 墓道、甬道与墓室的位置

在闽宁村墓地，墓道与甬道都偏离墓室中央，墓室位于甬道的西侧。有五座墓的墓室偏离较为严

① [宋]苏轼：《东坡志林》卷三，中华书局，1981 年，第 70 页。
② 《宋史》卷四八五《夏国传下》，中华书局，1975 年，第 13993 页。

重，其墓室东壁几乎与甬道东壁同在一条直线上 （图五）。这种特殊的布局使人联想到闽宁村墓葬的封土与墓道的位置不在墓园中轴线上而偏西，西夏陵陵台、墓道与献殿的位置也不在中轴线上而偏西。原因也很有可能与党项族特殊的鬼神崇拜观念有关，认为中间为鬼神之位。如果要是为了避讳中间位置，中轴线又是基本南北方向的话，那可以偏东或偏西。闽宁村墓与西夏陵的封土、陵台等都位于中轴线西部 ，闽宁村的墓室也处于墓道与甬道组成的直线西边，说明党项族习俗为让中居西。

这个墓室布局虽然强烈地体现了党项族的特殊信仰，但是在西夏陵区墓葬里面却没有发现。为什么西夏陵墓葬地面建筑保留了避讳中间位置的习俗，但是地下墓室却不像闽宁村墓室那样偏于墓道西边呢？闽宁村有五座墓墓室偏西严重，但是剩下的三座墓墓室只是稍微有点偏西，这三座墓墓室也许是建墓时测量缺乏精确，而不是故意布置的。如果是这样，那就说明在地下布局避讳中央不如在地面重要，地面建筑必须要表现出此特点，但在建墓室时就不一定有这个要求。

2. 封土

闽宁村发现的 14 座墓有高低不等的封土，高者达 3—4 米。封土平面为圆形，形制原来可能是圆台体或圆锥体。其用黄土堆积并经夯打，较硬，但无夯层，未见夯窝和木骨架的痕迹。残存封土外壁有一层厚 0.5—1.5 厘米的白灰皮。

西夏陵的塔式陵台别具一格，是夯土实心砖木混合结构的密檐实心塔状。陵塔平面是八角形或圆形，[①]从下至上分作九层、七层或五层。整体形状既不同于藏密的覆钵式佛塔，也不同于汉地阁楼式佛塔。塔葬或“葬于塔侧”应是佛教徒的葬式，一般民众很少采用，[②]但《旧唐书》两次记载这种习俗曾影响过唐代皇室成员的丧事办理。[③]在唐十八陵与北宋皇陵考古发掘时没有发现过这种遗迹，虽然塔葬有可能在唐代出现过，但是统治者从来没有把陵台建成塔形，更没有把墓室建在佛塔附近或把佛塔建在陵园内。

西夏陵陪葬墓的墓冢既有外形的不同，也有质地结构的差异，共有三大类，即：夯土冢、土丘冢、积石冢。夯土冢由黄土砾石夯筑而成，形制有山形、圆锥形、平顶圆锥形、蘑菇形。土丘冢由自然砂土砾石堆积而成，呈土丘状。积石冢先以自然砂土砾石构成土丘状，然后在土丘上垒放一层大石块，自然码放，不加砌放。有的石块现已流落，在墓冢周围形成一圆圈，遗址十分清楚。积石冢多数规模较小。

闽宁村墓地的封土与西夏陵帝陵的塔式陵台，或陪葬墓的墓冢区别很大，表现出西夏党项人墓葬的封土建筑经过很大的演变。在早期的闽宁村墓地封土形制很一致，简单。西夏陵帝陵的封土变成特殊、充满象征力而雄浑壮丽的塔式陵台，表现出西夏皇帝推崇佛教的意志，同时也反映出其要打破中原帝陵封土传统的愿望。[④]西夏陵陪葬墓墓冢多数形制表现出当时墓冢质地结构与外形丰富不同。有些圆锥形与平顶圆锥形墓冢也可能是塔形建筑，模仿帝陵但是规模较小，而且平面不是八角形。其他墓冢形状虽然无法准确辨别，但能说明墓冢在西夏陵建筑时有很多种，各墓墓冢的形制反映出墓主人的宗教文化、个人喜好或经济能力。

3. 葬俗

在闽宁村发掘的 8 座墓中有 3 座土葬墓：M2、M4 和 M7。M4 和 M7 有人骨与棺木，经过韩康信先

---

① 只有三号陵陵台平面是圆形。

② 张建林：《唐代丧葬习俗中佛教因素的考古学考察》，《西部考古》第 1 辑，三秦出版社，2006 年。

③《旧唐书》卷一五〇，《旧唐书》卷一三八。

④ 张雯：《西夏陵其制度不“仿巩县宋陵而作”》，《西夏学》第 7 辑，2012 年，第 212—213 页。

生的分析，[①]M7两个墓主个体分别为大约在45到55岁和40到50岁的中年男性和女性个体，很可能是夫妻共穴，M4墓主为性别难以确定的大约9到11岁之间的未成年个体。M2有棺木，却不见尸骨或骨灰，可能是一座土葬墓，但又不知尸骨在哪里。闽宁村有5座火葬墓，M1、M3、M5、M6和M8，墓主人的尸骨是经过火化后再埋葬的。西夏帝陵与陪葬墓发掘数量极其有限，从发掘的6号陵与两座陪葬墓来看，均为土葬，尸骨未经火化。

闽宁村墓地表明西夏早期贵族的葬俗有时是土葬与火葬并行。从内蒙古乌审旗出土的五代至宋初夏州党项李氏家族墓地，和府州西天平山五代至北宋折氏家族墓地来看，葬法都是土葬。西夏陵唯一发掘的一座帝陵及两座陪葬墓也实行土葬。孙昌盛先生[②]分析西夏流行火葬因为：第一，火葬是党项族的原始葬法并长期流行；第二，受当时社会现实的影响，中原地区在变乱中盛行火葬。但是又说西夏土葬也是由汉族传统的土葬习俗影响到的，党项贵族吸收了汉族的土葬形式，而且西夏建国后土葬更是贵族的主要埋葬形式。 虽然由此可以解释西夏火葬与土葬的来源，但是为什么在早期党项墓地有的土葬与火葬并存，有的只有土葬，然后西夏陵发掘的也是土葬墓呢？根据目前发掘的党项墓葬看，很难说出党项丧葬方法有没有演变，是否渐渐地放弃了火葬。即使上等社会偏爱土葬，也不说明其他党项人就没有保留火葬习俗。关于西夏陵帝陵的土葬发现，我们在研究西夏陵时已经指出：[③]在唐、宋、辽、金时代，不论当时盛行的宗教或流行的丧葬习俗如何，皇帝们的墓葬都是土葬。西夏统治者在建国时要进行皇权正统的建设，为自己的统治取得正朔的地位。早熟的中原文化被各民族国家视为政权正统建设的依据和根本目标，因此西夏皇帝选择与中原皇帝一样土葬。

闽宁村墓地显示出浓郁的党项族特色，其中有些在西夏建国后的墓葬中仍得以延续，最突出的表现即西夏陵，说明党项人没有抛弃本民族的文化特点与丧葬习俗。但是有些墓葬建筑，如封土在西夏陵表现出与以前很大的变化，一些新建筑：阙台、献殿也在西夏陵区出现。在建国后，西夏统治者为了建设皇权正统，在中原汉族文化中寻找依据，但是同时，为了强调本国的独立和民族特点，建筑者们又打破了很多中原传统制度，加快了党项族建筑艺术的发展。闽宁村西夏墓地使我们更深刻地了解了早期西夏党项族人的丧葬习俗，西夏陵突出地反映了党项民族葬俗在西夏建国后的延续与演变。

---

① 宁夏文物考古研究所：《闽宁村西夏墓地》，科学出版社，2004年，第157—173页。

② 孙昌盛：《略论西夏的墓葬形制和丧葬习俗》，《东南文化》2004年第5期，第40页。

③ Diane Zhang-Goldberg (张雯), "Singularités architecturales du cimetière impérial des Xixia : le monument funéraire ", *Arts Asiatiques*, Tome 67, 2012, p. 47—62.

附图：

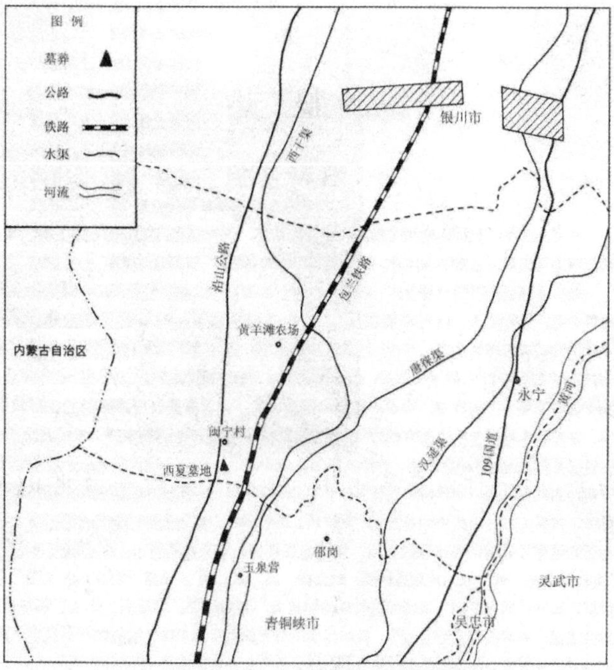

图一 闽宁村西夏墓地位置图(取自宁夏文物考古研究所 《闽宁村西夏墓地》，第 2 页)

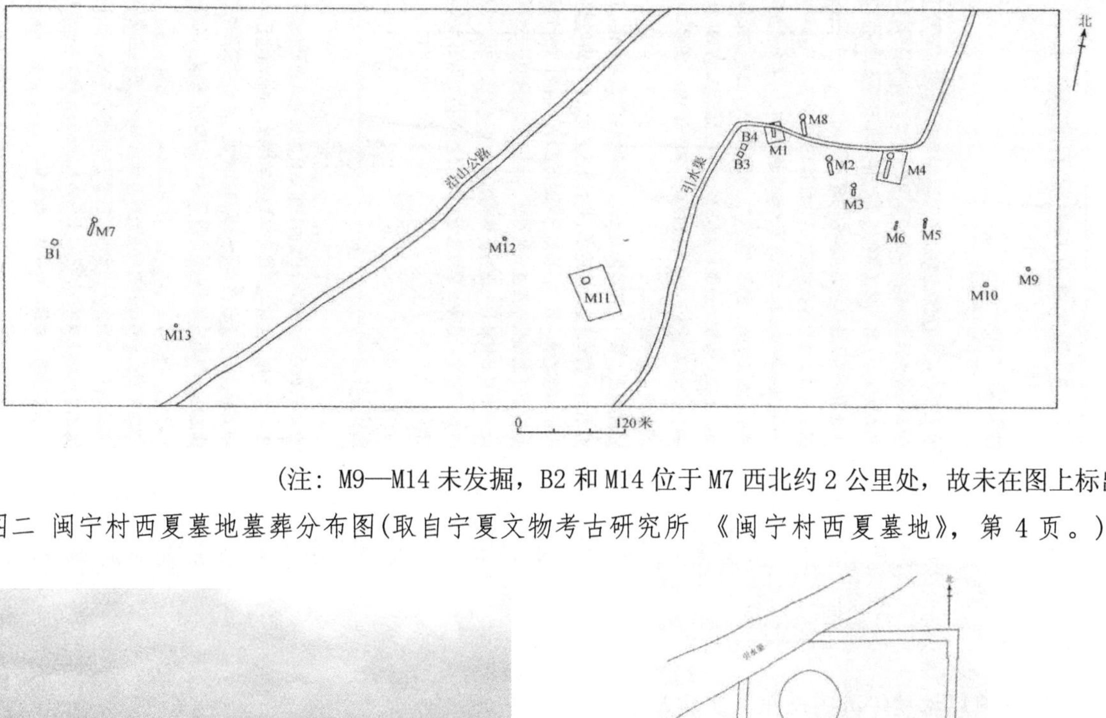

(注：M9—M14 未发掘，B2 和 M14 位于 M7 西北约 2 公里处，故未在图上标出)

图二 闽宁村西夏墓地墓葬分布图(取自宁夏文物考古研究所 《闽宁村西夏墓地》，第 4 页。)

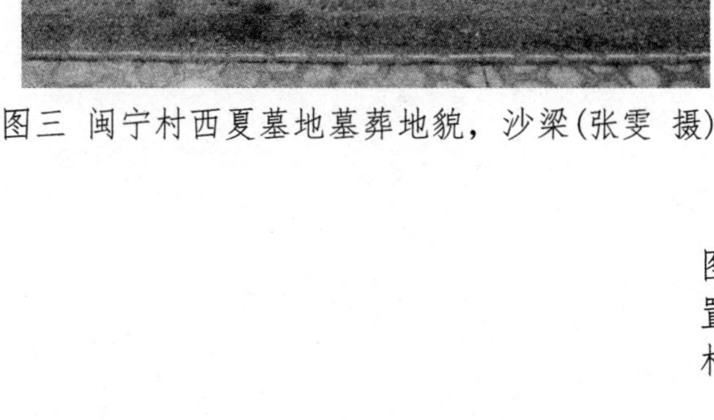

图三 闽宁村西夏墓地墓葬地貌，沙梁(张雯 摄)

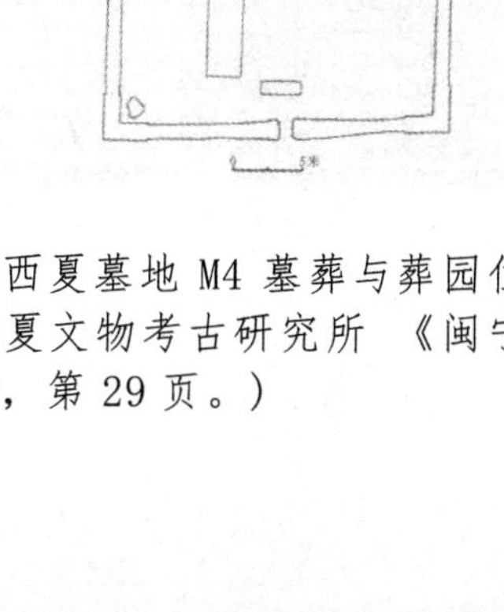

图四 闽宁村西夏墓地 M4 墓葬与葬园位置图(取自宁夏文物考古研究所 《闽宁村西夏墓地》，第 29 页。)

图五 闽宁村西夏墓地 M7 封土 （东南—西北）(取自宁夏文物考古研究所《闽宁村西夏墓地》，图版一七，1。）

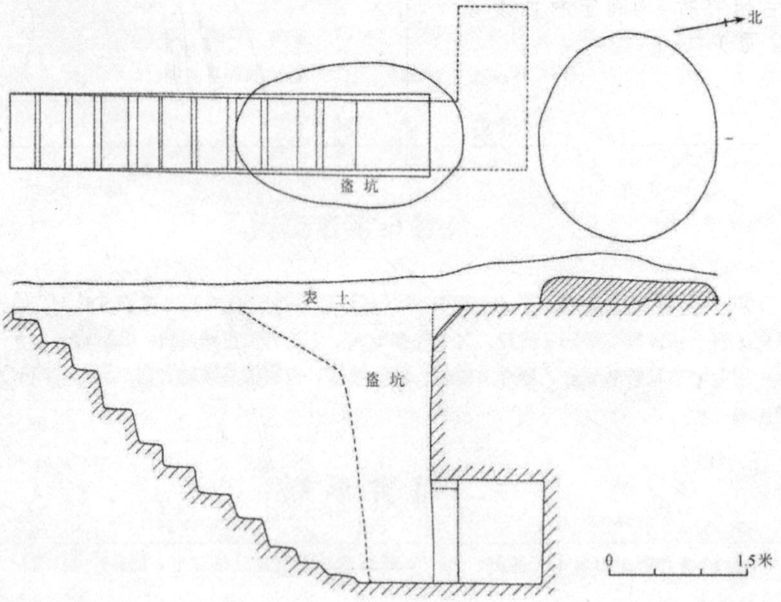

图六 闽宁村西夏墓地 M6 平，剖面图(取自宁夏文物考古研究所《闽宁村西夏墓地》，第 48 页。）

（作者通讯地址：法国高等实践研究学院）

西夏学 第10辑 2013年9月
Xixia Studies, Sep,2013,Vol.10

西夏三号陵献殿形制的探讨与试复原

岳 键

摘　要: 根据基址上大小柱洞的排列规律及其所显示的梁柱垂直投影平面图，西夏三号陵献殿很可能为上方下圆、两重屋檐叠加的重檐攒尖顶形制的木结构宫殿。利用《营造法式》和西夏时期的建筑图像和构件遗存，可以对献殿作出初步的框架性复原。

关键词: 西夏　三号陵献殿　天方地圆　形制复原

西夏三号陵是西夏王陵中茔域面积最大、出土文物最多、建筑形制最独特、遗址保存最完好的一座陵园。其主体建筑——献殿是采用探方法进行发掘的。献殿遗址共发掘15个探方，揭露面积1500平方米，清理出了完整的基址遗存，使我们对献殿的结构、布局、形制、规模有了较完整清晰的科学认识，也为献殿的最终复原，提供了详尽可靠的第一手资料。

《西夏三号陵地面遗迹发掘报告》说“献殿建在八角形台基之上，为圆形大殿”①，此结论一经刊布，即引发了学界的关注与热议。笔者通过对其结构、形制的分析与研究，得出了与报告表述并不完全相同的观点，即三号陵献殿是上方下圆（亦即天方地圆）两重屋檐叠加的重檐攒尖顶木结构大殿。为证实这一结果，本文拟从献殿最主要的遗存——柱洞研究入手，力图建立献殿柱网，架构基本模型，进而通过模拟推演，最终完成献殿想象图的复原。不当之处，敬请方家指教。

一

三号陵献殿是什么样的？它是传承了中国传统的建筑风格，还是西夏人推陈出新另有建树的立异之作？找出这一答案的途径是什么？当然是具有说服力的证据。我们知道，献殿是祭拜陵墓主人的享堂，西夏三号陵献殿已毁，并遭火烧。现只留下了八角形的建筑台基和残存的铺地砖、柱洞及柱础石。从柱洞分布看，台基最外围是一圈圆形柱洞，共计18个。直径17.8米，洞径30厘米；圆形柱圈内还分布着一组方形大柱洞，共计12个。柱径50－55厘米。从柱洞大小和结构上分析，12个大柱应是献殿顶承重的主要柱子，而分布于周围的18个小柱则是支撑献殿外檐的柱子，它们共同构成了支撑献殿的柱网。正是这一柱网布设图，为我们提供了判断其建筑形制的可靠证据。从形式上讲，中国古代建筑的形制是由构成该建筑的屋顶形式所决定的。有什么形制的屋顶，就有什么形制的建筑。屋顶的形制是由支撑它的梁架决定的，而梁架又是由支撑梁架的梁柱决定的。因此，梁柱垂直投影构成

① 宁夏文物考古所、银川市西夏陵管理处《西夏三号陵地面遗迹发掘报告》，北京科学出版社，2007年，第15页。

的柱网布设图就成了判断该建筑形制准确而有效的依据。据此，我们可以很容易地判断出献殿基本的建筑形制应为攒尖顶，即：屋顶无论是方是圆，其屋脊最终都要汇集于房屋的中心顶点上，而献殿基址上大小柱洞形成的内方外圆的梁柱垂直投影平面图，已经证实其屋顶造型就属这一类型。这样一来，我们就排除了所有梁柱投影为矩形的柱网布设形式，如：庑殿顶、歇山顶、悬山顶、硬山顶、卷棚顶及其变异形制的存在，也排除了五角攒尖、六角攒尖、八角攒尖等攒尖顶形式，最后仅剩下方形、圆形、盝顶、盔顶4种攒尖顶形式留待筛选，那么，三号陵献殿究竟应是上述哪种攒尖顶呢？让我们不妨对其一一分析。

1. 方形攒尖顶是中国古建筑中最为常见的传统样式，是西夏宫廷的标志性建筑样式之一，也是西夏壁画中所能见到的唯一的攒尖顶形式。我们从敦煌西夏壁画中可以看到典型的西夏方形攒尖顶建筑，主要有：榆林3窟《观无量寿经变》中的重檐攒尖；《西方净土变》中的重檐攒尖；《普贤变》中的重檐攒尖；东千佛洞7窟《药师变》中的单檐攒尖；莫高窟400窟《 药师变》中的单檐攒尖以及俄藏黑水城佛经卷首版画《佛说转女身经》中的单檐攒尖；《妙法莲华经卷第四》中的单檐攒尖顶，它们均属此类。因此，方形攒尖顶是三号陵献殿最有可能采用的屋顶形制。

2. 圆形攒尖顶在中国古建筑中出现得很晚，其建筑例证也仅见于明、清。但在西夏陵却发现了大量的夯筑或砌筑的圆形遗存，这可能是“天方地圆”的攒尖顶形式，也可能就是圆形攒尖顶形式，它们似乎都与西夏笃信佛教有关，三号陵献殿遗址形成的柱圈表明，其檐柱承接的是圆形攒尖顶，因此，三号陵献殿为圆形攒尖顶的可能尚存。

3. 盝顶是方形攒尖顶的异化形式，属中国古建筑中的杂式建筑，不入主流。①目前我们尚未发现西夏的建筑绘画中有盝顶形制的建筑，更未发现有盝顶形制的建筑遗存，而判断攒尖顶是否为盝顶的一个重要标志，就是盝顶的四脊均有鸱吻存在。西夏三号陵献殿出土文物中除发现有嫔伽、脊兽、套兽外，并未发现鸱吻遗存，而陵园中出土鸱吻的地方又远离献殿，据此，我们可以排除三号陵献殿为盝顶的可能。

4. 盔顶在中国古建筑中亦属杂式建筑，②没有留下任何建筑遗存，但在西夏绘画中却留下了重要图像。敦煌安西榆林3窟的西夏壁画《普贤变》中的山水图中就清晰地绘出了不同样式的三种盔顶建筑，这应是中国古建筑中出现最早的盔顶样式。“盔顶”形制的主要特征是，四条垂脊中段拱起，造成屋面也随之拱起，与其他屋顶的凹曲坡面完全相反，外观形式很像古代将士所戴的头盔，故名之曰“盔顶”。像甘肃武威西夏墓出土的西夏随葬品木缘塔就是典型的盔顶样式。尽管西夏的“盔顶”建筑很有特色，但并不是西夏官式建筑的主流。盔顶覆盖屋顶的不是瓦类，而是芦席类。作为西夏皇家陵园的献殿，自然是不会选择这种低等级的建筑模式。因此，盔顶形制也可以排除。

这样，4种攒尖顶形式只留下了方形与圆形，这也正好与三号陵献殿基址上梁柱垂直投影所形成的内方外圆的柱洞形式相一致。它们究竟是怎样的结构，彼此间有哪些关联呢？根据柱洞所处位置：方形在内，圆形在外，显而易见，方形柱网是用来承重的。因此，攒尖顶形制也只能是方形。这是三号陵献殿屋顶的不二选择。而圆形柱网处于外围，它没有承接大屋顶的结构功能，因此不能承重，也与方形柱网没有互为依存的内在联系，它唯一的作用就是用来充当外围挑檐柱，或者说是为了造型的需要而附加在方形柱网外围的联带体。它与方形柱网的强行组合，构成了有趣的上方下圆又称“天方

①② 参见李剑平《中国古建筑名词图解词典》，山西出版集团、山西科学技术出版社，2012年，第56页。

地圆”的建筑形式，这种形式的柱网布局与中原王朝秉承的“天圆地方”[①]的传统建筑理念正好“乾坤倒置”，形成了强烈的视觉反差。

二

在确定了三号陵献殿为“天方地圆”（上檐为方形，下檐为圆形）的重檐攒尖顶的结构形制后，我们即可按计划进行各项复原准备。

1. 梁架图的绘制

绘制梁架图是房屋复原的首要条件，而确定房屋的举架是绘制梁架图的第一步。三号陵基址给我们留下了清晰可辨的柱网遗存，但没有留下梁架图和任何可供借鉴的资料，西夏人在建筑领域的创新成果令今人刮目相看，我们很难想象西夏人是如何搭建房屋的。但有一点是肯定的，中国古建筑具有长期不变的稳定性，处在同一发展时期的宋、辽、夏、金各朝，都是华夏同一建筑传统的继承人。西夏人的创新自然是在传统基础上的创新，西夏梁架图也可借鉴宋、清梁架图的绘制方法而绘出。

（1）笔者借用清之举架模数的计算方法，先算出举架模数，再绘出梁架图。首先截取宋、夏同一类型屋顶的两组侧样断面图。宋取的是“四架椽屋前后劄牵两椽栿用四柱”侧样图，[②]夏取的是肃南文殊山万佛洞西夏大型建筑壁画《观音法会》东侧中段“配殿”的断面图。[③]笔者对两组侧样图的步、举架距离做了量算，算出了各自的举架模数。

第一组（宋）：　挑檐桁至下金桁的步架为 1.3 米，举架为 0.5 米，举高为三八举；
下金桁至上金桁的步架为 1.6 米，举架为 0.8 米，举高为五举；
上金桁至脊桁的步架为 1.8 米，举架为 1.1 米，举高为六一举；
屋顶总步架为 4.7 米，总举架为 2.4 米，总举高为五一举；

以上三折举架组成了一条平缓的屋架曲线，总举架模数仅为总步架模数的一半，使屋顶更显沉稳。

第二组（夏）：　挑檐桁至下金桁的步架为 1.2 米，举架为 0.6 米，举高为五举；
下金桁至上金桁的步架为 2 米，举架为 0.9 米，举高为四五举 ；
上金桁至脊桁的步架为 1.3 米，举架为 2.5 米，举高为十九举；
屋顶总步架为 4.5 米，总举架为 4 米，总举高为八八举；

三折举架组成了一条大角度的屋架转折曲线，尤其是脊桁举架模数大于步架为 2.5 米，举高达十九举，使屋顶更显高耸。

通过以上两组模数的比较，我们发现：宋的平均举架为五一举，最高举架才达六一举，远比西夏要低得多，而西夏的平均举架也在八八举，最高举架超过十九举，可谓“惊人之举”。宋建筑与西夏建筑的重要区别就是宋建筑的举架要比西夏建筑低，因此，在建筑立面效果上看，西夏建筑屋顶的可视面要比宋建筑大许多，唐宋建筑如果视距过短的话是看不到屋顶的，而西夏却成功地解决了这一问题。以上笔者所选例证为歇山顶，但可以此类推，由此及彼，其举架模数同样适用于攒尖顶。

（2）为了使献殿的基本架构与特定的攒尖顶外形相适应，传统上采用使构架层层收缩加高的做法。笔者参照清代抹角梁和扒角梁做法，[④]结合西夏三号陵献殿的特殊形制绘出梁架示意图：梁架平

---

① 参看朱小平、朱丹《中国建筑与装饰艺术》，天津人民美术出版社，2003 年，第 13—14 页。“明堂建筑象征着天圆地方的宇宙秩序” ……“圆盖方载”是明堂的基本特征。

② 李剑平：《中国古建筑名词图解词典》，山西出版集团、山西科学技术出版社，2012 年，第 129 页。

③ 因三号陵献殿是西夏早期建筑，而文殊山万佛洞大型建筑壁画也是西夏早期绘画，考虑以此类比更接近真实，更有可信度，故选之。

④ 参看白丽娟、王景福《古建清代木构造》，中国建材出版社，2007 年，第 133—138 页。

面为正方形，四周有柱子，柱子上置桁枋，桁上使用抹角梁，桁上的四根抹角梁水平投影是正方形，再在抹角梁上立瓜柱、安装金步的桁枋，这样层层收缩加高。在金步桁枋的四角对角线方向由金桁向檐桁与角梁头同方向的上方穿出四根老角梁与子角梁。再由四根子角梁尾做举高为二十举的四根由戗交于雷公柱上。[①]最后将外檐挑檐柱与内檐金柱相连。见梁架平面示意图与梁架剖面示意图。

2. 基本架构的推演

为了清楚地表达笔者的意思，也为了有利交流和便于方家的指导，本文所绘复原图一律采用了鸟瞰图的形式。实测三号陵献殿方形柱洞洞径为 50—55 厘米，柱高不知，以文殊山万佛洞西夏壁画《观音法会》观音大殿为参照物，[②]量得柱高为 800 厘米，柱径为 60 厘米。取 53 厘米为献殿参考柱径，则献殿参考柱高约为 700 厘米。下面我们就可以系统论述献殿的试复原过程。

（1）将 12 根柱径为 53 厘米、柱高为 700 厘米的圆柱插入方形柱洞内，柱间用桁枋连接，四角出头处做霸王拳锁住（图 1）；

（2）在四角柱子间对角 45° 方向各放梁头一个，四个梁头的腰间开槽放置檐垫板（图 2）；

（3）在檐垫板上放置四根檐檩，檐檩四角做 45° 搭交出头。在檐檩四角搭放四根抹角梁，其水平投影为正方形，再在抹角梁上立四个瓜柱（图 3）；

（4）在瓜柱上安放金步桁枋四根，仍做 45° 搭交出头，再在金步桁枋上搭放抹角梁，梁上再安置瓜柱，这样层层收缩直至加高至上金步桁枋（图 4）；

（5）在上金步桁枋的四角对角线方向由上金桁向檐桁与角梁头同方向的上方穿出四根老角梁与子角梁。再由四根子角梁尾做举高为三十举的四根由戗交与雷公柱上（图 5）；

（6）已知外圈柱洞的洞径为 30 厘米，则其参考柱高为 400 厘米。将 18 个柱径为 30 厘米，柱高为 400 厘米的檐柱插入柱洞内，用檐枋连接各柱，在外檐柱与金柱间用用抱头梁或挑尖梁联接。将梁头置于檐柱上，另一端做榫插入金柱内（图 6）；

（7）在各角梁间放置脊桁。再在各挑尖梁、抱头梁上置童柱，柱高与所在位置举架相同，柱间用脊桁联接（图 7）；

（8）给屋架铺设椽子。方形顶起自上金步桁枋，搭至挑檐桁；圆形顶起自连接金柱的额枋底端，搭至挑檐枋（图 8）；

（9）在外檐柱间增设门窗，添加内檐柱檐板（图 9）；

（10）铺设大顶，完成泥瓦作的铺设及脊兽、套兽的设置安装（图 10）；

（11）铺地砖；砌设台基护栏，全殿完工（图 11）。

3. 装饰构件的安装

西夏献殿反传统的宏观造型，豪放、大气，收到了赏心悦目的奇效；而精彩细腻的的微观设计更是标新立异，令人耳目一新。西夏人在攒尖顶上煞费苦心，做足了文章。根据献殿出土的装饰构件可以看出西夏人敢于反传统、敢为天下先的建筑理念。令人惊诧的是，献殿出土的装饰构件均为闻所未闻，见所未见的生灵。尽管出土饰件十分破碎，按形式仍可分为套兽、嫔伽、摩羯、奔狮（田野报告称奔狮为海狮，牛达生先生认为这些都是佛国世界的生灵，而佛界没有海狮，应定性为吼狮，本人从

---

① 参看朱小平、朱丹《中国建筑与装饰艺术》，天津人民美术出版社，2003 年，107—108 页。

② 之所以取文殊山万佛洞大型建筑壁画《观音法会》观音大殿的柱子为参照物，是因为《观音法会》属西夏早期绘画，其建筑物与三号陵献殿具有很相近的可比性，特别是在不知献殿柱高的情况下，只能用这种方法进行类比测算。那么，为何不采用《营造法式》规定的数据呢？原因很简单：《营造法式》在北宋熙宁年间开始纂修，西夏早期尚未刊布，元祐六年（1091）厘定成书，但未能刊行。绍圣四年（1097）重新编修，元符三年（1100）成书，徽宗崇兴二年（1103）公诸于世，此时已是西夏中期，因此，根本不存在遵循《法式》的问题。

其说）四类。这些饰件与中国古建筑中的传统饰件毫无共同之处，它们是佛界的护法神。那么，它们应该怎样安置呢？笔者认为，它们只能安置在方形攒尖顶的四条垂脊或圆形攒尖顶的脊顶或挑尖梁上。其中，套兽为直筒方径套兽，①器形为龙形，大小不等。大的器形通长 51—55 厘米，平置高度 34 厘米；小的器形通长 35 厘米，平置高度 30 厘米。它们有两个去处：其一，大器形安置在方形攒尖顶的四个角梁头上。其龙颈套口为方形，正好与角梁头相套合，为防止脱落，再在颈顶的卯槽口插入榫卯固定；其二，小器形安置在圆形攒尖顶的 18 个挑檐柱与挑尖梁相交的出头处。将套兽套入挑尖梁，再用榫卯固定。脊兽，有奔狮与鱼首鱼身摩羯、兽首鱼身摩羯三种类型。其中：鱼首鱼身摩羯通高 20.5 厘米，通长 38 厘米；兽首鱼身摩羯通高 29—33 厘米，通长 41—46 厘米；奔狮通高 30—31 厘米，通长 38—40 厘米。它们也安置在两处：其一，安置在方形攒尖顶的四条垂脊的前脊，前脊较低，脊上砌筒瓦，脊兽均置于筒瓦柱柄之上；其二，安置在圆形攒尖顶的 12 条垂脊线上（这 12 条垂脊线由 12 根内檐金柱引出）。脊兽的排位次序从前至后依次为：鱼首鱼身摩羯＋筒瓦＋兽首鱼身摩羯＋筒瓦＋奔狮。之所以这么排序，是由脊兽所在脊瓦的结构和类型决定的。鱼首摩羯的脊瓦前后口径均为敞口，可安置在筒瓦前面；兽首摩羯与奔狮的脊瓦前口径均有子口，均可套在前面的筒瓦上；但考虑到兽首与鱼首摩羯的形态相同，又同属摩羯类，所以兽首摩羯应该位列鱼首摩羯之后为妥，而奔狮只能排在最后。嫔伽，全称迦陵嫔伽，俗称妙音鸟，仅在三号陵发现，共有两种类型，献殿仅出土了五角花冠嫔伽一类，大小两种器形：大器形通高 57 厘米，座长 28 厘米，翼展 41 厘米；小器形通高 47.5—52 厘米，座长 20—26 厘米，翼展 29.5—32 厘米。大器形安置于四方攒尖顶的四条垂脊的后脊，后脊高于前脊，脊首方正，正好与嫔伽尾口套合；小器形安置于圆形攒尖顶的 12 条垂脊线的后脊，位在脊兽之后。通过这样的安装，就使全部脊饰得到了妥善安置（见图）。如果说三号陵献殿的建设彰显了西夏皇室的气派和威严，那么迦陵嫔伽的设置则使肃穆沉寂的陵园出现了鲜活灵动的生气，使天上、地下、佛国、人间有了和谐共处的空间。这些都是西夏人独特的艺术创造和杰出贡献。

4. 斗拱的类型

斗拱是中国古代建筑中最主要的承重构件，也是不可或缺的装饰构件之一。在上述献殿构架的推演中，笔者没有言及斗拱，并不是说献殿没有斗拱，而是因为客观上斗拱的绘图难度很大，笔者很难准确把握其在结构组合中的透视关系，在不影响结构表述的前提下，不得已做了省略。三号陵献殿斗拱与其屋顶架构一样，都是木结构，因此，随着朝代的久远，随着时间的推移，早已风化、腐朽，形迹不存。这为西夏斗拱的复原造成了很大的困难，但并不等于斗拱无法复原。三号陵属于西夏早期建筑，学界一般认为应是西夏开国皇帝嵬名元昊之陵。因此，其斗拱形式也应具有西夏早期特征。而为学界所熟知的具有代表性的西夏建筑壁画文殊山万佛洞的《观音法会》②就是早期形式。从整体看其斗拱分布疏朗，一般补间铺作只有 1 朵斗拱，三开间正殿斗拱数为 7 朵，配殿斗拱为 5 朵，而五开间主殿斗拱仅为 9 朵，例外的是后殿三开间的斗拱数也为 9 朵。这表明西夏早期斗拱设置与宋相近，但并未形成定制，尚有一定的灵活性和随意性。其柱头铺作、补间铺作、及平座斗拱均画为单昂单抄形式为西夏所独有（一般抄在下昂在上，西夏的反传统画法可能是为了标新立异），这里的昂均为假昂，实际上为双抄华拱形式。在这里我们还注意到西夏很早就使用了普柏枋。所有柱头铺作、补间铺作之斗拱均落座于普柏枋之上，打破了建筑学界普遍认定的南宋时期才使用普柏枋的定论。

---

① 参看宁夏文物考古研究所、银川西夏陵区管理处：《西夏三号陵地面遗迹发掘报告》，文物出版社，2007 年，第 277—278 页。

② 参看岳键《敦煌西夏石窟断代的新证据——三珠火焰纹和阴阳珠火焰纹》，《西夏学》第 7 集，上海古籍出版社，2012 年，235—242 页。

西夏中期的斗拱已找不到壁画中的参照物，但所幸有建筑遗存尚存。甘州卧佛寺为西夏崇宗时期所建，虽然屡经维修，但仍保留了原有的西夏结构，其独出心裁的斗拱造型令人耳目一新。补间铺作的斗拱已由1朵升为2朵，造型也只见纵向拱，不见横向拱。横向的泥道拱以雕花板的形式直接插入补间两出挑华拱的横向斗口内。华丽美观的雕花板既起到了横向斗拱的作用，又直接装饰了补间；而45°角部位的转角铺作，因其斗拱承接的是龙头老角梁而更显震撼力（见图）。斗拱伸出部分短小，不到唐宋斗拱的一半。其基本形式是栌斗上坐双抄华拱（清称翘），没有下昂；华拱上直接承接耍头（清称蚂蚱头），没有令拱；耍头又直接承接挑檐榑（清称挑檐木），这种大斗小拱的米字拱形式，共有7个耍头，为唐宋明清所不见。

西夏晚期建筑在榆林窟的第三窟有很细致的表现，[①]屋檐斗拱很小，很密集，主殿三开间斗拱已升至10朵，配殿单开间斗拱已激增为5朵，甚至7朵。由于斗拱小，不能承担挑檐重量，所以在大殿檐角使用了擎檐柱。

通过列述西夏各个时期斗拱的形态和发展、变化趋势，我们可以得出如下结论：三号陵献殿的斗拱形式，不可能采用榆林窟所绘斗拱形式，也不可能采用甘州大佛寺斗拱形式，其斗拱造型应处于文殊山万佛洞向甘州大佛寺斗拱的过渡期。从献殿建设的时间和富有创意的内容看其斗拱属早期形式，即：补间铺作只有1朵斗拱，其基本结构为外出双挑造型。

三

西夏的“天方地圆”的建筑形制能够出现在三号帝陵绝非偶然，它既体现了西夏建筑师的奇思妙想，又传递了西夏统治者标新立异、扭转乾坤的政治理想。这种独出心裁的建筑形式很有创意，富有艺术感染力和视觉冲击力。它的发现和复原对考古史、民族史、文化史研究以及抢救西夏建筑文化遗产均有积极意义。

当然，关于献殿上方下圆（天方地圆）的形制学界也有不同的看法。有专家指出，西夏建筑高耸而富有艺术表现力的屋顶，或许是画家的艺术创造，不一定是西夏宫廷建筑的真实反映，因为西夏地处西北边陲，风沙弥漫，高耸的屋顶很难适应这种恶劣环境。为了弄清这一问题，受银川市政府委托，在2001年9月我们专程赴北京拜访了中国建筑学会建筑史学分会理事长杨鸿勋先生。杨先生早年研究过西夏建筑壁画，通过多处西夏壁画的比较，他充分肯定了这一建筑形制的合理性，认为这是一种历史上真实存在的古代建筑。另外，西夏陵地处贺兰山东麓，平均海拔1100多米，而贺兰山最高峰为3556米，平均海拔也在2500米以上，受贺兰山天然屏障的庇护，西夏建筑并没有风沙之虞，因此这一形制的存在是客观可信的。

① 参看萧默《敦煌建筑研究》，机械工业出版社，2002年，第245页。

附图：

· 268 ·　　西夏三号陵——地面遗迹发掘报告

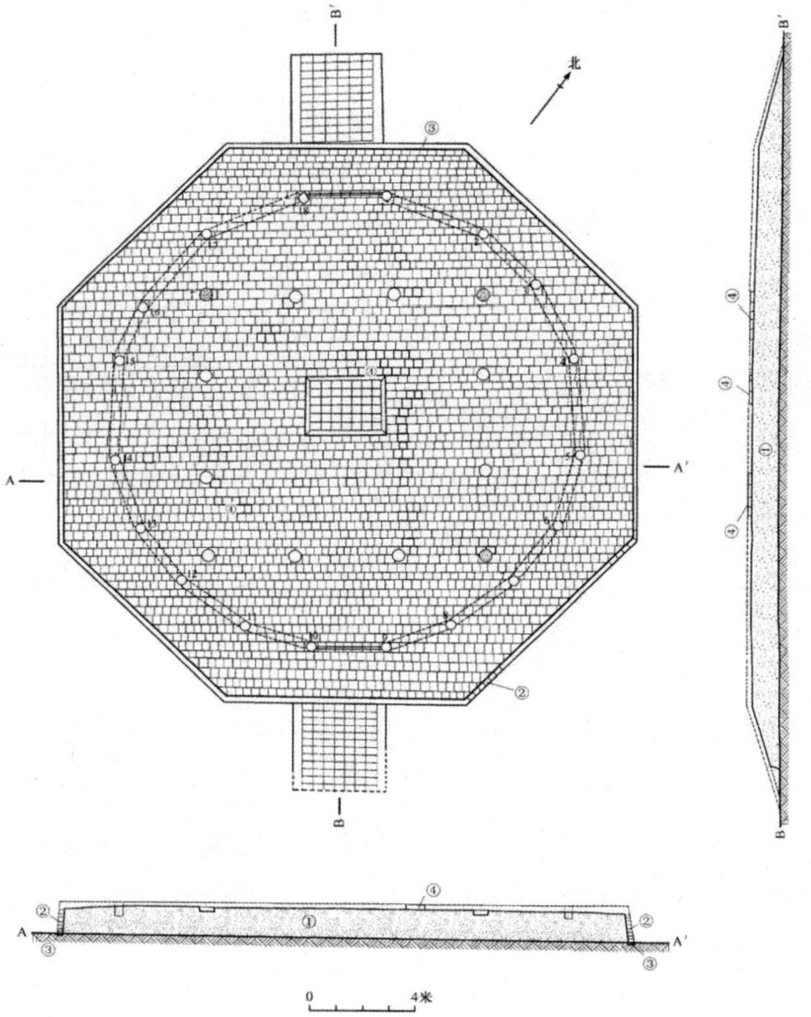

图一七九　献殿平、剖面图

①献殿夯土台基　②包砖壁　③包砖基槽　④方砖墁地（虚线为破坏的原砖面）○…柱子洞外周 1～18 为圆形柱洞，柱洞之间连的虚线为复原墙的位置。1、18；9、10 之间为门下框木槽复原位置

（二、三号陵献殿平面、剖面图）

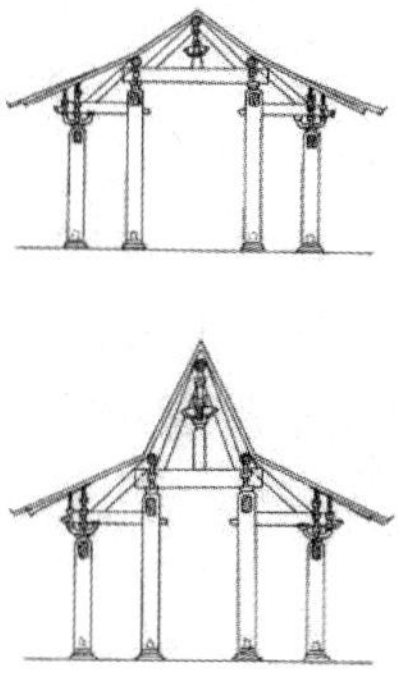

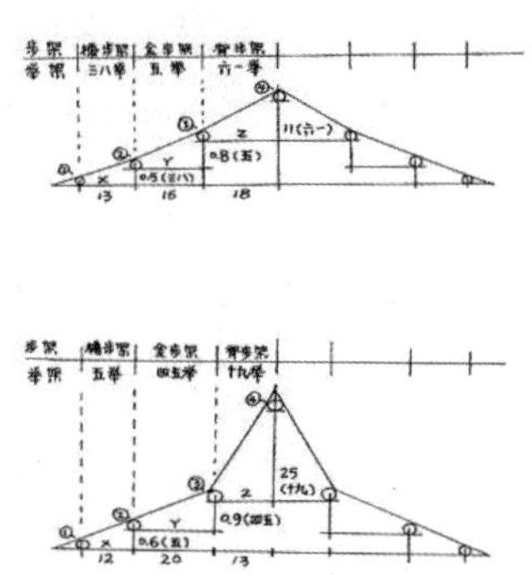

a 宋、西夏梁架侧样图　　b 宋、西夏梁架模数比较图

（宋、西夏梁架侧样图及屋顶举架比较图）

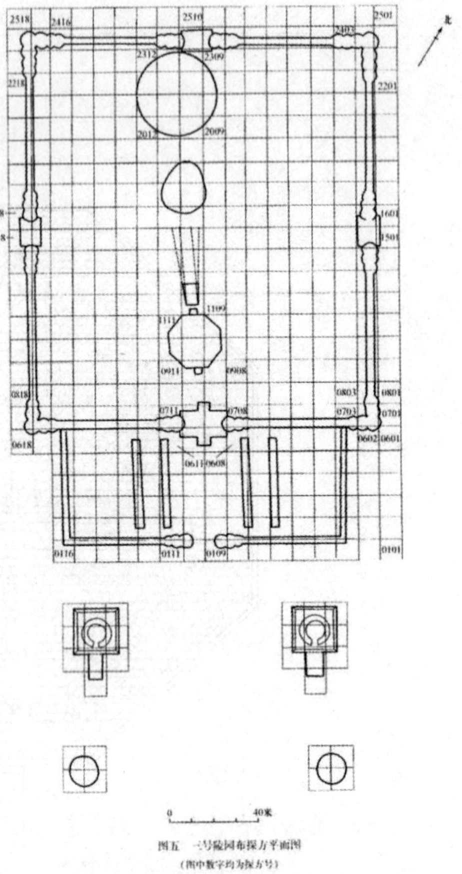

（西夏三号陵发掘探方布设图）

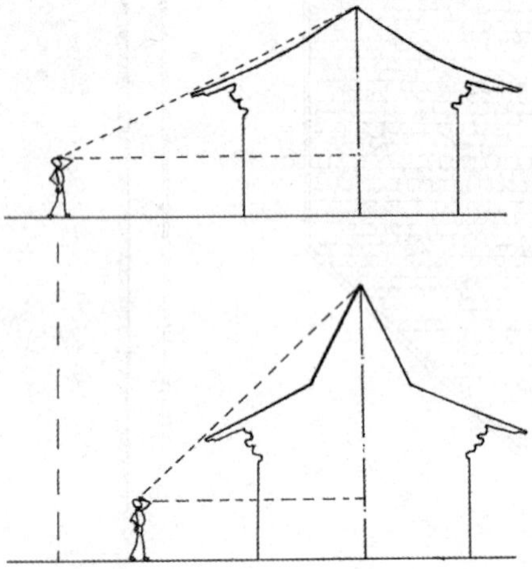

上图为宋屋顶可视面；下图为西夏屋顶可视面

（宋、西夏屋顶可视面比较图）

a、三号陵献殿梁架立面剖视图　　b、三号陵献殿梁架平面示意图

以上三号陵献殿梁架结构平面、立面示意图

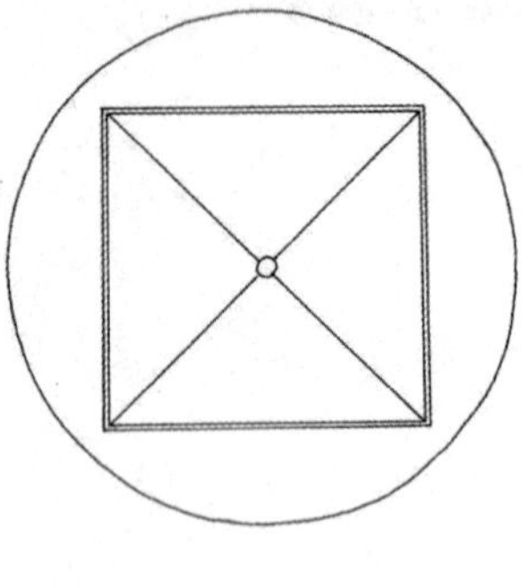

以上三号陵献殿平面示意图

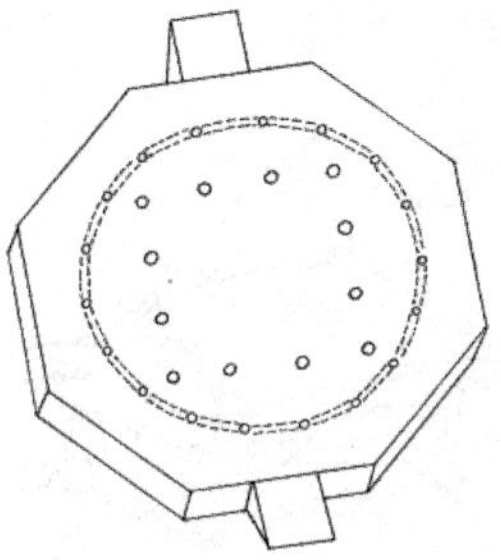

1. 献殿台基留存的柱洞

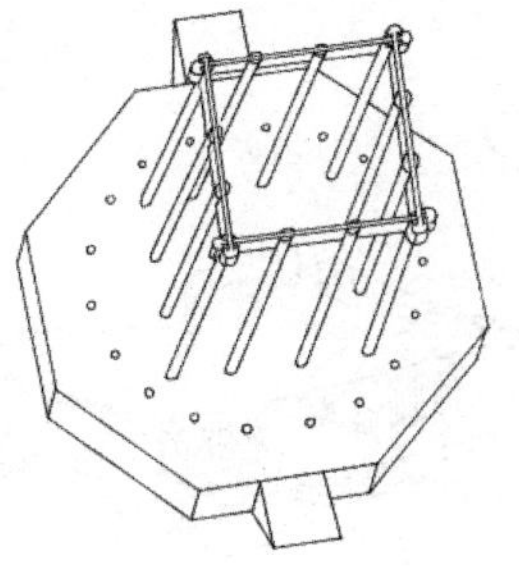

2. 立柱，柱间用桁枋连接

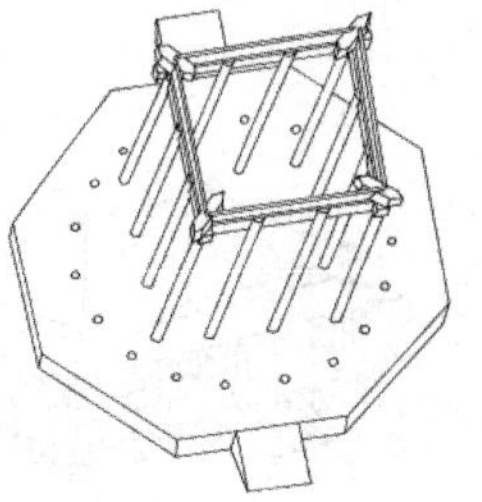

3. 放置梁头开槽置入梁垫板

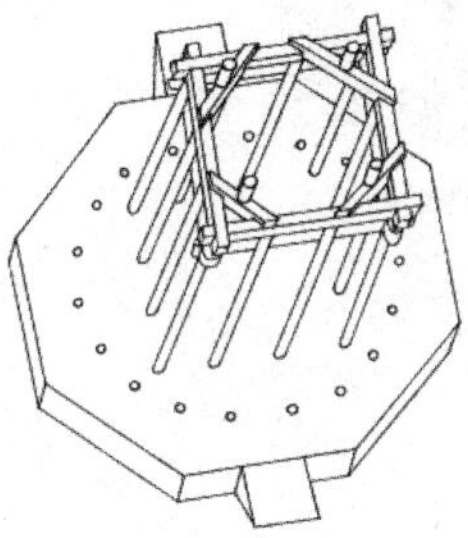

4. 放抹角梁，立瓜柱

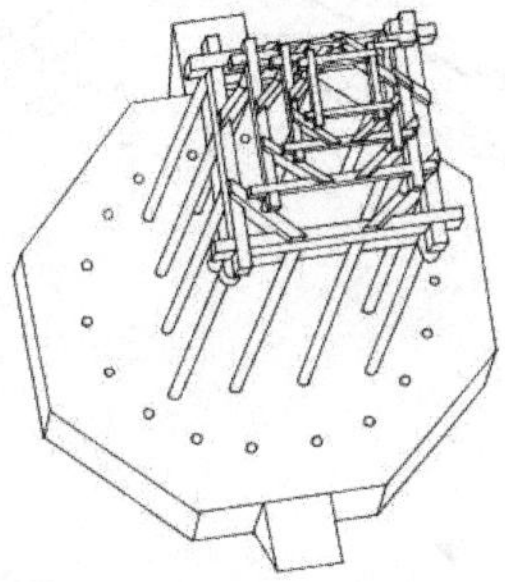

5. 置桁枋再放抹角梁、重复

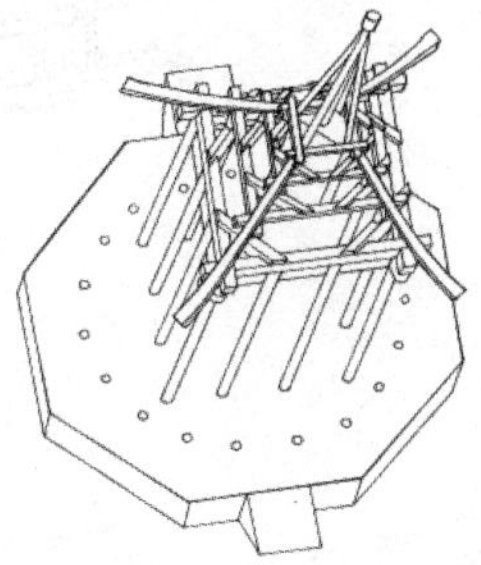

6. 置角梁、做由戗交于雷公柱

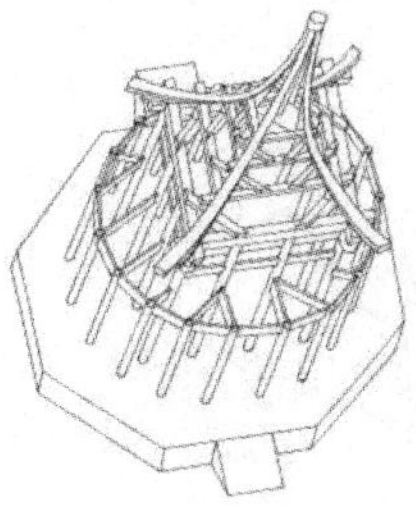

7. 用挑尖梁将外檐柱与内柱连接

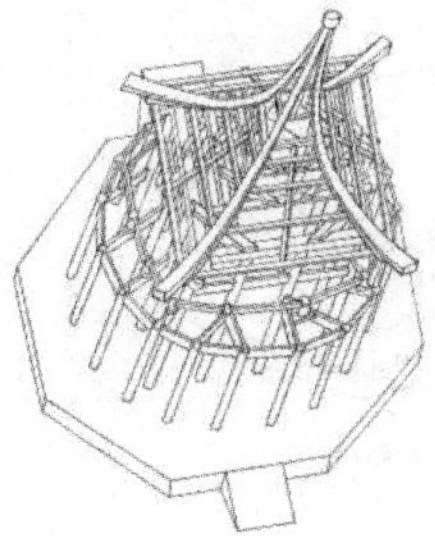

8. 挑尖梁上置童柱、放脊桁

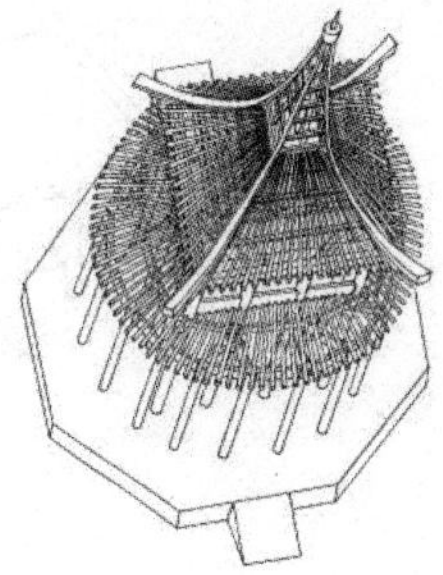

9. 给方顶、圆顶屋架铺椽子

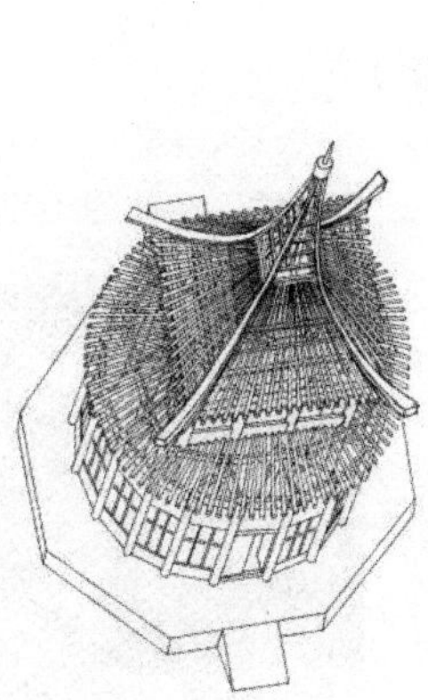

10. 架设外檐柱屋墙、门窗

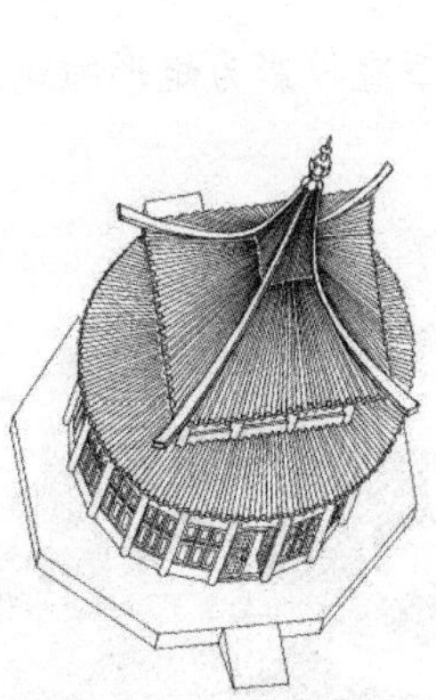

11. 铺设大顶、安装脊兽

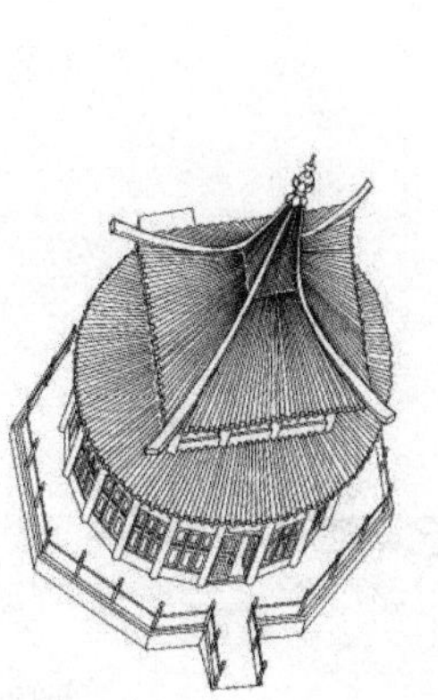

12. 铺设台基护栏

（三号陵献殿复原推演图）

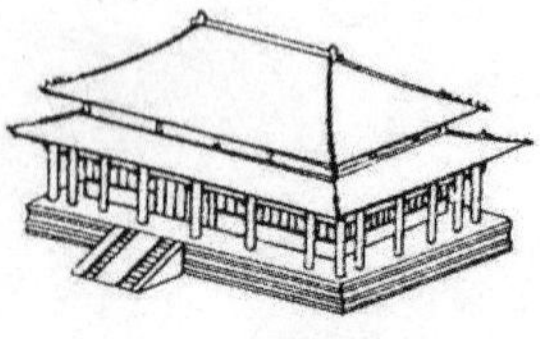

1. 重檐庑殿

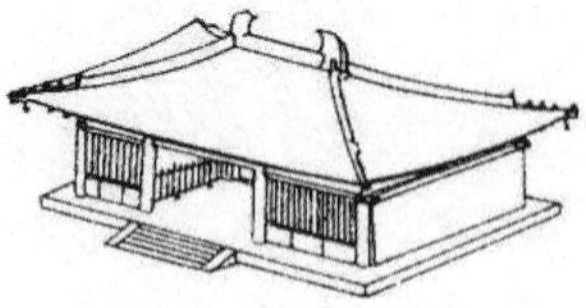

2. 庑殿

3. 重檐歇山

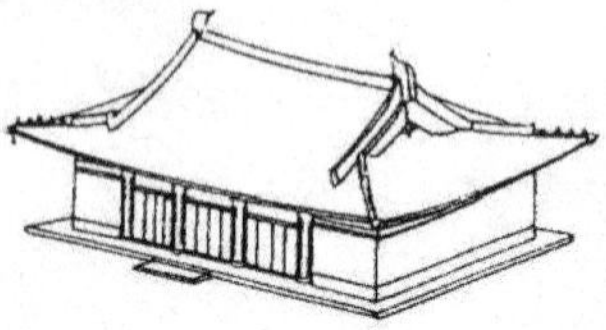

4. 歇山

5. 卷棚歇山

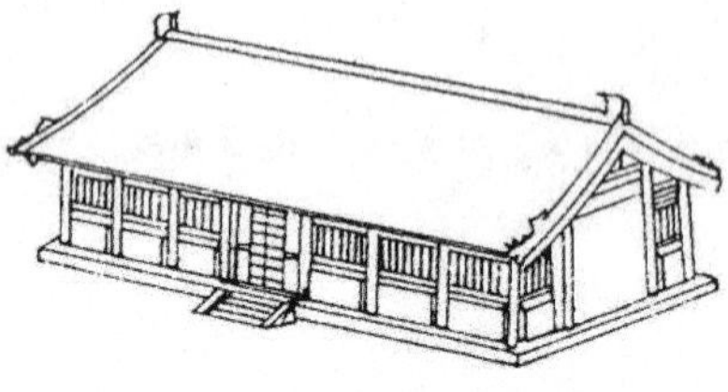

6. 悬山

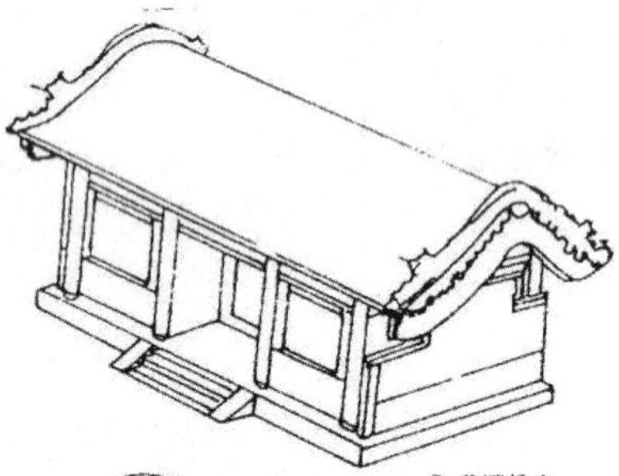

7. 卷棚悬山

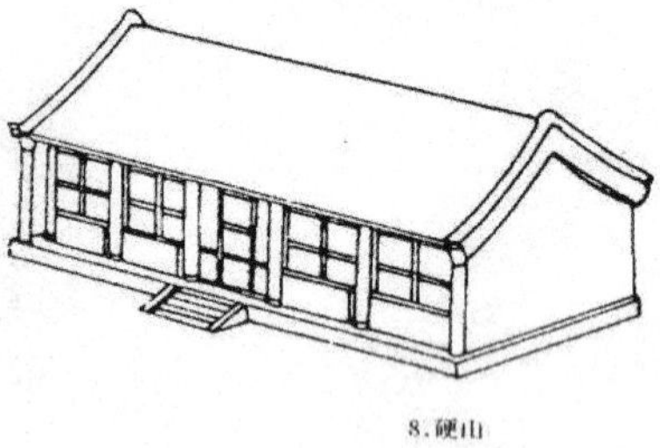

8. 硬山

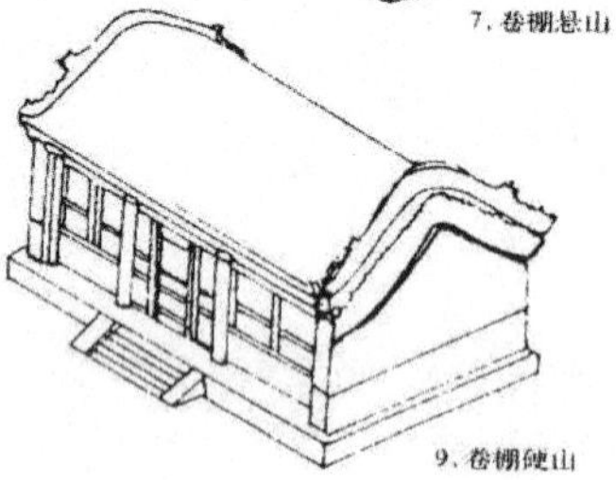

9. 卷棚硬山

（梁柱布设垂直投影为矩形的建筑形制图例）

河北承德普乐寺闍城

陕西米脂李自成行宫

故宫御花园万春亭

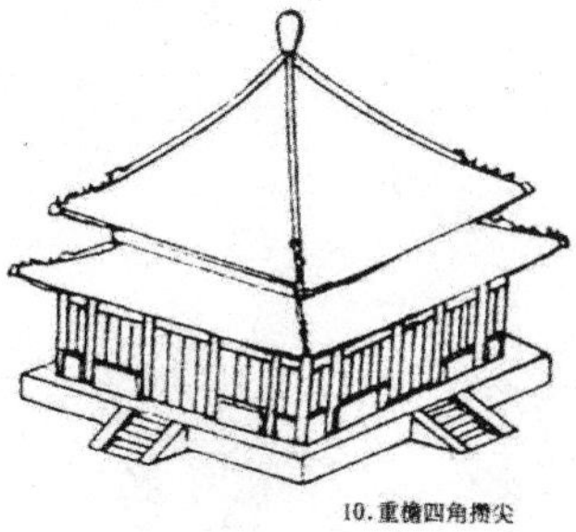

10.重檐四角攒尖

11.重檐圆攒尖

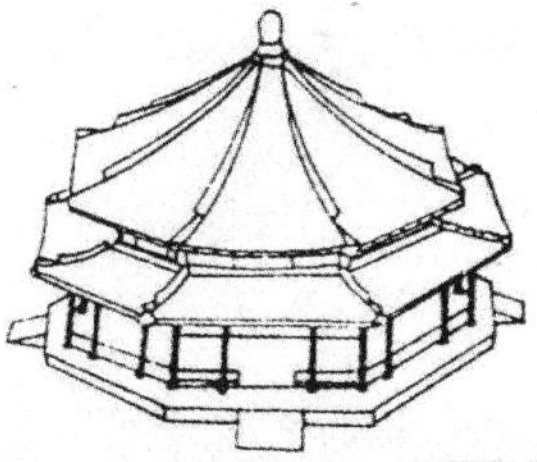

12.重檐八角攒尖

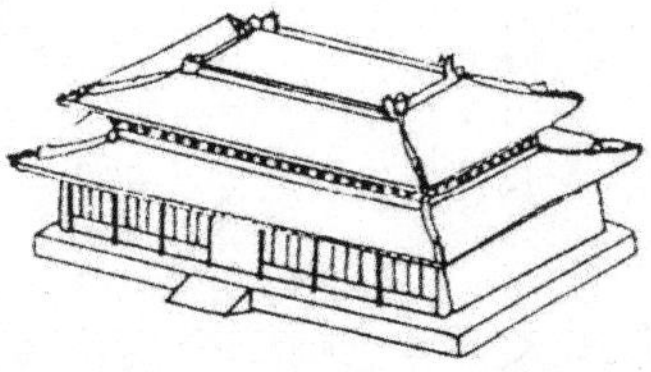

13.重檐盝顶

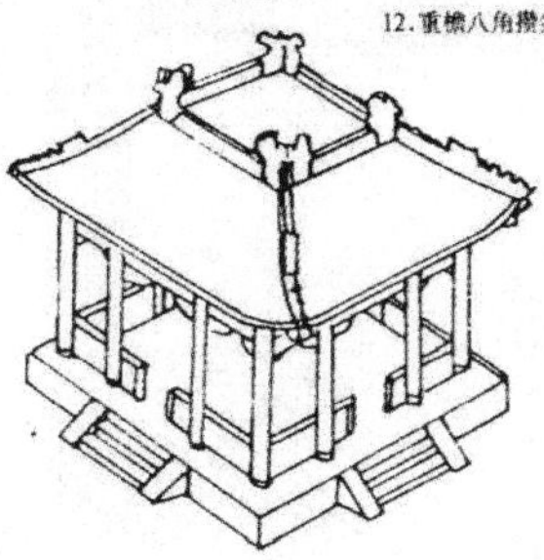

14.盝顶

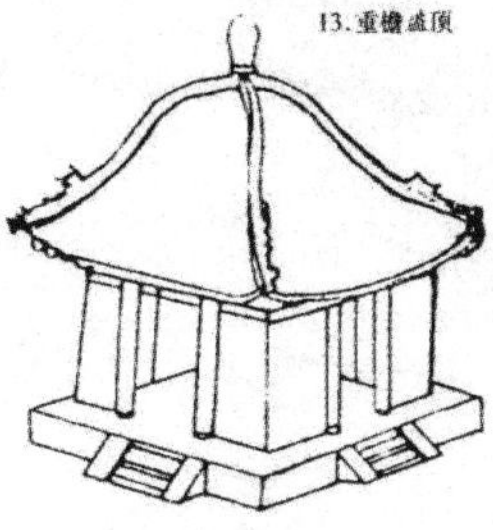

15.盝顶

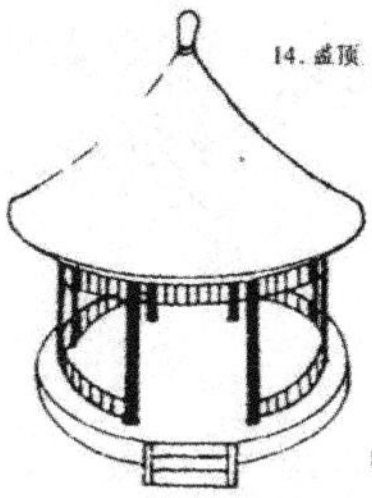

16.圆攒尖

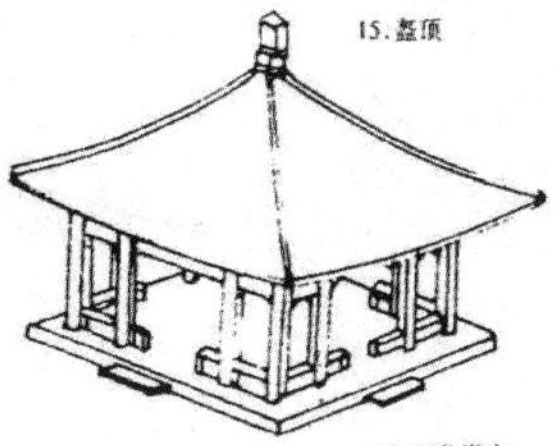

17.四角攒尖

以上梁柱布设垂直投影为方形或圆形的建筑形制图例

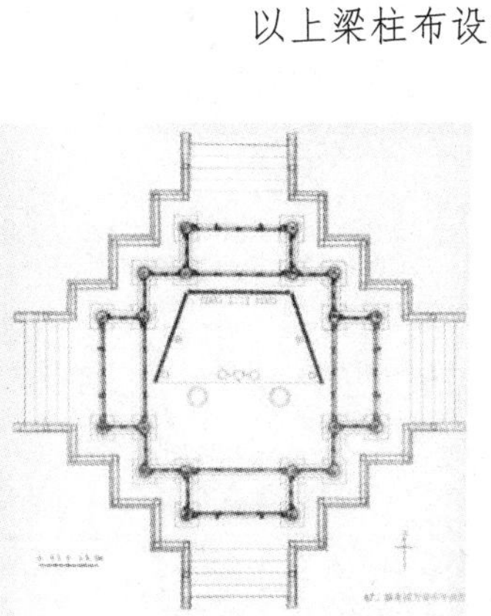

御花园万春亭平面图

御花园万春亭立面图

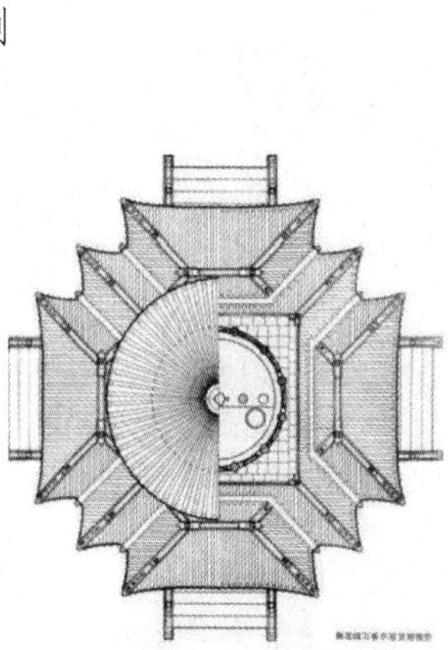

御花园万春亭屋顶俯视图

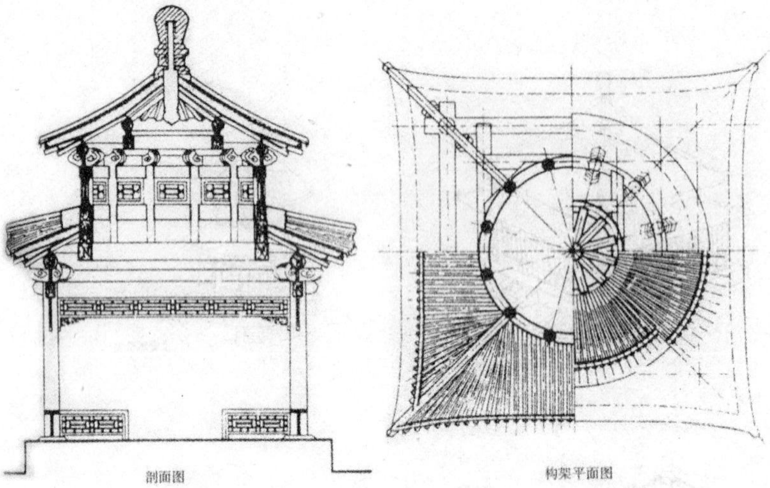

剖面图　　构架平面图

天圆地方亭

天圆地方建筑架构示意图

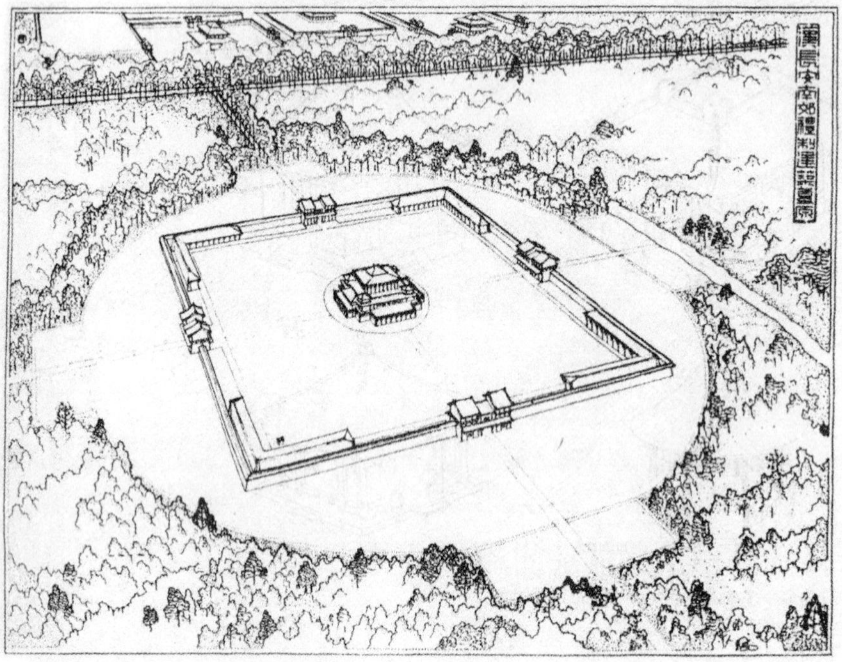

图 6-1　汉长安南郊礼制建筑总体复原图

最早体现天圆地方宇宙秩序的西汉明堂建筑

（古建筑中的几处“天圆地方”建筑实例）

（作者通讯地址：宁夏社会科学院　银川 750021）

西夏学 第10辑 2013年9月
Xixia Studies,Sep,2013,Vol.10

罕见的西夏铜烙印考*

赵天英　闫惠群

摘　要：甘肃省静宁县博物馆藏一方西夏印，印呈方形，范铸，镂空型。印体铜质，印柄铁质，印文为一个西夏字。印有锈蚀，印文残缺，应该是西夏字“衬”，意“检”，是官方检校牲畜所用的烙印。这方印是目前所见唯一的一枚烙印。《天盛改旧新定律令》里有多处烙印使用之记载，反映出西夏畜牧业中牲畜登记注册与实体烙印相结合的管理制度。

关键词：文物　西夏　印

见诸与世的西夏印，以“首领”印居多，也有四字和六字印，较为特殊的有西夏大阿阇梨帝师官印[①]和其他三枚所谓私印。[②]甘肃省平凉市静宁县博物馆藏有一方西夏单字铜烙印，不同于以往所见之印，十分罕见。

一　新见西夏铜烙印之形制与特点

这方印藏于甘肃省平凉市静宁县博物馆，是该馆1986年征集的，出自静宁县仁大乡高沟村。印呈方形，残高3.5厘米，长7.9厘米，宽7.6厘米，印台厚1厘米，重295.4克。印体铜质，范铸，镂空型，方形边框，框内印文阳文，为一西夏字，与印文一起铸造用于固定印文的铜条连接印文与边框，以范的深浅来区别印文笔画与固定铜条。印背中心焊接柱形铁柄，顶残。柄与印体焊有铜条，起固定作用。通体有锈蚀，印文有残缺（图1、图2、图3、图4）。从印的形制上看是一枚烙印。印体为铜质，印柄为铁质，这一方面也许跟铜在西夏比较金贵有关，有“好钢用在刀刃上”之意。更重要的是铜的导热性能比铁强，作为烙印，就需要印体迅速发热，以施印记，而柄则需要热的慢一些，不至于烫到施印者的手。静宁县博物馆这枚印的原始档案上有这样的记载：“长柄残断。”虽然所断之长柄不知所向，但原始档案的描述当是可信的，那么，带有长柄就更符合烙印的特性了。

印文为一西夏字，阳文，有残缺，印上的字自然是反的，将其翻转后（图5、图6），最为接近的字有二：一为 [illegible]（检），一为 [illegible]（千）。“[illegible]”字有“找、寻、搜、检”等义项。[③]细查字形和残

* **基金项目**：国家社科基金特别委托项目《西夏文献文物研究》子课题重大项目《西夏文物·甘肃编》（项目编号11@ZH001）阶段性成果。

① 陈庆英、邹西成：《西夏大阿阇梨帝师官印考释》，《西北民族大学学报》2013年第2期，第25—38页。

② 罗福颐等《西夏官印汇考》，宁夏人民出版社，1982年，第94页；彭金章、王建军：《敦煌莫高窟北区石窟》第一卷，文物出版社，2000年，第306页。

③ 史金波、白滨、黄振华：《文海研究》，中国社会科学出版社，1983年，第483页；[西夏]骨勒茂才，黄振华、聂鸿音、史金波整理《番汉合时掌中珠》，宁夏人民出版社，1989年，第131页。

缺的痕迹，再考证史料，应为“殧”（检）字。“𣧑”（千）字为印文的印，最早见于《国立北平图书馆馆刊》四卷三号（西夏文专号），罗福成介绍“私印仅见二品，圆者仍为官家所用之烙印，烧于木札之上者”，“文做𣧑，为千字，读若都”。罗福成只公布了拓印图片，未讲印的出处。随后罗福颐将其收入《古玺印概论》① 和《西夏官印汇考》，在后书中注出“真松堂旧藏今佚”②。“𣧑”字似乎只有一个义项，那就是“千”，以数字为印文，用于计数的可能性比较大，但究竟所为何用，仍是未解之谜。

据《天盛改旧新定律令》可知，西夏全国中诸父子拥有的官马、坚甲、杂物、武器应于每年十月一日报请季校，或大校或小校，连续三年必行季校。《季校门》记载：

诸无有坚甲、马者，应以五十羊、五条牛计量，实有则当烙印一马。

父子有补偿马及应按畜等级烙印马等，一律当印从驹至有齿之良马。膘弱、塌脊者，齿不合格及老马等不得印验。若违律者，有官罚马一，庶人十三杖。③

这就是说季校时，检查过的马，要烙上印作为检验记号。检验后施印的不光是马，而包括所用的官畜。《牧盈能职事管门》记载：

牧首领、末驱，各自当头监，于邻近二百户至二百五十户牧首领中遣胜任人一名为盈能，当领号印检校官畜。死亡时应偿之数，当依律令紧紧催促先前盈能处之牧人、牧监等，当令偿优纯者。应自四月一日开始，于盈能处置号印时，盈能面前置号印于骆驼、马、牛之耳上，及羖䍽、羊之面颊。十一日大校之前当置号印毕。……

于盈能处索偿为号印，及大校审视而置烙印等中，不依齿偿之而为号时，牧人等一律自一至五，十三杖；五以上至十，徒三个月；十以上至十五，徒六个月；十五以上至二十，徒一年；二十以上一律徒二年。大小牧监依从犯法判断。畜当换实齿而令偿之。

能偿之人大校之前于盈能处索偿为号印，不毕而阻拦时，有贿，则依枉法贪赃罪判断。无贿及贿少等，有官罚马二，庶人十五杖。

四种畜繁殖之仔、驹、犊、羔羊等，每年四月一日开始，则繁殖数于十月一日以内皆于盈能处置号印，盈能当面应于仔、驹等之耳上及羔羊之面颊上为号印。仔中死亡而有繁殖不足时，当于先前盈能处催促令偿之而置号印，一并于十月一日大校到来时当面验之，各公母畜等，依律令当置火印。有已超者，依法当还牧人。若违律仔中不置号印，有偿而不令偿、公母畜等不印时，盈能受贿者，……

牧盈能大人检校已妥而胜任者，当于先本场胜任得官赏法上加一分予之。④

既然是检验牲畜后，作为记号，那么印文为一个“殧”字，是合乎情理的，就像我们今天在检验过的车上贴个“检”字标，在检疫过的肉类食品上盖个“检”字戳等。所以这方印应该是检校牲畜所用烙印，并且是一方官印，因为一来它是官方检校时所用之印，二是《天盛改旧新定律令》里也有“领号印检校官畜”⑤、“牧场施请火印”⑥ 的记载。

① 罗福颐编《古玺印概论》，文物出版社，1981 年，第 87 页。
② 罗福颐等《西夏官印汇考》，宁夏人民出版社，1982 年，第 94 页。
③ 史金波、聂鸿音、白滨译注《天盛改旧新定律令》，法律出版社，2000 年，第 237—238 页。
④ 同上，第 595—597 页。
⑤ 同上，第 595 页。
⑥ 同上，第 319 页。

这方印虽是甘肃省静宁县博物馆征集的，但其出土地点清楚，出自静宁县仁大乡高沟村。仁大乡高沟村在静宁县最南部，历史遗存较为丰富。静宁县位于甘肃省东部，六盘山以西，华家岭以东，东经105°20′－106°05′，北纬35°01′－35°45′。东界宁夏隆德县，南接秦安县，西连通渭县，北邻西吉县，西北与会宁县毗连，东南与庄浪县相依，古为关陇要冲，也是宋夏边境的咽喉之地。宋庆历三年（1043），宋朝在静宁建德顺军，[①]与通远军为犄角之势，用以扼制西夏。

图1

图2

图3

图4（铅笔描拓片）

图5（照片翻转）

图6（铅笔描拓片翻转）

二　《天盛改旧新定律令》有关烙印使用之记载

《天盛改旧新定律令》里有多处有关烙印使用之记载，说明西夏使用烙印的频率比较高，主要用在两个方面：一是畜牧业管理方面，用于校验牲畜做记号；二是给行刑所用的木枷、大杖置官字烙印。校验牲畜时用烙印做记号，是畜牧业管理中的重要内容，以法律的形式制度化，有群牧司、马院、各地方的经略司、监军司以及牧首领等参与管理。其中检校官马，给其施印是最重要的一项。马匹是西夏重要的军需和民用物资，在其军事政治、社会经济和人民生活中有极为关键的地位，以畜牧业为主业且战事频繁的西夏，对马匹自然十分重视。

西夏的官畜，有种种校验方法，校验时都要置印，主要有以下几方面：

一是给官马做记号。《军持兵器供给门》里记载：

> 牧农主披甲二种搜寻法，可借于队溜，当接名不须永久注册。行军季校时，当在队溜上阅校。其中有损失不能偿则不偿。官马一种则应按边等法烙印，永久注册。……
>
> 使军所属之战具法中，其披、甲、马三种，畜当按等级搜寻，披、甲二种毋须注册，

① [元]脱脱等《宋史》卷八七，中华书局，1977年，第2158页。

按牧农主法当著于列队溜上，有损失无力偿修则不偿，但官马应作记号，永久注册。①

就是说农牧主、使军拥有的官马，行军季校时要加上烙印，作为记号，永久注册。

二是群牧司所留供给之畜，允许死亡率为十分之一，若未死时，要置印。《死减门》记载：

群牧司所留供给之畜，骆驼、新驯马、牛犊、羖䍽、卧畜等当与母畜混。在其以上之大骆驼、乘马、牛、羖羊等当分离远方，十中减一死。年年未死者不许予牧人，当依旧在群中。

前述死减，未死而予生者，骆驼、马、牛等依前法当上交置印，羖䍽于右方面颊置印。

诸官牧人之利等，应抽幼畜者，当待置纳印，不许随意抽出杀之。若违律时，以偷盗法判断。②

三是违法者将官畜与私畜交换时，牵涉其中的私畜要置印。《官私畜调换门》记载：

诸人调换官私畜者计价，相等而无高低，则记名人、调换者等一律徒二年。若价格不足，则当计所超利几何，以偷盗法判断。私畜当置施印，则官私畜当彼此交还本处。③

四是四畜之幼畜要候校，验印，《畜利限门》记载：

四畜群之幼畜当依前所定计之，实数当注册，不足者当令偿之，所超数年年当予牧人。其幼畜死，不许注销。其中幼马勿予公，当予母。

百大母骆驼一年内三十仔，四月一日当经盈能验之，使候校。大人到来时当印之，于册上新取项内以群产所有注册。二年总计六十仔数当足，册上之马仔当依次登录齿数。④

五是官畜生病，要检验，在耳上置印，病死后要将有印之耳断下焚烧掉。《畜患病门》记载：

诸牧场四种官畜中患病时，总数当明之。隶属于经略者，当速告经略处，不隶属于经略者，当速告群牧司。验者当往，于病卧处验之。其中因地程远而过限日，于验者未到来之前病卧而死时，当制肉疤，置接耳皮。……

前述畜患病已死，置接耳皮者，大校到来时当验之，当断耳印而焚之，皮者可还牧场。……⑤

上面几条记载都是给牲畜施印、检验牲畜做记号的，用“𗼇”字印的可能性比较大。

此外，还有一条重要的记载，就是给行刑所用的木枷、大杖置官字烙印。《行狱杖门》记载：

诸木枷、大杖斤两、厚薄当依以下所定而为之：

铁索、铁锁与无等□京师令三司为之，边中令其处罚贪中为之。木枷大杖等上当置有官字烙印。⑥

---

① 史金波、聂鸿音、白滨译注《天盛改旧新定律令》，法律出版社，2000 年，第 225—226 页。
② 同上，第 575 页。
③ 同上，第 584 页。
④ 同上，第 576 页。
⑤ 同上，第 583—584 页。
⑥ 同上，第 324 页。

这条记载表明西夏烙印的使用不光用在检验官畜作记号上，还用在给行刑所用的木枷、大杖做标示上，不过在给木枷、大杖做标记的烙印，不是“𗼇”字印，而是“𗧓（官）”字印。只看汉文译文，这个在木枷和大杖上所施之印的印文是否就是“官”这个字，似乎不甚明确，我们来看西夏文原文：

……𗗙𗋕，𗈪𗐱𗡞𗠉𗍨𗧓𗅋𗗚𗤒𗖌𗢭𗗙𗗙。[1]

将其逐字汉译为：

……为令，木枷杖大上官字有火印敬施为。

按西夏文语法，“官字有”是“火印”的定语，关键是这个“有（𗗚）”字。西夏文的存在动词有许多个，每一个都有特定的意义，“𗗚”字表示带有、附有，也就是说，这个火印上附有的字为“𗧓（官）”字，即印文为“𗧓”。刑具上烙以“官”字，表明其为官家所用之物，在法律精神上则体现着不准私造刑具，滥用私刑之意。在《行狱杖门》就有他人枉逼拷打有罪之人，造成恶劣后果者，要治罪的记载。[2]

三　登记注册与实体烙印相结合的畜牧业管理制度

畜牧业是西夏最根本、最主要的产业之一，自始至终受到高度重视，对其管理严格，制定了各项措施，并制度化，由专门的机构负责。西夏政府机构中，专事畜牧的机构为群牧司，属于中等司，管理全国的牲畜。马院为下等司，专门管理马匹。地方上的经略司、监军司、牧首领、末驱等也都参与官畜的管理。西夏的官畜要登记造册，死亡要注销，在登记造册的同时，要给牲畜打上烙印，每年要检校、核对。这种登记注册与实体烙印相结合的管理制度，先进有效，是管理细化的表现。

西夏的官畜主要包括马、骆驼、牛、羊，即所谓的四畜。这四种官畜在群牧司所属的牧场放养，牧场是官畜管理中最基层的单位，由牧首领、末驱、小牧监、牧人共同管理。盈能一职是最基层的牲畜检校官，在牧首领中选拔，每二百人或二百五十人中选拔一名。每年四月一日先由盈能对所有的官畜和新生的幼畜号印登记，在骆驼、马、牛的耳朵上，羊的面颊上施号印，十一日大校之前号印完毕，到十月一日，进行大校，其中牦牛因在贺兰山与胭脂山中，每年的七、八月间前往检校。从京师派大校、案头、司吏及其随从和仆僮等人，于官方领取人马食粮，于局分处借领铜印等，于群牧司分领制畜册所用小纸前往牧场检校。到牧场中，令牧场聚集牲畜开始检校，核对检验牲畜之号印与畜齿册，烙印牲畜，登记造册。验毕时，一板板畜册在其处大校场中，当令前所属牧监施印。检校完毕，令执典册、各种单据和一本局分处的总结书，送奏京师。如牧场管理得好，有奖励，分实物奖励和官职奖励两种形式。[3]

在四畜中，最为重视的是马匹，管理最严格，官马要施烙印，永久注册。官牧场之马不好好养育而减食草者，检校失误致马羸瘦者，御骑马中因打拷及失误而致损目、折伤足等时，都要治相关人的罪。在牧场管理中，关涉到马匹时，其赏罚力度要比其他牲畜大得多。骆驼是受重视程度仅次于马的牲畜。马和骆驼更受重视的原因除了它们在生产生活、以及军事中的重要作用以外，另一个重要的原因是因为它们是西夏与他国朝贡及榷场贸易中最重要的物品。

---

① 俄罗斯科学院东方研究所圣彼得堡分所、中国社会科学院民族研究所、上海古籍出版社合编《俄藏黑水城文献》第8册，上海古籍出版社，1998年，第191页，下图右栏。

② 史金波、聂鸿音、白滨译注《天盛改旧新定律令》，法律出版社，2000年，第324页。

③ 同上，第585、588、595、597页。

对牲畜登记注册与实体烙印相结合的管理办法，是一种十分有效的管理办法，互相不能代替。册上的登记相当于每个牲畜的档案，便于统计与掌握牲畜的数量与质量，而烙印则让登记册与实物一一对应，每年的检校，都能掌握牲畜的变化情况，有效杜绝以次充好等现象。这种有效的管理，有序之经营，促进了西夏畜牧业的发展，使其始终占据最主要的产业地位。

（作者通讯地址：甘肃省博物馆　兰州 730050）

甘肃武威境内新发现的西夏时期寺庙遗址

张振华 黎树科

摘　要： 2012 年 9 月，国家社科基金重大委托项目子课题《武威地区境内西夏遗址调查研究》项目组先后对古浪县寺洼寺院遗址和天祝县百灵寺遗址进行了全面调查。在调查中发现的大量残存遗物，进一步证实了这两处遗址为西夏时期重要的寺院遗址，为研究西夏时期佛教在武威传播和发展提供了新的实物资料。

关键词： 寺洼　百灵寺　西夏　寺庙遗址

2012 年 9 月，国家社科基金重大委托项目子课题《武威地区境内西夏遗址调查研究》项目组在对武威市古浪、天祝境内的西夏遗址进行调查时，先后在古浪县古丰乡西山堡村寺洼山和天祝县大红沟乡下西顶村西北 10 公里处山坡上发现了寺洼寺院遗址和百灵寺遗址。虽然这两处遗址在历次文物普查中都进行了调查，但此次调查通过对遗址残存遗物的全面调查，更进一步证实了这两处遗址为西夏时期重要的寺院遗址，这是课题组在西夏遗址调查中的一次重大发现和重要成果之一。现将这两处遗址基本情况简报如下：

寺洼寺院遗址

一、地理位置及现状

寺洼寺院遗址，位于甘肃省武威市古浪县古丰乡西山堡村上寺洼组西 60 米寺洼山梁及山脚。遗址所在地三面环山，中部平坦，形成一条东西长 20 公里、南北 1.5 公里的小川，因在古浪县城西南方，故名西山川。川南为祁连山余脉寺洼山，海拔 3469 米。该山为南北走向呈鱼脊状，山上森林茂密，风景宜人；川北为平顶山脉，由厚达二三百米的黄土构成。在南北两山相邻的山涧中，头一条自西南向东北方向的小河沟，当地人称为柳条河，后因依沟修渠，改名为古丰渠。寺院遗址就位于柳条河谷南山北麓寺洼山半山腰处，南临天神圈沟和煤山洼

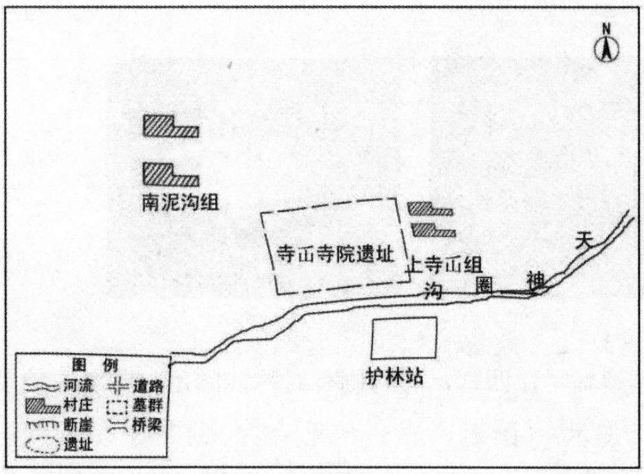

北临柳条河河谷，柳条河在北300米处东西向流过，东临寺洼沟，西临南泥沟。遗址南端当地人称为大佛台，北端称为幡杆台。地理坐标：东经102° 46'55.6″，北纬37° 24'21.1″，海拔2564米。

遗址范围规模宏大，东西长约1公里，南北宽约300米。遗址现已被当地居民开辟为耕地，但寺院范围和建筑遗迹尚能辨识。在寺洼山阳面坡地，有三道人工夯筑墙基一直延伸到山顶。在山坡脚断崖处白釉瓷碗残件、褐釉瓷罐残件、素面板瓦、筒瓦、绿釉筒瓦、莲花纹瓦当、兽面纹瓦当、铺地方砖、建筑条砖等随处可见，文化堆积层厚约40厘米。据当地居民介绍，每年在耕地时，随时都会有绿釉瓦当、板瓦、瓷碗残片等遗物出土。当地相传该遗址处是一处寺院遗址，俗称大佛台。有村民在此地取土时挖出了一根直径约有40厘米的松木柱子，寺院毁于何时当地年长者也不知晓。当地村民在寺院遗址范围内平田整地时，曾发现有铜釜、铜铃、白瓷罐、碗和黑瓷瓶、罐等瓷器物。大部分被当地博物馆所收藏。在第二次、第三次文物普查时，对该遗址进行了调查。1990年4月，古浪县人民政府公布为县级文物保护单位。

二、文化遗物

在寺洼寺院遗址采集的标本大多为瓷碗残件、瓷罐残件、素面板瓦、筒瓦、瓦当、铺地方砖、建筑条砖等。瓷器残件大多带釉，瓦当有莲花纹和兽面纹。在古浪县博物馆还收藏有该遗址出土的各类器物资料。

1.一佛二弟子瓦当残件。主佛高肉髻，双耳垂肩，双目微闭，眉间有白毫，面颐丰满，袒露上胸，衣纹斜垂，似为坐姿，主佛身体各部比例匀称，神情睿智，整个姿态给人以静穆慈祥之感。主佛左侧为大弟子迦叶，双手合十，立姿，微侧向主佛。主佛右侧二弟子阿难缺失。残半径8厘米。

2.褐釉“秀才酒瓶”。敞口，卷沿，束颈，溜肩，腹修长，束胫足外撇。口沿内及腹一侧施绿釉。口沿刮釉，内外施褐釉。圈足露胎。上腹部阴刻“秀才酒瓶”四字。高39.7、口径4、底径13.1厘米。

图一

3.绿釉瓷扁壶。敞口，卷沿，束颈，扁圆形腹，肩部有双耳，腹部两侧有浅圈足。器表一侧施绿釉，一侧施酱釉，圈足露胎。具有典型的西夏瓷器的特征。敞口，卷沿，束颈，扁圆形腹，肩部有双耳，腹部两侧有浅圈足。器表一侧施绿釉，一侧施酱釉，圈足露胎。具有典型的西夏瓷器的特征。口径5.7、厚5.7、高21.1厘米。(图二)

图二

图三

图四

4.白釉瓷扁壶。小敞口，圆唇，束颈，鼓腹扁平，四耳，腹两侧有对称浅圈足。胎灰白较厚重。器表施白釉。圈足部分露胎。口径3.7、高12厘米。(图三)

5.褐白釉瓷瓶。敞口，卷唇，束颈，耸肩，腹修长，下渐收。深圈足，外撇。胎灰白较厚重。通体施乳白釉，口部褐釉。口径2.2、高29.2厘米。

6. 白釉瓷扁壶。敞口，卷沿，束颈，扁圆腹。腹中有一圈堆塑纹。腹部有四系，两侧为浅圈足，凹底。外表施白釉微泛黄，一侧足部露胎，胎体厚重。口径 4、底径 18.8、高 13、腹围 8 厘米。

7. 青釉瓷人。青瓷，盘腿而坐，双臂曲抱于胸前，低头沉思。宽 4.4、高 7 厘米。

8. 白釉瓷盘。敞口，浅腹，圈足，灰白胎，胎质较厚。盘内施白釉，外壁及足部不施釉。口径 14、高 3.3、底径 5.8 厘米。

9. 白釉瓷盘。敞口，浅腹，圈足，灰白胎，胎质较厚。盘内施白釉，外壁及足部不施釉。口径 14、高 3.3、底径 5.2 厘米。

10. 白釉瓷碟。敞口，圆唇，浅腹，圈足，灰白胎，胎质较厚。内外施白釉，下腹部及底足不施釉。口径 15.5、高 3.7、底径 4 厘米。（图四）

11. 白釉瓷碗。敞口，圆唇，斜腹，圈足，白胎较厚。内壁及口沿外施白釉，腹以下不施釉。口径 18、高 7.5、底径 4.5 厘米。

12. 白釉瓷碗。敞口，尖唇，直壁，内敛，圈足。灰白胎，施白釉。腹下部不挂釉。口径 19、高 7.5、底径 5 厘米。

13. 白釉瓷碗。敞口，敛腹，圈足。胎灰白较厚。内外施白釉，圈足未施釉。口径 18.5、高 7.9、底径 5.3 厘米。

14. 白釉瓷碗。敞口，圆唇，斜腹，圜底，圈足。胎灰白较厚。内壁底部有双圈，内壁至口沿部挂白釉；外壁不施釉，有鲜明的凸形圈纹。口径 18.5、高 7.1、底径 5.3 厘米。（图五）

图五

图六

15. 白釉瓷碗：敞口，深腹，圈足。内施影青釉，外不施釉，胎质较粗糙。口径 18、高 7.6、底径 6.6 厘米。

16. 白釉瓷碗。敞口，尖唇，弧壁，圈足，灰白胎，较厚重。施白釉。腹下部不挂釉。口径 19、高 7.5、底径 5.5 厘米。

17. 白釉瓷碗。敞口，深腹，尖唇，灰白胎，施白釉，圈足。腹下部不挂釉。口径 18.9、高 7.8、底径 5 厘米。

18. 白釉瓷碗。侈口，卷唇，深腹，平底，圈足。灰白胎，施白釉。腹下部不挂釉。口径 16.5、高 9.3、底径 5.8 厘米。（图六）

19. 茶叶釉单耳壶。侈口，圆唇，束颈，溜肩，平底，圈足，口部有流。腹部下收。灰白胎，施茶叶釉，腹下部不挂釉，有墨书文字。口径 6、底径 5.8、高 15 厘米。

20. 褐釉单耳壶。侈口，圆唇，束颈，溜肩，平底，圈足，口部有流。腹部下收。灰白胎，施褐釉，腹下部不挂釉，口径 5.5、底径 6、高 15 厘米。

21. 褐釉单耳壶。侈口，圆唇，束颈，溜肩，平底，圈足，口部残。腹部下收。白胎，施褐釉，腹下部不挂釉。口径 6、底径 6、高 13 厘米。

22. 黑釉瓷碗。口径 14.5、底径 6.2、高 6 厘米。侈口，平底，通体施黑釉，灰胎，碗内壁底及底部不施釉，口部有一缺口。口径 14.5、底径 6.2、高 6 厘米。

23. 黑釉瓷碗。侈口，平底，通体施黑釉，灰胎，碗内壁底及底部不施釉。口径 14、底径 5.5、高 6 厘米。

24. 擦擦。均为圆锥体。一件高 9.6 厘米，另一件高 6.5 厘米。底部有藏文。

百灵寺遗址

一、地理位置

百灵寺位于天祝县大红沟乡下西顶村西北 10 公里处山坡上。东南距天祝县城约 120 公里处，藏语称噶玛日朝，噶玛噶举的许多高僧曾在此参禅修行。

百灵寺遗址地理位置图

百灵寺遗址房屋遗址

二、遗址现状及残存遗物

现存遗址坐南向北，北靠神仙山（也叫神仙窑），南连旗杆岭，东倚寺神沟，西接大车岭。地势平坦，四面松林环抱，草木葳蕤，松涛阵阵，风景秀丽。遗址中间有一道山梁将遗址分为东、西两部分。西侧遗址南北宽 10 米，东西长 78.4 米，有人工砌筑石台，台基残高 3 米，其上有新建藏式佛塔 2 座，佛塔东侧有房屋遗迹 1 处；东侧遗址南北长 150 米，东西宽 100 米，遗存房屋遗迹 9 处，地表散布砖、瓦残片，石础、石条等建筑构件。

遗址中心位置残存有“敕赐普福寺纪功德碑”残石 5 块。经拼凑，整个碑高无法得知，碑宽 0.8 米，厚 0.3 米。有碑基座 1 通，长 1.3 米，宽 0.6 米，高 0.7 米，上部有安放碑身的凹槽。该碑顶半圆，碑文两边是浮雕二龙戏珠。碑名在 60×40 厘米扁长方形单线条方框内，字是双线条空心字篆书；9 个字分 3 行，每行 3 个字；字呈竖长方形，每字宽约 8 厘米，长 10 至 12 厘米不等，书写规正，镌刻清晰。碑名方框下面是正文，以 2 厘米见方的楷书镌刻，字为阴文，因石碑破损，字不成句，文不成章。碑头下面仅有“……寺纪功……”、“……教以慈悲……”、“……广大无穷……”、“……圣朝统一……”、“……大业正□”等字可辨认。中段最长处约 35 厘米，上下大体齐洁，左右未破损，碑面有多处砸伤，个别字无法辨认，中间一段文字为：

神通为用普及群伦明真去

度僧追古以倍时为盛哉凉乃古
所创也年既兹久有山环四
全　弘华夏□腾达历之皆禅宗
当□伏然而□□□□□莫寸
捐舍资财督夫匠剪茅鸠工石
余则台建佛经二阁钟鼓
众尼两庑神像列护昭然南有
骑将军都指挥使朱君通
锁南坚参住持答里麻室利

百灵寺遗址残瓷片

另一三角形的残块上正面仅有一个“七”字清楚。碑的背面是单线楷书藏文，格式为横排，藏文因笔划细密复杂，残损较多，基本看不出成句的文字，碑身两侧光洁平整，无纹饰。

寺院遗址经历代自然和人为破坏，特别是由于民间有百灵寺有宝藏的传说，诸如“谁人修了百灵寺，爬腰树下找钥匙”、“谁能找到柏木桩，金银拿的口袋装”等等，附近一些村民为得到财宝，寺院范围内外乱挖，因此，寺院建筑全部被毁，仅残存大量烧制于西夏、元、明、清、民国等不同时代的破砖碎瓦、日常生活用品如碗、盘等。同时，在遗址上还发现了极具藏传佛教特色的陶制绿釉力士残像、残兽脊、兽面残瓦当等建筑物构件。从墙基的痕迹，依稀可以辨别出大经堂、三座佛殿、鼓房、钟房、宝塔的位置。大经堂的规模当是藏传佛教流行的“三转五”间架。其中在遗址上发现的槽心瓦、白釉小瓷瓦以及在遗址和附近山坡上发现的白釉瓷碗残片，其胎质、釉色与附近武威上古城西夏瓷窑及塔儿湾西夏遗址发现的瓷器相同，这些器物应出自于武威上古城西夏瓷窑遗址，从这些遗物可以看出，百灵寺在西夏时期香火很盛，是西夏时期这一地区一座重要的寺院。

结 语

一、根据散落在寺洼寺院遗址范围内黑釉瓷罐残片特点以及建筑构件，特别是散落的白釉、黑釉瓷碗残件具有玉璧鸡心底特征，这些瓷器残件与瓦当残件与武威塔儿湾出土的西夏瓷器极为相似，有可能就是在塔儿湾烧制，该遗址有可能就是西夏时期的一处规模寺院遗址。同时在该遗址文化层断面暴露处还出土了一件佛像瓦当残件，该瓦当残半径 8 厘米，表面残存高浮雕一佛一弟子，瓦当四周为五圈同心圆纹。复原后该瓦当应该为一佛二弟子浮雕造像。关于佛像瓦当，2010 年 4 月 13 日在唐陵景陵考古调查发掘中层出土一件一佛造型的瓦当。而此次在古浪寺洼山寺院遗址出土的佛像瓦尽管当残缺不全，但这种一佛二弟子瓦当，造型别致，尚属首次发现。国内其他地方尚未发现有此类造型的瓦当。该瓦当的发现，为研究西夏时期建筑艺术提供了新的重要实物资料。此外，在该文化层中出土了一件较为完整的大体量筒瓦，该筒瓦长 37 厘米，直径 18 厘米，厚 2 厘米，同类型板瓦残件随处可见。从这些大体量的建筑构件来看，此处应该为一处规模较大的西夏寺院建筑遗址。

此外，古浪县博物馆在历次文物普查和调查中，先后在该遗址发掘或征集了一大批寺洼寺院遗址出土的遗物。在此次调查中，调查组还在附近村民家中发现了一批该遗址采集的褐釉瓷罐、泥质擦擦等器物，这为进一步了解该遗址文化内涵提供了丰富的实物资料。

二、百灵寺始建年代，史书无记载。在唐代，百灵寺有 “大乐神宫”之称。对此，《安多政教史》

是这样记载的：

“……在此以下，有汉族称为白莲寺的噶玛巴进修处。这里原是一处颇为灵异的进修地，后有噶玛噶举派的许多大喇嘛参禅修行，由于曾是几个民族的栖止之处，因而获得了这个名称。曾有这样的传说：有四位瑜伽师在此长期修行，最后都飞上了天。据说其中的一位瑜伽师没有飞很远便落到附近的一座岩石上，从前每逢节日就能听到各种悦耳的音乐。唐朝的第二位皇帝太宗誉为大乐神宫，明代第三代皇帝永乐曾加以维修。正统七年（1442）太监李贵、妙善通慧国师索南坚赞、释加比丘索巴华、沙弥大日玛室利等修建了三间佛殿、两条环形路、左右各二十间厢房、天王殿、释尊涅槃殿、三座佛塔及鼓房、钟房等，题名为福寿庙，其修建历史树有石碑。”

从上述记载可以看出，百灵寺虽初建年代不详，在当时凉州境内也是一座很古老的汉传佛教寺院，被唐太宗誉为“大乐神宫”。孙寿龄、黎大祥二先生从残存碑文及文献资料记载考证后认为：玄奘西行取经，曾路过此寺，驻锡讲经4天，弘扬佛法。[①]可见此寺在当时应是颇有名气的佛教寺院。

西夏时期随着藏传佛教在境内的进一步传播，凉州地区成为藏传佛教比较兴盛的地区之一。在百灵寺附近的天梯山石窟、修行洞遗址、亥母洞石窟等发现的大量的西夏文、藏文佛经及藏传佛教遗物等，足以说明藏传佛教在这一地区的兴盛与发展。西夏仁宗时期，藏传佛教受到了更多重视，得到更为广泛的发展，藏传佛教的噶玛噶举派和萨迦派都传入西夏。也极有可能在这一时期，百灵寺受周围佛教寺院的影响，逐渐成为藏传佛教寺院，成为噶玛噶举派高僧的参禅修行之处。虽然史籍资料无记载，但从遗址发现的西夏时期遗物足以说明这一点。

元灭西夏后，于公元1247年，藏传佛教萨迦派的领袖萨班•贡嘎坚赞与西凉王阔端在凉州白塔寺举行了具有历史意义的“凉州会谈”，使西藏归入中国版图。此后，萨班在凉州主持修（扩）建了著名的凉州四部寺，还在包括百灵寺在内的许多凉州寺院中讲经传教，许多寺院改宗为萨迦派寺院。萨班•贡嘎坚赞圆寂后，其部分舍利子和遗物在百灵寺建塔安放。

《凉州四部寺道路指南》记载：“从西顶到噶玛日朝是三十里。据说从前五百罗汉曾在此处住过，有四位瑜伽师在百灵修行获得飞行成就，其中有一位落在石崖上。早年，每逢佛教节日时会听到各种奇妙的天界音乐，此寺主要供奉的圣物是塔心装有萨班（贡嘎坚赞）的体内舍利、袈裟、衣物、经夹等物的噶玛宝塔。若病人虔诚朝拜和夜间绕塔转经能看到宝塔的奇光异彩，具有驱散病魔和妖邪的奇效。在此塔的左边还有一个较小的灵塔，其内安置有修炼高僧敦珠嘉措的五色遗体舍利。从此地下行五里路有著名高僧赛康大师的修行禅堂，内有慈悲观音、渡母等塑像。”

此时的百灵寺已成为萨迦派寺院。后第四世噶玛派活佛噶玛若贝多吉的进京、返藏，使噶玛派的传播达到了高潮，很多寺院改宗噶玛派。百灵寺也成为噶玛派的静修处（藏语称日朝）。

据残碑记载，到明正统年间由“□骑将军都指挥使朱君通□□”和曾经主持修建凉州广善寺的凉州高僧、妙善通慧国师锁南坚藏（锁南坚参）对百灵寺进行了重建后，并被朝廷赐名为“普福寺”。清道光后毁于火灾，再未重建。

（作者通讯地址：甘肃武威文物考古研究所　武威 733000）

① 孙寿龄：《唐玄奘驻锡过的百灵寺》，《武威文史资料》第6辑；黎大祥：《唐玄奘在凉州考略》，《陇右文博》2007年第2期。

甘肃民勤境内西夏时期古城遗址

黎树科　张振华

摘　要：通过对民勤县境内残存在沙漠中的部分古城遗址进行了全面的调查，发现了一批西夏时期的遗迹遗物，为研究西夏时期党项游牧民族在民勤境内定居或游牧生活提供了珍贵的实物资料。

关键词：民勤　西夏　古城遗址

民勤县地处石羊河流域下游，是河西走廊上一块被沙漠三面包围的重要绿洲，南接历史文化名城武威，为我国最晚的含有彩陶的古文化——沙井文化的最初发现地，也是西汉武威郡武威县所在地。自汉武帝正式设有行政建制以来，民勤地区随着整个河西走廊的开发而逐渐发展起来。历经两汉、魏晋南北朝、隋、唐、吐蕃、西夏、元、明、清等政权的先后统治，纷繁壮阔的历史潮流和异彩纷呈的多民族文化洗礼，给民勤积淀下了丰富多彩的历史文化遗存。

从目前公布的资料看，西夏时期民勤境内没有行政建制的记载，但是，随着党项族李元昊在兴庆府建立西夏政权，在姑臧设立西凉府后，民勤属西凉府节制，进入了西夏的版图。在历次文物普查和调查中，在民勤县境内发现了大量的西夏遗物遗迹，特别是在残留在沙漠中的古城遗址发现了大量的西夏时期遗物，为研究西夏时期党项族在此定居或游牧提供了珍贵的实物资料。

2012 年，国家社科基金重大委托项目子课题《武威地区境内西夏遗址调查研究》项目组对民勤县境内的西夏时期古城遗址进行了全面的调查，发现并采集了一批西夏时期的珍贵遗物。现将此次调查中确认的西夏时期古城遗址作一简要介绍及考证。

端字号柴湾城址

位于民勤县西渠镇建立村五社西北 3 公里处的沙漠中，地理坐标为东经：103° 28′ 01.90″，北纬：38° 56′ 09.50″，海拔高度：1314 米。

城址大部分被流沙埋压，只有一部分墙基露在外面。有东、西两城，二城相连，共用一墙。城平面均呈正方形，东城边长 35 米、西城边长 80 米，城墙夯土版筑，基宽 2.8 米、残高 1—1.3 米，夯层厚约 0.14 米，均开南门。1987 年，武威地区博物馆对该城进行了试掘。在东城城内暴露有长径 1.7 米的椭圆形灰坑，坑内有大量兽骨及绳纹、弦纹、素面灰陶罐和五铢钱币、骨珠、骨铲等。西南角采集有炉渣、残砖。西城东南角有残窑址 1 座，平面呈圆形，窑室直径 10 米、高 1.5 米，周围有大量炉渣、灰陶片，城内采集有唐“开元通宝”钱、铜、铁器残片及西夏白釉、豆绿釉瓷片及宋钱等，西城外有三处采集有铜、铁残渣及木炭。从城的形制和已有遗物看，该城始建于汉代，唐代和西夏继续沿用，西夏以后废弃。

李并成先生根据故城形制及遗物考证，此城为唐白亭军驻地遗址。[①]吴礽骧先生认为此城在魏晋后废弃，西夏时期有人类活动。[②]

东安堡城址

位于民勤县苏武乡三合村南2公里处的荒沙滩上。又名东安堡，也叫破城子。地处沙漠之中，四周为新月状沙丘。地理坐标为东经：103° 09′ 20.30″，北纬：38° 37′ 48.60″，海拔高度：1352米。

城平面呈方形，分内外两城。外城边长为320米，夯土版筑，夯层厚约0.1米，门东南开，门外有瓮城，瓮城门向东北。城东北隅有城内北角有一角墩，呈四棱台形，残高7米，顶边长10米，墩上有土坯砌筑的建筑遗迹。城内东北角有一小堡，堡墙东、北墙与城墙相连，西、南墙夯土版筑，墙下部夯层厚0.1米，城内北面筑有内城，东北、西北墙利用外城城墙，西南、东南墙新筑，内城亦为方形，边长160米，夯层厚0.15米—0.2米，东南开门，门外有瓮城，门向东。

在历次文物普查中，在城址及周围地面散见大量汉代绳纹、弦纹、素面泥质灰陶片及宋代货币，另有西夏黑釉瓷碗、白釉高足瓷碗及明代黑釉剔花缸、盆及各种青花瓷片等，文化内涵十分丰富。地表残存遗物推断，该城应始筑于汉，西夏、明代修筑沿用。据《镇番遗事历鉴》载：“东安堡，俗名四坝寨，至明祖宗万历九年已倾圮沙淤，无居民。”据此可以说明，至迟在明万历九年（1582）已废弃不用。

东安堡城址文化内涵丰富，对研究汉、西夏至明代民勤的政治、经济、文化、军事具有重要价值。

南乐堡城址

位于民勤县薛百乡薛百村七社。地理坐标为东经：103° 00′ 24.90″，北纬：38° 32′ 20.60″，海拔高度：137米。

城平面呈正方形，边长240米。城墙夯土版筑，基宽8米、顶宽2.5米、高5米，夯层厚0.13—0.18米，南面开门，北墙正中筑马面，四角筑角墩。现存东北角城墙一段及北角墩，城墙残损严重，残墙长59米，残高2—6米。北角墩残高7米，曾被辟为砖窑。在第二次文物普查时，在城址周围地表普采集到汉代灰、红陶片和西夏褐釉瓷片等。从采集遗物来看，该城汉代始筑，西夏时增筑延用。

红沙堡城址

位于民勤县苏武乡泉水村红墙沟东北500米处。该堡地处沙漠边缘，四周大部分为耕地。东距明长城约2千米。地理坐标为东经：103° 10′ 32.40″，北纬：38° 40′ 55.40″，海拔高度：1356米。

城址现已风化坍塌为一片废墟，堡内房舍及其他生活设施不见痕迹，堡墙自然坍塌剥落，已成残

---

① 李并成：《白亭军考》，《西北师范大学学报》1994年第1期。

② 颉耀文、陈发虎：《民勤绿洲的开发与演变》，科学出版社，2008年，第79页。

垣断壁，部分堡墙遭风沙堙埋较为严重。

城址分内外两城，内城平面呈长方形，长 250 米，宽 160 米，城墙夯土版筑，基宽 6 米、顶宽 2 米、残高 15 米，夯层 0.08—0.2 米。南面开门，门宽 10 米，门外有瓮城，瓮城边长 63 米，残存墙基宽 4 米、残高 7 米。

大城北墙正中外侧有一马面，四角有角楼。堡墙因自然坍塌，已成残垣断壁。堡墙系就地取土夯筑而成，夯层厚 0.18 米—0.20 米，夯层间有草绳及竖向穿插的木楔。堡城北墙保存较好，底宽 2.3 米，顶宽 1.6 米，高 9 米。因自然碱蚀，靠近西北角近 25 米墙体底部向内凹进 0.3 米—0.5 米。北墙正中外侧有马面，马面以东堡墙内侧底部被风沙掩埋，露出部分高 3 米—5 米。东墙内外两侧均被风沙掩埋，沙丘上露出墙体高 1.5 米—4 米，外侧几乎被沙丘掩埋到顶部。南墙除小城残存部分外全部坍塌成平地。西墙自西北角向南约 20 米保存一般，墙体外侧有剥落，剥落土堆积于底部，成高 2 米的土坡，土坡上残存部分底部向内碱蚀凹进 0.3 米—0.5 米，内侧底部略被风沙埋压。再向南 35 米堡墙保存较差，墙内侧被风沙掩埋，顶部露出部分高 1.5 米—4.5 米，墙外侧高 5.5 米，顶部宽 0.3 米—1.1 米。再向南至小城西南角长 47 米的堡墙坍塌成高 0.5 米—1.5 米的土垄。

小城依大城瓮城东、西两侧围墙，并利用内城南墙成为外城，平面呈长方形，南北长180米、东西宽160米，夯土版筑，基宽4米，残高12米，夯层厚0.1—0.2米。东墙已坍塌为平地，其他三面为残垣断壁。

东南角楼已垮塌成底部宽3米、顶部宽2米的土墙状。西北角楼和西南角楼坍塌严重。

在历次文物普查中，在城内外发现残存大量汉代灰陶片、五铢钱、石磨，西夏时期褐釉、白釉瓷碗、罐及明代青瓷片。从出土遗物看，此城应始终于汉代，西夏时沿用，明代进行了增筑。《甘肃通志•镇番县》记载：“红沙堡在县东北二十里，旧有官厅、营房、教场。明万历九年设官兵戍守，顺治二年裁撤。”《民勤县志》记载：“红沙堡建于明嘉靖七年（1528），万历九年（1581）因地窄墙卑不堪固守，展筑东、西、北三面。”

青松堡城址

位于民勤县薛百乡宋和村宋和林场场部西南约400米。四周均为沙漠。地理坐标为东经：102° 58′ 48.10″，北纬：38° 31′ 30.50″，海拔：1373米。城址西面约80米有一段废弃住宅的残墙，再向西70米为青松堡烽火台。

该堡平面呈长方形，东西109米，南北120米。堡墙系就地取土夯筑而成。堡墙因下半部分流沙淤填十分严重，顶部因自然风化，残宽1.5米—2米，堡墙夯层厚0.22米—0.24米。堡门向东开，位于东北角向南48米处，门宽5米。门外有瓮城，平面略呈正方形，边长20米。瓮城门向朝南，门宽4米，门道深4.1米。堡南、西、北三面墙正中各有一马面。北墙马面顶部长5米，宽3米，南墙马面因坍塌和流沙掩埋，尺寸无法测量。西墙正中马面顶部东西9.5米(含堡墙13米)，南北11.7米，其上残留有零星的残砖和布纹瓦，原来可能建有楼阁或寺庙。

堡四角有角楼。西北角楼顶部平面呈长方形，长7米，宽3.6米，向西北方向伸出；西南角楼顶部平面呈长方形，长8米，外侧宽3.5米，高5米，内侧靠近堡墙拐角处宽2.2米，高2米—3米，向西南方伸出；东北角楼在堡墙内侧，平面呈长方形，底部东西10米，南北9米，顶部东西9米，南北8米，内侧高6米，外侧因流沙掩埋，高3米—4米，角楼东壁和东北角垮塌呈坡状；东南角楼垮塌严重，底部被流沙掩埋，顶部残存部分呈不规则状，高1米—2米，从残存的断面看，为土坯砌筑而成，土坯长0.38米，宽0.18米，厚0.10米，可能为后期补筑。

城址内及城址周围地表散布有西夏褐、黑、白釉瓷片及明代青花瓷片。从残存遗物来看，该城为西夏时期一处军事堡寨，明代增筑沿用。据道光五年（1825）《镇番县志》记载：“天顺三年建，周一百二十丈，城门一。”《甘肃通志•镇番县》记载：“青松堡在县南三十里，万历三十年设官兵戍守。”

古城遗址

位于民勤县大滩乡北新村西北约10公里的沙漠中。地理坐标为东经103° 12′53.2″，北纬38° 51′16.1″，海拔1337米。

城坐北向南，呈方形，四面各长120米。城墙基宽2.5—3米，残高5米。城墙下部1米处，为土墼砌筑，土墼尺寸0.4×0.2×0.14米，有修补痕迹，修补的土墼尺寸0.4×0.2×0.08米；上部为夯土版筑，夯层厚0.15—0.2米。城四隅有角墩，每面有2个马面。城东北角处，有一夯筑墩台，残高6米，夯层厚0.14米，保存较完整。城墙风蚀严重，城址多被黄沙覆盖，地表散布有灰陶片、“五铢”钱、石砚、石磨、铁器、三彩瓷片及白釉、豆绿釉、黑釉瓷片。在历次文物普查和考古调查中，曾在城北发现铁甲残片、粮仓遗址和废弃渠道和耕地遗址，[①]并在修补墙上采集到炭屑，在颓废的城墙上还采集到开元通宝残片和西夏碗底。[②]

关于此城，吴礽骧先生认为有可能是汉代的武威县城；[③]而李并成先生认为，此城应为汉代的平泽亭或晏然亭。[④]

根据此城的位置、建筑结构及发现的遗物、遗存，此城应始建于汉代，历经魏晋、唐，西夏时期仍在沿用。明代曾修复、增筑，驻兵屯田，后因流沙侵蚀，明后期废弃。

沙山城遗址

位于民勤县薛百乡长城村治沙站东北200米处的沙滩上。地理坐标为东经102° 59′28.9″，北纬38° 34′49.0″，海拔1370米。

堡平面呈长方形，东西长为120米，南北宽90米，南、各开一门。残存城墙为夯土版筑，基宽6米，顶宽4米，残高1.5—7米，夯土层厚0.15米。在历次文物普查中，在地表散见汉代灰陶片绿釉陶片及西夏褐、黑釉、黄釉瓷片和明代青花瓷片。此城始建于汉代，西夏、明代沿用。1990年1月被民勤县人民政府公布为县级文物保护单位。

永安堡遗址

位于民勤县民勤县昌宁乡永安村五社。地理坐标为东经102° 31′39.3″，北纬38° 36′08.3″，海拔1364米。

---

① 冯绳武、吴景山：《民勤绿洲区划的几个历史问题》，《西北史地》1986年3期。
② 颉耀文、陈发虎：《民勤绿洲的开发与演变》，科学出版社，2008年，第82页。
③ 吴礽骧：《河西汉塞调查与研究》，测绘出版社，2005年，第174页。
④ 李并成：《残存在民勤西沙窝中的古代遗址》，《中国沙漠》1990年第2期。

堡平面呈正方形，边长200米，门向东，门外有瓮城。[①]现仅残存东北角墙体及角墩，墙体长137米，基宽4米，残高6.5—9.5米；角墩南北8.5，东西9米。在历次文物普查中，在地表散见大量的西夏黑釉、黄褐釉瓷碗残片和明代青花瓷片。[②]从残存遗物看，应为西夏时期一处堡寨遗址，明代沿用。

西夏时期，在凉州设西凉府，属二级次等府。为西夏王朝在西部的统治中心，有"陪都"之称。《西夏书事》称凉州为天府之国，"得凉州后，灵州之根固，况其府库积聚，足一给军需，调民食，其天府之国也"。《西夏碑》中也说："大夏开国，奄有西土，凉为辅郡，亦已百载。"称凉州为护国之辅郡。李元昊在建国当年，曾"祀神西凉府"，举行登基典礼，祭拜天地之神，充分说明凉州在西夏王朝具有非常重要的政治、经济和军事地位。公元1073年，西夏修复凉州城及周围堡寨。

西夏地方机构为路、州（府郡）、县、乡（堡寨）四级，西夏府州之下有县的建置。《多桑蒙古史》载：成吉思汗二十一年（1226）"取西凉府搠罗、河罗等县"。《元史·太祖本纪》也有此说。由此可知西夏西凉府辖有搠罗、河罗两县。两县的位置史料不详。

位于西凉府东北石羊河流域下游的民勤县属西凉府管辖，其境内是否有县级机构或其他军政机构的设立，史料中不见记载。而残存在民勤境内的古城遗址，大部分始建于汉代，历经魏晋、唐，到西夏时继续沿用，从这些古城遗址发现的大量的西夏时期遗迹遗物可以充分说明这一点。特别是在民勤东安堡城址发现了大量的西夏时期遗物，从该城的形制、规模及发现的遗物看，该城不应是西夏时期堡寨一类的基层机构，很有可能是县一级建置的驻地。此外，像青松堡、永安堡、沙山城等规模相对较小，可能为堡寨一类的基层机构。这些西夏时期修建或沿用的古城遗址，在以后的明、清都重筑、沿用，而且大部分处于明长城内侧，成为明代民勤长城边防体系重要的组成部分，同时也为研究历代民勤绿洲的开发、变迁提供了重要的参考资料。

（作者通讯地址：甘肃武威文物考古研究所　武威 733000）

①② 国家文物局主编《中国文物地图集·甘肃分册下（下）》，测绘出版社，2011年，第210页。

武威发现西夏覆钵式喇嘛塔石刻造像

孙寿龄

近日武威市北城区建筑工地出土了一件西夏时覆钵式喇嘛塔石造像，石质沙岩。塔高 89 厘米，塔基高 22 厘米，饰云纹图案；塔座高 10 厘米，饰莲花瓣图案；塔身为覆钵形，高 28 厘米，正中开佛龛，龛高 19 厘米，宽 16 厘米，深 7 厘米。内刻佛造像三尊，中间为佛祖说法像，两边各站一弟子，均高 7 厘米。塔相高 22 厘米，有 5 层叠涩相轮；塔顶园形，高 7 厘米，直径 13 厘米，相轮粗壮，给人以庄严稳固的感觉。塔体的装饰花纹都是密教流行的纹饰，体现了藏传佛教独特的密宗艺术。

覆钵式塔亦叫喇嘛塔，源于印度，后传入吐蕃。安史之乱后，西凉府（今武威）被吐蕃占据，随着藏传佛教的传入，覆钵式喇嘛塔也传入西凉广大地区。

1004 年党项首领李德明杀死六谷吐蕃首领西凉王潘罗支，占领西凉府。1038 年德明儿子元昊称帝，建立了大夏王国，因地处西部，史称西夏。西夏立国后，笃信佛教，与吐蕃关系更为密切，请藏传佛教高僧来西夏国讲经传法，主持寺院工作。西凉府国佛院（今亥母洞寺）就供奉有噶玛噶举派第二祖师米拉日巴讲经说法塑像（藏于武威市博物馆）。后期萨迦派第三祖师扎巴坚赞的大弟子迥巴瓦被聘为国师，在西凉府国佛院（亥母洞寺）任主持。正由于这种特殊关系，西夏时的覆钵式喇嘛塔不论在绘画资料与地面建筑中都占主要地位，因此遗存下来的也不少。如 1909 年俄国人科兹洛夫从原西夏黑水镇燕军司驻地攫去的八臂观音曼荼罗木板画和圣三世明王唐卡中皆绘有覆钵式塔，宁夏贺兰县宏佛塔刹顶及天宫内小木塔和青铜峡的一百零八塔，须弥山石窟的 13 相轮石刻塔，石嘴山涝坝口石刻塔均为覆钵式喇嘛塔。

在藏传佛教的圣地西凉府，西夏塔式繁杂多样，有汉传佛教的多层楼阁式塔、多层密檐式塔、单层亭榭式塔、楼阁式与覆钵式复合形塔、叠涩层方塔等等。但遗存下来的绝大多数还是以覆钵式喇嘛塔为主。武威西郊林场出土的西夏天庆五年刘氏墓中木缘塔顶部就是覆钵式，武威市亥母洞西夏石窟寺遗址的一、二号洞窟中有多座覆钵式喇嘛塔，金昌市永昌县《凉州御山石佛瑞像寺》（今圣容寺）的花大门 50 多座塔龛悬葬石刻都是西夏典型的覆钵式喇嘛塔，龛均为方口形。

这次发现的覆钵式喇嘛塔石造像，正是西夏一佛二弟子的代表作。2012 年在古浪西山寺洼西夏遗址中就出土了一件一佛二弟子的瓦当。虽有残缺，但特征犹存，佛与弟子明显清晰。

一佛指释迦牟尼佛祖，原名叫悉达多，是印度净饭王的儿子，也是当时的太子，从小就过着舒适优裕的生活。净饭王对他寄予厚望，让他继承王位。可是悉达多却看到了社会的残酷无情，人们最终还是逃脱不了生老病死的种种苦难，于是悉达多决定放弃王位，出家修行，找到了精神上的解脱。

二弟子指迦叶和阿难。迦叶原名叫“摩诃迦叶”，“迦叶”印度语的意思是“大”，所以人们都叫他大迦叶。大迦叶又是佛祖的大弟子，一说他是一个悟道的弟子，一说他是佛祖第一批弟子中年龄最大的一个。

阿难原名叫“阿难陀”，意为欢喜的意思。阿难一出生就长得相貌堂堂，端正漂亮，他的父母见了十分喜欢，因此给他取名“阿难”（喜欢）。阿难也是一位王子，与释迦牟尼是堂兄弟。释迦成佛的当天晚上，也是阿难的出生日。佛祖 55 岁回到自己的家乡传法，阿难也跟着佛祖出家。

释迦牟尼的弟子很多，最得意的有 10 个，人们称为佛祖的十大弟子。但是经常追随佛祖的弟子只有迦叶和阿难。所以在绘画和塑像中常以佛祖二弟子出现，简称一佛二弟子。

所建佛塔中，都建有塔龛，供奉佛像者叫佛龛，装藏者叫塔龛。不同类型的塔，建有不同数量的龛。由于时代不同，塔龛的造型亦有别，佛龛中供奉的佛祖与弟子的数量也不一样。塔龛的造型概括起来有圆形、方口形、敞口形、穹隆顶等多种龛形式。一般方口龛形较多见，它的特征是龛口为长、正方形，四角呈园弧形，佛龛内通常供一佛二弟子像。这种龛形一直从十六国晚期延续到了元代，盛行于北朝时期。

早期的佛龛内只供一尊佛像，弟子或菩萨立于龛外。北周时弟子像开始供奉在龛内。龛的深度也在不断的加深。随着龛的加深，所供佛像随之增加。

西夏龛形基本沿用北周至隋的方口龛，以双层龛为主，即内有二层龛台，佛祖坐于二层台上，弟子站立左右两边。到西夏晚期有的覆钵式塔已不开塔龛，仅有相轮及刹盖顶。

此次发现的这座覆钵形喇嘛塔，从塔的造型与龛形来看，时间应在西夏仁宗皇帝时期，距今已有 800 多年。这对研究西夏佛教文化艺术和佛龛造像特征是非常重要的第一手珍贵资料。

（作者通讯地址：甘肃武威博物馆　武威 733000）

西夏学 第10辑 2013年9月
Xixia Studies,Sep,2013,Vol.10

西夏西凉府署大堂*

党菊红　党寿山

摘　要：西凉府在西夏时期是河西首府，是西夏西部政治、军事的中心，具有十分重要的地位。然而，西凉府署在今武威的何处？现在保存情况如何？这些一直是史学界比较关心的问题。20世纪80年代，随着武威清凉庄道署大堂的搬迁，这些问题终于有了答案。本文通过对凉庄道署历史渊源的追溯，对凉庄道署与西夏西凉府署相互关联的剖析，以及凉庄道署大堂与西夏前期和同期建筑的比较，从而说明今武威市政府所在地，两千多年来一直为历代州、郡治所，清凉庄道署大堂就是西夏西凉府署大堂。这是迄今所见西夏唯一一座府署建筑，是研究中国古代建筑，特别是西夏建筑十分难得的实物资料。

关键词：武威　清凉庄道署　西夏西凉府署　大堂

武威凉庄道署大堂，俗称道台府大堂。原在清凉庄道署，今武威市政府院内，1986年6月这里修建办公大楼，为保护古迹，将大堂搬迁至今武威城西北2.5公里的海藏寺公园北湖畔。大堂前后新挂匾额两块，称“滨湖厅”、“湖光耀金”，为公园内一大景观，供人们观赏游览（图一）。

一　凉庄道署与两汉郡署

今武威市政府所在地，两千多年来，一直是历代州、郡治所。据清张澍《二酉堂丛书·西河旧事》记载，今武威城最早为匈奴所筑的盖臧城，后人音讹为姑臧城。两汉时期，姑臧城是武威郡治和姑臧县治。张澍《闲居杂咏》第五首云：“可惜澄华碑已失，未探修绠一秤量。”自注：“道署内有井，康熙初，井中掘出石碣，镌‘澄华井’三字，系张芝隶书，并有铭。某观察迁任，载之去。”①张奂任武威太守，时在东汉桓帝延熹五、六年（162、163）间，武威郡署内“澄华井”的石碣就是他的长子、著名的大书法家张芝写的。张澍的同里好友张美如，是亲自看到这块石碣的，他曾作《澄华堂

图 1

* **基金项目**：国家社科基金特别委托项目“西夏文献与文物研究”（项目批准号：11@ZH001）子课题“武威地区西夏遗址调查研究”。

① 张澍：《养素堂诗集》卷一〇。

观张芝古井碑阴残字》七律四首，其第一首云："斯邈鸿文播艺林，伯英健笔自森森。奇峰怪石云离合，春蚓秋蛇草浅深。妙到欲仙思汉武，精能入圣忆王愔。二千年后搜遗迹，碑卧枯槐数尺阴。"[①]张美如是清代著名书画家，看到张芝的书法艺术，自然感悟到它的绝妙之处。诗中还提到两条很有价值的资料：一是清康熙初年，凉庄道署内不仅张芝书写的"澄华井"石碣还在，而且还有以澄华井取名的"澄华观"建筑。可见，人们对"澄华井"书法的关注。二是"澄华井"石碣，当时是卧在"枯槐"下面，说明"澄华井"畔有古老的槐树，已经枯萎了。但艮锋《莎车行记》却写道：咸丰元年（1851），"三月二十四日，凉州宿。……道署西偏一井，为汉澄华井，井畔有张佰英石刻，今无矣。古槐森郁，数百年物也"。一说是"碑卧枯槐"，一说是"古槐森郁"，究竟谁是？这里是否可以这样理解：张美如先生是在清嘉庆十五年（1810）之前看到槐树的，那时古槐已经枯萎了；而艮锋先生则在时过 40 多年后的清咸丰元年（1851）看到古槐的，当时也许是"枯木逢春"，又茂盛起来了。无论如何，澄华井畔当时有古槐是肯定的。1962 年前井上的提水辘轳，就是安装在这棵古槐树根上的。此后，由辘轳提水井改为机井，1963 年时任武威行政公署分管文化工作的赵自秀副专员亲自指派行署四位同志，用架子车将此槐树根拉运至武威文庙，交由当时负责文物工作的党寿山同志接收在文庙保管。"文革"后期，党寿山同志将其陈列在文庙崇圣祠庭院中间醒目的水泥预制台座上，供旅游者参观，见证武威这段悠久的历史。现在，古槐根仍在文庙，由武威市博物馆保管（图二）。

图 2

说起古澄华井，还有一段与工农红军有关的英勇悲壮的故事。那是 1936 年秋，中国工农红军三大主力在甘肃会宁会师之后，第四方面军第 5 军、9 军、30 军及直属部队 21800 余人，奉中央军委命令组成西路军，西征河西走廊。10 月，路过武威；11 月 17 日，红九军在武威四十里堡与马步青军进行了三天三夜的激烈战斗，红军消灭马家军 3400 余人，自身也伤亡惨重。不少红军战士被俘。有的就被关押在凉庄道署内，其中两名红军女战士受尽各种暴行和凌辱，宁死不屈，英勇就义，投入澄华井中，结束了她们年轻的生命。1937 年马步青任甘新公路督办，强征民工 2 万余人，赶修河西路段。全国著名的城市规划专家、时任河西路段工程技术工作的任震英先生曾在今武威行政公署亲历了这一幕悲剧。1985 年前后，已是年逾七旬的任老先生，再次来武威，看到澄华井后触景生情，写下了《澄华井畔悼英灵》的诗一首，缅怀为人类解放而捐躯的革命先烈。

张澍关于澄华井的这一考证，说明一个重要问题：东汉武威郡机关驻地，就在清凉庄道署、民国甘肃省第六行政督察专员公署、今武威市政府院内。1988 年武威地区行政公署在行署大院内开辟花坛，原道署内的澄华井被废，据说时任行署专员的李保卫同志，命在其遗址上建立碑亭，将这段历史记载下来，流传千古，不使这一古迹毁在我们这一代人手中。不知何故，至今未见落实，成为一大憾事。

二　凉庄道署与西凉府署

从东汉武威郡机关驻地，一直延续到清的凉庄道署，在西夏时，当为西夏的西凉府署。多年来从凉庄道署周围出土的大量西夏官府遗物，可以见证这一段历史。

一是 1987 年 10 月，武威市第三建筑公司在道署东侧，今署东巷修建地区行署家属大楼时，于距

① 参看李鼎文《谈东汉张奂张芝父子》，《甘肃文史丛书》，甘肃人民出版社，1986 年。

地表3米以下的地层，发现一批西夏窖藏金银器和珠宝等遗物。除流散者外，收集到的有金杯2件，金钵、金钏各1件，珍珠金链2件，孔雀兰石珠16粒，珍珠181粒，西夏通用铜币9枚，银锭22件。[①]这些金器和银锭的收藏者当与西凉府署或西夏王室有关。

西夏金器，曾在银川帝陵区出土过，但仅是一些装饰品残件，[②]较完整的是内蒙古自治区临河县高油房西夏城址中出土的金莲花盘、金碗、金佛像、金指剔等，[③]可谓西夏文物精品，极为罕见。武威凉庄道署旁发现的金杯、金钵、金钏、金链等，为研究西夏金银制造业又增加了新的实物资料。西夏仿宋在官制十六司中设有文思院，其职能据吴广成《西夏书事》注文，为“掌造金银犀玉、金彩绘素，以供舆辇册宝之用”。这些器物当是西夏文思院为西夏统治阶级享用而制造的。西夏虽然在使用银锭，但根据有关资料表明，其使用量并不大。武威署东巷一次发现银锭不包括已经失散的在内，就有大小二十多锭，近千两银。这批器物的收藏者并非一般的达官贵族，当与当时西凉府的最高长官或者与西夏王室有关。

西夏占据凉州后，在凉州设立西凉府为河西首府，其地位仅次于首都中兴府。又夏光定七年（1217）十二月，当蒙古军队逼近中兴府的时候，西夏帝遵顼惊恐万状，将太子德任留在中兴府领兵防守，自己匆忙逃窜西凉。在遵顼逃亡西凉的同时，并携带部分金银珠宝来凉，也不无可能。这批金银器，可能是在公元1226年蒙古军占领凉州前夕，守卫西凉府的将领干扎篑等率众投降蒙古时，或西夏王室在此之前仓皇逃窜时，埋藏在府署内或王室内的遗物。

二是1995年夏，武威市政府东面的今凉州区政府大院东侧，在修建施工中，出土了一件西夏银质符牌。符牌为长方形，长7.5、宽5.3厘米。上有穿，可悬佩。四周有突边，边宽0.3厘米。两面均阴刻西夏文楷书，正面两行六字，为“宫门后寝待命”；背面两行四字，为“勒尚千狗”，是西夏人名。[④]

西夏符牌中有军中传达紧急军令用的信牌，有军营中作为守御者信物标志的守御牌，有宫廷宿卫者所佩带的宿卫牌，还有统治阶级及达官贵族作为饰物的装饰牌。武威出土的这件符牌为宿卫牌，是守卫宫廷者使用的。这种符牌由西夏国家机关内宿司或翊卫司监制、施用，因此，比一般宿卫牌形制大，文字规范，并且是银质的。从史籍记载看，宋辽金的符牌多有用银质，西夏亦有使用银牌的记载，但在1988年史金波等编的《西夏文物》之前，所发现的二十多面符牌中，都是铜牌，尚未发现银牌。武威出土的这件银符牌，不仅是国内罕见的，同时也反映了作为西夏辅郡的西凉府署，就在清凉庄道署，这里及其附近，是西夏皇帝经常来往和住宿的地方。

三是1989年7月，在武威邮电局建设施工中发现西夏铜锭20块，均为长方形。每块大约长45、宽16.5、厚4厘米，重20千克（图三）。原武威地区文教处院内发现西夏窖藏钱币多达一万余枚，重42公斤，其中绝大多数是宋钱，还有少量西夏、金、唐、汉等时期的钱币。[⑤]

图3

由于西夏境内产铁不多，宋、辽、金统治者又禁止铁器输入夏境，因此，西夏很少铸造自己的西夏钱。据《宋史·夏国传》记载：天盛十年（1158），“始立通济监铸钱”，但也是很费周折的。戴锡章《西夏记》卷二四说：“自茶山铁冶入于中国，国中乏铁，常以青白盐易陕西大铁钱为用。及金人据关右，

① 党寿山：《武威文物考述》，武威市光明印刷物资有限公司，2001年，第115—123页。
② 宁夏回族自治区博物馆：《西夏八号陵发掘简报》，《文物》1978年8期。
③ 史金波等《西夏文物》，文物出版社，1988年。
④ 黎大祥：《武威文物研究文集》，甘肃文化出版社，2008年，第235页。
⑤ 陈炳应：《西夏文物研究》，宁夏人民出版社，1982年，第417页。

置兰州等处榷场，若以中国钱贸易，价辄倍增，商人苦之。仁孝乃立通济监，命监察御史梁维忠掌之，铸天盛永（元）宝之钱，与金隆元宝钱并用，金主禁之，仁孝再表请，乃许通行。”

武威邮电局和原地区文教局（今农业银行），都在今市政府旁边。前者在其后，仅隔一道墙；后者在其前，仅过一条路。上述西夏铜锭、钱币的出土，无不与西凉府署的库存有关，否则，其他机关和私人是很难积存如此大量铜锭和钱币的。

三　凉庄道署大堂与西凉府署大堂

1.凉庄道署大堂的结构

台基　台基在建筑物中属重要组成部分，凉庄道署大堂因移地搬迁，原台基已经不复存在。据参加搬迁的郭廷明先生回忆，当时已看不出明显台基，只是堂内以青方砖铺地，可能整个台基也是用青方砖铺的吧。

平面　大堂向南，平面呈长方形，面阔五间，通面阔 22.05 米，进深四间，通进深 12.2 米。总面积为 269 平方米。其中当心间阔 5.25 米，次间阔 4.85 米，稍间阔 3.55 米。檐柱到金柱深，前为 2 米，后为 2.2 米，金柱到中柱前后各深 3.9 米。门窗、墙体均在搬迁时改动，现已无墙体，四面都为玻璃格门窗。

柱与柱础　堂内金柱与中柱的布置上采用减柱法，即两稍间山柱与角柱之间省去金柱，为三柱两间；当心间与两次间之间省去中柱，为四柱三间。仅两次间与两稍间之间不减柱，为五柱四间。如果都按面阔五间，进深四间不减柱，即为三十柱，现在减去四金柱、二中柱，大堂就为二十四柱。二十四柱中，中柱（山柱）高 6 米、内金柱高 3.85 米，外金柱高 3.33 米。

檐柱高 3.33 米。所有檐柱的上端部微向内倾，内倾度各不相同，多向内倾斜 0.05 厘米，有显著的生起。当心间两根金柱格外粗壮，柱径达 50 厘米。

柱础为灰白色石灰岩所制。下部呈方形，现已被水泥地平覆盖，据目击者称，高约 15 厘米。柱础中间凸起覆盆，高 13 厘米（图 4）。

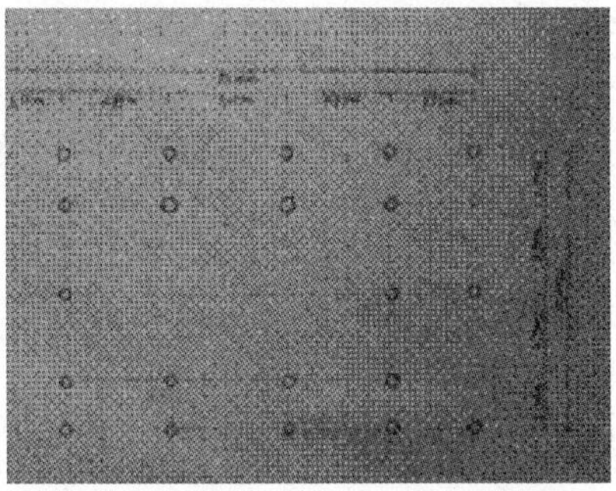

图 4

梁架　大堂采用七檩前廊式梁架。当心间支撑屋顶

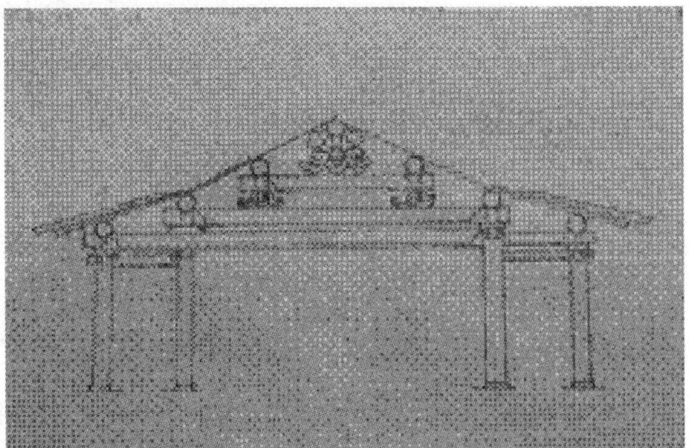

图 5

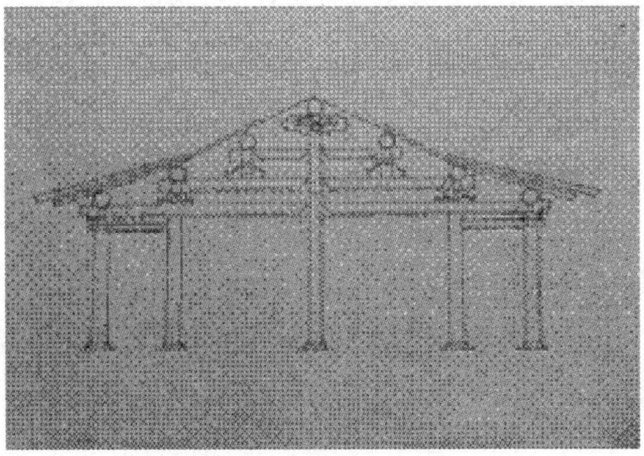

图 6

的两根大梁（三步梁），由内金柱经外金柱直通前檐柱。大梁浑厚坚实，下边削去两角，整体呈方形，宽 52、高 50 厘米。三步梁一端及内金柱之上置平板枋，并用横向的枋，连接内外金柱的上端。为了保持梁的水平，三步梁与外金柱之上不置平板枋，而是置与平板枋等高的驼峰支撑双步梁。双步梁较三步梁稍小，宽 44、高 46 厘米。双步梁两端插枋，梁与枋之上，才架有檩子。在双步梁两边置驼峰，承担单步梁，梁上架枋、架檩。单步梁中间，置驼峰、峰上安置一个斗，斗上又置峰，承托顶部枋、檩（图 5）。

由于减柱的原因，当心间的用材比较厚重比较多；而两次间和稍间的用材就较小而少。三道梁的高度逐次缩小：两次间为 34—38 厘米，稍间为 31—34 厘米。金柱和三步梁头上再不接平板枋和金枋，两次间三步梁插入中柱，通过内外金柱支撑，与檐柱相接（图 6）。两稍间三步梁由山柱直接通向檐柱。因梁变细的缘故，三步和双步梁上的驼峰加高了，双步梁上增加了八棱形瓜柱（侏儒柱）。承担顶部枋檩的不再是驼峰、櫨斗，而是用中柱和山柱（图 7）。

檐柱上除有檐檩、檐垫板和檐枋外，抱头梁与檐柱之间还有一层平板枋，平板枋下与内外金柱之间，除稍间角柱外，原来有穿插枋，后被截去，现只存卯榫。搬迁时檐柱也有相互错位的现象（图 8）。

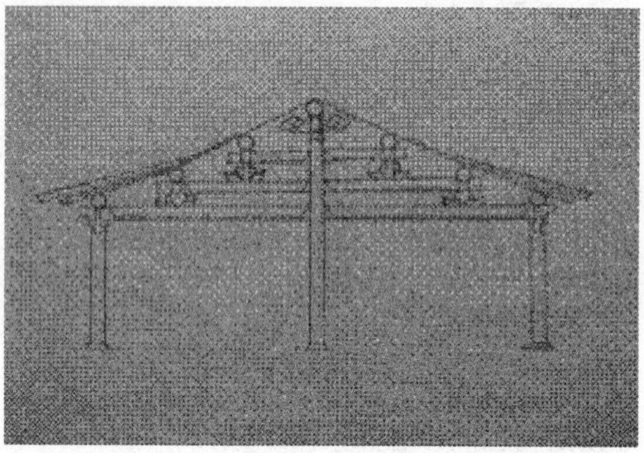

图 7

屋顶　为两面坡硬山顶。据郭廷明先生介绍，搬迁时，顶上有脊，两面铺青方砖，现改为青瓦。

2. 凉庄道署大堂即西夏西凉府署大堂

凉庄道署大堂，因多次改换门窗，并将大堂分割为单间，大家多以为是清代建筑，很不起眼，虽经多次文物普查，并未引起我们的注意。1986 年 6 月，搬迁至海藏寺公园后，曾参与搬迁的公园美术设计师、已故的武威著名书画家丁二兵先生告诉我们：大堂柱下发现的尽是宋代以前铜钱，并未发现后代货币。因为宋代的武威，实际上主要是由西夏统治，而西夏主要使用的还是宋钱，所以，道署大堂当是西夏建筑。

同时，我们就此问题访问了曾在武威市博物馆工作的年逾七旬的于竹山老先生，他的回答也是肯定的。并且还补充说：年幼时上学，经常经过凉庄道署，门前有牌楼，上书“西凉府”三个大字，西凉府为西夏时河西首府，由此，进一步证明大门外的“西凉府”牌楼和府署内大堂应是西夏建筑。

西夏占领凉州后，为加强凉州的防御能力，防止吐蕃的进攻，于熙宁元年（1068）农历五月，对凉州城垣及周围寨堡进行了修建。在此同时，修建政权机关西凉府署，也是完全有可能的，况且西夏崇奉佛教，“佛宇遗址，只椽片瓦，但仿佛有存者，无不必葺”，在重修凉州护国寺感通塔时“众匠率职，百工效能”①，反映出西夏时武威有很多能工巧匠，建筑业是很发达的，大兴土木，修建官府衙署，也在情理之中。凉庄道署内“澄华井”畔的古槐，传说为宋槐，也即西夏槐，可能就是当年修建西凉府署时栽植的。

以上见闻和社会背景资料，只能是道署大堂为西夏西凉府署大堂的旁证，而真正能够说明问题的还是大堂建筑本身。

（一）大堂的建造，符合当时衙署建筑的规格。中国封建社会对于建筑工程的等级是非常重视的，定有很多不可逾越的规章制度。唐代《营缮令》规定：三品以上堂舍不得过五间九架，厅厦两头，门屋不得过三间五架；四、五品舍不得过五间七架，门屋不得过三间两架；六、七品以下堂舍不得过三间五架，门屋不得过一间两架。西夏立国之后仍然延续这个等级制度，因此，绝大多数四合院的正房

①《凉州重修护国寺感通塔碑》汉文碑铭。

只有三开间。作为西夏辅郡的西凉府，地位非常重要，建造五间七架梁的大堂，既是衙署官第中比较高的规格，又不违背等级制度。

西夏受宋制影响，在城市里坊的布局上，府第建于大道两侧，即“门面大街者日第”，衙署的建筑形制也是采取“前朝后寝”的格局，有二进院。西凉府署就是这种格局。据知情者讲：以审理案件的大堂为中心，前有大门，大门前有牌楼，面向今武威东大街，大门内为前院，两侧为东西厢，是衙役办公地。二进入后院，北有寝卧室，两厢有库房、侍佣居住室。可惜这座完整的衙署建筑，除大堂外，其他建筑均荡然无存。

（二）大堂采用减柱法，与辽、金建筑的特点很相似。“减柱法”是辽金建筑中比较流行的做法，形成了辽金建筑的独特风格。如山西省大同市的辽华严寺大雄宝殿、[①]雁北地区的金善化寺三圣殿[②]以及辽宁省义县的辽奉国寺大雄殿[③]等，都用“减柱法”，最大限度地利用空间，让大殿前部开阔，便于宗教礼拜活动。西夏受辽、金影响，武威道署大堂内省去当心间中柱和稍间前后金柱，既扩大了堂中间的面积，以利审理案件和处理民事纠纷，又使结构更为牢固经济。

（三）大堂内外檐柱之间都用阑额，与宋式建筑广泛运用阑额的特征相一致。阑额，即檐枋，是柱头与柱头之间左右联系的枋，清代称额枋。大堂檐枋高 28 厘米，厚 11 厘米。檐枋上置平板枋，宽 35 厘米，厚 11 厘米，二者断面呈丁字形（图 8）。檐枋与平板枋之上加垫板，与抱头梁相交，承托檐檩。抱头梁伸出柱头部分的下面四分之一处被直接截割，不施任何雕饰（图 9）。

（四）大堂平梁上的驼峰非常特殊，既与敦煌莫高窟 445 窟北壁盛唐“修建图”在平梁以上的处理方法有相似之处，但又有发展变化。梁思成先生对此曾这样说：

> 由汉朱鲔石室，日本法隆寺回廊，以至佛光寺大殿，我们都看见平梁之上安放作人字形对倚的“叉手”，与平梁合成三角形的构架。至五代前后，三角形之内出现了直立的“侏儒柱”，其后侏儒柱逐渐加大，叉手日见缩小。至明清而叉手完全消失，只用侏儒柱。修建图中所见，既非侏儒柱，亦非叉手，却是一个驼峰，峰上安置一个斗，以承托脊檀。但是驼峰事实上是一个实心的叉手。[④]

大堂平梁上安置的驼峰与“修建图”上的驼峰大体是一致的，既非侏儒柱，又非叉手，既有驼峰，又有斗。然而这里的驼峰，不仅形体硕大，而且是驼峰上置驼峰，在下面驼峰上穿拱，拱两面安斗，两斗之上又安置较小的驼峰，承托脊檀（图 10）。这种层层加驼峰的作法，既继承唐代建筑风格，又有新的创造，反映了西夏武威工匠高超的建筑才能。

（五）大堂建筑既继承唐代简朴、浑厚、雄壮的风格，又有西夏精美华丽、结构严谨的特征。大堂外观粗犷豪放，堂内当心间两根后金柱挺拔粗壮，柁梁厚重坚实（图 11）；而梁枋上外露的棱角，所有枋下安置的雀替，以及梁上放的侏儒柱、驼峰等，都精心做了雕饰，尤其是驼峰，虽然都以云头纹雕饰，由于安置的位置不同，大小、姿态各异，纹饰也有变化（图 12、13、14）。特别是当心间的两组驼峰，不仅上下两层峰相互叠压支撑，左右穿插的斗拱上又置峰，显得格外丰满，并且所雕饰的云头纹，线条流畅，上下翻动，富于变化，大有雍容华贵、富丽堂皇之感（图 15）。

建筑整体虽然很简朴，但内部梁架结构布局合理，处理得很精巧细致。当心间虽然减柱，由于内金柱和柁梁的加粗加厚，分担了大堂前面的重量；稍间虽然减柱，次间则不减柱，减轻了两边的压力。

---

① 员海瑞、唐云俊：《华严寺》，《文物》1982 年第 9 期，第 78—81 页。
② 员海瑞、唐云俊：〈善化寺〉，《文物》1979 年第 11 期，第 90—92 页。
③ 邵福玉：《奉国寺》，《文物》1980 年第 12 期，第 86—87 页。
④ 梁思成：《敦煌壁画中所见的中国古代建筑》，《文物参考资料》第 2 卷第 5 期，1951 年，第 26 页。

各部分的衔接交待得很清楚，穿插紧凑，有条不紊（图 16），因此，虽历经八百多年，特别是 1927 年 5 月武威绝大多数明清古建筑都毁于 8 级地震，县署夷为平地，而早于明清的西夏西凉府署大堂却能奇迹般地幸存下来，这不能不赞叹西夏武威建筑工匠的卓越成就！

西夏建筑，国内保存下来的廖廖无几，尤其西夏衙署官第建筑只能从文献、图像和出土的建筑构件中得到一些概括的了解，真正的木构建筑，至今尚未发现。武威西夏西凉府大堂，是迄今为止我们所知的唯一一处西夏衙署建筑，是研究中国古代建筑，特别是西夏建筑十分珍贵的实物资料。

图 7

图 8

图 9

图 10

图 11

图 12

图 13

图 14

图 15

图 16

（作者通讯地址：甘肃武威博物馆　武威 733000）

西夏学 第10辑 2013年9月
Xixia Studies, Sep,2013,Vol.10

西夏凉州护国寺历史变迁述论*

黎大祥

摘　要：凉州护国寺，即今凉州大云寺，它是西夏的皇家寺院之一。著名的《凉州重修护国寺感通塔碑》就发现于该寺院。文章依据文献和碑刻资料全面梳理了护国寺及感通塔的历史沿革发展及寺院建筑概况，为学术界全面了解西夏护国寺历史提供了重要资料。

关键词：　西夏；护国寺；大云寺；感通塔；历史沿革

西夏护国寺遗址即今凉州大云寺所在地，位于武威市城东北隅，坐北向南。遗址东依钟楼后院东围墙，西临东百家巷，南为钟楼巷，北至海子巷向东延伸段。南北长189米，东西宽177米，占地面积为33453平方米。现遗址东南角保存原大云寺建筑古钟楼一座,以及近年来搬迁的城内其他建筑火庙大殿和山陕会馆春秋阁及两廊,占地面积8000多平方米,现已对外开放。

大云寺是武威有史以来最早的佛教寺院之一，“感通”，大云寺的塔名，也是著名《西夏碑》的碑铭，即“凉州重修护国寺感通塔碑铭”（今全国重点文物保护单位）。它不仅是历史上河西走廊的名刹古寺，也是古丝绸之路上国内外游客游览朝拜的重要圣地。它作为武威历史文化名城的重要组成部分，在武威历史上具有重大的影响和重要的历史地位，曾引起了众多国内外学者和旅游观光者的极大关注。历代王朝和地方政府对大云寺的修复和保护非常重视，历史上曾经历了几度的繁荣和兴盛。同时随着不同历史时期的发展变化，由于自然和人为的战火破坏，也曾经历过一时的凋敝和衰落。在漫漫的历史长河里，几经更替变迁。但无论情况怎样，凉州大云寺与感通塔在中国佛教史上的重要地位以及西夏学研究、中外文化友好交流方面的功绩，早已载入史册。

一　阿育寺及姑洗塔

佛教产生于公元前6世纪至5世纪的古印度，创始人为释迦牟尼（约公元前565—前486年）。释迦牟尼是古印度迦毗罗卫国人（即现在的尼泊尔），净饭王太子，姓乔答摩，名悉达多，汉译为“一切义成”。因为他属于释迦族，人们称他为释迦牟尼，意思是释迦族的圣人。年十九岁（一说二十九岁），入雪山“苦行六年”，出山后，在迦耶山菩提树下，得悟世间无常和缘起诸理，即在鹿野苑初“转法轮”，说苦集灭道四谛及正见八正道，以后四出，凡四十余年，年八十示寂于拘尸那伽城跋陀河边

* **基金项目：**本文系国家社科基金特别委托项目《西夏文献与文物研究》子课题《武威境内西夏遗址调查与研究》阶段性成果之一,项目批准号（11@ZH001）。

娑罗双树间。他的弟子将他一生所说的教法记录整理，通过几次结集，成为经、律、论“三藏”。公元前 4 世纪，印度著名的民族英雄旃陀甸笈多，被国王放逐流徙在西北印度。当时亚历山大入侵印度，占领五河一带，威胁恒河平原。旃陀甸笈多举起义旗，聚合西北民众赶走了希腊驻军，然后回到摩揭陀国，推翻了难陀王朝，成为摩揭陀国孔雀王朝第一代君主。他统一中、西、北印度，使摩揭陀国成为强大的帝国。公元前 268 年，雄才大略的阿育王继承他父亲的王位，发扬光大了先人的志业，在历史上第一次实现了全印度的统一。他征服南印度羯陵伽国的时候，看到了战争的惨状，大动悔悟之心，从此放弃了由武力征服的办法，而皈依了佛教。他一方面实行转轮王理想的政治，兴办巨大的水利灌溉工程，修筑从摩揭陀国到伊朗的国际大道，发展国内经济和国际贸易；一方面大力传播佛教。他置“正法大官”官置司掌宗教工作和慈善事业，派遣他们和传教师们到各地宣传佛教。他的儿子摩晒陀、女儿僧伽密陀也先后被派往斯里兰卡。当时东至缅甸，南到斯里兰卡，西到叙里亚、埃及、希腊等地，都有佛教的传播。

佛教传入中国的具体年代，现存资料很难考定，据说最初传入时，只不过在少数人中奉行，未必为上层官府和吏官之流所注意。公元前 2 年，大月支国（原居我国甘肃的一个强盛的少数民族西迁中亚后建立的国家）国王的使者伊存到了当时中国的首都长安（今西安），他口授佛经给一个名叫景卢的博士弟子，这是中国史书上关于佛教传入中国的最早记录。我们可以推断，由于在此 120 年前汉武帝开辟西域交通的结果，当时由印度传布到中亚西亚的佛教很可能早已通过行旅往来而向东方渐进。也有传说，在与印度阿育王（约公元前 268—232 年在位）同时的秦始皇（公元前 246—前 210 年在位）时代，已有印度的沙门室利房等年，会后派大德赴各国传教，前来中国很有可能。《魏书·释老志》就有这样的记载：“佛既谢世，……十八人来到我国咸阳。阿育王时举行第三次结集约在公元前 250 年香木焚尸，灵骨分碎，大小如粒，击之不坏，焚亦不焦，或有光明神验，胡言谓之舍利……”“……于后百年，有王阿育，以神力分佛舍利，役诸鬼神，造八万四千塔，布于世界，皆同时而就，今洛阳、彭城、姑臧（今武威）、临淄皆有阿育寺，盖承其遗迹焉。”这里提到姑臧的阿育寺就是今天的大云寺。唐代佛教论《广弘明集》记载，释迦牟尼涅槃后，东天竺国阿育王收佛舍利，派遣鬼兵，在全世界同时造成八万四千宝塔，安置舍利。姑臧姑洗塔即其中之一。清康熙二十一年《重修白塔碑记》中也记载：“昔阿育王造塔八万四千，而震旦国中立有塔十六座，甘州之万寿塔与凉州之姑洗塔居其二焉。”西夏天祐民安五年（1094）《凉州重修护国寺感通塔碑铭》（即西夏碑）中也记载：“阿育王起八万四千宝塔，奉安舍利，报佛恩重，今武威郡塔（大云寺塔）即其数也，张轨称制（西凉）……天锡宫中，数多灵瑞，天锡异其事，时有人谓天锡曰：‘昔阿育王奉佛舍利起塔，遍世界中，今之宫乃塔之故基之一也。’天锡遂舍其宫为寺，就其地建塔。”“巍巍宝塔，肇基阿育。”清康熙十一年六月立的《重修清应寺塔记》碑又载：“清应寺本名北斗宫，北斗宫之有姑洗塔，盖始于晋张重华舍宫内地建立寺塔。”从以上诸多史料记载来看，姑臧早期的阿育寺就是今天的凉州大云寺，姑洗塔应是阿育王时期所造的八万四千宝塔之一。从这里也可以看出，中国佛教在民间的传播最晚也应在战国秦。武威是中国佛教传播的最早地区之一，凉州大云寺是我国有史以来最早的佛教寺院之一。

二 前凉王宫殿及宏藏寺

前凉是东晋十六国时期，我国西北地区的地方割据势力张氏政权建立的一个国家。因它是这一时期以凉州为中心建立的五凉政权的第一个国家，其国都在凉州姑臧（今武威），故国名“前凉”。

前凉从公元301年张轨任凉州刺史、主持凉州事务开始，到公元376年被前秦符坚所灭，其统治凉州长达76年之久。在《凉州重修护国寺感通塔碑铭》中记载："阿育寺及姑洗塔自周至前凉，千有余载，中间兴废，张轨称制西凉，制建宫室，适应遗址。"这就是说前凉的宫殿修在姑臧阿育寺和姑洗塔的遗址上。

晋惠帝永宁元年（301），安定乌氏（今甘肃平凉西北）人张轨，被任命为护羌校尉、凉州刺史而出牧河西。张轨出身于汉族贵族世家，是汉初常山景王张耳的十七世孙。他幼年聪明好学，很有学问，有远大理想，曾在西晋朝廷中担任散骑常侍、西征军司等官职。晋武帝司马炎死后，王室之间互相残杀，朝政日趋混乱。他效法西汉未年窦融保全河西的做法，想到河西创立基业。张轨到任之后，与其子孙们以保境安民为宗旨，在政治上以拥晋为号召，联络河西大族势力；经济上招纳流民，轻徭薄赋，"课农桑"，兴货币；文化上敦崇儒学，振兴教化。在张氏的苦心经营下，河西社会稳定，生产发展，社会政治经济文化得到了长足的发展。张氏政权经过几代人的努力，励精图治，到公元335年以后，在张茂、张骏的统治下，前凉已民富国强。曾派将军杨宣伐龟兹、鄯善等国，取得了胜利。于是西域诸国都到姑臧朝贡，献汗血马、火浣布、犎牛、孔雀、大象等珍禽异兽和宝物。至此，前凉国力达到了顶峰，辖境二十二郡，占有凉、河、沙三州。前凉统治者为了显示其富有和国力，除了在姑臧修建城池之外，还大兴土木，修建王宫殿宇，炫耀其国力。当时的姑臧城，其建筑豪华独特，格局别致，北魏时新建的都城洛阳就是参照姑臧城的布局扩建而成，以致于影响到以后隋唐时期的长安城的布局，在中国古代都城建筑史上影响深远。当时的阿育寺及姑洗塔遗址就是前凉国王的宫殿所在。现保存的明嘉靖《北斗宫新创藏经楼碑记》和清康熙《重修清应寺塔记》碑文中所记的"北斗宫"当为前凉时期在阿育寺修建的宫殿建筑之一。其他宫殿建筑现在虽荡然无存，但宫殿的名称，现在从史籍中还可以了解看到一些。《晋书·张骏传》："时辛晏阻兵于抱罕，骏宴群僚于闲豫堂，命窦涛等进讨辛晏。""鄯善王元孟献女，号曰美人，立宾遐观以处之。""又于姑臧城南筑城，起谦光殿，画以五色饰以金玉，穷极珍巧。殿之四面各起一殿，东曰宜阳青殿，以春三月居之，章服器物皆依方色；南曰朱阳赤殿，夏三月居之；西曰政刑白殿，秋三月居之；北曰玄武黑殿，冬三月居之。"《晋书·张重华传》："尊其母严氏为太王太后，居永训宫；所生母马氏为王太后，居永寿宫。"《晋书·张天锡传》："初，天锡居安昌门及平章殿无故而崩，旬日而国亡。"《晋书·吕纂载记》："超取剑击纂，纂下车擒超，超刺纂洞胸，奔于宣得堂。"以上"闲豫堂"、"宾遐观"、"谦光殿"、"宜阳青殿"、"朱阳赤殿"、"政刑白殿"、"玄武黑殿"、"永训宫"、"永寿宫"、"平章殿"、"宣德堂"等，大都是前凉国王张骏修筑的，他在位二十二年（324—346），当时国力强盛，是有条件修筑这些宫殿的。这些宫殿建筑，史书没有注明建造地点，很有可能有些建筑在阿育寺及姑洗塔遗址上。

前凉时期，随着佛教自西向东传播，佛教文化首先在凉州得到了发展。西晋译经大师竺法护往来河西、长安、洛阳间，①东晋中原地区的名僧道安（314—385）谓其译经"寝逸凉土"②。凉州自张轨以来，"世信佛教"③。4世纪中期，邺都有凉州博学沙门。④其时张氏在凉州东苑置铜像。⑤373年前凉国王张天锡延揽月支人，龟兹人组织凉州译场，并亲自参加译经工作。⑥374年，道安在襄阳撰《综理众经目录》时，其《凉土异经录》中，已收凉州译经五十九部、七十九卷。⑦这些都说明凉州佛教

---

① [南朝齐]释僧祐：《出三藏记集》卷一三《竺法护》传，中华书局，1995年。

② [南朝齐]释僧祐：《出三藏记集》卷七释道安《合放光光赞略解序》，中华书局，1995年。

③ [北齐]魏收：《魏书》卷一一四《释老志》，中华书局，1974年。

④ [南朝齐]释僧祐：《出三藏记集》卷九《渐备经十住胡名井书叙》，中华书局，1995年。

⑤ [宋]李昉：《太平御览》卷一二四引《十六国春秋·前凉录》：张天锡"三年（365），故藏北山杨树生松叶，西苑牝鹿生角，西苑铜佛生毛"，上海古籍出版社，2008年。

⑥ [南朝齐]释僧祐：《出三藏记集》《祐录》卷七《首楞严后记》、《开元释教录》卷四《说括群经录·前凉录》，中华书局，1995年。

⑦ [南朝齐]释僧祐：《出三藏记集》卷三《新集安公凉土亿经录》，中华书局，1995年。

渊源久远，前凉时已有了很大的根基。因此到张天锡时，其宫中多现灵瑞，有人对他说宫殿修在了阿育寺与姑洗塔的遗址上，张天锡才舍宫置寺复建塔。唐景云二年《凉州大云寺古刹功德碑》中说：前凉修建的宏藏寺，“花楼院有七级木浮图，即张氏建寺之日造，高一百八十尺，层列周围二十八间。西列四户八窗，一一相似。屋巍巍以崇立，殿赫赫以宏敞，拟璠台之景居。状层城之始构”。清康熙《重修清应寺塔记》中载：“清应寺本名北斗宫，北斗宫之有姑洗塔，盖始于晋张重华（前凉国王）舍宫内地建寺立塔。”以上史料对前凉时所建的宏藏寺内的建筑规模都作了较为详细的记载和说明，是研究前凉时期修建的寺塔及佛教文化的珍贵历史资料。

宏藏寺作为前凉国王建造的寺院，其建筑宏伟，规模之大，在这一时期的佛教文化传播及发展中占有重要的地位。可以想象当时的凉州作为中国佛教史上译经的一个重要据点，在《凉土异经录》中，收录的凉州译经，很有可能就是在宏藏寺所译。这一时期，在凉州翻译佛经、弘传佛法的高僧络绎不绝，数不胜数。我国著名的译经大师竺法护，道安往来于河西和中原，译经“寖逸凉土”，也都无不与当时的宏藏寺有关。为此，前凉时期的凉州宏藏寺在佛教向我国中原及东部传播中曾发挥过重大的作用。

三　隋唐感通下寺及大云寺

隋唐时期，佛教在我国的传播及发展达到了鼎盛时代，具有不同特点影响着佛教的各个宗派，都在这一时期相继成立。隋文帝和隋炀帝都倡佛宗法。在尼寺里长大的隋文帝，自幼深受佛教思想的熏陶。他曾云：“我兴由佛故。”[①]因此，即位后便大力提倡佛教。隋炀帝杨广在笃信佛教上更甚于父。其在位时，除造像立寺之外，在两都及巡游，常以僧、尼、道士、女官（女道士）自随。[②]

公元609年3月，隋炀帝在裴矩等的陪同下，从长安出发，队伍浩浩荡荡，经扶凤（今陕西风翔县），到天水，过临洮，在临津关附近渡过黄河。5月到达今天的大通河，对吐谷浑发动了猛烈进攻，降服10万余人。最后一直打到青海湖边，攻破吐谷浑都城，青海大部分地区纳入隋朝疆域。6月隋炀帝在张掖会盟西域27国使者。9月回到长安。隋朝政府在西北设置西海、河源、鄯善、且末四郡，派军队戍守屯田，巩固了西北边防。

隋炀帝是我国历史上惟一一位巡行到河西的中原王朝皇帝，他到达了张掖，来到了焉支山下。高昌国王和西域27国使者倚立道旁朝拜，为了庆贺西征胜利，隋炀帝让使者佩戴金玉，披着华丽的毡篷，参加盛大宴请，焚香奏乐，歌舞欢呼，还命今张掖、武威一带的百姓穿上漂亮的衣服，出来观看。沿途数十里，车马堵塞，难以通行。炀帝则在临时搭建的豪华活动宫殿里，与高昌王等人开怀畅饮，观戏赏乐，极尽奢侈。

隋炀帝崇信佛教，在西巡期间，有众多僧、尼、道士、道姑相随，所达州、县的一些大寺院均受炀帝巡视，赐金钱修葺，并派僧尼讲经说道，佛事活动极为盛兴。据1980年5月在武威城东北角城墙下发现的唐天宝元年（742）刻立的《凉州御山瑞像因缘记碑》文记载：隋大业五年（609），隋炀帝西征，前往凉州番禾县瑞相寺（今永昌县圣容寺）朝拜，遂改名为感通寺。碑文称：“驾还幸之，改为感通寺”，一个“还”字，把隋炀帝至寺的时间讲得非常清楚，这和史书道宣的记载是基本一致的。据唐代释道宣撰《续高僧传·释慧达传》记载：大业五年隋炀帝西征，“躬往礼敬厚施，重增荣丽，因改旧颜为感通寺”（也有写作“感通道场”的），故令模写传形。因此碑残缺，在碑最后还载“（缺）

① 《隋书》卷二《高祖纪下》，中华书局，1973年。
② 《隋书》卷六《裴矩传》，中华书局，1973年。

初止此地后，便以此处为白马寺。至宇文灭法，其地之俗居者不多安，遂复施为感通下寺”等等。据专家研究：此碑的出土地（今武威北城壕附近）原为武威古感通下寺，碑为寺内之物，原勒置于“感通下寺”中，亦即隋唐时的“凉州大云寺”内。其原因是：“碑发现地和唐大云寺东南角的钟楼相对，并隔后期城墙形成的一线，组成一个寺院。在出土物中，有汉到魏晋，以至隋唐时期的陶瓷残片，至今在该处还随时所得，说明古代人们在此活动的时间久长。同时据碑记载，唐代僧人元明，先曾为御山谷中感通寺（瑞像寺）僧，后为凉州大云寺僧，居于大云寺；又从御山瑞相的组成，有凉州七里涧的佛首运往。如此等等，我们认为碑文所说的‘感通下寺’当即为唐时的大云寺。”[①]由此可见，隋大业五年炀帝西巡，到凉州番禾县的瑞像寺，御笔题额为感通寺之后，更令天下“模写传形”，使凉州瑞像寺形成为海内外名寺，因此出现了许多神话故事。随之，将前凉时的宏藏寺改为感通下寺，到唐代并将《凉州御山石佛像因缘记》的神话故事勒石刻碑树立在感通下寺之内。感通下寺对研究这一时期的佛教文化具有重要的地位。

唐代的凉州是丝绸之路上政治文化以及军事重镇，河西佛教文化的中心。唐玄奘西行取经，到达凉州，曾说过：“凉州为河西都会，襟带西蕃，葱右诸国，商旅往来，无有停绝。”这是对当时凉州所处的地理位置的重要性以及商旅往来、经济文化发达的观感和真实写照。公元627年（唐贞观元年）秋，28岁的玄奘法师混杂在逃难的灾民中间，悄悄地离开长安，开始了他孤身求法的西行历程。十七年中备历艰辛，忍饥挨饿，越沙漠，渡雪巅，顶风暴，斗盗贼，从未考虑过回头，玄奘心中只有一个念头——“去伪经，求真理，不至天竺，终不东归一步”。十七年后，他被当时通缉捉拿他的唐太宗李世民以国礼迎回长安，长安百姓人山人海，塞街满巷，甚至相互践踏，争相一睹这位后来被神话成为唐僧的智者和勇士。玄奘回长安后，潜心译经，身后留下一千三百三十五卷佛经译本，从而成为我国著名的佛学翻译家。唐僧西行取经，一来一往，对河西特别是对凉州佛教的发展和兴盛发挥了积极的推动作用，产生了广泛而深远的影响。玄奘西行在凉州住了一个多月的时间，被僧俗邀请讲经，听众盛多。西域各国商侣也来听讲，他们回国后向本国国王报告，玄奘要赴印度取经已经到处传开，凉州僧俗皆施珍宝和金钱，口马无数。法师接受一半除燃灯外，其余全部施“诸寺”，但没有记下当时寺院的名子，现在无法确定，但也有民间的传说，在凉州的感通下寺（即大云寺）。当时凉州都督李大亮不准其出国，而慧威法师却窃送玄奘西行。十七年后，玄奘取经归途回到凉州，在凉州感通寺，讲述“凉州御山石佛瑞像的来由”故事，在唐代碑刻上有明确的记载。并且这块石碑即《凉州御山石佛瑞像因缘记》就立在了当时的感通下寺。“凉州山开瑞像现”的佛教神异故事，在我国佛教史上具有重大影响，通过玄奘法师的讲述，又刻碑立在感通下寺，因此我国古代文献记载颇多，在河西流传很广，敦煌莫高窟中还以壁画的形式加以表现出来。从这里反映出了感通下寺在佛教史上的重要地位。

武则天是中国封建社会历史上唯一的女皇，也是一位雄才大略的政治家。她的称帝，很大程度上得力于佛教势力的帮助。早在唐高宗咸亨元年（670）时，武则天母亲荣国夫人杨氏去世，她为了做功德，就把住宅施舍出来，作为太原寺，剃度僧人法藏作了太原寺的主持，奉诏为武则天讲授华严经，深得武则天的赏识，封法藏为“贤首菩萨”。后武则天还为新译出的华严经书作序，为了替她当皇帝制造舆论，薛怀义等以经中有“一佛没七百年后为女王下世，威伏天下”语，乃造《大云经疏》，以为武后受命之符。他们编造《大云经》，声称她是弥勒佛下凡降生，能普度众生，要替唐王朝作人间之王。武则天自然大喜，在全国大量颁布《大云经》，命令各州、郡都要修建大云寺藏之。因此将凉州的此寺改称为大云寺。现存唐景云二年（711）《凉州大云寺古刹功德碑》也称：“大云寺者，晋凉

① 孙修身、党寿山：《＜凉州御山石佛瑞像因缘记＞考释》，《敦煌研究》1983年第3期。

州牧张天锡升平之年所置也，本名宏藏寺，后改为大云寺，因则天大圣皇妃临朝之日，创诸州各置大云，遂改号为天赐庵。”悬挂于古钟楼六吨多重的全国罕见的大云铜钟，当为这时所铸，其体量宏大，艺术造型古朴。钟是佛教活动的法器，它不仅反映了古代的冶炼技术和劳动人民的聪明才智，也反映了当时凉州大云寺的佛教盛况。

四　西夏护国寺及感通塔

西夏是我国北宋时期各兄弟民族以党项羌为首共同创建的一个少数民族国家，本名大夏，又称白高国，宋代人称西夏。公元1038年元昊称帝，建都兴庆府（今宁夏银川）。西凉府（今武威）为西夏辅郡。西夏地域“东尽黄河，西界玉门，南接萧关，北控大漠”。在最兴盛时，辖二十二州，占有今宁夏、甘肃大部，陕西北部和青海、内蒙古的部分地区，“方圆二万余里”，它先后与辽、北宋及金、南宋鼎足峙立。西夏虽曾称臣于这些王朝，却始终严拒外力伸入其境内，保持实际的独立性，而且武力强大，为宋、辽、金各国重视和畏惧，多次打败这些大国的军队；对于征服欧、亚两大州，所向披靡的成吉思汗军队，也顽强地抗争过多年，使西夏王国竟然能立国190年之久。

西夏建国以后，以儒学为治国之本，信仰以佛教为主的多元宗教。特别是在佛教信仰方面，由于当时西夏统治阶级大力提倡，佛教成为西夏的国教。①在大夏之内，“浮图梵刹遍满天下”，“近自畿甸，远及荒要，山林溪谷，村落坊聚，佛宇遗址，只缘片瓦，但仿佛有存者，无不必修……憧憧之人，天不瞻礼随喜，无不信也”②。因此，在武威遗留下来的西夏寺院遗址及文物极为丰富。

西夏信奉佛教是有其社会根源的，其一，党项政权所辖的河西、陇右、陕北地区早就居住着汉族和其他各族人民。河西走廊是由西域进入中原的通道，自五凉至隋唐时期的六七百年间，佛教在这里大为兴盛，而且对中原佛教的传播和发展起着重要的桥梁作用。这种宗教信仰的环境，不仅对党项族有潜移默化的影响，而且有直接继承的关系。其二，党项周围的民族大多信仰佛教，党项族比较快地接受佛教是很自然的。其三，饱经长期迁徙、割据、战乱、动荡以及灾荒的苦难，在现实生活中通过以信奉佛教来找到解脱社会苦难的出路。其四，佛教对西夏统治阶级有更为实际的妙用，借助佛教忍耐的说教，麻醉人民，以便维护他们的统治。因此，西夏统治者有意识地在国内大力提倡，使佛教逐步发展起来。③

西夏建国之前，凉州大云寺历五代直至北宋初，将其保存尚好。据《宋史·吐蕃传》载：“凉州郭外，数千里，尚有汉民 没者耕作，余皆吐蕃。其州帅稍失民情，则众皆啸聚。城内有七级木浮图，其帅急登之，给其曰：‘尔若迫我，我即自焚于此矣。’众惜浮屠，乃盟而舍之。”可见当时的民众对佛寺的关心和爱护。州帅所登的木浮图，正是大云寺的七级木浮图。《续资治通鉴长编》记载：景德元年（1004）六月二十四日，凉州吐蕃族首领潘罗支派遣其兄邦甫支到北宋入奏，邦甫支“又言：修洪元大云寺。诏赐金箔物采”。说明北宋景德时，大云寺进行过修复。公元1038年10月，元昊称帝建国；11月即仿宋南郊故事，亲自从首都兴庆府来到西凉府祀神，并到凉州大云寺拜佛。这是因为凉州是西夏皇族的祖先神或其神籍地区影响重大的神灵，④到凉州大云寺拜佛，说明了大云寺在西夏佛教史上的重要地位。从大夏开国到西夏乾顺时（1087），在这一百多年的时间内凉州大云寺因年久

---

① 白滨：《西夏文献及其史料价值》，《西夏史论文集》，宁夏人民出版社，1984年。
② 见《凉州重修护国寺感通塔碑》，现存于武威市西夏博物馆
③ 史金波：《西夏佛教史》第二章“四佛教的传布”，宁夏人民出版社，1988年。
④ 陈炳应：《西夏探古》，甘肃文化出版社，2002年。

失修，整个佛寺虽然有所残破衰败，“塔之感应不可殚记，然听闻详熟，质之不谬者”。说：每当塔倾斜，但正要加以修缮，当夜风雨大作，周围的人听到有刀劈斧凿之声，第二天一看，宝塔已经直立如初。西夏惠宗时期（1067—1086），西羌来攻凉州，这天夜里，也是风雨大作，在昏暗中塔上显出神灯，羌人一见，非常惊骇，急忙退兵。天祐民安三年（1092）冬天，凉州大地震，又把塔震斜了，当地守臣行文上奏崇宗皇帝，下令修缮，还未动工，塔又自行恢复原状。皇帝及梁太后一向信奉佛教，认为这是一座护国安民的宝塔，于是在乾顺天祐民安四年，由皇帝、皇太后发愿，动用了大量人力、物力和财力，重修了感通塔及寺庙。第二年完工后立碑赞庆。这一年正是乾顺诞生十周年，兴办这样一次大的佛事活动，也许是为了给十周岁的皇帝祈福，将大云寺更名为护国寺，立碑名为“凉州重修护国寺感通塔碑铭”（即今全国重点文物保护单位西夏碑）。

根据西夏碑记载，西夏这次下大力重修寺庙及塔，其中用一年的时间来修塔。西夏之前的大云寺塔是七级木塔，这次修的是七级砖塔，但塔名却沿用了隋炀御笔题额的“感通”二字，故将此塔称为“感通塔”。从护国寺的塔名也可以证实1980年在武威北城壕出土的《凉州御山石佛瑞像因缘记》碑文中所记载的感通下寺，当为隋代大云寺的名称。《凉州御山石佛瑞像因缘记》考释一文中提出的“此碑原为武威古感通下寺之物”，“碑文所说的‘感通下寺’，当即为唐时的‘大云寺’”的观点是完全正确的。西夏时通过重新修复的塔，沿用的是隋朝感通下寺的“感通”二字，即感通塔。另外，西夏在武威的建置为西凉府，碑铭却没有用“西凉府”，而用的是隋唐的建置“凉州”，碑铭为“凉州重修护国寺感通塔碑铭”。以上这些，原因何在？有待于进一步研究。《西夏碑》立于乾顺天祐民安五年，元朝灭西夏之后，由于蒙古对西夏的刻骨仇恨，为保护此碑，寺院僧人将碑砖砌封闭在大云寺的碑亭。

五　元代大云寺与藏传佛教的传播

1227年西夏灭亡，其前一年西凉府即为成吉思汗所陷。1235年窝阔台封次子阔端于原西夏故地。1239年阔端由四川撤军回到河西，驻扎在西凉府，为西凉王。阔端以武力统一西南边疆受挫后，得悉当时西藏各喇嘛教派中，最有影响、名声远扬、学识渊博的萨迦班智达•贡噶坚赞法王能左右西藏局势，有极大的号召力。阔端驻守凉州主政，秉承其父窝阔台旨意，于公元1242年派使者持金字诏书，邀请西藏宗教领袖、学者萨班法王来凉会晤，共商西藏大计。萨班欣然接受了他的邀请，遂于公元1244年，带领侄子八思巴、恰那多吉同时出发，中途先遣侄子来凉州谒见阔端。萨班不顾年事已高，千里跋涉，于1246年到达凉州，恰逢阔端已到蒙古地方（《元史》说是汪吉宿灭秃里之地）参加选立大汗。1247年阔端返回凉州，萨班作为西藏代表与蒙古西凉王阔端举行了具有历史意义的“凉州商谈”，完成了祖国统一的大业。之后，萨班与侄子八思巴就住在凉州白塔寺，弘扬佛法。由于藏传佛教萨迦派教主萨班法王和八思巴在凉州传教，当时的藏传佛教在此空前盛行。萨班在凉州按佛教天地生成的理论创建的凉州四部寺（藏语称四岱宇），是以凉州城为中央，城内有著名的“德英寺”，（“德英寺”是藏民读汉语“大云寺”快读所致），象征须弥山；东建白塔寺，南建金塔寺，西建莲花山寺，北建海藏寺，象征世界四大部州。所谓建寺，并非都是新建寺，而是将原来的佛寺改为具有藏传佛寺萨迦派特征的寺院，并先后对凉州四部寺进行维修扩建，成为当时著名的凉州藏传佛教四部寺，凉州成为藏传佛教发展的中心。大云寺因藏传佛教的传入，将西夏时的护国寺又恢复了唐时的原名，成为当时著名的寺院。

萨班在凉州弘扬藏传佛法，不仅为祖国统一大业做出了巨大贡献，而且在凉州传播藏传佛教萨迦派教义，为蒙元皈依和接收藏传佛教奠定了基础。1251 年 11 月 14 日萨班圆寂于凉州白塔寺，17 岁的八思巴由于萨班的精心教诲，加上他勤奋和聪明颖悟，已经学完了萨班所有教法，掌握了担任萨迦派教主必须具备的知识，在凉州继承了法王衣钵，成为萨迦派新一代教主，为藏传佛教在凉州的传播做出了贡献。1254 年八思巴离开凉州，跟随世祖忽必烈“尊为国师”，后又“升号帝师大宝法王，更赐玉印，统领诸国释教”。因此藏传佛教也定为元朝的国教。从元世祖忽必烈 1260 年封八思巴为国师开始，其后历代皇帝都有帝师，并皆有吐蕃高僧充任。帝师的职责：一领皇帝佛事，二领宣政院，三领吐蕃事。[①]由元一代，及至明清，藏传佛教对中央政府和民间以及吐蕃本土都有着广泛而深远的影响。从这里可以看出萨班与八思巴在凉弘扬佛法，不仅促进了凉州藏传佛教的传播与发展，而且对以后历代王朝利用藏传佛教，并在中原一带的传播与发展起到了承前启后的作用。为此，著名的凉州大云寺以及凉州藏传佛教四部寺在当时全国具有很大的影响。

由于统治者的大力推崇，凉州原本属汉传佛教的寺院也随时势变迁，变成了藏传佛教寺院。凉州当时又是一个蒙、藏、汉、回鹘多民族聚集的地方，寺内喇嘛比丘逐步增加，藏传佛教得到了长足的发展。作为藏传佛教凉州城内中央著名的寺院——大云寺，当时已成为藏传佛教僧人活动和写、译佛教经典的据点。明嘉靖清应寺《北斗宫新创藏经楼碑记》就这样记载：“郡之城南有古亥母洞寺，适有比丘桑儿加领占及捨剌僧吉往来，以为禅定处。”武威亥母洞寺是金刚亥母“诞生和应化”之地，从出土的大量西夏文、藏文佛教经籍证实，早在西夏时期藏传佛教盛兴，萨迦派第三代祖师扎巴坚赞的弟子迥巴瓦曾被西夏奉为国师，主持亥母洞佛事活动。[②]亥母洞寺的比丘与大云寺北斗宫的比丘互相往来，说明当时大云寺的北斗宫不仅是藏传佛教活动的一个据点，而且藏传佛教在这里早就有了根基。在当时藏传佛教写、译经方面，武威市博物馆保存了大量的手抄藏文经籍，其中一部分就抄写于大云寺藏经阁。经初步整理和专家考证，这批经籍主要内容有手抄本藏文《大藏经》409 函，特殊版本古藏文写经 16 页（双面），噶当派（11—13 世纪）的写经多部，手抄本《莲花生大师本生传》1 部。其中手抄本藏文《大藏经》大多为“甘珠尔”部，间有少量“丹珠尔”部，数量约 3 套，5300 多部，总页码 269600 页（双面），8000 多万字。另外，有 4 函稀有珍贵的朱砂印本藏文《大藏经》，还有不少供养人的名录。[③]这批藏文经，经有关专家鉴定，其中部分文献可与敦煌吐蕃历史文献以及西藏萨迦派珍藏的藏文经典籍相媲美。其年代之久远、数量之巨大、书写材料之昂贵，在国内实属罕见，具有重大的文物考古和民族历史文化研究价值，是凉州历史上藏传佛教盛兴的珍贵实物资料。在这批手写藏文经书中，一部分的抄写出自凉州清应寺藏经阁，这说明清应寺在凉州藏传佛教传播中所处的重要地位。《安多政教史》在“论湟水北部地区政教发展情况”时就说：在凉州青英寺（清应寺）供奉有“《甘珠尔》大藏经，以及许多汉文的经函”[④]。清康熙《重造梵音藏经碑》也记载：“凉城内东北隅，旧有藏经阁一座。相传为西宁静宁寺乔姓国师，世代藏贮藏经之所，而阁因而命名焉。”从碑文可知清应寺藏经阁为大国师乔锁喃札思巴世代藏经之所。凉州大云寺大批藏文写经的保存以及藏传佛教国师的往来，不仅反映出了当时藏传佛教在凉州的传播及发展，而且说明宋元时期，藏传佛教从凉州向中原一带传播过程中，凉州大云寺所发挥的重大作用。从而进一步反映出当时大云寺在我国藏传佛教传播中所处的重要历史地位。

---

① 陈庆英、任庆扎西：《元朝帝师制度略述》、《西藏民族学院学报》1984 年第 1 期。

② 孙寿龄：《西夏乾定典糜契约》，1993 年《五凉文化》创刊号。

③ 卢亚军、苏得华、更登三木旦：《凉州遗存藏文籍略考》，《图书情报》2006 年第 2 期。

④ 智观巴•贡去乎丹巴绕吉、吴钧等译《安多政教史》汉译本，甘肃民族出版社，1989 年。

六　明代日本沙门志满主持募捐修复大云寺及塔

元末明初，由于地震和战乱，凉州佛教寺院大都遭到摧毁，使这一地区的佛教建筑、经典、法器不同程度地受到破坏，佛教文化处于衰败时期。凉州大云寺也不例外，明万历十六年《敕赐清应禅寺碑记》就载："凉州为西域襟衽之地，而番僧杂出乎其间，其城之东北隅，旧有北斗宫遗址，相传于至正（元顺帝）时，兵火残燹。"明天启二年《增修大云寺碑记》也云：大云寺在元末遭兵燹，寺院被战火毁破。这些记载都说明，元末地震以及人为战火的破坏，凉州大云寺损毁严重。

1368 年明太祖朱元璋在南京建立明王朝后，八月大将徐达攻克了元大都北平，元朝灭亡。1372 年 6 月冯胜率军进入兰州，过黄河向河西进军，击溃了元永昌路和西凉州的守将失剌罕和朵儿只巴，冯胜乘胜继续西征，河西诸路依次平定，永昌路西凉州属明朝统一之下。明太祖朱元璋出身于佛教僧侣，刚刚建立政权，就推崇和扶持汉传佛教，使佛教重新开始发展和兴盛起来。此时的凉州大云寺虽遭元末战火残破，但它曾是历史上河西走廊的名刹古寺，又是丝绸之路上国内外游客和僧俗游览光观和朝拜的重要圣地。因此，不仅引起当时朝廷的关注，也引起了日本僧人的高度重视。

据明天启二年（1622）《增修大云寺碑记》记载："凉州大云寺，记其巅末，有唐、宋二碑，仿佛可考，元末兵燹以后，重为鼎新，爰复古碛，自皇明洪武十六年，其募主则日本沙门志满也。"从以上记载可以看出，大云寺的历史始末，有唐宋二碑仿佛可考。唐碑就是指唐睿宗景云二年（711）的《凉州大云寺古刹功德碑》；宋碑就是指西夏乾顺崇宗天祐民安五年（1094）的《凉州重修护国寺感通塔碑》，即西夏碑。从以上碑文记载可以看出，大云寺从天祐民安三年（1093）由西夏皇帝、皇太后发愿大规模的修复后，历经西夏、元直到明初，近 300 年间，未见进行过维修保护。经历了这样一段漫长时间，由于经过自然和人为的损坏，寺庙已经残破不堪，再加上碑文中记载元末兵焚，战火毁坏，大云寺的建筑基本被毁。明王朝刚刚建立的洪武十六年（1383），由日本沙门志满主持，并募捐重新修建，复原古碛。志满重新修建大云寺，修了哪些建筑，修建情况如何？在明天启二年的碑文中虽未作一一介绍，但我们从此碑文中所记大云寺在明初志满修复前的状况以及志满重新修复后，又到明万历壬辰，即万历二十年（1594）凉城副将鲁光祖以及凉州总兵达云再次修复大云寺之前的状况，可以了解到沙门志满当时修复的大云寺的一些情况。

其一，志满对大云寺、塔进行了全面修复。从明洪武十六年（1383）到明万历二十年（1594），时间相隔 211 年。在这 200 多年中凉州大云寺再未进行过修复，史料没有任何的记载，这就说明当时志满募捐主持修复大云寺，对其寺、塔进行了全面修复。碑文记载"重为鼎新，爰复古碛"，这是 200 多年后对志满当时修复情况作的高度概括。

其二，志满修复的大云寺塔为五级。因为在碑中鲁光祖修塔前有这样的记载："未有纪者，旧浮图五级，未及合尖，至万历壬辰本城副将鲁光祖施砖甃砌，补完前功。""旧浮图五级"，正是 200 多年前，即洪武时志满修复的大云寺塔。万历时鲁光祖在此基础上补修，补修后的塔高一百八十尺，与清应寺塔双峰插天，称五凉的一大奇观。

其三，志满修复了大云寺的正殿。因为在碑中，达云修庙之前也有这样的记载："但台下正殿，孤悬左右，广阔无制，非增建廊庑，无以肃内外而壮观瞻。"台下孤悬的正殿，应是志满修复。此后达云于正殿东西又建廊房二十四间，还增建了其他建筑，并金装了殿内佛像壁画及所修殿宇，使大云寺整体建筑岿然焕然，成为佛教活动的一大胜地。

志满修复凉州大云寺被传为中日友好文化交流的佳话。中日友好历史悠久，文化交流渊源不断，早在隋唐时期，中日双方就互派使臣、僧侣和商人，有的则长住不返，在中日友好、文化交流方面起了很大的作用，其中最著名的人士首推鉴真。鉴真（688—763），扬州人，是唐朝著名的律宗大师，于唐天宝二年（743），应日本学者僧荣睿、普照邀请筹备东渡，经过10余年6次努力，备力艰辛，双目失明，始于公元753年与弟子24人随遣唐使船东渡，于公元754年到达日本，时年已67岁。鉴真到达日本后，不仅带去了佛教的宗律和一些佛经，还为日本鉴定了许多中草药，并留下一卷《鉴上人秘方》的医书。在他的设计和指导下，在奈良建起了唐招提寺，塑了佛像，传播了唐朝的建筑雕塑艺术，他的弟子为他塑造的坐像至今保存在寺内。弟子思托还为他撰写了《唐大和尚东征传》，具有很高的史料价值，是中日友好和文化交流的生动记录。

沙门志满是明代日本净土宗的第十一代弟子。净土宗是中国佛教宗派之一，专主念佛往生，所奉菩萨为阿弥陀佛，以称无量寿佛，以观想持名兼修为上。如果信念虔诚，持念佛号即可托生净土（西方极乐世界）。以东晋慧远为初祖，专主净土法门。因慧远于庐山东林寺创建白莲社，倡导“弥陀净土法门”，故亦称“莲宗”。北魏有昙鸾、隋唐时道绰、善导等尽力传布，实际创宗者为唐代善导。依据《无量寿经》、《阿弥陀经》和《往生经》，专念“阿弥陀佛”名号，以期“往生”西方“净土”，故名。由于修心方法简便易行，中唐以后，曾广泛流行。后与禅宗融合。9世纪间日本天台宗僧园仁（794—864）曾来华学“念佛法门”，回国传播。后日本僧法然（1133—1212），依善导《观无量寿经疏》，确立净土教义，遂开日本的净土宗。志满作为日本净土宗的第十一代弟子，明洪武年间来到中国，为中日友好文化交流也做出了不懈的努力。他的师傅在临终前把他叫到身边，郑重嘱咐说：“你要想寻求佛教真谛，必须不怕困难，不畏艰险，亲自实践，不断探寻。”沙门志满遵照师傅的教训，立志寻求佛法真谛，渡海亲自来到中国游历各地，在朝拜佛教圣地凉州大云寺时，看到寺院残破坍塌、颓垣断壁之惨景，并由于他了解了凉州大云寺在中国佛教史上的重要地位，于是立志重修此寺，修成正果。他四处募化，多方筹资，历尽千辛万苦，可谓功夫不负有心人，终于募化银两数万，重新动工修复了凉州大云寺。修复后的大云寺，规模宏大，面貌一新，历经二百多年，香火不断，使重修后的大云寺焕发了英姿，终于做成了这一功德，被传为中日友好文化交流史上的一段佳话。

七　明清时期的大云寺及塔

1. 大云寺与清应寺的关系

根据历史资料记载，在明代以前，大云寺、清应寺当为一个寺院，不同时期寺院有不同名称。从《魏书•释老志》记载姑臧有阿育，就是指早期凉州的大云寺，寺内有姑洗塔，是指大云寺的塔。这在清康熙《重修白塔寺碑记》中有明确记载：“昔阿育王选塔八万四千……甘州之万寿塔与凉州之姑洗塔居其二焉。”西夏碑即《凉州重修护国寺（唐代为大云寺）感通塔碑铭》中也明确记载：“阿育王起八万四千宝塔即其数也。”“巍巍宝塔，肇基阿育”。从这些上记载看，最早传说中的阿育寺、姑洗塔，即是一个寺院。到前凉时，其宫殿修建在了阿育寺及姑洗塔的基址上。这在《凉州重修护国寺感通塔碑》中就有明确记载：“张轨称制（西凉）……天锡宫中，数多灵瑞，天锡异其事，时有人谓天锡曰：昔阿育王奉佛舍利起塔，遍世界中，今之宫乃塔之姑基之一也，天锡遂舍其宫为寺，就其地建塔。”清康熙《重修清应寺塔记》也载：“清应寺本名北斗宫，北斗宫之有姑洗塔，盖始于晋张重华舍宫内地建立寺塔。”以上二碑记载完全一样，说明当时阿育寺的故址上修建了前凉的宫殿群。到前凉张重华（346—353）时，在北斗宫有姑洗塔，又到张天锡（363—376）时才舍宫置寺复建塔。其寺名宏藏寺，复建的塔为七级木浮图，即张氏建寺之日造，高一百八十尺。到唐代宏藏寺改为大云寺，景云二年（711），因年代久远对寺院及塔，进行了大规模修缮，遂有《凉州大云寺古刹功德碑》，这是大云寺最早的碑刻。据碑文以及其他史料记载，此时的大云寺其占地面积、建筑规模达到最大的时期，囊括了隋代的感通下寺，有花楼院、南禅院、北禅院、造经房等，“地土聿广、楼阁相连”。西夏时，公元 1093 年对大云寺进行了大规模的修复，更名为护国寺，其寺院基本保持了唐代大云寺的规模。西夏碑文中称：“武威当四冲地，车辙马迹，辐奏交会，日有千数”；在增饰宝塔时，“众匠率职，百工效技”。不仅反映了当时武威所处的地理位置的重要和工商贸易的发达，而且也反映出寺院的规模以及寺院经济的发展。直到元代又恢复了大云寺之名，寺院及塔基本保持了西夏时期的状况，元代之前（包括元代）两寺为一个寺院，成为河西佛教的一大胜景。

2. 清应寺的来历及藏文经的抄写

清应寺修建于明代永乐年间，为永乐皇帝赐名“清应禅寺”而得名。据明万历《敕赐清应禅寺碑》记载：城之东北隅，“旧有北斗宫遗址，相传始于至正时，兵火残燹。永乐（1403—1424）间，敕为清应禅寺”。这是清应寺名称的最早记载与来历。从这一记载看，清应寺在明永乐之前，应该属于大云寺的一部分，元末大云寺院被战火烧毁，明初修复“敕赐清应禅寺”，故名清应寺。这样看来，从明永乐年开始原大云寺一个寺院的遗址，经过重修，成为两个寺院，即明洪武时日本志满所修部分为大云寺，永乐时所修部分为清应寺。清应寺在大云寺西侧，与大云寺一墙之隔。碑文还载：“殿宇巍峨，廊楹绘绚，世称古刹，乞今二百余祀。”从这些记载看，明永乐时修建的清应寺规模比较大，殿宇巍峨壮观，廊楹都进行了彩绘。这些建筑从明永乐到万历已经经历了二百多年的时间。另据明嘉靖《北斗宫新创藏经楼碑记》载：“北斗宫号清应菴，在武威卫治之东北隅，大云寺居左，北斗宫居右，建立于洪熙元年。栋宇轩豁，金碧辉煌，诚一郡之伟观，万民之快者见也。”洪熙为明仁宗朱高炽年号，洪熙元年即 1425 年。明永乐以后是仁宗洪熙，洪熙仅有一年，这说明北斗宫的清应庵，建于明仁宗时，清应庵可能是清应寺的一部分建筑，其殿宇宏大，金碧辉煌，诚一郡之伟观。至后据碑文记载，清应寺又经明成化、嘉靖、隆庆、万历四朝用数十年的时间，进行了大规模的复原修葺，其寺内建筑日臻完善。使清应寺内的藏经楼成为凉州藏传佛教活动及抄写藏文经籍的中心。

早在元代，武威亥母洞寺的比丘与北斗宫的僧人往来甚密，以为禅定处。明成化间，藏经楼修好后，“适有比丘尼僧，名岑列藏卜徙藏而来，盖有年许，颇知经籍，克修性行，凉之宦官巨家，咸供施而敬礼之，乃得托憩于斯，而安岑寂也，众皆欣悦，以谓盛事不可无述”。反映了凉州民众对藏传佛教的信仰。清代康熙时碑文也记载：寺内有藏经阁一处，为“西宁静宁寺乔姓国师，世代藏贮藏经之所”。康熙二十二年，甘肃总兵振武将军孙思克来此，知道原藏经文在顺治初遗失，又筹资“即于西宁静宁寺设立局所，广迁述众，造写三藏五大部梵字藏语，共一百零五卷，共计一百零五帙，经始于康熙二十二年春三月，告成于本年秋七月，遂于九月内迎请之凉安贮于阁中焉，是役也”。武威市博物馆现保存的大量手抄藏文经卷及有关记载“金凉州”的手抄《藏文大藏经》，就存出在清应寺的藏经阁。以上都说明凉州清应寺是藏传佛教活动的中心和藏文经籍抄写之处，藏经楼是保存藏文经的藏经之所。从这里反映了当时藏传佛教文化的发达。

3. 大云寺与清应寺的复原修葺及建筑规模

凉州大云寺在中国佛教史上具有重要的历史地位，是古代丝绸之路上国内外游客及僧人游览朝拜的圣地。元末虽然遭到地震以及战火毁破，使昔日塔寺林立，香火不断的寺院一度变为大片遗址，但到明清时期，由于统治者对佛教的推崇和倡导，对凉州大云寺的修复引起了朝廷、地方政府和国内外高僧大德的高度重视。根据有关碑文及史料记载，明清两代对大云寺、清应寺的复原修葺及建筑规模情况是：

大云寺的修葺。首先是明洪武十六年（1383）由日本净土宗的第十一代第子沙门志满，代表汉传佛教的一派，复原修建了在原大云寺的东面建筑，即原七级浮图，恢复了五级未及合尖，修建了正殿及其他建筑，万历二十年（1592），凉城副将鲁光祖接着又对塔进行了补修，使大云寺塔高一百八十尺，与清应寺塔双峰插天，称五凉一奇观云。同时，凉州总兵达云又在塔台前面建元帝庙一座。僧官洪铠用达云修庙的余材在庙左修建小祠，塑有达云肖像。在台下志满修复正殿左右空阔处修建了两廊。在署印比丘信还的倡议下，又于正殿东西建廊房 24 楹，补移对面的罗汉殿和伽蓝殿，并对寺内其他建筑进行补修，彩绘精装了寺内的建筑佛像。清朝雍正十二年（1734）大云寺古钟楼台损坏，由道宪菩府郑大力饬命五所乡耆兴工补助。乾隆二十二年（1747）秋，阴雨淋漓，钟楼北面倾颓，由凉州国学生李焕彩募化维修大云寺西廊，补修塔台，并对古钟楼土台进行了砖砌石嵌。

大云寺的建筑规模。大云寺的主体建即今古钟楼西侧，坐北向南，正门临街，门楼上高悬“敕建大云寺”大横匾。进门正面为大雄宝殿三楹，东西两侧为厢房，大雄宝殿之后为菩萨殿三楹，殿后东西有廊房二十四间，后为边长 50 米的方型夯筑土台，正中建有八角十三层的大云寺塔，雄伟壮观，高插云天，台上还建有塔院。整个建筑称为凉州一大景观。

清嘉庆年间，著名金石学家张澍先生同友人到凉州大云寺游览，在寺中无意发现一座被砖封闭几百年的古亭。人们都说：这个古亭不能打开，否则，将会给凉州带来莫大的灾难。张澍先生认为这是谣言，三番五次在寺中说服僧人，并强行家丁打开了碑亭，发现了一件稀世珍宝——西夏碑。西夏碑的发现，是世人又重新认识西夏文，从而揭开了西夏学研究的序幕。

清应寺的修葺及建筑规模。原大云寺西面为北斗宫，有清应寺塔。明永乐间（1403—1424）敕建为清应禅林，对塔进行修复。前后殿宇巍峨，金碧辉煌。明洪熙元年（1425）在北斗宫遗址上又修建殿宇，号清应庵。明嘉靖时陕西等处承宣布政使分守道右参政吴天寿等捐资在北斗宫之南隅，建藏经楼一座，为崇上下各三间，转角曲楼上下各五间。并修建了东西斋房，僧房以及山门等。隆庆元年（1567）万历十一年（1583），由齐南戴才，胶东候东莱，三晋贾仁元莅凉任职，各捐俸资，大规模进行修缮、彩绘，又增补天王殿，钟、鼓楼各一。经过明代数十年的复原修葺，其寺院殿宇廊庑布局为：寺前山门一座，次乃增补天王殿、钟、鼓钟楼也，又次即北斗宫遗址，东西楹各列罗汉于内。宫两隅，左祠祖师，右祠伽蓝，中为正殿画廊各一十有一间，内奉释迦牟尼涅磐像。后分两殿，一名弥陀，一名地藏。中道扁曰“梵王宫”，直抵清应寺塔，而禅堂僧舍环绕联络于左右。

清康熙八年（1669）年巡抚甘肃甘宁等处都察院右副都御史刘斗、镇守陕西、甘肃等处地方总兵官都督佥事孙思克、整饬分守凉庄道陕西布政使右参议朱衣客、监屯凉州等处仓场监巩昌府同知王階、原任甘肃等处副总兵刘友元、原任南京提督上下一带江洋水师军门太子太保李栖凤、原任江西漕运军门标下副总兵李栖鹍，会大中丞部捐资对清应寺进行复原修葺，“缺者补之，坏者易之，旧者新之，堂构庄严，栋宇明挚，昔所谓鸟革翚飞者，兹有焕然改观矣！”康熙十一年（1672）振武将军孙思克主持捐资对清应寺塔院及塔再次进行了修葺，并对佛像进行金装。康熙四十八年（1709），武威发生大地震，震落塔顶，击碎砖瓦，一时破落。地方民众，募化捐资，不到旬月之间，补残葺缺，换旧更新，是其塔院“廊楹绘彩，肆外闳中，金像庄严，灿星日丽”，成为凉州一大景观。

八　民国十六年（1927）大地震后的大云寺

清代后期，由于战乱、灾荒接连不断，人民生活苦不堪言。凉州的佛事活动及佛教寺院日渐衰落，部分寺院残破被毁，香火绝迹，僧人难以维生，弃寺而去。但凉州大云寺及清应寺因经过明清两代的大力维修扩建，其建筑直到清末仍保存完整，寺内香火不断，兴盛不衰。到民国时期，政府对宗教失去控制，没有系统的管理机构，任其宗教自由泛滥，许多寺院僧去寺空。有的成了匪盗集聚之所，有的殿宇被拆，木料及佛教器具被盗。尤其是马家军进占武威后，横征暴敛，欺僧灭道，佛教所受的摧残更加严重。武威城中及近郊的海藏寺、罗什寺、大云寺、清应寺也不同程度的受到损破和影响，仅有少数僧人，艰难维持。但寺内的建筑、佛教法器、经典等基本保存完好。民国八年（1919）三月二十五日，林竞受农商部委托考察西北来到武威，游大云寺又到清应寺，寺内建筑保存完好。并在大云寺西夏碑亭拓了拓片。其日记中这样记载："游大云寺，亦名北斗宫，有塔曰姑洗。又至清应寺，寺后浮图高十三级，有观音画像，颜色艳丽，神笔也。傍有木刻碑云；'塔系周敬王时阿育王令神工鬼斧造成，以舍利子镇其顶，以填海眼，姑名镇海'……每层有佛像一尊，与大云寺姑洗塔并峙。"①民国十四年（1925）北京大学陈万里随美国哈佛大学旅行团到墩煌考古，在武威寻西夏碑，他说他在清应寺"寻《西夏天祐安民碑》不得，询之居民，谓在大云寺，始知嘉庆间张澍氏所记在武威城内北隅清应寺者误也。其所以误大云寺为清应寺者，以清应紧邻大云，且均有十三层之古塔一，坐是易致错误耳。遂至大云寺，于大殿后院见碑屋二，在左者，《西夏碑》赫然在焉"②。

民国十六年（1927）四月二十三日，凉州一带发生 7.5 级大地震，震中在黄羊河与杂木河之间的沈家窝铺至冬青顶一带，即北纬 36.8°，东经 102° 处。③这次地震损失十分惨重，据统计：武威县倒塌房屋 48441 间，摇毁村庄 19399 处，压死居民 35400 余人，牲畜死亡 200000 余万头。震裂毁坏耕地 7240 余石，临近武威的古浪受灾更严重，古浪峡山崩，东西道路不通，地震波及整个河西走廊，时间持续半年之久。地震之后，到处是残垣断壁，瓦砾废墟。人们搭席棚，下帐房，垒窝铺居住，直到深秋，余震缓和下来，才开始陆续建房居住。

这次地震不仅给人民带来灾难，也毁破了凉州古代的许多名胜古迹，如凉州古城墙上的 24 个楼子，除北城门外，其余 23 个全被震塌，城内大云寺、罗什寺、清应寺等的古建筑全被毁坏。号称"文笔三峰"的罗什寺塔、大云寺、清应寺塔均被震倒。唯有大云寺古钟楼岿然独存。海藏寺、雷台、东岳台等处的古建筑基本被毁。经历代人民辛勤建筑的古凉州毁于一旦，面貌全非，殊为可惜。由此致使凉州的佛教文化走向低谷。凉州大云寺和清应寺也失去了昔日佛事活动的辉煌，除古钟楼外，瓦砾遍地，一片凋敝、衰败的残破现状。

这次地震破坏性大，使凉州大云寺、清应寺大伤元气，造成寺内建筑及佛教文物的极大损失。大云寺的主体建筑，大云寺塔、塔院等建筑，清应寺的姑洗塔、卧佛殿等建筑，被地震摧毁后，至今再也没能进行复原修建。寺内的其他殿宇、佛像、碑刻、佛经典籍、水陆佛画、法器等不同程度地遭到了严重的破坏，有的毁坏、有的流失，损失残重。仅就石碑而言，从唐到清代一千多年留下了众多的碑刻，现各种史料中抄录下来的就有 10 块碑刻的文字。而这 10 块碑文中，仅存的原碑只有 3 块，其中《西夏碑》与《凉州大云寺古刹功德碑》，地震后碑亭被毁，1934 年被地方贤达及文化名人拉运到武威文庙保存；另外幸存的还有古钟楼立的乾隆二十五年碑，其他的碑刻全部被毁。

---

① 沈云龙编《近代中国史料丛刊续编》第 11 辑，台湾文海出版社。

② 陈万里：《西行日记》，甘肃人民出版社，2002 年。

③ 新编武威县志之一《武威简史》。

1949 年 9 月武威解放，各行各业进入了一个崭新的发展时期，武威县成立文物管理委员会，1952 年文物普查时，就将藏经阁、大云寺进行了普查登记。[①]藏经阁为清应寺一部分，有梵文藏经 105 卷；大云寺有姑洗塔、古钟楼、碑刻等。武威县政府通过文物管理部门，对大云寺和清应寺采取保护措施。1957 年 4 月，甘肃省人民委员会公布第一批省级重点文物保护单位，大云寺铜钟被列在其中。1961 年 3 月 4 日《凉州重修护国寺感通塔碑铭》被列为国务院公布的第一批全国重点文物保护单位。国家及省政府也采取了有效的措施对大云寺的文物进行了保护。1972 年文化大革命后期，武威县恢复成立了文物管理委员会，地方政府对大云寺的维修保护工作十分重视。在发现大云寺仅存的古钟楼部分梁柱断裂脱铆后，县革委会向省上要求拨款，地方也自筹资金，抽调专人对古钟楼进行了全面维修。历时两年，更换了断裂的梁柱、牮直合铆，重修墙壁、屋顶，最后全部油漆，使古钟楼焕发了昔日的风采。[②]1980 年以来，随着对外开放、旅游事业的发展，党和政府对文物保护工作非常重视。凉州大云寺由于在历史上的重要地位，对其保护工作也引起了国家、省、市政府的极大关注。1981 年原武威县政府作出决定，为了使大云寺唯一保存的建筑古钟楼能够保护好，还能使城内残存的火神庙大殿和山西会馆春秋阁及两廓也能得到保护，集中统一管理，发挥文物的作用，省、市、县筹集资金，将火庙大殿、春秋阁及两廓搬迁至古钟楼后面保存，搬迁后的这些建筑在古代虽作用不同，风格各异，但也可与古钟楼互为映衬，相得益彰。经过搬迁整修，古钟楼又进行维修彩绘，在这里举办了佛教文物、石碑及屏风等历史文物展览，正式对外开放，供国内外广大群众参观游览。每逢农历正月十五和五月端午，这里游人成千上万，人山人海，络绎不绝。成为武威对外开放、旅游参观的一大景观。1993 年 3 月甘肃省人民政府又将大云寺遗址（包括感通塔遗址）公布为省级重点文物保护单位，由武威市博物馆统一管理。2002 年武威市修建了西夏专题博物馆，《西夏碑》又从武威文庙搬迁至西夏博物馆陈列展出。

（作者通讯地址：甘肃武威市博物馆　武威 73300）

① 《武威文物志·文物普查》，2004 年。

② 见《武威市文物志·古建筑维修》，2004 年 11 月出版发行。

西夏学 第10辑 2013年9月
Xixia Studies,Sep,2013,Vol.10

从张掖几处西夏历史遗迹看西夏文化对后世的影响

崔云胜

摘　要 河西是西夏王朝的重要组成部分，处于河西中部的张掖地区，西夏文化的一些遗迹和遗物承载着西夏文化的信息，诉说着西夏文化曾经的辉煌。这些遗迹和遗物有下龙王庙与西夏黑河桥碑、张掖大佛寺与卧佛、张掖、酒泉的西夏忠武王庙与羊头将军等。透过这些历史遗迹，我们看到，西夏虽亡，但其所创造的文化的一部分却已渗透到河西民众的日常生活当中，仍然在潜移默化地发挥着作用，对后世产生着重要影响。

关键词 张掖　西夏历史遗迹　西夏文化　影响

河西是西夏王朝的重要组成部分，具有重要的战略地位，故西夏王朝始终对河西地区高度重视，大力经营，从而在河西历史上打下了深深的烙印，留下了浓墨重彩的一笔。蒙古灭西夏，对西夏文化的打击是毁灭性的，再经元末明初战争的洗礼，时至明代，在河西，西夏文化已隐入历史的迷雾之中，不为世人所知。至清代，随着金石学的复兴，人们考古、探古热情高涨，河西地区所遗存的西夏历史遗迹逐渐引起人们的重视。这些历史遗迹承载着西夏文化的信息，诉说着西夏文化曾经的辉煌，透过这些历史遗迹，我们看到，西夏虽亡，但其所创造的文化的一部分却已渗透到河西民众的日常生活当中，仍然在潜移默化地发挥着作用，对后世产生着重要影响。下面以张掖下龙王庙与西夏黑河桥碑、张掖大佛寺与卧佛、张掖、酒泉的西夏忠武王庙与羊头将军为例予以阐释，不当之处，敬请专家批评指正。

一　张掖下龙王庙与西夏黑河桥碑

《重刊甘镇志》载，张掖下龙王庙在甘州城西八里，[①]没有说明建于何时，庙中立有西夏黑河桥碑，《甘州府志》说在甘州城西十余里，西夏时建。[②]之所以说西夏时建，大概是由于庙中立有西夏乾祐七年（1176）的西夏黑河桥碑的缘故。新中国建立后，下龙王庙被拆毁，石碑现藏张掖市博物馆（大佛寺）。此外，张掖尚有上龙王庙，在城西南八十里；中龙王庙，在城西南二十里，根据《甘州府志》的说法，均建于西夏。众所周知，在中国文化当中，龙王是主管水的神灵，张掖地区西夏时期三座龙王庙的兴建，反映出当时的统治者和当地民众对水的重视程度。下龙王庙中西夏乾祐七年（1176）所

① 杨春茂著、张志纯等点校《重刊甘镇志》，甘肃文化出版社，1996年，第191页。
② 钟赓起著、张志纯、张明林、高欣荣等点校《甘州府志》，甘肃文化出版社，1995年，第186页。

立的西夏黑河桥碑刻的是西夏皇帝李仁孝敕谕黑河诸神之文，正面用汉文，阴面用古藏文。文中说：下龙王庙所在之地黑河“年年暴涨，飘荡人畜”，故往昔贤觉圣光菩萨发大慈悲建桥一座，“普令一切往返有情咸免徒涉之患，皆沾安济之福”。李仁孝以前曾亲临此桥，“嘉美贤觉兴造之功”，现如今以虔诚的心情，躬祭“黑水河上下所有一切水土之主，山神、水神、龙神、树神、土地诸神等”，希望他们“廓慈悲之心，恢济度之功，重加神力，密运威灵，庶几水患永息，桥道久长，令此诸方有情俱蒙利益”[①]，保佑西夏家邦。李仁孝敕谕黑河诸神之文反映了一下几个方面的情况：

1. 当地民众过着定居的农耕生活，当地的农业生产在西夏的社会经济中占有重要地位。唯其如此，作为九五之尊的西夏皇帝李仁孝才会对当地的水患灾害十分重视，以至于要发布敕谕，躬祭黑河上下诸多的包括龙神在内的神灵。同时，能够引起西夏皇帝如此的重视，说明其时当地的水患灾害是十分严重的。

2. 西夏黑河桥碑正面刻汉文，阴面刻古藏文，反映出当地居民当以汉民为主，并有大量藏民。早在西夏初的李元昊时期，西夏已创制了自己的文字，早于黑河桥碑立于西夏崇宗天佑民安五年（1094）的凉州重修护国寺感通塔碑，正面刻西夏文，阴面刻汉文，而黑河桥碑却正面刻汉文，阴面刻古藏文，不刻西夏文，这体现了西夏统治者对当地民族及其文化的充分尊重。崇拜和祭祀水神、龙神、土地神等神灵是从事农耕过着定居生活的汉民族的传统。由于长期定居、长期在此地生活，年年暴涨的黑河对他们的生产生活带来了严重的灾害，当时的生产力水平无法解除这一灾害，于是对水神、龙神、土地神等神灵的崇拜和祭祀便日趋强烈。他们崇拜和祭祀水神、龙神、土地诸神，希望他们能消除水灾，使自己过上安稳的生活，兴建于西夏时期的上、中、下三座龙王庙便是这种情况的反映。西夏皇帝李仁孝遵从当地习俗，以九五之尊躬祭“黑水河上下所有一切水土之主，山神、水神、龙神、树神、土地诸神等”，体现了他对当地民众疾苦的关心，对当地文化传统的尊重。

3. 黑河桥碑与当地平天仙姑民间宗教的产生有着密切的关系。今临泽县的平天仙姑民间宗教发源于临泽县板桥镇一带民众的平天仙姑信仰，仙姑信仰起源于何时，由于文献缺乏，难以稽考，估计在明嘉靖八年以前就已存在。[②]刊刻于康熙三十七年（1697）的《敕封平天仙姑宝卷》讲述，[③]仙姑本为东岳泰山青阳宫内一名仙女，到西方显化，时值汉代。仙姑观见世人不敬天地，不礼三光，奸盗邪淫，不忠不孝，爱欲贪嗔，多沉地狱，多失人身。于是一心发愿立志修行，不恋世上繁华，不贪眼前之浮尘，志心向善，念佛看经。有一天，忽见黑河水大涨，水势汹涌。河的北岸，都是好田好地，百姓都想耕种。只因河水甚大，人不能渡，亦有冒险而渡者，尽皆漂没而死。仙姑一见，甚是不忍。于是发愿在河上修桥梁一座，往来之人着实便利。仙姑自身无有钱钞，于是便四处化缘，整整化了一年零两个月的工夫。但在修桥过程中，木料还是不够。仙姑义举感动了黑河龙神，他让水兽夜叉神转鬼运，一夜之间送到了一百根大木，遂成就了仙姑造桥之功。桥梁的建成，方便了民众的南北往来，免去了徒涉之患。仙姑自修桥之后，越发为善不倦，修行更加刻苦，感动了骊山老母，化做一个白发老婆婆，授她以内丹修炼之法，并告诉她，所修桥梁自断之日，便是她成道之日。仙姑按照老母所授之法到河黎山上结茅庵一间，独自静坐炼丹。仙姑先后经历了猛虎、蟒蛇、魔王的磨练和试探，道心坚牢，功行圆满。一日，正在合黎山顶信步闲游，忽听一片山崩地裂之声，犹如军马呐喊之状。睁眼一看，乃是黑河水发，掀天揭地，波浪滔天，将仙姑苦心发愿所修的一座桥梁，竟冲去了。仙姑纵身一跳，坐上一块桥板，逆流而上。只见空中骊山老母左金童，右玉女，幡幢宝盖；前六丁，后六甲，排列众神，

---

① 引自王尧《西夏黑水桥碑考补》，白滨编《西夏史论文集》，宁夏人民出版社，1984 年，第 465—466 页。

② 参看崔云胜《张掖平天仙姑信仰考》，《河西学院学报》2003 年第 1 期，第 79 页。

③《敕封平天仙姑宝卷》，程耀禄、韩起祥主编《临泽宝卷》，临泽县华光印刷包装有限责任公司，2006 年。

前来迎接。仙姑不知不觉间脱去凡胎，随老母上天庭参见玉帝。玉帝大喜，封仙姑为“至圣平天仙姑”，“冲和洞妙元君”，掌世上男女之籍，镇守北方，护国救民。仙姑凡胎遗弃于板桥堡以西十里边墙外沙漠之上，此地常有阴云笼罩，雷火交搏之声，祥云缭绕，瑞气腾腾，仙姑尸骸颜色如生。一天被一位牧羊老人发现，一时惊动了附近乡民。乡民感念仙姑修桥之恩，又见此奇异之景状，相商就地将仙姑尸骸埋葬，并于此地建庙一座，供奉仙姑。修盖庙宇之后，凡民间一切风沙旱涝，祈福禳灾，求男讨女者，千祈千应，万祈万灵。《仙姑宝卷》将仙姑信仰的形成提前到了汉代，但仙姑建桥的故事情节与黑河桥碑记载的贤觉圣光菩萨建桥的情节一致。相比较而言，明万历六年（1578）大司马侯东莱重修仙姑庙碑的说法更接近于黑河桥碑的记载，其中说：“甘镇北堡名曰板桥，境外庙曰仙姑。究所从来，自汉大将军霍去病和戎之继，百姓始得耕耨。见一女身体轩昂，窕然有不凡之像，因黑河之源水溢，非舟可渡，于是设桥以济人。斯民不患徒涉，而河西北亦且便耕，行称便利，而姑之功不在禹下。但时远水发，而桥崩废，姑亦随水而逝，踪迹则不昧。或显身于昼夜，或行施以风雨。民感其灵，寻尸而葬，故立庙以祀，而庙之设，由此以始焉。是以民间风波旱潦，祈福禳灾者，随祷即应，不啻影响。”[①]《甘州府志》认为，西夏皇帝将仙姑尊称为“贤觉圣光菩萨”[②]。虽然这也仅是一种推测，但黑河桥碑为我们探寻仙姑信仰的起源提供了新的线索。据估计，仙姑信仰在西夏时已经形成，李仁孝敕谕中陈述的贤觉圣光菩萨建桥解救当地民众水患的故事应当是当地百姓的传说。需要指出的是，据史金波先生考证，西夏仁宗乾顺时期有一位贤觉帝师，名为波罗显胜，他在西夏的宗教地位极高，官位也很高。在俄藏黑水城文献中发现有贤觉帝师较多的佛事活动，在其所传经典的署名中，有的作“贤觉帝师传”，有的作“贤觉菩萨作”。史金波先生认为，西夏黑河桥碑中的“贤觉圣光菩萨应是贤觉菩萨，也就是贤觉帝师。可能贤觉菩萨曾在藏族人较多的甘州黑水河上建桥，做功德善事，后与贤觉帝师关系密切的仁宗亲临此桥，嘉美贤觉兴造之功，仁宗又于乾祐七年立碑撰文”[③]。笔者以为，“贤觉圣光菩萨”与“贤觉菩萨”相比，多“圣光”二字。为什么会多“圣光”二字。对此若没有合理的解释，说贤觉圣光菩萨就是贤觉菩萨也只能是一种推测。对于这两种说法，到底哪一种说法正确，笔者以为，《仙姑宝卷》和《侯东莱重修仙姑庙碑》的说法来源于当地百姓的口耳相传，仙姑建桥的故事情节与《西夏黑河桥碑》贤觉圣光菩萨建桥的故事情节一致，故贤觉圣光菩萨就是仙姑的推测具有很大的可能性；贤觉菩萨是西夏皇帝李仁孝的帝师，和李仁孝关系十分密切，故西夏黑河桥碑所载李仁孝祭祀黑河诸神敕谕中出现的贤觉圣光菩萨，也有可能就是贤觉菩萨。这两种可能性都存在，这一问题的解决，还有待于对西夏文献的进一步挖掘，但笔者倾向于贤觉圣光菩萨是仙姑的说法，因为本地的历史问题，一般来讲本地的历史资料（包括口碑资料）最具说服力。蒙古灭西夏过程中在河西的战争灾难，造成当地居民大规模地流动与迁徙，元末明初战火的洗礼以及明初大规模的移民，使得当地民众的结构再次发生重大变化，这不能不对当地民众的仙姑信仰造成重大扫荡与冲击。随着社会的逐渐稳定，当地民众的仙姑信仰才逐渐恢复。随着时间的流逝，在漫长的岁月中，仙姑信仰逐渐扩大和兴盛，在清康熙年间，随着《敕封平天仙姑宝卷》的问世，仙姑信仰成熟为民间宗教，并扩展到整个黑河流域，一直延续至今。

---

① 《重修仙姑庙记》，高季良总纂、张志纯等点校《创修临泽县志·附录》，甘肃文化出版社，2001年，第461—462页。

② 钟赓起、张志纯、张明林、高欣荣等点校《甘州府志》，甘肃文化出版社，1995年，第438页。

③ 史金波：《西夏佛教新探》，《宁夏社会科学》2001年第5期，第71—72页。

二 张掖大佛寺与卧佛

张掖大佛寺始建于西夏崇宗永安元年（1098），据明宣德二年（1427）宣宗御制《敕赐宝觉寺碑记》记载，党项族有位和尚族姓嵬咩，法名思能，是燕丹国师的弟子。他“妙领真乘，深造突奥，阖境之内，贵贱耆壮，敬信无间，号之为国师”，在奇异瑞应的指引下，在“崇丘”之侧掘出古涅槃佛像，引起轰动，遂率领信众，用了不到一年的时间，建成寺院一座，并塑了一尊巨大而宏伟的释迦牟尼佛涅槃像。在塑涅槃佛像之时，由于佛像太大，如何塑造就成了难题，最后还是受到了神灵的启示，才塑造成功，碑文说：“惟肖像未就，旋感神功，效其妙技，不疾而速，中月以成。”由于这尊涅槃佛像，寺院取名“卧佛寺”。思能和尚的师父燕丹国师求道天竺，在“跋提之境睹一石碑，载《如来昔记》云：‘甘泉有迦叶遗迹，当于来世释迦法中遇八地菩萨，显迦叶之真仪，益恢弘于慧业。……’”燕丹国师回国后得知思能掘出古佛像并建寺院之事，“乃知灵迹者，迦叶之所化；嵬咩者，八地之显化。扬言于众，而归崇益广矣”[①]。故寺院又名“迦叶如来寺”。大佛寺的兴建过程中思能和尚在“异瑞”的指引下掘得古涅槃佛像、在神灵的启示下塑造涅槃佛像、燕丹国师在“跋提之境”所睹《如来昔记》的记载，给大佛寺这座寺院的出现蒙上了一层神秘而又神圣的色彩。抛开这些神秘色彩，仔细分析明宣宗御制《敕赐宝觉寺碑记》的内容以及出土于卧佛腹内的《正统六年兴建金塔殿碑记》的记载，可以确定：大佛寺其实是在原有寺院基础上兴建的，[②]思能和尚发现古涅槃佛像的“崇丘”可能是以前寺院的一座殿址或塔的基址，这尊古涅槃佛像并非凭空而生，而是前代建殿时埋下去的。明正统六年（1441），在大佛寺北边的万寿塔基之下又出土了四尊古佛像就是证明。据《正统六年兴建金塔殿碑记》记载：“正统六年季春，欲建禅堂于北庑之后，旧有万寿塔，基址高丈许，平治筑地，于其上发出旧塑佛像四尊，各向四面坐，菩萨侍立者八尊，又有镇塔舍利，用玛瑙盒盛贮，及七宝等物，俱不敢动移。”[③]这座万寿塔当是西夏建卧佛寺以前就有的，吴正科先生认为，万寿塔（即金塔），“属唐代所铸”[④]。由此可见，大佛寺的兴建，其实是在前代寺院旧址上进行的，从某种程度上说是对前代寺院的复兴。当然，复兴的同时又有创新，这个创新便是塑造了巨大而优美的室内木胎泥塑卧佛，建造了规模宏伟的卧佛殿。大佛寺是党项皇族思能和尚率众姓弟子所建，反映出党项族以及当地民众炽烈的佛教信仰，大佛寺的兴建是当地百姓生活中的一件大事，反映出当时甘州地区佛教的繁荣。大佛寺建成后，不仅在当时，也对后世产生了深远的影响。

在元代，大佛寺与元朝宫廷发生了密切的关系。元朝对各种宗教实行兼容并包政策，在甘州，基督教比较流行，据《马可波罗游记》载，甘州城“居民是偶像教徒、回教徒及基督教徒。基督教徒在此城中有壮丽教堂三所”[⑤]。元代，大佛寺的一部分成为基督教堂，因此，大佛寺又名十字寺，《甘州府志》载，“十字寺。元世祖祀其母别吉太后处。夏建，今大寺也”[⑥]。大寺即大佛寺。据《元史》载，“后至元元年三月丙申，中书省臣言：‘甘肃甘州路十字寺奉安世祖皇帝母别吉太后于内，请定祭礼。’从之”[⑦]。后人据《元史》这一条记载，遂认为忽必烈之母别吉太后死后被埋葬在甘州卧佛寺内。其

---

① 明宣宗《敕赐宝觉寺碑记》，杨春茂（著）、张志纯等点校《重刊甘镇志》，甘肃文化出版社，1996年，第193—195页。

② 吴正科：《大佛寺史探》，甘肃人民出版社，2004年，第5页。

③ 同上，第60—61页。

④ 同上，第6页。

⑤ 冯承钧译《马可波罗行纪》，中华书局，1954年，第208页。

⑥ 钟赓起、张志纯、张明林、高欣荣等点校《甘州府志》，甘肃文化出版社，1995年，第149页。

⑦ [明]宋濂等撰《元史》卷三八《顺帝纪》，中华书局，1976年，第826页。

实这种说法是对《元史》此条记载的猜测和误读，北京大学马骁林先生通过考证认为，甘州十字寺只是设立了忽必烈母亲别吉太后的影堂，影堂的设立并非国家行为，“可能是甘州的官员、景教徒建言设立的，而且时间可能比较晚”。之所以要这么做，原因是“如果一个寺院内有皇室祖宗影堂，意味着这个寺院受到皇家的护持，这对寺院是很大的利益”[①]。

在明代，甘州成为九边最西头的重镇甘肃镇的中心，大佛寺受到历代统治者的高度重视。洪武五年（1372）大佛寺遭战火毁坏，不久，永乐九年（1411）予以重建，永乐十七年（1419）敕赐“弘仁寺”匾额。宣德年间，明宣宗又予以重修，并亲撰碑记，敕赐“宝觉寺”之名。以后的正统、成化、万历年间，大佛寺屡次重修或维修，尤其是正统年间颁赐大佛寺的《大明三藏圣教北藏》是大佛寺发展史上的一件盛事，掀起了当地官员和百姓极大的宗教热情。时任镇守甘肃等处总兵、御马监太监兼尚宝监太监的王贵，组织一批书画高手，使用上好的绀青纸，用泥金书写了600卷的《大般若经》，这600卷的《大般若经》和《大明三藏圣教北藏》一道，成为大佛寺的镇寺之宝。分析明代甘州大佛寺受到最高统治者如此重视的原因，笔者以为，这与明廷的西北边防形势以及明廷的西北边防战略密切相关。在明代前期的洪武、永乐时期，明廷通过多年的经营，在今东起永登县，西至嘉峪关，南达西宁市的河西地区建立了陕西行都司、甘肃镇，下辖十五个卫所；并在嘉峪关以西的今甘肃、青海、新疆交界地区设立赤斤、沙洲、哈密、安定等七个羁縻卫所，以经略西域，拱卫河西，从而构筑起了严密的边防体系。明廷对北方的蒙古在军事上保持高压态势，而对河西走廊以南的青海地区则实行怀柔政策，与当地的藏族等少数民族实行贡赐贸易、茶马互市，保持经济文化的交流。甘州大佛寺原本就是一座藏传佛教的寺院，因此，它就成了明廷保持与青海藏族等少数民族保持文化交流的一个主要的依托和场所，其目的便是争取西南藏族对明廷在文化上的向心力。明宣宗在《敕赐宝觉寺碑记》中，在叙述了大佛寺的来历之后，说“天眷皇明，隆兴宝运，朕承祖宗之鸿业，克勤治理，以靖万邦。今海宇宁谧，民物康阜，四夷万国，咸共归心，此天与祖宗之垂佑，实亦佛之慈荫所被及也”。“实亦佛之慈荫所被及也”道出了宣宗皇帝重修大佛寺的原因和目的。明宣宗是一个虔诚的佛教信仰者，同时也深刻懂得佛教在保持民族间团结和维持地方稳定以及加强藏族对中原向心力方面的重要作用。他不仅下令重修了甘州大佛寺，而且兴修了青海乐都境内的瞿昙寺、岷州（今岷县）境内的大崇教寺，这两座均为藏传佛教寺院。此外，还在北京建造藏传佛教寺院，供在内地的藏传佛教僧人长期居住。[②]所有这些，在体现明宣宗对佛教的崇信外，其利用藏传佛教增强藏族对明廷向心力的意图十分明显。

到了清代，随着清廷对青海罗卜藏丹津叛乱的平定和统一新疆大业的完成，河西地区周边局势安定，俨然成了内地。清廷地方官吏大力兴办各级学校，后来，又积极兴办学院，儒学逐渐复兴。众多士子通过贡举、科举制度来改变自己的命运，步入仕途，民众的宗教热情衰退，佛教呈现衰落趋势。在这一大背景之下，大佛寺也渐趋衰落。尽管如此，有清一代，在康熙二十六年（1687）、雍正二年（1724）、雍正九年（1731）、乾隆十二年（1747）当地官员和地方信众对大佛寺卧佛及卧佛殿进行了补塑和维修，光绪二十六年（1900）对大佛寺又进行过一次维修，宣统三年（1911），对大佛寺进行过一次彩绘。

民国年间，国运衰颓，局势不稳，大佛寺进一步衰落，大佛寺文物也难以保护，民国十七年（1928），大佛寺金塔殿顶唐代金塔被盗。新中国成立后，三十年间，历经沧桑，1979年以后，大佛寺屡经维修，成为张掖市博物馆，并作为旅游景点对外开放。大佛寺卧佛以亚洲最大的室内木胎泥塑卧佛而闻名海内外，以它精湛的建筑塑造艺术吸引着海内外的游客前来参观游览。

---

① 马骁林：《元代甘州十字寺唆鲁禾帖尼影堂——兼论马可波罗在甘州的见闻与经历》，《丝绸之路古城邦国际学术研讨会论文集》（一），2013年8月。

② 参看才让《明宣宗与藏传佛教关系考述》，《中国藏学》2007年第3期，第14—17页。

三　西夏忠武王庙与羊头将军

蒙古灭西夏对西夏文化造成了毁灭性的打击，但是在张掖、酒泉地区却奇迹般地保存了一座祭祀西夏忠武王李彦宗的土主庙。土主庙亦名“护国忠武王庙”，在酒泉又名“西岳庙”、“羊童庙”。土主庙奉祀的神灵，在酒泉，原本是羊首人身，嘉靖年间参将刘勋改羊首为人首；在张掖的是“羊首饰冠”。这一神灵到底是谁，在明代，人们说法不一。黄文炜《重修肃州新志》第五册祠庙提供了民间流传的土主庙的由来：“西岳庙，俗曰羊童庙。内塑神像为羊首人身，壁画破虏之状，有人身羊首之异。父老相传：当时有大将统兵，被虏馘其首，又割羊首安于头上，再战大胜。以其有功，尽酒泉之地皆为立祠。嘉靖中，参将刘勋谒庙，询之，以所言不经，遂改羊首为人首，重修其庙，更名土主庙，题有碑记。”因为土主庙神像羊首人身，故民间称为羊头将军。明定襄伯郭登在天顺年间曾被谪戍甘肃，他撰有《忠武王庙碑记》，其中说：“城西南隅有古祠，载祀明神曰‘护国忠武王’，其徽号之崇，閟宫之设，不知始于何时，志典缺文，漫无可考。神以羊首饰冠，朱衣端笏，仙姝吏兵执枝戟、斋斧，列侍左右。惟其容貌伟异，遂致流俗怪骇，鼓辞相煽，端人病焉。是乌足以知神哉？”从中可以看出，郭登肯定是听到了关于土主庙由来的神奇传说，故以“惟其容貌伟异，遂致流俗怪骇，鼓辞相煽，端人病焉”来形容。对这一说法他自然不相信，于是他用道家“六丁六甲理论”进行解释，认为神灵是六丁六甲诸神中的丁未之神：“其丁未神，恭号无比仁至真君，戴羊首冠，红粉朝服，以黄为裳，手执双戟，或仗剑。掌岳渎，化阴兵、助征战，救生育、水火、刀兵诸厄。其色黄，在天主土德，在人主脾胃，此其略也。”[①]到了清代，随着学界对西夏历史与文化研究的逐步展开，学者们发现，土主庙奉祀的原来是西夏护国忠武王李彦宗。《甘州府志》卷五营建坛庙载：“西夏忠武王庙，城镇远楼南之西偏，俗名土主庙，李夏时建。或云祀齐忠武王李彦宗也。”[②]卷一六杂纂进一步考证说：“西夏土主庙，明时重修，定襄伯郭登撰记，以为六丁之神。按神称西夏土主，忠武王，王爵也；忠武，谥也。土主司土者，西夏国号也。《宋史》西夏有齐国忠武王李彦宗，系元昊之裔，子遵顼继夏统改元光定者。盖尊乃父，祀为土主耳。今庙像已改，衮冕去羊首等饰。”[③]《甘州府志》的说法是有道理的。但是对于遵顼为什么要将他的父亲李彦宗祀为土主，《甘州府志》解释为“西夏国号也”，亦即号称为天下之主，这是不对的。这个“土主”的意思，是河西土地之主，也就是说遵顼将河西走廊的土地看作是他父亲李彦宗的。土主庙神像为什么要塑成羊首人身呢？一种可能的解释是，西夏统治者是党项族，党项族源于羌族，而羌族是一个以羊为图腾的民族，“西夏统治者把李彦宗塑成羊首人身的形状，其目的可能是为了彰显本民族的根源和特性，祀为河西土主，则表达了西夏统治者希望河西走廊永远成为党项族土地的愿望”[④]。

西夏土主庙在明清两代屡经重修，对土主的祭祀也相沿不绝。清代甘州著名诗人任侗作《土主庙》，对之予以歌咏，作者自注说：“原记为丁未神，或云西夏忠武李王也。”诗为：“嵬名遗族杳无音，一缕香烟说彦宗；可似子胥吴未毁，宁如士载蜀难容（川中剷邓艾祠）；庚辛斧戟非中土，丁未冠缨或上冲；陈帝赵仙犹祀相，宁俞当主夏藩封（武烈祠陈司徒，清源祀赵真人，俱非甘产）。”“嵬名遗族杳无音，一缕香烟说彦宗”中的“嵬名”，指党项族，唐朝曾对党项族首领赐姓“李”，北宋对党项族首领赐姓“赵”，后来李元昊在建立西夏前改姓氏为“嵬名”。“可似子胥吴未毁，宁如士载蜀难容”，

---

① [清]杨椿茂纂，张志纯等点校《重刊甘镇志》，甘肃文化出版社，1996年，第187—188页。
② [清]钟赓起纂，张志纯、张明林、高欣荣等点校《甘州府志》，甘肃文化出版社，1995年，第180页。
③ 同上，第763页。
④ 参阅崔云胜《酒泉、张掖的西夏土主信仰》，《宁夏社会科学》2005年第3期，第97页。

子胥即伍子胥，本楚国人，其父兄为楚平王所杀，为躲避楚平王的追杀逃奔到吴国，立志报仇，后帮助吴王阖闾连败楚国，破楚都，掘平王之墓，鞭尸三百。后来他辅佐阖闾之子夫差，受奸人诬陷，被迫自杀。苏州城外有祭祀伍子胥的伍相祠。“士载”是邓艾的字，据说在四川省乐山市夹江县碧云山早先有武侯祠与邓艾庙，所祭祀的一是兴蜀保汉的诸葛亮，一是灭蜀的邓艾。邓艾庙是邓艾后人的家庙，邓艾家族迁入夹江，成为当地大族，便建立宗祠，当地百姓不乐意。明万历四十五年（1617），董继舒任夹江县令时，顺民意拆毁了邓艾庙。“庚辛斧戟非中土，丁未冠缨或上冲”，郭登《忠武王庙碑记》中说，土主庙中神像“以羊首饰冠，朱衣端笏，仙姝吏兵执枝戟、斋斧，列侍左右”，认为是六丁六甲诸神中的丁未神，“其丁未神，恭号无比仁至真君，戴羊首冠，红粉朝服，以黄为裳，手执双戟，或仗剑。掌岳渎，化阴兵、助征战，救生育、水火、刀兵诸厄。其色黄，在天主土德，在人主脾胃，此其略也”，任侗认为说土主是主中土、有土德的丁未之神，与其神像是有矛盾的，斧、戟作为兵器，当属西方庚辛金而不属中央土，但丁未神戴羊首冠，则与神像或许相符。“陈帝赵仙犹祀相，宁俞当主夏藩封”，据《甘州府志》卷五营建载，张掖城内的武烈宫“在清源殿西，祀隋大司徒陈仁杲。明天顺三年，总兵官宣城伯卫颖等建修，旧有匾文，郡生员田敏纂记。我朝乾隆十八年，会首郭彦等重修”。“二郎庙清源殿。城东南隅，祀陈嘉州太守赵真君昱明。天顺二年，镇守太监蒙泰、宣城伯卫颖修，御史牟伦碑记，我朝乾隆三年，会首陶良臣、宋元郊等重修。”[①]这句的意思是说，武烈宫的陈司徒，二郎庙清源殿的赵真人，均非产生于本土的神灵，故只能是客而不是主，怎么能超越受西夏国主敕封的本地土主呢？诗中“嵬名遗族杳无音，一缕香烟说彦宗”表达了诗人对西夏文明已经淹没而张掖仍存一缕西夏文化的感叹。西夏王朝早已成为历史的过客，而在张掖、酒泉，祭祀西夏齐国忠武王李彦宗的土主庙在明清两代屡经重修，对土主的祭祀也一直相沿不绝，一直持续到建国后的文革前，显示出文化久远而绵长的神奇能力。

四　结语

公元 1227 年西夏王朝被蒙古灭亡，西夏成了历史的过客，但西夏在其统治地域内所创造和发展的文化中的一部分并未一同灭亡和消失，张掖地区的西夏历史遗迹和遗物，如龙王庙与西夏黑河桥碑、张掖大佛寺与卧佛、张掖、酒泉的西夏忠武王庙与羊头将军等，传递着西夏文化的信息，在漫长的历史岁月中发挥着自己重要的作用，显示出文化久远而绵长的神奇能力。

（作者通讯地址：甘肃河西学院历史文化与旅游学院　张掖 734000）

① ［清］钟赓起、张志纯、张明林、高欣荣等点校《甘州府志》，甘肃文化出版社，1995 年，第 182 页。

“第三届西夏学国际学术论坛暨王静如先生学术思想研讨会”会议综述

许伟伟

摘　要： 第三届西夏学国际学术论坛提交的学术论文，对西夏历史文献、语言文字、艺术文化、文物考古、黑水城文书等方面进行了交流与探讨。越来越多的学者参与西夏学的研究及跨学科的交流，将拓展西夏学的研究视野，促进西夏学学科的发展。

关键词： 西夏学　国际学术论坛　文献考释

由中国社科院西夏文化研究中心、宁夏大学西夏学研究院、中国人民大学国学院联合举办的第三届西夏学国际学术论坛暨王静如先生学术思想研讨会，于2013年9月18日至21日在中国北京市中国社会科学院民族学与人类学研究所召开。这次大型国际学术研讨会是西夏学界的一次盛会，有来自俄罗斯、日本、法国、德国等国家和台湾、澳门地区及全国各省市区的120位专家学者与会，其中包括中国社会科学院副院长学部委员李培林教授、学部委员史金波教授、中国社会科学院人类学与民族学研究所所长王延中研究员、国务院参事宋史学会会长邓小南教授、宁夏回族自治区原政协副主席宁夏大学西夏学研究院学术委员会主任陈育宁教授、长江学者宁夏大学西夏学研究院院长杜建录教授、俄罗斯圣彼得堡大学索罗宁教授、台北中央研究院史语所林英津研究员等著名学者。会议共发表论文120余篇，涉及西夏文献资料整理研究、西夏文物艺术研究、西夏历史文化专题研究、西夏学学科地位暨对中国史学的贡献、西夏文献数据库建设、王静如教授学术思想等多个方面的主旨。会议在热烈的氛围中取得了圆满成功。

在这次会议中，比较有特色的是安排较多的时间段给大会讨论部分，诸多有代表性论文的作者共有 29 人在大会上作报告。此外，专家学者们就西夏历史文献、文化艺术、考古、语言等分 4 组对西夏研究领域的若干重大问题进行了热烈讨论。下面根据会议论文内容和会议交流的问题分几个方面加以论述：

一　文献考释与研究

西夏的文献解读在近十几年来取得了重大的进展。随着《俄藏黑书城文献》、《中国藏西夏文献》、《中国黑水城汉文文献》等西夏文献的刊布所提供的系统的资料库以及在全国多个地区陆续发掘、整理的一些西夏资料的集结，在本次会议上与会专家学者从多角度、多层面展示了他们的最新研究成果。

其中，西夏文佛经的考释与研究方面，聂鸿音的《〈西夏佛经序跋译注〉导言》从存世的西夏文献里搜集佛经的序跋并加以翻译和注释，为中国文学史和佛教史研究者提供一份完整的基础素材，同时为有志学习和钻研西夏语文的朋友提供一份实用的阅读数据，并且实践一种模拟西夏文学风格的翻译手法。孙伯君的《〈大乘要道密集〉与西夏文本关系再探》通过对勘《大乘要道密集》，提出西夏文本与汉文本有千丝万缕的联系，西夏与元代的藏传密教之间有很深的渊源，不能只根据西夏文本的题名就判断汉文本可能最早是西夏时期翻译的，西夏文本与同名汉文本可能并非出自同一个传承体系，即西夏时期传行的萨迦派、噶举派部分教法或许与元代的传承体系颇有不同。崔红芬的《英藏西夏文〈大宝积经〉译释研究》通过整理英藏黑水城西夏文佛经文献发现了 9 件西夏文《大宝积经》残经，并认为是在秉常时期翻译完成的，其残经内容分别为竺法护、曼陀罗仙、菩提流志和实叉难陀等人翻译的单部经文。杨志高的《〈经律异相〉的经录入藏和西夏文本的翻译雕印》介绍了《经律异相》经录入藏和西夏文本的翻译雕印情况。高辉的《武威博物馆藏〈维摩诘所说经下卷〉及其他几部残经的缀合》依据《新修大正藏》和武威博物馆藏明代《维摩诘所说经》，对武威博物馆藏《维摩诘所说经下卷》及其他几部残经试做修补与缀合。何金兰的《甘肃省博物馆藏西夏文〈妙法莲华经心〉考释》再次公布发现于甘肃武威张义修行洞的《妙法莲华经心》，对其进行全文释读，并考证其不只是一部经的经文，可分为五部分，《妙法莲华经心》为五部经的组合。此外，佛经文献方面的整理与研究还有孙飞鹏的《〈华严经〉卷十一夏汉文本对勘研究》、何金兰的《甘肃省博藏西夏文〈观弥勒菩萨上生兜率天经〉释译》、赵天英的《俄藏 Инв.No.78+2315 号西夏文〈观弥勒菩萨上生兜率天经〉探讨》、法国学者罗曼的《法国法兰西学院汉学研究所所藏西夏文“大方广佛华严经第四十一卷”的论文介绍“十种事”的例子》、张笑峰与王颖的《英藏西夏文〈圣胜慧到彼岸功德宝集偈•魔行品〉考》等等。其中柴冰的《西夏〈首楞严经〉文本考辨》提出《首楞严经》的注释本有西夏文本存世，《首楞严经》经文本身在西夏较为流行。尤利娅、彭向前的《西夏文〈大般若波罗蜜多经〉函号补释》对西夏文《大般若波罗蜜多经》函号中错误的西夏字作了纠正，并新补了 401—450 卷中的 5 个函号，为学界提供一份准确的西夏人原创作品《千字文》。

对于黑水城社会文献的解读与研究也一直是近些年来的学术热潮。这次会议中，有来自全国多个地区的专家学者提交了 20 余篇相关论文，对黑水城夏元时期的社会文书和书籍版本等问题进行了探讨。西夏学专家史金波先生的《黑水城出土西夏文众会条约（社条）研究》依据新发现的黑水城出土的两件件西夏文众会契（社条）所提供的中国古代社邑资料，认为西夏时期社会基层存在民间互助的结社组织；并与敦煌文书中的社条进行比较，指出西夏社条注重简明、实用，弱化了伦理纲常的说教，可能还增添了多民族的内容。杜建录的《中国藏黑水城出土汉文借钱契研究》主要围绕中国藏黑水城汉文钱钞借贷契约比较完整的 3 件贷粮契约和 1 件贷钱契约展开，在重新录文校勘的基础上，对黑水城出土的元代借钱契的格式和相关问题做出一些补证与讨论。沈卫荣的《“演揲儿法残卷三种”与西夏所传藏传密教》对前清遗老罗振玉先生在旧藏内阁大库中检出多种汉文藏传密教文献残卷中的“演揲儿法残卷三种”进行了整理研究。罗海山的《卖地契？还是卖地帐？——“嵬名法宝达卖地文书”考辨》认为“嵬名法宝达卖地文书”缺少买主、违约责任等传统契约的构成要件，名称也与传统契约不相符。而与卖地帐相比较，则具备卖地人姓名、土地概况、要约邀请等实质要件，从而提出该件文书是卖地帐。彭向前的《俄藏 $И_{\text{HB}}$.No. 8085 西夏历日目验记》对尚未刊布的编号为 $И_{\text{HB}}$.No. 8085 的西夏历日文献作了目验，纠正了前人对该件文书的一些错误认识，认为其装帧形式不是蝴蝶装，而是缝缋装。连续 88 年，而非 86 年。西夏历法并非原封不动地照搬北宋历日，在朔日、节气对比上有时与之有一、二日之差。孙继民的《俄藏黑水城TK27P西夏文佛经背裱补字纸残片性质辨析》提出俄藏黑水城TK27P西夏文佛经背裱补字纸残片，前两个残片为西材植文书残片，后一残片为佛经残片。荣智涧的《西夏文〈瑾算〉所载图例初探》考释了俄藏黑水城文献西夏文《谨算》第一、二页中的图，并与同时期的占星术进行对比研究。陈瑞青的《黑水城所出西夏马料文书补释》对黑水城所出西夏马料文书进行了重新的整理，对文书中存在的错简问题予以纠正；通过文书中的职官、日期等大致推断其为西夏时期的文书，并指出文书中所涉及的马匹应是政务用马，马主身份很可能是西夏时期的站户。宋坤的《俄藏黑水城所出两件〈多闻天王修习仪轨〉缀合及复原》认为《俄藏黑水城文献》第六册当中所收ф214号、ф234号均为《多闻天王修习仪轨》，二者可缀合为一件文书。提出西夏多闻天王信仰与唐宋时期有明显不同，其应与西夏所传藏传佛教均为密教范畴有关。

在黑水城文献的解读方面，对西夏出土法典的译释与研究共有3篇。梁松涛的《黑水城出土И_{HB}.No. 4794号西夏文法典新译及考释》指出黑水城出土的И_{HB}.No. 4794内容为有关西夏礼仪的法律规定，其内容主要为官员相见仪、坐次仪等，在一定程度上反映了西夏晚期的政治秩序及社会运转规范，体现了西夏以礼制法、以法护礼、以法行礼的原则，为进一步研究西夏法律及礼仪制度提供了新史料。许伟伟的《〈法则〉卷九诸司职考》考察了西夏文法律文书《法则》乙种本卷九记载的西夏末年的若干司职。王龙的《西夏文献〈法则卷八•为婚门〉考释》对《法则》卷八《为婚门》进行了初步的译释，并探讨西夏社会末期婚姻法的特点和西夏法律制度及西夏社会历史。

对于文献的整理研究方面还有对文献版本等问题进行探讨的论文。景永时的《〈番汉合时掌中珠〉俄藏编号内容复原与版本考证》对俄藏《番汉合时掌中珠》的原编号内容进行复原，在复原的同时也对原叙录数据统计和页码误读等予以纠正，并进行书叶的合拼、调整以及版本的考证。李冰的《黑水城出土汉文刻本TK172〈六壬课秘诀〉考释》认为黑水城文献TK172也应命名为《六壬金口诀》。通过对"金口诀"文献版本的梳理，认为该类文献应早于明朝万历年，众叙录皆称其为金刻本也是有一定的依据。潘洁的《试述黑水城出土勘合文书》推断黑水城文献《广积仓支黄米文书》为半印勘合，对左半字号与右半字号进行了解释。杨金山的《〈文酒清话〉相关若干问题辨析》、付燕的《黑水城文献〈刘知远诸宫调〉的创作时期及作者考辨》对黑水城出土文献版本等情况作进一步讨论。

黑水城元代文书的解读方面，还有朱建路的《黑水城文献〈麦足朵立只答站户案卷〉再研究》、杜立晖的《黑水城文献所见元代的税使司》、张重艳的《元代诉讼中的当事人和证人》、张笑峰的《黑水城文书中的宁肃王》等等。

此外，还有概述各类文献整理情况的论文。刘广瑞的《日本藏西夏汉文世俗文书初探》首先对日本所藏西夏汉文献进行了统计和介绍，主要对天理图书馆所藏的西夏汉文世俗文书进行了整理和研究。胡玉冰的《十七种清及近代重要汉文西夏文献解题》是对清朝及近代重要汉文西夏文献中十七种重要文献的解题。段玉泉的《一批新见的额济纳旗绿城出土西夏文献》对内蒙古额济纳旗绿城内蒙古博物馆收藏，其中43个图版为首次所见，对其中重要者作了介绍。汤君的《敦煌、黑水城、龙泉驿文献中的土地买卖契约研究》将敦煌文献、黑水城文献和清代民国四川龙泉驿文献中的土地买卖契约文书进行对比性的研究，梳理了我国从中古到近代，民间土地买卖契约的发展进程轨迹。许生根的《英国收藏的黑水城文献文物考察报告》介绍了英国国家图书馆收藏的黑水城文物文献概况和研究状况。

西夏文研习班自2011年开办以来，为许多西夏学爱好者提供了学习西夏文的机会，这次会议提交的多篇论文就是研习班学员的西夏文献释读方面的学习成果。如，于光建的《西夏文〈乾定戌年罨斡善典驴契约草稿〉初探》，梁继红的《武威乾定酉年增纳草捆文书初探》，李晓明的《英藏西夏文〈

孙子兵法>考释》，孙飞鹏的《<华严经>卷十一夏汉文本对勘研究》，张笑峰、王颖的《英藏西夏文<圣胜慧到彼岸功德宝集偈•魔行品>考》，赵天英的《俄藏 Инв.No.78+2315 号西夏文<观弥勒菩萨上生兜率天经>探讨》等等。

二 语言文字

西夏语言文字的研究与探讨一直是西夏学研究的重点，从单字研究发展到语法研究，如今已由传统的语文学研究和文字、文献释读走向语言学研究的新阶段。这次与会的学者，有专门对于西夏语的语法和词汇的研究。台湾学者林英津女士的《论西夏语的蕣 lju̱[1]“流”其相关问题》讨论了三个西夏语语法解析问题和夏汉对译语料解读译注的一般性原则。另一位台湾学者张佩琪的《论西夏语的来去动词》指出西夏语的动词与同语支的其他语言一样，有人称呼应、体、式等语法范畴。而在羌语支中，“趋向”为其重要语法特征。在西夏语中，表示趋向意义，除了趋向前缀外，并有表趋向意义的运动动词“来”、“去”。利用分布法及计量分析法，来厘清对立单位之间的异同。从分析数据来看，西夏语来去动词的分化与虚化仍处于进行式，两组动词的同义单位会走向分化或消除不得而知。但可以肯定的是，以来去动词虚化作为趋向范畴的主要语法形式应会持续下去。因为趋向前缀转向体功能的承载，于是语言只好利用其他方式来表达趋向意义。贾常业的《西夏文字中的汉语借词》从西夏文字一至九品的声类中初步梳理出近400个汉语借词。刘景云的《西夏文“禠 庸 金刚杵”考》对西夏文“禠 庸”，汉语词汇“金刚杵”三个音节，翻译成西夏文成了两个音节的原因从语音和“西夏造字法”角度进行了探讨。此外，还有孙宏开的《西夏语前鼻冠音的新认识》、日本学者荒川慎太郎的《基于语序研究基础上的西夏语动词词汇再分析》。

三 宗教信仰

俄罗斯西夏学专家索罗宁先生的《西夏“华严信仰”与“圆教”》提出西夏佛教基于辽代“圆教”信仰，西夏形成的华严传承所包含的禅修、藏密的立场与“圆教”背景有关。陈广恩的《西夏景教流传初探》就西夏景教的流传情况进行了补充讨论。陈玮的《西夏天王信仰研究》提出西夏天王信仰主要体现于黑水城出土之密宗仪轨中，集中表现为黑水城民众对多闻天王之敬礼崇拜。公维章的《西夏时期的三十五佛信仰》认为西夏时期三十五佛信仰广行于西夏全境，并有多种三十五佛礼忏文版本流行，礼忏三十五佛是西夏时期的一种重要佛教信仰。

四 历史地理

对早期党项、西夏与周边民族、政权的军事战争、地理、法律制度、社会问题等论述性文章，是对学界已有的传统学术的进一步探讨。其中，对于西夏时期法律制度的研究方面有李华瑞的《<天盛律令>修纂新探》针对以往学界普遍认为《天盛律令》的修纂是受唐宋法律修纂原则和体例的影响，但在论述《天盛律令》修纂时，不论是批评其形式存在缺陷，还是肯定其独创和大胆革新，抑或是强调其民族自身的特点，均是基于与《唐律疏义》《宋刑统》的比较基础上得出的，而且是基于《唐律疏议》和《宋刑统》是唐宋主要成文法典这一主观成见上。提出讨论《天盛律令》的修纂就不能仅限于对比《唐律疏义》和《宋刑统》，而应更多地与占据宋朝法典修纂主导形式的各朝《编敕》或《敕令格式》比较，这样才能得出合乎事实的正确结论。就目前宋代法典文献存续的实际情况而言，主要是与《庆元条法事类》的比较。作为综合性的法典《天盛律令》与代表宋代《编敕》《敕令格式》《条法事类》等法典而仅存的《庆元条法事类》，不论是修纂的内容还是形式，相同远大于相异。相同是主体和整体，相异是细节和枝节，因此不能说形成了中原政权与少数民族政权两个相对独立的法律编纂形式。姜歆的《论西夏的起诉制度》总结了西夏起诉制度的原则和特点。此外还有相应的李玉君、何博《金朝法制文化中的慎刑思想析论》对同时期的金朝的慎刑思想进行了探讨。

军事战争方面，周峰的《张宁墓志所见唐朝与党项的战争》通过对唐代张宁墓志的考释，揭橥了一场发生在唐穆宗长庆二年（822）由夏绥银宥节度使李祐主导的对南山党项部的战争。张宁墓志将南山党项部出现的时间提前了 20 余年，是目前可见最早的关于南山党项部的记载。陈德洋的《试论金宣宗时期的金夏之战》是对金宣宗时期金夏双方展开的长达 14 年的报复与反报复战争的分析。石坚军的《蒙古经略西夏诸役新考》对蒙古经略西夏诸役进行了最新详考，并根据成吉思汗灭金平宋战略论述了蒙古军自黑水城迂回包抄中兴府而平定西夏的“斡腹”战略与灭夏之役性质。尤桦的《西夏时期察军略论》分析西夏察军的职能、职权和西夏监察职官的特性，探讨其在西夏监军制度等方面的重要意义。

此外，对于党项族的相关讨论，木仕华《弭药（Mi-nyag）新考》以党项羌人的自称“弭药”为为例，考求其语源及内涵和外延的伸缩置换历程，兼及有关历史文化背景。汤开建的《隋唐五代宋初党项拓跋部世次嬗递考》依据新出土的党项拓跋部首领的墓志，并结合以往的唐宋文献，对李继迁叛宋以前拓跋部世次进行考证。高建国的《府州折氏族源、改姓新证》对府州折氏的族源，依据 2012 年夏，府谷县出土的 2 方墓志，其中《折克禧墓志铭》中再次出现 “折屈氏”的记载，可以进一步确证为鲜卑；此外，《折惟正墓志铭》记载了折氏于贞观时期改单姓，为讨论折掘氏改姓折氏的时间，提供了一种新认识。苗霖霖的《党项鲜卑关系再探讨》提出党项族中心拓拔部是鲜卑秃发部与乞伏部的后裔，在南凉、西秦政权灭亡后，他们加入吐谷浑，出于凸显与当时北方最大鲜卑政权北魏的关系，但又在某方面以示区别的复杂心理，而将部落名改为“拓拔”，即与北魏拓跋部音同而字稍异。吐谷浑政权衰亡后，拓拔部进入到党项中，成为其部落中心，并联合了当地的折掘、乙弗等鲜卑部落，共同构成了民族的统治阶层，控制着当地诸羌族部落。

西夏历史方面的研究还有苏航的《波斯文<史集>部族志唐古特部分阅读札记二则》。依据波斯文《史集》部族志唐古特一章，对西夏主称号 “失都儿忽”、“失的儿威”是回鹘人对西夏君主的某种西夏语名号的对译；并认为《史集》部族志唐古特篇记蒙古人谓唐古特地区承袭辽宋之时乃汉语“河西”之对译。杨浣的《藏蒙史籍所载西夏故事溯源两则》提出藏、蒙史籍所载西夏故事若干情节借自他族传说。魏淑霞的《西夏官吏贪赃刍议》对西夏法典《天盛改旧新定律令》中反映西夏官吏贪赃的条款进行分析，提出西夏官吏贪赃的情况、西夏对官吏受贿的查处规定的等级性和不平等性的特点，认为西夏对官吏犯受监临财物赃罪的处罚之重也远远超过唐宋。张琰玲的《党项与西夏女性人物汇考》搜集整理出《宋会要》、《续资治通鉴长编》、宋代文集、《宋史·夏国传》、《辽史·西夏外记》、《金史·西夏传》、墓志铭以及当代史学研究著述中所见 136 名党项与西夏女性，分姓氏、社会关系、封赠与事迹、史料来源四栏列表介绍，并在此基础上初步探讨了党项与西夏妇女的社会地位、社会关系等问题。翟丽萍的《西夏官阶制度初探》从 12 品官、西夏官阶的特点，及授、及御印与未及御印等三个方面来考察西夏的官阶制度。此外，还有魏文的《西夏国师惠照考》、保宏彪的《从西夏年号看西夏文化的阶段性》、邓文韬的《元代西夏遗民进士补考》、赵生泉的《西夏文教育钩沉》、高仁的《细腰胡芦诸寨的修筑与明珠、灭藏、康奴等族的就抚》、崔玉谦的《熙宁初年甘谷城垦田争议考述》、周永杰的《论北宋淮安镇道里及其地位》、问王刚的《西夏龙州考》等等。

五 文化艺术

台湾学者胡进杉的《西夏刻本〈妙法莲华经〉扉画赏析》提出西夏遗存的版画中的扉画的作用，一是庄饰佛经，一是让文化水平较低或看不懂经文的信众，藉由以图说故事的方式了解内容，达到宣扬佛法的目的。其图绘固是在描述经文，但从其中各类人物的形象、衣着、发式，种种器用的形态、比例大小，房舍、城楼、桥梁、车乘的诸样造型，以及日常活动的情节，无疑的都是作者所见所闻的折射，也提供了一面视镜，去观看当时居民生活的风貌。因此，扉画不只是宗教宏法的方便，版画艺术的重要科门，也提供了研究民俗、工艺的珍贵资料。王艳云的《西夏晚期经变画中的世俗倾向》认为敦煌经变遗响时期的西夏经变，尤其是西夏晚期的经变与以往的唐宋经变相比，改变了唐宋以来经变的传统模式，场面规模、情节人物、装饰渲染锐减的同时，西方净土变中建筑界画优美、空间布局疏密有致，建筑人物比例适中，展示出西夏经变艺术在构图、线描、敷彩等技法上的成熟和完善，为敦煌经变发展奏响最后的华彩篇章。孙达的《榆林窟第 29 窟壁画之审美特征及宗教观念初探》认为榆林第 29 窟中的壁画是榆林窟中西夏意味最为浓郁的一窟作品，并体现出敦煌石窟晚期艺术的审美风格。该窟壁画创作出多个系列的宗教形象，其中所蕴含的药师信仰、净土信仰及观音信仰，反映出一些西夏地区的宗教观念。章治宁的《瓜州石窟群壁画〈玄奘取经图〉与西夏观音信仰》从分析和讨论这些壁画入手，结合已公布的俄藏和中国藏西夏文献，探讨观音菩萨信仰在西夏民间流行的情况。史伟的《东千佛洞西夏壁画中的药师佛及其审美意蕴》探讨了西夏东千佛洞佛教绘画艺术，尤其是东千佛洞的药师佛的审美意蕴。赖天兵的《江南抑或西夏？——金刚上师胆八与白云宗主道安题款〈普宁藏〉扉画的年代、内容与图本》就一幅金刚上师胆八与白云宗主道安题款的《普宁藏》汉风扉画的制作年代、内容与图本来源等问题对元代的江南汉地因素的藏传佛教艺术风格与纯汉地艺术风格展开讨论。韩冬梅的《略谈武威出土西夏唐卡的文化艺术价值》提出武威出土的几幅唐卡绘画作品的文化艺术研究价值。任怀晟的《西夏官服研究中的几个问题》从服饰的角度分析西夏幞头帽子、武弁与抹带、冠带材质与质量的情况，对黑水城佛教绘画 Kam183 中官员形象、西夏武臣等级划分、山嘴沟壁画 K1 命名提出自己的观点。吴峰天的《西夏发式初探》通过西夏发式看其民族性格独一无二。魏亚丽、杨浣的《西夏"东坡巾"初探》探讨东坡巾在中原以外的西夏社会的流传。与中原相比，除了高宽尺度略有变化之外，西夏东坡巾还在纹样和边饰上表现出较为强烈的民族风和装饰性，是这一时期中原和西夏服饰文化交流和融合的产物之一。

六 文物考古

陈育宁、汤晓芳的《西夏佛经版画中的建筑图像及特点》是对西夏版画中建筑图像的释读和参照西夏考古出土的建筑构件的研究。张雯的《略论党项民族葬俗在西夏建国后的延续与演化——闽宁村西夏墓地与西夏陵的比较研究》认为闽宁村西夏墓地党项墓的布局、建筑特点与丧葬方式反映出党项民族的文化传统和习俗。虽然闽宁村墓地是西夏建国前后建造的,它的一些形制特点被保留在西夏中期的西夏王陵之中，可以表现出西夏皇帝在墓葬方面对党项族习俗的重视。西夏陵墓葬结构中也有特点与闽宁村党项墓不同，体现出党项民族在建国后的演化、当时的社会机制、文化影响，与建陵者不同的目的和追求。牛达生的《另成体系的西夏屋顶装饰》依据西夏实物的造型特点，探讨西夏屋顶构件的名称，它们与佛教的关系，以及所体现的丰富的西夏文化内涵，从而证明它是独特的有别于中原的另成体系的屋顶装饰系统。岳键的《西夏三号陵献殿形制的探讨与试复原》依据田野考古报告，对西夏三号陵献殿建筑进行了模拟推演与试复原，认为西夏三号陵献殿建筑首开中国古建“天方地圆”建筑形制之先河，颠覆了中国传统的“天圆地方”的建筑理念，是西夏礼制改革中“标新立异”的点睛之作。黎大祥的《西夏凉州护国寺历史变迁述论》依据文献和碑刻资料全面梳理了护国寺及感通塔的历史沿革发展及寺院建筑概况。党菊红、党寿山的《西夏西凉府署大堂》通过对凉庄道署历史渊源的追溯，对凉庄道署与西夏西凉府署相互关联的剖析，以及凉庄道署大堂与西夏前期和同期建筑的比较，从而说明今武威市政府所在地，两千多年来一直为历代州、郡治所，清凉庄道署大堂就是西夏西凉府署大堂。赵天英、闫惠群的《罕见的西夏铜烙印考》指出甘肃省静宁县博物馆藏一方西夏印是官方检校牲畜所用的烙印。黎李的《略述甘肃馆藏西夏瓷器上的文字》对甘肃馆藏西夏瓷器的概况及总体特征进行简要分析，对甘肃全省馆藏西夏瓷器上的文字进行了整理、摘录和说明。此外，西夏遗址的考察方面有张振华、黎树科的《甘肃武威境内新发现的西夏时期寺庙遗址》，黎树科、张振华的《甘肃民勤境内西夏时期古城遗址》，于光建、张振华、黎大祥的《甘肃永昌县花大门藏传佛教石刻塔群遗址考论》，其他的还有张宝玺的《张掖大佛寺西夏涅槃像考释》、崔云胜的《从张掖几处西夏历史遗迹看西夏文化对后世的影响》、孙寿龄的《武威发现西夏覆钵式喇嘛塔石刻造像》和《金昌市发现西夏塔龛悬葬》等。

七 其他

这届西夏学国际学术论坛还有对王静如先生学术思想研讨的主题，相关论文共有5篇。史金波的《纪念西夏学的开拓者和奠基者王静如先生》、刘凤翥的《王静如先生对契丹文字的学术贡献》、孙宏开的《回忆与王静如先生学术交往的几件事情》、薛正昌的《王静如先生和他的〈西夏研究〉》、林英津的《王静如先生在史语所与启蒙我学术论证的王静如》对西夏学术界的王静如先生的学术思想在大会上进行了探讨。

近年来，随着西夏学研究的不断深入，将西夏文献数字化，并对数字化的文献进行查询与检索是迫切需要研究与解决的问题。柳长青《西夏文献数据库建设研究》讨论了西夏文献数字化整理的解决方法和实现技术，最终将西夏数字化资源集成为国内乃至国际上较全面的西夏数字化平台；通过建立西夏文献数字化资源库进而探索少数民族古籍文献的计算机科学技术与人文社会科学相互交叉、相互结合的研究方法。叶建雄和单迪的《西夏音韵数据库及其安卓平台拓展》论述了西夏音韵数据库系统的运行演化模式。用从解析库表到音位矩阵的生成范式及其实例，阐明了西夏单元音音位矩阵的合理构型。经由数据库系统向安卓平台拓展，推出了电子数码“掌中珠”。此外还有杨满忠的《关于西夏文化遗址数据库建设》根据西夏学现状提出了建立西夏文化遗址数据库的重要思路，并在对目前西夏文化遗址及其产业开发研究状况梳理基础上，对数据库建设的文化理念、学科意义、具体内容、操作方法、形式特点等进行了论述。

这次会议是对国家社科基金特别委托项目《西夏文献文物研究》近期成果的一次展示，也是对近几年西夏学研究的一次全面的、集中的展现，对于揭开西夏历史的神秘面貌、正确认识西夏文化在中华民族传统文化中的地位起到了重要的作用。西夏学国际学术论坛的定期举办对团结学术队伍、建设学术重地、引领学术方向、促进国际学术合作、推动学科发展具有重要的意义和价值。

（作者通讯地址：宁夏大学西夏学研究院　银川　750021）

圖書在版編目(CIP)數據

西夏學.第10輯/杜建录主編. —上海：上海古籍出版社，2014.6
ISBN 978-7-5325-7225-0

Ⅰ.①西… Ⅱ.①杜… Ⅲ.①中國歷史—西夏—文集
Ⅳ.①K246.307-53

中國版本圖書館CIP數據核字(2014)第066131號

西夏學(第十輯)

杜建录　主编

上海世紀出版股份有限公司
上　海　古　籍　出　版　社　出版

(上海瑞金二路272號　郵政編碼:200020)

(1)網址：www.guji.com.cn

(2)E-mail：guji1@guji.com.cn

(3)易文網網址：www.ewen.cc

上海世紀出版股份有限公司發行中心發行經銷　上海展强印刷有限公司印刷

開本889×1194　1/16　印張24　字數738,000

2014年6月第1版　2014年6月第1次印刷

印數：1—1,100

ISBN 978-7-5325-7225-0

K·1857　定價：88.00元